U0691820

百科集趣

于永昌 著

第一辑

- ♥ 食品家族
- ♥ 用品家族
- ♥ 世相风情

中国文史出版社

前　言

　　大千世界，社会生活，奇事种种，妙趣多多。

　　在人们看到、用到、吃到和有兴趣、想了解的事物中，很多都包含着丰富的文化内涵和深厚的历史底蕴，并融入了许许多多新奇、有趣的记载。这套《百科集趣》具有科学性、知识性，尤其侧重情趣，将十几个方面新鲜、好看、有意思的资料筛选后讲述出来。诸如糖葫芦、饼干、比萨饼的诞生；转魔方最快和最慢的人分别是谁；植物有语言，有情感，能自卫，也贪杯；动物有爱心，讲义气，也会因犯法被判刑；早期的空战轰炸是用手将炸弹掷向地面的；大炮也可为乐团伴奏……

　　捧起书，读者会发现，缤纷世事可印刷折叠，古闻新知能装订保鲜。每翻开一页便能读到一篇妙文，便可打开一扇观赏世间的窗口。从天上到地下，从山川到海洋，从古代到今天，从宏观到微观，从已知到未知，等等，荟萃了大容量知识和情趣的历史记载、馆藏资料与最新信息扑面而来。一览之下，让人在开阔眼界、增长知识的同时会由衷感叹：不读不知道，世界真奇妙！

　　愉快的读书称作悦读。这套书力求以引人入胜的内容和浓郁的情趣，让人看得高兴，看得快乐，进而感受到人生的美好、生活的多彩，使心灵受到启迪，唤起创造更多奇迹的热情。在补充课堂书本以外知识的同时，还能为整日忙于学习、工作的人们，缓解疲劳，放松身心，平添轻松快慰的好心情。好的心态、心情是艰苦生活的润滑剂和跋涉路上的滋补品，看到书中的有趣内容，难免让人忍俊不禁，发出会心一笑。多看看这套书，长知识，增情趣，会有不少收益。

目　录

食品家族

1. 糖葫芦拾趣 ……………… 3
2. 闲说口香糖 ……………… 4
3. 漫话冰激凌 ……………… 5
4. 热力十足的巧克力 ……… 6
5. 风靡全球的可口可乐 …… 7
6. 清凉甘醇的汽水 ………… 8
7. 面包的故事 ……………… 9
8. 口味多样的饼干 ………… 10
9. 蛋糕趣史 ………………… 11
10. 香味扑鼻的比萨饼 ……… 12
11. 琳琅满目的罐头 ………… 13
12. 方便面纵横谈 …………… 14
13. 甜香适口的蜜饯 ………… 15
14. 古往今来烤肉串 ………… 16
15. 古今中外涮着吃 ………… 17
16. 品种繁多的北京小吃 …… 18
17. 京味浓郁的豆汁儿 ……… 19
18. 窝头与小窝头 …………… 20
19. 酥香亮脆煎灌肠 ………… 21
20. 抻抖转扣炸油条 ………… 22
21. 美哉！北京烤鸭 ………… 23
22. 北京的烤肉 ……………… 24
23. 天福的酱肘儿 …………… 25
24. 月盛斋的酱肉 …………… 26
25. 北京的腊八粥 …………… 27
26. 老北京的酸梅汤 ………… 28
27. 京城夏日面 ……………… 29
28. 新年年糕美 ……………… 30
29. 春节饺子香 ……………… 31

30. 包得馄饨味胜常 ………… 32
31. 细馅元宵 ………………… 33
32. 多姿粽子 ………………… 34
33. 各式月饼 ………………… 35
34. 大众食品——包子 …… 36
35. 天津名食"狗不理" …… 37
36. 滚油翻香的"过桥米线" … 38
37. 西北风味美食——泡馍 … 39
38. 说饼 ……………………… 40
39. 多样的煎饼 ……………… 41
40. 好吃的点心——萨其马 … 42
41. 好喝的粥 ………………… 43
42. 美味的汤 ………………… 44
43. 最佳营养食品——牛奶 … 45
44. 长寿食品——酸牛奶 … 46
45. 魔水——豆浆 ………… 47
46. 香甜的蜂蜜 ……………… 48
47. 水果古老数香蕉 ………… 49
48. 好看好吃的苹果 ………… 50
49. 香脆甘甜的梨 …………… 51
50. 品评柑橘"四姐妹" …… 52
51. 瓤美汁甜的西瓜 ………… 53
52. 色艳味美是草莓 ………… 54
53. 南方佳果鲜荔枝 ………… 55
54. 甜香的葡萄 ……………… 56
55. 甘甜的柿子 ……………… 57
56. "天然维生素 C 丸"——红枣 … 58
57. 酸甜绵润美山楂 ………… 59
58. 医食两用的荸荠 ………… 60

59. 占尽食谱风光的鸡 …………… 61
60. 食疗珍品乌骨鸡 ……………… 62
61. 可放心一吃的鸡蛋 …………… 63
62. 食鱼大有益 …………………… 64
63. 肥肉,不能敬而远之 ………… 65
64. 古今食酱 ……………………… 66
65. 谈谈酱油 ……………………… 67
66. 话说香醋 ……………………… 68
67. 食疗俱佳的香油 ……………… 69
68. 为菜肴增鲜的味精 …………… 70
69. 盐是调味佳品 ………………… 71
70. 令人垂涎的糖 ………………… 72
71. "东方奶酪"——腐乳 ……… 73
72. 越吃越香的臭豆腐 …………… 74
73. 美味鲜脆的榨菜 ……………… 75
74. 物美价廉的泡菜 ……………… 76
75. 能上宴席的酱菜 ……………… 77
76. 调味要物——葱 …………… 78
77. 辛辣去腥的姜 ………………… 79
78. 好一个大蒜 …………………… 80
79. 提味增香的胡椒 ……………… 81
80. 诱人食欲的辣椒 ……………… 82
81. 药食两用的豆豉 ……………… 83
82. 软嫩好吃的豆腐 ……………… 84
83. 家常美味冻豆腐 ……………… 85
84. 海带是一宝 …………………… 86
85. 可口的蘑菇 …………………… 87
86. 蕈中宠儿——香菇 ………… 88
87. "素中之荤"黑木耳 ………… 89
88. 滋补佳品银耳 ………………… 90
89. 佳蔬大白菜 …………………… 91
90. 美蔬佳果西红柿 ……………… 92
91. 鲜嫩多汁的黄瓜 ……………… 93
92. 蔬药两用大冬瓜 ……………… 94
93. 防病保健的胡萝卜 …………… 95
94. 菜中水果"心里美" ………… 96

95. 保健"圣物"——洋葱 ……… 97
96. 香椿味美有药用 ……………… 98
97. 冰肌玉质豆芽菜 ……………… 99
98. 好风味的野菜 ………………… 100
99. 酥香的花生 …………………… 101
100. 栗子是良药 …………………… 102
101. 认识红薯 ……………………… 103
102. 别小看了土豆 ………………… 104
103. 米饭喷喷香 …………………… 105
104. "粮中珍珠"是玉米 ………… 106
105. "植物肉"——大豆 ………… 107
106. 暑夏美食是绿豆 ……………… 108
107. 能吃的鲜花 …………………… 109
108. 营养丰富的海藻食品 ………… 110
109. 食品奇珍螺旋藻 ……………… 111
110. 好好吃早餐 …………………… 112
111. 少吃"洋快餐" ……………… 113
112. 吃零食好不好? ……………… 114
113. 你喜欢嗑瓜子吗? …………… 115
114. 说说素食 ……………………… 116
115. 快餐纵横谈 …………………… 117
116. 轻松随意自助餐 ……………… 118
117. 神奇的茅台酒 ………………… 119
118. 京都佳酿二锅头 ……………… 120
119. 闲叙鸡尾酒 …………………… 121
120. 趣话香槟酒 …………………… 122
121. 略述葡萄酒 …………………… 123
122. "液体面包"——啤酒 ……… 124
123. 奇妙饮料——咖啡 ………… 125
124. 中外抓食 ……………………… 126
125. "腹中做文章"的酿菜 ……… 127
126. 精制甜食巧拔丝 ……………… 128
127. 欧美节日吃火鸡 ……………… 129
128. 世界流行吃蜗牛 ……………… 130
129. 可以一吃的仙人掌 …………… 131
130. 泥土也可口 …………………… 132

用品家族

1. 活力四射牛仔服 ·········· 135
2. 轻松休闲T恤衫 ·········· 136
3. 今日童装 ·········· 137
4. 新潮泳装 ·········· 138
5. 俏丽雨装 ·········· 139
6. 漫览时装 ·········· 140
7. 鞋子纵横谈 ·········· 141
8. 穿着随意的拖鞋 ·········· 142
9. 叙叙袜子 ·········· 143
10. 冬来说帽子 ·········· 144
11. 寒天话手套 ·········· 145
12. 防冷戴围巾 ·········· 146
13. 服装上的彩虹——腰带 ·········· 147
14. 服装上的明珠——纽扣 ·········· 148
15. 精良的拉链 ·········· 149
16. 花色繁多的领带 ·········· 150
17. 样式纷陈的乳罩 ·········· 151
18. 保健首饰种种 ·········· 152
19. "脸部流行"看眼镜 ·········· 153
20. 可以乱真的假发 ·········· 154
21. 别开生面的手表 ·········· 155
22. 琳琅满目手提包 ·········· 156
23. 学生的保健书包 ·········· 157
24. 口罩二三事 ·········· 158
25. 绚丽多姿的伞 ·········· 159
26. 话说手杖 ·········· 160
27. 趣谈手绢 ·········· 161
28. 方便实用手电筒 ·········· 162
29. 锋利便捷剃须刀 ·········· 163
30. 争奇斗艳打火机 ·········· 164
31. 点燃光热的火柴 ·········· 165
32. 造型各异的蜡烛 ·········· 166

33. 烹饪必用的锅 ·········· 167
34. 看似简单的筷子 ·········· 168
35. 牙签一瞥 ·········· 169
36. 熨斗演义 ·········· 170
37. 秤的变迁 ·········· 171
38. 古今中外打算盘 ·········· 172
39. 家有镜子 ·········· 173
40. 剪刀今昔 ·········· 174
41. 缝针小史 ·········· 175
42. 你了解梳子吗 ·········· 176
43. 且说尺子 ·········· 177
44. 有意思的铅笔 ·········· 178
45. 有品位的钢笔 ·········· 179
46. 有后劲的圆珠笔 ·········· 180
47. 花样翻新的牙刷 ·········· 181
48. 爽口美齿的牙膏 ·········· 182
49. 去污洁身的肥皂 ·········· 183
50. 大显神通洗涤剂 ·········· 184
51. 樱口一抹话唇膏 ·········· 185
52. 轻柔绵软的毛巾 ·········· 186
53. 雅致生风的扇子 ·········· 187
54. 席卷暑夏 ·········· 188
55. 别具情趣的杯子 ·········· 189
56. 五光十色的玻璃 ·········· 190
57. 保温瓶的身世 ·········· 191
58. 温度表的家谱 ·········· 192
59. 变化头色的染发剂 ·········· 193
60. 神奇的粘接剂 ·········· 194
61. 染料的多彩世界 ·········· 195
62. 壁纸功能多 ·········· 196
63. 明丽飘逸的窗帘 ·········· 197
64. 柔软雅致的地毯 ·········· 198

65. 新巧舒适的沙发………… 199
66. 椅子一席谈………… 200
67. 古往今来集床趣………… 201
68. 让人安眠的被子………… 202
69. 伴人酣睡的枕头………… 203
70. 中西时钟………… 204
71. 趣味闹钟………… 205
72. 让黑夜灿如白昼的电灯……… 206
73. 清凉宜人电风扇………… 207
74. 飞针走线缝纫机………… 208
75. 百年千款洗衣机………… 209
76. 悦耳动听收音机………… 210
77. 赏心悦目电视机………… 211
78. 造型奇妙电话机………… 212
79. 如影随形的手机………… 213
80. 留影纪实照相机………… 214
81. 录像机与摄像机………… 215
82. 从录音机到 MP3………… 216
83. 家庭好帮手——吸尘器……… 217
84. 无油无烟微波炉………… 218
85. 冷暖随人空调机………… 219
86. 藏储食品用冰箱………… 220
87. 电脑日新月异………… 221
88. 古今的锁………… 222
89. 设计别致的摇篮………… 223
90. 制作巧妙的奶瓶………… 224
91. 新型好用的婴儿车………… 225
92. 居室一美摆花瓶………… 226
93. 新奇花盆入室来………… 227
94. 气味芬芳的香水………… 228
95. 青烟袅袅话焚香………… 229
96. 专事除尘夸扫帚………… 230
97. 拉来扯去的锯子………… 231

98. 连接上下的梯子………… 232
99. 扎扎实实的钉子………… 233
100. 有趣的家庭消防用品……… 234
101. 推陈出新的浴缸………… 235
102. 马桶岂止纳秽………… 236
103. 卫生纸也有情趣………… 237
104. 环保健身自行车………… 238
105. 信封的故事………… 239
106. 邮票之奇………… 240
107. 怪报拾零………… 241
108. 珍奇的书………… 242
109. 字典点滴………… 243
110. 标明方位的地图………… 244
111. 每日一新的日历………… 245
112. 温馨祝福送贺卡………… 246
113. 风行中外的名片………… 247
114. 五花八门的钱币………… 248
115. 常见常用的卡………… 249
116. 佳节燃放的爆竹………… 250
117. 轻盈飘浮的气球………… 251
118. 玩具娃娃大观………… 252
119. 迷人的芭比娃娃………… 253
120. 受宠的玩具熊………… 254
121. 让人着魔的魔方………… 255
122. 好玩的多米诺骨牌………… 256
123. 花哨繁多的扑克牌………… 257
124. 智能型玩具——游戏机…… 258
125. 玩具一绝万花筒………… 259
126. 千旋万绕转陀螺………… 260
127. 手舞足蹈抖空竹………… 261
128. 舒展身体放风筝………… 262
129. 摇曳逐风荡秋千………… 263
130. 攀上溜下玩滑梯………… 264

世相风情

1. 表达友好的新年习俗 …………… 267
2. 别致多样的节 …………… 268
3. 外国也有中秋节 …………… 269
4. 中外泼水节 …………… 270
5. 万众同庆狂欢节 …………… 271
6. 荒唐搞笑的愚人节 …………… 272
7. 欧美人的圣诞节 …………… 273
8. 慈善为怀的圣诞老人 …………… 274
9. 大放异彩圣诞树 …………… 275
10. 习俗表达有异 …………… 276
11. 待客迎宾之道 …………… 277
12. 善舞民族集趣 …………… 278
13. 婴儿出生拾趣 …………… 279
14. 成年礼仪录趣 …………… 280
15. 征婚一览 …………… 281
16. 求婚大观 …………… 282
17. 嫁娶之怪 …………… 283
18. 婚礼与磨难 …………… 284
19. 婚礼仪式趣味多多 …………… 285
20. 海外婚俗与食品 …………… 286
21. 离婚搜奇录 …………… 287
22. 奋勇救亲 …………… 288
23. 产婴奇闻 …………… 289
24. 动物中生活过的孩子 …………… 290
25. 奇特的起名方式 …………… 291
26. 超级大家庭 …………… 292
27. 双胞胎之谜 …………… 293
28. 生肖纵横谈 …………… 294
29. 贵姓何来 …………… 295
30. 古往今来说名字 …………… 296
31. 地名之奇与改名 …………… 297
32. 品赏国花 …………… 298
33. 品知国菜 …………… 299
34. 庆贺丰收的果菜节 …………… 300
35. 情趣盎然的动物节 …………… 301
36. 救治动物 …………… 302
37. 护卫动物 …………… 303
38. 给动物着装 …………… 304
39. 动物报火警 …………… 305
40. 动物获殊荣 …………… 306
41. 动物灾种种 …………… 307
42. 对动物判刑 …………… 308
43. 殷殷爱鸟情 …………… 309
44. 有趣的植树绿化习俗 …………… 310
45. 各国酒情 …………… 311
46. 四方茶趣 …………… 312
47. 食辣和"辣带" …………… 313
48. 食虫与虫肴 …………… 314
49. 鱼肉食生 …………… 315
50. 国外的小吃 …………… 316
51. 用食品灭火救灾 …………… 317
52. 报火警这码事 …………… 318
53. 独特的"消防队" …………… 319
54. 消防队的"副业" …………… 320
55. 别样的"警察" …………… 321
56. 形式多样的监狱 …………… 322
57. 判刑入狱之奇 …………… 323
58. 别致的路标和提示牌 …………… 324
59. 如此处罚违章司机 …………… 325
60. 稀奇古怪的法律 …………… 326
61. 离奇的遗嘱 …………… 327
62. 中大奖的悲剧 …………… 328
63. 笨贼一箩筐 …………… 329
64. 盗贼真敢偷 …………… 330
65. 捉弄人的恶作剧 …………… 331
66. "幸运儿"和"倒霉蛋" …………… 332

67. 懒汉搜奇 ···················· 333
68. 人际间说谎 ················ 334
69. 交往中的吹牛 ············ 335
70. 受欢迎的小丑 ············ 336
71. 胖子的尴尬 ················ 337
72. 鼾声轰鸣 ···················· 338
73. 喷嚏忽发 ···················· 339
74. 胡须风情 ···················· 340
75. 发型趣话 ···················· 341
76. 神奇的顶功 ················ 342
77. 握手拉杂谈 ················ 343
78. 自娱娱人吹口哨 ········ 344
79. 妙趣横生吹泡泡 ········ 345
80. 趣怪乐器 ···················· 346
81. 引人入胜的填字游戏 ··· 347
82. 收藏之怪 ···················· 348
83. 收藏大件 ···················· 349
84. 家养宠物大观 ············ 350
85. 横跨国界的趣事 ········ 351
86. 墓碑用处奇 ················ 352
87. 对颜色的好恶 ············ 353
88. 颜色与生活 ················ 354
89. 趣谈稻草人 ················ 355
90. 狗在西方 ···················· 356
91. 洋迷信"13" ················ 357
92. "出气"有方 ················ 358
93. 出租业务忙 ················ 359
94. 代客服务广 ················ 360
95. 哭的习俗 ···················· 361
96. 笑的趣闻 ···················· 362

97. 怪异的美 ···················· 363
98. 男子穿裙子 ················ 364
99. 新奇的"活装饰" ········ 365
100. 说说模特儿 ·············· 366
101. 人体画布 ················· 367
102. 海外文身热 ·············· 368
103. 书信纪录 ················· 369
104. 情书传奇 ················· 370
105. 从"吻"字说开去 ······ 371
106. 五花八门的保险 ······ 372
107. 光怪陆离的广告 ······ 373
108. 图书馆与借还书籍 ··· 374
109. 标新立异的选美 ······ 375
110. 趣味十足的比赛 ······ 376
111. 古今人棋 ················· 377
112. 迷宫设计巧 ·············· 378
113. 喷泉美而妙 ·············· 379
114. 新潮婚纱 ················· 380
115. 新颖别致幽默装 ······ 381
116. 动物纪念碑荟萃 ······ 382
117. 独具特色的学校 ······ 383
118. 杂七杂八的俱乐部 ··· 384
119. 与众不同的餐馆酒吧 ··· 385
120. 受宠的新职业 ·········· 386
121. 乞丐面面观 ·············· 387
122. 垃圾的话题 ·············· 388
123. 率性随意的涂鸦 ······ 389
124. 挑战《吉尼斯世界纪录》 390
125. 世博传奇 ················· 391

食品家族

1. 糖葫芦拾趣

糖葫芦是我国特有的传统小食品之一。尤其在北方冬季,繁华街市上人们手举蘸着冰糖、酸脆香甜的红果糖葫芦,边走边吃,成为都市一景。

关于糖葫芦的起源,有两种说法。相传南宋绍熙年间,光宗皇帝最宠爱的黄贵妃面黄肌瘦,不想吃东西。御医用了许多贵重药品都不见效,皇帝只好张榜招医。有一位江湖郎中进宫为贵妃诊脉后说:"将棠球子(山楂)与红糖煎熬,每饭后服五至十枚,半月病愈。"贵妃按这个药方服后,病果然好了。另外一说是唐代僖宗年间,黄巢率领农民起义,攻州占郡。每打一个胜仗,便命人用枝条穿上核桃仁,再蘸上糖,以一枝一果代表一个头颅,赏赐那些杀敌立功的将士。攻破潼关后,黄巢赶跑了皇帝,为欢庆胜利,人们把红果穿在枝条上,蘸上蔗糖,用南糖北果穿在一起象征着南北统一、国泰民安。后来这种吃食便慢慢地流传下来。

说起糖葫芦,不能不提早年北京东安市场的冰糖葫芦。这里制售冰糖葫芦最为有名的春华斋,品种有近20个,除了常见的红果、海棠、荸荠、山药、山药豆、橘子瓣、核桃仁外,还有葡萄、金橘、杜梨、柿饼、枣、蜜枣、桃干、杏干、奶子等。一些夹馅的糖葫芦,更是别开生面。在剖开的红果、海棠中填入黑紫的豆沙、洁白的山药泥,或夹入金糕、青梅、豆蓉、枣泥等精制细馅,嵌入桃仁、瓜子仁等果料,摆放在大白瓷盘里,串串赏心悦目。人们买了先要欣赏一番,才舍得细细品味。

当年穿制精美的糖葫芦,选料很严格。红果、海棠、葡萄、山药、柿饼等,都有固定供货地点。原料使用前要去花、去蒂、去核,蜜橘要剥皮去络,山药要燎毛洗刷,加工非常精细。使用的竹签也不是一种,穿红果用粗签,穿海棠用细签,穿熟果用扁签。最难穿的要数核桃仁,签粗了豁,签细了折,须用三棱签斜穿,穿好后像六只"蝴蝶",非常好看。做冰糖葫芦蘸糖是关键,讲究一斤糖要蘸出24串左右,糖皮薄而脆,看上去晶莹透明,摸着绝不粘手,"掉地上都不带沾土的",这说法虽夸张,却也道出那糖熬的火候就是"棒"。

东安市场里糖葫芦争奇斗艳的盛况如今已不复存在,但糖葫芦这祖国饮食文化的一枝并未凋零。在北京举办的各种民俗活动中,经常推出用料讲究、做工精细的糖葫芦,使人眼界大开,食心大动。在一年一度的地坛文化庙会上,常常请到蘸糖葫芦的高手制作糖葫芦,为庙会增添光彩,品种多时达六七十个呢。

如今北方城市超市里,秋后多设有糖葫芦摊位,有统一供货,现场熬汁蘸糖出售。品种有红果、海棠、山药、蜜橘、草莓,还有夹馅的,多达几十个,精致美味,让人乐于购买品食。

2. 闲说口香糖

嚼口香糖是今天青少年的时尚。

人类嚼口香糖的嗜好由来已久。为了香口和洁齿,古希腊人就有咀嚼玛蒂脂的习俗。北美印第安玛雅人,在1000多年前也爱把甜树胶放在嘴里嚼来嚼去。据说现代口香糖的发明者是美国人华特。他经过几年的探索研究,于1886年向市场推出薄荷味的留兰香型口香糖。开始这种灰白色的糖条无人问津,一名患口臭的顾客嚼了一块后,只觉满口清香。消息传开后,苦于口中烟酒臭味的人争相购买,一下子打开了销路。以后嚼起来有滋有味的口香糖就风靡全美国。一位美国作曲家谱写的《口香糖悲怆曲》,长久地流传在美国公众之中。

在现代口香糖诞生一百多年后的今天,口香糖的大名已经响彻世界各国。全世界口香糖的年总产量已达到几十万吨,大多数国家都生产口香糖,仅日本一地就有150多个品种。茶叶味、菊花味、葡萄味、桂皮味、麝香味,味型繁多。有木糖醇的,还有具有消炎作用的、解酒功用的。多种含草药汁的口香糖,有治疗喉炎、牙龈炎等口腔病的疗效。从目前市场上口香糖的形状看,有片状的、块状的、粒状的,球形的、椭圆形的,还有异形的,如子弹头形、瓜形、橘形、鸭形、鞋形、杠铃形、高尔夫球形等。颜色多样,打开包装就让人乐于品嚼。口香糖的著名品牌包括益达、绿箭、好丽友、炫迈、曼妥思等。口香糖是休闲食品,在激烈的体育竞技中,它也是缓和运动员情绪的有效良药。在NBA篮球赛和F1赛车场上,有些运动员不嚼口香糖,竟然找不到比赛状态。

据科学家研究,一般口香糖都含有山梨醇,这种物质是酸的克星。咀嚼口香糖能大大减少口内的碳水化合物,从而能有效地清洁口腔。饭后嚼一块口香糖,既是一种悠闲的享受,也是一种对牙齿的保健。咀嚼口香糖一方面能增加唾液的分泌,促进消化;另一方面,腭部的充分运动,锻炼了面部肌肉,改善了血循环,能提高皮肤细胞的代谢能力,减少面部皱纹,预防双下巴,有益于美容。前不久,美国明尼苏达州的医学研究所宣称,多种因长期紧张引起的头痛,只要慢慢咀嚼口香糖,就可使病痛得到缓解。该所采用这种最舒适的疗法,已解除了很多头痛患者的痛苦,其中有人头痛病史已达十年以上。

嚼口香糖虽然有益于健康,但是如果咀嚼时间过长,嘴巴整天不闲着,也会对口腔的牙龈等部位造成损伤。另外,嚼完口香糖不要随地乱吐,而应吐纸上包起放进垃圾桶。

3. 漫话冰激凌

冰激凌是许多青少年都爱吃的冷食。冰激凌也叫冰淇淋。"冰"是取英文的意,"淇淋"是这种冷食主要原料奶油的译音。一听到这个洋名字,不少人便以为它出自西方,其实最早制作、食用冰激凌的是中国。

早在3000多年前,我们的祖先就懂得"冬季取冰,藏之凌阴,为消暑之用"。"凌阴"就是冰室。到了唐代,冰制清凉饮料已经出现在市场上。元朝时每到夏季,街头就有一种冰奶酪售卖。意大利著名旅行家马可·波罗来中国尝到后,觉得味美可口,回国就把制作配方献给了罗马皇帝。以后配方又传到英国、法国,在欧洲渐渐传开。1774年,法国人采用中国的硝石工艺,制作出用牛奶凝固而成的冰激凌。1886年,冰激凌凝固机在欧洲问世,但当时冰激凌还只能供少数人食用。1935年,法国人发明了连续性的冰激凌凝冻机,使冰激凌加工技术得到迅猛发展,品食冰激凌风靡一时。

冰激凌的主要原料是牛奶,配料是鸡蛋、奶油、食糖、明胶以及果汁、咖啡、可可等,具有蓬松、油润、细腻等特点,吃起来不仅香甜爽口,消暑纳凉,而且富有营养,对身体有益。冰激凌含蛋白质3.7%,脂肪8.7%,碳水化合物23.9%,每100克冰激凌能够产生188千卡的热能。此外,冰激凌中钙、磷、铁,以及多种维生素和尼克酸等物质的含量也很丰富。

冰激凌从种类分,可分为意大利式便于包装和运输的硬式冰激凌、美国式以冰机现制现售的软式冰激凌两种。根据主料分有奶油冰激凌、酸奶冰激凌、果蔬冰激凌和圣代(主料为奶、果肉、果酱、蛋黄等)等种类。国内外著名的冰激凌品牌有和路雪、哈根达斯、雀巢、八喜、伊利、蒙牛、可爱多等。时至今日,冰激凌已成为国内外食品中长盛不衰的热门货,花色品种繁多。近年我国从国外引进一些冰激凌生产线,产品向多风味、高营养、新造型、广色调方面开拓。如今街头的冰激凌专卖店,有几十个味道不同的冰激凌品种供品尝。冰激凌家族中不断涌现新成员,如夹心冰激凌,拼色冰激凌,涂在其他食品上的冰激凌,混合果仁、果糕的冰激凌等。名牌冰激凌"雀巢",除开发出多种桶装冰激凌外,还推出了"巧克力脆皮小丸子""香草糯米糍"等新款式。北京护国寺小吃店推出一种豌豆黄冰激凌,在夏日品食口味独特。有一种不融化冰激凌也已问世,它采用透明塑料纸包装,可保存一个月,是医用和旅游佳品。

目前我国冰激凌的消费,不再是孩子们的专利,成年人的消费比例也在逐年增长。冰激凌不仅是夏季食品,近两年已出现冬季不淡的势头。冰激凌也不再仅是消暑降温的冷食,它已进入了走俏的营养品和保健品行列。

4. 热力十足的巧克力

大块、小块,香甜可口的巧克力,是青少年喜欢吃的食物。

巧克力的老家在墨西哥。"巧克"二字是当初巧克力作坊里小风磨发出声响的音译。16 世纪,西班牙人登上墨西哥的土地,看到当地印第安人爱喝一种褐色的可可粥,由于味道苦涩,并没有引起兴趣。不久甘蔗输入欧洲,西班牙人想到可以用糖来冲淡可可粥中的苦涩味,有人还尝试加入香料、麝香等,就制出了最早的饮用型巧克力。巧克力加工厂也兴建起来了。但商人们对巧克力的制作是保密的。差不多过了一个世纪,巧克力的制作秘方才传遍欧洲,固体的巧克力也成为流行食品。

经过几百年的演变,巧克力已成为风靡全球的优质糖果。如今的巧克力,以可可豆、可可脂、白砂糖和奶粉为主要原料,添加香料,形成各种果香;加入果仁,让人们吃着更有滋味和营养。当人们把巧克力放入口中,随着一股芳香,巧克力就在嘴里慢慢融化了,非常甜美、细腻、滑润。这是由于可可豆有着独特的风味。巧克力的熔点低,制作又非常精细。每克重量的巧克力内含有数以亿计的微粒子,在人体内很容易被消化吸收,这是其他食物难以相比的。

巧克力是公认的理想高热能食物,人体所需的各种营养含量也很丰富。据测定,巧克力的营养热能比同等数量的肉类、蛋黄高 3.5 倍,比鱼类高 5 倍,比牛奶、豆浆高 8 倍。对于重体力劳动者、脑力劳动者、运动员、飞行员、青少年和身体衰弱的病人来说,巧克力是十分理想又便于携带的食品。另外,可可豆中含有能兴奋神经的生物碱和苯乙醇,它们有明显的提神作用,能提高思考和记忆能力。当人情绪不佳、精神萎靡、食欲不振时,巧克力就可以成为好吃的辅助治疗药剂。

巧克力种类繁多,如牛奶巧克力、果仁巧克力、夹心巧克力、易融巧克力和耐热不融巧克力等。形状有块、条、粒等各种造型。最近市场上又出现了小棒蘸果汁吃的巧克力。在雪糕、冰激凌食品中,也常常邀请巧克力加盟。

近年来国外有研究指出,食物热能供给不足,对儿童行为能力的发展影响极大,会造成儿童生长减慢,出现儿童情绪淡漠、性情孤僻、智商偏低等情况。因此适当让少年儿童吃些巧克力,对他们的成长发育是有益的。但是孩子要是抱着巧克力罐子大吃特吃,就会影响食欲,产生厌食。正确的吃法是在饭前、饭后两小时左右,适当吃一些巧克力。吃完还应该漱漱口或喝点白开水,因为加入巧克力中的白砂糖是损害牙齿的。

5.风靡全球的可口可乐

黑褐色的可口可乐,是当今最畅销的国际性饮料。有人评价它是最有趣的饮料,甜、酸、苦、辣、咸,五味它都不占,但似乎它又五味俱全。一个多世纪以来,它以沁人心脾的诱人口味称雄市场。它的黄金时代在今天似乎仍未离开。

可口可乐是古柯原料的谐译。它独特的口味来自原料中古柯的种子。古柯原产于非洲西部热带地区,是常绿乔木,高达4—10米。果实内有七八粒种子,含咖啡因、古柯宁等生物碱,具有兴奋神经等药用。当地人常爱嚼食古柯籽粒,用来提神和消除疲劳。古柯传入美洲后,相传1886年在美国佐治亚州的亚特兰大市,有人到一家药店买头痛药水,店内药水售完了,店员另配一瓶时,把古柯汁错兑到糖浆中,顾客尝了却说非常好喝。店主潘巴顿尝尝药水,也感到口味极佳,于是在无意中创造出一个举世闻名的饮料品牌。另有记载说,是亚特兰大一位叫派伯东的医生,在诊所用99%的糖水掺入一定量的可可原汁、咖啡因、葡萄酒等,得到一个治病配方,被制造商收买后,取名"可口可乐",配方再不外传,还申请了专利。总之,这种饮料很快就进入了国际市场,而且销量直线上升。在第二次世界大战中,可口可乐随美军参战,据统计,从太平洋东岸进军到易北河西岸,美国官兵竟喝去可口可乐100亿瓶。

可口可乐以古柯籽、香草豆,配用焦糖、蔗糖、磷酸、咖啡因、纯净水制成,饮用能提神醒脑、健脾开胃。夏季时冰镇后饮,还有清凉消暑的作用,是公认的最好喝的汽水之一。一说"可乐",不少人都认为近年才在我国畅销,并熟悉它的滋味。其实早在1000多年前的唐代,我国就有了唤作"柯子汤"的类似可乐型饮料,制法也与美国人发明的可口可乐大同小异。唐代鉴真和尚东渡日本时,曾在广州大云寺发现有柯籽树树株。据《南部新书》记载:"僧至柯籽熟时,普煎此汤,以宴宾客。用柯籽五颗,甘草一寸,并拍破,即汲树下(井)水煎之。色若新茶,味如绿乳,服之消食疏气,诸汤难以比也。"这色美味酸的柯子汤,想来开胃爽口,可惜的是在宋代时失传了。

近年面对可口可乐、百事可乐在我国的促销,我国食品科技人员也先后推出了一系列可乐型饮料,如天府可乐、少林可乐、非常可乐、幸福可乐、崂山可乐、百思可乐、银鹭可乐、汾煌可乐等,但这些品牌在销量和影响力上都很难与可口可乐比肩。据统计,目前每天有17亿人次消费者购饮可口可乐公司产品。可口可乐公司为中国消费者提供15个品牌50多种饮料选择,其系列产品在华每天饮用量高达1.5亿杯。

6. 清凉甘醇的汽水

口渴了,尤其是在盛夏季节,喝上一杯冰凉的汽水,会使人暑意顿消,浑身畅快。这是由于汽水中的二氧化碳能把人体内的部分热量带走的缘故。因此,汽水常常是入夏后人们饮料的首选。

提起汽水的发明,还要归功于地质学家。16世纪,地质学家在野外勘探时发现,有的矿泉水特别清凉、解暑,经分析知道,它含有二氧化碳气体。1768年,因发明氧气而出名的英国化学家普利斯特列发现,将天然气直接溶解在水里,能达到和天然矿泉水一样的效果。1820年,德国药剂师采用加大气压的方法,把二氧化碳气溶解到水中,制成了人造矿泉水,也就是汽水。当时制成的汽水不是用来当饮料,而是用来治病的。后来,人们才开始把汽水作为饮料。饮料汽水最初淡而无味,人们为了提高口味,加进了糖、柠檬酸、食用色素、香料,才成了色、香、味俱全而且富有营养的汽水,并以它清爽、开胃的口味,很快风靡世界。

百年以来,汽水工业有了长足发展。尤其是近些年,随着科学技术的进步和国内外饮料市场竞争的激烈,汽水品种日益增多,口味不断得到改善。当今国内各地超市货架上摆放的汽水饮料名牌包括雪碧、七喜、美年达、芬达、健力宝、屈臣氏、怡泉、老牌子北冰洋等。橙、橘、苹果、梨、桃、荔枝、香蕉、草莓、山楂、黑加仑等各种果味的汽水,或瓶装,或罐装,五颜六色,琳琅满目。各种汽水的配料,除了碳酸、白砂糖、柠檬酸等,还加入各种果汁、果料、维生素、中草药等;喝起来不仅解渴、消暑、开胃,还有滋补和健身功用。天津一家食品厂采用国外的配方和工艺,生产出一种有趣的固体汽水。把这种固体饮料放入玻璃杯中,加入凉开水,只见杯中十几个红、绿、黄色的食用彩球上下翻动,可达半小时以上。据介绍,这种好喝又好玩的固体汽水,采用进口天然香精,含有脯氨酸、赖氨酸等六种氨基酸和铁、铜、锌等矿物质,能补充人体所需的多种营养成分。食用彩球具有低糖、低脂、高蛋白的特点,适合儿童饮用。孩子们还高兴地为它取了个名字叫"猜不透"呢。

饮用清凉甘醇的汽水,可为人体补充糖分、矿物质等,有助于保持体内水液电解质的平衡。汽水中富含二氧化碳,有杀菌、抑菌作用;适当饮用也能提高消化功能。但这种碳酸饮料喝多了,除了容易引起肥胖,还会损伤肾脏、引发肾结石、腐蚀牙齿、导致骨质疏松等。儿童和老年人尤其不能贪饮过量。

7.面包的故事

松软可口、容易消化的面包,是人们喜欢吃的食品。

面包有着悠久的历史,瑞士苏黎世博物馆里收藏了一些面包的化石,是在当地一个干涸的湖底发现的,据考证是 6000 年前的食物。那时的面包没有经过发酵,嚼着又干又硬。后来埃及人发现野生酵母侵入生面团,胀发后再烘烤,面包膨松好吃。以后又发明了烘炉,把烘烤面包变成一种手艺,制造出几十种不同形状的面包,并传播到世界各地。

各国面包都有自己突出的特色。意大利人将生面团绞搓,精巧地盘成圆形,烘烤后切片,每片看起来都不一样。俄罗斯粗大的黑面包,酸味中能嚼出甜香。德国人会做裸麦面包,颜色有深有浅,吃着有硬有软,别有风味。法国面包有的长 1 米,有的像炮弹一样大、一样圆;有的结成辫子,有的形如王冠,从 100 克的"手指"到 2 公斤重的"矮胖子",品种很多。

面包之所以广受欢迎,一点是它的口味好。有人研究发现,面包能烤出 150 多种味道,其中有玫瑰味和各种蔬菜味等。另一点是面包经过 200 多摄氏度高温的烘烤,杀菌彻底,能存放较长时间。更重要的是面包营养丰富。据分析,面包中含有 50% 碳水化合物、10.7% 蛋白质、2% 脂肪、3% 矿物质。面团在发酵过程中,由于部分淀粉得到水解和产生气体的作用,使面包呈现蜂窝状、膨松、富有弹性,有利于消化吸收。通常馒头的消化率为 86% ,而面包为 95% 。面包酵母不仅参与发酵,而且使面包富含维生素 B_2、麦角醇、钙、磷、铁等人体所需的微量元素。这些物质对调节神经系统功能、防治消化不良、嘴唇干裂、口角糜烂和脂溢性皮炎等疾病有一定功效,对预防消化器官癌变也有一定作用。面包中含有的脱脂蛋白质,可以减少胆固醇对心血管系统的危害。面包在人体内消化过程中经代谢被保留下的色氨酸,有助于松弛神经,具有催眠作用。

近年世界各国纷纷在面包配方中添加某些天然营养剂、药物等,制成疗效型营养面包。日本生产的掺海带粉、小球藻粉的绿色面包,含有丰富的碘,好吃并且具有防治甲状腺功能亢进、补血润肺等功效。美国生产的掺无毒棉籽粉营养面包,色香味都很好,对少年儿童生长发育有着促进作用。我国上海生产的维生素 E 面包、赖氨酸面包、北京生产的谷维素面包等,在市场也大受欢迎。

面包吃法多样,吃剩的面包可做西式点心"布丁"、烹西式汤菜、炸猪排等。面包在凤尾虾托、面包火腿夹鱼片、面包虾仁、燕尾吉利虾、吉利肉饼等中餐名菜中,也大有用场。面包不光中吃,也是艺术品。艺术面包和巴黎香水、巴黎时装还被并称为法国"三大国粹"。

8. 口味多样的饼干

饼干酥脆爽口,营养丰富,是人们喜爱的食品。

在170多年前,英国有艘帆船行驶到法国比斯开湾海面,遇风浪沉没了。船上水手们流落到荒岛上。随船携带的面粉、奶油和砂糖,全让海水打湿,泡成糊状。大家没办法,只好将这些混合物拍成薄片,用火烤熟充饥。出乎意料的是,烤熟的干片酥脆香甜,非常可口。后来水手被搭救返回家园,仿制了荒岛上吃过的饼片,招待亲友宾客,大受欢迎。之后,这种食品就流传开去,成为饼干的先驱。至今许多国家仍把饼干称为"比斯开"。

饼干便于制作、储存、携带,长久以来一直是食品市场上的俏货,尤其受少年儿童喜爱。一般来说,饼干分咸、甜两大类。从配料成分、制作工艺和品质特点分,有糖浆、甜酥、拉花、松化、苏打、压缩、夹心和薄片等类别。近年来,科学家使用天然营养物质不断开发出饼干的新品种。我国江西研制的赖氨酸饼干,加入了人体不能自行合成的一种最为重要的必需氨基酸,食用后对抵御疾病、促进发育有良好的作用,是青少年的休闲美食,也是中老年人的营养佳品。广东投放市场的一种掺色氨酸的饼干,有安眠的疗效,常吃使人入睡快、睡眠深,而且没有副作用。福建生产的芦笋饼干,发挥了芦笋较好的抗癌功用,疗效持续时间长,可长期食用。

近年欧美流行吃的蔬菜饼干,采用优质的饼干原料,加入新鲜蔬菜原汁,经焙烤加工制成,集蔬菜与饼干的营养于一身,融主副食精华于一体,含有丰富的多种维生素,不仅酥松可口,还能吃出鲜菜的清香。日本推出一种减肥饼干,以维生素 B_2、B_6、亚油酸、亚麻酸等多种营养成分组成良好比例,能合理有效地促进脂肪的消解,避免堆积,有助于体态的健美。

随着食品工业的发展,当前饼干市场十分活跃,饼干品种呈现出多样化、多味化、营养化、异形化等特点。在国内市场上就有柠檬、香蕉、番茄、海鲜和夹心威化等几十个味型。除甜、咸味,还有奶油、酸甜、辣味、怪味等风味。各种低糖、低盐、低脂及多钙、多铁、多锌的营养型饼干也不断推向市场。形状除传统的圆形、方形,还出现了条形、圈形、球形、字母形和动物造型等,令人赏心悦目。而琳琅满目的饼干,也不总是轻薄、小巧的。在美国纽约州食品博览会上,展出了一块大饼干。它长13.7米,宽8.5米,由100名点心师用500磅果料、350个鸡蛋和30加仑食用油,再加进大批面粉烤制而成,成为世界上最大的饼干。

9.蛋糕趣史

蛋糕是人们喜欢吃的食品。奶油、巧克力和夹着果馅的各式蛋糕,味道芳香,入口松软,容易消化,它还象征着吉祥、甜蜜,是某些特殊庆祝活动的标志哩。

蛋糕,最早起源于中东地区。据考古发现,在古埃及墓穴中不止一次发现了与蛋糕有关的浮雕像,显示了古埃及作坊中的劳动情景和蛋糕的各种形状。那时人们制作的蛋糕很原始,用粗面粉、蜂蜜和水果为原料,"烤箱"不过是块热石头。随着东西方贸易的发展,蛋糕首先传入意大利,然后又传到英国、法国。1699 年,法国的糕点师在配方中加入了鸡蛋,为制作今日的蛋糕跨进了一大步。到了 19 世纪,蛋糕制作技术不断提高,特别是德国和美国,运用了发酵粉和化学发酵法,使做出的蛋糕更加膨松可口。目前,蛋糕大致可分为:清蛋糕、油蛋糕、复合蛋糕和裱花蛋糕几大类型。近年来,形形色色的蛋糕争奇斗艳,四张乒乓球桌一样大的"报纸蛋糕"、最长的蛋糕、最重的蛋糕相继引起轰动。

在蛋糕中,有一大门类是婚礼蛋糕。在古代西方,有分享他人食物就是分享他人快乐的说法。举行婚礼时,要把一大块酥饼在新娘头上敲碎,象征着开花、结籽与幸福。参加婚礼的人分吃一些脆饼的碎块,表示分享新人的幸福。到了近代,英格兰人举行婚礼时,分赠亲友的食物有用饼干,的改用甜面包替代。相传有位法国厨师在英格兰旅行,他参加一个婚礼时看到待分的大面包,灵机一动,回国后制作了一种浇着糖浆的糖皮大礼饼,很受众人赏识,举办婚礼的人家向他争相订购。后来有人又改变花式,做出大蛋糕出售,于是就有了婚礼分食蛋糕的习俗。流传至今,婚礼蛋糕已成了婚庆中的必备品。

制作和分食生日蛋糕,也有着悠久的历史。古代罗马皇帝过生日时,不但向"上帝"敬献蛋糕,也向平民百姓分发蛋糕,以示吉庆。到了中世纪晚期,德国人开始把蜡烛插在蛋糕上庆祝寿诞。蛋糕中央的蜡烛表示生命之光,周围再插一些小蜡烛,每支代表一岁。由主持仪式的神父把蜡烛吹熄,而过生日的人祈求神灵保佑他实现一个愿望。如今国内外盛行的是,亲友一起备好大蛋糕,唱生日快乐歌,吹熄蜡烛后分食生日蛋糕。以蛋糕祝贺生日,不但流行,而且有创新。北京等地一些糕点师还创造出了中国式的生日蛋糕。他们用奶油、糖霜和巧克力为原料,把银眉、美髯、慈祥善良的老寿星和色彩艳丽的寿桃塑在大蛋糕上,大大增添了喜庆欢快的气氛。

10. 香味扑鼻的比萨饼

在北京等大城市街头,能看到一种装饰着红顶子的食品店,牌子上写着"必胜客"。这店里卖一种热腾腾、香喷喷的比萨饼。

"比萨"是意大利语音译,意思是"圆扁的饼"。比萨饼的烤制不太复杂,先用面粉、鸡蛋、食油等原料和好面团,均匀地擀得又薄又圆,再铺上干酪、橄榄、番茄酱等各种配料,然后用铁铲送入炉膛烘烤。出炉后的比萨饼色鲜、味浓、外焦里嫩、香气诱人。

说起比萨饼的起源,不少人认为它诞生在 400 年前的意大利那不勒斯。传说,当时有一位家境贫穷的母亲,家里只剩下一点点面粉,这使她为给孩子们做点什么东西吃而发愁。邻居们得知后,凑来了一点西红柿和奶酪。这位母亲就把面粉和成面团擀成饼,把西红柿切碎放在上面,再把奶酪弄碎撒上,然后放在火上烤。平平常常的一些简单食物,竟让她烤成了喷香味美的比萨饼。也有人考证比萨饼的起源说,意大利著名旅行家马可·波罗,在元代时来到中国,尝到中国人摊的馅饼,觉得非常好吃,回到意大利就教意大利人做。谁知他学的时候不专心,忘了怎样才能把馅摊到饼的里面去,结果做成了馅在面上的馅饼。人们尝了觉得好吃,就仿制流行起来。不管怎么说,比萨饼出现后很受意大利人宠爱,除了家庭烤制,店铺也开始制作出售。1837 年,第一家真正的比萨饼店在那不勒斯正式开业。几十年后,比萨饼店又开到了美国,后来又逐步传到了欧洲、日本。1987 年,美国制作了一个特大的比萨饼,直径达 50 米,它作为世界上最大的比萨饼被收入了当年的《吉尼斯世界纪录大全》。

在意大利各地,现有比萨饼店 25000 多家,制作的比萨饼品种极多,有荤有素。荤的要在饼的表面放精选的猪肉、牛肉、火腿等,素的要在饼面放黄瓜片、茄子片或洋葱丝等。无论荤素,一般都放有干酪和番茄酱,并以橄榄或切成块状的熟鸡蛋点缀。为了方便消费者,现在又有了速冻和包装成盒的比萨饼。但众多的人还是喜欢吃有几百年历史的炉膛里烤出的味道纯正的比萨饼。美味可口的比萨饼既是宴请客人的风味食品,也是意大利人普遍喜欢的方便食品。大众化的比萨饼烘烤后,常切成三寸见方大小出售,供上班、上学的大人和孩子握着边走边吃。

人们有兴趣的话,可以去"必胜客",从多种海鲜、水果比萨中,挑选一种如烤肉黑比萨、黑松露比萨、鲜香培根比萨、芝士榴梿比萨等,品尝一下只有一层皮的馅饼,是怎样的口味哦。

11. 琳琅满目的罐头

当人们走进超市,会在好几类食品中,看到罐头。如瓶装的水果罐头,铁罐的鱼肉罐头,易拉罐装的八宝粥、果汁,瓶装的菇、蘑、酱菜、腐乳……不仅奶制品使用软包装,连黄酱、酱油、醋、白酒等也都用上了。

罐头食品便于贮存、携带,食用方便,和人们的生活关系密切。可是罐头却是由战争孕育出来的。1795 年法国拿破仑政府为解决远征军的给养供应,悬重赏解决军用食品的保鲜方法。结果一位叫阿佩尔的糖果点心师领走了奖金。阿佩尔发现,一瓶经过煮沸密封的果汁很长时间不坏。于是他将食物装进广口瓶,在沸水中蒸半小时,趁热用软木塞塞紧,再用蜡封严。经过多次实验证实,这种方法能使食品长时间保鲜。这项发明很快就进入了工业生产。1812 年,阿佩尔开办了世界上第一家罐头厂。整整 50 年后,法国著名科学家巴斯德研究发现,食品的腐败变质都是微生物生长繁殖的结果,他提出用加热的方法杀死微生物,即"巴斯德杀菌法",为罐头的制造奠定了理论基础。随着科学技术的进步,铝罐、镀铬铁罐以及软包装罐头相继出现,推动了罐头工业的发展。

如今,国内外市场上的罐头,种类繁多,不断出新。美国研究出一种"热罐头",里层放食品,夹层放发热剂。食用前把罐头打开,在夹层中注入冷水,发热剂就会使罐头里的食品变热。这种"热罐头"很适合野外工作的人食用。日本开发出 50 多种专供婴儿食用的罐头,包括混合水果、桃、苹果、胡萝卜、菠菜、肝酱等食物。这些罐头根据婴儿所需要的营养成分配制,经过高温消毒、综合加工制成,口味清淡,营养丰富,容易消化吸收,特别适合婴儿食用。目前市场上的罐头,在方便化(使用螺旋瓶、易拉盖、带铁柄的卷开盖)、风味化(东坡肘子罐头、米粉肉罐头、甜玉米罐头)、保健化(芦笋罐头、人参果罐头)几个方面,都有着不错的销路。

罐头是人们喜爱的食品之一。但有人担心罐头中加了很多防腐剂,食用会有害人的健康。其实这种担心是不必要的。罐头食品所以能较长时间贮存,在于经过高温杀菌后,密封同时抽真空,罐内有一定真空度,能够阻止微生物侵入,从而达到保存的目的。有人对一听贮存达 114 年的肉罐头进行研究,确认罐内肉食保存完好无毒的秘诀,就在于制作时成功进行了杀菌和密封。至于正规厂家生产罐头食品时使用了微量添加剂,是不会影响到食用者健康的。买罐头时要注意的是,罐面胀瘪、有锈迹的不要买,瓶装罐头里面汤汁混浊也是不良罐头。要看好保质期,生产日期越近,罐内食物自然就越新鲜啦。

12. 方便面纵横谈

人们工作或学习、娱乐后，感觉饿了，又不到吃饭时间，常喜欢泡一份方便面，热乎乎的吃得很舒服。

方便面是速食食品中的宠儿，风靡当今世界各国。最先把方便面开发成功并投放市场上的是日本人安藤百福。20世纪50年代，日本街头摊贩出售中华风味面条，很受欢迎，人们排长队购买。安藤想，如果能搞一种经过简单加热就能食用的面条，一定能打进食品市场。果然，他的"鸡汁方便面"试制出来后，一推上市场就大受欢迎。当年便销售了1300万袋，开始在市场占据一席之地。第二年销量增长6倍，第五年达到10亿袋。1966年，安藤前往美国、欧洲调查速食市场后，把筷子改成刀叉，以适合更多人的习惯。随后他又研制出新式的容器材料和铝箔包装、即开食的杯装，一举打开了广阔的海外市场。现在日本的方便面已远销50多个国家和地区。在日本自动生产线上，一袋方便面从进料、干燥到完成包装，一般只需要40分钟。生产和销售长期保持兴隆不衰。在日本，方便面还被选为20世纪最佳发明。

近些年来，我国已成为方便面最大的消费国。从1984年上海益民四厂生产出中国第一包方便面开始，中国的方便面生产已经走过30多年的历程，方便面的生产以年均20%的增速快速发展，并从2001年开始出口到美国及亚洲的一些国家和地区。专家预计中国还有200多亿份的潜在市场需求。据世界拉面学会统计数据，2003年全世界消费方便面652.5亿份，其中277亿份在中国被消费掉，人均消费26份。

据统计，目前国内生产方便面的企业已达1000多家，年产量达100多万吨。方便面柜台里常常摆放着几十种方便面供选购。虽然有不少消费者对方便面的品牌和口味有所偏爱，但更多的人不局限一个牌子。新品面一出世，人们就想尝尝，换着口味吃。那些用料讲究、包装别具一格的高档次方便面，需求量升而不降。如"统一"牌满汉大餐牛肉面，售价达14元，仍有市场。

在今天人们常吃的方便面中，主要营养素包括碳水化合物、蛋白质、脂肪、无机盐、矿物质和维生素。利用蔬菜的快速冻干技术，减少了方便面中蔬菜维生素的流失。有些品牌的方便面带有茶蛋、熟肉块、虾仁等配料，更能增加营养，改善口味。如今国内各地超市中有近千个方便面品牌，高能量已成为方便面的营养特点。营养学家测算指出，100克方便面含热量400千卡，而100克面条或馒头只能提供热量300千卡。可以预计今后的方便面不但食用方便快捷，继续受到欢迎，还会更富营养和好吃。

13. 甜香适口的蜜饯

有不少人爱吃蜜饯,它们酸酸甜甜,味美色鲜,很招人喜欢。

蜜饯即为果脯,是用新鲜水果经去皮、取核、糖水煮制、浸泡、烘干等工序制成的食品。是我国的特产食品,有浓厚的民族特色和悠久的制作历史。早在公元前的西周时期,就有关于它的记载。《礼记·内则》篇叙述说:"枣栗饴蜜以甘之。"说明那时古人已经善用蜜汁浸渍果品,增加口味,这就是"蜜饯"之称的由来。在陈寿写的《三国志》书中也有对蜜饯的描写,那时盛行吃莲子、藕片、冬瓜条之类。宋代制作蜜饯讲究保持瓜果的原形,或者把蜜饯雕刻成花、鸟、鱼、虫、龟、兽、山、水等图案,摆上宴席,《武林旧事》一书上就有"雕花蜜饯"的介绍。明代迁都北京后,皇帝一年四季都要吃各种鲜果。御膳房里的厨师将各季节所产的水果,分类浸泡在蜂蜜里备用。后来制作方法从宫廷传出,民间渐渐有了专门的蜜饯生产业。制作方法也由密封、糖豉、铜锅煮制、汽煮,发展到今天的抽空压缩等。

果料中可做蜜饯的品种很多,苹果、沙果、梨、桃、枣、海棠、杏、红果、梅子等水果,冬瓜、藕等菜,都是制作蜜饯的佳品。它们经过蜜糖浸渍腌制,外观晶莹,味道醇美,可以保存较长时间而不变质。蜜饯中含有多种营养,而且有一定药物作用。如蜜饯橄榄有清喉功效,苹果脯有促成胆固醇转化的作用,金丝蜜枣有益脾、润肺、强肾、补气、活血等健身功能。还有一种诃子果脯,也叫藏青果,对喉炎、肠炎、菌痢、急性胃炎等病症都有疗效,是一种很好的药食两用蜜饯。近年来,北京又研制出柿子、黑枣等一批新品种蜜饯,经常食用黑枣蜜饯能减轻妇女的肥胖病,很受减肥者青睐。

蜜饯食品深得我国人民喜爱,在世界上也享有盛名。早在 1915 年巴拿马世博会上,中国果脯就曾获得金质奖章。如今随着食品工业的发展,在继承"选料严,加工细"的传统上,工艺水平大大提高,各种甜香适口的蜜饯远销日本、东南亚各国,欧美客商也争相洽购。对许多外国人来说,能尝到中国的蜜饯,实在是难得的口福。一次,旅居英国伦敦的几位中国人带着中国蜜饯等食品去公园野餐,他们放下食品去打羽毛球。返回时发现放在毯子上的一包蜜饯杂拌食品没有了,代之放在毯子上的却是一些巧克力、火腿三明治和两瓶啤酒,旁边留有一个纸条:"请别生气,就把这称为东西方的文化交流吧!"

14.古往今来烤肉串

很多人喜欢吃烤羊肉串。鲜嫩的枣状羊肉穿在签子上,烤得流油,再往上撒调料,在香味缭绕中,让人越吃越爱吃。

烤羊肉串是维吾尔族的传统小吃,新疆各个城乡集镇的大小饭店都有经营。烤羊肉串不但维吾尔族人爱吃,各地人也都爱吃。于是,新疆烤羊肉串以其特有的民族风味进入各地。早些年,人们常可看到头戴维吾尔族小帽的新疆人,手执铁扦子,站在铁槽炉前烤羊肉串的情景。不是新疆人也要打扮成新疆人,陈佩斯在春节晚会上就演过《羊肉串》小品。

虽然新疆的烤羊肉串很是著名,但羊肉串的真正故乡并不是在新疆,而是在中原大地。据史书记载,烤肉串是我国远古居民主要的烹饪方法之一。那时称为"炙",就是把兽肉去毛,用竹签(汉代以后多用铁签)将肉贯穿成串,悬于火上烧烤。由于烤肉串吃法味道鲜美,人人爱吃,就产生了"脍炙人口"的成语,并用来形容大家都喜欢的一件事物。从文献记载和考古材料看,汉代人吃的烤肉串并不限于羊肉,还有牛、猪、鹿、狗和鸡肉等十几种。烤肉串的方法是何时传入新疆地区的呢?有专家指出,是汉代的丝绸之路使中原的汉族文化与西域少数民族的文化得以融合,烤肉串也就是在这个时候传入新疆的。

近年来,烤肉串的经营已经发生了很大的变化。那种把烤箱支在马路牙子上,烟熏火燎的野烤,污染环境,已被各地明令禁止。街头烤摊上的烤肉,来历不明,吃了既不安全,又不卫生,理所当然要受到取缔。如今在北京节日庙会上的烤肉串已见不到明火,全部使用电炉烤制。在一些商店和超市,也有电炉烤香肠、烤鸡翅串等出售。想到有人爱吃烤肉串这一口,一些饭店宴席上也把带签的烤肉串码盘上桌。有的餐馆还推出了俄式烤肉串,烤前先将肉放油、盐、胡椒粉、葱头末、香叶、柠檬汁等搅拌腌渍数小时,串烤后配酸黄瓜、番茄块、泡菜、泡水果等食用,让人有口味一新之感。

如今在北京街头专营烤串的商家不少。鼓楼东大街有一家酷烤餐厅,专门经营烤串,有30多个品种:从常见的羊肉串、板筋、鱿鱼须、烤玉米等,到不常见到的烤全兔、烤虹鳟鱼、烤牛骨髓、烤香蕉等,都有供应。店里的烤串是东北风味,有专门的加工公司供货,光是烤串的酱,就有十几种。来这里吃烤鸡翅,鸡翅骨头烤前要敲碎,抹上酱料,烤好后皮焦肉嫩,调料渗到肉中,香而不腻,让人吃得过瘾。吃多了肉串还可以来两串水果清口。这家餐厅开业半年,已经吸引了400多个爱吃烤串者成了会员。会员想吃就去,享有不少优惠哩。

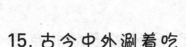

15. 古今中外涮着吃

不少人爱吃涮火锅。夹起喜欢的肉、菜,投入沸水涮熟在调料中蘸着吃,好不畅快。人们感到吃火锅不仅是一种享受,营养丰富的各色各样荤素涮料一经沸涮,鲜嫩爽口,对健康也很有益。

涮着吃在我国由来已久。清代时火锅曾到处涌现。乾隆皇帝几次下江南,他爱饮酒、吃火锅,所到之处都为他早早把火锅备下。于是南北贯通,火锅盛行。在乾隆年间,宫中还曾摆设了一场千叟宴。据说那天共使用火锅1500多个,场面壮观,成为历史上最大的火锅宴。

清末民初时,全国已形成了几十种不同的火锅。然而涮着吃在过去毕竟只是少数人的雅兴。时至今日,火锅遍及城乡,方成为人们改换口味的家常餐食。名火锅中诸如北京的涮羊肉火锅、东北的白肉火锅、广东的鱼生火锅、上海的菊花火锅、江浙的三鲜火锅等,各具特色,风味不同。重庆的毛肚火锅,以水牛毛肚为主料,配有荤素菜品,具有麻、辣、烫、鲜、香、嫩、脆等特点,盛行夏天围炉进食,往往一手摇扇,一手执筷,汗流浃背,吃得不亦乐乎。在台湾、香港流行的名火锅也有多种。台湾的海鲜火锅涮料以海鲜为主,包括螃蟹、草虾、鱼肉片、蛤蜊等,调味品仅一碟上等酱油。沙茶火锅最初流行于香港,以高汤为锅底,放入苹果或凤梨用慢火炖。涮料是新鲜牛肉,汤汁甜美,风味极佳。

中国火锅在国际上一直享有盛誉,许多国家仿照我国的涮着吃,创制出种种符合本国口味的火锅。日本的"涮涮锅"也称为"迷你火锅",内盛高汤,加豆腐、番茄、香菇等,外加一碟肉,自吃自添,有"一人天地"之称。韩国的"石头锅",其锅底是辣椒油、辣椒粉、涮肉片和肥鸡。食客往往被辣出汗珠、眼泪,有"辣死人不偿命"之说。泰国的"香辣锅",锅底香味浓郁,常以"三七"等滋补药入汤,有一定药膳健身功用。印度尼西亚的"咖喱锅",使用作料有咖喱、香料、番叶、椰子粉等,涮以鱼头、鸡肉、牛肉,锅底还能以米粉浸汁,有尽吸原汁的雅趣。法国的"勃艮锅",以油为汤,牛肉切小块,用铁叉挑起在热油中涮上一气,生熟程度全凭食客喜好。瑞士的"乳酪锅",以葡萄酒兑适量乳酪烧开,用铁叉叉起小方块面包,蘸取乳酪酒浆食之,风味十分独特。

16.品种繁多的北京小吃

人们在北京过春节时逛庙会,走到小吃摊前,常会吃上一盘灌肠,或是喝上一碗面茶。即便当时不想品尝,也常常喜欢买些切糕、驴打滚等,带回家去慢慢享用。

北京小吃历史悠久,据元代《饮膳正要》等史料书籍介绍,北京人爱吃的"八宝莲子粥""肉饼"就是从元代宫廷小吃转变来的。到了清代,北京小吃受满族糕点影响,吸收了"饽饽""萨其马"等品种。乾隆年间北京小吃已相当丰富,当时有首《都门竹枝词》写道:"清晨一碗甜浆粥,才吃茶汤又面茶。凉果炸糕糖耳朵,吊炉烧饼艾窝窝。叉子火烧刚买得,又听硬面叫饽饽。烧麦馄饨列满盘,新添挂粉好汤团。"由此可见,当时小吃不仅多样,而且形成了京城的风味特色。

面食在北京小吃中向来居于首位,花色多样。如烧饼就有麻酱烧饼、油酥烧饼、吊炉烧饼、五连烧饼、马蹄烧饼、驴蹄烧饼和夹熟肉末的肉末烧饼等。口味不同,形状、色彩也各不一样。又如糕类有年糕、百果年糕、金钱年糕、如意年糕、鸳鸯糕、塔糕、花糕、豆馅凉糕、象鼻子糕等,五颜六色,琳琅满目。北京小吃历来注重选料讲究,制作精细,一小块2寸厚的"千层糕",竟会有81层。用3斤水面抻面条,12抻之后能抻出4096根细如发丝的"龙须面",每根长2.52米,若连起来有10公里长。将这种面丝油炸撒糖,格外甜香爽口。据统计,各类不同的北京小吃约有300多种,其中不少被人们津津乐道,有民谣唱道:"从来食物数燕京,豌豆黄儿久著名。红枣嵌入金屑里,十文一块买黄琼。""白黏江米入蒸锅,什锦馅儿粉面搓。浑似汤圆不待煮,清真唤作艾窝窝。""喂羊肥嫩数京中,酱用清汤色煮红。日午烧来焦且烂,喜无膻味腻喉咙。"(咏烧羊肉汤浇面)"大铜壶里炽煤柴,白水清汤滚滚开。一碗冲来能果腹,香甜最好饱婴孩。"(咏茶汤)有些小吃中的精品,比如用过细箩的玉米面、黄豆面加白糖、蛋黄、桂花蒸制的小窝头,不但多次摆上国宴的餐桌,而且早已名扬海外。

中华人民共和国成立后,北京小吃在继承传统的基础上不断推陈出新。近年更发掘出一大批失传多年的小吃品种。如今北京有了一条条专营小吃的"小吃街"。各处游园、庙会上也都能展现令人眼花缭乱的小吃。在地坛庙会和大型食品节上,小吃摊位常常达到四五百家,既有传统风味的茶汤、豆汁儿、煎饼、老豆腐、白水羊头、卤煮火烧、驴打滚等,也有正宗的回民小吃松肉卷果、蜂糕、宫廷褐糕等。断档多年的吊子汤和金灿灿小元宝、一咬顺嘴流油好吃不腻的炸回头等,十分引人注目,并给人口味一新的感觉。北京小吃这一株娇艳的花,在祖国食苑的百花园中将会绽放得更加绚丽多彩。

17. 京味浓郁的豆汁儿

　　豆汁儿是北京的小吃之一。北京人喝豆汁儿是有年头的事了,有书记载:清代乾隆十八年(1753),京城有一家粉坊偶然发现用绿豆磨成的半成品粉浆,发酵变酸后,酸甜可口,熬熟后更加好喝。不久受到皇家赏识,乾隆皇帝曾经传旨:招募制造豆汁儿匠人二三名,派在御膳房当差。以后豆汁儿在民间广为流传,成为大众喜食的小吃。

　　色灰白、味微酸的豆汁儿,本是制作淀粉、粉丝的下脚料。早年间,把绿豆淘洗干净,水浸十几小时,加水磨成稀糊,接着加入前一次做豆汁儿时撇出的清水。这水是经过发酵的,能使豆汁儿变酸,称为浆水。再加清水过滤沉淀,撇去浮沫和浆水,就可以淘出豆汁儿了。喝时放大砂锅熬,待要潽出时,改用微火保温。喝豆汁儿讲究随喝随盛,喝烫的,不燎嘴不够意思。喝豆汁儿还讲究吃辣咸菜丝,要和烧饼、焦圈配套。有科学家考证,豆汁儿中含有丰富的蛋白质、维生素 C 和粗纤维,营养不让酸牛奶。有开胃健脾、清热解毒的功用,最是物美价廉。以前在护国寺、白塔寺庙会上,豆汁儿摊儿最是常见。各街巷早晚也有不少推车叫卖豆汁儿的。人们想喝豆汁儿很是便当。也有人喜欢去豆腐坊买上大桶豆汁儿,回家熬煮喝个尽兴。

　　这酸溜溜、甜丝丝,带股酵头味的豆汁儿是北京独有的"土特产",它玄妙的滋味常使旅居港台及海外多年的北京人魂驰梦绕。近年来,常有台胞、华侨经区饮食部门推荐,照直到护国寺小吃店喝豆汁儿,他们欣慰而笑,越喝越香。有位姓刘的老台胞来京探亲,在小吃店畅饮豆汁儿,连说美味,还向旁边顾客说:"北京变化大,但有陌生感。现在一喝这豆汁儿,心里又舒坦,又踏实,才感觉是到家了!"他喝下两碗后,依依不舍地离店,没走到街口重返回小吃店,又买了两碗细细品味,还说真想带到台湾一些去。

　　豆汁儿就是这么种食品,它身价不高,醇美可口。在旧北京风俗画中有它浓重的一笔,在食文化发展史上,也有不可缺少的一页。对土生土长的北京人,不管走向何方,都有着一份养育情。当不喝豆汁儿或没喝过豆汁儿的朋友了解了豆汁儿的这些知识后,可能也想品尝一下豆汁儿吧?

18. 窝头与小窝头

奶奶蒸了一锅黄澄澄的玉米面窝头。家里的孩子掰开一个,有滋有味地吃起来。他问奶奶:"这窝头又暄又香,特别好吃,为什么说它是过去穷苦人吃的食物呢?"

在过去,窝头的确是穷苦人家的糊口食物。在米面中,数玉米面售价低,穷苦人在外劳碌一天,收入也就够买二三斤玉米面的。吃别的买不起,蒸玉米面窝头也就成了家常便饭。主妇们都能熟练地和面、使碱,蒸时一边团面,一边用一个拇指在底部旋眼儿。常年蒸窝头,使锅中的窝头大小相等,高矮一致,眼儿正而厚薄均匀。蒸好揭锅后,只见蒸熟的窝头色泽金黄,油光铮亮;捧在手里热乎乎,吃起来香喷喷、甜丝丝。窝头不光有玉米面(棒子面)的,还有杂合面窝头(玉米面拌黄豆面)、小米面窝头(小米和黄豆磨面)、糜子面窝头(糜子、黄豆、小米合磨),以及枣窝头、糖窝头、胡萝卜丝窝头、榆钱儿窝头等。窝头可以整吃,也可以切碎炒着吃、烩着吃。老北京人吃烤窝头片,还叫"吃点心"呢。

相传,清光绪二十六年(1900),八国联军攻入北京,慈禧太后携光绪皇帝仓皇出逃。这天,御驾行至一村,村民听说皇太后驾到,就献出当时仅有的窝头请皇太后充饥。慈禧饥不择食,大口吞吃,觉得其香无比。出逃结束,回到宫中后,慈禧想起这段往事居然还有些留恋之情,就吩咐御膳房为她制作窝头。御厨怎敢把乡民那种窝头献上,商议后,精心制作了一种形同窝头却比窝头小得多的美味糕点。小窝头是用细玉米面、黄豆粉、白糖、蛋黄、精面粉、苏打、桂花加温水和面,上锅蒸制而成。慈禧一吃十分喜爱,小窝头从此成为清宫御膳房名点。

民国以后,小窝头的制法从宫内传了出来,成为北京的一种传统小吃。它的形状是上尖下圆、中有孔洞,是仿照北方农村民间大窝头的样子制成的。远看金黄闪光,精巧别致,恰似一个个小宝塔,吃起来清香甜美,又有营养。以北海公园内仿膳饭庄制作的最为有名。在1956年的国庆招待会上,周恩来总理曾用仿膳饭庄的小窝头招待宾客,宴桌盘中小窝头色泽鲜黄,小巧玲珑,入口香甜细腻,食后让人赞不绝口,成为当时的一大新闻。近年来,小窝头已成为一些小吃店、食品店的糕点之一,甚至连饭店、酒楼也把小窝头端上宴席。

如今大小窝头的种类繁多,除玉米,还有紫米、菜汁、胡萝卜汁等制作的,五颜六色,口味多样。想尝尝窝头的味道,小吃店、大超市以及庙会上都是有售的。

19. 酥香亮脆煎灌肠

在北京的小吃店和春节庙会上，人们常会看到一种油煎的片状食物，盛在小盘子里，浇着盐蒜汁，要用牙签扎着吃。这种食物就是北京的风味小吃之——灌肠。

北京人吃灌肠是从吃"关东鹿尾"而来的。清代满人入关前，以狩猎为生，喜欢吃鹿肉、鹿尾；入关后，满人仍保持着爱吃鹿尾的食俗。其中"炸鹿尾"制作简单、味道鲜美，最受满人欢迎。到了清代后期，炸鹿尾不是炸真的鹿尾了，而是在猪的肠皮内灌肉末，用猪油煎炸。后来连肉末也不灌，改灌淀粉，由此而产生了灌肠。

早年间，逢护国寺、白塔寺、白云观有庙会，灌肠是棚摊上最常见到的小吃。在护国寺庙会的后院，各种小吃摊排列两厢。因这里的灌肠味美可口，此院还被称为"灌肠院"。在京城中轴线北端的鼓楼前，紧挨着万宁桥（俗称后门桥），过去有一家专门经营灌肠的小吃店，名叫"福兴居灌肠老铺"，卖灌肠很有名气。福兴居制作的灌肠，选料精细，工序严格。制作时，将淀粉、红曲、桂花、蔻仁、花椒面、葱末、姜末、味精等各种香料调成糊状，灌进猪大肠蒸熟，晾凉后切成一边薄一边厚的片，放在饼铛上，用油煎至一面焦脆一面软嫩后盛在碟中，浇上蒜泥、盐水汁食用。灌肠煎得光亮酥脆，既提味儿又解油腻，令人百食不厌。

相传，有一年慈禧太后到鼓楼前的火神庙降香，老远闻到一股浓香的味道，不知是何物，一问方知是灌肠，遂口谕降香后品尝。福兴居掌柜的急忙将20多盘精心煎好的灌肠，装进提盒，送至庙中。慈禧品尝了灌肠后颇为惬意，当即赏了银子。后来，慈禧常派太监购买灌肠，并给福兴居颁发了"龙照"（永久性的特许营业证），福兴居因此而名声大噪。

那时每天到福兴居灌肠老铺吃灌肠的食客络绎不绝。上午11点开始营业，三教九流的顾客中，斯文者里边坐着吃；爱热闹者外边站着吃；也有人手把一壶烧酒，蹲着吃；至于车把式，则每每是一斤大饼两盘灌肠一卷，边走边嚼。平时四面八方的顾客，经常把福兴居的六间门脸儿里里外外挤得水泄不通，可见当时福兴居灌肠生意之兴旺。

灌肠流传至今，一直很受北京人的喜爱。在吃多了鱼肉荤食之后，煎炸一些灌肠，蘸着蒜盐汁吃吃，能改善口味，增进食欲。如果想吃灌肠，可到超市里买一坨灌肠，切片放油锅中用小火煎炸，准备好碎蒜盐汁，炸好用牙签扎着吃就OK啦。

20. 抻抖转扣炸油条

油条是一种古老的中式面食,为长条形中空的油炸食品,口感松脆而有嚼劲。在街头早点店铺中,油条也是主要品种之一。

油条,也有果子、油炸桧等叫法。说起"油炸桧",还有着一段故事哩。据《宋史》一书记载,南宋时,秦桧一伙卖国贼,以"莫须有"的罪名杀害了岳飞父子。南宋军民对此无不义愤填膺。当时临安(今杭州)风波亭附近有个卖早点的摊棚,摊主抓起面团,揉捏了形如秦桧和其妻王氏的两个面人,绞在一起放入热油锅炸。吃早点的人心领神会,喊着要吃"油炸桧"。早点中从此有了油条这一食品。

吃炸油条在我国很普及,也是京津等地的小吃之一。以前人们爱把油条夹在芝麻烧饼里吃。如今油条则被摊了鸡蛋的煎饼包裹起来食用,人们戏称它为中国的"三明治"。在小吃店里,油条是与豆浆、豆腐脑同食的早餐品种。北京一些小吃店炸油条,先将盐、碱、矾加水和面。将滋润光滑的面切长条,抻长按扁,断成小段;两小段稍按在一起,抻抖转扣成花,下油锅炸时,勤加拨转,炸至金黄色捞出,吃起来松脆可口。

炸油条虽然不是繁难之作,但要把油条炸得色、香、味俱佳,也是很吃功夫的。湖北的炸油条就十分讲究,还分为两个帮系,有"单条"操作和"双条"操作的不同。该省还举办过炸油条专场大赛,一位位白案点心师炸出的油条色泽黄亮,松泡酥韧,不但耗油量少,更精巧的是:使用面粉10斤,炸出油条百根,一根不多,一根不少,长短粗细非常均匀。

油条是我国最具民族传统特色的食品之一。可是别以为只有我国吃油条,到欧洲西班牙旅游的人会发现,当地早餐店也卖油条。西班牙人管油条叫"油棒子",味道和我们的也差不多。不同的是,西班牙的油条出锅有两丈多长,像一大堆团团卷起来的肠子。出售时由店员剪成段,顾客用油条蘸咖啡、牛奶或豆浆吃,另是一种风味。据了解,西班牙的油条并不是他们的"土产",而是由中国水手传去的。后来这种"洋油条"又传到了南美洲和墨西哥,加入辣味、调料,与玉米、海鲜等同食,别是一种口感。

油条是一种碱、矾发酵食物。加入明矾和碱能使油条变得松泡酥香,然而明矾是一种含铝的无机物,研究调查发现,人体含量过高对大脑和神经细胞会带来损伤,引起老年性痴呆症。为此,老年人切不可天天把油条当早餐。对于生长发育中的青少年来说,油条也是少吃为好。

21. 美哉！ 北京烤鸭

有不少外地人到北京游玩时，会走进烤鸭店，品尝一番正宗烤鸭。

当人们坐在北京"全聚德"烤鸭店里，面对着一盘色呈枣红、外焦里嫩、光泽油亮、片好的烤鸭肉时，便会涎水津津，迫不及待地拿起特制的薄饼，抹上调有香油、白酒的甜面酱，夹起几片薄薄的鸭肉，配上细葱条、黄瓜段，一卷，咬上一口，鸭肉入口酥香，油而不腻，它那味道之佳妙，令人拍案叫绝。美哉！北京烤鸭。

吃烤鸭的历史在我国源远流长。早在北宋时，就有"汴京烤鸭"的美味了。据《元史》记载，元将伯颜曾经让临安城里的各类能工巧匠迁徙到大都（今北京），使得烤鸭技术在元代时就在北京落了户。1855 年，北京最早的烤鸭老店"便宜坊"在宣武门外骡马市大街开业，不久，"全聚德"也在前门外亮出牌匾。"全聚德"的创始人杨全仁，在众多鸭种中选中生长在京西玉泉山一带的填鸭上炉。这种鸭子羽毛洁白，肉质丰腴、细嫩，非常适合烤食。此店将宫廷御膳房烧乳猪的技术移植过来，创造出一套挂炉明火烤鸭的加工工艺。鸭子宰杀后，经过开坯、充气、烫坯、洗膛、晾皮等十几道工序，再往鸭膛里注满清水，用带有清香的果木柴火烘烤，如此外烤内煮，味道十分鲜美。

北京烤鸭就这样在京城叫响。不过烤鸭业的真正繁荣是在中华人民共和国成立后，特别是最近一些年，各地都建起"全聚德"分店，连日本、泰国、美国等国也都挂起了"全聚德"的金字招牌；北京烤鸭香喷喷地"飞"向了世界。而今各地超市货架上，有不少"全聚德"等品牌密封包装的烤鸭出售，买回家去用微波炉加热一下，也能饱餐一顿烤鸭肉。但是想吃正宗烤鸭，还是要步入北京的烤鸭店里。

外宾游北京，除有"不到长城非好汉"的心愿，还有"不吃烤鸭太遗憾"之说。尼克松、基辛格、日本天皇等国宾，都对北京烤鸭赞不绝口。1954 年周恩来总理在日内瓦开会期间，曾招待卓别林夫妇吃北京烤鸭。席间，卓别林望着刚上桌的烤鸭，诙谐地说："我所创造的流浪汉夏尔格的步态，便是从鸭子走路中得到启发，为了感谢鸭子，我从此不吃鸭子了。不过，这次例外，因为这不是美国鸭子。"这番话引得大家哄然大笑。宴会将结束时，周总理关心地问卓别林菜是否合口，卓别林一本正经地回答说："贵国的烤鸭，味道举世无双，但有个小小的缺点，那就是：让我吃不够。"

22. 北京的烤肉

烤肉本是我国草原上游牧民族的美食,随着满族入关,传入城市。在清初顺治年间,宫廷里的王公贵族经常外出打猎,把猎获的野味带回城里,让厨子给烤熟了吃。烤肉的吃法和烤肉技术,也渐渐传到民间。

爱吃北京烤肉的人,都知道"南宛北季"。"南宛"是宣武门内大街东侧的烤肉宛,自清代康熙年间就在此经营烤肉生意,距今已有 200 多年的历史。"北季"是位于什刹海北岸银锭桥畔的烤肉季,它开业于清代道光年间,也是一家有 150 多年历史的老字号。

老北京的烤肉味道鲜美,首先在于选料精良。所用的牛、羊肉,都要选上脑、里脊等肉质细嫩部位。在刀功上讲究薄而不散,肥瘦相宜。烤肉用的木料为松、柏木,用特别调料浸过的肉片放在铁条上烤,松木的芳香味在烤肉过程中,能渗进肉里,使烤出的肉香气浓郁又带有一股"野味"。

20 世纪 30 年代,有人请国画大师齐白石去烤肉宛品尝烤肉。齐老坐进饭庄,本来怕嚼不动,烤好一吃,觉得烤肉鲜嫩得像豆腐。食后高兴地为饭店题写了钟鼎文"烤"字。烤肉季的烤肉,也有"赛豆腐"之称。知名人士老舍、梅兰芳、马连良、张君秋等,都是饭庄的常客。

近年来,烤肉宛和烤肉季两家饭庄,在经营烤肉、保持原有风味的基础上,都扩建了店堂,推出大批清真特色菜肴。烤肉宛的风味菜有:扒牛肉条、煨牛肉、香酥羊肉、它似蜜等。烤肉季的看家菜则是:炸羊尾、杏干牛肉、糖醋卷果、麻辣口条等。两家饭庄宽敞的宴客大厅,优雅的就餐环境,已成为中外游客领略中华传统美食的理想之地。两年前,烤肉宛迁址南礼士路后,装饰一新,尤其突出了一派伊斯兰建筑特色。为使中国饮食文化面向世界,烤肉宛博采中国清真菜之长,兼顾伊斯兰饮食特点,推出了 30 多款风味新菜,其中有阿拉伯饭、手抓羊肉、炸金钱虾饼、煎塌牛肉丸、特味全羊等,使众多的穆斯林兄弟在异国他乡也能大饱口福。烤肉季经多年历练,已形成了老、嫩、焦、煳、甜、咸、辣、"怀中抱月"共八种烤肉口味。结合什刹海"水上游"活动,还提供了送餐上游船的服务,深受欢迎。

在北京吃烤肉,除了去烤肉宛、烤肉季两家大饭店,做烤肉生意的饭店、宾馆还有很多。在白塔寺南侧,曾是有名的"火锅一条街",不少店中都是连涮带烤的。

吃烤肉也不是非要下馆子。把鲜嫩的羊肉切片,在酱油、味精、料酒中,抓匀浸泡入味。在锅中少放油,翻炒肉片,出汤后倒掉,放葱丝煸炒后,再放香菜段煸炒出锅。自制一盘烤肉就这么简单。

23.天福的酱肘儿

北京天福号的酱肘子香润可口,味道独特。

天福号肉食店最早坐落在西单路口南侧。它开业于清乾隆三年(1738),是一家有280多年历史的老字号。

天福号的出名很是偶然。该店的肉食经常夜间煮、白日卖。一天夜里,店东刘凤翔的儿子看锅煮肘子,没想到睡着了。等到这位少掌柜醒来一看,肉已塌烂在锅里。也只好把那些烂成泥的肘子整理出锅,酱上颜色,码放晾凉出售。早晨开门后,一位刑部衙门里的小老爷买了一只肘子,尝了一口说味道不错,包走。快到响午时又打发人来,说再买点儿给家中老爷、老太太吃。傍晚衙门来人传话,恭喜老板说,刑部老爷爱吃今天的肘子,因为又酥又嫩、不腻口、不塞牙、味道香,让每日送一只入府。店老板一家大受鼓舞,以后就按过火的时间煮肘子,在加工上精益求精。出锅后的酱肘呈鲜亮的酱红色,软嫩清香,再用万寿山六郎庄荷叶外包,添一股荷叶清香气,成为京华的一味名牌佳肴。据说当时慈禧太后尝过天福号的酱肘子后大加赞赏,赐天福号一块进宫的腰牌和四条黄带子,送肘子可直入皇宫。此后,天福号的酱肘名噪一时。

让人口中留香的天福号酱肘子,做得好吃,一是在于精选原料。过去天福号酱肘一定要用京东八县的黑毛猪,毛重120公斤左右,皮薄肉嫩,只用两只前腿。配制老汤的辅料花椒、大料、桂皮、生姜等,要新鲜、整齐,不含杂物,入锅前手工精选。二是掌握火候。生肘子经过精心处理后,下锅用大火煮,温火炖,微火焖,长达6个多小时,每道工序的火候都不能有半点差错,才能让出锅的天福号酱肘具备"肥而不腻,瘦而不柴"的特色。焖烂的肘子出锅时,要用一把特制的铲子和钩子,一个个铲出,稍不小心就会碰碎。这也是天福号的一手绝活哩。

1982年以来,天福号酱肘子和酱肉先后获得北京市优质食品、中国名优产品等称号。经中国科学院食品营养卫生研究所检测,天福号酱肘子蛋白质含量高,瘦肉中蛋白质含量高达29.6%,并富含多种维生素、微量元素及18种氨基酸,而且所含的不饱和脂肪酸比普通猪肉要高出很多,而肥肉中胆固醇含量则比普通猪肉低13.2%。常食天福号酱肘子有养颜、降血脂等作用,是人们信赖和称赞的健康食品。

如今,在诚信服务感召下,很多大食品店纷纷设立了销售天福号酱肘酱肉专柜。天福号在北京大中型商场、超市的直销专柜已达190多个,销售网点400多个。产品还销往太原、邯郸、保定、承德、石家庄等地区,被誉为"中国酱肉第一家"。人们尽可经常购买天福号的酱肘一食为快了。

24. 月盛斋的酱肉

　　人们走进大超市，来到熟肉制品货架前，常会注意到有一种标明"月盛斋"的熟肉制品。除了酱牛肉、酱羊肉、烧羊肉、羊蹄、羊杂等，还有清香鸵鸟肉呢。

　　北京前门外廊房二条街口，有一家清真老字号"月盛斋"。在二百多年前的清朝乾隆年间，一位叫马庆瑞的回民在这里由摆摊卖肉开起了店铺。按穆斯林的风俗，以"生意像斋月一样兴盛"之意，取了"月盛斋"的店名。马庆瑞凭着家传手艺和向内行学习，制作的五香酱牛、羊肉清香味美，外鲜里嫩，让人越吃越爱吃，生意日渐红火。在清宫搞祭祀活动时，还被宣差进宫，到御膳房当厨役。趁此时机，马庆瑞拿出制肉配方请太医过目，加进了丁香、砂仁等几味中药，使得肉质更加鲜美，并且有开胃顺气、促进食欲的功用。有人写诗赞美月盛斋酱肉说："喂羊肥嫩数京中，酱用清汤色煮红。日午烧来焦且烂，喜无膻味腻喉咙。"在光绪年间，经慈禧太后"恩准"，发给月盛斋四道腰牌，制好肉食可以直送宫中。月盛斋指派专人每隔几日就把特制的酱肉送进御膳房听用。

　　月盛斋的酱肉制作时绝不偷工减料，一锅肉必煮到 7 个小时。酱羊肉出锅后，要晾凉了再用温油炸，炸透再过香油。这样制出的烧羊肉，满口都是入足了料的香味。而月盛斋的酱肉好吃，除了秘方独特、选料严格、调料精良、制作精细外，"百年老汤"也是店中"一绝"。店内每次炖完肉，都把原汤存放起来，第二天添上配好的新调料再炖。日复一日，老汤长存。用老汤炖出的肉，味道醇厚，比不用老汤的肉好吃得多。据说，月盛斋从开业就保留着老汤，只是在八国联军侵入北京时，店铺停业三天，才把老汤倒掉。而后来用的老汤是在 1900 年配制的。过去每逢夏季，北京人来月盛斋买烧羊肉，都会带上瓶罐要上一勺老汤，回去浇在捞面上，这可是盛夏不可多得的美食。

　　月盛斋的酱、烧牛、羊肉，食品气质高贵，驰名中外。著名表演艺术家马三立、侯宝林、李万春、马泰、田华等，都是月盛斋的常客。京剧名家王金璐当年去戏校学戏时，每天下课回家，途经月盛斋门外，刚好是肉食起锅的时候，他想不能让这肉香浪费，就常带着馒头，闻着肉香吃下，传为美谈。

　　二百多年以来，月盛斋历经风风雨雨，延续着自己具有民族特色的清真食品。近几十年来，月盛斋生产的烧羊肉、酱牛肉分别被评为商业部和北京市的双优产品。在原有品种上，又开发出了五香羊头肉、炸松肉、炸牛肉卷、五香酱鸡等 20 多个新款肉食种类。如今各大型超市纷纷开设了月盛斋熟肉柜台。各地爱吃月盛斋酱肉的人们尽可以随时购买，细细品食了。

25. 北京的腊八粥

腊八粥里果料多,甜香味美,是北方人爱喝的粥品。

腊月初八这天,在我国不少地方有喝"腊八粥"的习俗。相传农历十二月初八日,是佛祖释迦牟尼成佛的日子。因此古代佛寺常在腊八这天诵经,效法佛成道前牧女献乳糜的传说故事用香谷、果料熬粥供佛,取名"腊八粥"。随着佛教的流传,民间逐渐盛行用收获的谷物、干果熬成腊八粥,以庆祝丰收成果和祈求来年五谷丰登。有关腊八粥的起源,还有一个故事:传说明太祖朱元璋小的时候,家里贫寒,他靠为地主放牛为生。有一天,他肚子饿得咕咕叫,想找点东西吃。一搜寻,看到一个鼠洞,从里面掏出一堆粟米、花生、枣子、大豆。朱元璋把这些粮果一齐下锅,加水把它们熬得黏稠,然后便有滋有味地吃起来。朱元璋后来当了皇帝,吃腻了大鱼大肉,想换换口味,传令御厨把各色米果煮烂熬熟,款待群臣。这天又恰逢阴历腊月初八,朱元璋吃得高兴,就赐粥名为"腊八粥",并且流传下来。

腊八粥,也叫五味粥、八宝粥等。据《燕都游览志》一书记载:过去煮食腊八粥,以"品多者为胜"。腊八粥有粗细之分。粗粥里杂豆相掺,米果同煮,熬起来不费事。细粥的粥米常列为十种:它们是莲子、芡实、菱角、薏仁、粳米、江米、小米、黄米、大麦米和高粱米等;粥果有去皮核小枣、栗子、青梅、葡萄干、桂圆肉、杏仁、榛仁、松仁、核桃仁、瓜子仁、花生仁等。一些白色的果仁还要用胭脂染红,使粥面上果料纷陈,五香十色,适口而悦目。精致的腊八粥,既是家用美食,也是馈赠佳品。

在寒冬腊月里,喝碗热气腾腾的腊八粥,能暖胃消寒,又可以滋补身体。由于粥料品种多样,特别是蛋白质含量高,八种氨基酸齐全,各种维生素和矿物质、钙、铁、磷等含量也非常丰富;加上粥烂容易消化吸收,特别适合老人、儿童、孕妇、病人食用,对人体具有健脾、养气、补血、安神等功效;而桂圆、红枣、莲子、芡实、栗子等都是富有营养的食物,对人体也有很好的补益作用。腊八粥可说是一服非常好吃的补药哩。

流传到今天,腊八粥作为一种调剂口味的传统应节食品,越来越受到人们欢迎。如今每逢入冬,许多商店都推出袋装腊八粥米料,或设专供柜台。有的食品部门还选配销售一种腊八粥 24 味全果料礼品盒。盛在人们碗里的腊八粥,不仅有传统的各样果仁果脯,还有紫米、黑米、泰国香米、美国大杏仁等新种米果。昔日的帝王们可没有这样的口福。

26. 老北京的酸梅汤

老北京以前的冷饮花样很少,有的不过是杏仁豆腐、山里红汤、奶酪等普通几种。饮料中最流行的消暑佳品是酸梅汤,全市的供应点很多。

酸梅汤在我国由来已久。古书中记载的"土贡梅煎",就是一种最古老的酸梅汤。老北京人喝到的酸梅汤,开始于清宫御膳房,是清宫御膳房为皇帝制作的消暑解渴饮料,后来流传到民间,所以有"御制乌梅汤"一说。它比西欧传入我国的汽水要早一百五十多年。

酸梅汤的主要原料是乌梅。乌梅是蔷薇科植物,大多产于江南,半黄时采下,用火熏制后变黑,成为乌梅。祖国医学认为:乌梅有生津、解热、止呕、驱虫等功用,还能治疗咳嗽、霍乱、痢疾等病症,是盛夏时节的一种消夏防暑的妙品。

酸梅汤的制作,一般是先将乌梅泡发,放入冰糖、桂花、蜂蜜,加适量水熬煎,冰镇之后就制成了。在酷暑夏日,喝上一杯酸甜味美的冰镇酸梅汤,会让人暑热全消,通身清爽。

早年间每到夏季,卖酸梅汤的货摊就在各街头摆下,摊上支着一个遮阳的大布伞。摊主一边敲打着手中铜盏,一边唱道:"又解渴,又冰凉,又加玫瑰,又加糖,不信您就买碗儿尝一尝……"

那时好喝的酸梅汤,是在干果店售卖的。其中最著名的是"信远斋蜜果店"。信远斋史创于1740年乾隆年间。它的创始人开始时在前门外大栅栏摆摊,店主有个亲戚在宫里做太监,传出了宫廷饮料的配方,他就仿照制出了桂花酸梅汤,又在前门外琉璃厂建店。信远斋的桂花酸梅汤,选料十分讲究。它使用的乌梅一律是广东产的,冰糖是专供御用的冰糖,桂花是杭州特供的,蜂蜜也是上乘的。酸梅汤制成后,呈金黄色,飘着一股淡淡的桂花香味,汁浓挂碗,喝起来甜中带酸,滋味无穷。该店为使冰镇酸梅汤能冰匀冰透,制作很多大木桶,外面刷漆,里面钉白铁皮,中间放两个青花明瓷古坛,坛外撒放碎冰。这样冰镇的酸梅汤入口酸、甜、香、凝,特别是凉气袭人,不能一口喝干,而让人细加品味。鲁迅、老舍、齐白石、梅兰芳、马连良等都曾是信远斋的常客,张学良将军也曾光顾过。信远斋的桂花酸梅汤曾在世博会上获得大奖。

北京老年间的酸梅汤,酸甜适宜,清凉爽口,是京城最受欢迎的夏日饮品。近年来,有着传统特色、用现代技术和原料、精工细作的瓶、罐装酸梅汤,摆放于市场柜台上,如九龙斋、康师傅等品牌,都很受消费者青睐。在众多饭庄、酒楼,顾客也能喝到店内自制的酸梅汤,其味道酸甜醇正,物美价廉。

27. 京城夏日面

　　在老北京俗语中，有"冬至馄饨夏至面""头伏饺子二伏面"之说,谈到了北京人夏日爱吃面的习俗。据南朝时期《荆楚岁时记》一书记载,六月"伏日并作汤饼,名为辟恶饼"。汤饼就是古时的面条,辟恶的意思是扫除不吉祥。以吃面驱邪好像是迷信的说法,其实夏至和入伏后气温变化较大,饮食起居稍不注意,就会感冒病倒。而吃碗热面发发汗,舒爽痛快,也算是一种民间流行的饮食疗法。于是夏日吃面的习俗就在北京等北方地区传承下来。

　　老北京人吃面花样不少。最家常的是炸酱面。炸酱面分肉丁炸酱、肉末炸酱、鸡蛋炸酱、虾皮炸酱等。好的小碗炸酱,讲究中间酱色金黄,四周是清油,端上桌不仅冒香味,还要"滋滋"有声。酱之外是面条。可以把面擀好切开,一根根抻,俗名"小刀面"。也可以大把大把地抻,称为"大把条"。切成宽条,一块块揪到沸水锅中,又叫"揪片儿"。家境差些的以白面与玉米面混合擀面细切,也有名目,唤作"两样面切条"。面煮好喜欢吃热面,直接从锅内挑入碗中,俗称"锅挑儿"。由于天热了,人们更爱吃过水凉面,通常捞出面在凉水盆中过凉。《帝京岁时纪胜》一书记载:"夏至,京师于是日家家俱食冷淘面,即俗说过水面是也。"为吃着凉爽,有人还用深井的凉水捞面,这种井水凉得扎牙根,名为"井巴凉",感觉这样吃面才够滋味。面盛入碗中浇酱,还要加"菜码"。除生切黄瓜丝、水焯绿豆芽,还有生切水萝卜丝、青蒜末、水焯青豆和黄豆等。碗中五颜六色,鲜香诱人。如今北京街头专营炸酱面的餐馆很多,端上餐桌的菜码也十分精细讲究,数一数有的多达六七十种。

　　除炸酱面之外,过去北京人也爱吃热汤面。其中羊肉煨余面是把羊肉片用油煸香,加调料汤水煮面,连汤带水吃。夏日吃得汗水淋漓,畅快至极。烧羊肉汤浇面,也是清末以后北京人一种很普通的吃法。北京内外城的羊肉铺入夏后爱卖烧羊肉,居民用大碗少买肉,多要汤,回家煮出水凉面,煮热浇上羊肉汤,佐以黄瓜丝,吃到嘴里,面凉、汤温,味道鲜美,是别具风味的夏令佳肴。

　　打卤面是北京人夏季餐桌上常见的又一种面食。以高汤、大片羊肉或猪肉、鸡蛋、黄花、木耳、香菇等打出的卤,香味浓郁。在红白喜事席上也都少不了这道压轴吃食。吃打卤面时少盛面,多浇卤,使人胃口大开。有一首歌谣唱得好:"拉大锯,扯大锯,锯木头,盖房子;盖上房子娶娘子。搭大棚,挂大彩,大碗面条往上摆。猪肉片,好大块儿;羊肉打卤过水面儿,不吃不吃两碗半儿。"

28. 新年年糕美

年糕是我国南北许多地区过春节的应时食品,人们祈求通过吃年糕能实现五谷丰登、万事遂心、年高长寿的愿望。

传说在春秋时,吴国风调雨顺,国泰民安。当时吴国大夫伍子胥为贮粮备荒,建议吴王让百姓们把积存的粮谷去皮,水泡后煮熟,在石槽里捣碎,用手打搓成一尺长短的方坯,晾干后围砌储藏。十几年后,吴国卷入诸侯争霸,又赶上连年灾荒,庄稼无收。危难之际,百姓们掘出黏米粉压制的"砖",蒸煮食用,渡过了难关。此后每逢过年,家家户户都要蒸制砖样的糯米粉糕,以表达对伍子胥的纪念之情。

过年吃年糕的习俗流传到今天,各地年糕的种类十分丰富。在北方,农家取黍子磨成粉,蒸出金灿灿的黄米年糕。在江南,人们把糯米加水磨成米浆,蒸成条形或块状的年糕。被誉为"国色天香"的苏州年糕,更是年糕中的佳品。"国色"使用红曲、玫瑰汁、薄荷汁、青菜汁、鸡蛋黄、豆沙等生物色素将年糕染成朱红、玫瑰、绛紫、翠绿、鹅黄、酱红色,使它五彩缤纷。"天香"是把桂花、薄荷、芝麻、花椒末等天然香料掺入年糕,使它气味芬芳。南方年糕有苏式、宁式、广式的区别。苏式又可分为猪油年糕、白糖年糕、红糖年糕等。宁波的水磨年糕色白如玉,糯润适口。福建的芋艿年糕、台湾的红龟年糕等也很著名。天津的江米年糕、夹馅年糕,北京的百果年糕、金钱年糕、如意年糕等,也都是年糕中的精品。

年糕便于储存,在吃法上也多种多样,蒸、煮、炒、煨、煎、炸、烤、烩,各有特色。以排骨炒年糕,浓香四溢,营养丰富;以肉片、荠菜或菠菜炒年糕,色美味醇,诱人食欲;以瘦肉、冬笋、香菇或榨菜三丝炒年糕,是下酒菜,也能作点心食用;以番茄或栗子、荸荠等与年糕煮成甜羹,嫩软爽滑,是鱼肉宴席上改换口味的美食。

年糕的主要原料是糯米、黍子面。据营养学家计算,每百克年糕的热量能高达351千卡,而米饭仅为145千卡,可见年糕是一种可增强体力和持久力的食物。将年糕切块微煮放入豆浆中,既能让产妇下奶,对体弱、容易患感冒的人也有一定保健作用。每天吃一点年糕,可改善小孩遗尿和老人尿频症。此外,年糕还有一定保温御寒效用。由于年糕中水分少,胶性物质多,食用过量也容易造成消化不良、胃酸过多,所以老人、儿童、体弱者不可以贪食。

29. 春节饺子香

饺子是我国人民最爱吃的传统食品之一。春节吃饺子的习俗在我国由来已久。每逢除夕零点(古称子时)一过,人们便开始吃除夕晚上包好的饺子。除夕的子时恰是农历正月初一伊始,在这新旧交替时分,称为"更岁交子"。交,谐音饺,人们逐渐就把这子时吃的食物叫"饺子"。

饺子经过上千年的发展演变,在各地形成了不同的风味特色。饺子皮原料除白面外,还有荞麦面、绿豆面、豌豆面等。制皮时,山西介休人以手捏皮儿,不少陕西人用小茶盅扣皮儿,北京等地人则用擀面杖擀皮儿,饭庄的快手师傅一分钟能擀皮儿70多个。说起饺子馅,更是多种多样,韭菜、白菜、苋菜、油菜、茴香、香菜、黄瓜、西葫芦、冬瓜、笋、豆芽、扁豆、萝卜、茄子、辣椒等都可以做菜馅。猪肉、牛羊肉等是常见的肉馅,此外鸡、鸭、鱼、蟹、虾、海参等也可为馅。以鲜蘑、冬菇、荸荠、玉兰片等兑入组合的各式"三鲜"馅,更能使饺子口味鲜美。在牧区有一种奶食饺子,以奶豆腐和沙葱做馅,青白相间,食之鲜醇味美。饺子除了水煮,还可蒸、炸、烙。烙饺子在北京、天津叫"锅贴儿",底皮焦黄,上皮白嫩,一咬油汪汪,吃来口口香。同是煮饺子,吃法也有多种。北方达斡尔族人初一吃饺子,家家把饺子放到粉丝肉汤中煮,连汤一块吃。河南一些地方春节时把饺子和面条煮在一锅,起名"金丝穿元宝"。北方一些饭店有种饺子,以鲜蘑、鲍鱼做馅煮在高汤中,味道浓郁、营养丰富,另具特色。

俗话说,好吃莫过饺子。饺子以皮包馅,在蒸煮过程中馅的鲜美滋味裹在皮中,而馅里的蛋白质分解出各种氨基酸后,损失量小。所以饺子味香,使人乐于享用。在今天,好吃的饺子已成为人们的家常食品。好吃就包,嫌麻烦还可买速冻饺子。让爱吃饺子的人更有口福的是,琳琅满目的饺子宴也在一个个城市推出。出现在石家庄的御膳饺子,造型别致,制馅独特,包好的饺子形状分为莲花、鸳鸯、金鱼、麦穗、四喜、五角、花边、月牙等十几种。馅料有鱼翅、海参、南荠、雪耳等八十多种。"一餐饺子宴,尝尽天下鲜。美味甲寰宇,疑是做神仙。"这是顾客品食饺子宴后的一番评价。

吃饺子是我们中国的食俗,其实许多国家的人也爱包饺子吃。墨西哥人吃的饺子,用洋葱、牛肉、番茄、西芹做馅,用手把饺子皮压成长方形,包好放入辣椒、番茄调好的汤汁中煮食。俄罗斯饺子个头大,以牛肉、胡萝卜、鸡蛋、葱头做馅,包好放到牛骨熬成的清汤中煮,煮熟后先喝汤,后吃饺子。印度的饺子是烤着吃的。越南饺子以鱼肉为馅,馅中加入橙皮、猪油、鸡蛋,包成的饺子一个个仰面朝天,另是一种情调。

30. 包得馄饨味胜常

民谚说:"冬至馄饨夏至面。"自宋元以来,冬天吃馄饨已成为我国民间的食俗。古人素有年节相聚纪念祖先的习惯,在古时有"冬至大如年"的说法,自然要做些好吃的祭祀祖先。以馄饨祭祖,相传是取"混沌"之音,因为古人认为开天辟地之前世界是处于混沌状态的,而馄饨"颇似天地混沌之象"。自宋代开始,人们为纪念祖先开天辟地之功,就在冬至"享先则以馄饨"祭祖了,以后又把"混沌"二字改写为食字旁的"馄饨"。

馄饨的祭祖之义随着时间推移逐渐被淡忘,人们越来越感兴趣的是馄饨给予人们的口腹之美。清代北京致美斋饭庄的馄饨馅料讲究花样精美、汤料齐全,有诗赞曰:"包得馄饨味胜常,馅融春韭嚼来香。汤清润吻休嫌淡,咽后方知滋味长。"

在北齐时期已经"天下之通食也"的馄饨,发展至今更是多姿多彩,口味不同,成为民间最受欢迎的小吃之一。各地馄饨的叫法有十多种。馄饨是通称。广东叫"云吞",四川叫"抄手",新疆叫"曲曲",湖北叫"包面",皖南叫"包袱",江西唤作"清汤",南丰又称"泡清汤",等等。各地馄饨的馅料,除猪肉,还有牛、羊、鸡、鸭、虾、蟹肉等。素馅有青菜、菌类等,还有甜馅的。馄饨的吃法除水煮,还可蒸、煎、炸。淮安的"淮饺"是炝着吃的,所以又叫炝馄饨。馄饨不仅以小吃身份出现,也是宴席上的佳肴,"炸响铃""鸭馄饨"就是享誉南北的杭州名菜。在江苏泰兴有一种叫"鱼泡眼"的小馄饨,一两上等面粉要擀26张皮,皮薄如纸,摊在报纸上能看到字,用火能点燃。馅用鲜瘦肉剁泥,加虾仔、味精、黄酒等精制而成。煮时用骨头汤或鱼汤、鸡汤。这种馄饨犹如一只只水泡金鱼,煮上一分多钟,就可捞入碗中食用,味道非常鲜美。无锡有一道菜叫"鲜鱼饺",是用鲑鱼肉敲薄成饺皮,包裹虾仁馅心,然后用水氽熟,再挂上用鲜牛奶等制成的薄芡,称为"鲜奶包馄饨",另有一种鲜香之味。

如今,古老的馄饨又加入了快餐业行列,各种速冻馄饨早已走进千家万户。香港一家食品公司推出了一种将馄饨与银丝面同煮的"东东云吞面",用机器特制的馄饨皮和银丝面,送往各分店,再包成馄饨,现煮现卖,生意兴隆。馄饨在海外餐馆中也成为"时尚货"。据美国《华侨报》报道,中国的油氽馄饨(在油中略炸)吃起来特别爽口,食者络绎不绝。在法国,以牛肉、洋葱为馅,或以西红柿泥、土豆泥做素馅,用火鸡肉汤煮出来的馄饨,特受欢迎。在美国唐人街一次"海外馄饨大赛"中,美籍华人詹丽娜女士制作的馄饨荣获最佳奖。此后她又推出馄饨宴,精制出鲤鱼皮和冬笋、虾肉,以及香菇、荠菜、肉和海参、三鲜等七种不同馅料的馄饨,每天都有数百人上门品食,生意十分火爆。

31. 细馅元宵

正月十五吃元宵,是我国人民的传统食俗。吃元宵的来历,传说不少。其中有个传说谈到,唐太宗为犒劳大将郭子仪,下旨让御厨在正月十五的上元节,用好糯米制成特殊食品备宴,御厨们精心创制,在宴席上献出一道香糯柔滑的白圆团子,唐太宗品尝后连说好吃,还把它定名为"唐圆",象征唐朝的一统天下。由于"唐圆"是在元月夜宵时吃的,于是俗称元宵;又因为它用水煮食,所以也叫汤圆。

元宵流传到宋代,出现了"煮糯为丸"的小元宵。在南宋临安还出现了乳糖圆子、山药圆子、澄沙圆子、金橘水圆子等品种。到了明代,元宵作为上元节的食品在北京已经很常见。据《明宫史》一书记载,从正月初九起,北京人开始吃元宵,"其制法用糯米细面,内用核桃仁、白糖、玫瑰为馅,洒水滚成,如核桃大,即江南所称汤圆也"。从书中所叙述的看来,当时的元宵和今天北方的元宵已没什么差别。清代时御膳房所制的宫廷风味"八宝元宵",是元宵中的精品。名剧《桃花扇》的作者孔尚任对八宝元宵曾有诗云:"紫云茶社斟甘露,八宝元宵效内做。"从诗句中可以看出,这时的八宝元宵已由御膳房传到民间。

千百年来,元宵已经由单一的米粉制品"粉果",演变出众多各色各味的品种。"轻圆绝胜鸡头肉,滑腻偏宜蟹眼汤。"这里说的是无馅的小元宵。虽说无馅,却是在米粉中掺配了蜜枣泥、桂花丝、藕丁、桂圆肉等,吃起来糯软清甜。这种小元宵小如黄豆,所以又称为"百子汤圆"。有馅元宵可荤可素,有用桂花、芝麻、桃仁、瓜子等为料的,有以细豆沙、枣泥、山楂泥、笋肉等为馅的,还有以什锦素菜为馅心的,可以说是千变万化,发展到今日成为甜、咸、辣、椒盐等几大类。近年来,元宵的馅料丰富多彩,除常见的巧克力馅、黑芝麻馅,还有紫薯、花生、椰丝、香芋、菠萝、芒果、榴梿、柠檬、草莓、蓝莓及鲜肉、酸奶等馅的。颜色多种多样,除圆形的还有金鱼、花、鸟等造型,使元宵的风味更加多样。

元宵大多以糯米粉外裹,吃元宵对人体有一定的滋养保健功用。据营养学家分析,糯米中蛋白质、脂肪、碳水化合物及钙、磷、铁、维生素等含量相当丰富。制馅心的芝麻、山楂、果仁等也多是富有营养的食品,加上"原汤化原食",适当吃些元宵,是有助于人体健康的。但是如果多吃,就容易腻胃,造成消化不良,还会影响食欲。肠胃有病的人,更不能贪吃元宵。

32. 多姿粽子

端午节吃粽子是中华民族的传统习俗。粽子在古时被称为角黍、筒粽。角黍的形状酷似三角锥体，可能与古人"尝黍和祭祖"以庆丰年的活动有关。筒粽则是用竹筒盛米煮制而成。南朝《续齐谐记》一书中说："屈原五月五日投汨罗水，楚人哀之。至此日，以竹筒子贮米投水以祭之。"古人担心屈原的遗体"为蛟龙所窃"，为吓退蛟龙，在做筒粽时，就用"楝叶塞其上，以彩丝缠之"。至今在台湾等地包制的粽子上，还常见到粽子的外皮上扎有五彩丝线。

自古以来，粽子的形状和制法多样，风味也不尽相同。据史书记载，宋代时，端午节的粽子品种已经很多，有角粽、锥粽、菱粽、筒粽、秤砣粽，还有四方粽、双连粽、长脚粽、袋粽等。有一种"门闩粽"，长一尺，锅小些便煮不下了；而有些小巧的粽子，让人吃上百十来个也不觉得肚子撑。宋代读书人赶考前要吃一种裹得像笔杆一样的"笔粽"，借它的谐音"必中"，讨个吉利。从味道上说，北方人普遍爱吃江米粽子，内有小枣、红小豆或果脯等，煮熟蘸白糖吃。南方人喜用枣泥、豆沙或鲜肉、火腿等当馅心。其中鲜肉粽子用料讲究，配上酱油、白糖、食盐、味精、绍酒等调料，蒸出后色泽酱黄，香味扑鼻，咸中带甜，滑润爽口。

浙南人过端午节讲究用"敬老粽"孝敬老人，把红枣粽、腊肉粽、火腿粽煮得特别透，又甜又香又烂，最合老人胃口。敬老粽重约一斤，笋壳做包，长方形状，吃时切片。在湘西的溆浦县，每年阴历五月十五日还盛行摆粽子宴，宴席上的粽子名目繁多，有形似枕头的"枕头粽"，貌似塔尖的"宝塔粽"，状如牛角的"牛角粽"，圆圆溜溜的"狗脑粽"，还有形状奇特的"斧头粽"等，让人大开眼界，大饱口福。

吃粽子不光是中国人的喜好，在世界上不少国家中也都有这个习俗。北美墨西哥人吃的粽子，是用粗玉米粉做的，裹进肉片、辣椒，用香蕉叶包成三角、四角等形状蒸熟吃，清香可口，又甜又辣。在东南亚的曼谷、仰光、新加坡、雅加达等城市，制售粽子的店堂很多。除供应华人过节时相互馈赠，平时也作为小吃、夜宵摆出。这些地方的粽子馅有荤有素，素馅中包入豆沙、豆蓉、枣泥、小豆、花生、莲子等；荤馅裹进虾仁、猪肉、蛋黄、火腿、鸡丝等。还有一种形小无馅的糕粽，煮后撒糖用竹签一口一个叉着吃。挑挑儿卖粽子的小贩用绳子把粽子穿成长串，卖一个割下一个，称得上是送上门的方便快餐。日本人常吃的粽子原料是葛粉和白砂糖，用相当柔软的"伊草"捆裹成圆方形，像个锥子。然后五个一束，上锅煮熟。现在日本各地有粽子制造所100多家，品种多达2000多种，做法、外形相当美观。从事粽子生意的，有的已是第十五代传人。

33. 各式月饼

月饼是古代中秋祭拜门神的供品。祭供完毕,人们食用。沿传下来,就形成了中秋节吃月饼的习俗。据考证,月饼起源于古代的饼食,已有3000多年的历史。有史料记载,早在殷周时期,江浙一带民间就产生了纪念太师闻仲的"太师饼"。月饼作为一种形状如圆月、中间含美馅的食品,在北宋时已经出现。苏东坡"小饼如嚼月,中有酥与饴"的诗句,把当时月饼的形态刻画得生动而形象。

古时月饼的制作相当精巧。宋代时聪明的点心师,已经能把嫦娥奔月的优美传说,作为食品的艺术图案形象地再现于月饼的饼面上,使人们在品尝中秋月饼时,还能得到优美的艺术享受。清代时,北京皇宫内的乾清宫设有供月御案,陈列不同馅料的"月饼山"。案上的月饼从下往上,由大渐小;垫底的直径一尺多,重达20多斤;顶端的小月饼直径只有两寸,名叫"桃顶月饼"。可以知道,当时的月饼名目繁多,花色品种已非常丰富。

月饼长时间的演变发展,至今已形成京、苏、广、潮各具特色的几大系别。京式月饼多用素油,内含甜馅,著名品种有"自来红""自来白"等,皮松馅香,清甜适口。苏式月饼油多糖多,酥香味美;用玫瑰、椒盐、枣泥、豆沙等制作的馅心十分讲究。广式月饼多糖少油,用豆蓉、椰蓉、五仁等为馅,味道甜香爽口,具有独特的岭南风味。潮式月饼用猪油调制酥皮,它的外形与苏式月饼相像,馅料却又略似广式月饼,入口有鲜、香、甜、软的风味。

近年,我国南北各地月饼花样不断翻新,品种逐年增多。"香菇月饼""陈皮月饼""乌鸡月饼"等营养保健月饼,精选天然原料和营养保健品精制而成。"杏仁百合枸杞月饼"是口味独特的药膳月饼。清香浓郁的"无糖月饼""葱油月饼""全素月饼",可以让忌糖病患者、素食者大饱口福。迷你型"一口香"小月饼,小巧玲珑,很受欢迎。在北京市场上"水果系列月饼"有草莓、猕猴桃、芒果、椰子、荔枝、樱桃、菠萝等为馅心主料,鲜香味美。"碧蓉蛋黄月饼"以鲜豌豆为主料,馅心碧绿,内嵌咸蛋黄,色泽美观,让人一看就会产生食欲。在琳琅满目的月饼品种中,除了蚂蚁馅、蝎子馅等样式外,还有一种巧克力为皮、冰激凌做馅的冷饼,使人口感一新。在包装上,除了提盒、竹编、动物造型盒等,还有内含八音盒的礼品盒,它由托盘和金属圆盒组成,转动圆盒就有美妙的音乐响起,使中秋节食月饼更有韵味。值得一提的是,近年一些商家把与食品不沾边的物品和月饼胡乱搭配出售,是不应该提倡的。

34. 大众食品——包子

用发面包馅蒸出的包子,外皮松软,里面的馅或荤或素,汁鲜味香,营养丰富,容易消化,让人爱吃。

据考证,古人在4000多年前已经知道用火做熟食了。"包子"大概是这样诞生的:有个小孩子看到大人和好面,准备烙饼,出于好玩,把一块肉揉到面团中,烤好一吃,觉得味道鲜美。"包子"就这样被烤了出来。又相传,唐代时武则天当皇帝,有一年大旱,民不聊生。女皇严令全国上下不得杀猪宰羊而吃肉。有位官员明着不吃,却来暗的。他宴请亲朋摆上馒头和素菜,而馒头一咬开,里面全是肉糜,吃得人们满嘴流油。女皇得到告发后,杀一儆百。一时间虽然没人敢再尝肉味,用面团包馅蒸食的方法却流传开来。

包子在我国是大众食品,品种十分丰富。从馅上说,包子分为咸、甜及又甜又咸三种。咸馅有猪肉、牛肉、羊肉、鲜虾、蟹肉、蟹黄、三鲜等多种;甜的有枣泥、豆沙、椰蓉、果酱等不同;甜咸结合的有水晶包子、火腿包子等。包子以蒸为主,也有煎的。京津一带餐馆出售一种水煎包,把包好的包子放入有麻油的平底锅,移在炉火上,然后向锅内倒入调稀的面粉汤,盖好晃动锅具,包子烙熟时,面汤也干结成黄色圆块,划开铲起包子食用,外焦里嫩,咸鲜味美。

在各地包子中,北方当然以天津"狗不理"包子最为著名。无锡的小笼蒸包,以水产虾、蟹为馅料,包子小而精致,吃起来鲜香不腻,很受欢迎。广州一些茶楼的虾仁小包,像乒乓球大小摆在盘子里,虾味浓郁,也很有特色。湖南的猪肉干菜包子,让人越吃越香,是又一种风味独特的包子。北京小吃中有一种羊眼包子,因为包子小似羊眼而得此称,通常使用羊肉末,海参、玉兰片、冬菇泡发切细丁,干贝发透蒸软碾碎,再加调料拌制成馅。一两发面要包8个小包子,精巧而雅致。

汤包是江苏的名点之一。从外面看,汤包和一般包子没什么区别,可是它的面皮里却裹有又烫又鲜的汤汁,并掺有少量鸡丁、香菇丁。吃热汤包先要在包子上用筷子扎一小孔,或在外皮上咬一小口,等热气散发出一些后再吮吸食用。满满一兜鲜汁是怎样包入的呢?原来制作汤包时,是用冷凝的卤汁包在皮中的,包子蒸熟里面就充满了让人口中留香的热汁。北京老字号的庆丰包子铺,经营有方,走创新、中式快餐连锁发展之路。所售包子品种多样,既有传统的猪肉大葱、猪肉三鲜、素三鲜等,又开发出鲜虾、猪肉荠菜、猪肉霉干菜、牛肉大葱、羊肉大葱、牛肉胡萝卜等馅料。流食、凉菜也各有十多种。其研发中心场地面积达到5000多平方米,对食材进行统一采购、加工、储存、配送,日生产能力30吨。连锁店已发展到180多家,年营业额数亿元,让"小吃成大业"的理念成为现实。

35. 天津名食"狗不理"

不管人们吃没吃过天津"狗不理"包子,但一定是听说过"狗不理"这有趣的名称的。

天津的"狗不理"包子铺,开业于清朝末年。那时,在天津靠近南运河的地方,有一户摆摊卖包子的人家,里外三人,为首者叫高贵有。此人年轻时性情倔强,问他什么话,他不爱多说。相传"狗不理"就是别人为此给他起的外号。高贵有做包子手艺高超,并能在经营中不断探索研究,使出售的包子别具特色。吃过他包子的人能发现,包子端到面前,个个面色白柔,不塌不陷,整齐美观,诱人食欲。包子一咬流油,但味道鲜美、肥而不腻。由于"狗不理"包子好看好吃,买的人多,生意也日渐兴隆。高家嫌"狗不理"名字欠雅,立牌起名"德聚号",可是新名不被承认,提起这包子铺人们还是称"狗不理"。后来直隶总督袁世凯得知"狗不理"包子出色,特意买了两盒,赴京向慈禧太后进贡,"狗不理"包子的名声也越来越大。

在 20 世纪 50 年代,"狗不理"包子铺曾一度歇业。1956 年,天津市政府请出高贵有之孙高焕章,带领众人,在丰泽园旧址重操旧业。新店重张后,为保持传统风味,店员严格各道工序,一丝不苟。他们在经营中讲究选料,肥瘦肉搭配根据四季不同有所变化,馅料里配有一定数量的骨头汤或鸡汤,一年四季保证用鲜虾、海参、鸡肉、鸡蛋搭配猪肉,经特殊的水打工艺制成。使用调料如香油、葱、姜、酱油、味精等,也都有一定标准。包包子时,每个包子提褶不少于十五个,褶纹要求均匀;在热气飘忽中,一个个包子宛如云遮雾掩、含苞欲放的朵朵白莲花。

重新面世的"狗不理"包子,立刻成为广大民众乐于享用的食品。在营业上有了突飞猛进的发展,同时获得了极高的荣誉。1958 年,毛泽东主席到天津,"狗不理"包子店特制了三鲜包子,请毛主席品尝。许多各地游人和外国贵宾也纷纷慕名到"狗不理"包子店品食包子。柬埔寨的西哈努克亲王在天津时,"狗不理"包子店派了两名厨师到宾馆,专为亲王做了两次包子。美国前总统布什在担任驻华联络处主任时,也曾专程到天津品尝过"狗不理"包子的风味哩。

如今,天津"狗不理"包子已获得"中华老字号百年老店""国家级非物质文化遗产"等诸多荣誉。近年来在北京、上海等地建立了 70 多家分店,使爱吃"狗不理"包子的人就近就能经常吃到美味包子。如今各大超市冷柜中,都有冷冻"狗不理"包子出售。人们买回家去存放冰箱,想吃"狗不理"包子,蒸热就可以一享口福啦。

36. 滚油翻香的"过桥米线"

米线是一种民族风味小吃,是云南的特产。它不是豆制品粉丝,而是以大米浆做的面条。制作方法跟粉丝相仿,形状也差不多,只是稍粗一些,色洁白,长条状,截面圆形。食用时于开水中稍煮,捞出,放到滚热的肉汤中,拌入葱花、酱油、盐、油辣子、肉酱等,趁热食用。米线有熟透迅速、易于消化的特点,是一种适合休闲的快餐食品。米线吃法有煮、炒、凉拌,而最为讲究和入味的食法是吃"过桥米线"。

"过桥米线"是怎么回事呢? 相传在很久以前,云南蒙自有一位秀才,整天在南湖岛上读书用功。妻子每天中午要煮好米线,跨过一座桥,给他送饭吃。由于路远,米线送到岛上全凉了,丈夫吃后不太舒服。这天,妻子炖着鸡还想着米线的事,被鸡汤热油烫痛了手。看着汤油,她猛然有了主意。就用陶罐装上热鸡汤,又带上米线、肉片、蔬菜,出门赶路过桥。来到丈夫面前后,她把米线、肉、菜放入热鸡汤中,汤热味美,丈夫吃得极为畅快。这种吃法流传开,就被取名"过桥米线"。

如今在云南昆明等地大餐馆吃过桥米线,落座后,服务员先给你放上一盘猪里脊片、肝片、腰花片、鱼片等生肉食和一盘玉兰片、豌豆尖、韭菜、豆腐皮等生的素菜,再放上用上等米浆做的熟米线,接着端上一个盛放着浮有一层鸡鸭滚油的汤的大海碗。这汤虽不冒热气,温度却很高,品尝不得。这时可以把生肉片放入汤碗;两分钟后,放入素菜;再过一会儿,放入米线。爱吃辣的人,可以放些辣椒油。别担心汤中生肉、生菜不熟,一吃就知道了,肉菜不但熟,而且口感鲜嫩,那汤尤其味美可口。为此,北方人面对过桥米线,常把它唤作"没火的火锅"。

近年来,美味的米线已作为名食走遍全国。在北京开设的云南风味米线店,就有多家,能吃到众多米线品种,如大锅米线、小锅米线、豆花米线、什锦米线、麻辣米线、油泼米线、三鲜砂锅米线、咖喱番茄丸子米线、肥肠米线、余肉米线、酸菜米线、海鲜米线、港式鱼丸米线、杂菜炒米线、皮蛋干拌米线等不少品种。有的店里光配料就有20多碟,不仅有鱿鱼、大虾这样的海货,还能吃到气锅鸡、牛肝菌这样的云南特色食品。在北京朝阳区的一处傣家菜餐厅,夏季有许多人爱吃这里的凉拌米线。浸泡在清凉汤汁里的米线,酸辣咸鲜,和着花生的香、辣椒末的辣,非常爽口。一大碗下肚,让人一点儿也不觉得饱,看到其他的菜更有食欲。原来凉拌米线还有开胃的作用。

37.西北风味美食——泡馍

　　牛羊肉泡馍是陕西、甘肃、宁夏等西北地区的传统风味美食,历史非常悠久。早在3000多年前的周代,陕西的镐京(今西安市)和附近的乡镇上,就有了牛羊肉泡馍摊。泡馍所用的馍,是一种耐泡的馒头。这种馒头用面粉加碱和好,做成扁圆形,再上炉烙烤而成。西北地区的人喜欢吃肉食,尤其爱吃肉馍。从古代开始,农牧民远道赶集,都自带干馍,在饭铺或小吃摊上买碗牛羊肉粉条汤,把自带的干馍掰碎,泡在碗里吃。久而久之,牛羊肉泡馍就成了西北各地的一种食品。到了唐代,牛羊肉泡馍不仅在长安城(今西安市)到处有经营者,而且入宫,成了皇帝御膳,并被用来大宴群臣。泡馍流传至今,已成为最有名气的西北风味美食之一。

　　吃泡馍首要的是汤汁。制作汤汁要选用腰窝、胸口和后腿等部位的羊或牛肉,放入特制的大锅内,配上炖肉料(山奈、桂皮、茴香、大料等),宽汤大煮。肉煮熟后捞出晾凉备用,锅内原汤鲜香味醇。烤好的馍,外形浑圆,皮黄不焦,色白不生,入汤不散。顾客进店就餐,先要自己掰馍。如今在西安、宝鸡等地吃泡馍,有的餐馆考虑到卫生和顾客掰馍费劲,使用了切馍机。喜欢自己掰的,悉听尊便。馍块端进后厨,厨师在锅中舀上两勺羊骨汤,放入几片熟羊肉,一些粉丝和香菜及掰好的馍。一边搅动,一边加入熟羊油、盐、酱油、料酒、味精和葱花,煮沸以后,轻推几下,盛碗上桌。这时,顾客就可以按自己的口味,加辣椒,佐以糖蒜品食了。吃下一碗热气腾腾的泡馍,让人能感觉满口留香,心气两旺,浑身舒爽。

　　说起泡馍餐馆,以西安的"老孙家"和"同盛祥"最为著名。这两家经营泡馍百年以上的老字号,1949年后不仅保持了泡馍传统风味,还抽调出业务骨干,支援北京建起西安饭馆。1954年,西北风味的西安饭馆在北京繁华的新街口大街开业。经营的主要品种,有牛羊肉泡馍、臊子面、油酥油饼、油旋等,并备有西北风味菜肴和名酒"西凤"。饭庄营业后,天天顾客盈门。1956年10月,一日上午毛泽东主席和彭德怀元帅专程到饭庄吃羊肉泡馍。他们吃得很尽兴,对饭庄做的泡馍十分赞赏。近年西安饭馆几经扩建装修,改称西安饭庄。但仍保持西北风味特色,经营的牛、羊肉泡馍形美量足,肉烂汤鲜,深得外地和北京人喜爱。

　　如今,在北京等地不少西北风味餐馆和小吃店中,都能吃到泡馍。而超市方便面货架上,也有多种袋装泡馍陈列。人们若想尝尝泡馍的味道,买一袋回家,像吃方便面一样,煮一煮,放上配料,就可以享用啦。

38. 说　饼

饼为圆形的面制食品。据学者考证,在距今 5500 年前,饼食已经成为我国古人的重要食品了。汉代石磨的广泛使用,使饼食更普及到千家万户。产生于各地的饼食种类繁多,早期古书中记载的就有蒸饼、环饼、胡饼、乳饼等,最大众化的则是烧饼、烙饼和馅饼。北宋时,食饼更是风行,汴京还开设有多家饼店,规模大的拥有烤炉 50 多座,产量当然也不会低。

长期以来,一些饼食制法世代相传,成为大众化名点。"状元饼"诞生于唐代。当时有位姓郑的商人,在长安城看赶考的书生购买吃食,脑筋一动,制出一种带馅的圆厚甜饼。为了迎合考生的心理,他在饼面凸嵌了"状元"二字。考生讨吉利纷纷购买,郑掌柜的生意格外红火。状元饼在考场周围卖了 1000 多年,清末科举制度废除,可人们吃状元饼的热情却不减。这种甜香的饼至今仍受到爱吃点心的人喜爱。

饼在抗敌斗争中也发挥过作用哩。明代抗倭名将戚继光,为打击一股股侵入内地的倭寇,常常带兵日夜行军作战,连进餐的时间也没有。为了不让部下饿肚子,戚继光传令制作一种中间留有孔洞的小饼,穿成一串发给兵士,可以挂在身边,套在颈上,便于随时充饥。这种小饼不软不硬,咸甜可口。四乡老百姓也都学着烙制,明军到来就献饼支援。这种饼被称作"光饼",一直流传至今。此外,北京的茯苓饼、藤萝饼、闽南薄饼、浙江湖州的焦盐姑嫂饼等,也都是饼食中的名品。

近年来,餐馆、饼屋、各大超市里,饼食名目繁多,引人食欲。广受欢迎的有鸡蛋老婆饼、火腿午餐饼、家常葱油饼、鸡蛋土豆饼、Q 弹南瓜饼、芒果千层饼、原味松饼、鸡蛋灌饼、香煎藕饼、萝卜丝饼、培根香葱鸡蛋饼、墨西哥卷饼等,或薄或厚,或甜或咸,让人大快朵颐。

中国人爱吃饼食,国外也有许多人对饼食之不厌。埃及人的家常便饭就是吃大饼,他们的大饼有蒲扇大;通常是放上花生末、芝麻酱、肉片、火腿肠和几叶青菜,卷起来吃得口口香。印度的烘饼也是大众化食品,他们将圆片面饼在大灶上烘得酥脆鲜香,或涂奶油、撒白糖,或夹荷包蛋、撒胡椒;随意加料,风味多样。俄罗斯人爱吃薄饼,他们在发酵的面团上堆些嫩煎的洋葱粒和牛油,然后落油锅炸熟,与传统放进烤炉烤熟的味道不同。哥伦比亚人吃的薄饼,是选用西红柿、苹果粒、菠萝粒、桃片和梅子干做馅料的。德国人烤好薄饼,往上放番茄酱、乳酪、虾肉、鲑鱼、鱼子酱、芹菜、萝卜等,色彩悦目,一看就能让人产生食欲。而意大利人的比萨饼,据统计能烤出 3000 多种不同的口味哩。

39. 多样的煎饼

说起煎饼的起源,《聊斋志异》一书的作者、清代著名文学家蒲松龄写过一篇《煎饼赋》,认为煎饼:"自古及今,惟齐有之。"这就是说,煎饼起源于山东,距今已有 2400 多年的历史。然而,1980 年和 1981 年,在河南荥阳点军台和青台两处仰韶文化遗址中,都发掘出一种特殊的陶器,上面是圆形平面,下面有三足或四足,底面留有烟痕。据考证,它们是烙煎饼用的器具,由此可知,煎饼的起源至少有 5000 多年了。

山东虽算不得最早的煎饼起源地,但齐鲁民众食煎饼,历史毕竟很久远,煎饼的品种也多。闻名国内的济南"糖酥煎饼",就是煎饼中的名品。这种煎饼由泰安人王维康在 1931 年创制。他为了克服煎饼难嚼的缺点,往小米糊中加入了白糖和香精,在鏊子上刮摊成型后,立即揭起码好,放炉台烘干。制成的煎饼轻薄酥脆、味美甜香,并能存放多日而不变,从而使煎饼成为精美的点心。

在江苏徐州、海州一带产生的徐海煎饼,在制作的工艺、花色品种方面也很有特色。从制作工艺看,山东泰安使用铁"刮板"刮制煎饼,鲁中淄博采用"圆滚"摊制煎饼。徐州、海州一带则采用竹板刮片来烙制煎饼。从所用原料看,山东煎饼多用小米、黄豆,而徐州煎饼还以高粱、玉米、山芋为原料。在花色品种上,徐海煎饼有咸煎饼、馅煎饼、芝麻煎饼、酸煎饼等众多口味不同、式样不一的煎饼。蒲松龄曾经赞美煎饼说:"圆如望月,大如铜钲,薄似剡溪之纸,色似黄鹤之翎。"徐海煎饼不但达到了蒲松龄的比喻,而且还创出了另一奇观——满天星。当人们把煎饼提起对着亮光,由于煎饼表面整齐地排列着无数针尖大小的圆孔,所以乍一看犹如满天星斗,令人赞叹。更绝的是,徐海的馅煎饼打破了传统的格局,在"薄似剡溪之纸"的厚度里,包含了两层煎饼一层馅料。当地的酸煎饼,不仅在口味上与众不同,并且具有开胃提神、帮助消化的功效。

在北京一些超市都设有煎饼摊。调制的原料中加入绿豆面,摊开后打上鸡蛋,放上葱花、酱料,加入油条或薄脆,也算得上是一种京式快餐。新鲜的是,一些外地的名品煎饼也落户京城。如山东诸城的"刘罗锅煎饼"就很有特色。这种煎饼先用精麦粉、米粉、豆粉制成薄饼状半成品,再充填各种时令蔬菜、瘦肉,然后用专门灶具烙制。品种有猪肉茴香煎饼、猪肉豆角煎饼、羊肉萝卜丝煎饼、羊肉小白菜煎饼、腐竹芹菜素馅煎饼、粉丝圆白菜素馅煎饼及豆丝韭菜素馅煎饼等。每份套餐包括煎饼两个,小菜三碟,甜粥一碗,售价 10 元。每日吃煎饼的人络绎不绝,有的顾客还专门"打的"上门,来吃这种新口味的煎饼哩。

40.好吃的点心——萨其马

萨其马是一种满族糕点。一般是用江米条、蜂蜜加果料制成,呈方块状。这种糕点为什么叫"萨其马"这个名字呢?

萨其马,是满语译音,有"好吃的点心"之意。据清代《燕京岁时记》一书介绍:"萨其马乃满洲饽饽,以冰糖、奶油合白面为之,形如糯米,用石灰木烘炉烤熟,遂成方块,甜腻可食。"汉语也可以把萨其马译作"糖缠",或是"饽饽糖缠",指形似丝粉样的东西,用麻油炸过,与蜜糖粘连成方块的食品。

围绕着萨其马这不俗的名字,流传着不少的传说。一种说是,清朝有一位姓萨的满族将军,喜欢骑马打猎,一出去就是好多天。萨将军喜欢吃甜食,每次外出前他就把一种面条油炸、拌糖,再压成方块带在身边。萨将军爱吃,跟在身边的人尝后也觉味美,于是传播开去,并将这种食品称为"萨骑马"。另有一说是,元朝时有人在路边卖一种糖渍的面食,一名骑马的元将凶蛮地冲撞而来,好端端的货摊被马撞塌。那元将头也不回扬鞭而去,摊主收拾烂摊气愤难平。有客人走过来问摊主卖的是什么糕点,摊主恨恨地顺口说:"杀骑马。"问者尝了他的食品觉得好吃,又向摊主询问了制法。这种糕点被仿制流传,传来传去还得了个雅名"萨其马"。此外这种甜食还有"玛其萨"的叫法。

过去制作萨其马,一般分奶油和桂花两种。先将熟江米加蜂蜜、奶油或桂花,铺在案子上,用芝麻垫底,面上放枸杞子、瓜条、青果、葡萄干、瓜子仁、核桃仁等果料,味道醇厚芳香,松软适口。今天食品店出售的北京风味萨其马,虽保留着传统样式,制作方法却也有着改进,已不选取枸杞子做果料,改用山楂糕丁和青红丝等原料了。如今超市中有稻香村等糕点柜台出售的散装萨其马,还有大小不同、包装精美的萨其马供选购。

在诸多糕点中,萨其马以精细著称。如今店家制作萨其马都要用鸡蛋清、奶、糖调面粉。有的糕点店制作时一斤面粉要调进七两鸡蛋清。过油炸之后,细条中空竖直,吃起来入口即化,几乎不用齿嚼。吃后让人口中留有蛋香、奶香、蜂蜜香,这是其他糕点所不能相比的。

萨其马很适合老人家和孩子食用,也很受老人和孩子欢迎。萨其马好吃,但不要多吃,一块50克的萨其马,含热量约230卡,这种油炸食品,且用糖浆黏合,热量高,吃多了容易发胖,还容易引起口腔溃疡、咽喉炎等疾病;另外萨其马吃多了也容易腻胃,影响食欲,不利于健康。

41. 好喝的粥

自从黄帝发明"烹谷为粥"以来,粥就和人们的日常生活结下了不解之缘。几千年来,作为主食之一的粥,用料经济,熬制简便。食用容易消化吸收,不伤肠胃,还能滋补养身。古人曾说:"粥后就枕,梦中还家。"并把这视作人生的莫大享受。宋代诗人陆游在诗中说:"世人个个学长年,不悟长年在目前。我得宛丘平易法,只将食粥致神仙。"诗人在这里高度评价了粥的延年益寿作用。

夏季气候炎热,人们往往食欲不佳。这时喝喝红豆绿豆粥、薏米扁豆粥、银花菊花粥、荷叶茯苓粥等,可以消暑清热、健脾开胃、神爽身轻,有助于人平安度夏。冬季风大寒冷,人们容易体质虚弱,这时喝喝红枣粥、木耳粥、鸡肉粥、糯米粥等就能感觉身体发热,有助于防治感冒,能精力充沛地投入学习、工作。粥是养生的妙品,也是医家治病的良方。在明代医药学家李时珍编著的《本草纲目》一书中,就记载着种种"药粥"和它的疗效。如赤豆粥能利尿消肿,菱粉粥能明目强身,栗子粥能补肾健脾,百合粥能润肺通气,萝卜粥能消食止嗝,荠菜粥能消炎利肝,花椒粥能辟邪御寒,茴香粥能和胃治疝等。照方熬制,喝着美味的粥,就把病症去除了。

过去,贫苦之家生活窘迫,常常以粥糊口。如今的家庭已没有饥寒之忧,却更是喜爱喝粥。因为大鱼大肉吃多了,也要经常用清淡的粥来调换一下胃口。如今的爱粥之人,除自己熬粥喝,还爱把一箱箱八宝粥、黑糯米粥等买回家。罐罐带有折叠小勺,想喝就喝,更是便当。

粥在广州更是人们日常不可缺少的食品之一。随着市民饮食口味的更新,粥品也登上了大雅之堂,成为宾馆、酒楼、饮食店的美食之一。早茶中常见的"皮蛋瘦肉粥",粥质绵烂,稠稀适度,香浓可口。广州流行的"三元及第粥",粥中有三种肉料,猪肉丸、猪肝、猪粉肠,寓古代考试的前三名——状元、榜眼、探花。酒楼用预先熬好的底粥和鲜猪料一碗碗煮好,入口非常鲜美。广州的粥,品种很多。有一年举办名菜美点展览,展出的粥多达84种哩。在广州喝粥,上、下午各不相同,到了晚上,粥品更多,除艇仔粥、糖豆粥外,还有滑鸡粥、滑牛粥、虾球粥、鱼片粥、鱼云粥、鱼皮粥、鱼腩粥……简直能让人看花了眼。

行家指出,要想使粥好喝,煮制必须得法。煮粥的水宁多勿少,不要后添水。煮粥要用旺火,使粥水不断沸腾。粥要喝热的。喝白粥或甜粥,要就些酱菜,以防醋心。

42. 美味的汤

汤是大量的水和各种煮熟蔬菜、肉类及一些其他佐料,经长时间文火慢熬所形成的饮品。在餐桌上,汤是一种很有吸引力的食品。众多的汤,或热或凉,或甜或咸,或辣或酸,都能刺激人的味蕾,滋养人的胃肠。

据联合国教科文组织掌握的资料显示,最早一本有关人类食汤的书,出现在4700年前的中国,在象形文字中记载着几种汤类食谱,如其中的"银海金月",就是用鸽蛋做成的一道美味的香汤。

汤可分为浓、淡两类,浓汤又叫作"羹"。一般的汤,种类很多,如鲫鱼汤、猪肝汤、排骨汤、榨菜汤、虾米冬瓜汤、肉末豆腐汤、萝卜粉丝汤等。名贵的有鱼翅汤、甲鱼汤、牡蛎汤等。在我国较为著名的汤有:广东和福建的蛇肉汤、浙江的鱼头豆腐汤和咸菜黄鱼汤、四川的麻辣汤、江西的三鲜汤、东北的酸菜白肉粉丝汤等。北京四川饭店恭王府店有一款"开水白菜"汤,使用猪背柳肉、鸡脯肉,捶剁成茸,文火煨烧七八个小时,汤液清澈透明,几枚嫩绿菜心浮于汤中,望之赏心悦目,入口唇齿留香。

世界各国也都有自己的"汤特产"。英国的咖喱汤、法国的洋葱汤、俄罗斯的奶油罗宋汤、德国的啤酒汤、希腊的柠檬蛋花汤、意大利的通心粉菜汤、北非各国的大蒜汤等,也都是具有独特风味的汤中佳品。汤一般要趁热喝,但西班牙的冻汤,以及一些口味的罗宋汤,则是要在冷却后饮用。

人们喝汤,除了汤能促进食欲、有助于消化外,还有着很好的食疗作用。在古希腊,参加竞技的运动员,都要喝煮在大锅里的热汤,用来强健肌肉,保持体力。在日本,给产后妇女喝海藻汤,一直被认为是恢复身体的良方。在朝鲜,人们喜欢用蛇肉汤治疗神经系统疾病,促进长寿。医学研究证实,烹调有蒜和胡椒的热汤能迅速治好感冒。骨头汤中含有丰富的蛋白质、脂肪、无机盐和骨胶,能使骨髓中红细胞生长的能力加强,有助于延缓衰老。鸡汤中可溶性蛋白质含量高,容易被人体吸收,常喝鸡汤能减轻浮肿和腹水,治疗慢性肝病。喝汤还有减肥作用哩。美国宾夕法尼亚大学的教授研究发现,午餐喝汤比吃别的营养丰富的菜摄入的热量要少50大卡。因此对那些想节食的人来说,一周7天有四次喝汤的话,坚持十个星期,他们体重的超重量就能减少70%。喝汤可以减肥,汤在这里成了可口的减肥良药了。

汤好喝,并不一定要特意去烹烧。当人们吃了饺子或面条,盛上一碗热汤,喝一喝,能够"原汤化原食"。这样的汤,看似平淡,却很滋润肠胃,不该随手倒掉啊!

43. 最佳营养食品——牛奶

说起牛奶,它早在有文字记载的历史以前就被广泛食用了。"牛奶"一词来自世界最古老的梵文。考古学家曾在一座古城的废墟里,发现过一张挤奶图,据考证是公元前3500年的作品。《圣经》里多次出现"牛奶"二字,书中把古地迦南描绘成"牛奶和蜂蜜到处流"的乐土,比喻食品丰富。古代罗马人用蘸了牛奶的面包擦脸,说这样能使皮肤洁白。中世纪的英国人还把牛奶视为良药。有人统计,莎士比亚笔下的剧本中牛奶被提到过75次。

牛奶中含有人体必需的蛋白质等营养物质,它可以代替母乳而单独成为婴儿的主食。据测定,每100克牛奶中含蛋白质3.5克,脂肪3.5克,碳水化合物4.9克,钙118毫克,磷93毫克,钾144毫克,以及多种维生素,营养丰富,易于消化,因而具有较高的滋补价值。营养学家指出,牛奶和乳制品是人生中各年龄阶段的最好食品。对婴儿和儿童来说,牛奶是优质蛋白质、脂肪和钙的来源,这些成分是孩子生长发育所不可缺少的。对成年人来说,牛奶是高蛋白的来源之一。对老年人来说,牛奶是含多种维生素和钙的最佳食物。现代医学研究表明,牛奶中含有多种免疫球蛋白,能增强肌体的抗病能力。鲜牛奶和经过消毒的牛奶还含有一种抗轮状病毒的抗体,婴儿多喝牛奶,可预防轮状病毒的侵袭而避免腹泻。胃及十二指肠溃疡患者食用牛奶,可以减慢胃肠蠕动,减少胃酸分泌,有助于康复。牛奶煮热后清晨空腹饮用,对治疗胃痛有一定效果。误食了毒性物质,可以用牛奶灌胃进行抢救。牛奶中的蛋白质与毒物反应,能够生成一种不溶性毒物沉淀、排出,减少人体对毒物的吸收,从而起到解毒作用。此外牛奶还能改善人体神经系统功能,有镇静和安定情绪等作用。晚间喝一杯热奶,有催眠效果。

牛奶中含有较多蛋白质和脂肪,有些老人担心喝奶多会引起胆固醇升高。有些医生也告诉高胆固醇患者不要喝牛奶。这种看法对不对呢? 1979年,美国宾夕法尼亚大学的曼斯博士进行实验,从牛奶中分离出一种能抑制胆固醇的成分——乳清酸,这种物质具有降低胆固醇的功效。由此证实,牛奶不但不会增加胆固醇,还会使胆固醇减少。有人还公布一项调查,东部非洲的马赛部落,以畜牧和狩猎为生,每天除了喝牛奶和饮少量兽血外,不再吃其他食物。体检表明,马赛人的胆固醇水平比其他民族都低,心脏和血管系统强健。这就为饮用牛奶不会增高胆固醇提供了又一个佐证。老人家是可以适当地享用牛奶的。

44. 长寿食品——酸牛奶

很多人喜欢喝酸牛奶,尤其在炎热的夏季,喝上一瓶冰镇的酸牛奶,凉凉的,酸甜可口,浑身都感觉舒爽。

酸牛奶是以鲜牛奶为原料,经过严格消毒后,加入乳酸菌发酵制成的一种饮料。和鲜牛奶相比,酸牛奶更容易被消化吸收。这是由于鲜牛奶中含蛋白质3.5%,其中酪蛋白约占86%。这种酪蛋白遇到胃酸后,会结成较大的凝块,不但难于被人体吸收,在有些人还会引起腹痛和腹泻。而鲜牛奶经过乳酸菌发酵后,就使酪蛋白凝块难于形成,游离氨基酸增加4倍,还能使乳蛋白形成细微的凝乳,人饮用后就非常容易被消化吸收了。

酸牛奶中大量的乳酸进入胃肠后,能够刺激胃壁蠕动,促进胃液分泌,增强消化机能。在乳酸环境中,人体对钙、磷、铁的吸收利用率也有较大提高。乳酸还能使肠内有益细菌增加活性,对腐败菌则有抑制作用,有利于减少腐败菌分解蛋白质产生的毒物堆积,对预防胃癌、肠癌有着重要意义。酸牛奶中的叶酸含量比鲜牛奶增加一倍多,胆碱含量也提高不少;经常喝酸牛奶对于防止体内胆固醇浓度过高和脂肪增多,预防高血压、心血管疾病、糖尿病大有益处。据调查资料表明,保加利亚人爱喝酸牛奶,百岁以上的老人非常多。俄罗斯、巴基斯坦、厄瓜多尔和我国新疆一些地区的人,常喝酸牛奶或某些发酵乳制品,因此癌症的发病率都很低,而长寿者很多。

酸奶还是一种美容食品哩。肝、肾以及肠胃消化系统有病的人皮肤往往颜色暗淡,缺少光泽。酸奶中的乳酸能有效改善消化功能,防止便秘;乳酸还是黏膜组织的"清洗剂",对皮肤的疱疹、粉刺有杀菌和促进愈合的作用。饮用酸奶能促进人体对维生素和钙的吸收。维生素A、C能抑制皮肤中黑色素的增长,有助于皮肤白嫩;钙则能发挥出明目、固齿、健发等功能。

目前,市场上出售的酸奶种类繁多。在口味上,有纯酸、草莓、巧克力等多种,有的酸奶中还放有多种水果粒,让人喝起来感觉口味一新。酸牛奶也可以自制,方法简单,把500克鲜牛奶倒入奶锅,按自己的口味加糖,煮开后放凉。加入一小盒酸牛奶当发酵剂,搅拌均匀,封住瓶口,放室内比较温暖的地方发酵。奶液凝固后,放入冰箱冷藏12小时,就可以饮用了。

喝酸奶要注意的是,酸奶不可加热,高温会使酸奶中的乳白蛋白凝固,清爽口感消失。酸奶极容易变质,在高温中放置时间过久,凝块破碎,乳清析出会发出酸臭味,不可再喝。

45. 魔水——豆浆

豆浆是人们吃早餐时爱喝的流食。豆浆可以到早点铺买;也可以从超市买来袋装的豆浆,下锅热一热饮用;家里有豆浆机的,还可以自己打豆,现做现喝。这几年在北京等大城市里,都有专营豆浆生意的连锁店出现,让爱喝豆浆的人,时时能一饱口福。

用不同的豆子可以磨制出不同口味的豆浆。煮开喝的时候,加糖的是甜浆,加盐的是咸浆。上海人喝豆浆花样更多些,往甜浆里还要放莲子、青梅、葡萄干、山楂等,往咸浆里放酱油、香油、辣油、肉松、榨菜末、虾皮、味精等,使豆浆味道更加鲜美。有人发现,豆浆中加入咸味调料,可以除去豆青气和涩味;而在豆浆中加入蜂蜜,喝起来会更加甜润。人们如果喜欢喝豆浆,尽可以根据自己的口味尝试一下。

豆浆身价不高,但富含营养。据测定,每 100 克豆浆中含蛋白质 4.1 克,脂肪 3.7 克,碳水化合物 3.1 克,粗纤维 0.2 克,此外还含有较丰富的钙、磷、铁、钾、钠以及维生素 A、B_1、B_2、D 等物质。豆浆含有牛奶中所含的全部成分,其中蛋白质的数量、质量都不低于牛奶,而矿物质和维生素 A、B 族又都高于牛奶。豆浆中含有较多的皂苷,这种物质具有降低血中胆固醇的作用。豆浆中的脂肪,80% 是不饱和脂肪酸,除能防止脂肪堆积体内,还有滋润皮肤的功用。因此可以说,常喝豆浆对于防治心血管病、糖尿病及健美、减肥,都是很有好处的。

常喝豆浆的人都知道,好的豆浆盛到碗里,片刻后在浆面上就会结出一层浆皮,入口味道鲜美。喝豆浆夏天能解暑清热,冬天能暖胃润肠,总能喝得浑身通爽。据演唱《四世同堂》主题歌的著名曲艺家骆玉笙说,她每天早上都喝一碗豆浆,连喝了几十年。这恐怕是她能常葆艺术青春、健康长寿的原因之一。

中国豆浆传入日本后,一直被奉为"魔水"饮用。前不久,日本一家饮料公司在增加豆浆产量的同时,又研制出一种强化豆浆,就是在豆浆中加入葡萄糖、脂肪酸、维生素 E 和 B_2,以及具有强心、利尿、祛痰等作用的药物成分,经过调制,使豆浆的防病、保健、美容的作用更为有效。日本饮食业还用豆浆为原料,制成多种豆浆强化食品,如豆浆面包、豆浆面等,集豆浆之精华,大受消费者欢迎。

46. 香甜的蜂蜜

据国外资料报道,从埃及法老墓中,曾发掘出两大坛密封的蜂蜜,经考证已有5000多年的历史。坛中蜂蜜今天仍然可以食用,可以知道蜂蜜是当今世界上非常不容易腐败变质的食品。

蜂蜜在古印度神话故事中,被认为是"使人愉快和保持青春的药物"。蜂蜜在我国作为药用,至少也有3000年的历史。我国最早的医药专著《神农本草经》介绍蜂蜜能"主治心腹邪气,止痛解毒,除重病,和百药"。中药药丸大多也都用蜂蜜调制。在蜂蜜的食用上,除了冲水饮用,还可以放到粥中、奶中、果汁中、茶水中食用。制作传统的饮料酸梅汤,蜂蜜是重要的配料。制作好吃的萨其马,缺了蜂蜜也就不会有甜润柔香的风味了。

蜂蜜有枣花、槐花、桂花、荆条、紫云英等不同口味和品种,营养非常丰富。含果糖和葡萄糖加起来在70%左右。这两种糖都属于单糖,能够直接被人体吸收,不像白糖那样会加重胃肠消化负担,也不用担心有多余的糖变成脂肪积蓄在体内。蜂蜜含有人体需要的大部分微量元素,如有益于身体健康的钾,起镇静作用的镁,强筋健骨的钙,滋补血液的铁、铜,健脑的磷,有益于身体的各种有机酸、氨基酸和促进人体生长的生物素、酶等。此外,蜂蜜还含有丰富的维生素和胡萝卜素,其中维生素C的含量比牛奶高3倍,维生素B_2的含量是葡萄、苹果的16倍。这些维生素是维护神经系统及身体各器官生理功能不可缺少的营养物质。有人以为蜂蜜是中老年人的食品,其实孩子喝水时放一勺蜂蜜,也是很有益于他们健康的。很多超市里都有瓶装的"儿童蜂蜜"供选购。

据医学调查表明,蜂蜜对于治疗心脏病、高血压、肺病、眼病、肝病、贫血、神经系统疾病、胃和十二指肠溃疡等病症,都有良好的辅助治疗作用。饮用蜂蜜治疗便秘,疗效明显。据实验,蜂蜜的杀菌作用很强,能在10小时内杀死痢疾杆菌,24小时内杀死伤寒杆菌,对大肠杆菌也有较好的抑制作用。蜂蜜在治疗皮肤溃疡方面,更有着神奇的功用。据报道,尼日利亚一位医生临床发现,蜂蜜属于轻度酸性,含有有效的杀菌物质,黏性大,吸水性好,在治疗烧伤和褥疮病人时,涂用蜂蜜有利于清理疮面,防止感染。该医生使用蜂蜜成功治疗了59例外伤溃疡患者,并使其中三人免除了截肢的痛苦。

糖甜不如蜜,经常食用蜂蜜有益于健康。要注意的是,冲服蜂蜜要用温水,水太热会破坏蜂蜜中的营养成分。此外,一岁以下的乳儿也不宜食用蜂蜜,因为容易引起腹泻。

47. 水果古老数香蕉

　　剥皮方便、味道香甜的香蕉,是人们爱吃的水果。那烘制的酥脆香蕉片,也是人们喜欢吃的休闲美食。

　　历史学家们普遍认为,香蕉是世界上最古老的水果之一,远在数百万年以前,印度的大河谷里就生长着大片茂盛的香蕉林了。埃及考古学家在出土文物中发现,早在4000年前的古埃及陶器上就画有香蕉的图案。古印度和波斯民间认为,金色的香蕉果实乃是"上苍赐予人类的保健佳果"。传说佛教始祖释迦牟尼吃了香蕉而获得智慧,香蕉为此被誉为"智慧之果"。

　　香蕉能长到十米高,但它不是"树",它属于草本植物。目前世界各国香蕉品种有100多个,年消费量约5000万吨。生长在亚洲的"小姐蕉",细小如手指;生长在热带雨林的"巨人蕉",个儿大像棒槌。从颜色看,香蕉多为金黄、翠绿色;美国科技人员经过改良,栽培出了红色香蕉。

　　香蕉含有丰富的淀粉、脂肪、蛋白质、果胶、多种维生素、胡萝卜素及钙、磷、铁等,不仅香甜可口,还是很好的保健滋补果品。香蕉很早就从东南亚传入我国,南方地区早在汉代就有种植,至今已有2000多年的历史。祖国医学认为,香蕉有止咳润肺、清热通便的作用。古人常用香蕉来治疗黄疸、头痛、麻疹等病症。现代医学研究表明,香蕉对治疗腹泻和一些肠胃病、消化道溃疡病,以及降低血压,有一定功效。德国营养学家研究发现,香蕉含有一种能帮助人脑产生羟色胺的物质。这种物质能够使人的心情变得快活和安宁。人经常吃些香蕉,有助于改善不良情绪。美国医学家发现,香蕉皮中含有抑制细菌的有效成分——蕉皮素。把香蕉皮贴在瘙痒部位,能减轻瘙痒症状。有瘙痒症的人,不妨一试。

　　香蕉除了作为水果生吃以外,各国还有多种多样的食法。在我国一些宴席上,除了能吃到"拔丝香蕉"这道菜,还能吃到"果汁香蕉酥"点心等。在我国一些香蕉产区,还有吃"香蕉拌饭"、品食"香蕉炸糕"、喝"香蕉糖粥"等吃法。在拉丁美洲,人们把香蕉配上菠萝、砂糖和橘皮,炸成布丁食用。阿拉伯人习惯吃"糖渍香蕉"。非洲乌干达人把香蕉作为主食,还经常摆香蕉宴。客人来到以后,主人先敬上一杯香蕉汁,再送上烤得微焦的香蕉做点心;接着,主宾共进正餐——吃香蕉饭。香蕉饭是把香蕉皮剥掉,加热捣成泥状,拌上红豆汁、花生酱、红烧鸡片或是咖喱牛肉等做成的。饭后,主人把客人请到一个大坛子旁边,递上一根一米长的空心草管,饮用香蕉和高粱酿成的啤酒。有趣的是,乌干达人所使用的碗盘等餐具,很多也是用香蕉叶子捆扎做成的。

48. 好看好吃的苹果

苹果看着漂亮,吃着香甜,是人们都很爱吃的果品。

人类食用苹果的历史非常悠久,早在新石器时代遗址中,就发掘出已经炭化了的苹果核,说明野生苹果远在 7000 多年前就已经存在了。我国是苹果发源地之一,考古工作者在湖北江陵的战国时期古墓中,也曾出土过干瘪的苹果果实,成为研究古树栽培的珍贵实物。

苹果是果品市场上受欢迎的水果之一,品种繁多,常见的品种有"红香蕉""黄香蕉""国光""元帅""锦红"和近些年崛起的"富士""红玉""红星""蛇果"等。苹果风味好,含有充足的水分和 10%—15% 的糖,苹果酸的含量在 0.38%—0.63% 之间。果糖是天然糖中最甜的一种,而且比其他糖更容易被人体吸收。苹果所含的糖约有 40% 是果糖,在各种水果中占据首位,所以吃起来较甜或酸甜适度;加上清脆可口,使人常吃不厌。其次,苹果中含有丰富的营养成分,如蛋白质、脂肪、粗纤维、钙、磷、铁、钾及多种微量元素,都是人体不可缺少的物质。

祖国医学认为,苹果有润肺悦心、开胃制酸、补中益气及清热化痰等功用。现代医学研究发现,苹果含钾较多,钾与人体内过剩的钠结合,有助于把盐排出体外,这对减轻高血压、肾炎水肿等症是有益的。苹果还有治疗慢性腹泻和便秘的双重作用,这是因为苹果含的果胶能整肠、止泻,所含的有机酸能刺激肠壁,增加肠的蠕动,有利于大便的疏通。法国科研人员通过实验后指出,苹果能增加胆汁分泌,因而可以避免胆固醇沉淀在胆汁中形成胆结石。法国医学专家在研究中发现,多吃苹果能治疗血管硬化。在 90 名自愿接受试验的患者中,凡能每天坚持吃 300 克苹果的病人,血管硬化症状都得到了减轻。苹果中含有一些微量元素,特别是含有较多的镁,这些物质能使人的皮肤红润有光泽。经常吃苹果,用削下的苹果皮擦抹面颊、手背,不仅能使皮肤细嫩,还有增白的效果。

另外,苹果还含有细纤维和锌元素,细纤维可促进孩子的生长发育,锌元素是构成与记忆力息息相关的核酸和蛋白质必不可少的元素。缺锌会导致孩子大脑皮层边缘部海马区发育不良。实验证明,把食物中的锌减少,儿童的记忆力和学习能力就要受到严重损害,并且可能一直延续到成年。儿童常吃苹果,能吸收较多的锌,有助于提高记忆力,从这方面说,苹果称得上是孩子的"记忆之果"。孩子在吃苹果时,其中的纤维素和水分能使牙齿变得洁白光滑,因此,苹果还有"自然牙刷"的美称。

49. 香脆甘甜的梨

又脆又甜、鲜香多汁的梨,是一种美味水果。

梨属于蔷薇科木本植物,是我国最早栽培的果树之一,有"百果之宗"的雅称。在我国最早的诗歌集《诗经·晨风》篇中提道:"山有苞棣,隰有树檖。"苞棣就是长在山间的梨树。经过 3000 多年的培植,我国各地的梨已有 1000 多个品种。常见的梨有鸭梨、秋白梨、雪花梨、莱阳梨、烟台梨、子母梨、酸梨、糖梨、京白梨等。好的梨核小肉嫩、甜美多汁,嚼完无渣,吃了让人有畅快之感。

经测定,每 100 克梨肉中含蛋白质 0.1 克,脂肪 0.1 克,碳水化合物 12 克,钙 5 毫克,磷 6 毫克,铁 0.2 毫克,以及葡萄糖、果糖、蔗糖、苹果酸、维生素、胡萝卜素等营养物质。祖国医学认为,梨具有生津止渴、除燥化痰、润肠通便等功用,能用于治疗肺燥干咳、咽干口渴、反胃便秘、饮酒过度等病症。现代医学研究发现,梨有降低血压、镇静安神、养心保肝、消炎去痛等药效。肺结核、高血压、心脏病、肝炎和肝硬化患者常吃些梨,对疾病有辅助治疗作用。美国 MSN 网站有研究报告指出,梨中富含膳食纤维,可降低人体胆固醇,有助于减肥。研究发现,每个梨约含有 10 克膳食纤维,吃上一个梨,可满足人体每日膳食纤维需求量的 40%。美国马里兰州研究人员通过对众多成年人调查后了解到,那些摄入膳食纤维多的人体内,总胆固醇和低密度脂蛋白含量较低,体重多不超标,腰围也小。

梨作药用,偏方很多。秋梨膏是用梨加蜂蜜熬制成的好喝梨羹,饮用对患有肺热久咳症的病人有明显疗效。冰糖炖梨也是我国传统的食疗补品。它不仅可以滋阴润肺、止咳祛痰,而且对嗓子具有良好的润泽保护作用。把梨和白萝卜一起加蜂蜜煮水煎服,能治疗支气管炎。熬粳米梨粥,能治疗喉痛、烦躁。饮梨汁和橘汁混合的水,可治疗声音嘶哑。用丁香十几粒刺入梨内,煨熟食之,治反胃、呕吐、打嗝有效。取梨汁与荸荠汁、芦根汁、麦冬汁、藕汁(或甘蔗汁)等量混匀,就组成了中药名方"五汁饮",每日凉服或温服数次,对各种暑热不适、口干、咽炎都有较好的医疗作用。

梨除生吃外,可切片晒成梨干或制成蜜饯,还能制罐头、酿果酒等。梨还可以做菜以及调制多种美味食品。如将腌好的鸡脯肉片和鸭梨片炒制成"鸭梨鸡片",脆嫩鲜香、甜咸爽口。用酥梨、山楂、白砂糖为原料,制作"红果梨丝拼盘",雪白蓬松的梨丝和鲜红晶亮的楂果相映成趣,色香味俱佳,更能使人食欲大增,最适合老人和儿童食用。

50. 品评柑橘"四姐妹"

柑橘甜酸多汁,大人、孩子都很喜欢吃。

我国是柑橘的故乡,栽培历史悠久。早在夏禹时代,扬州的橘子就被列为贡品,向帝王进献。刻写于公元前5世纪的一书中,已有"秋食栌梨橘柚"的记载。古代在橘柚集中的产区,官府还设有"橘官",专管橘柚的生产和征收橘税。"一年好景君须记,最是橙黄橘绿时。"抒发了古代诗人对江南金秋时节、柑橘果实累累、秀丽景色的赞美。

我国柑橘的品系很大,通常分为橘、柑、橙、柚四大类。由于柑橘表皮秀美,也被称为柑橘四姐妹。柑橘的皮比较薄,容易剥食,给柚子剥皮要费事一点,而橙的果实呈球形,皮较厚,吃时要用刀割开。从个头看,橘子最小,著名橘子有南丰蜜橘、川红橘、叶橘、砂糖橘等。有的南丰蜜橘比山楂还小,剥下皮后也不能分瓣再吃。柑比橘稍大些,皮厚些,顶端还有个"耸嘴"。著名的柑有芦柑、招柑、瓯柑等。橙子除了个儿大、酸甜适口,切开还能闻到浓烈的香气。新会甜橙、黔阳冰糖橙、脐橙、江津鹅蛋橙等,都较有名气。柚子小些的也有苹果大,个儿大的更大如排球,广西沙田柚、洞庭湖安江柚、台湾葡萄柚等,都是柚中佳品。

尽管橘、柑、橙、柚外观有所不同,味道也有差别,但它们营养价值都很高,除蛋白质、脂肪、碳水化合物,还含有丰富的钙、磷、铁、尼克酸、抗坏血酸、胡萝卜素、核黄素等物质。常吃点橘、柑、橙、柚,有润肺、止咳、健脾、止渴、顺气等药效。橘子在健脾、止咳、平喘方面作用最佳。柑在治疗咽干、喉痛、去火解燥方面,有它的独到之处。橙子含有橙皮甙、柠檬酸、琥珀酸较多,进食甜橙有止呕、解毒、醒酒、解胸腹胀痛等功能。柚子中含有较多挥发油和柚皮甙,有抗病毒、去炎症、降血糖的医疗作用。

近年来,国内外医疗机构用吃柑橘辅助治疗疾病,取得了不少成果。英国伦敦一所医院研究发现,给高血压病人每天服用三个橘子,并配食蔬菜,它的治疗效果与服用大量降血压药物相同,既无副作用,又能大饱口福。意大利科学家在观测中注意到,经常工作紧张、情绪焦虑的人,吃吃蜜柑,能使精神得到松弛。美国营养学家研究认为,从事航海工作的人,进食鲜菜少,容易患坏血病;如果注意经常吃些甜橙,就可以防止坏血病发生。另外,美国人还提出,一日一橙,能减少心脏病的发生。菲律宾医生从柚子中提炼出能治疗糖尿病的胰岛素样的物质,临床用于治疗,效果极佳。

值得一提的是,柑、橘、橙、柚虽然酸甜可口,但不能贪吃。吃多了会造成胃部不适,影响食欲。橘子吃多了,还会上火,造成浑身不适哩。

51.瓤美汁甜的西瓜

据历史学家考证,西瓜原产在非洲的撒哈拉大沙漠,在公元前4世纪时,传入东南亚地区。西瓜汁水多,在我国古代称作水瓜或寒瓜。由于它来自西域,一般被称作西瓜。南北朝时,梁代诗人沈约有诗说:"寒瓜方卧陇,秋菰亦满坡。"可以知道,在1500年前,西瓜在我国已有种植。另有报道称,在我国浙江杭州水田畈新石器时代遗址中曾发现有西瓜子。如果这个考古发现成立,中国有西瓜的历史至少在4000年以上。西瓜原产非洲的说法,也另当别论。

我国地域辽阔,自然条件优越,长期以来培育出大批优良瓜种。近年来,已经能大面积种植无籽西瓜,还研制出袖珍小西瓜,瓜瓤有红、绿、黄不同颜色,味道甜香。此外,还培植出了方形西瓜和其他异型瓜的瓜种。著名品种有小天使、京秀、麒麟王、红虎、黑金刚、巨宝、黑美人等。近年国外则培育出了酒味西瓜、心形西瓜、迷你西瓜、什锦西瓜(三种肉色)等新型西瓜。

西瓜汁营养丰富,含有蔗糖、葡萄糖、果糖、瓜氨酸、丙酸、丙氨酸、谷氨酸、精氨酸、磷酸、苹果酸、微量元素(主要是钾盐),以及维生素C、胡萝卜素等成分。祖国医学认为,西瓜有消暑、除燥、生津、止渴、利尿之功,吃西瓜或饮西瓜汁,对烦躁、汗多、食欲不振、感冒、哮喘等病症,都有辅助治疗效果。西瓜外皮在中药里称作"西瓜翠衣",是中药治疗口疮、咽痛的常用药。向口中喷用的"西瓜霜",是治疗口腔炎症、喉痛的传统良药。现代医学研究发现,西瓜中所含的糖、盐类、蛋白酶等物质,能降低血压、软化血管,有治疗坏血症、肾炎、水肿等作用。有烟酒嗜好和喜吃咸的人,常吃些西瓜,可以减少患食道癌的危险。

西瓜除生吃、在宴席上拼果盘,还能制西瓜酱、酿西瓜酒、做西瓜冰激凌和各种西瓜饮料。挖出瓜瓤留下的西瓜皮,也是烹烧菜肴的良好原料。去掉外皮切丝盐渍,与鸡肉丝同炒,是一款清脆爽口的家常菜。把瓜皮切片,用开水焯一下,用热油放葱、姜末炝锅后,翻炒瓜皮,放盐、糖、鸡精,用湿淀粉勾芡,滴入香油,就做成了味道鲜香的"熘翡翠片"。用瓜片与虾仁同烹,又能烧成"金钩钓玉板"的美肴。把瓜皮切丝还可以做凉拌瓜皮、脆炒瓜皮。把瓜皮压汁和鳝鱼烹炒,又能制成名菜"瓜汁爆鳝片"。在瓜皮菜中最为著名的是"西瓜鸡"。制作时取中等西瓜一个,在瓜蒂处切开口,掏出瓜瓤另用。把鸡胸、鸡腿肉切块放入空瓜腔,加葱、姜末及盐、糖、味精、料酒等调料,加水淹没。再把挖下的瓜蒂原封盖好用牙签插住,入大锅蒸一个小时。蒸好的西瓜鸡清香味美、软嫩咸鲜,很适合老人和孩子食用。

52. 色艳味美是草莓

色泽红艳、味道酸甜、柔嫩多汁的草莓,是人们喜欢吃的水果。

草莓属蔷薇科多年生草本植物。它别名"洋莓果",祖籍远在北美东部和南美智利一带,是由野生品种经过人工杂交培育成的。草莓可以大面积栽培,也可以在庭院种植,还适于盆栽,能让人赏花、吃果,还能美化环境,增加生活的情趣。

草莓果肉营养丰富,含糖(葡萄糖、果糖、蔗糖)、氨基酸及多种维生素、钙、磷、铁等成分。每100克草莓果肉含维生素C 91毫克,比苹果、葡萄高出10倍以上。祖国医学认为,草莓能帮助消化,解酒醒醉。榨汁入药还能治疗牙龈出血、咽喉肿痛、肠胃不适等病症。现代医学研究发现,经常食用草莓,对动脉硬化、冠心病有辅助治疗作用。美国医药学家在研究报告中指出,草莓中含有一种鞣花酸,这种物质能抑制癌细胞的形成,减少癌症的发生。欧洲有关医疗机构已着手从草莓果实及茎叶中提取药物成分,用于攻克各种癌症。

草莓除鲜食外,还能加工成果脯、果酱、果汁、果冻、果酒和糖水罐头。许多食品选用草莓当配料,使食品别有风味,如草莓月饼、草莓汤圆、草莓酸奶、草莓冰激凌等。时下草莓流行的吃法还有草莓奶昔、草莓奶酪布丁杯、草莓芝士蛋糕、草莓卷、草莓挞、草莓拿破仑酥、草莓宝宝、草莓圣诞老人、草莓松饼、草莓脆片、草莓比萨、草莓果冻、玫瑰花草莓、冻草莓等。我们吃草莓,常常是加盐洗净,撒些白糖食之,酸甜可口。欧洲人的吃法是把草莓压碎,浇上鲜牛奶,拌匀,稍加冰镇,用勺舀着吃。吃鲜草莓需要注意的是,草莓属于匍地而生的植物,又没有果皮,容易受到尘土、病菌污染,所以食用前应放些淡盐水浸泡一下,用清水冲洗后再吃。这样既卫生,又能增加草莓的甜香味道。

其实草莓熟吃,对健康更为有益。如把鸭梨切块,放入冰糖与草莓同煮,放凉食用,就吃到了冰糖红白果。把鸭梨和草莓碾汁,加蜂蜜放锅内烧开,就喝到了梨莓蜜汁。把草莓和橘瓣加水、加白糖入锅烧开,又能享用到糖水莓橘。把大枣和草莓加水、加白糖煮开,就是美味的枣煨草莓。用龙眼换下大枣,就是龙眼煨莓了。用草莓和葡萄干加水、加白糖烧开,煨煮后浸泡一段时间食用,就得到了糖水草莓葡萄。草莓熟吃,不仅味道香醇,还吸收了其他食品的营养,有生津止渴、健脾开胃、安神养心等作用哩。

53. 南方佳果鲜荔枝

荔枝剥壳后，果肉洁白鲜润，入口甜香多汁，让人越吃越爱吃。这荔枝虽然好吃，但不可多吃。荔枝吃多了容易上火，还能引起恶心、头昏、眩晕呢。

荔枝是我国特有的珍贵水果，产于南方，与香蕉、菠萝、龙眼一同号称"南国四大果品"。荔枝在结果时，果蒂在枝上长得很牢，不好摘取，只能用刀一起连枝割下，于是被称为"离枝"，后写作"荔枝"。荔枝和龙眼有相像之处，但二者是不同的水果，龙眼晒干即为桂圆。

成熟的荔枝，外壳色泽丹红或呈红褐色。壳虽显粗糙，果肉却是洁白晶莹。它皮薄、肉厚、核小、汁多，酸甜可口，脆嫩无渣。唐代诗人白居易赞美荔枝说："嚼疑天上味，嗅异世间香。"宋代文人苏东坡以为，荔枝是世上最鲜美的果品，非常爱吃。他在诗中说："日啖荔枝三百颗，不辞长作岭南人。"杨贵妃嗜食荔枝，唐玄宗派人千里飞马传送的故事，更为人们所熟知。诗人杜牧有诗记述说："一骑红尘妃子笑，无人知是荔枝来。"荔枝中的名品"妃子笑"，就是这样得名的。

有"果中皇后"美誉的荔枝，营养十分丰富。据测定，每 100 克荔枝果肉中，含蛋白质 1.5 克，脂肪 1.4 克，钙 6 毫克，磷 34 毫克，维生素 C 36 毫克，以及叶酸、柠檬酸和色氨酸等营养物质。祖国医学认为，荔枝具有益心脾、养肝血、止烦躁的作用，有解毒、止痛等功能，入药可治疗身体虚弱、胃寒疮肿等病症。现代医学研究发现，荔枝中含有一种名为次甲基丙环基甘氨酸的物质，这种物质能使人体内血糖下降。因此，有些医生试用荔枝辅助治疗糖尿病。糖尿病患者吃些荔枝，能增加唾液分泌，减少饮水，改善口渴症状，并减轻饥饿感。当然，这也就是一般人不能随意大吃荔枝的原因。过量吃荔枝，人体内血中葡萄糖相对降低，轻者面色苍白，疲乏无力；严重的会发生痉挛、昏迷。这是完全可以避免发生的事啊！

荔枝除了生食，还可以连壳、核焙成荔干，去皮、核制荔枝肉或糖水荔枝罐头，以及炼荔枝膏、酿荔枝酒。由蜜蜂采集荔枝花蜜酿成的荔枝蜜，更是蜂蜜中的上品。广东东莞的酒楼还创设了荔枝宴呢。推出的菜有：香荔滑鸡球、荔枝焗乳鸽、荔枝煎鲳鱼、荔荷炖大鸭、荔椰西瓜盅、荔肉煎鹅脯、（干贝）鲜荔羹等，荔肉洁白悦目，菜肴鲜嫩柔润，风味独特。每年慕名品尝荔枝宴的港澳台同胞和国外游人络绎不绝。

54. 甜香的葡萄

葡萄个儿大粒圆,汁儿多香甜,是人们喜欢吃的水果。

在水果中,要数葡萄的资历最老。据古生物学家考证,在新生代第三纪地层内,就已经有了葡萄叶和种子的化石了。这就是说,在距今647万年前,地球上就已经有了葡萄。人类栽培葡萄,至少也有四五千年的历史。公元前2500年古埃及美费斯城古墓的壁画上,就已经画有栽种葡萄和用葡萄酿酒的生动图案了。

葡萄在我国古称蒲桃,据《史记·大宛传》书上记载,它和石榴、胡桃等都是汉代张骞出使西域时,经过大宛国带回内地栽培的。以后中原内外葡萄的种植范围逐渐扩大,葡萄酒的酿造也开始出现,葡萄文化不断发展。至今葡萄在我国安家落户已经有两千多年了。目前,世界上葡萄品种约有8000种。我国人民经过长期选育,已育出5000多个品种。其中著名的有新疆的无核白葡萄、河北宣化的牛奶葡萄及龙眼、虎眼、玫瑰香等。山西清徐的"瓶葡萄",两头大,中间细,样子别致,味道鲜美。当地还有一种脆葡萄,可以用刀切片,汁不外溢,又脆又甜,别有风味。颗粒最大的要数金华藤稔葡萄,粒粒大如乒乓球,单果直径是4.6厘米,重量达36克,已经载入《吉尼斯世界纪录》。

或紫或白的一串串葡萄,营养十分丰富。鲜葡萄含糖量10%—33%,含有机酸物质、果胶、钾、钙、磷、铁等0.3%—0.5%,还含有多种维生素和十几种氨基酸。每100克鲜葡萄含蛋白质0.4克,脂肪0.6克,碳水化合物8.2克。葡萄所含的糖分,大多是容易被人体直接吸收的葡萄糖。葡萄除鲜食外,还可以加工成葡萄干、葡萄汁、葡萄酱、葡萄蜜饯、葡萄罐头、葡萄酒。全世界有80%的葡萄用来酿酒。葡萄酒味甜、色美,有滋补养身等药用。

葡萄是好吃的水果,也是有效的药物。祖国医学认为,葡萄有补气养血、提神醒脑、消渴利尿等功用。用葡萄治病的偏方很多,比如,用葡萄绞出汁液,加入鲜姜汁和蜂蜜,饮服,对痢疾有治疗效果。把葡萄捣汁,用微火熬得黏稠成膏,加入蜂蜜后冲服,有健胃、消渴、除燥之功能。把葡萄汁和藕汁一起煎熬,再加蜂蜜调匀,用开水冲服,对利尿、清热有一定作用。国外科学家对葡萄的药用也做了许多研究。加拿大医生在实验中发现,葡萄汁能有效抑制流感和疱疹等病毒。这是因为葡萄所含的苯酚,能在病毒体表面形成一层薄膜,使病毒难以进入人体健康细胞内,而产生防治流感等疾病的效果。

55.甘甜的柿子

深秋时节,除过涩的柿子又脆又甜,让人们乐于买些品尝。

我国是柿树的故乡,2000多年前在长江、黄河流域已经大量栽种。据调查,我国柿子产量居世界首位;现有柿子240多种,其中以大磨盘柿、莲花柿、金瓶柿、鸡心柿、大红柿、高脚方柿等最为著名。

以前老北京人吃柿子,除了爱吃鲜脆的,还喜欢吃"喝了蜜"。柿子放软后,汁浓如蜜,洗净在外皮咬个小口儿,吸吮柿汁,甘甜味美,吸得只留一层薄皮,畅快得很。那时还吃冻柿子。隆冬季节,人们把冻得冰硬的柿子,在凉水中稍化一下,切成薄片,围着炉火慢慢品嚼,也很有情趣哩。

柿子味甜多汁,软滑爽口,营养十分丰富。据测算,每100克鲜柿子中含糖11克,蛋白质0.7克,脂肪0.1克,钙10毫克,磷19毫克,铁0.2毫克,维生素A 0.16毫克,维生素C 16毫克。此外还含有果胶、单宁等成分。柿子的含碘量也是高过其他果品的。用柿子晾晒成的柿饼,糖分和蛋白质不但没有减少,反而增加了。把它和干枣、杂粮混合磨粉做成的炒面,是很有营养价值的滋补食品。用柿子酿酒、制醋、制糕点和蜜饯,也很受人们欢迎。

柿子是好吃的果品,也是保健的良药。祖国医学认为,柿子有清热止渴、润肺化痰、止咳治痢等多种功效。吃鲜柿子能清火解毒,对高血压、痔疮出血、便秘有良好的辅助治疗作用。不能吃的柿蒂,煎煮后饮用汤水,可以治疗不断打嗝和夜尿症。柿叶含有大量维生素C,制成的柿叶茶,有软化血管、利尿、消肿等疗效。取成熟柿子,去皮,晾晒一月左右,即得柿饼。用柿饼和糯米、陈皮煮粥,连吃三天,可用于治疗慢性肠炎和泻痢。用柿饼和大米熬成糊,每天喂服三次,连续三天,能治小儿腹泻。把柿饼煮烂,连吃几天,可治疗痔疮出血。把柿饼和蜂蜜加水煮烂,早晚吃用几天,能治疗咳嗽、气喘、胸闷。嚼食柿饼还有辅助治疗吐血、咯血、血淋、肠风等功效。几年前,在日本出版的一本名为《柿的药用》的书中,详细介绍了柿果、柿叶、柿霜等药效。用柿子能治疗的病症,包括高血压、糖尿病、脑中风等,共有60多种哩。

鲜柿子虽然好吃,但要注意的是不能空腹吃,也不要一下吃得太多。柿子含有柿胶酚、单宁等物质,容易和胃酸凝结成块,引起腹痛;严重时会发生胃柿石症,导致胃穿孔、肠梗阻,就要用外科手术来治疗了。可别因为嘴馋,惹这样的大麻烦呀!

56. "天然维生素C丸"——红枣

红枣被称作"百果之王",是我国的特产之一,种植历史悠久。早在公元前3000多年前,红枣已经是供祭祀用的果品和馈赠亲友的礼品。我国人民一直把红枣作为幸福美满的吉祥物,各种喜庆和年节,都是少不了红枣的。西汉文学家东方朔在《神异经》一书中写道:"北方荒中有枣林焉,其高五十丈,敷张枝条数里余……子长六七寸,围过其长。熟赤如朱,干之不缩,气味润泽,殊于常枣。食之可以安躯,益于气力。"从描述中可以了解,早在2000两千多年前,我国不仅已经培育出优良品种的枣,而且已经懂得枣对人体有滋补的功用。

枣的适应性较强。我国南北各省都有栽培,以河南、山东产的红枣最为著名。山东乐陵的金丝小枣,含糖量高达65%以上,半干后掰开小枣,能看到缕缕金丝,所以有金丝小枣之称。山西的晋枣,每个重20多克,大的重50克左右,一斤只有十几个。山东的梨枣,也是枣中的大个头儿。近年山东的冬枣核小肉甜,又脆又鲜,在各地一斤卖到二三十元,仍然能吸引人们围着购买。新疆、北京、河南等地的大枣、圆枣、葫芦枣、长枣,山东的枕形躺枣等也都是枣中的珍品。山西的壶瓶枣,落地会摔成几瓣,不用尝就能知道这种枣有多么鲜脆了。

红枣的营养非常丰富,据测定,鲜枣含碳水化合物24%,蛋白质1.2%,脂肪0.2%,并含有维生素、胡萝卜素、有机酸,以及钙、磷、铁等物质。尤其值得一提的是,每100克枣肉中含维生素C 380毫克以上,比苹果高出70至80倍,因此,红枣有"天然维生素C丸"的美誉。

祖国医学认为,红枣有养血安神、生津液、解药毒等药效,可用于治疗脾胃虚弱、食欲不振、疲乏无力、心悸失眠等病症。现代医学研究认为,红枣能促进蛋白质的合成,增强肌体抵抗力,有保肝、镇静、降血压、抗过敏等功用。常吃大枣,对过敏性紫斑、血小板减少也有辅助治疗作用。日本学者发现,红枣中含有的乌骚酸和果酮酸,能抑制口腔中虫牙菌的繁殖;儿童常吃红枣,有助于保护牙齿。红枣中含有维生素C之多,名列食品之冠。维生素C对防治心血管疾病有良好作用。英国科学家对500名身体虚弱者的实验表明,连续吃枣后,患者健康的恢复比单吃维生素C制剂的患者快3倍。科学实验还发现,维生素C能有效地预防铅中毒,还能防治口疮、脚气、坏血病等。

红枣的吃法多样。鲜枣甜脆可口,干枣细嚼味香,是很好的休闲食品。红枣还可加工制成蜜枣、醉枣、脆枣、枣醋、枣酱、枣茶、枣泥、枣膏、枣面、枣糕、枣饼等食品。吃多了枣做的主食,还可以熬一锅红枣粥喝喝呢。

57. 酸甜绵润美山楂

山楂酸甜可口。把山楂穿串蘸糖的糖葫芦,用山楂当原料冻制的山楂冰糕及用山楂配制的糕点、小吃,都是人们爱吃的食物。

山楂又名红果,俗称山里红,在我国栽培已有 3000 多年的历史。山楂所含的营养非常丰富。据测定,每 100 克山楂中,含维生素 C89 毫克,比苹果多 17 倍;含胡萝卜素 0.82 毫克。果酸含量也很高,主要有酒石酸、柠檬酸、山楂酸等。此外还含有内酯、糖类、脂肪、蛋白质和钙、磷、铁等物质。祖国医学认为,山楂具有消食积、散瘀血、驱绦虫等功用,入药适用于治疗痰多、泻痢、腰痛、厌食等症。用焦山楂、焦神曲和焦麦芽制作的"焦三仙",也叫大山楂丸,能够解除油腻,帮助消化,曾是末代皇帝溥仪常吃的中药。名为药,其实酸甜好吃,有着果脯的味道。

除了美味的大山楂药丸,用山楂还能制成多种保健药膳。如用山楂和小块精猪肉一起炖煮,肉熟后加入香油、盐、味精、白糖,拌匀后就制成了山楂肉干。把山楂压碎,加水煎煮,取汁加入白糖拌匀,冷却后在表面撒一层砂糖,分割后就制成了山楂软糖。把山楂汁兑入酒中,密封十天后饮用,就获得了山楂酒。食用这几种药膳,对高血压、冠心病、食欲不振、消化不良、疲倦无力等症,都有很好的辅助治疗作用。

现代医学研究发现,山楂中含有的果酸、内酯和配糖体,在降低血压、扩张冠状动脉、增加血流量,以及降低胆固醇等方面都有很好的功用。山楂的提取物,对痢疾杆菌、大肠杆菌也有很好的抑制作用。山楂中还含有一种叫牡荆素的化合物,能阻断亚硝酸的合成,抑制黄曲霉毒素,从而能起到抗癌作用。十几年前,中科院上海药物研究所和新加坡理工学院的科学家们,从山楂中提炼出一种小分子化合物,这种物质能阻断非典病毒在体内的复制和传播。这种天然产物没有毒副作用,有可能成为防治 SARS 和多种病毒性感冒的特效药。红艳艳的山楂可真是不简单呀!

山楂生吃,酸溜溜、甜滋滋。以山楂为原料制作的食品更是畅销,如山楂糕、山楂片、山楂酱、果丹皮、山楂汁、山楂酒、山楂露、山楂果脯、山楂罐头、山楂饮料等,都是人们所熟悉的美味食品。用山楂当馅料制作的元宵、汤圆、月饼等糕点,让人们百吃不厌。北京市场上还有一种盒装的"炒红果",是酸甜味美的传统美食。用山楂开发的新型蜜汁饮料——果茶,酸甜柔和,香浓味醇,糖分低而维生素高。一面世就成为各地宾馆、酒楼的俏货,还被称为贵族饮料哩。

58. 医食两用的荸荠

外皮黑褐色的荸荠,是我国的特产果品,它们生长在温暖地区,距今有2000多年的种植历史。明代医药学家李时珍在谈到荸荠时说:"大如山楂、栗子,而脐有聚毛,累累下生入泥底。"因为荸荠的形、色、性味、成分、功用等都有些像栗子,而结的果实却在泥水中,所以它又名地栗。此外,荸荠还有地果、马蹄、尾梨等别称。

荸荠既可当蔬菜,又可做水果,生吃熟食皆宜,所含营养十分丰富。分析得知,荸荠果实含淀粉21.8%,蛋白质1.5%,糖类21%,还含有钙、磷、铁、维生素B、维生素C以及尼克酸、胆碱、胰蛋白酶抑制素等。祖国医学对荸荠评价很高,认为它有消渴解热、清热开胃、消食化痰的功效。用荸荠可医治舌赤少津、咽干喉痛、大便秘结、酒醉昏睡等症。民间以荸荠治疗腹满胀大,对黄疸湿热、寻常疣、脚鸡眼、牛皮癣等也有一定疗效。近年来,专家还发现荸荠中含有一种叫"荸荠英"的抗生素,对金黄色葡萄球菌、大肠杆菌有抑制作用。荸荠中还含有防治癌症的有效成分,对降低高血脂、高血压也有效果。

荸荠吃法多样,生吃肉质嫩脆,清香味甜。穿成串可以熬糖蘸冰糖葫芦吃,也可以穿串烤着吃。配菜烹炒则能做成众多美味佳肴。将荸荠去皮剁碎,挂浆油炸,制成地栗丸子,鲜美爽口。去皮后挂糖汁,称为挂霜地栗,是宴会上的一道名菜。还可用荸荠做一道拔丝菜。荸荠切成小粒,与鲜虾仁一起和馅包包子、包饺子、做馄饨,口味鲜香。做清炒虾仁的时候,配上一些荸荠片,红白相映,口味尤佳。烹制红烧狮子头时,加上一些荸荠末,能使狮子头锦上添花。烹烧肉类时,放入荸荠既能去腥,更可提高滋补作用,菜色也会更加好看。"素双脆"是一道用荸荠做的家常素菜。先选个儿大、鲜嫩的荸荠削皮切成薄片,下油锅炸成乳白色,捞出。锅留底油,把姜末、水发黑木耳和荸荠片翻炒,加料酒、香菇汤、糖、味精、酱油,再用水淀粉勾芡,淋上香油装盘。这盘菜黑白分明,鲜嫩可口,素净味美。"炸荸荠夹"是一道甜食。把荸荠洗净削皮,切成薄片,两片荸荠夹一片山楂糕,裹上淀粉蛋清糊,下油锅炸成淡黄色,装盘,撒些白糖、甜桂花。荸荠脆嫩,山楂甜酸,小巧玲珑,是孩子们喜欢吃的小食品。荸荠除了直接做菜,还可以做罐头和蜜饯。

采收于湿泥水中的荸荠,常常藏有姜片虫,这是一种危害人体健康的寄生虫。因此生食荸荠必须涮洗干净或去皮,以利于健康。

59. 占尽食谱风光的鸡

中国是世界上最早养鸡的国家之一。在甘肃天水西山坪大地湾一期文化中，已经出现了家鸡，说明养鸡在我国已有 8000 年的历史。甲骨文中的"鸡"字，表明了我们的祖先远在 3000 多年前已认识了鸡。相传楚汉相争时，项羽在垓下战败。妃子虞姬为项羽解愁，精心烹烧菜肴。她把雏鸡和甲鱼放入釜中，加山珍和调料煨制，出锅后汤肉交融，香气四溢，这一餐让项羽吃得十分畅快。虽然虞姬和项羽最终刎别人世，一款"霸王别姬"的鸡肴却流传下来。

在数千年的历史长河中，鸡带给了人们美食的享受，也带给了人们营养和健康。据测定，每 100 克鸡肉含蛋白质 23.5 克，脂肪 1.2 克，钙 11 毫克，磷 160 毫克，铁 1.5 毫克，尼克酸 8 毫克，以及多种维生素、组氨酸和微量元素硒、铜等营养成分。鸡肉的蛋白质含量高于牛肉，居荤食之首；而脂肪含量又低于牛肉。祖国医学认为，鸡肉味甘，性湿，无毒，有益五脏、补虚损、健脾胃、强筋骨、活血脉等功用，能治疗贫血、腰肌劳损、感冒等病症。鸡的大部分器官都能入药。中药中的鸡内金为鸡的砂囊内膜，治疗反胃呕吐、消化不良等症有很好的功效。鸡肉含丰富的蛋白质，其脂肪中所含不饱和脂肪酸是老年人和心血管患者、体质虚弱的产后妇女所需要的，以鸡肉汤作为补品食用，最为相宜。鸡凭借着丰富的营养和滋补作用，还被国外专家推荐为十大最佳保健品之一呢。

作为美食，鸡在各地菜谱中占尽了风光。无论是煎、炖、炒、炸，还是蒸、烤、熘、扒，都能烹饪出众多美味鸡肴。各地著名的整鸡鸡肴就有很多，如道口烧鸡、德州扒鸡、符离集脱骨烧鸡、济南肴鸡、成都元宝鸡、广东童子鸡、河南桶子鸡，以及纸包鸡、荣华鸡等，风味不同，各具特色。在各地名菜中，整鸡鸡肴还有叫花鸡、气锅鸡、贵妃鸡、八宝鸡等不同风味。把鸡肉切片、切丝、切丁、切块后烹制的名菜更是数不胜数。在川菜中，有一道"棒棒鸡"，制法别致。先用麻绳把鸡腿绑紧，和鸡脯肉一起放锅中煨煮；熟后放凉，用小木棒轻轻敲打；解去麻绳，把肉撕成丝状，淋上调料食用。经过一番棒打，肉质松软，调料容易入味，吃起来更觉鲜香。

人们想吃鸡可以买熟制品，也可以买生鸡自做。节假日买一只鸡，就有了三菜一汤的原料。配上黄瓜等，可做一个熘鸡片；准备花生米、辣椒，可炒一个鸡丁；放些土豆块，可烹一个红烧鸡块；最后用鸡架、鸡杂，还可以烧一碗好汤。这一鸡四吃，真是既丰盛，又经济实惠哦。

60. 食疗珍品乌骨鸡

在众多食用鸡品种中,颜色黑漆漆的乌骨鸡有着极为突出的营养丰富、肉质鲜嫩的特色。

乌骨鸡又被称为绒毛鸡、松毛鸡、绢丝鸡、黑脚鸡等,是世界上罕见的名鸡。它发源于我国江西省泰和县的武山,在那里乌骨鸡的饲养已有超过 2000 年的历史。传播开来后许多省市均有饲养。乌骨鸡不仅外貌美丽,更具有营养、滋补与医疗价值。乌骨鸡与其他的鸡相比较有十大显著的特点:红冠、绿耳、黑舌、白丝毛、双缨、五爪、毛脚、乌皮、乌骨、乌肉,与其他鸡容易区分;又因为它具有药用、食用、观赏三大价值,而使其名扬中外。早在 1915 年巴拿马世博会上,乌骨鸡就以名鸡的身份参展,广受赞誉,被评为"观赏鸡"。明代医药学家李时珍在《本草纲目》中说,乌鸡"补虚劳羸弱,治消渴……一切虚损诸病"。乌骨鸡在清乾隆时被赐名为"武山鸡",列为向皇宫进献的"贡鸡"。以乌骨鸡为主药制成的"乌鸡白凤丸"曾是宫廷用药,慈禧太后用它滋补、延寿、美容,而且长年应用。

现代医学研究发现,在乌骨鸡肉中含有 17 种氨基酸,包括 7 种人体必需氨基酸,品种全,含量高,比普通肉鸡高出 10%。其所含有的血钙、丙种球蛋白及维生素 A、C、E 都高于普通肉鸡,此外还含有维生素 B_1、B_2 和磷、铁等多种微量元素。这些营养物质,使乌骨鸡具特殊的滋补作用,能增强人的体质,促进生长发育,延缓衰老,提高抗病能力。用乌骨鸡同红枣、桂圆、冰糖、党参、黄芪、当归装盆蒸食,可治疗面黄肌瘦、头晕乏力及出虚汗等症。用乌骨鸡煎汤,取汁同粳米煮粥,又是年老体弱、病后虚弱者的强壮食品。妇女食用乌骨鸡对治疗不孕症、月经不调、产后虚损等,都有良好治愈作用。捅开乌鸡蛋,放进几粒白胡椒后再将它堵严,蒸熟后食用,是治小孩遗尿症的良方。

十几年前,北京乌骨鸡厂等几家单位合作研制成功"中华乌鸡精"投放市场。这种高级营养珍品,能提高人体生理功能及免疫力,增强耐寒、耐热及耐疲劳等能力。临床用于气虚、血虚、脾虚、肾虚等症,总有效率达到 94%。对儿童体质虚弱、营养不良及妇科各种疾病疗效颇佳。多数人反映服用中华乌鸡精后,都感觉体力充沛,睡眠良好,胃肠舒适,食欲大增,大便自通,各种病症都有明显改善。由于中华乌鸡精是以天然食品精制而成,不会出现"上火"现象,也没有其他不良反应,是市场上很受欢迎的滋补饮品。江西泰和酒厂酿制的"乌鸡补酒",滋补养生效果佳,上市后即受好评,还被列为国家礼品酒。

61.可放心一吃的鸡蛋

人们在一日三餐中常会吃到鸡蛋。早餐能吃到蛋糕、煮鸡蛋、腌鸡蛋;午餐能吃到用鸡蛋烹制的摊黄菜、木须肉、元宝肉等;晚餐则能吃到用鸡蛋做馅包的馅饼、包子、饺子,以及鸡蛋羹、鸡蛋汤等。

鸡蛋在家庭中使用非常普遍,它同鸡肉一样,既是增加营养的补品,又是医治多种疾病的药用食物。据测定,鸡蛋中蛋白质含量为 14.7%,其结构与人体蛋白质组成结构相似,因此吸收率非常高。鸡蛋中脂肪含量为 11.6%,集中在蛋黄中,也是容易被人体吸收的脂肪类。此外鸡蛋中还含有碳水化合物、钙、磷、铁等营养物质。祖国医学认为,鸡蛋有镇静、益气、安五脏等功效,入药能治疗心口作痛、咳嗽、血虚、胃痉挛、头晕眼花等病症。除了蛋黄、蛋白,连丢弃的蛋壳也有食疗作用,它含碳酸钙、磷酸酶、磷酸钙等物质,对医治胃溃疡很有帮助。用带壳鸡蛋做醋蛋服用,对于治疗消化系统、神经系统、血液循环系统疾病,都有很好的效果。

医学研究发现,鸡蛋蛋黄中含有一种叫卵磷脂的高级营养物质,它与人体消化液中的酶作用后,会释放出一种胆碱;再与醋酸结合,生成乙酰胆碱。乙酰胆碱能刺激大脑,提高人的记忆能力;还能增进神经细胞的活力,使思维敏捷。

鸡蛋清具有松泡、柔韧的特点,做菜时用蛋清上浆,能使肉类鲜嫩,增加菜肴的营养和色、形美观。蛋清有清热解毒的功效,入药能治疗疮肿等症。用蛋清分别加柠檬汁、黄瓜汁、芦荟汁调匀,有护肤、美容的作用。

鸡蛋中含有较高的胆固醇,经化验,每 100 克蛋黄含胆固醇达 170.5 毫克。这使一些患有心血管疾病和担心会患此类疾病的人对鸡蛋敬而远之。近年来医疗研究发现,蛋黄中虽然富含胆固醇,但人食用蛋黄后,蛋黄中的胆固醇并不是全部直接进入血液,而有不少要用于维持器官组织间胆固醇的平衡,其中不少卵磷脂化为乙酰胆碱时,也要消耗一部分胆固醇。最后进入血液中的胆固醇,已经少之又少。据医学研究报道,德国曾在军队中做过试验:20 万名军人每人每天最少吃两个鸡蛋,一年半后,这些人的血中胆固醇含量没发现有不正常的升高,大部分人还略有降低。这一来,打消了很多人吃鸡蛋的顾虑。几年前,北京的科研机构从改变鸡饲料添加剂入手,使鸡蛋中胆固醇含量下降20%。这种被称为"众福蛋"的新型保健食品,更可以让人放心一吃了。

62. 食鱼大有益

很多人喜欢吃鱼。烤鱼片更是一些青少年爱吃的休闲食品。

据考证，远在18000多年前，生活在北京周口店的山顶洞人已经懂得吃草鱼了。就连3000多年前的《诗经》中也有赞美鱼宴的诗句。在现代生活中，也有"无鱼不成席"的说法。

鱼肉是最容易消化的肉食品。它的营养成分与鸡肉、牛肉、猪肉不分上下，而蛋白质的含量却量高质优，人体食入后消化吸收率高达96%。鱼肉之所以细嫩，是因为它由肌纤维较细的肌群所组成，肌群间存在着相当多的可溶性成胶物质。鱼肉中除含有人体所需的八种氨基酸外，所含的钠、钾、镁、钙、磷和对人体极重要的铜、铁、硫、钴、锰等微量元素也比其他肉类高。海鱼的含碘量比畜肉更要高出10—50倍。食鱼有健脑、护心、降脂、养血、预防糖尿病、高效补钙等作用。此外，鱼肉还是人体所需维生素的一个重要来源。

鱼不光能饱人口福，在药用上还具有利水、消肿、下气、通乳等功效，这些功效在《本草拾遗》等医著中都有许多记述。随着现代医学的发展，人们进一步查明，鱼类食品还具有预防脑血栓、冠心病、心肌梗死等血栓性疾病的作用。英国一家杂志报道，吃鱼量的多少与冠心病的死亡率成反比。在美国，吃鱼多的人群中患心脏病者明显偏少。爱斯基摩人平均每天吃鱼400克，日本每人每天平均食鱼84克以上，我国舟山群岛的渔民常年食鱼，这很可能是这些地方患心脏病人少的原因所在。另有报道说，日本在鱼油中发现一种能预防脑溢血的脂肪酸，它具有保护血管的特殊作用。实验证明，将这些脂肪酸注入患脑溢血的小白鼠血管中，可使濒临坏死的血管恢复正常功能。从中医角度来说，鱼肉属温性食物，吃多了容易导致内火蓄积。这即是人们所知的"鱼生火"的说法。内热偏盛及阴虚火旺体质者应少吃鱼食为宜。但作为一般人，每周吃一两次鱼，不但可以改善口味，还有助于防病健身。

鱼的烹调方法很多，可以整尾红烧、清蒸、炖、油煎，也可烹鱼块、炸鱼段、熘鱼片，或做成鱼丸子。还可与亲友围坐在火锅旁，品食一番涮鱼片。除鱼肉外，鱼头、鱼肚、鱼子，甚至连鱼鳞都可以吃。将鱼鳞盛放碗中，加水和葱、姜等调料，上屉蒸半个小时，去渣留汤，等凝成晶莹剔透的鱼鳞羹后蘸上佐料食用，味道很鲜美。鱼子中含高蛋白、钙、磷等营养成分，煎炖食用对人体，尤其是儿童的成长发育都有益处。

63. 肥肉，不能敬而远之

一提起肥肉，人们往往想到那白花花的肥膘，望着它就觉得起腻。其实，肥肉对人体健康来说，可不是可有可无的东西。

肥肉通常指肥猪肉，如五花肉、肘子肉的脂肪部分。肥肉的成分，除了水分之外主要是蛋白质和脂肪。国外学者发现，不少欧美国家的膳食中脂肪含量很高，结果冠心病、肠癌的发病率大大超过亚非一些国家。这是由于他们过多地食用肉类、奶油、巧克力造成的，不能把罪责都推到肥肉身上。肥肉中含脂肪的确不少，分析一下就会知道，脂肪并不是坏东西。脂肪"功"大于"过"，它是人体不可缺少的构成物质。首先它是人体获得热量的最佳浓缩食物，经测算，每克脂肪在体内氧化后产生的热量，比等量的糖或蛋白质多一倍以上。许多脂溶性维生素只有凭借它的帮助，才能被人体所吸收。脂肪还是器官和神经组织的防护性隔离层。此外，脂肪导热性低，皮下脂肪能够防止体内热量散发，有助于身体保持恒温。在维持人体生理机能方面，脂肪担当着重要的角色。有不少人倾向不吃肥肉，是怕过多地吸收肥肉中含有的胆固醇，其实胆固醇也不像有些人想的那样坏。不少医学家认为，胆固醇具有一定的抗癌功能。据研究证实，在人体血液的白细胞中，有一种"噬异变细胞白血球"，它们有杀伤和吞吃异变癌细胞的神奇作用，血液中的胆固醇是维持这种噬异变细胞白血球营养的必不可少的物质。如果血液中胆固醇含量很低，噬异变细胞白血球对癌细胞的辨别和分泌抗异变素的能力都会显著降低。当人体处于低胆固醇状态下，严重的也可继发其他的疾病，同样会导致动脉硬化，还特别容易患贫血、癌症及营养不良等病症。

肥肉所含的胆固醇，经由人体吸收，还能提高皮肤中透明质酸酶的含量。在这种酶的作用下，皮肤可保留更多的水分、微量元素等各种营养物质，这样就可以促进表皮的新陈代谢，避免干燥粗糙，使皮肤细嫩光滑。另外据科学家发现，在肥肉脂肪中还含有一种能延长寿命的脂蛋白，这种物质不但不会造成血管硬化，相反还有预防血管病的功效。总之，适当吃些肥肉，无论在防病、保健方面，还是在美肤、长寿方面，都是有益处的。

在我国各地菜系中，有不少深受人们喜爱的用肥肉烹制的名肴，如红烧肉、东坡肉、虎皮扣肉、红焖肘子等。为了让肥肉吃着香而不腻，在烹调上要尽量做到品种多样化。肥肉要切小、切细，少做大块肉。可用肉糜包馄饨、饺子、包子，也可将它塞入油豆腐、油面筋中再进行烹烧。当肥肉成为美味佳肴，端上餐桌，自然会诱发食欲，使人胃口大开。

64. 古今食酱

人们是常常要吃到酱的。吃麻酱面、炸酱面当然离不开酱,吃面包片爱抹上果酱,吃炒菜常会闻到酱香,每次泡方便面,也常常要撕开一个酱包……

中国是酱的创始国,我国人民自古有吃酱的食俗。孔子曾经说:"不得其酱不食。"说明在春秋战国时,酱已经是不可缺少的食物了。古时的酱,除作为调味品,有些还可以直接当菜肴食用,如梅酱、虾酱、鱼酱等,都是将食物捣烂、盐腌成酱进餐的。在南北朝时期的《齐民要术》一书中,记载了一种鱼酱的传说及制酱方法:西汉时武帝率军追逐夷人,在海边忽然闻到一股香气,经过向渔翁询问得知,香气是埋在坑里的一种鱼酱发出的。取出鱼酱品尝,味道甚美。由于此酱是在追逐夷人时所发现,就把它称作"逐夷",后来又叫作"鱼肠酱"。它的制法是将鱼、虾、蛤、蚌捣碎加盐,挖坑深埋发酵制成,后来人们还向这种鱼酱中加入醪糟,配入姜桂,成为一方美食。长期以来,古人传下来的做酱方法主要有两类,一种是把海产品捣碎盐渍;一种是把谷物加盐发酵,曝制成酱。甜面酱、大酱、卤虾酱、豆瓣辣酱等,都是流传至今深受人们喜食的酱品。

历代厨师和美食家,都十分看重酱的作用。好的酱品也确实能为菜肴增色提味,促进食欲。如今,人们对饮食的需求早已不满足于吃饱肚子,而是越来越讲究口味。于是,各色各样的调味酱便争先恐后地涌入市场。甜、辣、麻、鲜,浓烈型、清淡型、本味型、复合型,争奇斗艳,供人挑选;而且是开瓶即吃,可拌凉菜、夹面包、就面条、涮火锅、烧、烤、煎等,使酱成了"百搭"食品。在各地商场超市货架上,除了传统的酱料,还有五丁酱、香肠酱、沙茶酱等新品;有大闸蟹制作的蟹粉酱,名扬四方的"阿香婆",以及洋品牌的酱,使调味品市场的一角煞是火爆。

酱,不仅含有丰富的营养,可以调味,还有很好的防病保健功用。美国威斯康星大学的迈克尔教授研究指出,人体细胞内氧化物过多会产生毒素致癌,而黄酱中的一种发酵物质可以抵制细胞内的氧化物,抑制致癌物质的形成,为此他认为,黄酱具有抗癌作用。在日本,宴席上的压轴菜,是端上一碗酱汤,它的制作方法是2000多年前由我国传入的。现在日本人用它配上豆腐丁、蘑菇、鲜菜食用,喝得津津有味。日本的一家医药协会研究人员经对众多人群调查发现,每天食用酱汤可以延长胃癌患者的寿命,对心肌梗死、血脂性心脏病等也有防治作用。这让更多的日本人对酱汤兴趣大增,每餐必用。

65. 谈谈酱油

家里做菜时常常是要用到酱油的,烹饪鱼香菜、红烧菜,更是少了酱油不行。

酱油酿造在我国有着悠久的历史。秦汉时期,古人就开始食用酱油了。魏晋以后,酱油被称为"豆酱清"或"酱清",人们已经习惯用酱油来烹调或腌渍食物。明代医药学家李时珍称酱油为"豆油",他在《本草纲目》一书中详细记载的用豆酿制酱油的方法,已经和今天的制法十分相似。

常用的红褐色酱油营养丰富,一般是以豆饼、麸皮、黄豆等为原料,通过接种发酵,再经高温消毒后制成的。酱油中能吃出鲜味是由于含有谷氨酸等氨基酸和肽类的缘故;酱油中的甜味来自葡萄糖、果糖等;酸味出自以乳酸为主的有机酸;苦味是由于含有一些苦味氨基酸;而咸味则产生于放入的食盐。酱油中含有多种氨基酸,其中包括人体必需的八种氨基酸。氨基酸中的酪氨酸,经多种变化产生黑色素,使酱油呈棕色。酱油在发酵过程中形成色素是正常的,但并不是色泽越深越好。

烹调菜肴时酱油放得适当,能起到着色和提味两种作用,可使菜肴味美色鲜,增进食欲。据营养学家分析研究,酱油中含有一种"组织胺",有降低血压的功效。除烹饪外,饮茶时,向热茶中滴入两三滴酱油后饮用,能促进消化吸收,还可清热除燥,使胸口舒畅。美国威斯康星大学食品研究所的博莱斯教授,几年前公布了一项有趣的发现:在中国人烹调中不可缺少的酱油内,竟含有抗癌成分,在实验中,教授给喂食酱油的小鼠掺喂一种致癌物质,结果患癌概率远远小于不喂食酱油的对照组。

随着人们生活的改善和对食用酱油兴趣的增长,多种别具风味和有健身作用的新品种酱油在国内先后问世。用蘑菇汁液酿制的"蘑菇酱油",有明显的健脾开胃功效,很适合儿童和老人食用;用新鲜海杂鱼为原料酿制的"鱼汁酱油",所含维生素丰富,口味也很不错;"甜叶菊酱油"和"果汁酱油"清香甜润,很受儿童欢迎;"铁质酱油""低盐酱油""辣味酱油"也都能满足不同口味人们的需求。目前中国酱油已风行欧美等国,成为饭店、厨间的珍品。

日本人对于酱油也十分喜爱。日本的"海带酱油",特别适用于高血脂、高胆固醇、动脉硬化等患者食用,还有增进健美的效果。"固体酱油""粉末酱油"在日本各地也大为流行,只要加水就能溶化食用,给外出旅行者食用酱油带来很大方便。几年前日本又研制出透明的七彩酱油,把饭团、菜肴、美味汤都变成多色彩的,更能使人胃口大开。

66. 话说香醋

醋是一种液体的酸性调味料,在我国已有2000多年的历史。相传夏朝杜康的儿子黑塔帮助父亲造酒时,他把酒糟泡在缸里。21天后的酉时(下午5至7时),当他揭开缸盖,一股香味扑鼻而来,一尝缸里的水,酸溜溜,甜滋滋,味道很鲜美。黑塔从此把这种液体当作调味浆来用。想到21日酉时是个"醋"字,于是这种调味浆就有了"醋"的大名。这虽是一段传说,但21日成醋,至今也没有改变。

我国酿造的食醋品种很多。米醋是用发酵成熟的白醋坯经过淋制得到的食醋,色泽澄黄,味道甜香。熏醋是用成熟的白醋装缸后,再经过熏制制成的食醋,因为它色泽比较深,又称作黑醋。山西老陈醋一般是用高粱、大麦、绿豆酿制,颜色黑紫,香味浓郁,酸而不涩。四川保宁醋原料中除含有谷物,还加入近百味中药,醋的色泽乌红,味道醇酸,有很好的药用价值。

作为日常生活必需品之一的醋,在烹调中既是基本味中酸味的主料,又是多种复合味如糖醋、鱼香、怪味、酸辣味等味型的重要配料。醋中所含营养十分丰富。醋的酸味来源于发酵中产生的醋酸,鲜味来源于原料中蛋白质分解成的氨基酸,甜味是由于醋中含有少量的糖,而独特的芳香味,是由发酵中产生的有机酸与醇类合成的酯所带来的。另外,醋中还含有较多的钙、维生素B、乳酸、甘油及一些类盐等。醋作为食用调料,能改善食品的色、香、味,又有增加食欲、促进消化的作用。烧菜时加些醋,有助于钙、磷、铁等成分的溶解,容易被人体吸收利用。烧鱼中加些醋,可以化解腥味。炖牛、羊肉时加些醋,肉容易烂,味道也好。醋还能使食物的油腻性减轻,咸味降低。

醋是烹调佳品,也是廉价的保健用药。民间用醋治病和消除不适的偏方很多,而且简便易行,如:用醋煎蛋,能治痢疾。用凉开水冲一勺醋,睡前饮下,有助睡眠。小口喝下一小盅醋,可治打嗝。乘车前用开水冲醋喝一小盅,能减轻眩晕。喝醋开水还有防治便秘、醒酒消渴、治疗蛔虫症、软化梗喉细刺、减轻四肢浮肿等功用。老年人经常喝点醋,不但可以软化血管、降低血压,还可以促进钙的吸收,防止骨质疏松。除了饮用,用醋的蒸汽熏房间,有抑制病菌、预防流感的作用。把醋抹在虫咬的红肿处,可以减轻痛痒。在浴盆中加入醋液,洗澡后会感到舒畅解乏,还有治疗皮炎的功效。

近年,在日本掀起了一股食用黑醋的热潮。日本科学家研究发现,食用黑醋及其制品,不仅能强健体魄、降低血液中胆固醇,还能使体内脂肪沉积受到抑制,对增进人体健美有一定功效。有降血压作用的醋豆、醋豆浆食品,有抗肿瘤活性的玉米醋等新型醋食品,在日本市场上一直供不应求。

67. 食疗俱佳的香油

居家做菜时,一些菜烹烧好在出锅前常要淋上几滴香油。而加了香油的菜肴,味道就变得更加鲜美了。

香油在我国北方称芝麻油、麻油。这种油脂是从芝麻中提炼出来的,具有特别的香味,并由此得名。香油的榨取方法分为压榨法、压滤法和水代法,小磨香油即是以传统工艺水代法制成。以芝麻为原料磨制的香油,是家庭日常膳食中常吃的植物油。香油不仅营养丰富,而且香味浓郁,可增进食欲。香油香味的来源是因为芝麻中含有芝麻酚,在制油煎炒芝麻过程中,芝麻酚被分离出来,就产生了香味。芝麻酚还是一种天然抗氧化剂,可以使香油保存较长时间而不变质。

色泽金黄、清香爽口的香油是烹饪、凉拌食品中重要的调味品。做一些菜,如羊肉泡馍、麻香茄条、炒鸡丝掐菜等,都要直接把香油烧热焖炒主料。吃涮羊肉调汁及凉拌菜时,更是不能少了香油。

香油自古就有食疗佳品的美誉。我国古人早在几千年前就用它健脾和胃,润肠通便。据近年科学研究表明,香油中含有丰富的维生素 E。众所周知,维生素 E 具有抗衰老的功能,能促进细胞的分裂,推迟人体细胞的衰老。香油中的卵磷脂不但有润肤的功效,还能预防脱发和过早出现白发。香油中所含的不饱和脂肪酸(亚油酸),含量高达40%左右,在体内非常容易被分解和利用,可促进胆固醇的代谢,清除皮肤上的老年斑。称香油为动脉血管内的"清道夫",是当之无愧的。此外,饮用或外敷香油,可辅助治疗气管炎、肺气肿、鼻炎、咽炎,还有保护嗓子等功效。

民间用香油治病的偏方也很多,如患有气管炎、肺气肿的人,每日睡前和起床后各喝一口香油,几日后咳嗽会明显减少。患慢性食道病变或吞咽食物时感到痛苦的人,饭前喝点香油,有助于进食顺畅。家人进食中,如果不小心喉咙卡了鱼刺等异物,喝口香油有助于使异物顺利滑过食道。误食了强酸、强碱或滚烫食物后,立即喝口香油,是最及时的自救措施,也为赶往医院治疗开了好头。小孩子磕碰后出现青肿,用香油涂抹伤处,有明显的止痛、消肿作用。患有龋齿、牙周炎、扁桃体炎、喉炎、牙龈出血等症,口含香油有止痛、止血、去腐生肌的疗效。一时难以戒烟的人,经常喝点香油,可减轻烟对牙齿、牙龈、口腔黏膜的直接刺激、损害,减少肺部烟斑的形成,阻滞部分尼古丁的吸收。爱喝烈性酒的人,喝点香油同样可以保护口腔、食道、胃贲门和胃部黏膜。家庭厨房中都有香油备用,不妨一试。

68. 为菜肴增鲜的味精

餐桌上的菜肴和羹汤放了味精,会变得鲜美。说起味精的发明,还有着一段故事。1908年,日本一位叫池田菊苗的大学化学教授,工作后夜深回家,夫人给他准备了晚餐。池田喝汤时感到汤非常鲜美,他用勺子在汤中搅动,发现只不过是一些海带丝。这位爱动脑筋的教授想道:"海带里有奥妙!"于是池田对海带进行了详细的化学分析研究。经过半年的努力,发现海带中含有谷氨酸钠。就是这种物质,大大提高了菜肴的鲜味。味精就这样诞生了。开始时,味精是从小麦中提取的。后来改用脱脂大豆为原料,采用盐酸水解的方法制造,使原料来源更加丰富。食用味精也在世界各国风行起来。

20世纪70年代,国外有报告称,食用味精会使身体产生不良反应。为此联合国粮农组织会同权威部门对构成味精的"谷氨酸"和"钠"元素进行了生化研究,并通过实验,最后慎重地得出了"味精作为食品添加剂是极其安全的"结论。在后续的研究中,专家还发现,人体吸收谷氨酸钠后,会发生一系列代谢变化,产生谷胱甘肽。这种物质在体内增加,癌症发生的机会就会减少。谷胱甘肽还有抗衰老的作用。专家还发现,食用味精不但能开胃、增强食欲、促进营养的消化吸收,还能改善胃的分泌功能,增加胃液数量,对萎缩性胃炎也有辅助治疗作用。另据有关文献报道,每日服用适量谷氨酸钠,还能够增强记忆,安定情绪,振奋精神。

我国生产味精已有近100年的历史。现在每年产量已超过50万吨,成为世界味精第一生产大国。过去味精是用含蛋白质的面筋和豆粕为原料提取,如今采用生物技术,以玉米、大米、淀粉为原料制取,制品和人们日常食用的牛奶、鸡蛋、鸡肉、猪肉等所含的谷氨酸钠性质完全相同。近年来,我国技术人员打破了味精仅限于谷氨酸钠粉末或结晶状的单一品种局面,开发出了一大批新型味精。由核苷酸钠、肌苷酸钠和谷氨酸钠混合制成的"强力味精",鲜味能够提高十几倍。加入赖氨酸、维生素的"营养强化味精",既是鲜味剂,又能改善人体缺乏维生素等营养的状况。加入芥末、胡椒、姜粉等调料的"特色味精",不仅比普通味精鲜美,还能迎合不同口味,免除了再放其他调料的麻烦。此外,鸡精、虾精、高汤精、牛肉味精也走进了人们的厨房。

值得一提的是,近些年众多鸡精产品陈列于商店、超市中,与味精平起平坐。鸡精是用鲜鸡肉、精盐、鸡蛋等天然原料,经过加工提炼而成,保持了鸡肉的鲜、香和营养,并含有核苷酸、氨基酸等多种微量元素。鸡精的鲜度高出纯度为99%的结晶味精1.5倍。鸡精在烹、炒、煎、炸食品和烧汤时可放心使用,它不怕高温,多食也不会给人体带来不良影响。相比味精,越来越多的家庭更爱选择使用鸡精。

69. 盐是调味佳品

咸味的食盐是人们所熟悉的生活必需品,有"百味之王"的美称。

盐的用处多达 14000 种以上,可是盐用在食品和调味的量只占用盐总量的5%。在饮食中,盐能解腻提鲜,又能促进食物的消化和增进食欲。盐对人体的生理活动起着重要的作用。食盐的重要成分是氯化钠,还含有少量的钾、镁、钙等物质。人吃了盐,用吸取的钠来维持体内水分的正常分布。同时钠还参与胃酸生成,在消化、运动等方面起着重要的作用。

如果生活中没有了盐,做出的很多食物是会淡而无味的。烘烤食物、罐头和冷冻食品、调味酱汁、汤料、香料、各类禽肉制品,都需要盐。盐还是抑制食品腐败、贮存食物的特效保鲜剂。

我国盐资源十分丰富,产有海盐、湖盐、井盐和矿盐四种。根据加工方法不同,又可分为原盐、精制盐、低钠盐、加碘盐、加锌盐和风味型食盐等多种。在风味盐中,海味盐能让远离海洋的人品尝到海产品的滋味;麻辣盐则是地地道道的四川风味;蘑菇盐以鲜美见长,适合各地的人们食用。近年来,又有多种汤料盐问世,如牛肉汤料盐、海鲜汤料盐、鸡汁汤料盐、三鲜汤料盐等,这些汤料盐做汤鲜美,也适用于凉菜和各种油酥食品。

祖国医学常用盐调理心、脾、胃等部位不适,服用补肾的药也用盐汤服下。现代医学也常用盐治疗消化不良、便秘、咽炎、创伤、溃疡等病症。最近一些年盐还成了减肥美容用品。据日本一家报纸报道,人体用盐按摩后,可以借助出汗排除多余水分达到瘦身效果,而且还能发挥磨砂膏的功效,让肌肤细嫩光滑。为此日本掀起了一股又一股"盐"热,一些百货公司还特设专柜卖盐。

自美国的海斯博士在 1981 年提出食盐有损健康以来,"低盐论"风靡世界,盐一时成了有碍健康的坏东西。然后美国科学家在后来的研究中又发现,食盐摄入量过高引起心脏疾病、高血压、中风等病症,并没有充分有力的证据。越来越多的研究表明,缺钙、镁、钾、过胖、遗传、情绪紧张等因素,才是造成血压升高和心血管系统疾病的原因。但是,食盐过量,体内吸收钠过多,毕竟对健康是不利的。那么,合适的食盐量是多少呢?一般人每天需要 4—10 克盐,也就是一茶匙左右。其中食物本身能提供 1—2 克,其余的在烹调食物时添加。家里如果有肾、肝、心脏病患者,做菜时更要控制好食盐用量。

70. 令人垂涎的糖

糖吃在嘴里,有的绵软,有的酥脆,甜香可口,让人爱吃。尤其是小孩子,都是喜欢吃糖的。

古代《诗经》上说:"周原膴膴,堇荼如饴。"这是在告诉我们,饴糖作为一种甜食品,在我国周朝时已经存在了。但是那时还没有"糖"字,到了汉代,用米炮制饴糖,仍称作"饧"。糖,一般是指甘蔗或甜菜中提炼的甜味物。据史书记载,公元647年,唐太宗派人去天竺摩揭陀国(今印度)学习熬糖法,熬糖技术在我国流传下来。后来鉴真和尚东渡,又让日本人接触到了糖。

很长一个时期,人们对糖的认识都十分肤浅,仅放在糖味上。直到糖的化学结构被了解后,这才大吃一惊,发现糖的种类是如此之多,糖对于人体活动竟是那么重要!是糖类和脂肪、蛋白质、氨基酸一起组成了生命的四大基础物质。糖负责供给人热量,用来维持体温,保护各种酶,发挥促进新陈代谢活动的作用。没有糖,失去热能,生命就要停止。另外,糖还积极参与身体结构组织的建设,没有糖的支撑,不少器官只能是空架子。再有,食物中的营养成分平均60%—70%都是糖,人离开了糖也就失去了动力。许多人不嚼糖块,不吃巧克力,不喝甜饮料,但他们也要从主食、蔬菜中消化吸收大量糖分。糖尿病人再忌食糖,也要在米饭、蔬菜等主副食中吸收一部分糖分。糖是如此脱离不得,难怪科学家要把糖称作"生命的高级友好使者"了。

近年来,科学家仔细分析研究了食糖的利弊,指出:吃糖过多,容易造成体内缺钙,减弱眼球内膜弹力,造成近视。吃糖使口腔内酸性增加,引起龋齿。糖摄入量过多,使血糖增加,易患糖尿病。多余的糖会转化为脂肪,不利于皮肤健康,形成肥胖。高糖饮食还容易引起尿道结石、便秘和痔疮频繁发生,诱发心血管病,加重风湿病。实验证明,长期吃高糖饮食的人,平均寿命要比正常食糖的人缩短20年左右。糖对人体的危害,是在甜甜蜜蜜中发生的。为此,世界卫生组织提出:为了你的健康,请少吃糖!

在了解高糖饮食危害的同时,对糖的保健作用也有了新的发现。科学家研究指出,碳水化合物(糖类)在人体免疫系统中起着十分关键的作用。在免疫系统中,有一种分子团是由蛋白质和碳水化合物组成的,叫糖原蛋白。当人体某个部位受到病毒或病菌感染,糖原蛋白就会发生一连串化学反应,"召唤"白细胞集结到受感染部位,对"入侵者"发起围攻。我们通常所说的发炎,就是这种生理过程的结果。能发挥重要作用的糖原蛋白,其中的活性部分就是碳水化合物。这一发现使糖的身价大增,一时间碳水化合物药品的研究也成了热门。

71."东方奶酪"——腐乳

人们用早点吃馒头时,常爱夹上一筷子红油油的酱豆腐,吃起来感觉咸鲜可口。

腐乳,北方人俗称为酱豆腐。它是我国独有的一种传统发酵食品,它因柔糯可口和独特的风味而深受人们喜爱,还被西方人称为"东方奶酪"。

早在公元5世纪时,北魏时期古书上就有"干豆腐加盐成熟后为腐乳"的记载。《本草纲目拾遗》一书中也说:"腐乳一名菽乳,以豆腐腌过,加酒糟或酱制者,味咸甘,性平。养胃调中。"清代乾隆皇帝有一次因病终日不思饮食,有人把桂林腐乳作为礼品进贡皇宫,乾隆吃后胃口大开,赞不绝口。桂林腐乳于是被列为贡品,名声大振。著名的绍兴腐乳在400年前的明朝嘉靖年间,就已经远销东南亚各国;1910年获"南洋劝业会"展览金质奖章;1915年在美国举办的世博会上也曾获奖。

我国各地生产的腐乳,一般都采用二次发酵法制成。因各地气候、生活习惯不同,生产腐乳使用的辅料也有不同,形成了多种多样、各具特色的品种。如添加红曲的红方(酱豆腐)、添加糟米的糟方、添加黄酒的醉方,以及添加芝麻、玫瑰、虾仔、香油等的花色腐乳。江浙一带的腐乳以细腻柔绵、口味鲜美味甜著称;而四川产的腐乳川味浓郁,以麻辣香酥、细嫩化渣见长。桂林腐乳表面呈胶状透明,色泽乳黄、质地细腻、香气浓郁、软绵不烂。这种腐乳不但风味别具一格,营养也十分丰富;据分析,每100克腐乳含蛋白质13克,氨基酸680毫克,是一种理想的佐餐、调味佳品。

腐乳是食用方便又富营养的蛋白质发酵食物,所含的蛋白质是豆腐的2倍。这些豆类蛋白在毛霉菌的大量繁殖发酵过程中,逐渐分解为氨基酸等营养物质,极容易被人体消化吸收。腐乳中锌和维生素B的含量也很丰富,常吃可补充人体对维生素B的摄入,有预防老年痴呆等疾病的功用。同时,在调辅料的渗透化合作用下,腐乳能产生出风味独特的复合醇香,刺激人的消化液分泌,引发食欲。祖国医学认为,腐乳能健脾开胃,清热解毒,治食欲不佳。《随息居饮食谱》一书中还谈道:"腐乳,陈久愈佳,最宜病人。"

在餐桌上,腐乳是人们常常夹食的佐餐小菜,但它又是调味妙品,有增加菜肴咸鲜香味、上色泽、去腥腻、助消化、提高食物营养价值等作用。加入红腐乳及其卤汁,可烹调多种美肴,如红腐乳卤小排、腐乳蒸肉、腐乳炒冬笋、乳卤爆鸡丁、乳卤烧鳝片、肉末文武豆腐、南乳冬瓜方等,菜色红艳,乳香四溢,都是人们喜欢享用的。

72.越吃越香的臭豆腐

臭豆腐灰绿发青,外观不美。可是它作为一种佐餐小菜,淋上花椒油,撒些葱丝,与玉米面窝头、贴饼子一起吃,曾是"老北京"的传统"佳肴"。如今人们餐桌上种类丰富了,但许多人仍然喜欢买瓶臭豆腐吃一吃。

清代康熙八年(1669),安徽省仙源县举人王致和进京赶考,结果榜上无名。他想回家乡,又没有路费,只好留在京城等着下科再考。为了维持生计,幼年时曾在家里做过豆腐的王致和便在前门外延寿寺街"安徽会馆"内做起了豆腐。有一次,卖豆腐剩下较多,他寻来一口小缸,将豆腐切成小块,稍加晾晒,加上些盐和花椒,加盖腌制起来,一直没管它。后来想起豆腐块,揭开盖子,一股臭气扑鼻而来;从外表看来,豆腐已呈绿色。弃之可惜,他就尝了尝,不想味道特别鲜美。于是他就送一些给邻居品尝,邻居们也一致称赞。王致和的臭豆腐就宣扬开了。以后王致和几次赴考不中,于是建起了"王致和南酱园",专门做起臭豆腐的买卖来了。王致和创制了独一无二的臭豆腐以后,又经过不断改进,摸索出一套臭豆腐的生产工艺,有了名气。清末时,臭豆腐传入宫廷,慈禧太后在秋末冬初时节也喜欢吃它,还将其列为御膳小菜。但她嫌其名称不雅,按其青色方正的外观,赐名"青方"。

后来王致和臭豆腐的生意越做越大,除在京城销售外,还远销东北、西北和冀东一带。中国人爱吃臭豆腐的习惯,也引起一些外国人的兴趣。后来,曾有几名美国教授品尝了臭豆腐的味道,又买走一些带回去,化验研究后连声称赞:"臭豆腐——中国的起司,味道 OK!"

人们都知道"臭豆腐闻着臭,吃着香",臭豆腐为什么臭呢? 这是由于臭豆腐含有硫化氢的缘故。硫化氢是一种极臭的气体,由于臭豆腐中含有这种独特成分,所以很是难闻。臭豆腐为什么吃起来又特别香呢? 这是因为它含有多种氨基酸,使它具有鲜美的味道。膳食专家指出,臭豆腐营养丰富,1 公斤臭豆腐中含蛋白质144 克,脂肪112 克,碳水化合物40 克,钙720 毫克,磷1530 毫克,铁42 毫克。与1公斤鸡蛋相比,除含磷量稍低外,其他营养都超过鸡蛋。臭豆腐在制作过程中经微生物多次发酵,蛋白质分解较好,氨基酸含量高,进入人体后容易被肠道消化吸收,因而老年人吃臭豆腐更加有益。臭豆腐不含胆固醇,患冠心病、高血压、动脉硬化的老人也可食用。

从清代至今的300多年里,"王致和"的臭豆腐始终保持着细腻、松、软、香的传统风味特点。如今,各地超市货架上都有瓶装"王致和"商标的臭豆腐出售。人们不妨买瓶吃吃,只是吃后要漱漱口或嚼块口香糖,消除一下不良的气味。

73. 美味鲜脆的榨菜

人们在进餐时爱吃小袋装的榨菜,榨菜丝脆嫩鲜美,微带一点辣味,一下能吃下小半袋。

榨菜是一种半干态非发酵性咸菜,以茎用芥菜为原料,腌制而成,为中国名特产之一。与法国酸黄瓜、德国甜酸甘蓝并称世界三大腌菜。用于腌制榨菜的原料,是十字花科芸薹属芥菜种的变种,俗称"菜头"。腌制时把菜头切开一点,经过盐渍,榨去水分,拌上辣椒糊、陈醋、香油以及花椒、八角、甘草等香料。早年间,菜头腌渍后只是晾放,有一家腌的菜头多,晾板却少,只好把菜头夹在竹板上,这一夹很快夹出了菜中汁水,一尝腌菜分外脆香。以后主人又选用重石压榨,好吃的"榨菜"就这样成名了。

榨菜以四川涪陵地区出产的最为著名。涪陵榨菜已有 100 多年的历史。清朝光绪年间,涪陵城西一个叫邱寿安的人开酱园腌榨菜,生意很是兴隆。为了进一步打开销路,他带着 80 罐榨菜到上海出售。一面登广告做宣传,一面把榨菜装成小包,派人送到茶楼酒馆,请人免费品尝,结果大受欢迎,带去的榨菜很快被抢购一空。几年以后,榨菜在广东、福建、西安、北京、天津、沈阳等地都有了市场。到了1930 年,榨菜还成了出口产品,每年仅向东南亚各国就要出口三四万罐。

涪陵榨菜之所以鲜脆味美,据研究和涪陵处在长江三峡河谷的强劲风力带有关,菜头在采收后经受了一番"风脱水"的自然加工,再经过腌制,配入天然调味料发酵,愈加嫩脆可口,好吃而耐储存。

榨菜含有丰富的人体必需的蛋白质、膳食纤维、维生素、矿物质及谷氨酸、天门冬氨酸、丙氨酸等 17 种游离氨基酸等。在所含矿物质中每 100 克含钙 115 毫克,含钠 4252 毫克,含钾 363 毫克。营养学家认为,常食用些榨菜有健脾开胃、增食助神、保肝减肥等保健养生功用。食用榨菜的方法很多,罐装的大块榨菜可切成片、丝、丁食用。榨菜可生吃。用它炒肉丝、做汤、吃榨菜炒面和榨菜丝面,味道都很好。以榨菜烹制的名肴有榨菜笋菇蒸鲩鱼、榨菜蒸大鳝、菊花榨菜鱼卷等。

近年来,涪陵榨菜的生产有了很大发展,腌制榨菜改革了传统手工操作的方法,形成了产业化,年产榨菜达到上百万吨。包装上也从单一的罐,发展为软包装、瓷坛、玻璃瓶、塑料罐、工艺罐、铁听等多种。传统的整形又加工成块、丝、片、条、粒等状,并有麻辣、甜香、糖醋等多种风味。各地超市都摆放着多种涪陵榨菜供选购。已在国内市场站稳脚跟的涪陵榨菜,正大踏步走向世界各地市场。

74. 物美价廉的泡菜

人们走进超市,会在副食品货架上看到有袋装、玻璃瓶装红红绿绿的泡菜,色泽很是诱人。

我国北方人吃泡菜不是很多。在四川一些城乡,几乎家家都有自备的泡菜。人们在市场上买一个泡菜坛洗干净,倒进煮沸晾凉的水,放入川盐、黄酒、白糖、花椒、姜、蒜、红辣椒等调料,再把时鲜的蔬菜入坛,两三天后就吃到泡菜了。制作泡菜取材容易,方法简单,而泡菜味道又很鲜美,闻着芳香,食之脆嫩,自然人们都要常做常吃它啦。

据史书记载,泡菜的发明开始于中国。泡菜是公元前214年秦始皇修长城时诞生的。当时干活的劳工靠吃卷心菜、大米为生。为了在冬季也能吃上蔬菜,就在储存的蔬菜上洒些米酒,防止变质。蔬菜发酵变酸后就成了今天所说的泡菜了。

泡菜鲜脆味美,主要是蔬菜中所含的糖类、蛋白质被分解成氨基酸的缘故。据科学研究,蔬菜在发酵过程中,会自然产生200多种综合氨基酸的衍生物,这些物质中的乳菌能把蔬菜中的糖转化为有机乳酸,这就是泡菜鲜香的原因。除了吃着鲜脆爽口,蔬菜在腌泡过程中含有的蛋白质等成分已经被分解,所以泡菜中的营养也就更容易被消化、吸收。

泡菜取食方便,它还是一些名菜的好"伴侣"哩。川西一带,常在泡菜坛里放几尾小鲫鱼,使得泡出的辣椒味道特别好,人们称它为"鱼椒"。烹饪四川鱼香味菜式时,假如少了这种鱼辣子,传统的鱼香味就会大打折扣。

吃泡菜会吃出浓重的酸味,这种酸味也是一些食品的好作料。用泡过的卷心菜与猪肉、血肠、熟牛肉、鸭、鹅一起烹烧,味道极其鲜美。美国马里兰州有一款名菜"泡菜烧火鸡",用的泡菜就是中国式的泡法。如果把菜中的泡菜换掉,少了独特的酸味,烧火鸡肯定会受到冷落。可见中国式的泡菜在国外也是很受欢迎的。

除了中国有很多人爱吃泡菜,韩国人喜欢吃泡菜也是很出名的。韩国人餐桌上几乎顿顿少不了泡菜。做韩国风味的泡菜,是先将选好的白菜洗净,晾干后抹上盐,再把用鱼汤拌好的各种调料卷进白菜里面,放进缸中,放置几天后食用。在韩国首尔还建有一座泡菜博物馆,详细介绍100多种蔬菜、水果的泡制方法。好多韩国人认为,吃随手可得的泡菜,能体现出节俭的美德;泡菜鲜辣,口味重,也正好和他们火辣辣的性情相投合。

75. 能上宴席的酱菜

酱菜是腌菜的一大种类。腌菜在我国有着悠久的历史。在我国最早的诗歌集《诗经》中描述说："我有旨蓄,亦以御冬。"这里说到的"旨蓄",就是指用坛子腌制的蔬菜。汉代以后,出现了酱,腌酱菜吃,开始盛行。除了酱腌萝卜、白菜,还吃盐渍香椿芽、醉螃蟹等。在清代时,酱菜还上了宴席。几款精制酱菜和米粥搭配,作为宴席的尾声,食用后让人有解除油腻、口胃清爽的感觉。

现代医学发现,蔬菜等食品一经酱腌,食品中的蛋白质、糖类等营养成分就会散流出来,分解成氨基酸、乳酸和乳酸钙等有机物。食用酱腌菜能开胃健脾,增进食欲。酱菜中含有较多的粗纤维,既可以吸收消化道脂肪,又能润肠通便,促进排泄。酱菜中生成的酸性物质,也能溶解体内沉积的脂肪,有一定的减肥作用。昔日与粗茶淡饭一道用来填饱饥肠的酱咸菜,而今在人们饱餐鱼肉之时,被用来调剂口味。即使很多酱菜的售价比肉更高,人们也乐于购买。市场上出售的酱菜,除了瓶装、袋装,还有礼盒装。

我国酱菜大致分为南北两派,南方酱菜以口味清淡、色鲜、甜辣咸结合见长,北方酱菜以北京为代表,以选料精、酱香浓郁、色泽深厚为特点。在地方名特产中,锦州小菜,多用虾油,色泽碧绿,味道独特。沧州冬菜,用大白菜为原料腌制,可用于烹炒、烧汤。吉林省的朝鲜泡菜,品种很多,色泽鲜艳,鲜辣酸甜,在各地都很畅销。

北京最著名的酱菜园是六必居和天源酱园。六必居创办已有400多年的历史。店内制作的稀黄酱最为著名,制成的酱菜酱香浓郁,咸甜味美。著名品种有八宝瓜、八宝菜、什香菜、黑菜等。天源酱园开业也有150多年的历史。店内用自产的甜面酱、黄酱制作的桂花糖蒜、甜酱甘露、甜酱姜芽等多种酱菜,做工精细,味道醇厚。清末时慈禧太后吃到天源酱园制作的"桂花糖熟芥",曾大加赞赏。中华人民共和国成立后,周恩来总理曾派人到天源酱园购买甜酱姜芽等酱菜宴客。中南海宴会厅的餐桌上,也曾多次摆放"天源"的酱菜。"天源"传统的酱菜有果料八宝菜、甜酱包瓜、虾油黄瓜等高级酱菜,也有大众化的五香芥皮、糖辣干等。近年来酱园先后推出了适合现代人口味的西餐泡菜,以及蜜汁杏仁、油辣红萝、油辣乳瓜等30多种低盐、淡色、多风味新型酱菜。甜辣脆香的蓑衣萝卜等6种酱菜,还荣获了商业部优秀产品奖哩。

酱菜也不光老是当小角色。几年前在一个全国名厨师烹饪表演大赛上,一款"酱菜什锦",推出酱菜20件,盛在精致的桃形浅碟内,在众多热菜、冷拼中清雅不俗,受到好评。

76. 调味要物——葱

人们对葱不会感到陌生。吃烤鸭、烤肉要切葱条,吃爆羊肉要切葱丝,吃涮锅子要切葱末,炒什么菜几乎都要放葱花。家里总是放着大捆的葱。

据考证,在地中海一带5000年前就长有野葱了。后来,葱传到埃及并在那里出了名。在埃及法老的墓穴中,葱是陪葬品。葱从埃及传到欧洲后,在古希腊、罗马时代,葱是军团兵士的口粮之一。罗马人认为葱可以增加体力,使人勇敢,为此把葱当成了护身符。

葱是石蒜科植物,也是我国的特产,在我国栽培已有3000多年的历史,产生了一批优良品种。山东地区生长的大葱,白茎高达二尺,如鸡蛋粗,一棵就有一斤来重。在山东济南市举办的第5届章丘大葱评选活动中,来自绣惠镇的葱农张念亭栽种的一株大葱竟高达2.18米,荣获"大葱之王"。葱在我国民间被称为"菜伯""和事草"。民谚说:"小葱蘸酱,越吃越壮。"表达了人们对葱的喜爱之情。

据测定,每100克葱含蛋白质1.4克,脂肪0.3克,碳水化合物4.1克,维生素A1.2毫克;葱白含较多挥发油(主要成分为葱蒜辣素);葱叶含草酸钙;此外葱中还含有维生素C、维生素B_1、维生素B_2、烟酸、黏液质、钙、磷、铁、镁等。祖国医学认为,葱具有发汗散寒、解毒消肿等功用。临床常用于治疗伤风感冒、急性热病、皮肤生疮、腹痛等症。现代医学研究发现,大葱含有的挥发油对痢疾杆菌、葡萄球菌及多种皮肤真菌有抑制作用。大葱中含有的苹果酸、磷酸糖等,能兴奋神经系统,刺激血液循环,增强消化液的分泌,有开胃的功效。常吃些葱,还能降低胆固醇,预防心血管疾病的发生。葱的叶、茎、汁、花、实都对人体有保健作用,连葱的须子也是药材。将葱须焙干研末温汤送服,可缓解气郁不舒、饮食过饱及大便带血、痢疾、痔疮等症。

在食用上,葱有"菜中要物"的美誉,可拌、可腌、可烹、可调。如羊角葱,茎白嫩鲜,是吃春饼不可少的佐餐佳品。烹炒菜肴时,葱是常用的调料,切碎放入加热的油锅中,炝出一股特有的香味,可使烹出的菜肴更加鲜美。小葱拌豆腐、小葱蘸酱,是最普通、最简便的家常吃法。葱爆羊肉、葱酱肉丝、大葱羊肉馅包子,又是人们爱吃的荤菜美食。在一些名菜中,葱不仅充任主料,还用来命名哩。如葱烧海参、葱扒鱼唇、葱烧蹄筋、葱烧马哈鱼、葱爆鸭心、葱椒鸡片等,为数不少。主食则有葱油饼、葱油卷等。山东人使用葱配置的调料,如葱油、葱椒料酒、葱椒泥等,更使鲁菜菜肴增色不少,口味更佳。

77. 辛辣去腥的姜

　　姜,长得怪头怪脑,却是烹烧很多菜肴所不能少的。尤其是在吃螃蟹时,若不配姜醋,再美味的螃蟹也会大打折扣。

　　姜又名生姜。考证起来,它并不是我国的原生植物,而是从东南亚引进的。姜很早就进入了我国的食谱,除了做菜,还有醋姜、酱姜、糟姜、盐姜、蜜饯姜等许多吃法。姜除了做配料,也能当主角。选刚上市的嫩姜,和瘦猪肉、红辣椒一起切细丝,就做成了色泽鲜艳、气味清香的"炒姜丝"。这款家常菜爽口开胃,胃寒体弱者经常食用有一定辅助治疗作用。

　　据测定,每100克鲜姜中含有蛋白质1.4克,脂肪0.7克,碳水化合物8.5克,粗纤维1克,胡萝卜素0.18毫克,抗坏血酸4毫克,同时还含有人体必需的氨基酸、淀粉及钙、磷、铁、硫胺素、核黄素、尼克酸等成分,具有一定的营养价值。常吃些姜,能促进血液循环,调整胃肠功能。姜还含有挥发油和辛辣素,具有强烈的辣味和香气,可调味添香,去除膻腥。如在烧牛肉、羊肉、猪肝、鱼、蟹时,用上一些生姜,就能使这些食物的味道变得更加纯正鲜美。

　　祖国医学认为,鲜姜可用于治疗伤寒、头痛、鼻塞、咳嗽、腹痛、霍乱等症。用姜治疗斑秃、痢疾也很有效。近年来,国内外在对生姜进行的研究中,又有不少新的发现。日本科学家发现,生姜有很强的利胆作用。生姜中的姜酚和姜辣素能有效阻止胆结石的生成,适量吃些生姜可以预防胆石症。英国科学家对动物进行的一项实验显示,生姜能大大降低血液中的胆固醇含量。美国科学家发现,用生姜制作血液稀释剂,对防止血液凝固十分理想。荷兰科学家宣称,生姜能起到抗菌作用,尤其是对沙门氏菌的杀灭效果十分明显。德国科学家证实,生姜汁液对癌细胞具有一定程度的抑制作用。美国和丹麦的科学家通过实验证实,生姜干粉能缓解运动病中的头痛、眩晕、恶心、呕吐等症状,有效率能达到90%,药效可持续四小时以上。

　　应该指出的是,胖人要少吃姜。因为食姜会增进食欲,容易使人吃得更多,胖上加胖。姜中含有的大量姜辣素能刺激肾脏,造成口干、喉痛、便秘等症状,健康人也不要吃姜过多。古代医书有云:"一日之内,夜不食姜;一年之内,秋不食姜。"这是告诉人们,上午吃一些姜,能加速血液循环,刺激胃液分泌,对消化有利,还有抗菌作用。但姜本身属热,晚间吃会让人上火,引起口干、烦躁,影响睡眠。秋天气候干燥,再吃辛辣的生姜,易伤及肺部,引起身体不适。此外,腐烂的生姜会产生毒素,更不要吃。

78. 好一个大蒜

大蒜是百合科多年生草本植物,原产在亚洲西部。在我国古代称为"葫""葫蒜"等,相传是汉代张骞出使西域带回来的。由于它与我国土生的"小蒜"很相似,只是根苗粗大,所以称它为"大蒜"。

人类食用和应用大蒜治疗各种疾病,已有5000多年的历史。古埃及人认为大蒜是力量的象征和源泉,在战争中士兵们常常服食大蒜,来增强战斗力。修建大金字塔时,法老也曾花去大批黄金购买大蒜,供劳工嚼食,以加快工程进度。古罗马的医生曾列举大蒜能治疗伤风、溃疡、痔疮、麻疹、惊厥和蚊虫叮咬等11种病症。中世纪时欧洲疫疠大流行,而那些每日食蒜的人较少被传染。在第二次世界大战中,由于化学药品短缺,英国曾用成千吨大蒜作为药物治疗士兵的伤口溃疡和多种流行病。大蒜在我国被用作健身药物也有悠久的历史。三国时名医华佗就曾用蒜汁调酒驱虫。宋代创制的"青娥丸",是用大蒜配伍杜仲、补骨脂等制成,用来治疗肾病、腰痛。明代医药学家李时珍用大蒜敷脚心治疗鼻出血,很有疗效。

大蒜的营养成分相当丰富,它含有蛋白质、脂肪、糖、钙、磷、铁及多种维生素。生吃香辣可口、提神开胃;烹在肉食中可以去腥增香。大蒜中含有的蒜素,是高效能的植物杀菌素,它能杀灭葡萄球菌、痢疾杆菌、霍乱弧菌、大肠杆菌、炭疽杆菌、霉菌等多种致病菌。把大蒜放在嘴里嚼动二三分钟,口腔中的细菌便荡然无存。大蒜中含有的大蒜甙,具有降低血液中胆固醇和降血压作用,经常适量吃些大蒜,对于防止胆固醇增高、防治动脉硬化和冠心病有一定益处。

近年医学研究人员发现,在防治现代多种疾病中,大蒜是有效的廉价药物。亚硝酸胺是早经确认的使人致癌的元凶之一,大蒜中的有效成分被人体吸收后,能够减少已经存在的毒素含量,从而抑制癌细胞的生长。在大蒜中发现的矿物质硒,也有抵御癌细胞、减慢肿瘤生长速度的神奇功力。在环境污染公害不容忽视的今天,有调查表明,铅中毒者经常服食大蒜后,有93%的尿铅降至正常值以下。铅生产工人在不脱离中度铅浓度的环境下,坚持每天吃1.5克生大蒜,就不会出现铅中毒症状。看来,大蒜在防治污染病害方面,也功不可没。

世界近年掀起了大蒜研究热,用大蒜治病风靡各国,大蒜成了热门货。在国际市场上,大蒜粉、大蒜油、大蒜片、无臭大蒜等制品畅销不衰。日本不仅制出了甜而可口的无臭蒜酒,还以大蒜汁加入蛋黄、芝麻粉、蜂蜜等制成大蒜饮料。这种无臭蒜素健康饮料,能增强人体血液循环,有助于迅速解除疲劳,还能使人的血压维持在正常范围之内。随着食品工业的发展,大蒜的功用会变得更加神奇。

79. 提味增香的胡椒

当人们进餐时,吃到用胡椒粉调味做的菜,会感觉又辣又香;再喝口撒了胡椒粉的汤,也会觉得辣酥酥的,味道很好。胡椒是怎样一种食品呢?

辛香味烈的胡椒产在我国南部南洋群岛一带,它是常绿藤本植物,叶子呈椭圆形,开黄色的花,结出的果实是红色的,圆形,很像红小豆。胡椒为什么又有黑白之分呢?当胡椒成熟落地后,皮儿也变成了黑灰色,收集、干燥、碾碎后的,就是黑胡椒。选取胡椒中颗粒整齐的加工、去皮、碾碎,就制成了白胡椒。

大约在公元前400年,阿拉伯人把胡椒带到了欧洲。欧洲人享用胡椒已经有2000多年的历史。胡椒在欧洲是厨房烹饪时少不得的食品。十字军东征时,胡椒腌肉是士兵的随身口粮。5世纪前后,战败的一方,都要用胡椒进行赔偿。在欧洲有一个时期,胡椒的价值等同于黄金,只有贵族才舍得享用。哥伦布发现新大陆的最初目的,据说也是找寻胡椒。

胡椒在唐代时传入我国。由于它有着像辣椒一样的辛辣气味,于是被称为"胡椒"。千百年来,胡椒一直是餐桌上帮助菜肴调味的重要角色,起着去腥、提味、解腻、开胃等作用。各地用胡椒来调味的菜肴很多,如香炸猪肉排、糖醋里脊、酸辣鱼段、醋椒鲑鱼、酱爆鳝球、宫爆虾仁、香脆芹肉卷等,以及酸辣汤、豆腐汤、冬瓜汤等,都要放胡椒粉才够味道。在"椒香牛肉柳"这款菜中,更是要用许多黑胡椒粉煸炒牛肉、红椒、绿椒、洋葱,一层黑胡椒粉裹在菜肴上,味道鲜辣嫩香,让人越吃越有食欲。

胡椒是很好的调味品,是清热、解毒、去寒、通气、利尿的良药。胡椒中含有较多的脂肪油和辣椒碱,暖胃散寒的作用十分显著,对治疗胃痛、反胃、吐泻、疟疾、阴囊湿痒、牙痛、冻伤等症,都有较好的疗效。临床在治疗肾炎、慢性支气管炎、哮喘、神经衰弱、皮肤病及小儿消化不良等病症中也有应用。十几年前,我国台湾一位麻醉师研究发现,胡椒粉还有着很好的止痛作用。他发现胡椒粉中有一种叫"卡塞嗪"的物质,这种物质可以使传导痛感的神经发生"短路",从而产生止痛效果。一般最好的止痛药药效也只能维持十几个小时,而胡椒粉中的"卡塞嗪"止痛效果却能维持几天。无论头痛、神经痛、胃病、腹痛还是一些慢性疾病的疼痛症,服用少量胡椒粉,常常能收到意想不到的效果。更受人欢迎的是,服药也没有服药的感觉,在厨房做菜调汁、拌馅以及进餐喝汤的时候,多撒些白胡椒粉就行啦。

80. 诱人食欲的辣椒

姓"辣"的辣椒原产在南美洲,15世纪时传到东南亚。我国人民认识和食用辣椒也有近500年的历史。在明代《群芳谱》一书中,就有关于辣椒的记载,称辣椒为番椒。明代戏剧家汤显祖在他编写的《牡丹亭》一剧中列举了38种花名,"辣椒花"也在其中。

世界上的辣椒种类繁多。有红、黄、绿、白、黑、紫等多种颜色,有长、圆锥、葫芦、灯笼等许多形状,小的像豌豆,大的有一尺长。辣椒不但能食用,还充当过武器哩。1532年的一天,美洲印第安人为抵抗西班牙人侵占村庄,选派了几个年轻人,每人携带一个燃烧的小炉子,守卫阵地。当入侵的西班牙士兵靠近,印第安年轻人就掏出一把红辣椒面撒在火炉上,只见刺鼻的烟雾腾空而起,顺风势向敌人扑去,呛得入侵者泪流不止,拼命咳嗽,只得仓皇而逃。

作为人们日常膳食中的重要蔬菜品种和调味品,辣椒营养十分丰富。据测算,每100克辣椒含维生素C 77—198毫克,以及多量维生素A,维生素C(抗坏血酸)和维生素A(胡萝卜素)都具有抗癌作用。1980年11月,我国胃癌流行病学和病因学综合考察团到贵州花溪地区考察,得出看法是:那里胃癌发病率低,跟当地人爱吃辣椒有关。辣椒在促进食欲、活跃人体新陈代谢、防治风湿性疾病和冻疮等方面,也有良好的药效。据国外医生归纳,辣椒可以治疗50多种疾病。

我国很多地区的人都喜欢食辣椒。湖南人爱吃把五香粉、芝麻、糯米等灌到椒腹的灌辣椒。广西苗族同胞常常用辣椒、骨头、酒制成辣骨汤,款待宾客。四川人吃辣更有许多讲究,辣也要分为麻辣、红辣、酱辣、鱼辣、鲜辣、腌辣等多种。流传于川陕地区的民谚说:"辣椒好,辣椒好,一餐无它不得饱。"生动表明了人们爱吃辣椒的热情。

辣椒在我国人民餐桌上是诱人的美食,在世界很多地区食席上也是少不得的佳肴。朝鲜人几乎做样样菜都放辣椒,汤里更是非加不可。他们说一个人不成熟,往往说:"你辣椒还没吃够!"泰国人也是"没有辣椒不吃饭"的,他们敢把"辣椒之王"小米椒放在嘴里大嚼,辣得大口哈气才认为过瘾。墨西哥人吃辣椒水平更高些,他们不但吃主食往点心上撒辣椒面,吃水果也撒。甘蔗削皮后撒上一层红红的辣椒面,吃起来才觉得香甜可口。人们吃辣椒,还过辣椒节哩。美国新墨西哥州的哈奇市,每年9月5日都举行"辣椒节"庆祝活动,在那里进行品种鉴定和烹调比赛,还要从少女中选出一位说话风趣的"辣椒女王"。在辣椒节活动中,远近的人聚集该城进行各种贸易,出售各类商品,但最多见的还是物美价廉的辣椒。这使哈奇享有了"辣椒之都"的称号。

81. 药食两用的豆豉

豆豉是把大豆蒸煮后发酵制成的调味品。豆豉一般不直接吃,一些人甚至不知道"豉"字应该怎样读。

说起豆豉的发明,很是偶然。传说很早以前,四川永川有位崔婆婆,她想给家里孩子们做点好吃的,可是家里穷,什么也买不起,就把要交租的一些黄豆煮了。豆子刚煮熟,地主拍门催租,崔婆婆吓得忙把豆子倒进柴草垛。当她到地主家打了几天工回家,只见豆子长了一层霜,变成了黑褐色。崔婆婆想尝尝还能不能吃,一嚼感到味道非常鲜香可口。邻居们尝了后也都说好吃,并且学着做。豆豉就这样被发明出来了。

用豆豉调味在我国有着悠久的历史。据《本草纲目》载:"许慎《说文》谓豉为配盐幽菽者,乃咸豉也。"咸豉是烹调用品,不加盐的淡豆豉多用于医药。这种药食两用的豆豉选用优质大豆,经浸渍、蒸煮后加入少量面粉、食盐、酱油及米曲霉菌种,经过发酵风干制成,很有营养。在 100 克豆豉中,含蛋白质 31.2 克,脂肪 20 克,人体必需的赖氨酸、亮氨酸、氨基酸、钙、磷、铁的含量也极其丰富。此外,豆豉中还含有有机酸和乙醇,可增进人的食欲。以豆豉爆肉,其味香甜,又不感觉油腻;以豆豉泡水作色,可令菜肴加味添美;即使炒素菜,撮上一些豆豉,其味也鲜美得多。因此,明代医药学家李时珍曾用"香美绝胜"赞美豆豉。用豆豉烹制的菜名目不少,如豆豉炒腊肉、豉油蒸肉、豉香鲫鱼、豆豉炆苦瓜、豆豉炒粒粒等。在麻婆豆腐、毛肚火锅、回锅肉等著名川菜中,豆豉这个配料,也是缺少就不够味道的。

豆豉不仅是菜肴的上佳作料,而且还有良好的药用价值。祖国医学认为,豆豉有清热、解毒、消烦、去燥、治痢、止痛等功效。用豆豉加葱白做成"葱豉汤",是感冒初起的常用方剂。把豆豉炒焦研成细末敷在患处,能治小儿黄水疮、丹毒等症。用豆豉酱猪心,吃肉喝汤,能治心血虚引起的心慌、妇女产后惊悸等病症。

我国特有的调味用料豆豉,自唐代时传到日本,一直受日本人欢迎。他们在瘟疫流行时,更是大吃豆豉。日本人相信多吃豆豉的十大好处:一防疾病;二助消化;三延缓衰老;四增强脑力;五防治高血压;六消除疲劳;七预防癌症;八提高肝脏解毒功能;九消除病毒;十减轻醉酒程度。日本宫崎医科教授指出,吃豆豉能有效地预防脑血栓形成,因为豆豉中含有大量能溶解血栓的尿霉激素,从而起到强壮血管、保持充足脑血流量及防治老年性痴呆的作用。了解了豆豉的营养价值,人们不妨多吃些用豆豉调味的菜肴。

82. 软嫩好吃的豆腐

豆腐,物美价廉,烹烧容易,软嫩可口,是许多人家常做的菜肴和爱吃的食品。

相传在我国汉代时,有个叫刘安的青年很孝敬母亲。他知道母亲喜爱吃大豆,就时常用大豆为母亲烧菜。一天母亲生病没有胃口,又想品尝大豆味道。刘安担心她吃了不容易消化,就把许多豆子磨碎,煮成浆汁;为了增加口味,又放了些盐,没想到凝结成了洁白的豆腐。母亲尝了豆腐,很爱吃,身体也康复了。豆腐这一美食就这样发明出来了。

豆腐是我国传统的保健食品。把大豆泡水,磨碎,经过充分煮沸等工序制成的豆腐,营养非常丰富。据测算,每100克大豆含蛋白质43.8克,是等量瘦猪肉的2—3倍。制成豆腐后,它的蛋白质的消化吸收率能达到95%以上。豆腐中还含有很多钙、磷、铁和维生素B等营养成分。吃两小块豆腐,就可以满足一个人一天钙的需求量。磷对大脑神经是不可缺少的物质,经常吃些豆腐,对学习紧张和神经衰弱的人很有好处。豆腐中含有的多种氨基酸和不饱和脂肪酸,还有抗动脉硬化,防治糖尿病、癌症等作用。据调查,我国和日本的一些健康老人,他们长寿的秘诀就是爱吃豆腐。

豆腐吃法多样,可以和肉一起炖,可以和鱼一起烧,还可以烹制虾子锅塌豆腐、口蘑焖豆腐、麻婆豆腐、虎皮豆腐、口袋豆腐等。用豆腐还可以做各种凉拌菜,烧各种鲜汤。在一本《豆腐菜谱》上,竟罗列了豆腐菜肴1000种。

近年来,被认为最有益于健康的中国豆腐,深受世界各国人民的喜欢,各种豆腐品种争奇斗艳,大翻花样。在欧美和日本食品市场上常见的就有碧绿的菜汁豆腐、鲜红的草莓豆腐、金黄的橘子豆腐、黑色的海带豆腐、褐色的咖啡豆腐等。美国上市的鸡蛋豆腐,在豆浆中加入了鸡蛋、虾、白果和蘑菇等食品,这种豆腐既含有丰富的动物蛋白,又含有大量的植物蛋白,是良好的保健滋补品。美国研制的牛奶豆腐,把牛奶凝乳和豆浆混合,再添加葡萄糖酸内酯制成。这种豆腐含有很浓的牛奶味,营养丰富,口感细腻爽滑。美国研制的咖啡豆腐,用豆浆和速溶咖啡凝固而成,风味独特,味美可口。日本研制的花生豆腐,用豆浆和碾成细末的花生米以及土豆粉混合制成。这种豆腐吸收了花生中的许多营养,而且容易被人体吸收。日本上市的牛排豆腐,以豆腐为主要原料,加入牛肉末和调料,然后压制成牛排形状。这种豆腐肉香浓郁,色泽红润,成了商品柜台上的俏货。

83. 家常美味冻豆腐

人们在吃火锅时,常爱点食一盘松软多孔、嚼着好吃的冻豆腐。

冻豆腐是我国民间传统豆制品中的一个素食品种,用鲜豆腐冰冻制成,具有孔隙多、弹性好等特点。相传,冻豆腐是在明代洪武年间由道士张三丰首创。当时武当山道士和游人很多,道观里却没有下饭的菜肴,张道士便把豆腐冰冻贮存,做斋饭时化开冻豆腐,撕成小薄片,烹制成各种美味素肴,大受广大道士和游客欢迎。经过世代流传,湖北武当山的冻豆腐,以它独具的天然条件、质优味美的特点,驰名于省内外。它是在零下20摄氏度的气温中,采用武当山豆腐沟的水浸磨制作而成的。由于对气温、工艺有严格要求,特别是水质优良,所以做出的冻豆腐味厚好吃。到武当山游玩的人,也都喜欢寻访品食当地的特色冻豆腐,以饱口福。

清代时,各地吃冻豆腐方法多样,研究也多。文学家、美食家袁枚在他所写的《随园食单》一书中谈道:"将豆腐冻一夜,切方块,滚去豆味,加鸡汤汁、火腿汁、肉汁煨之。"认为"豆腐得味胜燕窝"。当时的人们还总结出制冻豆腐用的鲜豆腐,豆乳不必十分煮沸,使黄色色素不被大量破坏,就能使冻结的豆腐呈现出好看的鲜黄色。

把豆腐冷冻,能够弥补鲜豆腐不耐存放的缺憾。冻豆腐不仅能保持鲜豆腐的营养成分,外形呈现蜂蜜状,内部组织结构也会相应产生变化。冻豆腐被人食用进入胃肠后,能有效吸收胃肠的脂肪,并能促进脂肪的分解和排泄,避免了脂肪在体内的积蓄。腌菜和酸菜在腌制中都会产生一种可以消耗人体脂肪的酸性物质,也具有很强的分解脂肪的作用;用冻豆腐和腌菜或酸菜烹炖,能双向减少人体内的脂肪,是肥胖者理想的减肥食物。

冻豆腐物美价廉,可煨、炖、烧、煮、烩,烹制出多种荤菜素肴。冻豆腐能和五花肉同烧,也能与鸡块合炖,可以和粉条一起炒吃,也可以和胡萝卜一道烩煮。常见的冻豆腐菜肴有冻豆腐炖鲢鱼、西兰花冻豆腐、扒冻豆腐、三鲜冻豆腐、番茄冻豆腐、清蒸冻豆腐、凉拌冻豆腐、冻豆腐木耳鲜酸汤、冻豆腐金针汤等。做白菜炖冻豆腐,用葱、姜末炝锅,烹入料酒,加白菜条翻炒,再加酱油、清汤,放入化开切好的冻豆腐条、白糖、盐、鸡精,炖熟淋香油盛入汤碗中,菜嫩汁鲜,是一款花费少而又美味的家常菜。

冻豆腐在过去只能冬天做,冬天吃。如今家有冰箱,做冻豆腐就非常方便了。想吃冻豆腐,买块鲜豆腐用水冲一下,装塑料袋放进冰箱,过几个小时,豆腐就冻得硬邦邦的啦。

84. 海带是一宝

猪肉炖海带、鲜美爽口的凉拌海带丝等都是人们爱吃的家常菜。

海带,又有海草、马兰草、昆布、长寿菜等别名,是生长在海水中的大型褐色藻类植物。我国的青岛、烟台及浙江沿海都是盛产海带的主要地区。在我国辽东,流传着这样一个故事。很多年前有位渔夫驾船出海,在海口浪涛汹涌处,看到一头鲸鱼冲击着海浪,接着把一头小鲸分娩下来。大鲸生产后就大口吞食海面带状水草,不多久就把一团团污血排出体外。渔夫想:这种海带是不是有排污解毒的效用呢?他忙把一些海带采集到船上。渔夫家里正有个产后病弱的妻子,他回家就把海带炖熟了端给妻子吃,而他的妻子吃了海带也排出了体内瘀血,很快恢复了健康。海带的神奇药效就这样传开了。

鲸鱼吃不吃海带,不好回答,海带营养丰富却是事实。据测算,每 100 克海带中含碳水化合物 54.3 克,蛋白质 8.2 克,脂肪 0.5 克,维生素 A 0.57 毫克,维生素 B_1 0.09 毫克,维生素 B_2 0.36 毫克,烟酸 1.6 毫克,钙 1117 毫克,磷 216 毫克,铁 150 毫克,钴 22 微克,以及人体必需的 17 种氨基酸、纤维素和较多量的碘等,它含有的这些营养,被人体吸收后,有很好的保健作用。难怪人们要把海带称作"长寿菜"了。

祖国医学认为,海带有镇咳平喘、清热利尿、消肿解毒等功用。用海带煎汁治疗甲状腺肿大,药效明显。用海带煎汁配药,治疗肾炎、高血压,也很有疗效。

现代医学研究发现,由于海带含碘、钙、铁十分丰富,因而它是预防甲状腺肿大和维持甲状腺正常功能的重要碘来源,是防治儿童、妇女、老年人佝偻病、软骨病、骨质疏松症的良好钙来源和铁来源。海带中的褐藻酸钠不仅有降血糖、润肠的作用,而且具有排出人体内重金属铅的功能,是工业铅中毒患者的辅助治疗食品。海带中的甘露醇,具有利尿消肿的作用,多吃些海带对于脑水肿、肾功能衰退、肿瘤患者,也有很好的药效。日本医学界总结海带有 8 项医疗功用:防治癌症;预防动脉硬化;降血压;预防脑血栓形成;防治便秘;防治甲状腺肿大;预防贫血;预防软骨病。日本有研究报告指出,日本沿海地区患癌症的人很少,这与当地人爱吃海带有很大关系。

海带的吃法很多,常见的菜肴有海带红烧肉、猪皮烧海带、酸辣海带丝、海带拌嫩芽、海带鸭肉汤、海带生地汤、海带排骨汤、海带豆腐汤、海带粳米粥等。从保健养生角度来说,不妨买些海带做做吃吃。

85. 可口的蘑菇

一盘炒得软糯爽滑、汁香味美的蘑菇端上餐桌,让就餐的人感到很是下饭。蘑菇可口啊!

蘑菇是一种可食用的真菌,很早就闻名于古埃及、古罗马和中国。古代的埃及和罗马都曾有法令规定,蘑菇只供贵族享用。后来古罗马人确信蘑菇会给他们的士兵增添神力,才允许士兵在打仗前饱餐一顿。

蘑菇广泛地分布在地球各处,以落叶森林地带最为丰富。我国食用蘑菇有4000多年的历史。古人把蘑菇称为神果。常见的品种有田头菇、小火焰菇、香菇、草菇、平菇、猴头菇、金针菇等。蘑菇中的珍品——口蘑,盛产于河北省北部的康保、尚义等县和内蒙古南部辉腾锡勒等处,采摘后送到张家口加工,于是有了"口蘑"之名。早在3000多年前,就有史书赞美口蘑说:"味之美者,越骆之菌。"这是因为口蘑是用骆驼运到关内的。关于口蘑,流传着这样一个故事:有位商人运送一批上等口蘑乘船在海中南行,蘑菇在船舱受潮,香味四溢,馋得鱼群在船后追逐,有的大鱼还往船上蹿跳,渔船颠簸,船上的人都很惊慌。有人想到这可能是口蘑招惹的,就向鱼群投出一些口蘑,鱼群纷纷抢食,渔船乘机脱离险境。事过之后,口蘑名声大振。河北名菜"烩南北",就是口蘑和玉兰片烹烧的。"雏鸡香蘑"是用口蘑和童子鸡烧煨的。用口蘑和面筋同烹,又是一道素菜中的佳肴。

随便打开一本菜谱,就能看到几款蘑菇菜,如小鸡炖蘑菇、干煸鲜蘑、鲜蘑菜心、金针菇蒸牛柳、元蘑焖山鸡等,汤类中有豆腐松蘑汤、草菇莴苣汤、芙蓉鲜蘑汤、蘑菇锅汤等。在家常菜中,蘑菇可炒、可熘、可炖,还可凉拌,可打卤吃面,吃法多样。种类繁多的蘑菇不但鲜嫩可口,而且营养十分丰富。据科学家研究分析,500克蘑菇中蛋白质的含量相当于20个鸡蛋和5公斤牛奶。蘑菇中的氨基酸含量很高,它所含的8种人体必需氨基酸,食用后60%—80%能被人体完全吸收。此外蘑菇中还含有较多维生素(B_2、B_1、B_6、C)、生物素以及磷、钾、铁、铜等人体需要的矿物质。由于蘑菇细胞壁中含有的多糖体能刺激抗体的形成,对于提高肌体的防病免疫能力大有帮助。蘑菇中还含有一种香菇脂肪酸,能降低血液中胆固醇的含量。高血压患者如果坚持每天吃20—30克蘑菇,血压就会逐渐恢复正常。可见,经常食用蘑菇,不仅能提高身体防病能力,而且对贫血、胃肠不适等慢性病和病毒性疾病、肿瘤、高血压等病症,也都有辅助治疗的效果。

86. 蕈中宠儿——香菇

黑褐色的香菇是一种鲜香好吃又能保健的食品。

明代,明太祖朱元璋在南京建都时,因发生旱灾宣布戒荤食素。他吃惯了鸡鸭鱼肉,面对满桌素菜,没了胃口。这时,国师刘伯温献上一盘烧香菇。只见香菇软嫩,汤汁酱红,香味浓郁。朱元璋一尝,倍感鲜美,食欲大开,连声夸好,传旨宫中常备香菇。自此香菇身价大增。

香菇,又名香蕈,也叫冬菇,是一种味道鲜美、营养丰富的食用菌。早在4000多年前,香菇就被我国古人所认识。祖国医学认为,香菇有健胃、益气、除风、和血、化痰等功用。据测定,每100克干香菇中,可食部分含蛋白质17.2克,碳水化合物37.9克,脂肪1.5克,粗纤维29.4克,还有多量的钙、磷、铁、钾等微量元素。香菇中的蛋白质氨基酸多达18种;人体必需的8种氨基酸,香菇就含有7种。香菇含有的氨基酸、多种维生素、无机盐,对促进人体新陈代谢的正常进行,提高肌体免疫力有很大的作用;对糖尿病、肺结核、传染性肝炎有治疗作用;又可用于治疗佝偻病、骨软化症、消化不良、便秘等,并有助于减肥。香菇含胆碱、氧化酶及某些核酸物质,能起到降血压、降血脂、降胆固醇的作用。香菇中含有6种多糖体,能活化巨噬细胞,降低肿瘤生长率,有抗癌的疗效。研究分析表明,香菇中还含有一种干扰素,有抑制病毒繁殖、增强人体免疫力的功能。据调查,长期种植、经销香菇的人,患感冒和癌症者相对比较少。为此,人们把香菇称为"保健珍品"和"抗癌新秀"。

选择香菇,一般以体圆、菇身干燥、颜色黄褐或黑褐、肉厚、有芳香气味、菇面有微霜者为佳。用泡发后的香菇为原料,能烹烧出多种美味家常菜。如香菇炒冬笋、香菇炒肉片、香菇炒菜心、香菇炖鸡肉、香菇烧面筋、香菇烧豆腐等。还可用香菇做汤,如香菇酸辣汤、香菇鸡汤、香菇鱼汤、香菇甲鱼汤以及做香菇卤面等。鄂菜"烧香菇",是湖北黄梅县古刹五祖寺的"五祖素菜"之一。这道大菜取香菇为主料,加荸荠、胡椒、生姜等配料烹制而成,鲜甜香脆,清爽柔嫩,是素菜中的精品。

用香菇还可以烹制成多款药膳,如用香菇和瘦猪肉煮汤食用,对慢性肝炎有一定治疗效果。用香菇和鲫鱼炖汤,调味食用,对小儿麻疹透发不畅有一定作用。煮香菇大枣汤食用,能治疗胸闷气短、四肢无力等症。熬香菇牛肉糯米粥,适用于胃病、胃炎、贫血等症。看来,香菇在餐桌上露面的机会还真不少哩。

87."素中之荤"黑木耳

黑木耳泡发后柔嫩味美,以其烹饪菜肴能让人胃口大开。

黑木耳生长在桑、槐、柳、榆、楮等枯树上。它淡褐色,形似人耳,所以被叫作黑木耳。黑木耳有"素中之荤"的美称,含有丰富的营养。据测定,每100克干木耳中含有蛋白质10.6克,脂肪0.2克,还含有胡萝卜素、硫胺素、核黄素、尼克酸,以及多种矿物元素,其中以钙、磷、铁的含量较高,尤其是铁,每100克黑木耳含铁高达185毫克。人体缺铁会引起缺铁性贫血。常吃些黑木耳,能使人体吸收较多的铁质,可以有效地补充血红蛋白的不足。

祖国医学认为,黑木耳具有滋补强身、清肺益气、补血活血、镇静止痛等功用,可用于治疗体虚、痢疾、痔疮、便血等症。现代医学研究发现,黑木耳对心血管方面的疾病,有良好的治疗效果。在这方面,还有一个传奇的故事:美国明尼苏达大学医学教授哈姆博士,在从他的一名老病人身上抽取血样时,发现了一个特殊情况——这病人的血,不像平常那样凝结成块。博士询问后得知,这个病人在前一天进了中国餐馆,吃了几味中国菜,这些菜的用料都有黑木耳。于是这位博士带领他手下的工作人员,也去吃了同样的中国菜,第二天抽血化验,所得结果也与病人血液的情况相同。通过这样多次反复的试验,哈姆博士宣布:黑木耳加上葱蒜做的菜肴,有助于减少动脉硬化症。这一消息,轰动了心血管疾病患者众多的美国。国内医学专家在对黑木耳所做的研究中也证实,黑木耳具有明显的降血脂、抗凝血的作用。因此可以认定,黑木耳是中老年人、高血脂症、高血压、动脉硬化、冠心病及脑血栓患者的理想保健食品。此外,黑木耳还有清涤胃肠、消化纤维素胶体的特殊作用,是从事棉纺、矿业人员的保健食品。黑木耳还具有较好的抗肿瘤活性,对抑制多种癌症有一定的疗效。

购买黑木耳,以挑选体轻、色黑、有清香气、无杂物的为好。在食用上,黑木耳可以作为菜汤的配料,也可以作为主料成菜。在使用前,先把它泡发,成为柔软的半透明体,然后加以烹用。打开各地菜谱,在一些名菜中都是要用到黑木耳的,如糖醋里脊、酥炸春花肉、鱼香肉丝、炒木须肉、炒猪肝、焦炒鱼条、酸辣鱼段、糟熘鱼片、素什锦、素三鲜(与白菜心、胡萝卜)、海米烩三鲜(与黄瓜、胡萝卜)、五彩豆芽、凉拌双耳(与银耳)等,有黑木耳加盟的菜还真不少哩。而吃打卤面,更是不能没有黑木耳。

88. 滋补佳品银耳

银耳,用水泡发后,又白又软,又嫩又鲜,用它做菜、凉拌、烹汤,都能做出人们喜欢吃的菜肴。

相传,清朝同治年间,有一队起义的太平军,被清军围困在大渡河边的一座深山里,水尽粮绝陷入困境。有个战士发现树干上长着许多像茶花一样的蕈子,由于肚中饥饿,就采下来吃了。谁知吃过以后,觉得气力倍增。其他人听了他的介绍都去采这种蕈子吃。吃后个个精神饱满,拿起武器一举冲出了重围。这种蕈子就是银耳。

银耳又称白木耳,是一种生长在栗树等树木上的胶质真菌。由于它的颜色银白,所以被称作银耳。据测定,在每 100 克银耳中,蛋白质含量为 5 克,脂肪 0.6 克,碳水化合物 79 克,灰酚 3.1 克,钙 380 毫克,磷 250 毫克,铁 30 毫克,以及维生素 B、维生素 C、维生素 D 等营养物质。银耳的蛋白质中含有亮氨酸、异亮氨酸、谷氨酸、赖丙酸等 17 种氨基酸,极易被人体吸收。银耳在药用上有很高的价值,在我国医学宝库中享有盛名。祖国医学认为,银耳具有生津、润肺、止咳、补肾、补气、补脑、润肠、养胃等功用。它是药食两用的珍贵滋补型食品,特点是滋润而不腻滞,具有补脾开胃、益气清肠、安眠养神、健脑润燥之功,不但适用于老弱病孺、病后体虚者,而且对于高血压、血管硬化等患者也很适宜。近年来,医学研究发现,从银耳中分离出来的各种糖类物质,对各种肿瘤有明显的抑制作用。银耳中含有的膳食纤维,能促进胃肠蠕动,并能减少脂肪的吸收,这让银耳成为有益减肥的食品。银耳中还有一种类似于阿拉伯树胶的物质,能够滋润皮肤,使皮肤保持细嫩并有祛除脸部雀斑、黄褐斑的功效。

在食用上,银耳被称为"菌中明珠",与龙须菜、川竹笋、大口蘑等同被列为"山珍"。银耳入菜,多被作为汤羹原料,如,用银耳和冰糖煎炖成冰糖银耳汤,浓甜味美,是传统的营养滋补品。以银耳和鸽蛋做成的明月银耳汤,汤底透明如兰花,汤上浮蛋如明月,吃起来软糯爽滑,味美汤鲜。以银耳和枸杞、冰糖、蛋清等一起炖制的枸杞银耳汤,红白悦目,香甜可口。此外,银耳还可与人参、大枣、黑木耳、茉莉花、樱桃等一起炖汤,都有滋补护肤的功效。银耳还可以制作银耳粥、银耳羹等。用银耳做成的多种凉拌菜,鲜嫩爽口。银耳与肉、蛋同烹,能做成多种佳肴。银耳清炖鸭、银耳焖黄鱼、银耳煮粉丝、银耳炒肉丝等,也都是用银耳烹饪成的名肴和家常菜。银耳适宜男女老少四季食用,常吃银耳对保健、美容都有益处。

89. 佳蔬大白菜

大白菜是人们喜欢吃的冬季蔬菜。吃馅食更是常被选用。

大白菜原产我国,古时称为"菘"。我国新石器时期的西安半坡村遗址中就出土有大白菜籽,证明大白菜的存在已有五六千年的历史。古来吟诵大白菜的诗章很多,南宋诗人范成大赞颂说:"拨雪挑来踏地菘,味如蜜藕更肥浓。"著名画家齐白石曾在他的白菜画中题词:"牡丹为花之王,荔枝为果之先,独不论白菜为菜之王。何也?"题词中抒发了对白菜的赞美和偏爱。白菜因为它价廉、味清甜,让人百吃不厌,历来受人欢迎。所以,"百菜不如白菜""鱼生火,肉生痰,白菜豆腐保平安"的俗语流传很广。

帮白叶绿的大白菜营养丰富。据营养学家研究分析,每 100 克大白菜中含蛋白质 1.1 克,脂肪 0.2 克,糖 2.1 克,钙 61 毫克,磷 37 毫克,钾 346 毫克,铁 0.5 毫克,胡萝卜素 0.01 毫克,维生素 C 20 毫克,尼克酸 0.3 毫克,及一定量的维生素 D 和纤维素等物质。这些都是人体每日新陈代谢所必需的营养素。中国农科院专家在对大白菜烘干测算时发现,大白菜的菜帮含钙量较菜心高 3—4 倍。钙是构成牙齿和骨骼的主要成分,对于生长期的儿童和骨骼开始疏松的中老年人都十分重要。烹饪中应妙用菜帮。

作为家常食品,大白菜可烹炒、可泡腌、可凉拌、可做汤,吃法多样。大白菜在家常菜中,可烹制糖醋白菜、火腿炖芽菜、清蒸白菜卷等,还可以做酸辣白菜,做法是把新鲜的大白菜切成长方条状,干辣椒切细丝,一起放入开水里煮两分钟;捞在大碗里,加些盐、糖,浇些醋,然后盖紧一个碟子,过两三小时,再拌一拌就可以吃了。酸辣白菜颜色有红有白,味道甜、酸、辣、咸,非常爽口。大白菜生食熟食都有清热利尿的功用。《本草集注》《名医别录》等医书中都指出,凡肺胃蕴热、口干食少、咳嗽多痰、胸闷心烦、小便不利者,都可以多吃大白菜。近年来,科学家发现,大白菜中含有较多的微量元素铂,这种物质可以抑制人体对亚硝酸铵的吸收与合成,因此常吃大白菜还有一定的抗癌作用。

大白菜是佳蔬,也是良药。民间用白菜治病的单方也不少:如多吃白菜帮可防治大便秘结,用白菜根煮汤喝下能治伤风感冒,用白菜、葱、姜煎汤温服可治感冒,对气管炎也有疗效,以白菜、辣椒熬水洗脚可防治冻疮,把白菜捣烂敷在鼻子外部能治过敏性皮炎,白菜花捣烂敷在伤口处可以止血。

90.美蔬佳果西红柿

西红柿酸甜可口。近年来称为"圣女果"的红色或黄色小西红柿,常和水果放在一起出售,让人们爱吃。

西红柿,学名番茄,属茄科植物。因为它来自西方,形状像柿子,所以被我们俗称西红柿。据考证,西红柿最早发现于南美洲的秘鲁。而在400年前,秘鲁还没有人敢吃西红柿,人们叫它"狼桃",说它有毒。相传有位秘鲁姑娘失恋,又得了贫血症,想吃狼桃自尽。但吃后非但没有中毒,反而感觉很舒服。于是她经常采摘这狼桃吃,渐渐地贫血病也好了。西红柿传到欧洲后,人们也只是把它当作观赏植物。18世纪时,一位法国画家在给西红柿写生后,冒险吃了一个,不但没有异常反应,反而觉得鲜美可口,西红柿从此在各地广为栽培,普遍食用。西红柿传入我国也有100多年的历史,经各地种植,已成为人们爱吃的蔬菜之一。

酸甜汁多的西红柿,营养相当丰富。据测定,100克西红柿中含蛋白质1.2克,脂肪0.3克,钙8毫克,维生素E 23毫克,以及硫、钠、钾、镁等物质。营养学家指出,每人每天食用60克西红柿,就可以满足人体对几种主要维生素和矿物质的需要。西红柿含的"番茄素",有抑制病菌的作用;所含的苹果酸、柠檬酸,有助于消化,对肾炎患者有利尿功能。高血压患者常吃西红柿,能使血压降低;牙龈出血者常吃西红柿,可以止血。常吃西红柿对夜盲症、食欲不振、消化不良、夏日烦渴的人也都有很好的辅助治疗作用。近年来,科学家发现西红柿中还含有一种抗癌、抗衰老的物质——谷胱甘肽。调查证明,当人体内谷胱甘肽浓度上升时,癌症发病率明显下降,并可推迟细胞的衰老。吃着鲜美的西红柿,又能防治多种疾病,何乐而不为?

西红柿是蔬菜,也可以当水果生吃。用市场上买到的番茄酱、番茄沙司、番茄汁、番茄罐头,能烹烧出多种美味佳肴。家中买回鲜西红柿,除了生吃,还可以加鸡蛋炒食或糖拌、做汤,用西红柿打卤、就饭、吃面,也很有风味。把西红柿炸出红油,倒入煮熟的牛肉汤中,其味甚美。此外西红柿也可以做馅,包饺子、馄饨吃。烹炒肉食时把西红柿切小瓣码盘边,荤素搭配,望去赏心悦目,使人食欲大增。

西红柿多为粉红色的。如今国内科研人员却培育出了明黄和翠绿的番茄新品种。专家介绍说,取名"绿宝石"的绿色西红柿,生长中没有添加任何对人体有害的色素等物质,而是对果肉、果皮、果胶等原有基因进行重组,是健康食品。这种绿西红柿和黄西红柿都已进入市场。人们可以留心买些尝尝这新品种西红柿的口味。

91. 鲜嫩多汁的黄瓜

拍黄瓜可谓是最简单的一个菜,把鲜嫩的黄瓜拍散,撒上蒜末和盐一拌就成。当人们夏季吃凉面、凉粉,也总是忘不了准备好黄瓜丝的。

我国栽培黄瓜已有2000多年的历史。汉代张骞出使西域,把黄瓜带回中原,称作"胡瓜"。唐宋时期,黄瓜广受诗人们吟诵。宋代苏轼有"紫李黄瓜村路香,乌纱白葛道衣凉""村南村北响缫车,牛衣古柳卖黄瓜"等佳句。宋代诗人陆游也说:"白苣黄瓜上市稀,盘中顿觉有光辉。"这些诗句表明黄瓜是深受人们喜爱的蔬菜。

黄瓜脆嫩多汁,营养丰富。据分析,每100克黄瓜中含蛋白质0.8克,脂肪0.2克、碳水化合物2克,钙25毫克,磷37毫克,铁0.4毫克,钾234毫克,以及胡萝卜素、维生素C和纤维素等。祖国医学认为,黄瓜具有除热、利水、清肠、解毒等功用,有除湿、利尿、润肠、镇痛等疗效,能治疗四肢浮肿、肚胀便秘等症。现代医学研究发现,黄瓜中所含的丰富钾盐和纤维素,对促进食物的排泄和降低胆固醇有一定作用。黄瓜所含有的丙醇二酸,能够抑制糖类物质转为脂肪,对肥胖症、高血压症患者来说,常吃些黄瓜有很好的辅助治疗作用。用黄瓜汁来清洁皮肤,用黄瓜片敷于面部来舒展皱纹,是简单有效的美容方法。黄瓜蒂中有一种叫"葫芦素"的物质,这种物质能提高人体免疫功能,在抗菌、解毒、抵御肿瘤方面具有神奇的功用。黄瓜中含有的苦味素,对防治食道癌具有特殊的疗效。令人振奋的一项发现是,从黄瓜根中提取的一种蛋白物质,能够杀死被艾滋病毒感染的细胞,但不会损伤正常细胞。这一发现,使黄瓜的身价大增,也为人类战胜艾滋病增加了一个希望点。

黄瓜除生吃、凉拌外,还可以炒食、做汤、盐渍和酱制。酸辣黄瓜条、黄瓜拌肉丝、黄瓜拌鸡丝、黄瓜拌鱿鱼丝、黄瓜拌海蜇丝、黄瓜拌菠菜粉皮、黄瓜炒猪肝等,都是人们经常吃的家常菜。还可以用黄瓜做馅包鲜美的水饺,将两根黄瓜擦成碎丝,加盐去除水分,鸡蛋炒散,加鸡精、香油、白胡椒粉拌匀,以醒好的面团擀饺子皮,包好下水煮,就吃到了口味鲜香的黄瓜水饺了。把黄瓜去皮、瓤,切成一寸五的段,片出长片后卷成筒状,码放在盘中。锅中点火放香油,放葱、姜丝和泡过切细的红辣椒丝,再放入适量的白醋、糖、盐、鸡精,勾芡成汁,倒在黄瓜筒上,就做成了"黄瓜暴腌珊瑚卷"。这道菜清香味美,是夏季很受人们欢迎的开胃爽口菜。

92.蔬药两用大冬瓜

有不少人喜欢喝冬瓜汤,爱吃冬瓜汆丸子。做糕点月饼等不少馅中都放有冬瓜,而什锦果脯中的瓜条也是冬瓜制品。

冬瓜主要分布在亚洲热带和亚热带以及澳大利亚东部,在我国各地几乎都有栽培。冬瓜早春时节播种,夏末收获,可以储藏到冬天食用,所以称它为冬瓜。冬瓜在成熟之际,瓜皮表面有一层白粉状的东西,像是冬天的白霜,为此冬瓜也称"白瓜";又因瓜型大如枕头,也有"枕瓜"的别名。

冬瓜售价低廉,营养价值却很高。据测定,每100克冬瓜肉含蛋白质0.4克,碳水化合物2.4克,抗坏血酸16毫克,钙19毫克,磷12毫克,铁0.3毫克,以及核黄素、多种氨基酸等营养物质。这些物质对于维持人体的酸碱平衡、帮助消化、调节神经和内分泌系统的生理功能,有着重要作用。值得一提的是,冬瓜与其他瓜类蔬菜相比,具有含钠量低、不含脂肪等特点。因此,经常吃些冬瓜,对肥胖症、肾脏病、浮肿病和糖尿病病人都有着辅助治疗功效。

祖国医学认为,冬瓜味甘,性寒,具有清热解暑、利尿消肿、化痰止咳等功用。除瓜肉外,冬瓜子、瓤、皮也都能入药,可以治疗咽干口渴、慢性肾炎、暑热咳喘、便秘痔疮等病症。连长冬瓜的藤枝入药后,都有活络通经、祛风湿、清肺热的用处哩。冬瓜子又称白瓜子,适当吃些对人体有利尿、消肿、清肺、化痰等功用。

冬瓜肉质细嫩,气味清香,可炒食、盐腌,当馅料或制果脯蜜饯。用冬瓜做汤,汤味尤其鲜美。雪菜冬瓜汤、火腿冬瓜汤、虾仁冬瓜汤、三鲜冬瓜汤等都能在饭店酒楼的汤类食谱上见到。用冬瓜烹制的菜肴有油拌冬瓜片、虾皮冬瓜丝、芝麻冬瓜丁、干贝烧冬瓜等。在冬瓜菜中,最为著名的是扬州的"冬瓜盅"。烹制时,选用四五斤重的小冬瓜去皮,外侧开一个方形小口,掏出瓜瓤;整瓜在沸水中焯煮,再用油煎,以文火焖熟。接着,把熟火腿丁、猪板油丁、熟鸡肉丁、熟鸡肝丁、水发笋丁等多种调料煎炒,加入鸡清汤稍烩,然后倒入挖空的冬瓜中,盖上挖下的瓜块,放笼中蒸透,再入锅勾芡而成。此菜的冬瓜色如碧玉,呈半透明状,瓜内物料半隐半现,汤汁清澈,给人一种"白玉藏珍"的美感。在粤菜中的冬瓜盅,按照清代御厨的制法,还添放了干贝、虾仁、冬菇等珍料,并把夜来香花插在冬瓜圆口上,上桌后阵阵香气缭绕。这款"夜香冬瓜盅",味道鲜美,还是滋补佳品呢。

93. 防病保健的胡萝卜

人们在喝果茶时感觉酸甜可口,会想到它是用红果制造的。其实,这好喝的果茶里,加入了不少的胡萝卜汁呢。

胡萝卜又叫红萝卜,它的老家在中亚一带;在汉代时,沿着丝绸之路传入我国。明代江苏的安丰镇流传着这样一个故事:有位失去丈夫的张嫂和儿子共度光阴。忽一日刚满十岁的儿子卧床不起,这可急坏了娘亲。一位老大夫前来看病,他不开药方,只嘱咐张嫂多给孩子吃些补品。张嫂一听就着急了,说家里贫穷,哪里有钱买补品。大夫告诉她,"补品"就是每日吃几根煮熟的胡萝卜。张嫂听大夫的话,挖了一大篮胡萝卜,洗干净后蒸得香喷喷。一篮子胡萝卜还没吃完,她那儿子已病好满街飞跑了。这传说的准确性不好考证,但物美价廉的胡萝卜营养丰富,能防治疾病,确是事实。

胡萝卜含有大量的胡萝卜素、糖和钙、磷、铁等矿物质。据测定,每100克胡萝卜中含胡萝卜素28毫克,比西红柿、扁豆及瓜类蔬菜高100倍左右。胡萝卜素经过人体小肠吸收后会转变成维生素A,有改善上皮细胞、促进肌体生长、增强免疫力的功能。美国科学家在调查中发现,常吃胡萝卜和富含胡萝卜素食品的人,各种癌症患病率都比较低。吸烟者常吃些胡萝卜,能大大减少肺癌的发病率。胡萝卜中还含有大量果胶物质,当毒性物质汞进入人体,果胶就能与汞发生化学反应,然后排出体外。胡萝卜中的钙、果胶、酸酯,能促进血液中胆固醇向胆汁酸转变,降低胆固醇含量,起到预防冠心病的作用。常吃胡萝卜可防治软骨病、夜盲症、眼睛干涩,对皮肤角化及呼吸系统感染等病症,也有辅助治疗效果。在偏方中,把胡萝卜微炒,与辣椒研磨调服,可用于驱蛔虫;把胡萝卜和香菜、菠菜煮水喝,能治小儿痢疾;饮用加糖胡萝卜汁,治疗咳嗽、口疮、牙龈炎都很有效。

胡萝卜吃法多样,可煮、炒、生食、盐渍、做蜜饯、制干。欧洲有的国家称胡萝卜为"蔬菜皇后",有的叫它"小人参"。西餐"素沙拉"中少不了胡萝卜丁。在荷兰,还把胡萝卜、洋葱、土豆烩的菜尊为"国菜"。胡萝卜凭着鲜艳的色泽和甜香的口味,在我国各地厨师手中也被烹制成众多佳肴。把胡萝卜切片,可配制红烧鳝鱼、麻酱鳝鱼、扒三素(与土豆、茄子)等。把胡萝卜切丁,可做辣子鸡丁、糖醋瓦块鱼、浇汁鱼、素炒五丁、八宝酱等。把胡萝卜切丝,可炒菜松、肉丝粉、糖醋五彩丝、海米炝三丝等。其中有不少属于家常菜,烹烧也不难,人们不妨在家中一做。

94. 菜中水果"心里美"

　　早年间,老北京人大多买不起水果吃,而爱吃物美价廉的"心里美"水萝卜。一家人切开肉色红润的萝卜,大人和孩子你一块,我一块,就着茶水吃起来,也是其乐融融的。

　　萝卜,古称莱菔,是十字花科草本植物。我国从周代开始栽培,至今已有2000多年的历史。萝卜汁多肉嫩,营养丰富,含多种氨基酸、维生素和糖分,是佳蔬,又是良药。民谚说"冬吃萝卜夏吃姜,不劳医生开药方",是很有道理的。

　　"心里美"是萝卜中的生食品种。由于它的肉瓤色泽红艳,具有放射状条纹,所以得到"心里美"的爱称。这种萝卜多汁、味甜,酥脆爽口,人们说它"赛个梨";有的"心里美"落地能摔成几瓣。"心里美"不只美在外观,它所含的营养也不愧于它的雅号。据测算,每100克"心里美"萝卜含维生素C 34毫克,维生素B 20毫克,钙44毫克。而在相同重量的梨中,这两种维生素和钙的含量都低得多。此外,"心里美"萝卜还含有它特有的"消化酵素"——辛辣的芥子油和较多的杀菌素、木质素、粗纤维。这些物质能促进胃肠蠕动,帮助消化;提高人体巨噬细胞吞吃癌细胞的活力,增强人体的抗癌能力;抵抗传染病对人体的侵袭,对白喉、脑膜炎、感冒等有一定抑制作用。

　　祖国医学认为,水萝卜有开胸顺气、除燥生津、止咳化痰、清热解毒的作用,对于支气管炎、气喘、浮肿、头痛、胃出血、恶心、呕吐,以及跌打损伤、食物中毒,都是一味良好的辅治药物。比如,患支气管炎、咳嗽的病人,可以把水萝卜洗净切成薄片,撒上白糖,放置一夜,第二天服食,消炎止咳效果极好。高血压病人,可以把水萝卜洗净切碎捣汁,每天服用两三小杯,能收到降低血压之效。硅肺患者,经常吃水萝卜或饮服鲜萝卜汁,也有助于症状减轻。清代文人吴其濬在他编著的《植物名实图考》一书中,赞美"心里美"萝卜说:"琼瑶一片,嚼如冰雪,齿鸣未已,众热俱平,当此时曷异醍醐灌顶。"同时也表达出冬夜吃萝卜之乐。

　　把"心里美"萝卜洗净,可以切成条、块吃;也可以去皮后切成细丝,加糖、盐、醋、香油等拌食,香脆酸甜;再拌入辣椒丝或调好的芝麻酱,又能做成别种口味。一盘水萝卜丝是很好的下酒小菜,也是吃完鱼肉等荤食后,调剂口味、去除油腻的爽口小吃。

　　如今的"心里美"萝卜吃法,更是花样翻新,有"心里美"小煎饼、"心里美"花花、"心里美"寿司、"心里美"排骨汤、九宫时蔬、水晶梨丝、蜇头"心里美"、"心里美"豆苗沙拉、"心里美"拌牛肉、"心里美"菠菜吐司等,让人越吃越是心里美。

95. 保健"圣物"——洋葱

在我们摆满菜肴的餐桌上,洋葱并不起眼。

然而洋葱可不是简单的蔬菜。它在中世纪的欧洲时被视为"护身符",骑士们相信,胸前佩戴一头洋葱可以抵御剑戟伤身。洋葱在阿拉伯地区被当作"圣物",在庙宇中,洋葱和神像常常是摆放在一起的。外表平常的洋葱还被英国文学家赞誉为"蔬菜中的一枝玫瑰"。瑞士首都伯尔尼每年11月的第四个星期一都会举办"洋葱节"。城里的食品店、饭馆会做出各种洋葱食品,欢迎各国游客观光品食。人们还以洋葱为题,制作出售各种手工艺品,在广场街道上乘坐花车举行欢庆活动。

洋葱在市场上虽然售价低廉,在餐桌上却名声不凡。欧洲大多数国家的民众都喜欢食用洋葱,把洋葱誉为"菜中皇后",西餐中很多菜都有洋葱"加盟"。洋葱既是可促进人们食欲、营养丰富的佳蔬,又是能增强人们健康、防病消灾的良药。

据测定,100克洋葱含钙40毫克,磷50毫克,铁1.8毫克,维生素C 8毫克,还含有胡萝卜素、尼克酸等。祖国医学认为,洋葱具有止咳、化痰、利尿的作用,将生葱头捣成泥外敷可治外伤、溃疡、疮疖。经常食用洋葱,对于防治肾炎、水肿、糖尿病也都是有益的。偏方说,咀嚼生洋葱,还可治愈伤风感冒及多种口腔炎症。现代科学研究发现,洋葱几乎不含脂肪,却含有二烯丙基、二硫化物、硫氨基酸、前列腺素和能激活血溶纤维蛋白活性的成分,这些物质都是较强的血管扩张剂,能减少外围血管和心脏冠状动脉的阻力,降低血压,预防心血管疾病的发生。英国伦敦大学的研究员在一份报告中指出:常吃洋葱,有利于恢复血液的抗脂能力,可以防止高血压,减少心脏病的发作和中风。他们还发现,洋葱对发炎伤口有惊人的疗效,用捣成糊状后洋葱所挥发的浓烈气味连熏十分钟,可以达到缓解伤口疼痛的效果,并能加快愈合。美国加州大学一位显微生物学教授经深入研究后指出,洋葱具有独特的抗癌功能,尤其是防治胃癌效果显著。这是因为洋葱中含有一种名为"栎皮黄素"的化学物质,实验显示,栎皮黄素可以阻止致癌物质的活动,同时抑制癌细胞的生长。据统计,常吃洋葱的人患胃癌的比例,较少吃洋葱的人要低25%。

洋葱含有挥发性芳香物质,做菜别有风味,既能与肉类或鸡蛋煎炒,也可以醋渍或盐腌。洋葱和青红椒一起配菜烹炒,白、绿、红三色悦目,一望就能产生食欲。洋葱肉末汤、法式洋葱汤、咖喱牛肉汤等汤菜中,洋葱更不是可有可无的配角。

96.香椿味美有药用

人们吃炸酱面,用开水焯了香椿芽当面码,夹一些拌在面里,一吃会感到格外鲜香。

香椿是我国独有的一种树生蔬菜。每年谷雨前后,北方香椿树的枝头就长出红色的嫩芽和碧绿的嫩叶。这种香椿芽香气浓郁,脆嫩、味美。据记载,我国民间食用香椿始于汉代,至今已有 2000 多年的历史。徐光启在他编著的《农政全书》中介绍香椿说:"其叶自发芽及嫩时皆香甜,生熟盐渍皆可茹。"古人也用香椿代茶,明代文人屠本畯在他所写的《咏香椿诗》中就留有"儿童扳摘来点茶,嚼之竟日香齿牙"的佳句。

人们喜欢吃香椿芽,除了它有特殊的香气外,还在于它是一种营养丰富的食品。据测定,每 100 克香椿中含蛋白质 9.8 克,脂肪 0.4 克,碳水化合物 7 克,钙 143 毫克,磷 125 毫克,维生素 C 110 毫克,抗坏血酸 56 毫克,胡萝卜素 1.36 毫克,以及其他一些有益人体健康的成分。虽然香椿所含的营养成分没有哪一种十分突出,但各种营养素比较全面、均衡,是一种比较理想的食品。祖国医学认为,香椿具有清热解毒、健胃理气、止血杀虫等功用。香椿的叶、枝、果以及根皮都可以入药。树根部的皮还是名为"椿根白皮"的中药,常用于治疗痢疾、痔疮、泌尿道感染等病症。民间用香椿嫩叶、大蒜适量,加盐少许,捣烂外敷,对治疗疮痈肿毒有很好的疗效。近年医学研究发现,从香椿头中提取的药物成分对金黄色葡萄球菌、肺炎球菌、痢疾杆菌、伤寒杆菌等,都有明显的抑制和杀灭作用。

香椿的吃法多样,把它洗净切碎后盐渍,两三天后就可以直接食用。用香椿拌豆腐、炒肉丝、炒鸡蛋都是人们爱吃的家常菜。把香椿和煮黄豆加盐拌在一起吃就是"香椿豆"。吃香椿还可以把它用盐捣碎,再加辣椒、香油,制成芳香诱人的香椿辣泥;或将香椿与蒜一起捣成稀糊状,加盐、醋、酱油、香油等,做成香椿蒜汁,用来浇拌凉面。把香椿芽稍腌,蘸上调了鸡蛋的面糊,油炸两道,让它起酥皮,外黄内绿,形似游鱼,就做成了"炸香椿鱼",这是一道色香味俱佳的下饭、佐酒菜。用香椿还可以拌芹菜、菠菜,做香椿拌荠菜、香椿炖鸡块、炸香椿豆腐、烧羊肉香椿汤等。有的餐馆还推出过香椿席呢。

香椿鲜香可口,以前有个遗憾事:它的季节性很强,供鲜食的时间很短。如今好了,暖室种植的香椿可随时采摘,市场上常年有瓶装、袋装的保鲜香椿芽出售,爱吃香椿这口儿的人想吃就能如愿吃上。而过去的人可没有这个口福。

97. 冰肌玉质豆芽菜

相传在第二次世界大战期间,美国的一艘潜水艇被日本军队围困在太平洋中,到了菜尽粮绝的地步。艇上一名轮机兵意外发现仓库麻袋内钻出了乳白色的尖芽,打开一看,原来是受潮的绿豆发芽了。饥不择食的士兵们连忙把豆芽炒熟吃了起来,觉得鲜美爽口。豆芽帮士兵渡过了难关。回到美国后,美味的豆芽菜渐渐地传开了。这种不用泥土而快速培植蔬菜的方法,引起美国军方的极大兴趣。当时美国舰队的士兵长期生活在海上,由于吃不到新鲜蔬菜,使得许多士兵患了坏血病和缺乏维生素而引起的炎症。豆芽菜的出现对美舰士兵的军需补给、救助是件大事。美联社在 1945 年专发了一个电讯,大谈"发明"豆芽菜对战争的特殊意义。消息传到中国,成了人们茶余饭后的笑谈。

其实豆芽菜的真正故乡在中国。它是我国劳动人民创造的一种四季可以尝鲜的蔬食,与豆腐、豆浆、豆酱,并列为我国古代饮食的"四大发明"。豆芽菜常见的有绿豆芽、黄豆芽,古代还有黑豆芽、赤豆芽、小麦芽、米芽等。明清时期,豆芽菜更成了一种大众化的蔬菜。明代诗人陈嶷喜欢吃豆芽菜,一次在友人家做客,见友人发好的豆芽菜一般高,根根健壮清新,吃后作《豆芽赋》曰:"有彼物兮,冰肌玉质。子不入于污泥,根不资于扶植。"抒发了对豆芽菜的赞美之情。

豆芽菜发制容易,物美价廉。可以爆炒、凉拌、做油炸春卷等,食用很方便。据明代医药学家李时珍编写的《本草纲目》记载,豆芽能解酒毒、热毒,"食后清心养身"。据当代科学家研究发现,豆芽不仅营养丰富,而且有健身治病的神奇功效。经测算,黄豆发芽后,胡萝卜素能增加 3 倍,维生素 B_2 增加 4 倍,维生素 C 增加4.5倍,叶酸也大量增加;由于酶的作用,能使更多的铁、磷、锌等微量元素释放出来。常吃黄豆芽对高血压、冠心病、癫痫病、肝萎缩、贫血、神经衰弱等病有一定的防治作用。而常吃绿豆芽有着利尿、消食、减肥的功效。豆芽菜中含有的较多量磷质,可以促进大脑的发育,改善人的智力,能防止老年性痴呆的发生。冬春时节气候干燥,北方人容易患口腔炎症、脂溢性皮炎、眼腺炎、角膜炎等疾病,在新鲜蔬菜较少的情况下,多吃些豆芽菜,对缓解上述症状大有好处。

豆芽菜的健身作用远不止这些。近年来德国科学家发现,绿豆芽中含有一种特殊的酶,能分解亚硝酸胺和阻止致癌物质发生作用。不久前日本一家大学的研究人员还发现,豆芽中的皂苷能有效地抑制艾滋病病毒,它的作用和目前正在作为抗艾滋病药物进行研制的甘草皂苷相似,而且是天然物质,完全没有副作用。这使日本、德国等一些国家掀起了吃豆芽菜的热潮。

98. 好风味的野菜

人们每天吃惯了家常蔬菜,偶尔尝到野菜,会感到味道不同、新鲜好吃。

野菜自然生长,一般有着纯净的品质,是大自然的美妙馈赠。说起食用野菜,在我国已有3000多年的历史。《诗经》中有不少吟诵野菜的诗句,如"陟彼南山,言采其蕨","谁谓荼苦,其甘如荠"。唐代诗人李白写他爱吃野菜时说:"昔在南阳城,唯餐独山蕨。"宋代诗人陆游赞赏野菜,竟然到了"日日思归饱蕨薇,春来荠美忽忘归"的地步。

我国可食用的野菜有100多种,野菜含有丰富的营养。以常见的荠菜为例,每100克荠菜中含蛋白质5.3克,是蒜苗的4倍,西红柿的7倍;含氨基酸10多种,以及丰富的糖、维生素和微量元素。苋菜的营养也不差,每100克苋菜中含蛋白质2.5克,钙200毫克,磷46毫克,铁4.8毫克,胡萝卜素1.92毫克,还含有较多的维生素和赖氨酸等。苜蓿、龙须草、苴荬菜以干重计算,蛋白质含量都在20%以上。

野菜的药用价值,自古受到重视。祖国医学认为,荠菜有利尿、明目、健骨、和肝、消炎的作用。民间也有"三月三,荠菜当灵丹"的说法。蕨菜有清热利湿、消肿安神、活血止痛的功效。苴荬菜、蒲公英有清热解毒的作用,是肝炎、糖尿病人的佳肴。马兰菜有清火、止血、利尿、消肿的功能,食用对牙龈出血、烦躁、痢疾等症有一定疗效。现代医学研究发现,野菜中的鬼针草含有黄酮苷、皂苷、多元酚等成分,对调节人体血压有良好的功用,是防治心血管疾病的天然药物。味道微苦的蕨菜,有防癌的作用。日本研究人员从荠菜中提取药物成分,制成止血针剂,用于视网膜出血的治疗,取得了很好的疗效。

野菜是生活困难时期人们的救命粮。当今天人们吃不动大鱼大肉时,它又重回餐桌了。如今的野菜不仅登上了大雅之堂,众多餐馆还把野菜烹炒得口味一新。打开菜单,可以点吃荠菜丸子、荠菜鸡片、荠菜鱼卷、马齿苋扣肉、蕨巴腊肉、豉香蕨菜、莼菜鲈鱼烩等,还有用野菜馅做的包子、饺子、馄饨,用野菜做的凉菜,烧的汤,煨的羹。有的清爽鲜美,有的香浓可口,让人食欲大增。

如今餐桌上的野菜,已很少是从田边地头挖到的。当人们在菜市场寻到野菜的踪迹,会发现野菜的价格比普通蔬菜要贵上许多。看来野菜已经徒有其名,它们是在大棚里长成的。其实这也没什么不应该,每一种蔬菜也都是从野生变为栽培来的嘛。

99.酥香的花生

花生是传统的土特产品,因为是落花才生的果实,所以也被叫作落花生。它的老家在南美洲,明代时传入我国。现在我国各地都有种植。

吃起来又香又脆的花生米,不仅爽口,而且营养相当丰富。它含蛋白质26.2%,脂肪39.2%,淀粉22%,粗纤维2.5%,还含有钙、磷、铁和硫胺素、尼克酸、维生素C等多种营养物质。花生是一种高蛋白食品,花生蛋白含有十几种人体所需的氨基酸,其中赖氨酸含量比大米、白面、玉米高3—8倍,有效利用率能达到98%左右。赖氨酸可以提高儿童智力,防止人的过早衰老。花生蛋白中的谷氨酸和天门冬氨酸,能够促进脑细胞发育和增强记忆力。花生中钙的含量很高,比瘦猪肉和牛肉的钙含量高2—11倍,同大米、面粉相比也要高出2—8倍。花生中含有的儿茶素,具有很强的抗老化功能。正因为是这样,花生被称为"长生果"。

祖国医学认为,花生有开胃、润肠、化痰、止咳等功效,对于营养不良、慢性肾炎、腹水肿痛等病症都有一定疗效。花生还有止血作用,特别是花生仁外面的红衣,止血效果很强。现代医学进一步研究,用花生衣水煎制成的"止血宁",可治疗消化系统、呼吸系统、生殖系统的出血和各种原因的齿、鼻、外伤性出血等病症,对于血友病、血小板减少性紫斑等疾病也有明显疗效。

花生的吃法很多,可生吃,也可炒、炸、煮、腌、酱。在家常菜中,人们常把花生米煮熟拌凉菜,炒酱瓜,打豆酱。在烹制"宫保鸡丁"这道菜时,花生米更是少不得的原料。吃"五仁"点心、喝"八宝"粥,自然也都能品尝到花生仁的芳香。

在国外,花生的食法更是五花八门。花生一向是美国南方人重要的营养来源,从看电视时吃零嘴,到日常三餐的主食、冷盘沙拉,都少不了花生。美国国内每年吃掉的花生酱达到上百万吨。在加勒比海的许多小岛上,有着另一套不同的吃花生方式。他们把花生和鸡肉放在一起,熬成清汤,加入胡椒粉和奶油,或把花生加上椰丝和面包屑,烤成薄片食用。在西印度群岛上,有些素食者把花生当作肉的替代品。还有些岛上的居民把花生加牛奶搅拌做成花生冰激凌,或把花生和牛奶、鸡蛋、糖、酒等混合,过滤后制成可口的甜酒。印度尼西亚人也把花生广泛地应用在许多菜肴上。他们常常把鱼涂上辣花生酱烘烤,或将肉放到花生汤中调味后,和蔬菜一起放在椰子中食用。美国人卡维尔对花生很有兴趣,他创制了300多种花生制品,从化妆品到木材、染料,应有尽有。他还做出了十几道菜的花生大餐,有花生汤、浇花生肉汁的沙拉、花生面包,最后是花生冰激凌、花生糖,还有花生咖啡。他还想过要把所有食品都用花生覆盖一遍呢。

100. 栗子是良药

每当天气转凉,街头和商店里就有糖炒栗子上市。栗子那细腻香甜的味道,是别的果仁所没有的。

栗,又叫板栗、毛栗,栗子是它的俗称。它果仁丰厚,肉质鲜美,是经济价值较高的干果,古时就有"千果之王"的美称。

栗子在我国栽培已有三千多年的历史。《诗经》中已经记述有"山有漆,隰有栗"的句子,告诉人们栗子是在湿地种植的。晋代陆机说:"栗,五方皆有,惟渔阳、范阳者甜美味长,他方不及也。"渔阳,即为现今北京密云西南一带,范阳为河北定县一代,同属燕山地带;此地的栗子个儿大、粒圆、含糖量高,炒熟后不护皮,在国际上也享有盛名,被誉为"东方珍珠"。现今日本等国市场上的糖炒栗子,大多以燕山栗子为主要货源。

栗子营养丰富,含淀粉及糖70%,蛋白质5.7%,脂肪为2%,此外还含有一定数量的B族维生素、胡萝卜素、脂肪酶及钙、磷、铁、钾等,比一般水果营养价值高。栗子的食法很多,生吃脆甜,风干吃甜而软。糖炒栗子更是北京、天津等地的传统风味食品。栗子除生食、糖炒、做粥外,还可做菜,做糕点的作料,做成栗子粉、栗子酱、栗子羹、栗子糕、栗子蜜饯等多种美食。用栗子烧牛肉、烧白菜、炖鸡等,也都别具风味。

栗子是可口的食品,也是一味好吃的良药。它是碳水化合物含量较高的干果品种,能供给人体较多的热能,并有助于脂肪代谢,具有益气、健脾、厚补肠胃的作用。古人很早就认识到栗子的药用价值。南北朝时的梁朝名医陶弘景说它"益气、厚肠胃(止泻)"。医著中还认为栗子有补肾、强筋、活血脉的功效,生吃能治腰腿不遂。宋代苏辙深有体会地用诗描述说:"老去自添腰脚病,山翁服栗旧传方……客来为说晨兴晚,三咽徐收白玉浆。"诗人陆游晚年牙根浮动,患有肾病,食用栗子后病情大有好转,他感慨地写了这样一首诗:"齿根浮动叹吾衰,山栗炮燔疗夜饥。唤起少年京辇梦,和宁门外早朝来。"这里不仅写他食栗病愈后的振奋心情,连栗子的吃法也写到了。

栗子的药用,在古代《千金方》《食疗本草》等医学著作中,也都有不少列举。如把栗子煮熟,每天吃一点,可治小儿口疮。把生栗子慢慢嚼食,一天三次,每次十枚,可治慢性咽喉炎。把栗子和红枣、瘦猪肉煮食,对气喘、咳嗽有疗效。把栗子去皮上笼蒸酥,再与红枣同煮,放入桂花,熬煮成羹,可强筋壮骨,治腰膝无力。许多药吃起来是苦的,栗子这味"药"吃起来却是甜滋滋的。

101. 认识红薯

蒸熟、烤熟的红薯又面又甜,人们很喜欢吃。

红薯也叫白薯、山芋、地瓜等,学名称为甘薯。原产在热带和亚热带。由于它是高产经济作物,南亚国家严禁出口。在 400 年前,华人想把红薯带回国内,一次次受阻。后来一位叫陈振龙的华侨想出办法,他用薯藤把红薯裹住,带到船上,放在汲水绳旁,看去就像一堆缆线,巧妙地逃过盘查,终于使红薯在我国安家落户。当人们吃着香喷喷的红薯,恐怕是想不到当年那秘密偷运场景的。

红薯甜润可口,营养丰富。据测定,每 100 克红薯含蛋白质 2.3 克,糖类(主要由麦芽糖、葡萄糖组成)29 克,钙 18 毫克,磷 0.12 毫克,核黄素 0.04 毫克,维生素 C30 毫克,尼克酸 0.7 毫克等。红薯中维生素的含量相当于柑橘,所含的人体必需赖氨酸比米、面的含量都高。

红薯的吃法多样。鲜嫩脆甜的红薯既能蒸、煮、烤、炸当主食,也能烹制成各种菜肴佐餐。用红薯可以做成饼糕、窝头、煎饼、切面等食用,也可以烹成糖醋芋丝、拔丝甜薯、油炸薯片等宴客。筋道鲜美的袋装甘薯干,是国内外畅销的休闲食品。用红薯加工制作的蜜饯、淀粉、粉条、粉丝摆上商店货架琳琅满目。用红薯制醋、酿酒更是别具特色。

祖国医学认为,红薯"补虚乏,益气力,健脾胃,滋肺肾","久食益人,为长寿之食"。现代医学研究发现,红薯中含有大量的黏液蛋白,这种物质由胶原和粘多糖元组成,能保护人体呼吸道、消化道和骨关节的黏膜组织免受机械损伤,并起到润滑和消炎的作用。日本学者在一个题为"从营养学和医学的角度重新认识甘薯"的讨论会上提出,甘薯(红薯)中含有大量植物纤维,能促进大肠的蠕动,防治便秘。而大便畅通,及时排出毒性物质,对预防直肠癌有着直接影响。美国研究人员发现,红薯中含有类似雌激素的物质,这种物质能使皮肤保持光洁、柔嫩,延缓皮肤衰老。研究人员还发现,红薯是一种体积大、热量低的食物,食用它容易产生饱腹感,进而产生减肥作用。我国科研人员深入广西西部地区调查百岁以上老人的健康状况,发现他们大都喜食红薯,而且每天进食不少。这一材料为红薯能促进长寿提供了依据。

为避免吃完红薯后烧心、反胃、腹胀,吃之前一定要把红薯蒸熟煮透,一次不要吃得过多,吃红薯时也吃一点酱菜。此外,还要注意红薯不要与柿子、香蕉、鸡蛋、螃蟹、海鲜等同食,以避免腹痛、结石等病症的发生。

102. 别小看了土豆

不少人喜欢吃炒土豆丝、土豆片，一吃一大盘子。

土豆又名马铃薯、洋芋，有"地下苹果"的美称，它属茄科草本块茎植物，是世界五大作物之一。土豆的老家在南美洲，700年前还是野生的。16世纪初，西班牙人从秘鲁把它带到欧洲。土豆在欧洲大陆安家落户后，法国的贵族们一直瞧不起它，总认为土豆只能进穷人的厨房，而端不到自己的餐桌上。有一位叫帕芒蒂埃的药剂师很了解土豆的营养价值，在得到路易国王的恩准和拨地拨款的帮助下，他组织人员种植出口味优良的土豆，又推出适合法国人口味的20道土豆大菜菜谱。宴席上琳琅满目的土豆佳肴令人垂涎，绵润的土豆泥更是把每一位贵族征服。种土豆、吃土豆一下子成了法国人的时髦事，土豆在法国人眼里从此身价大增。如今法国人每年人均吃土豆180公斤以上。

朴实无华的土豆是高营养、低热量、容易消化的食品。它的块茎中含淀粉15%—25%，蛋白质2%—3%，脂肪0.7%，粗纤维0.15%，还含有丰富的钙、磷、铁、钾等矿物质和多种维生素。据测定，土豆的各种营养成分均衡又全面，一般粮食无法和它相比。有人分析说，人每天只要吃土豆和全脂牛奶，就能得到人体所需的全部营养素。值得一提的是土豆发芽后含较多龙葵素，食后会中毒，要记住不能再食用。近年营养学家研究指出，土豆含热量不高，但体积大，粗纤维较多，食后容易产生饱腹感，是肥胖者比较理想的减肥食品。美国圣地亚哥大学教授发现，土豆含有一种叫作"塞罗多宁"的物质，能够减轻人的焦虑情绪，多吃些土豆，能使人精力充沛、心情舒畅。

既能当蔬菜又可做粮食的土豆，食用方法很多，可炒、炸、烧、煮、煨、蒸、煎等，能做成400多种味道鲜美、形色各异的食品。西餐中有名的吃法有油炸土豆甜圈、土豆巧克力糕、土豆黄油蛋、比利时炸土豆球、美国蜜汁土豆片、意大利挂霜土豆丸、印度咖喱土豆等。中餐菜中有土豆烧肉、土豆排骨汤等。在家常菜中，土豆可炒块、炒片、炒丝、炒丁、红烧、凉拌，吃法多样。

土豆除食用外，在医学上有养胃和中、健脾益气的作用。以土豆治病的偏方很多，而且简便易行。例如，将土豆去皮切碎，绞汁饮用，能减轻习惯性便秘、胃十二指肠溃疡、慢性胆囊炎；将土豆去皮捣泥，敷于患处，可治秃疮和浓痂性湿疹；将土豆磨汁涂患处，可治烫火伤；将土豆煮熟去皮捣烂，加一些凡士林调均，敷于患处，可治脚裂。此外，土豆还有催吐解毒作用，若发生药物中毒，将榨出的土豆水服下，可以缓解症状，为赶赴医院救治赢得时间。

103. 米饭喷喷香

米饭是很多人爱吃的主食。

大米是我国人民的主要食粮之一,类型和品种很多,有籼米、粳米和黏米等。大米除了富含淀粉外,还含有葡萄糖、蛋白质等多种营养素。以粳米为例,每100克含蛋白质8克,脂肪0.9克,以及微量元素钙、磷、铁和硫胺素、核黄素、尼克酸等。

祖国医学认为,大米有益精强志、健脾养胃、聪耳明目等作用。早在16世纪,我国医药学家李时珍就在《本草纲目》上说:"大米甘凉,得天地中和之气,和胃补中,亦克厚脂。"在常年以大米为主食的地方,不论男女,身材大多苗条。

近年,国内外培育出大批好看又好吃的大米新品种。我国各地在开发黑米、黑糯米、雪谷米、苦谷米、竹米、紫米、扁米、香米等名产的同时,不断研制出新品种。陕西汉中生产的一种药物大米,味香可口,营养价值高,加入其他坚果煮食,可防治头痛、贫血、白发、眼疾等症。几年前,北京郊区生产出具有红、黄、绿、紫、黑等颜色的五彩大米。这些颜色各异的大米含有一种叫"哥马林"的特殊物质,煮后清香四溢,具有滋补作用。

不同的地区和民族,爱吃米饭的人根据自己的口味有着不同的吃法。在我国云南西双版纳,人们习惯于吃香竹饭。把米装入竹筒放在火炭上烤,饭熟割开竹筒,里面的饭又白又香,诱人食欲。苗族人把糯米放在一种碎嫩叶汁水中浸泡,蒸熟就成了香喷喷的乌米饭。这种饭不仅色黑,而且发亮,清香爽口。很多人都爱吃鸡蛋炒饭,而扬州人做的蛋炒饭配以鲜肉丁、火腿丁、香菇丁、冬笋丁、鸡肉丁和虾仁,口感极佳。而海南的鸡饭,以文昌鸡为主料,将蒜蓉或葱条爆香的鸡油倒入熟米饭中,再加入少量鸡块,这种鸡饭油润软滑,香浓味正,名声远扬。

外国人吃米饭,在煮法、食法上与我们很不相同。意大利人把淘好的大米和切碎的葱放在植物油里先炒,再入锅加盐水煮,食用时还要加黄油和擦碎的奶酪。罗马尼亚人将米和少许盐、醋、植物油入水同煮,吃时还要在米饭中放些切成薄片的番茄。瑞士人做米饭的方法是先在米里加入牛奶和水,以及一个生蛋黄、糖和盐,再放进烤箱里烘烤。埃及人先将放了盐和油的水煮开,再放米煮熟,出锅后与炖菜或糖水果一起吃。泰国人常用生果加虾仁、冬菇、鸡蛋炒饭,并加放鲜菠萝片,再以菠萝皮盛饭,吃来清香味美。意大利人爱用牛肉汤、骨髓、蘑菇等做成烩饭,鲜味十足。日本几年前推出"米饭汉堡包",就是把饭团弄扁,夹上鸡肉、鸡蛋等。这种米食快餐一上市就大受欢迎,销路一直看好。

104. "粮中珍珠"是玉米

蒸煮在锅里的玉米棒,或金黄,或嫩白,还有紫粒的,热气腾腾,吸引着人们取食。

玉米原名玉蜀黍,又有苞米、苞谷、棒子等叫法。学者研究认为,玉米比人类在地球上出现得更早,野生玉米的存在已有几百万年的历史。玉米在 400 年前,从美洲传入我国,经栽培产生了黄玉米、白玉米等品种。

玉米在世界上被称为"黄金作物",这是因为玉米有较高的经济和营养价值。从营养方面说,医学研究认为,玉米含有人体所需的多种营养成分。经测定,每 100 克玉米,含蛋白质 8 克,脂肪 5.5 克,碳水化合物 69 克,此外还含有粗纤维和多种维生素,其中所含的热量和维生素总量都超过其他谷类。十几年前,我国科技人员培育出具有"中国血统"的优质杂交甜玉米新品种,这种甜玉米赖氨酸、异亮氨酸达到鲜牛奶含量的一半,蛋氨酸比牛奶高 3.2 倍,糖度高达 16%,超过西瓜。这种可以生吃、煮后软糯的甜玉米推广种植后,深受欢迎。

常吃玉米能够增强身体营养,辅助治疗营养不良和维生素缺乏症、脚气病等。玉米在癌症防治中也有积极作用,它含有大量镁元素,镁能够抑制癌细胞的形成和发展。玉米中含有的白氨酸不但能抑制抗癌药物对病人产生的毒副作用,还能抑制肿瘤生长。玉米中的维生素含量比精米精面高 4—10 倍,它能加快胃肠蠕动,大大缩短粪便及致癌物质在肠道内的停留时间,这样就能预防肛肠疾病和肠癌的发生。另外,玉米中的胡萝卜素进入人体后,转化成维生素 A,能够抑制化学致癌物所引发的肿瘤。

我国民间有煮食鲜玉米的习俗。各地以玉米面为主食,有花样繁多的吃法,如甜窝头、枣窝头、蔬菜发糕、菜团子、金银卷、葱花玉米饼、贴饼子、疙瘩汤、黄白面条、棒棒粥等。如今很多饭店、餐馆的汤羹类菜肴中也放有玉米小段。在国外,玉米吃法也是多种多样。在秘鲁等国,除了能吃到青玉米棒、玉米小饼,还有玉米花、玉米花糖、玉米甜点心等小吃供食用。美国人吃玉米爱用夹子卡住玉米棒两端,再往玉米粒上抹黄油,撒盐和胡椒粉,感觉这样吃鲜香可口,还能保留玉米原味。在最喜欢吃玉米的墨西哥人那里,市面上以玉米为主料制成的小吃和糕点琳琅满目,制作精良的青玉米罐头、蜜饯爆米花、甜辣玉米点心等,是人们时时要购买的大宗食品。在他们盛大的国宴上,也都有几道名菜是用玉米原料烹调而成的。

105. "植物肉"——大豆

人们爱吃大豆做的菜,用大豆制作的豆腐、豆芽、豆浆、八宝粥等,也广受欢迎。

大豆起源于我国,在我国已有 5000 多年的种植史。传说在很古的时候,有一个叫后稷的农神,来到人间,教人们种植五谷。五谷指的是禾、稷、稻、麦、菽。菽就是大豆。在我国最早的诗集《诗经》中就有"中原有菽,庶民采之"的诗句。

大豆是我国的传统作物,是黄豆、青豆、黑豆、芸豆等大粒豆的统称。用大豆可加工豆腐、豆浆、腐竹等豆制品,发酵制作腐乳、臭豆腐等食品。从大豆中能提炼豆油,副产品大豆饼粕是优质的蛋白饲料。大豆还是制造甘油、润滑油、油漆、人造橡胶的重要原料,应用广泛。大豆的食用方法很多,用黄豆做成的豆瓣酱、豆豉,更是许多名菜少不得的调料。在家常菜中,黄豆可炒、可凉拌,打豆酱、做清酱茄等都很可口。黄豆炒芥丝、干烧黄豆芽、素炒黄豆芽、金钩豆芽汤、黄豆泥子汤等,也都是家庭餐桌上花费不多的佳肴。营养学家对大豆的营养价值进行了深入研究后,发现大豆含有多种有益于人体健康和防病的物质,是一种特殊的保健食品。

蛋白质是人体必需的营养素之一,大豆中蛋白质的含量排在了植物食品的首位,高达 35%—40%。据计算,500 克大豆所含的蛋白质,分别相当于 1000 克瘦猪肉、1500 克鸡蛋、6000 克牛奶中蛋白质的含量。所以大豆赢得了"植物肉""绿色牛乳"等美称。大豆的脂肪含量是 15%—20%,其中大部分是不饱和脂肪酸,并含有一定量的磷脂,对防治冠心病、高血压等病症以及改善脑功能、提高智力,有良好的作用。大豆含的钙、磷比牛肉分别高 40 倍和 4 倍,所含铁比牛肉高 10 倍,又容易消化吸收,是贫血病人的理想营养食品。大豆中含有的亚油酸等生物素,能使皮肤光滑细嫩,有助于健美。此外,大豆中含有的硒、胡萝卜素、纤维素等,还有排毒抗癌的功效。

祖国医学认为,黄豆有排脓解毒、消肿止痛的作用;炒熟吃能健脾,用豆制浆能够解毒,发成黄豆芽和鲫鱼同炖可以为产妇催乳。此外,黄豆还能治疗贫血、便血、面色萎黄等病症。在国外,意大利人认为,食用黄豆粉有降低胆固醇的疗效。美国医生研究发现,经常食用黄豆能防治乳腺癌。日本一家制药公司用大豆汁制成一种美容霜,以大豆发酵过程中所产生的代谢物和香脂搭配,涂抹在面颊上,有滋润皮肤、去除老年斑之效。这种美容霜上市后经调查发现,约有 70% 的人使用后,脸上的老年斑明显减少或消除。

106. 暑夏美食是绿豆

在炎热的夏季,人们都爱喝绿豆汤和绿豆粥。家里冰箱中的绿豆沙雪糕更是成为"俏货"。

绿豆有"绿珠"的美称,在我国种植已有2000多年的历史。对绿豆的药用价值,古人早有了解。唐代《食疗本草》一书指出:"绿豆可补益元气,和调五脏,去浮风,润皮肤,宜常食之。煮汁,止消渴。"明代医药学家李时珍对绿豆的评价极高,说绿豆是"食中要物""菜中佳品""济世之良谷"。

绿豆是一种低脂肪、高营养的食品,据测算,每100克绿豆含蛋白质23.8克,碳水化合物58.8克,脂肪1.1克,钙80毫克,磷360毫克,铁68毫克,并含有多种维生素、烟酸和磷脂等成分。它既能作为主食,又能加工成绿豆芽、粉丝、粉皮、凉粉和绿豆糕等食品,让人常吃不腻。近年来,国内一些厂商用先进的工艺把绿豆加工成绿豆沙,能完好地保持绿豆固有的营养成分、食疗效果和天然风味,又有可供冲服及做馅料、冷饮、糕点等方便实用的优点,深受消费者欢迎。

在众多豆类食品中,人们对绿豆格外偏爱。尤其在夏季,饮用清凉可口的绿豆汤,食用色香诱人的绿豆粥,能够清热解暑、利尿除烦。夏日酷热,容易上火闹眼病、咽喉病、大便秘结,用绿豆熬汤饮用,可以败毒火、消炎症,使大便通畅。夏天生痱子,用绿豆加鲜荷叶水煎服,除痱子效果很好。用绿豆和红小豆、黑小豆同煮,加冰糖饮用,可治疗中暑和消化不良症。用绿豆和其他食品、药物同煮,不仅是可口的美食,而且是防病的药膳。如,用绿豆与葛根、红枣同煮汤,饮服后能生津、健脾、降血压和血糖。以绿豆和马齿苋煮汤,饮用能清热养胃,疗疮解毒。以绿豆和猪肝煮粥食之,能明目养血,补中益气。以绿豆、菱粉加粳米煮粥,服用能消肿生肌,对防治肿瘤也有一定作用。绿豆还是提取植物性SOD的良好原料。以绿豆为原料制备的SOD口服液,能有效减轻肠胃被胃酸和胃蛋白酶的损害,延长半衰期。该口服液除含有SOD,还富含氨基酸等营养成分,具有抗衰老的特殊功效。

除了食用,民间将绿豆加工后外敷,也有不少良方。如将绿豆捣碎,与鸡蛋清调成糊状,敷在患处,可治痄腮。将绿豆、红小豆碾碎加醋调成糊状,敷在患处,可治疮疖肿毒。将绿豆、胡椒、巴豆和大枣捣成糊状,敷在肚脐,可治小儿痢疾。将绿豆皮洗净炒黄加冰片碾碎,敷在患处,可治烫伤。此外,用绿豆做枕芯,还能安神、治头痛和失眠呢。

107. 能吃的鲜花

鲜花绚丽悦目,也能吃吗? 其实许多人是吃过的,只是没太在意。吃涮羊肉时在调料里放的韭菜花,吃卤面时打卤放的黄花菜,就都是鲜花啊!

食用鲜花在我国有着悠久的历史。据《隋唐佳话录》一书记载,唐代女皇武则天曾传令宫女采集百花,制成百花糕。想象一下,这糕的色、香、味能差吗? 食花在唐、宋、明、清都很盛行,在我国各大菜系中有不少花卉佳肴,如鲁菜的桂花丸子、白兰鸡片;京菜的桂花干贝、茉莉鸡脯;粤菜的菊花鲈鱼、芋花茄子;滇菜的牡丹烩鲍片、金雀花云腿等。我国民间食花,更是多种多样。福建一带常将木槿花拌入面粉、调料,煎后又嫩又香,名为"面花"。岭南的霸王花,油炸或与红枣同煮,味道都很鲜美。江西人烧笋汤加入茉莉,味道格外醇香。黄海之滨的农户,爱掐槐树花包包子;而老北京人常用藤萝花烙藤萝饼。用桂花、玫瑰等制作的汤圆等糕点小吃,也都是用鲜花调出了风味。

鲜花烹菜,除了芳香、色泽诱人外,在营养方面也很有特点。各种花卉都含有丰富的维生素、矿物质,热量比较低,有益于人体健康。盛开的鲜花含有大量花粉。科学家研究发现,花粉所含的蛋白质大多以游离氨基酸的形式存在,容易被人体吸收。祖国医学很早就发现了花粉的药用价值,常用的花粉中药有 30 多种。临床医学表明,花粉能刺激脑下垂体,具有调节激素分泌的作用;能增加红血球,提高造血功能;还能强化毛细血管,延缓衰老。

近年来,随着人们膳食越来越讲究营养与品位,花卉食品更多地出现在饭店、酒楼餐桌上。在日本和欧美各国还不时掀起"吃花热"。日本东京的一些餐馆,用鲜花榨汁,掺入菜肴、糕点之中,或作为炸食、肉菜、鱼菜的添加剂使用。在一些高级宴会上,撒了蜂蜜的花朵成了时髦的甜点,不但清香雅致,而且有浪漫情调。用粉红色蔷薇花汁制作的果子露和冰糕,用黄色金盏花、万寿菊烘烤的黄面包,都是顾客常点的美食。东京新宿一家餐馆还推出一席"花宴",包括"鲜花沙拉"等 14道鲜花菜肴,前来品食者络绎不绝。在英国,餐馆也纷纷选用鲜花做沙拉,除使用金盏花,还用粉红、白色的雏菊,三色堇,玫瑰花,红、紫、白色的天竺葵,等等。在地中海周边,西葫芦花被用作馅饼的馅料。在美国加州出版了一本名为《食用花卉烹饪指南》的书,专门介绍了可供食用的 30 多种鲜花,包括雏菊、旱金莲、万寿菊、玫瑰、牡丹、玉兰、芍药、豆蔻、茉莉、茅香、郁金香、番红花、月季花等,并讲述了使用配料、烹饪方法和菜肴特点。书出版后,大受欢迎,已成为畅销书。

108. 营养丰富的海藻食品

海藻是一类生长在海洋的植物,品种多达一万多种,可供食用的有几十种;除海带外,还有紫菜、麒麟菜、裙带菜、苔条等。

海藻食品物美价廉,营养丰富。其中,紫菜的蛋白质含量高达14%,碳水化合物达49.8%。海藻中含有的多种无机盐,如钾、钠、钙、镁等极为丰富,并含有多种维生素、胡萝卜素、烟酸和叶酸等。在可供食用的海藻中,有助于消化和肛肠保健的膳食纤维极为丰富,经检测,干的100克羊栖菜中膳食纤维达到55克,干的100克裙带菜为38克,浅草苔100克是30克。而100克香蕉中只含膳食纤维1.5克。可知海藻类食品是最佳的膳食纤维摄取源。

近年来,世界上许多国家都开展了食用海藻的研究。而查一查文字记载,在利用海藻减肥方面,最早要数我国明代医药学家李时珍。他在《本草纲目》一书中说:海藻具有"疗皮下积聚"的功用。"皮下积聚"指的就是肥胖。李时珍以海藻为主要成分,留下了妇女"轻身汤"的配方,有的医生至今依然在用这个方子进行治疗。

海藻既可以入药,又可以食用,保健作用显著,如今它更多地被摆上家庭餐桌。人们常爱吃的海藻食品家常菜有海带烧肉、酥焖海带、凉拌海带、紫菜猪心汤、紫菜虾皮汤、紫菜蛋汤等。"苔菜拖黄鱼"是浙江宁波的一道传统名菜,产于浅海岩石上的海苔,形似丝绵,采集晒干后,切末与面粉拌成糊,裹在黄鱼肉条上油炸。这道菜香味浓郁,酥脆可口,深受中外游人的喜爱。近年来,海藻还被开发为新型的休闲食品吃起来了。技术人员把海中苔条优选加工后,配进砂糖、盐、酱油、味精,烘制成片状美味食品。开封后就可以食用,还可以卷米饭、放在汤中或者是热面中,鲜香中能吃到浓浓的海鲜味,特别受到吃零食的青少年欢迎。除了这些,我国研究的海藻保健食品"三雅轻乐酥"、降脂药"藻酸双酯钠"等也先后推到了市场上。

在国外,日本推出的减肥健美海藻食品,以海藻和淡水绿藻一起混合粉碎、搅拌,制成膏状,带有苹果香味,一个月吃二三公斤,不仅具有减肥效果,还能使皮肤细腻润泽。美国研究出一种海藻减肥药膏,运用海藻所含的甲状腺素,调节人体内热能代谢和蛋白质、脂肪、糖的分解合成,药效显著。法国等国也从海藻中提取了护肤美容和减肥制剂。美国专家在研究中还发现,海藻中一种提取物有阻止艾滋病毒生长的作用,一种只有人类母乳中才有的具有免疫生理功能的物质在海藻中也有较多含量。看来,资源丰富的海藻,有着广阔的开发利用前景。

109. 食品奇珍螺旋藻

螺旋藻是一种新兴的营养食品。

1965年，几位在乍得湖地区考察的日本科学家惊讶地发现：乍得湖周围的黑人生活贫困，食品不足，而身体却非常强健。这是什么原因呢？他们经过仔细了解发现，这得益于当地居民经常捞取湖面上的一种藻类食用。这种藻类，就是日益引起人类高度重视的药食两用的新资源——螺旋藻。

螺旋藻生长在热带、亚热带碱性盐湖中，因呈现螺旋形而得名。据说，它已在地球上生存了35亿年，对螺旋藻的进一步研究让科学家震惊，它竟然是目前所知食物中营养成分最充分、最全面、最均衡的食品。螺旋藻的营养素含量打破了多项世界纪录，是名副其实的全料营养冠军：蛋白质含量居所有食物之首（达65%以上，属优质、容易消化吸收蛋白质）；可吸收性铁质含量最高（比谷类高6倍，能对抗贫血症）；维生素B_{12}含量最高（比猪肝的含量多3倍）；胡萝卜素含量最高（是胡萝卜含量的15倍）。此外，它还含有具有防癌治癌作用的藻蓝蛋白等。螺旋藻不仅具有丰富的营养价值，而且在对抗辐射，抗肿瘤，抗衰老，治疗贫血、溃疡、肝病、高血压、糖尿病等方面也都具有明显效果。使用螺旋藻可达到有病辅助治疗、没病防病的目的。为此，联合国粮农组织郑重地向全世界推荐：螺旋藻是明天最理想的食品，是21世纪最优秀的食品。

我国对螺旋藻的研究开始于20世纪70年代。1985年我国科学家在云南省的程海湖发现有天然螺旋藻生长。这一重大发现为我国进行螺旋藻的研究和生产提供了条件。螺旋藻的开发便被列入国家攻关项目。1992年中科院武汉植物所蓝宝微藻公司在湖北咸宁建成了用地热控温、半封闭、全循环螺旋藻工厂，从此我国的螺旋藻开发利用进入了产业化阶段。1993年云南施普瑞公司研制的世界上第一种具有升高白细胞、降低血脂作用的螺旋藻新药——施普瑞胶片剂在昆明问世，使我国螺旋藻的研究走在了世界前列。随后我国对螺旋藻的研究又在精细化工领域及高植物蛋白、高吸收率的系列食品和饲料添加剂等方面取得成功。据报道，目前我国已开发出包括医药、保健食品在内的多种螺旋藻商品，包括"螺旋藻复合营养咀嚼片""螺旋藻抗衰老口服液"等，已建成螺旋藻工厂70多家，每年可生产螺旋藻干粉1500吨左右。为进一步开发螺旋藻系列产品，云南施普瑞公司投资1.3亿元，兴建了世界上最大、工艺最完备的螺旋藻天然养殖温室。我国将成为世界上最大的螺旋藻干粉出口国，昆明也将成为世界深度开发螺旋藻系列产品的最大基地。

110. 好好吃早餐

有的孩子早晨起床晚了,匆匆忙忙跑向学校,顾不上吃早餐。不吃早餐害处是很大的。

很多调查实验证实,早餐对学生的学习注意力和学习成绩有着直接影响。专家指出,早餐的一项很重要的功能就是为大脑提供血糖。不吃早餐,大脑的血糖就会低于正常范围,大脑的兴奋性会明显降低,于是会导致反应迟钝和注意力不集中。国外的研究报告显示,吃早餐的孩子比不吃早餐的孩子有较好的学习能力,包括学习新知识的能力、辨识能力、记忆力、说故事和图片解说能力等各方面。不吃早餐的孩子在学习效果和操作能力方面都差了一大截。美国一位教授研究后指出,孩子不吃早餐,在校学习时会对新知识减少兴趣,考试时影响能力的发挥,对单词认知和阅读理解能力都有明显的降低,还会产生烦躁情绪。

不吃早餐不仅影响学业,对身体还会造成很大隐患。通常人们前一晚进过晚餐后,到第二天中午有十七八个小时,如果不吃早餐,会形成长时间空腹,就容易导致胆结石症。这是由于人在空腹时,胆汁分泌减少,会形成高胆固醇胆汁,久而久之,在胆囊里沉积,形成结晶,就会发生结石症。据英国医学杂志报道,在被调查的1000名胆结石患者中,86.3%有不吃早餐的习惯。

不吃早餐还会出现头晕、恶心、脚软、出虚汗等不良症状,引发癫痫病等。身体为了补充能量的消耗,就要动用体内原来贮存的糖分和蛋白。长期这样,人就会日渐消瘦,面容也会显得憔悴。所以这些危害不仅表现在孩子身上,对于经常熬夜不吃早餐的青年以及中老年人也都有份。

不吃早餐害处大。可是怎样才能吃好早餐呢?

首先要养成早睡早起的习惯。如果早晨起得慌忙,想吃早餐也会没有食欲。所以要想吃好早餐,前一晚不能睡得太迟。还应该讲究早餐的质量。要改变过去"吃早点"的观念。如果只是图省事,老吃那一两样东西,时间长了就不想吃了。所以从家长方面说要准备得丰盛一些,饭菜多些品种,让孩子吃得营养丰富。主食可吃包子、花卷、糕点、肉面等,副食可吃鱼、肉、香肠、煎蛋、油饼、豆腐、泡菜、酱菜等,还可配馄饨、豆腐脑、牛奶、豆浆等。并且要注意变换花色,这样才能使早餐吃得好,吃得饱。做家长的切不可图省事,给孩子钱,让孩子背着书包在街头乱买早点,大街上刮风起尘,孩子买了不洁的食物,风也入肚,也是很危害健康的。

111. 少吃"洋快餐"

"带你去吃肯德基!"这是前些年一些家长对孩子听话的奖励。"我又吃肯德基了。"也是孩子喜欢炫耀的话语。

肯德基、麦当劳等洋快餐店,主要出售煎、炸、烤食物和饮料,再变换花样赠送小礼品,这对孩子是有吸引力的。孩子们争先恐后去吃,加上广告铺天盖地地宣传,使各个洋快餐店常常座无虚席。其实洋快餐并不是有益于人体健康的好食品。

世界卫生组织(WHO)曾公布了一项调查发现:煎、烤、烘、焙食物中含有致癌毒素——丙烯酰胺化物(简称丙毒)。大量油煎油炸食品丙毒含量超过标准400倍以上。洋快餐绝大多数纤维素含量低,维生素 A、维生素 C、维生素 B_1、维生素 B_2 和钙、铁含量不足,而热量高、糖分高、胆固醇高、营养低,因此被称为"垃圾食品"。早在2002年,世界卫生组织就发布过丙烯酰胺存在于薯条、薄脆饼、烤猪肉、水果甜点的棕色脆皮和大量煎炸食品中。科学家已查明,凡与食品有关的癌症中,30%—40%都与丙烯酰胺有关,明确指出:"丙烯酰胺是一种毒素,它直接进入人体基因,改变一些元素,破坏一些元素,从而引起癌症。"几年前,从肯德基香辣鸡腿汉堡、香辣鸡翅、劲爆鸡米花等几种食品中检测出了国家禁止使用的"苏丹红"添加剂,给经常吃洋快餐的人又敲了一个警钟。

一项新的调查研究指出,每周吃洋快餐超过两次的人,到中年以后,体重比那些吃的次数较少的人多出4斤,患高血压和糖尿病的危险增加2倍。十岁的小男孩体重达到130斤,他只是众多"小胖墩"中的一个。寻找超重原因,除去整体食品营养提高外,更主要的是这些孩子大部分是洋快餐的忠实顾客。有的孩子会说:"我多吃些也没关系,多运动就不会发胖。"实际上,孩子吃得过饱后只想睡觉,于是越来越长"膘"。众多医学调查报告表明,不合理的饮食结构,其中以摄入高热量、高脂肪、低纤维食品的饮食习惯,最容易发生肥胖,并引起高血压、糖尿病、结肠直肠癌等病症。特别值得成长中的少年儿童引以为戒。

英国专家认为,可乐、汽水、炸薯条、薯片、汉堡包等"垃圾食品",是造成全球青少年超重和肥胖的祸首。英国政府之前已经限制了对"垃圾食品"电视广告的播出,对这类食品的包装和零售店也加强了管理。美国有的医院禁止汉堡包、炸薯条出现,必胜客和麦当劳都收到了医院关闭他们分店的通知。而在我国,2003年肯德基连锁店已开业5000多家,他们宣称要突破10000家。当前要做的就是有关政府部门加大对洋快餐连锁店的监管力度。对于少年儿童来说,就是要少吃洋快餐。

112. 吃零食好不好？

有的孩子在家里不喜欢吃零食,而有的孩子一回到家就不停地吃零食,吃了这样吃那样。吃零食到底好不好呢？

零食通常是指一日三餐时间点之外所食的食物。一般情况下,人的生活中除了一日三餐称为正餐食物外,其余吃下的东西一律被称为零食。

以前,不少人认为吃零食是坏习惯。爱吃零食会使一些孩子不好好吃饭,造成营养不良,另有些孩子又会因为吃零食过多形成肥胖,所以大家很不赞成吃零食。然而近年来,有许多研究表明,有选择地适当吃些零食,对于孩子以及青年人、中老年人的健康,都是有好处的。

零食里有许多营养成分是一日三餐中没有或少有的。一般来说,孩子们常吃的零食主要是水果类、硬果类(各种果仁)、糖果类(糖块、蜜饯)和糕点、冷饮等,这些食品可以补充孩子所需要的大部分营养素,如维生素 C、维生素 B、钙、磷、铁等。孩子们正处于生长发育时期,活泼好动,身体需要随时补充一些营养物质。吃一点零食,正好能补充他们活动中营养消耗的不足。

美国科学家在一系列研究中发现,吃不吃零食对学习和工作也有很大影响。马萨诸塞州的研究人员,挑选 20 名学生做寻找电脑荧光屏上出现的数字和字母组合试验,结果发现,吃了零食的学生比没有吃零食的学生在准确性和速度方面高出 15%—20%。专家分析指出,在紧张学习或工作的间隙吃一些点心等零食,在演算和操作的速度、准确性、记忆力、注意力等方面,都会有明显的提高。

美国科学家在对加州 34000 人进行长达 6 年的研究中还发现,每天坚持至少吃一次果仁食品的人,得心脏病的危险性仅仅是不吃者的 47%。科研人员谈到,吃一把花生、瓜子,剥几粒榛子、桃仁,不光是看电视时消闲,也是为健康的一种投资。这是因为花生等果仁中含有丰富的不饱和脂肪酸,能够降低胆固醇,预防心血管疾病。

吃零食有好处,但不能不分时间,大吃特吃,不加节制。国外专家认为,低油、低盐、低糖的食物,如水煮蛋、水煮虾、坚果等,每周可以吃四五次；营养中等的食物,如巧克力、牛肉脯、果干等,每周可以吃二三次；吃高油、高盐、高糖类食品,每周就不要超过一次了。假如嘴上总是不闲着,肚子里填得满满的,就会造成消化功能紊乱,发生厌食、肠胃不适、发炎等病症。如果在街头小吃摊上乱买乱吃不洁食品,更要给健康带来损害。

113. 你喜欢嗑瓜子吗？

当人们吃完晚饭,看着电视喝着茶水的时候,常喜欢抓起一把瓜子嗑嗑吃。

有人觉得嗑瓜子不如大口吃苹果、梨痛快,瓜子仁儿本来就小,还有一层皮儿,就懒得去嗑了。其实嗑瓜子对健康还是很有好处的。

首先,人在嗑瓜子时,嗑、嚼瓜子的动作,是口、舌、齿、牙颌关节有节奏的运动过程,能改善面部的微血管循环,对面部肌肉和神经是一种很好的锻炼。嗑瓜子时,人体通过神经系统的反射,可以促进消化液的分泌,在饭后更有助于对胃部食物的消化吸收。另外,瓜子有着很好的营养价值,除内含脂肪、蛋白质外,还含有较多的维生素和矿物质,是对主副食营养的一个良好补充。

在人们吃的瓜子中,葵花子是吃得最多的。据分析,葵花子含有丰富的蛋白质、维生素、微量元素等物质。葵花子中所含的铁,有助于预防老人、妇女、儿童的缺铁性贫血。葵花子中含的钙、镁,可以使老人、儿童的骨骼、牙齿坚固,增强血管和神经的弹性。葵花子中的维生素 E,具有抗氧化功能,可以防止不饱和脂肪酸在体内氧化、堆积,造成肥胖和产生毒素。葵花子中的维生素 B_8 具有治疗心情抑郁、失眠、记忆力减退等作用。经常吃一些葵花子,还能化痰、通便,防止皮肤粗糙干裂。葵花子中含有较多的亚油酸,对老年人降低血液中的胆固醇、预防心血管疾病,更有着特殊功效。总之,经常吃点葵花子,对防病、健身、美容、长寿都大有好处。如今市场上的葵花子,除了咸味的,还有甜的、辣的、五香的、酱香的、孜然的等,味道有 20 种以上。

在不同种类、不同口味的瓜子中,西瓜子粒大饱满,有干、湿等品种,是人们很爱吃的。据医药研究,西瓜子有清肺、化痰、润肠和健脾胃的功用。用南瓜子炒制的白瓜子,经常吃一些,能收到清热、解毒、利尿、消肿的疗效。近年市场上又有了用茶叶和白瓜子炒制出的茶瓜子,使人们在嗑食瓜子时,还能品味到茶的芳香,吸收一些茶叶的营养。

嗑瓜子虽然对健康有好处,但要注意的是不能贪吃,不要不分场合把瓜子皮儿乱吐。有的孩子不嗑瓜子,而是把瓜子放到嘴里,含完了嚼,再吐皮儿,这样咸味吃多了,会造成口干舌燥。有的幼儿还不会嗑瓜子,如果也给他们瓜子吃,他们嚼完会连皮儿一块儿咽到肚里,很容易产生排便困难,怕是要到医院才能解决麻烦呢。

114. 说说素食

素食在我国源远流长。早在我国最早的诗歌专集《诗经》中，就讲述了人们采摘各种野菜食用的故事。

素食，是以绿叶菜、果品、菇类、豆制品、植物油等为原料，烹制成的菜肴。素菜味道鲜美，富有营养，容易消化，所以受人欢迎。宋代诗人苏东坡在《菜羹赋》一文中，赞美蔬菜的"露叶与琼根"，说它们"有自然之味"。诗人陆游在诗中也感叹说："肉食从来意自疑，斋盂况与病相宜。"认为吃素才能对病体有益，这是有一定道理的。

现代科学研究指出，素食对健康的确有很大好处。对素食者的一系列研究显示，他们体内的脂肪比荤食者平均少30%，较少患致命性高的疾病，如心脑血管疾病、癌症等。另外，他们的精力更充沛，身体也更苗条，得糖尿病等慢性病的可能性也小。近几十年来，欧美等国饲养牲畜多用激素或抗生素来催其生长，肉类容易变质，造成食物中毒，使荤食者的健康受到威胁。这也是不少人由吃荤改成吃素的原因。目前，欧美地区的素食者不断增多。据统计，仅英国就有300万人与肉绝缘。在10名妇女中，就有1名是素食者。在我国，素食者的人数也很多。

素食虽然有不少益处，还被认为是长寿之道，可是素食也存在着膳食营养不全面的缺陷。现代营养学认为，长期素食，肌体吸收不到充分的动物蛋白质、某些种类维生素和微量金属元素，容易造成精神沮丧、记忆力减退、身体疲劳等症状。为了弥补营养的不足，营养学家建议素食者在膳食安排上要坚持经常食用豆类、菇类和海藻类食品，注意食品的多样化。此外，把素食烹制得鲜香可口，使素食者食欲大增，也是增进素食者营养和健康的重要环节。

近些年来，我国的素食业大有发展。上海的"功德林"、广州的"菜根香"、杭州灵隐寺的"云林素斋"、南京的"绿柳居"和北京的"全素斋"等素菜餐馆都办出了名气，受到欢迎。有的店还恢复制作了古代名肴"罗汉菜"，这道菜用料18种，烹制精细，风味独特，很受国内外宾客好评。在京城的北京饭店还开设了颐园素菜餐厅，厨师继承素菜"荤"食的传统，开发了几十种以假乱真的素菜。这里的"鸡""鱼""肉"，从外形到味道、口感，都和荤食非常相似，像五彩鳝丝、芙蓉鸡片、鱼香肉丝、水煮牛柳等，味道比荤食还鲜，价格却低。这些素菜原料全部采用大豆分离蛋白和优质魔芋粉，经加工配用青菜烹制。国内外宾客到这里就餐后，都赞不绝口，有的日本人还是专程坐飞机来这里享用素菜"荤"食的呢。

115. 快餐纵横谈

现代生活节奏加快,快餐越来越受到人们的喜爱。这是因为快餐不经过烹调就可以食用,而且携带方便,价格低廉,还能进行工业化批量生产,这些都使国内外的快餐业能够快速地发展起来。

一说快餐,人们往往会想到它是"舶来品""时髦货"。其实快餐在我国有着悠久的历史。油条、炸糕、烧卖、肉包、春卷等,都是中国的"专利"。一种在我国不少地区都能吃到的"盖浇饭",更是源远流长,它是在西周"八珍"之一"淳熬"的基础上发展而来的。《礼记注疏》书中介绍了它的做法:将肉浆煎熬好后,放在黄米或小米饭上,然后再浇上油肉就可以享用了。到了隋唐,盖在饭上的肉块变为肉丝,又加了鸡蛋等物,发展为兴盛一时的"烧尾宴"食品之一。宋代饮食业十分兴旺,方便快餐大量出现。据《中国烹饪史略》一书介绍,当时有一种快餐菜肴叫"嗟哳脍",是马上就能做好的意思。此外还有"旋切莴笋""旋切银杏"等名目,都是快餐一类的食品。

近几十年以来,欧美国家和日本等国快餐业发展迅速,20世纪80年代中期后,快餐营业额更是直线上升。进入90年代,仅美国以汉堡包闻名于世的"麦当劳"餐厅,在世界各地就拥有7500家连锁店。日本的方便快餐食品,也打进了许多国家市场,仅快餐盒饭就达到2000种之多。不仅食用方便,更重要的是它具有较全面的营养,根据用餐对象、口味嗜好、季节变化等因素科学配膳。它的一种"五行盒饭",依据中国古代医术《内经》中"五行"学说,精心选用古人说的五谷、五畜、五菜、五果,搭配其他营养,以五食调养五脏的原理,灵活用料,精细制作,生意很是兴隆。目前日本人就餐食物的三分之一是各种盒饭,无论工作、学习还是旅游都乐于享用,甚至在喜庆宴会上也离不开它。

近年我国消费者对快餐也大有需求。各地不仅引进汉堡包、热狗、三明治等一些洋快餐,也兴办起了中国式的快餐食品,如猪油菜饭、蛋炒饭、各式盖浇饭、拉面、快餐鸡等。在北京,初具规模的快餐厅已有几百家。京味快餐如北京烤鸭快餐、砂锅快餐、门丁肉饼快餐、烤鸡快餐、小笼蒸包快餐和烧卖水饺快餐、庆丰包子、护国寺小吃等,都很受中外宾客特别是工薪阶层的欢迎。从几年前开始,北三环的"赋海望"快餐店推出了"薄饼卷肘子"的特色快餐。该店用陈年老汤,加入数十种中药制成的肘子肉,色泽红亮,味道鲜香;除了薄饼和肘子肉外,另配一碟小菜、一碗绿豆粥。面对快餐业竞争激烈的市场,有关人士指出,国内快餐除了要向人们的饮食习惯靠近,还应在不同的口味上下功夫,多增加些组合品种,兼顾营养、卫生、科学、合理,使我们的快餐业也红火起来。

116. 轻松随意自助餐

如今在很多城市街面上,都开设有那种想吃什么自己随便夹取的自助餐厅,让人感到就餐的轻松随意。

自助餐一词在英语中的意思是"供应便餐的柜台"。如今通常见到的自助餐形式是:在室内或室外准备一个或多个长台,摆放各种精美食品,就餐者或站或坐,自由取食,没有固定餐位。

自助餐属西餐的一种就餐方式。自助餐之名源自日本。但这种餐式起源于英国乡村。在收获季节里,村民们为了表达收获后的喜悦心情,把精心准备的食物摆在院子里,招待前来庆贺的亲朋好友。大家聚在一起边吃边喝,由于这种形式非常简便,而且自由自在,客人能够在轻松愉快的气氛中互相交流,并结交新的朋友,所以被越来越多的人接受和喜爱,一直流传至今。在国外,有很多年轻人举行婚礼,也采用自助餐这种形式来招待客人。

从20世纪90年代起,北京等一些城市餐馆、酒楼的自助餐生意红火起来。这是因为经营自助餐有不少优势,如:价位适中,工薪阶层消费得起;口味可满足不同人的需要;就餐快捷,不必等候;包含酒水,顾客可开怀畅饮;实行分餐,干净卫生;不计时间,可以边吃边聊很长时间。吃自助餐的就餐者付费每位从几十元到一百多元不等。有些餐馆还打出了"烧烤涮38元"的招牌和横幅。提供给顾客的食品,煎类的有小黄鱼、猪肉丁、春卷、灌肠等;烤类的有牛肉片、鸡片、平鱼、红薯片等;涮类的有羊肉片、兔肉片、百叶、海参及菠菜、豆腐、粉丝、蒿子秆、生菜等,加在一起足足有40多种。除此之外,想吃点儿生猛海鲜,也可以另要,有肉蟹、鲜虾、蚂蚱等。京城的自助餐厅,环境整洁优雅,气氛恬静温馨,还有轻松优美的音乐陪伴进食。用餐可以随意夹取,品尝之后还可以再做选择;选取几款适合自己胃口的菜式,不仅可以吃好,还得到了一份轻松的心情哩。在自助餐办得最火的时候,有的餐厅门外就餐者居然排起了长队。如今北京贵宾楼饭店,单人自助餐包括取用醇正红酒、美味龙虾、名品鹅肝、法式蜗牛、加拿大帝王蟹、日本金枪鱼、挪威三文鱼、现场铁板、法式唯美甜品等,单人价位虽高,食客仍络绎不绝。

有许多会议用餐,实行自助餐更是受到欢迎。自取、自食、自饮,干净卫生,少了浪费,还避免了陪吃、劝酒的陋习。目前,自助餐在一些地方已不仅仅是饭店、餐厅的营业方式,它还走入了寻常百姓家,被引入到了家庭请客中呢。

117. 神奇的茅台酒

茅台酒是我国八大名酒之一，素有"酒中之冠""国酒"等美称。它产于贵州仁怀县的茅台村(今为茅台镇)。

早在2000多年前，生活在今天仁怀、习水一带的先民，就酿造出味道很香醇的酒，当时的酒虽比不上今日的茅台酒，但它与今天名扬天下的茅台酒有着承前启后的关系。到了北宋时期，在仁怀县茅台村附近就产出了优质的大曲酒——凤曲。宋代的《酒名记》一书，曾对该酒加以介绍，载入酒史。清代乾隆年间，贵州开修河道，打通了茅台村与外界的联系，茅台村成了一个热闹的码头，茅台酒的酿造出现了兴旺景象。到了1840年鸦片战争前后，茅台酒的产量已高达170多吨。茅台村已经堪称"酿酒之乡"了。

茅台酒醇香爽口，后味无穷，深受国人欢迎；并于1915年送到巴拿马世博会上参展。当时茅台酒装潢很差，中国国际地位又低，茅台酒未被列为评比品种。博览会开幕几日，茅台酒一直受到冷落。这天展会上人多拥挤，我国一名商人急中生智，故意把一瓶茅台酒打落在地上摔碎。顿时，香气四溢，引起展会轰动，商界大哗。茅台酒这才被捧上评比台，且获取金质奖章，得到了它应有的国际声誉。

1935年，中国工农红军三渡赤水河，茅台村及附近的村民，拿出最好的茅台酒慰问红军。毛主席、周副主席发现茅台酒酒香奇异，非常赞赏。红军战士得到茅台酒，都舍不得喝，而是把它当作治疗脚伤的灵丹妙药。说也奇怪，只要在脚伤疼痛的地方，轻轻搓擦一些茅台酒液，就会消炎止痛，酒到病除。中华人民共和国成立后，茅台酒多次被评为国家名酒。尼克松等外国友人，都对茅台酒予以很高的评价。

茅台酒风格奇特，酒香浓郁，一直受到科学家探索。好的茅台酒酿好后要放陶坛贮存30年以上。盛酒的陶坛看起来平滑无孔，可使用显微镜去观察，就会发现它有大量的细微孔隙，足以让水分散逸出去，使具有特殊香味的化合物含量得到提高。就是这些肉眼看不到的孔洞，在各个茅台酒厂里，每年都要渗漏掉水分几吨到几十吨，而陶坛中的茅台酒就越放越香了。

茅台酒在国内外名声显赫，市场潜力大，经济价值高。有的国家从20世纪40年代开始，就组织生产茅台型酒，但都以失败告终。在国内，为仿制茅台酒，也有省市请去茅台酒的高明酒师助阵。尽管酒师毫无保留，酿出的酒却全不够味。有人认为，在茅台镇酿茅台酒，关键在空气。当地经千年制酒，空气中游荡着若干种微生物，这些微生物需要散发在空气中的茅台酒分子的滋养，反过来微生物在繁衍中又反作用到茅台酒中形成芳香。是否如此，还有待科学家做出结论。

118. 京都佳酿二锅头

二锅头是北京的特产,它以醇厚芳香的独特酒质闻名全国,并受到越来越多的外国人的欢迎。

大众名牌二锅头酒的历史可以追寻到宋代,当时的北京在金人统治下称为"中都",女真族将"酿糜为酒"的技艺和蒸酒器具带到北京,北京便有了白酒,也就是烧酒。北京烧酒在酿造过程中,有蒸煮、冷却的工艺。冷却器是一个锡制大锅,称为天锅。内盛凉水,做酒时酒蒸气上升,在天锅锅底冷凝液体,液体流入酒槽中,便是白酒。二锅头酒是在北京烧酒的基础上发展起来的。清代中期,北京的酒作坊采用新工艺酿酒。蒸酒是三次换凉水冷却,并分别取酒液。第一次在锡锅里放凉水冷却,流出的酒叫酒头;第三次换凉水冷却,流出的酒叫酒尾。酒头酒尾含有杂质较多,饮用对人体健康不利,提取出去做其他处理。只留下第二次换凉水冷却流出来的酒液供饮用,由此叫作"二锅头"。二锅头酒液最纯净,味道醇香爽口。这种掐头去尾只取中段的制酒工艺,成为我国酿酒史上一大创举,而二锅头酒也成了我国酿酒史上第一个以酿酒工艺命名的白酒精品。

二锅头酒酿制至今已有300年的历史。早在清代的一首怀念酒仙刘伶的诗中,就吟有"自古才人千载恨,至今甘醴二锅头"的佳句。300年来,二锅头的制酒工艺越来越精,酒质越来越美。尤其是自1949年10月投产的红星牌二锅头,选取优质红高粱为原料,采用传统工艺,以麸曲为糖化剂,经增香酵母处理,清蒸清烧、缓火蒸馏,定期贮酿,酒酿成后晶莹透明,入口醇香绵软,具有清香型白酒的独特风格。70多个春秋过去了,红星商标和北京的二锅头已经结下不解之缘。

北京人爱喝二锅头。过去体力劳动者认为它"上口、提神、解乏、舒筋活血";二锅头还曾被定为矿区井下工人的保健福利商品。如今人们生活水平提高了,可仍然爱喝二锅头。在许多宾馆、饭店,二锅头与五粮液、汾酒、西凤酒等并排陈列于柜台,却常常最先被客人喝光。许多人家喝二锅头不再三瓶五瓶地买,往往一买就是一箱(20瓶)。近年全市二锅头的销售量,每年都达到数十万吨。

生产红星二锅头酒的北京酿酒总厂在组建了北京红星酿酒集团公司后,产品远销朝鲜、韩国、俄罗斯、美国、澳大利亚等国。按市场的需要,二锅头酒的产品不断有所创新,已形成39度、48度、50度直到65度共7种度数的系列产品,以适应不同的消费者的需要。同时,在包装上也有许多改进,增加了桶装、软包装、瓷坛装、口杯、扁杯等。小包装的二锅头酒在城市饭店、餐馆销量最佳,迎合了时下出现的饮酒适量、讲究卫生的潮流。现如今,二锅头酒的名气正越酿越大,二锅头酒的生意正越做越红火。

119. 闲叙鸡尾酒

青少年朋友在一起筹备聚餐活动,有人提出饮鸡尾酒,这让其他人感到新奇而不知该如何准备。其实配置鸡尾酒并不很复杂。

鸡尾酒,一般是以一二种酒液兑入其他饮料,再添放点果物调制而成。

有关鸡尾酒的来历说法不一样,有的说是在古代英国宫廷,有位驸马很会为国王调制美酒,一次调酒时手边调勺找不见了,情急中拔下帽饰上的鸡尾搅动酒液,从此得以流传。另一种说法是:18世纪北美洲斗鸡风行,某城有一酒吧老板相邀,凡斗鸡得胜者可手持一根鸡尾毛,和亲友一起入店免费畅饮他调配的芬芳酒浆。以后酒吧名扬四方,鸡尾也就成为店标了。

如今,鸡尾酒已成为各国酒吧、夜总会、饭店餐馆的上等饮料,也是举办婚庆及各种纪念、社交活动中款待宾客的受欢迎饮品。世界各地的鸡尾酒品种有上千种,其中最著名的如亚历山大酒,是将少量的冰块、20毫升可可糊、鲜奶油和法国白兰地酒搅拌后过滤饮用。内格罗尼酒是将适量冰块与康巴丽苦酒、杜松子酒混合,配放一片柠檬饮用。

参加鸡尾酒会,人们一般都站着,手持酒杯,随意走动交谈,气氛欢快轻松。举办鸡尾酒会,没有严格时间限制,宾客随到随喝。鸡尾酒是冷饮,四季都用冰块调低酒温,改善口味。通常鸡尾酒含酒精量较低,为十几度,高的也可达四十度。有些鸡尾酒不含酒精,只以果汁、牛奶、鸡蛋液加糖水调制,很适合妇女、儿童饮用。鸡尾酒讲究现饮现配,不能储存。一杯上佳的鸡尾酒,能使人精神愉快,入口的感觉不像是一种酒,而是香醇可口的饮料。

鸡尾酒可以到酒吧点用,也可在家中自配。节假日亲友相聚,喝杯自家调配的鸡尾酒,能够融洽家庭气氛,增添生活情趣。以下是几种可供配置的鸡尾酒:

中国古典:将冰块放入调酒杯内,倒入60毫升桂花陈酒和40毫升茅台酒,搅匀后倒入鸡尾酒杯,放一枚红樱桃作为点缀。

竹影婆娑:将一份竹叶青酒、三份菠萝汁、一份鲜奶、半份糖浆混合加水,摇匀后倒杯,最后注入少量汽水。

牡丹红:将30毫升白兰地酒、110毫升蜂王浆酒、一个鸡蛋清、230毫升番茄汁倒入调酒壶内,加碎冰块摇匀至产生泡沫,倒入酒杯即可。

欢乐青春:将方糖放在香槟杯内,倒入半杯鲜橙汁,再注满冰冻的香槟酒,用红樱桃一颗作为点缀。

120.趣话香槟酒

香槟酒也被称为"泡葡萄酒""魔鬼酒"等。香槟酒以酒液醇香、色泽清澄、易生气泡而驰名。

香槟酒的发源地在法国东部100多公里的香槟地区。相传远在2000年以前,当地就开始种植葡萄和酿造一种又酸又涩的"灰葡萄酒"了。1668年秋,当地奥维利修道院一位叫佩里的教士,往一坛葡萄酒中添加配料,尝试改善酒的味道,但是收效很小。失望中,他就把酒放在地窖里封存起来。一年后,教士再去地窖,猛听得"嘭"的一声,酒坛木塞爆开,随后一股醉人的香味扑鼻而来。他把酒倒在一个杯子里,尝了一口,觉得味道清醇甘美。当他举着酒杯走出地窖,又意外地发现酒杯中有无数金黄色的小泡沫跳跃着。于是,这种酒液就以它丰富的泡沫和令人兴奋的启封声响在香槟地区流传开来,其后传遍了欧洲和整个世界。

在我国清代同治年间,有人从法国带回一箱特制的香槟酒献给慈禧太后。慈禧太后吩咐开瓶品尝。宫女不懂得开瓶方法,便又叫来几名太监动手鼓捣,突然一声脆响,瓶塞像飞弹一样冲起,酒液也涌出瓶口,这可把慈禧吓了一跳。但喜怒无常的慈禧这回并没有恼怒,她咂了一口酒液,感觉香醇可口,就问起酒的名称。宫里人不识外文,无人应答,于是慈禧沉吟道:"就叫它爆塞酒吧。"

酒瓶爆塞是酒液在发酵中产生压力的缘故。根据香槟酒瓶内气压的大小,有大香槟、中香槟、小香槟之分。大香槟内的压力能达到5个大气压。有人研究过,香槟酒摇晃后弹射出的瓶塞时速能达到200多公里,冲力与来复枪子弹不相上下。假如不小心,瓶塞开启时很容易发生意外。在美国波士顿,有一名劫匪持枪闯入一家酒吧,喝令众人交钱。正开启香槟酒的店员波比急中生智,把瓶口对准劫匪拉开盖子,瓶塞砰然射出,正击中劫匪鼻梁,痛得他捂脸倒地,众人趁机上前把他制服了。种种意外使人们懂得:开香槟时,瓶口不准对人。美国加州道芳公司生产的香槟酒,在瓶口与瓶塞之间加了一根细绳,以防瓶塞伤人。

西方人在女王加冕、轮船下水、赛车颁奖等欢乐祝捷时刻,都离不开香槟酒。营养学家从一杯香槟酒中析出4000种元素,包括矿盐、微量元素、维生素、复合糖等。经气态化学分析,香槟中含有油酸、酯、高级甲醇、酮分子等多种物质。在欧洲的大医院里,病人做了腹部手术后,第一道入口食品就是香槟。医生指出,香槟是手术后最容易使患者吸收的流质食物。此外,酒液中的镁离子和碳盐,能促进胆汁流动,有助于消化。酒液中含有的丰富铁质,有治疗贫血的功用,可以使年轻的母亲产后恢复颜色。晚间喝一小杯香槟酒,对睡眠也大有好处。由此可见,香槟酒还很有药用价值哩。

121. 略述葡萄酒

酒液深红的葡萄酒,度数不高,酸甜可口。

葡萄酒的酿造,有着悠久的历史。考古学家在伊朗西部山区发现一批用黏土烧制、装有葡萄酒的酒罐碎片,证实葡萄酒的酿造史已有 5500 年以上。古希腊荷马的叙事诗和古埃及壁画上,也都能看到对葡萄酒的记载。

1980 年,我国考古工作者在发掘河南省罗山县一个商代古墓时,从铜器中收集到一种酒液,经化验确认是葡萄酒。由此推断,我国古人在 3200 年前也已经酿造葡萄酒了。汉代前,我国一直以野生葡萄酿酒。汉武帝时,张骞从西域带回优良葡萄种子,大大改善了葡萄酒的口味。到了唐代,酿饮葡萄酒更是形成盛况。诗人们写出众多赞美葡萄酒的诗文。王翰写的"葡萄美酒夜光杯,欲饮琵琶马上催",至今仍得到人们的吟诵。

经过漫漫数千年的演变,如今葡萄酒已经形成一个种类繁多、香味各异的大家族。从口味上分,有每升酒含原糖低于 4 克的全酸型干葡萄酒,含原糖 4—12 克的酸中带甜型半干葡萄酒,含原糖 12—50 克的不含酸型半甜葡萄酒,含原糖 50 克以上的甜葡萄酒。从色泽上分,有紫红、深红、宝石红的红葡萄酒,粉红、玫瑰红的桃红葡萄酒,黄绿、浅禾秆色的白葡萄酒。白葡萄酒是在酿酒前把白葡萄去皮,抽取无色液汁单独发酵酿成,带有绿调的浅黄色。香槟酒是含有二氧化碳气体的白葡萄酒;白兰地是葡萄酒经过蒸馏得到葡萄酒精后,再用橡木桶长期贮存老熟而成葡萄酒;味美思是加入多种药材的白葡萄酒。葡萄酒怕晒、怕冻。把葡萄酒购买回家后,要把瓶子躺放,这样可以使木塞处于湿润膨胀状态,能减少空气进入瓶内,保持良好酒质。饮葡萄酒最好选用高酒杯,手托杯底,这样做体温可以透过杯体促使酒的香气缓缓挥发。

葡萄酒是用鲜葡萄发酵酿制的。酒液中含有多种糖类和 200 多种化学物质,仅氨基酸就有 30 多种,还有多种维生素。常适量饮些葡萄酒,能增进食欲,帮助消化,促进血液循环,解除疲劳,而且是能治疗贫血和神经衰弱的辅助药剂。饮用葡萄酒还有抗病毒、兴奋神经、滋润皮肤、延缓衰老等作用。据调查,在德国、匈牙利等国,百岁以上的老人,大多有爱饮葡萄酒的习惯。另据《美国医学论坛报》报道,研究发现,葡萄酒富含一种纯天然抗胆固醇和血小板凝聚物质——白藜芦醇。适当饮用葡萄酒,对冠心病、脑血栓、高血脂等病症的预防有积极意义。葡萄酒真是好喝又有益健康的药酒啊!

122. "液体面包"——啤酒

在炎热的夏天,许多人家冰箱里都存放有冰镇的啤酒供饮用。

据史书记载,啤酒起源于地中海沿岸。那是在 4000 年前,亚述民众首先用大麦酿制出啤酒,作祭祀和供国王饮用。后经埃及传入欧洲,大约在 18 世纪传到东方。啤酒传到欧洲后,大受欢迎。德国日耳曼人在修道院里大量酿造啤酒。黑色、略带酸味的"修道院啤酒",至今仍是欧洲的啤酒名牌。慕尼黑人更是以狂饮啤酒闻名于世。1810 年,当地人为庆贺巴伐利亚皇太子娶亲,在秋收季节畅饮啤酒,后来就演变成习俗,在每年 10 月举办啤酒节,吸引国内外游人到慕尼黑旅游观光,在这一著名盛会上,每年都要喝掉啤酒上千吨。

一说啤酒,很多人会认为是"舶来品"。其实,我国也是啤酒发源地之一。早在 3000 年前的周代,我们的祖先已经掌握了麦芽酿酒的技术。《天工开物》一书中介绍说:"古来曲造酒,蘖造醴。"蘖就是麦,醴和今天的啤酒,只是名称不同而已。

由于啤酒是以大麦为主要原料酿造的,所以也有人叫它麦酒。然而啤酒还是被称为饮料更准确些。在 1972 年 7 月墨西哥举办的世界营养食品会议上,啤酒被宣布为优良营养品饮料。理由是,它含有赖氨酸、谷氨酸、亮氨酸等 17 种氨基酸和多种维生素、丰富的蛋白质、蛋白质水解物和少量糖类。人体吸收了啤酒中的少量酒精,可以增进血液循环,增强新陈代谢。啤酒发酵产生的少量甘油、乳酸、醋酸以及二氧化碳,也都是对人体健康有益的物质。一瓶啤酒能产生 3000 卡的热量,营养成分容易被人体所吸收,因此,啤酒有"液体面包"之称。

近年来,食品科技的快速发展带来了啤酒业的兴旺,国内外新型啤酒不断涌现。我国先后酿制出了玉米啤酒、矿泉啤酒、维生素啤酒和加入中药的保健啤酒等。在欧洲出现了白啤酒和浓黑的苦啤酒。英国生产的无酒精啤酒,酒精含量不到 0.05%,比一杯橘汁所含的酒精还要少,却能保持啤酒的色泽和泡沫。法国研制的速溶啤酒,只需将酒精加水就可以饮用。丹麦生产的粉末啤酒,也是兑水就能畅饮的好喝饮料,它不含酒精,连儿童也可以尽情干杯。日本上市的一种罐装啤酒,上面加装一层透明塑胶小筒,里面装着花生米、金枪鱼片,打开啤酒饮用,不必准备就能享用到下酒菜呢。

123. 奇妙饮料——咖啡

咖啡是一种有着很强的兴奋神经作用的饮料。

咖啡的故乡是非洲的埃塞俄比亚。在那里流传着这样一个故事:有位牧羊人赶着羊群在山坡吃草,有几只羊钻进一片树丛,争抢着把一种椭圆形果实啃咬。当牧羊人召唤羊只离开时,羊儿乱蹦乱跳不肯走。温顺的羊为什么这样亢奋呢?牧羊人摘下那树果瞧瞧,又剥出种子嚼嚼,咽了下去。过了一会儿,他也兴奋得手舞足蹈起来。牧羊人忙采摘了一包种子带给别人品尝,咖啡就这样被发现了。虽然有关咖啡的传说还有很多,但埃塞俄比亚人确信,咖啡是他们送给世界的一件礼物。他们也有资料表明,早在公元前 2000 年前,埃塞俄比亚的阿高族人就在高原上种植咖啡了。咖啡的种植史已有 4000 多年。

咖啡传入欧洲是 17 世纪初期的事情。经过土耳其,咖啡先后在东欧、意大利、英国和法国迅速流传开来。1605 年,英国在大学城牛津开设了第一家咖啡馆。咖啡成了英国知识界酷爱的饮料,这在莎士比亚的剧本中能够读到。后来,咖啡相继引种于亚洲、拉丁美洲和大洋洲。从此,咖啡同可可、茶一起成为世界流行的三大饮料。

咖啡属茜草科常绿乔木,每年开白色花束二三次,浆果为椭圆形,深红色,内有籽粒两颗,俗称咖啡豆。把成熟的咖啡豆焙炒,研成细末就是咖啡粉,煮好后饮用就能喝到可口的咖啡饮料了。咖啡含有咖啡因、淀粉、脂肪、糖和纤维等成分。咖啡因能加强中枢神经系统、肺和心脏的活动功能,有较强的兴奋神经的作用。

传统的喝咖啡,讲究用咖啡壶慢慢煮好,比较费时、费事。自从发明了速溶咖啡以后,把咖啡末和咖啡伴侣倒入杯中,冲上沸水就能畅饮,让快节奏生活的人感到十分受用。

中国人喝咖啡,一般都要放些方糖,使那黑咖啡不至于太苦。而如果你在伦敦,会看到英国人把芥末放进咖啡后才喝。在美国丹佛,你时常会见到美国人在咖啡中掺进一些番茄沙司,那咖啡立刻变成绛紫色,带点酸味,喝进嘴里别是一番滋味。欧洲有许多人爱把橘子、柠檬剥去皮后放进咖啡喝,还有不少人好喝"丁香咖啡"。奇怪的是,还有不少人喜欢把我们中国人烹肉时才放的桂皮加进咖啡里煮着喝。爱尔兰人喝的咖啡也许是世界上最醇烈的咖啡了,他们给咖啡放的配料是威士忌和奶油。在澳大利亚,你走进咖啡店要一杯冰咖啡,服务员会给你端上一杯滚烫的清咖啡和一小碟冰激凌。澳大利亚人称这种咖啡叫"地狱雪球",瞧这名字叫的!

124. 中外抓食

按照传统习俗,欧美等国的人进餐使刀叉,东方人喜欢用筷子。可是也有一些地区和民族的人,从小到老都是用手抓着吃东西的。

吃手抓饭是我国新疆维吾尔族人的家常饭。抓饭是用大米、羊肉、胡萝卜、洋葱和清油来做的。做法是先把羊肉剁成小块用清油炸,然后放洋葱、胡萝卜在锅里炒,放些盐水,20分钟后,再把泡好的大米放进锅内,焖烧40分钟就做成了。做熟的抓饭油亮生辉,味美可口。吃抓饭时,五指要并拢,略弯成钩形,沿着饭的表面和四周抓起。那些地方散热快,不会烫手。假如一下把手伸到饭中央去,就一定要挨烫啦。维吾尔族人的抓饭种类很多,除了选用羊油,还能用植物油、骨髓油和酥油来做,用骨髓油做的抓饭香喷喷,营养价值也高。在用肉上,除了羊肉,还常用鸡、鸭、鹅、雪鸡、野鸡、牛肉等。有的抓饭也不放肉,而是选用葡萄干、杏干、桃脯等干果蜜饯来做,称为甜抓饭或素抓饭,同样鲜香好吃。

手抓羊肉是哈萨克族、蒙古族、维吾尔族、柯尔克孜族、塔吉克族等民族人民都很爱吃的肉食。当地饭馆烹制手抓羊肉,先把羊肋条肉剁成大块,下锅煮到半熟,捞放在盘中,撒上切碎的洋葱、辣椒和盐,入笼蒸烂取出,滗汤后,浇上用辣椒面、胡椒面和盐调好的汤汁,请客人享用。在很多牧区,手抓羊肉的烹制仍保持着原始的风味。把鲜羊肉放到锅中清炖,只放胡椒、姜片,有的干脆白煮,什么作料也不放。肉煮炖到七八成熟,热腾腾的装到大盘子里,进餐的人用小刀割下肉片,就可以手抓肉片蘸盐食用了。

在我国以手抓食进餐的并不是只有新疆少数民族地区。在福建漳州有一种风味小吃面,也是以手直接抓食而得名。当地这种面食的面料,是用面粉做成的细面条,煮熟捞起在竹筛上铺成巴掌大的圆形,一份有二两重,配料是切条油炸的豆腐,作料有酸果酱、甜面酱、蒜蓉酱、花生酱、沙茶酱、辣椒酱、芥末酱。进食时洗了手,把油炸豆腐干放面条上,再抹上各种酱料,卷成筒状,用手抓着吃。七味酱甜、香、酸、辣,清凉可口,是入夏后的美味小吃。

在国外,乌兹别克斯坦、塔吉克斯坦等国人民也吃抓食,他们吃的手抓饭,和我国维吾尔族的手抓饭有不少相同之处,用的原料,除了米、肉、菜,还加入葡萄干、栗子以及伏牛花等;烹烧后,盛在浅底大盘子里,堆得高高的,在节日更能增添喜庆气氛。

印度人以手"抓食"更是闻名于世。印度人每日用手抓饼吃、抓饭吃,不仅能抓固体的东西,而且还能抓液体的东西,连牛奶、水也可以用手抓起来饮用,真是够绝的。

125. "腹中做文章"的酿菜

"酿菜"是中国食苑百花中的一朵奇葩。这里说的"酿菜",就是将一种或是几种烹调原料填到另一种烹调原料中,再经过烹制做成的菜肴。把肉末调好塞入掏空的柿椒,或夹在茄片中煎烹入盘,就是许多人吃过的家常酿菜。

我国古人很早就创制出酿菜了。周代时名菜"八珍"中的"炮豚",就是在乳猪腹中装进枣子,然后再进行烤、炸、炖、焖,成为美食。以后酿菜种类更多。在北魏贾思勰所著的《齐民要术》中,可以读到"酿炙白鱼""胡炮肉"等酿菜。宋代林洪撰写的《山家清供》一书中记载有"蟹酿橙"和"莲房鱼包"两款名肴,前一个是把螃蟹肉填入剜空的橙子之中,再加以蒸制;后者是把鳜鱼肉填入剜空的嫩莲蓬中,而后蒸熟。两者均属构思精巧、色香味形俱佳的名肴,在烹饪史上很有影响。在清代《清稗类钞》一书中还记述了一款"酿豆莛"的酿菜。先选白嫩豆芽菜,一根根掐去头尾,仅要白梗,放热水中一烫,用细竹签把每根白梗捅空,再把鸡肉泥、火腿末填入,看白梗中有红、白二色馅,放油锅清炒装盘。两个厨师准备几个小时才搞出一小碟。这款过于精细的酿菜,当然不是一般人能享用的。

酿菜在用料上,既可以把动物原料酿入植物原料中,也可把植物原料酿在动物原料中,或是把动物原料酿在动物原料中,全在于巧思求新,配合巧妙。长期以来,各地厨师争着在"腹中做文章",用鸡、鸭腹腔酿制众多名肴。山东的"布袋鸡"、广东的"东江扁米鸡"、江苏的"出骨母油八宝鸡"、湖北的"八宝脆皮鸡"、湖南的"油淋糯米鸡"、浙江的"奶油香莲鸡"、安徽的"葫芦鸡"等,都是厨师将鸡整料出骨后,按菜式风味所需的原料,将干贝、火腿、百合、薏仁、莲米、口蘑、芡实、糯米、竹笋、香菇、白果、板栗置入腹中,经炸或油淋而后蒸,或经先蒸而后炸,以丰满完整的形态端上餐桌,具有外酥里嫩的质感。

酿菜流传到今天,经过厨师继承传统,不断创新,花色更加繁多。近些年来广州、香港等地烹制酿菜尤其讲究创意,花样翻新。把肉松与黑豆酿进切片的藕孔内,用鸭汁慢火扣煨入味,吃来香浓爽口。把糯米塞入藕段中,与猪臀慢火煲之,是产后体弱、脾胃气虚者的滋补佳品。以虾胶酿进茭笋茎内,煎香后淋以豉汁兜炒,清香鲜嫩,是很受欢迎的下酒菜。百花在粤菜中是虾胶或虾泥的代称,大肠风干后,塞入虾泥,炸酥就是名菜"百花酿大肠"。上不得桌面的粗菜大肠,一经厨师巧酿,大放异彩,成为宴席上人们争相品食的美味。

126.精制甜食巧拔丝

拔丝菜是一种甜食菜肴,在一些大的饭店、酒楼菜谱上都能点食到。

拔丝菜是中国烹饪中的一绝。据考证,拔丝菜最早起源于山东地区。文学大师蒲松龄是这样形容拔丝菜的:"而今北地兴握果,无物不可用糖粘。"这说明山东在明末清初时已广泛使用"拔丝"的烹饪方法了。以后拔丝菜更加盛行,还传到北京、天津和江浙地区,成为一道风味菜。当这道甜食端上餐桌,食客们纷纷举筷,拔出缕缕银丝,既酥脆香甜,促人食欲,又增添聚餐气氛。

各地饭庄酒楼,都有他们拿手的拔丝菜。制作拔丝菜,通常有选料、改刀、蘸糊、过油、熬浆几道程序。原料根据烹制的需要,洗净或打皮,切成块、段、条,要求大小一致,整齐均匀。做拔丝菜的关键环节是熬浆。熬浆时要把油锅擦净,放火上,加少量水或油,再加白糖,慢慢搅动。糖在加热过程中要受热均匀,等颜色由浅变深、气泡由大变小(手勺撩起糖浆有哗哗的响声表明糊已熬好)时,把主料迅速倒入锅内,进行颠翻,使糖浆均匀挂上,然后倒入盘中就可以食用了。值得一提的是,熬好糖浆后,倒入的主料一定要是热的;如果主料不热,就容易使糖浆变凉,也就出不来好的拔丝效果。拔丝菜是热菜种类,要趁热吃。最好准备一碗凉开水,夹菜后涮一下再吃,以免烫嘴。

能做拔丝菜的主料很多,如土豆、白薯、山药、苹果、白果、山楂、香蕉、橘子、菠萝、肥肉、里脊、鸡蛋、花生米等。有些水果虽然水汽大,但只要烹制得法,吃起来特别清香可口。北京前门外致美斋饭庄的拔丝西瓜堪称看家菜。厨师选用八成熟的西瓜,取瓤去子,切成半寸见方的小块,用发面加适当油和碱调制成糊,让糊挂在瓜块上,用温油炸至表面微黄出锅。在熬好的糖浆中颠翻装盘。这道菜色泽鲜艳,酸甜酥脆,风味独特。

拔丝葡萄是又一道调剂口味的美食。选新鲜好葡萄,洗净后用开水烫一下,捞出去皮,用牙签直穿去核;然后均匀滚上面粉,再蘸裹上用鸡蛋清和淀粉调成的糊,炸成浅黄捞出;继而在熬成的糖浆中轻颠轻翻,撒少许熟芝麻装盘。这道菜外表洁白,内浆鲜嫩,色香味俱佳。用烹制拔丝葡萄的技法做拔丝冰激凌,更令人叫绝。由于冰激凌易化,所以操作要突出一个"快"字。烹制时将雪糕切成小块,拍面粉后冷藏备用;再制蛋泡糊挂在雪糕块上,迅捷地炸成白色。糖浆要熬得老一些,放入雪糕块,轻翻两三下,撒上桂花装盘。此菜香味独特,凉脆爽口,是一道别具风味的佳肴。

127. 欧美节日吃火鸡

火鸡,学名叫吐绶鸡。这种鸡头部裸出,喉下垂有珊瑚状皮瘤,每当雄鸡像孔雀开屏那样扩翼、展尾呈扇状时,皮瘤和内瓣就由红变成蓝白色,并发出一种奇怪的尖叫声。为此,人们也叫它"七面鸡"。

火鸡个体高大,原产在美洲东部山区和墨西哥一带。据传说,这种鸡是300年前哥伦布登上新大陆时发现的。当时哥伦布和船员们一看见它,就被它高大、健美的体形吸引住了。由于粮食短缺,船员们用它来充饥,又把它带到了欧洲一些国家,开始进行人工饲养。

在欧美许多国家,火鸡是圣诞节、感恩节、复活节和喜庆宴会上必备的食品。提起感恩节吃火鸡,也还有这样一段来历:那是1620年,英国有一批致力改革的清教徒,漂洋过海来到北美普利茅斯。在当地印第安人的帮助下,学会了狩猎、捕鱼和种地。第二年秋天,这些移民获得了丰收。为了感谢"上帝"并答谢印第安人的无私帮助,他们用猎取的火鸡设宴,与土著居民共享欢乐。后来美国华盛顿总统宣布它为全国性的节日,称为"感恩节"。1941年,美国国会将感恩节的日子确定在每年11月的第四个星期四,过感恩节吃火鸡也延续至今。

火鸡生长快,体形大,瘦肉多,肉质好,是一种高蛋白、低脂肪、低胆固醇的理想禽肉。在美国,常见的火鸡吃法跟我国做八宝鸡有点相似。先将核桃仁、玉米渣、香肠、洋葱、葡萄干拌成馅,接着填入火鸡的空膛内,再刷上油,放在火上烤,烤得肉嫩皮酥,浇上肉汁就可以饱餐了。

火鸡素有"造肉机器"之称,有很高的经济价值和食用价值,在我国早有饲养。据记载,浙江省的舟山饲养火鸡已有100多年的历史。近年来,北京分别从美国、法国引进了几种类型的火鸡种蛋和火鸡雏,建立了大型工业化生产规模的火鸡饲养场。北京市食品研究所还研制成功了十多种火鸡肉制品,如火鸡肉糜肠,使用火鸡肉和猪肉制成,味道甚佳。用涮火鸡胸肉代替涮羊肉,也很受消费者欢迎。现在北京等地的火鸡场除了向大饭店、宾馆供应白条鸡外,还把火鸡分割包装后向市场销售火鸡的半成品。现在不少大超市都有火鸡分割后的大腿、小腿、鸡胸、鸡翅、鸡肝、鸡头及鸡架出售,有的商场投放火鸡肉后,一天就销售了300多公斤。居民买回火鸡,可以按一般鸡肉那样烹烧,炸、炖、烧、烤,制成自家爱吃的佳肴。

128.世界流行吃蜗牛

近年来,一些家庭养起各种各样的宠物,有的孩子还养起了进口蜗牛。不过多数孩子只是养着玩,并没有想到要吃掉它们。而有些蜗牛长大是可以吃的。

据考证,蜗牛在地球上已经存活了3亿年。它的家族庞大,全世界的蜗牛有35000多种。史书记载,法国人从公元前8世纪就开始把蜗牛当成美味了,可知食用蜗牛的历史已有2000多年。可食用的蜗牛,不但肉质丰腴,味道鲜美,而且营养丰富。据测定,每100克蜗牛肉中含蛋白质18克,是鸡蛋的1.5倍,分别比甲鱼、猪肉、牛肉高1个、11个、3个百分点;脂肪含量6.3克,与牛肉相近;还有多种维生素和微量元素,算得上是一种高蛋白、低脂肪、低胆固醇的陆生类软体动物保健食品。有一种"白玉蜗牛",肉色洁白,鲜嫩味美,营养丰富,有"蜗牛皇后""软黄金"之称。如今蜗牛已成为世界美味食品之一。据不完全统计,近年来,全世界每年消费蜗牛达到100万吨左右,其中包括活蜗牛、冻蜗牛和蜗牛罐头等。仅巴黎一座城市,经销蜗牛的商店、餐馆就有四五百家之多。

蜗牛的烹饪方法很多。把加工过的蜗牛肉直接用蒜泥、葱花煸炒,是蜗牛的简单吃法。法国流行一种拌黄油烘烤的食法,先把少许胡椒粉、西芹末、青葱末、大蒜泥、青豆泥、白兰地酒等各种调料放一起拌匀,再与蜗牛肉一起塞回蜗牛壳里,放在有底座的碟内,送进烘箱烤制,等黄油发出"咝咝"声时,就是烤好了。这种吃法味道鲜美、营养丰富,是法国人百吃不厌的菜。用蜗牛烹调的名菜还有很多种,光是法国就有用蜗牛肉做成的滚烧蜗牛、鸡仔式蜗牛、红酒蜗牛、杏仁奶油蜗牛、醋腌蜗牛、奶酪蜗牛、荷包蛋蜗牛、冷盘蜗牛等二三十种。大部分蜗牛菜都是把烹调好的蜗牛肉放回到蜗牛壳中再上桌。进餐的人左手用特制的小钳子钳住蜗牛壳,右手执特制的小叉,把蜗牛肉从壳中取出,悠闲地食用。

在我国,过去没有把蜗牛当菜吃的习惯,但将蜗牛供为药用却有着悠久的历史。祖国医学认为,蜗牛性寒,味咸,有清热解毒、平喘利尿、化积除滞、健脑护心等功效,可用于喉炎、哮喘、腮腺炎、疝气、痔疮等病症的治疗。近一些年以来,我国蜗牛养殖业也发展起来。生产的蜗牛除出口外,一些饭店已开始供应蜗牛菜肴。有的超市中也有冷冻蜗牛肉出售。人们如果想尝尝蜗牛肉,可以把冷冻蜗牛肉买回家,在凉水中自然解冻,然后就可以按自家的口味,或煎、或炒、或熘、或炖,做成各种美味佳肴了。

129. 可以一吃的仙人掌

　　家里栽种的郁郁葱葱的仙人掌不仅可供观赏,一些种类也是可以吃的。

　　仙人掌属石草类仙人掌科,是常绿多年生灌丛状肉质草本植物。因为它的枝形扁平如手掌,所以得名仙人掌。仙人掌耐旱、耐寒,适合在贫瘠的山地生长。经过长期演变,叶子已经退化成刺。在仙人掌的故乡——墨西哥高原,仙人掌千姿百态,种类多达五六百种。在墨西哥曾长有一棵"大块头"仙人掌,高达 17.69 米,重达 10 吨,以"世界上最大的仙人掌"列入《吉尼斯世界纪录大全》。仙人掌在墨西哥是一种取之不尽、用之不竭的食物来源。因此,墨西哥被称为"仙人掌之国"。

　　墨西哥人自古就有吃仙人掌的食俗。吃仙人掌,通常要削去带刺的皮。可以当作多汁味美的水果吃,也可以水煮后切丝,拌上油,再加些豇豆、辣椒,夹在薄玉米饼里当饭吃;吃起来松脆清香,别有风味。精心烹炒的仙人掌菜肴,还是墨西哥人招待外宾的独特风味食品。在墨西哥,还能很容易地吃到仙人掌炼的糖,喝到仙人掌酿的酒、酿造的果酱等。在南美巴西有些地区,仙人掌的利用率也很高。仙人掌不仅是奶酥、蛋黄酱、炒蛋菜、醋羹、肉汤的配料,还被用来烹炒大虾和烘烤高级点心。

　　仙人掌食用营养价值很高。据分析,每 100 克仙人掌含维生素 A 220 微克,维生素 C16 毫克,铁 2.7 毫克,以及蛋白质和丰富的碳水化合物等物质。只需吃一片仙人掌,就能满足正常人一天维生素 A 需求量的 50% 以上,铁需求量的 70%,维生素 C 需求量的 100%。祖国医学认为,仙人掌性寒,味淡,有行气活血、清热解毒、消肿止痛、健脾止泻、安神利尿等功效,可治疗胃痛、恶疮、哮喘、胸闷、痢疾、牛皮癣等病症。现代医学研究发现,仙人掌有较好的降血压、降血脂、降血糖的医疗作用。近年来,用仙人掌治疗动脉硬化和肥胖症,已取得较好疗效。据认为,这主要是由于仙人掌所含的纤维素能抑制胆固醇和脂肪的吸收,并能减缓对糖分的摄取,起到瘦身的作用。有的医疗专家发现,仙人掌有较好的利尿功用,是肾炎、糖尿病人理想的疗效食物。不少国家的人把仙人掌视为"天然保健食品"。现在每年都有不少美国人、加拿大人,到墨西哥大批购买仙人掌,食疗两用。

　　如果想尝尝仙人掌的味道,要选用生长期 15 天左右的嫩茎,削去外皮后,放到淡盐水里煮 15 分钟,去掉黏汁。然后就可以凉拌、热炒、炖食、做馅,或是做甜点、冷饮,完全依你的口味去做去吃好啦。

130. 泥土也可口

把蔬菜、水果捣成泥，放进调料，或甜或咸，是一些人喜欢吃的菜泥、果泥。那么，大自然产生的泥土能不能吃呢？好吃不好吃呢？

让泥土入口，在人们想来是难以下咽的。然而在世界的某些民族中，却有着种种吃泥土的习俗。据科学家研究，通过吃某些泥土可使人补充身体所需的微量元素，而且能防治多种地方病。近些年来，吃泥土已成为营养学家面临的需要深入研究的一个崭新课题。

查阅我国古代书籍，会看到许多古人吃土的记载。早在唐代，人们就已经认识到黄土可以入药治病。有些种类的泥土，已被人们饱餐了上千年。在陕西乾县的农村里，一些青年妇女特别爱吃山里的一种红黏土，少的一顿吃三五两，多的吃一斤以上。当地人介绍，吃这种红黏土能顺气化食。

吃泥土在国外也不少见。俄罗斯远东地区的人盛行吃白黏土。这种土色泽洁白，很像冻肉。它是玻质熔岩的风化产物经过再沉淀形成的。这种白黏土可以单独食用，也可以掺在鹿奶中吃，入口绵润，甜中略带酸味。

在意大利一些旅游区有种称为"阿利卡"的食品，色白而酥香适口。这种食品是以火山附近的泥灰岩混合谷物做成的，是游人喜爱的畅销食品。

非洲某些部族，爱把产于湖底的一种油性沥青质黏土当作美味可口的食品。在非洲东南部伊夫尼附近的食品店中，还有一种翠绿色的泥藻饼出售。这种食品含有丰富的维生素，嚼起来味道十分鲜美。

坦桑尼亚人喜欢吃一种像小火腿肠的泥条。这是取自数米深的红土，以水和好，切成细长条烘干。食之味道咸鲜，富有营养。肯尼亚人则把泥土掺入日常所食的木薯、玉米、土豆、香蕉饭中煮熟食用。

在伊朗的一些地区，人们也以食泥土为常事，市场上有多种可吃的泥土出售。最著名的是"马加拉特"土，它洁白如玉，手摸有油腻感，吃到嘴里酥甜爽口，被当地人视为佳肴。

澳大利亚一些海岛的居民，每逢家里有贵客到来，就捧出可口的黏土盛情款待。那里的黏土有白、蓝、绿等多种颜色。据吃过的人介绍，这里的多彩黏土可以直接嚼食，也可以蒸后食用。蒸熟的黏土有如同糯米一样的口感，吃了还有健脑提神的功效。

用品家族

1. 活力四射牛仔服

牛仔服是很多人尤其是青年人爱穿的服装。牛仔裤以它"永不磨损、永不褪色"为特色风靡世界。尽管它发源于美国,它的发明者却不是美国人。1850 年,18岁的德国犹太人利维到美国西海岸谋生,他带了几卷帆布准备做帐篷用,发现当地人需要耐磨的裤子,便裁开帆布缝制,从此世界上有了牛仔服装。

牛仔服是耐穿、价廉的大众化服装。近年随着越来越多的人爱穿牛仔装,世界各国的服装业都在对传统牛仔布推陈出新。除采取变缩、烧毛、洗水和退浆、拉斜等常见工艺外,还实行了磨毛、印花、抽穗、雪花洗等特殊处理,从而使牛仔布虽新似旧,风格独特,洋溢着一种浪漫格调。当今制作牛仔装的面料有水晶牛仔布、伸缩牛仔布、丝光牛仔布等,而且一反牛仔布的粗硬传统,向轻柔发展。现在用轻薄牛仔布制作的圆袖衫、短裙、背心、泳衣、内衣等有很多款式,能让酷爱牛仔服的人们不改着装款式而凉爽度夏。

牛仔服的一大引人注目之处是它的装饰性。在裤装上拿掉拉链,改用铜扣、铁扣成为时尚。彩色车缝线变化、镶红边,都使裤装平凡中见新奇。有的裤装背后使用刺绣,有的裤袋上镶以彩珠,粗犷中又显典雅。有的牛仔装上女性化设计突出,或钉亮片、闪光饰物,从而使牛仔服更见精巧、俏丽,备受女子青睐。纽约一位女装设计师推出的春秋季产品,不但有红、绿、黄、橙等各色牛仔装,而且还亮出一件缀有许多珍珠、华丽优雅的白色新娘牛仔装,使人大开眼界。在美国还有不少人穿称为"子弹洗"的弹孔牛仔服和撕成洞洞的黄色牛仔服。巴黎流行一时的则是破烂牛仔服,它是将完好的牛仔衣裤用手工磨坏,在破烂处打上补丁,此装售价虽高,但十分走俏。

牛仔服中最具代表性的当然是牛仔裤。如今,其贴身窄脚的款式,正被舒适宽松的设计所替代。最新造型为裤口直角,大腿位略宽,但不似萝卜形,穿起这样的裤子,显得优雅轻松。此外,牛仔裤的出新还表现在整体搭配方面,在北京举办的一个牛仔服装大联展上,就有黑色夹克套装、漂白两件套、三件套裙装、童装,以及靴子、腰带、方巾、学生包等。其中有些是同色同款组合,构思新巧,工艺精良。

过去牛仔的穿着对象一直是 15—24 岁的年轻人。如今国内外有许多服装公司专为中老年人设计生产牛仔系列服装。美国西部一家牛仔时装公司就根据大批中老年消费者的需要推出他们所欢迎的牛仔短裙、牛仔背带裙、牛仔夹克、牛仔风衣、牛仔大衣、牛仔斗篷、牛仔坎肩等,为服装增添了新的时代色彩,使许多中老年人成了牛仔服的光顾者。

2. 轻松休闲 T 恤衫

T 恤衫是春夏季人们最爱穿的服装之一,尤其是烈日炎炎、酷暑难耐的盛夏。T 恤衫以其自然、舒适、潇洒而不失庄重之感,成为人们日常和外出穿着或出席社交场合的服装,近些年已是全球男女老幼都爱穿的时髦装。

T 恤衫是什么时候出现的呢?

1947 年,美国好莱坞 23 岁影星马龙·白兰度与女影星费雯·丽合演《欲望号街车》时,白兰度依剧情需要,穿起一件使人看来舒适而随便的内衣,有人称其为 T 形衬衫。于是,T 恤衫从此便流行开来。以后有人在衬衫上印出变化无穷的色彩和图案,深受人们喜爱。20 世纪 60 年代,美国加州厂家对 T 恤衫进行改良,将许多著名歌手肖像及车队名字印在 T 恤衫上,大受歌迷欢迎,把 T 恤衫的发展推向高峰。据统计,现在全球 T 恤衫年销售量达到数亿件,年销售额达到七八十亿美元,美国人年均穿 T 恤衫 2.5 件。《蝙蝠侠》电影流行时,美国一些城市商店不仅黄底黑蝙蝠图案的 T 恤衫供不应求,连黑颜色也告缺货。

T 恤衫造型简单,除了领口有船形领、圆领、翻领等区别,袖子有长袖、短袖、连接袖的变化外,其他变化很少。穿 T 恤衫轻松、舒适、方便、透气、价廉。它可供运动、外出时着装,也可居家穿用。

近年来,国外厂商将商标或品牌绣印在 T 恤衫上以达到宣传产品的目的。各种庆典活动都可订制 T 恤衫,以增加气氛。此外,T 恤衫也具有识别意义,大学生的 T 恤衫可印系徽,喜欢玩车的青年也可印专门标记。世界知名服装设计师还用 T 恤衫大玩数字与文字游戏。远看白 T 恤衫上套了一件花格小背心,其实背心是画上去的,显示设计中诙谐的一面。

目前国内 T 恤衫品种不少,有男士、女士穿的,也有儿童穿的。男士的一般以全白为底色,胸前小袋口绣上各式小图案、字母,或者前后印上各色粗细不一的斜纹、横条。女士的则以浅杂素色为底,印上各种抽象的细碎花形图案。制料以涤棉为多,也有全棉的,分为经典黑白、全身印花、跳跃彩条等系列。专事定做个性化 T 恤衫的公司也进入市场。顾客可以在网上挑选自己喜欢的名人、古人、卡通人物形象、动物、植物、山水名胜景点等,制作于 T 恤衫上,由公司按时按要求交货。2008 年入夏,一款印有国旗、祥云火炬图案和“支持奥运,守护圣火,中国加油”口号的“爱国 T 恤”,成为国内各大购物网站的畅销品。淘宝网一天就售出四五百件。

3.今日童装

　　童装是儿童服装的简称,指适合少年儿童穿着的服装。童装按照年龄段分,包括婴儿服装、幼儿服装、小童服装、中童服装、大童服装等,还包括中小学的校园服装等。按照衣服的类型分,有连体服、外套、裤子、上衣、套装、T恤衫、鞋等。

　　婴儿生下不久就要穿衣服。过去的儿童服装只要能遮住身体,保暖就行。而在注重家庭整体品位和塑造人格形象的今天,童装从设计、选用面料,到剪裁、配饰、缝制等,每个环节都越来越讲究。

　　好的儿童服装应该是色泽美观悦目,肥瘦合身,绵软的布面穿在皮肤娇嫩的孩子身上,舒适而便于活动,又方便穿脱。当前国内童装种类和款式极多,从有益身体健康和儿童心理特点出发,许多童装穿着美观,又富于童趣。如绘有卡通人物的T恤衫和短裤,装饰花草虫鱼的外套、连衣裙,印有汉语拼音、外文字母、数字等智力型服装和各类登山服等,尽可以表现出儿童纯真可爱的自然美。有关专家指出,在我国童装市场,消费潜力很大。不少童装采用粗纺、涤弹、薄呢、水洗布、扎染布等精细布料。制作除采用国际流行的电脑绣花外,又融进我国传统的镶、嵌、拼、补、绣等优良工艺。人们对高档童装的需求在逐年提高。

　　父母的着装与孩子的童装贴近,同穿"亲子装",是温馨的事,也是一种时尚。所谓"亲子装",就是大人与孩子的服饰同一款式或花色,但有变化,不求死板的一致。如孩子穿小细格大衣,母亲穿同一颜色的小细格休闲裤;又如母女可同穿百褶裙,款式相近,颜色有红与紫红或粉红之分;父子同穿牛仔裤,上面的同色T恤衫,却有领子或图案不同。如此创意组合,一家人漫步在街市或公园,让人看了协调而舒服。

　　近年来,童装在欧美国家与成人时装一样讲究设计和潮流,许多一流服装设计师争相在童装上巧用心思。为推出多种供"小大人"穿着的牛仔装、运动装、毛衣等,特请名模、影星、艺术家大做广告。有些为儿童设计的高级时装,如法国T恤、牛仔服,荷兰闪光的格子套装等,一套售价竟高达上千美元。

　　目前国外一些服装师的童装设计正朝多元化发展,在开发产品时既强调童装的保健、舒适、美观,又注重实用和趣味。前不久巴黎市场上推出一种儿童外衣,既可两面穿又能前后穿,随时翻换,灵活方便。服装专家设计出的两层童衣、三层童衣以纤薄柔软面料制作,孩子穿脏一件或想更换衣服颜色,只需拉下连接的拉链即可,很受孩子们喜爱。

4. 新潮泳装

喜欢游泳的人，大多对游泳衣、游泳裤并不挑剔，穿上就行。其实穿上一件舒适而美观的游泳衣，不仅有助于水中的动作协调，因泳装醒目，还有益于安全呢。

近年来，随着服装业的发展，看似简单的泳装也在不断出新。一些有着独特防护功能的泳装尤受瞩目。

日本设计出一种游泳衣，以织物混合聚氯乙烯，呈泡沫状。这种游泳衣在水中能支持住一个不会游泳的人，可当救生圈用。美国一家公司生产了一种游泳衣，其前胸、后背部有特殊的口袋，装有可膨胀的垫子，可帮助游泳者一下水就浮起，同时又不会像救生圈那样妨碍练习。这种游泳衣可用一种特殊的化学染料印染。未浸水时泳衣呈淡青、蓝等单色，下水后泳衣上就会显现出鲜明美丽的图案和花纹。

除了防护实用，如今的泳装，尤其是女子泳装已一改颜色、样式单调保守的旧貌，给人以全新的感觉和艺术享受。就国内看，仅泳装色调即可分为深蓝、深咖啡等典雅系列，大红、草绿等瑰丽系列，鹅黄、嫩粉等明亮系列，浪白、水蓝等清新系列。泳装面料也有立体印花、凸纹效应等多种。在款式上则力求满足各种体形女子穿着，有使人腿显得修长的高衩式，有使腰围粗者显得苗条的月牙形式等。

在国外夏季时装表演中，泳装亮相是必不可少的节目。因此，许多厂商和服装大师很注重泳装设计，名家也煞费苦心，使各种款式、花色的泳装争奇斗艳，异彩纷呈。质料除采用压绉丝绒、轻韧的鱼皮、易干爽的莱加布、紧贴肌肤的多元酯纤维织料外，还使用铝丝和荧光织物，使泳装上能闪金、闪银。此外还有一系列缀闪亮金属圆片、珍珠、钻石或镶金扣、金链的设计，使泳装耀眼生辉。雪白的一件泳装，胸前打褶，像一只美丽的贝壳；嫩黄的一件泳衣，紧身剪裁，如一株绽放的水仙花。无论泳装腰间的丝穗装饰，典雅的上白下黄黑腰带设计，还是时尚大花、动物皮纹图案等，都增加了泳装的艳丽和趣味性。香港海滩上有人穿着一种可里外两面翻穿的泳衣，一面是绿水荷花嬉游尾尾银鱼，一面是彩霞椰树映衬点点白帆，一件泳衣拥有两种风情。

当今泳装既能里外翻穿，也能水陆两用，呈现出时装化的趋势。一些名家设计的泳装，很讲究搭配系列服装。泳衣在身，再穿条牛仔裤或迷你裙，就是轻松优雅的上街装；套件罩衫，又是舒适美观的休闲服。也有许多女子买泳装、穿泳装不是为了下水，仅是想吹吹海风，晒晒太阳，欣赏一番水天风光。

5. 俏丽雨装

1823 年的一天,英国工人麦金杜斯在工作时,不小心把几滴橡胶溶液滴到了衣服上,过后麦金杜斯发现,衣服上落了橡胶的地方虽然难看,却不透水。他灵机一动,动手将整件衣服都涂上橡胶,结果就制成了一件能阻挡雨水的衣服。这就是橡胶雨衣的由来。时至今日,"雨衣"一词在英语里仍叫"麦金杜斯"。

很多人平时比较注意穿着,讲究色彩搭配。一到下雨天出门就不管那么多了,骑车罩上件雨衣不淋雨就行。雨天着装无所谓吗?对于应该注重仪表美的人们来说,雨天也不能成为空白。因为生活不是负担。在丽日晴天,打扮整洁优雅让人愉快;恼人的阴雨天雨装穿得得体,也能让人有好心情。

不管喜欢不喜欢,天空都要落雨,有眼光的服装师也会巧用心思,让亮丽颜色在雨幕中流动。在法国时装展台上,雨装专场格外引人注目。模特儿身穿晶莹的五色雨衣,婀娜而行。有的雨衣背面钉有品牌、火漆印;有的雨衣前身镶有雅致的灰色条纹,衣袋上装饰着花卉等图案;也有的塑胶雨衣,一侧印有彩色人像或几何线条,在有如蒙蒙雨雾的灰暗灯光中,让人眼前一亮。

只要能想到,市场上就没有空白点。在欧洲和日本等国,雨衣可以在杂品柜台买到,但它们更多陈列于服装店中。挂在衣架上的半透明柯更纱雨衣,挺括、轻盈,着雨后也不走形。尼龙面料的单色雨衣,有短镂、夹克、风衣等款式,最适合青年人穿着。象牙白色长裙式皮革面料雨衣,着雨后轻轻一抖,便滴水不存。这种皮革雨衣,长达足踝,松身束腰。配上白礼帽、白手套,在雨天出席晚宴、聚会最是恰当。在服装讲究个性化的今天,雨装也能表现个人的品位和独特的风貌,讲究雨天的着装也是时尚。穿起秀雅的雨装,走入绵绵细雨中,郊游赏景煞是开心。

在以往,尽管人们抱怨雨天泡坏了皮鞋,也不肯把老土的黑雨鞋套在脚上。如今陪衬雨衣,各种款式的雨靴也摆满服装柜台。雨靴鞋面如同画板一般,可以是花鸟鱼虫,十二生肖,也可以是风雨雷电、山川、塔影、水果、蛋糕等。复古型雨靴,在鞋面点缀素雅小花,显得古朴、优雅。马靴系列穿脱方便,靴口外侧加装金属搭扣,给人以华贵、俏丽之感。款式有棕色格子、墨绿色亚光面、黑亮光面配粉红色等。卡通画雨靴也是不少成人的首选。其中一款在靴口两侧加了拉扣,方便穿着。靴面画有长着大嘴的鳄鱼,牙齿画在靴底上。当穿靴者来到面前,好像真的是鳄鱼走过来,龇牙咧嘴要咬人,让人发笑。

6. 漫览时装

模特儿穿着华丽的服装,在T型台上迈着猫步。这样的时装表演,在电视中是时常能看到的。

时装带给人们美的享受。展示会上的时装与人们的日常穿衣打扮的确有着距离。法国著名仙奴时装公司推出的珍珠时装,有满缀珍珠的晚礼服,有复挂珍珠流苏的两截裙,随模特儿步履摇曳珠光闪耀,看得人目眩。美国服装师设计的网眼时装,以细小的金属圆环相套,能像弹性织物那样拉伸回缩,紧贴身体。款式有T恤衫、短裤、背心裙、披巾等,仅一条短裙所用的金属环就多达6000个以上。日本服装师推出一种变色时装,在服装面料中植入许多极细微的胶囊,内装的化学物质对气温和光照能起变色反应。模特儿在台上表演,在灯光映衬下,服装色彩不停变换,让人感觉悦目神奇。中国的历代古装服饰、民族时装、京剧脸谱时装等,在国际时装展上也很受瞩目。

随着现代科技的发展,更多标新立异的时装被展示出来。有些虽然怪异,所用的服装"面料"却使用了家用食品、物品,很贴近生活。在香港举行的一次时装大赛上,有人用废弃的黑色塑料袋制成一袭蝴蝶时装,墨色晶莹,裙身飘逸。另一款塑料袋胸衣下是一条用报纸折制成的褶裙,也颇得好评,引起观赏者浓厚兴趣。在美国出现一种青草时装。芝加哥市有人在普通外衣上喷涂一种粘胶,撒上草籽和合成树脂,浇水。几天后一种别致的时装就制成了。这缀满鲜嫩青草的时装,穿到街市上,展现出的是与众不同的乡间风貌。

法国、意大利先后推出食品时装。模特儿出场一身栗色,帽子、背心、短裙都是巧克力制作的,连裙子吊带、腰带也用巧克力粘连而成。为防止"服装"断裂,穿着者出场走路也更加稳重了。另有一种"色拉热"时装秀。登场的是一队"洋葱帅哥"和"黄瓜靓妹"。小番茄和葡萄编成了模特儿的项链,裙子是用莴苣叶、圆白菜围成的,一串香蕉则组成胸衣。看了让人忍俊不禁。

2008年初,北京东城区罗家社区的徐菊梅大妈画上淡妆、穿上自己设计的瓶盖服,踩着鼓点儿美美地走起了模特儿步。她用塑料袋、硬纸板、饮料瓶盖缝成上衣、裙子、帽子的创意环保设计,在东四街道"喜迎金秋"手工艺展上大获赞赏。67岁的徐大妈算是个环保志愿者,她从2004年就开始穿着自己设计的环保时装表演节目了。由此可见,时装和人们的生活也并不遥远。在街道社区等组织的活动中,大家尽可以设计出自己的"时装",一展才艺。

7. 鞋子纵横谈

人类的祖先从树上走向地面,为了行路、御寒和护足,把草、兽皮等物编织或用骨针连裹在脚上,发明了最古老的草鞋和皮鞋。这时的鞋无鞋底鞋帮之分。夏朝用皮制的叫"靸",春秋战国时以葛麻制的叫"履"。相传战国时,身受割膝盖骨之刑的兵法家孙膑对鞋进行了改进,用较硬的皮革做出鞋底、鞋帮两部分,再合为有底有帮的鞋。为纪念孙膑的创造,旧时鞋匠把孙膑尊为制鞋业的祖师,设牌位供奉。

在国外,公元前3000年古埃及的牛皮凉鞋,为现存最古老的鞋。在古罗马时代,鞋代表权力,授权时有递交靴鞋的仪式。在欧洲一些地区,结婚时新娘坐乘的车上往往也挂一双新鞋,象征婚后幸福美满。在亲人离家时,也有掷鞋祝福的习俗。说起高跟鞋的发明,真让人忍俊不禁。原来那是15世纪威尼斯商人想出来的。他们为了使妻子在自己外出经商时不到处乱跑,招蜂惹蝶,设计一种高得惊人的高跟鞋。穿上后必须让用人扶着才能走路,以致有人绊倒摔死。后来国家不得不用法律来限制鞋后跟的高度。

鞋子发展至今,已形成了一个大家族。布鞋、皮鞋、毡鞋、胶鞋、塑料鞋、合成革鞋、模压鞋等等,琳琅满目,为人们的行走奔波效力。在国外有些制鞋商还向市场推出不少附加功能的鞋子,如用按钮放出滑轮的"运动鞋",装有微型发动机的"快速行进鞋",带有电脑系统、可测步速和消耗热量的"测步鞋"等等。还有一种"磁疗鞋",鞋内嵌有磁场强度适当的磁体,能疏通血脉,防止脚病。英国发明了一种装有振荡器的"音乐童鞋",儿童穿上这种鞋走路时,能听到悦耳的音乐声。我国郑州等地用中草药配制成香草粉制作出一种"香味布鞋"。这种鞋不但香气宜人,防虫防霉,长期穿用还能收到治愈脚气病之效。

2008年初,意大利一家公司推出一款"五趾鞋"。该鞋的五个脚趾是分开的,能独立活动,同时又有能提供保护的独特鞋底。该公司称,此款"五趾鞋"能让穿着者重温儿时赤脚走路、与大地亲密接触的感觉,同时可以使得双脚更加清爽。穿"五趾鞋"最适宜从事的运动是徒步旅行、攀爬、冲浪、帆板等。

同期,美国加州一款名为"风行"的空调鞋也投入生产。鞋的上方系带区附近有许多小孔,可以随时吸入新鲜空气。鞋后跟则安装了一个隐秘的小型气泵,可以借助人行走时脚底的力量,把污浊空气从鞋底特别设计的出口排出,从而使鞋内空气得以流通。鞋底处气孔附有一层专门设计的薄膜,能有效防止雨水渗入鞋内。因此,人们即使在雨天也能穿上风行鞋行走,而不用担心会弄湿袜子。

8. 穿着随意的拖鞋

人们在外忙碌一天,回家后会赶紧脱下皮鞋、高跟鞋、运动鞋,换上拖鞋,让脚轻松一下。

关于拖鞋,清人徐珂认为:"拖,曳也。拖鞋,鞋之无后跟者也。任意曳之,取其轻便也。"这种"任意曳之"的定义,正反映出拖鞋无拘无束极其休闲的可贵之处。最初的拖鞋,木制的多,木制拖鞋也称为"木屐"。李白在《梦游天姥吟留别》中有一句"脚著谢公屐,身登青云梯",说的就是这种木屐。《红楼梦》里的贾宝玉经常穿的也是这种木质拖鞋。至于木屐如何又漂洋过海到了日本,则不得其详。

随着休闲风的吹动,作为居家穿着的拖鞋,已由过去鞋板系一带子趿拉着走的鞋头,变得讲究。如今的拖鞋质料、款式新奇多样,既求舒适,又讲美观。上海一家鞋厂举办的工艺鞋博览会上,光拖鞋种类就有龙凤呈祥婚礼对鞋、彩云追月情侣对鞋、三代同堂全家福组合鞋、儿童喜爱的动物鞋、春夏秋冬四季组合鞋等,充满了生活情趣。目前拖鞋有布料的、塑胶的,也有皮革的、仿革的。前帮设计有密实的,也有镂空的。底部有厚底的、厚跟的,也有平底的。鞋面或素或艳,待客或应急出门,都很得体。

经国际时装大师的精心设计,拖鞋现如今也登上了大雅之堂。在时装展上,模特儿可以拉开鞋后的鞋带以凉鞋的款式大抢镜头,轻松地踏着猫步一领风骚。英国生产的以小牛皮制作的软皮拖鞋,有前鞋面和后跟,穿着柔软舒适而不走形,是拖鞋中的精品。以米老鼠、唐老鸭、小熊、圣诞老人等造型设计的绸缎拖鞋,在欧美广为流行。有的高跟拖鞋上巧缀珍珠、钻石,华丽优雅,可配衬晚装出席宴会等社交场合。欧洲最新款式的拖鞋,以艳丽的色彩和透明为主题,鞋头、鞋帮用类似塑胶材料设计,如玻璃般晶莹。鞋跟设计夸张,有半圆、倒三角锥、变形酒杯等。穿上这种透明拖鞋,配衬黑纱裙子,整体打扮既轻盈又不失端庄。

穿拖鞋清凉舒适,鞋面设计鲜活有趣则更受欢迎。开业于北京中关村的一家美国鞋店,推出一种"戴"胸针的拖鞋。各色拖鞋鞋面布满看不见的孔洞,小草莓、米老鼠、鬼脸、蝴蝶、花朵等多种造型胸针,可随意按进鞋面,并可依兴趣更换。让买了穿着的孩子觉得新鲜好玩。另一种擦地拖鞋,鞋底布满长绒纤维,在室内散散步,把地板也擦干净了。更开心的是,鞋底有备份,可拆下来更换清洗。

特制的拖鞋还有减肥、重塑腿部曲线的功能呢。2008 年,英国设计师推出一款人字鞋带拖鞋。行走中每走一步都能增强下肢核心肌肉的力量,缓冲脚部、膝盖和背部受到的冲击,并燃烧脂肪。伦敦一家俱乐部一天即卖出 300 多双。

9. 叙叙袜子

很多人都很爱穿外观漂亮的鞋子,对套在脚上的袜子却不大在意。其实一双袜子的好坏,对于脚的保暖和保健是有很大关系的。

袜子在古时也称"足衣"。据考证,袜子在夏商周时期已穿在古人脚上。在古籍《文子》中记载:"文王伐崇,至凤凰之墟而袜系解。"这里说的是周文王系袜子的带散开了。高承所编《事物纪原》说:"谓之角袜,前后两相承,中心系之以带。"从记述可知,所谓角袜其实就是用带子把一片布帛捆扎在脚上。古人穿缝制成口袋的袜子,至少已有2000年的历史。在长沙马王堆一号汉墓中,出土过两双绢面料夹袜,都是裁后缝成的,缝线在脚面及后侧,底部绢面平整无缝。这样的袜子穿在脚上,把脚包得严实,也很舒服。

欧洲人制作穿用的袜子也比较简单,只是有的地方的人爱穿长筒袜,有的地方的人穿的鞋子又厚又硬,甚至穿木鞋,袜子也要厚些,不然会硌脚。

近年来,科技的发展使众多家用物品推陈出新,袜子自然也不甘寂寞。一款款套在鞋内看似平常的织物,却有着神奇的功能呢。日本研制出一种御寒保暖袜,以导电纤维织成,袜面配用一只薄片电池。穿上这种袜子,脚部发热,可轻松在冰雪中行走。瑞士发明一种按摩保健袜,这种袜的编织在用料上不同,不同部位产生的弹力也不一样。穿用者在站立、行走、曲膝时,能形成松弛的按摩感觉,促进下肢血液循环,防止脚部肿胀、麻痹。我国研制的抗菌防臭袜,织物内加入能抑制细菌滋生的香料和草药,经多次洗涤仍能保持药效,很受国内外用户欢迎。

袜子的一大种类是丝袜,丝袜被认为是女子腿部的"第二层皮肤"。色彩缤纷的丝袜套在妇女腿上,不仅能为纤毛长、萝卜腿修饰不少,高筒弹力丝袜还对腿部静脉曲张有一定防治作用。

近代发明尼龙后,尼龙丝袜不但耐穿,价格也较低廉。不过真丝袜提供给人的舒适感,带给双腿的晶莹光洁,却是尼龙丝袜比不过的。瑞士厂家生产的缎面纯丝裤袜,以缎纱制就,袜子富弹力又轻如蝉翼,十分典雅优美。闪亮的镶金银线丝袜和带微弱丝光的细密黑长筒丝袜,更是晚宴的时髦装饰。在寒冷季节,将一种由上乘羊毛和真丝混纺制成的丝袜卷到腿上,暖和舒适,又能使足上生色。

时下丝袜款式众多,一种香水丝袜,香气幽雅持久,令人喜爱。镶钻或织花、绣花、彩绘各种图案的丝袜,亮丽耀眼,也颇受年轻女子宠爱。人造纤维的素净丝袜则是文静女子喜购的佳品。

10. 冬来说帽子

"帽暖覆我头",唐代诗人白居易在诗中以欣慰之情道出了帽子的保暖作用。

据考察,上古时代的人戴帽并不是为了保暖。他们为有效地捕捉猎物,往往用兽皮、鸟羽做成帽子戴在头上,以便把禽兽吸引到身边猎捕。帽子在当时是生产劳动的工具之一。

世界各地、各民族的帽子,五彩缤纷,形式多样。澳大利亚一些地方的农民依习俗,爱把老熟的南瓜锯开、掏空,当帽子戴在头上遮雨挡晒。非洲多哥的山民则宰杀乌龟,剥下硬壳戴于头顶。据记载,16世纪苏丹古里曼酋长国的酋长登基时,戴的石制帽子重达100多公斤。300年前法国出现的一种时髦高帽子,高到不拆掉门楼就难以通过。俄国巴贝尔一世的王冠镶嵌了7500颗宝石和75颗珍珠。从我国北京十三陵出土的明代皇帝金冠,也是稀世之宝。

保暖、防护,是帽子在现代生活中效力于人最重要的两个方面。如今的帽子少有等级的差别,但仍有职业的划分。如律师帽、护士帽、军帽、警帽、博士帽等。18世纪法国一名叫科来姆的厨师,为招揽顾客,在自己的头上戴了顶高高的白帽,引得众人的好奇,后来它就演变成了现在的"厨师帽",而且帽子越高,所代表的厨师等级也越高。

因人们工作性质不同,各行各业人员头顶的帽子各具特色,制帽原料的品种也在不断增加。帽子除以前就戴用的毛皮的、布的、丝绸的、草织的、呢的、毡的,后来又出现了化纤的、尼龙的,更有特殊行业使用的铁帽、铜帽、铝帽、塑料帽和玻璃钢帽等。我国研制出的磁疗帽,有圆帽、睡帽、前进帽、护士帽等多种样式,经临床实验证明,该帽利用磁场作用与经络穴位,对治疗高血压病、神经衰弱、脂溢性脱发等有一定疗效。

德国研制出的一种按摩帽,帽内装有一个用微电池做电源的精巧按摩器,戴上此帽对治疗偏头痛和神经衰弱有较好作用。英国男子见到妇女有脱帽的习俗,为此科学家研制出一种能自动上升的帽子。它利用按钮操纵的遥控设备,可使帽子自动离头升起,隔一会儿再降落下来。这种帽子在炎夏还有"扇子"的功用。日本市场出售的一种专供幼儿佩戴的洗头帽,以薄橡胶制成。洗头时戴起它犹如套上一个没有顶盖的小盆儿,宽宽的帽檐可挡住滴下的肥皂水。幼儿感觉好玩,便乐于洗头发了。

11. 寒天话手套

　　冬季气候寒冷,人们外出骑车或做事,都会戴上一副手套。

　　手套起源于古代的狩猎活动。中世纪时,欧洲贵族热衷于猎捕,竞相驯养雄鹰捉拿猎物。那时高官贵族、上等武士骑马出猎,雄鹰就栖息于他们手腕上。鹰的脚爪非常尖利,常常把人的手臂抓得鲜血淋漓。为了保护手臂,便出现了手笼和长臂护套之类的东西,这就是最初的手套。有人发现戴手套可以暖手,手套便成了最常见的保暖用品,是寒冷地带人们外出时少不得的贴身物。

　　随着生产的发展和生活的需求,形形色色的手套相继问世。按材料分有棉纱、毛绒、皮革等;按式样分有长、短、单指、分指;有仅护手背而露十指的,也有全护十指的。在现在的生产部门里,接触电源、化工原料的人员都要带绝缘和耐酸、碱手套,用以保护自己。而有些行业的工人戴手套则可以提高工作效率,木工有可携带钉子的"口袋手套",渔业工人拣鱼时爱戴有齿的"刺猬手套"。夜间工作人员可戴装有灯泡、电池的"电光手套"。野外作业人员可戴"连袖手套",冷天手执工具可一起罩在手套中灵活操作。对有些行业的人员来说,手套更是少之不得。手术医生不戴上极薄的乳胶手套,就难以救死扶伤;拳击、垒球、棒球等项目的健儿离开了自己特殊作用和造型的手套,就不能从事比赛和表演。功能运动型手套五花八门,还有滑雪手套、马术手套、冰球手套、冰钓手套、高尔夫手套、自行车手套、方程式赛车手套、越野摩托车手套、射击手套、跆拳道手套、登山手套、攀岩手套等,形态不一,功能各异。除了实用,手套也是一件重要装饰品,在迎宾、庆典活动中,神采奕奕的士兵戴上洁白的手套,不是更显得威武雄壮吗?而在人们印象中,蕾丝是一种比较精致的材质,当女子戴上一副纤薄曼妙的蕾丝手套,配上剪裁得体的晚礼服,出现在晚宴等社交场合,其高贵优雅的气质立时会显现出来。

　　随着科技的发展,新颖独特的手套也层出不穷。美国研制出的"耐割手套",能耐130磅的割力。英国生产的"防火手套",防火防热,能有效地协助消防人员关闭失火的阀门。德国一家化学公司还生产出一种"隐形手套",把一种特制的护肤脂均匀擦手,一分钟后手上便形成一层透明薄膜。这种"手套"隔绝了手的接触物,护肤保健,用水一洗又能把手套"脱"掉了。美国研制出一种警察专用的"魔掌手套",手套掌心有3个拱形电极,可传出150伏电力。罪犯一经这种手套抓住,便会瘫软下去,俯首就擒。

12. 防冷戴围巾

寒冷时节，人的脖子受凉，容易患感冒生病。人们在冬季外出时，便会戴上一条围巾。

作为御寒和装饰用的围巾在我国源远流长。远在 2000 多年前的秦朝，妇女爱在肩背上披一条长长的围巾，称为"披帛"。它是用"缣"，即一种质地极薄的丝织品制作的。由于那时的印染技术不发达，围巾的颜色较为单一。

汉代的围巾以罗制作，两端由秦时的方形改为燕尾形，并开始着色印染。到了晋代，围巾也称为"帔子"。这时的围巾比秦时的披帛短了，但色彩十分艳丽，上绣精美图案，有梅、兰、竹、菊等花卉，龙、凤、鹤、鹿等动物，福、寿等字样。从宋代起，围巾被皇家贵族所垄断。它和"凤冠"一起成为非皇帝赏赐而不能随便佩戴的专用品。这就是在博物馆和戏曲舞台上所看到的"凤冠霞帔"。霞帔以云霞为纹得名，华丽悦目。明代时霞帔一律用深青色缎子织制，所绣的图案除了一定要有的云霞外，还依照妇女身份的不同而严格规定。有不同的动物纹样，有翟纹、孔雀纹、鸳鸯纹、鹊纹等不同。这种垄断在清代还有延续，当然随着封建王朝的倒台也就破产了。

如今，人们用以御寒的长围巾款式多样，品种齐全。配合冬季着装，可佩戴拉毛、羊毛、毛呢、腈纶、膨体、尼龙或钩针编织的围巾，依照人的年龄、脸形、肩形，选择款式和花色。此外也可围用貂、狐、海獭等动物毛皮制成的围巾。出于爱护动物，很多人更愿意选用人造仿皮。毛皮或仿皮围巾轻松保暖，雍容华贵。法国名牌圣罗兰的围巾，以黑貂皮衬红丝绒里子，气派豪华，是围巾中的精品。

在当今国际时装舞台上，作为重要装饰品的围巾不仅赢得人们的喜爱，而且形成各种风格和特色。在围巾四周以金线包边，精心刺绣后再装饰管状亮片，是宫廷风格的代表作。用饰品束住围巾两端，使其下垂而不飘摆，是服装大师巴洛克的别致设计。巴黎时装展上的围巾多以珠子、金属片、金属条为穗，优雅飘逸，赏心悦目。

围巾并非是冬季的用品。围巾中的丝巾不仅春秋可围，甚至夏季也用得上。手包中装有一条丝巾，感觉风大或空调过凉，即可把它围在颈上。纱巾大多用真丝绸、仿真丝绸、缎、涤丝纱等原料制作，轻柔爽滑，不易褶皱，有很好的悬垂性。法国和意大利的服装设计师都很能在纱巾上巧用心思，推出了多种沙滩装、晚宴装模特儿表演。那围在靓女颈上的纱巾都是亮点。

13. 服装上的彩虹——腰带

腰带,即用来束腰的带子,也称裤带。若是皮草的,又叫皮带。

我国早期的服装上不用纽扣,只在衣襟处缝上几根小带子,用以系结。这种小带儿的名称叫"衿"。为了不使衣服散开,在腰部也系有一根大带,就是腰带。

系用腰带在我国由来已久。有史料记载,在春秋时期以前,古人已使用腰带来束裤和长衫,脱去衣服称"宽衣解带"。战国以后,腰带突出了装饰功能。皇帝权贵纷纷在腰带上镶嵌、拴挂珠宝、玉石,以炫耀豪门身份。

在穿着讲究整体美、和谐美及多样化的今天,腰带已成为服装的重要配件。一条腰带使用得当,能收到修饰体形、为服装的整体美起到锦上添花的效果。在许多服装设计师眼里,腰带绝非可有可无,而是被誉为"服装上的彩虹"呢。

时下常见的腰带有皮革的、人造革的、塑料的、棉麻织物的、铜铝金属的等;从造型上分有宽、窄、长、编辫等不同;看看腰带扣,有洞扣式、钩子式、回形夹子式、纽扣式等。女士腰带尤其色彩缤纷,样式繁多,仅扣式就有方扣、圆扣、十字扣、交叉扣等多种。弹性条纹腰带、彩石装饰腰带、闪皮与漆皮腰带、镂空与透明腰带等都是正在欧洲流行的款式。意大利进口我国在市场上热销的一款双色腰带,腰带两面是两种颜色,不分正反,只要将活络的皮带头轻轻一按,便可换系一条腰带。这种腰带能交替搭配不同的服装款式、色泽,一条可当两条系用。

在今天国内市场上,各种腰带尽展迷人的风采,价格并不高。帆布、塑胶、皮与金属环相扣的百搭腰带,是穿着低腰牛仔裤或长款衫的搭配佳品;金色手编腰带、回归自然的纯棉腰带、个性化的三排多孔腰带、豹纹腰带等,也都是热销种类,竞相系在人们腰间,闪耀在热闹的迪厅、大型演唱会上。

腰带的迷人风采,更多还是展现在时装展上。设计师在腰带设计上下足了功夫,让腰带的作用延伸到了实用性之外的时尚搭配,每季都会推出引人注目的腰带新款。法国巴黎模特儿佩带的装饰性腰带,别有特色,让人看了印象深刻。如在辫形腰带上配饰金属钉,就使夏装显得活泼而俏丽;在深色晚装上系两条金链腰带,一松一紧,或系一束镶珍珠腰带,都是优雅得体的着装。浅色腰带上一点或几点闪现嫩绿、酒红、深紫、琥珀色的宝石,晶莹剔透,尤能引人注目,对整体着装有着画龙点睛的作用。

14. 服装上的明珠——纽扣

历史学家认为,纽扣出现于 5000 年前。更早时,人们是用木针和鱼骨钩住衣服的。保存在希腊首都雅典的雕像显示,早期的纽扣,不过是一些有洞眼的小石块、小木块罢了。随着服装变得复杂,系扣的部位增加,人们又使用了别针等物品系住衣服。古俄罗斯纽扣的模样是带有环眼的球状物。在欧洲各国,以纽扣为饰物自 15 世纪后渐成风气,好多贵重的扣子都由专做金银首饰的能工巧匠制造。扣子可做成圆形的、两瓣的、菱形的、鳞状的、镶满钻石的,等等。

我国周代已不论男女都穿着上衣下裳的两截衣服。周朝反映周王朝礼仪的《周礼》《礼记》等书中出现了"纽"字,"纽"是相互交结的纽结,也就是扣结。云南晋宁石寨山出土的战国文物中,就用绿松石做成了圆、椭圆、动物头状和不规范形状的纽扣。每颗都有小孔。有的镌刻花纹,造型别致,艳丽多彩,具有妙美的蜡光光泽。现在收藏的纽扣藏品中,还有用小石块、贝片、动物角和核桃、椰壳制作的简单纽扣。

当代,纽扣的制作更是争奇斗艳。展现在国内外柜台上的纽扣五光十色,耀眼生辉,既耐磨、耐洗,而且耐熨。除传统形状外,还有鸡蛋形、灯泡形、戒指形、熊猫形、金鱼形、蛇形甚至骷髅形的各种纽扣。此外,众多具有独特功能的纽扣也竞相问世。涂有磷的夜光纽扣能在黑暗中发出奇光异彩;装有微型电子装置的纽扣,一经触动能迅速报警。还有香味纽扣、保洁纽扣、报时纽扣、充饥纽扣等,顾名思义也就能知其作用。瑞典的服装设计师还发明了一种不需线缝的纽扣,纽扣反面有一小塑料片,用超声波把它贴到衣服上即牢,扣起衣服十分别致,使纽扣业的发展又有创新。

服装在不断出新,纽扣的装饰作用也愈加突出。不同颜色、不同布料、不同规格的衣服,与不同的纽扣搭配,能演绎出不同品位的着装、仪表。颇具影响力的法国仙奴时装设计师,以传统的金色纽扣装饰白色和海军蓝的裙服、套装,式样高雅大方。精美的腰带扣,式样变化多端,与服装的款式、颜色、缝线构成特色,其装饰作用并不比首饰逊色。手袋上装饰一枚别致的纽扣,也能成为人们注目的焦点。在晚礼服上得体地饰以一排珍珠扣,别具华贵气派。纽扣在这里更成为名副其实的服装上的明珠。

随着男子越来越注重打扮,过去一直是有身份者才显露的上衣袖扣,近年在欧美普遍流行起来。专家认为,点缀于臂部的袖扣显得斯文、美观,也不过于花哨。为此,市场上袖扣销售量大幅度增加,就连法国式袖扣衬衫的买卖也格外兴隆。

15. 精良的拉链

人们使用的背包、钱包上都有拉链,穿的靴子、外衣、羽绒服上,也安装了拉链,如果细找一找,家里有拉链的物品还真不少哩。

拉链是 20 世纪十项伟大发明之一。1893 年,美国芝加哥技师贾德森发明了拉链。他看到长筒靴上虽有纽扣,但穿脱不便,于是研制出一种拉链,取代纽扣。只是他的拉链时而爆开,时而难以拉下,使人看了摇头。此物拿到芝加哥世界商品交易会上,也遭到冷落。20 年后,瑞典科学家桑德堡博士对拉链加以改良,使它能精密地嵌合。拉链的使用这才为人们所接受,并引起美国军方的兴趣,大量订购用于军服上。拉链生产很快成为一个价值数百万元的大工业。

随着军服使用拉链,到了 1930 年,服装设计师开始把拉链用在女子服饰上。这不仅给妇女穿着带来一定方便,也使拉链有了广大的市场。经过不断改进,拉链的结构愈加精良,箱包等行业竞相采用。据不完全统计,当今世界上每年制造的拉链,连接起来长度能绕地球七圈。

拉链应用除传统用于鞋、靴、长裤、长裙等处,泳衣上安装悦目拉链,既方便穿脱,又是醒目的装饰。而套服上领、胸部装饰了拉链,活泼又能带出潇洒的味道。有些高级质料的贴身时装,拉链齿缝细密,与衣料同色,"滋啦"一下拉起后能给人浑然一体、"天衣无缝"的感觉。

近年,国内外生产的拉链,除以传统的铜、铝等金属为原料,还采用了合金、有机聚合物和醋酸合成树脂等材料精制拉链。美国一家公司用醋酸合成树脂推出名为"缤纷霓虹"的拉链系列。设计人员大胆启用强烈的对比色彩,制造织布与扣齿不同颜色的拉链,用于滑雪、攀岩、登山、游泳等运动服装,迅速成为引领运动服装的潮流。服装与拉链的时尚颜色搭配,多达 40 种以上。

拉链不仅在服饰上风采迷人,在建筑装修上也有一席之地。美国市场上投放了一种迷你衣柜,上面装配拉链,用以开启柜门,实用而别致。拉链还被用来开合天花板,瑞士巴塞市中央车站就是以拉链连接天花板调节车站室温的。

有一个相声说到过给病人肚皮上安拉链的笑话,如今这也成为救死扶伤的医疗新技术了。我国武汉市第六医院的医生,为急性胰腺炎患者腹部安装了尼龙拉链,以便于检查和诊治,连续获得成功。治愈者中竟有一位年高 67 岁的老太太呢。

16. 花色繁多的领带

家里的男人前往一些隆重的场合,会穿上一身笔挺的西装,还要系上一条领带。在欧洲等一些国家,不仅大人穿西服、系领带,穿校服的中小学生,不分男女也都是佩戴着一条领带的。

据记载,领带的历史可以追溯到 1660 年,当时来自克罗地亚为法兰西国王路易十四效力的雇佣部队士兵,都在颈上围一条红色披巾,以便在战场上区分敌我。不久,这种披巾被窄长的布条所代替。也有人认为,领带是由古代北欧渔民出海打鱼时佩戴的一种领结演变而来的。另据研究,中世纪时英国妇女为避免家中男人吃肉时弄脏衣服,就在其颈上挂了一块布条,揩手擦嘴,后来布条逐渐演变成为考究的装饰品。英国作家吉宾斯还考证说,在中国出土的秦皇陵兵马俑脖子上打的领巾,就是人类最早佩系的领带。有关领带的发明其说不一。"领带"一词,直至 1830 年才见诸文字。

传统的领带图案以素色、斜条带小花点的花纹为主,变化较少。近年来随着时装潮流的演变,服装界对领带也求新出奇,在男子颈下展示出了一个多彩的世界。

七彩瑰丽是当今领带的一大特色。许多领带以真丝为面料,突出其天然光泽,再印染彩条、彩格,甚至把女子丝巾的俏丽图案也挪用上。欧洲的服装设计师在领带上还镶嵌珠钻,直挂胸前,使领带如项链般魅力四射。

图案活泼也是时下领带的特色之一。在动物造型的图案中,不仅爬树的小浣熊、喷水象、顽皮的袋鼠等能吊在主人胸前出席正式场面,变形虫、长脚蜥、疙疙瘩瘩的蟾蜍等也能悬于主人颈上同赴晚宴。欧美等国一些奇特的领带图案设计,如自行车、火柴盒、入场券、啤酒罐等,同样大受青睐。由于色彩搭配协调,线条结构别具一格,即使图案采用漫画手法,仍不失典雅。

服装专家指出,近年来男士服饰变化不多,能较好展现个性风格的就是领带。为此服装市场上竞相推出了不同款式、不同材质的领带。日本纺织界研究在领带面料纤维间嵌入细微香囊,系戴后芳香宜人,上市即很抢手。日本以孔雀羽毛编制的领带,羽瓣色泽鲜艳,系在雪白的衬衣前,立体感极强。英国一家公司还推出了木质领带,很适合性格内向的男士佩戴,在社交活动中,借助这种新颖独特的领带造型,能引人注意,增加与人交流的机会。美国一些男士还爱戴一种两面可用的领带。一面图案庄重典雅,适宜在办公室系用;另一面图案色彩艳丽,展示胸前赴喜庆聚会,能给人以潇洒、轻松之感。香港出品的"一拉得"领带,方便系解,一直受到不少人喜爱。

17. 样式纷陈的乳罩

胸部能表现出女性特有的美。在古希腊时期,人们已经开始研究增加妇女胸部的美,曾设计过在前胸安放象牙碗等美化胸部的式样。法国妇女很早就懂得,没有丰满的胸部会使体态减色许多。拿破仑当政时期,蜡制的美胸装饰物曾流行一时。

乳罩也称胸罩。相传最先发明和佩戴乳罩的是美国人玛丽·雅各布。在1914年某晚,玛丽去参加舞会,用丝带将两条手帕罩住并装饰胸部,引起轰动。一位紧身衣制作商听说后,向玛丽购买了专利,进行批量生产。乳罩上市后,专家研究发现女子戴上它不仅可以使形体更美,乳罩托起乳房,还有益于胸部血液循环,有助身体健康。乳罩作为妇女的常用物品逐渐流传起来。在美国好莱坞的胸罩博物馆里,展览有早期的各式样乳罩,有的乳罩内衬一圈圈铁丝,有的放置一层海绵或乳胶,佩戴后美观且舒适多了。

乳罩广泛使用几十年后,在外形上可分为短形和长形两大类。短形的有系式、衬垫式、前挂钩式、无肩带式、肩头式等。长形的包括背心式、半露带式和三位一体式。式样可做成长罩、小罩、马甲罩、尖头、圆头和平头等不同形状。在20世纪80年代,我国上海已研制生产出第一代外戴式人造乳房型乳罩。它采用对人体无毒、对皮肤无刺激和过敏反应等副作用的硅橡胶材料和纯棉织物,组成厚壳拱体结构,设有导气装置,可将汗气及时排出,使用者挑选适当号码的产品佩戴后,重量轻,无摩擦和压迫感,不会左右移动,容易洗涤且经久耐用。四川上市一种中药乳罩,这种以优质中药材精心配方、用柔和的布料制成的药物乳罩,佩戴使用对妇女月经期、更年期乳房胀痛、肝气郁滞引起的胸肋疼痛都有良好的消炎、止痛功效。

在如今的市场上,乳罩的花色品种更为繁多。乳罩大多采用花边状、网状等结构,面料不管是真丝的、全棉的,还是化纤的、混纺的,都有着很强的弹性和伸缩力。日本用具有高度弹性并能记忆体形的镍、钛合金金属丝制成一种乳罩,使用者总能感觉合体而柔和。

澳大利亚出现的一种智能乳罩,也是用一种有记忆功能的材料制作并内置传感器,能随佩戴者活动情况自动调节罩杯和肩带的松紧程度,完全没有戴普通乳罩一成不变产生的紧、勒等感觉。

日本新研制出一种乳罩,用料更为独特,织物中嵌入了一块太阳能电池板。女子佩戴它来到海滨浴场,乳罩所产生的电能,足以播放 MP3 或使用手机,在促进女性健美之外又增加了新的功用。

18. 保健首饰种种

许多人喜欢佩戴首饰,让人司空见惯。然而有些首饰不仅能为人增添优雅,还有防病保健的功用呢。

现代医学研究证明,配戴耳环,对防治眼病,特别是近视眼有着较好的疗效。因为人的眼部穴位,恰巧在耳垂中央,那里正好是夹戴耳环的地方。戴耳环后,对眼部穴位能有较好的刺激。佩戴一种磁疗耳环,利用耳环所产生的磁场效应,有助于治愈眩晕、头痛等病症。另据美国科学家研究发现,戴铜手镯能防治风湿病。人戴铜手镯时,身体可通过皮肤将铜元素吸收到体内,补充血液中铜的消耗,取得防病治病效果。

近年来,一些新颖的保健首饰在国内外竞相问世。我国已研制出多种有益于健康的香味首饰,如别针、胸针、耳环、发卡、戒指、手镯等。佩戴者不时闻到淡雅的香气,有助于保持愉悦的心态。在如今首饰界,钛饰品已成为一个新兴产品。钛属于新型首饰用材,具有"亲生物性",能抵御分泌物侵蚀,且无毒性,与皮肤接触不会造成对人体的伤害,还有促进血液循环、抑菌作用。目前钛饰品有钛项链、钛吊坠、钛手链、钛手镯、钛戒指、钛耳环、钛耳钉等。另外一种保健饰品,是以磁性材料制作的,镶有磁石,佩戴在一定身体部位,可缓解一些疾病,如扭挫伤、腰肌劳损、神经性头痛、关节炎等症状,能收到磁疗之效。

美国发明了一种项链,在链坠上带有一个缩印视力表,佩戴者能随时检查视力变化。美国在市场推出的另一款病例项链,链坠为一个精巧的小盒,里面装有放大镜片和微缩胶卷。上面记载着佩戴者的病史、血压、血型、用药等介绍,及姓名和联系方式。当他外出遇到病发,有益于施救。美国技术人员还研究出一种能测量体温的戒指,在戒指上镶有液晶体,能迅速感应人体的温度,并能用数字显示出来。这种戒指对训练中的运动员、高空飞行员和水下作业人员等很有使用价值。美国市场还推出一种内装灵敏电子元件的饰带,可随时通过一个小巧的显示屏向佩戴者报知所处环境空气中的污染物、烟雾的浓度。如遇失火,饰带附带的精巧氧气面具还可供给十分钟氧气。

日本研制出一种防瞌睡戒指,当配戴者入睡意识加强时,戒指里有灵敏探测功能的蜂鸣器便会震动报警。这种戒指能让司机防患于未然,避免疲劳驾驶。此外,日本还有一种报警戒指,佩戴者查看戒面一种徽标的白、黄、棕、红的不同着色变化,即可了解工作的紧张度,从而适当休息和松弛一下,以避免由于紧张过度引起头痛、高血压等病症的发生。

19.“脸部流行”看眼镜

早在公元前,我国古人就利用矿物镜片来观察星象,在春秋时期还用水晶和其他矿物镜片遮阳和医治眼疾。当然那时是没有眼镜这个词的。

13世纪末,眼镜首先在威尼斯制成。1300年诞生的第一副眼镜是双凸玻璃的。元朝时,眼镜在中国出现,镜片呈椭圆形,由石英、黄玉、紫晶等磨制而成,嵌在玳瑁甲制成的眼镜框里,用料讲究。当时的眼镜有的配着铜镜腿,有的则用细线拴在耳朵上。

在现代生活中,制作日臻精美的眼镜既能为弥补眼部的生理缺陷出力,又可以为装饰外貌效劳。“眼装”“脸部流行”是今日眼镜的美称。眼镜除了讲究与面型的配合,还讲究与发型、肤色、时装的配衬。时装有季节之分,眼镜也随季节更迭而有所变化。

决定眼镜外观的是眼镜框。它的种类原有三大类:胶框、金属框、玳瑁框(用龟壳制造)。近年又有木框戴出。一种名为“钛”的轻金属框,质轻、耐腐蚀,一枝独秀。还有的眼镜框左右各镶宝石,衬以金饰,富丽堂皇,然则它与帮助人矫正视力的实用价值相去已远。

从眼镜的流行趋势来看,目前国内最流行的是中档金属镜架较大的眼镜,它轻巧、耐用,戴起能给人以温和、潇洒而富有学识的感觉。选戴眼镜得当,在美容方面能收到扬长避短之效。如长脸,佩戴大镜架,可遮盖面部大量空间,把面部拉短;而窄脸配椭圆形镜框,能把面部线条拉阔。颧骨过宽的方形面孔,配上椭圆框架及浅色镜片,可给面孔带来柔和感。有人视力不佳,却不愿佩戴眼镜,认为戴上不好看,其实是因为他不懂得选择眼镜。只要按照自己脸型的特点,选对眼镜,是可以给面容增加几分秀美的。

科学在发展,眼镜有创新。购物网上展示的一副眼镜,镜腿可以180度旋转,镜框则能360度翻转,眼镜架双面颜色不同,佩带者可以随心转换戴个新鲜。2008年初,日本东京大学研究人员开发出一种智能眼镜,镜片上配备了微型摄像头和小巧液晶屏幕,佩带者建立了个人物品数据库后,需要找寻某件物品,只要键入物品名称,物品即展现在视频中,让佩戴者了解物品所在位置。找不到钥匙等小物件的事,可不再烦人。

20. 可以乱真的假发

说起假发,源远流长。古埃及人在4000多年前就开始佩戴假发,是世界上最先使用假发的民族。上自法老、贵族,下至平民、奴隶,不论男女老幼都爱剪去头发,再戴上假发。前者求清爽,后者为美观。当时的假发用人发混合棕榈树叶纤维或羊毛制成。后来,埃及人爱把假发染成红色或蓝色,王公留长发,奴隶披短发,皇后、王妃则把假发卷成发卷,垂在两侧,下端缀饰金环。古罗马妇女还喜欢把假发梳成高髻,样子像马戏团小丑戴的尖顶帽子。

我国早在先秦时期就流行过戴假发,春秋战国时期更为盛行。在长沙马王堆一号汉墓中出土的圆形小盒内就装有假发,是黑丝线制成的,可谓开化纤制假发之先河。

假发,制作逼真。戴上后不熟悉的人很难看出来。近些年,由于人们对美容越来越看重,假发市场十分走俏。只同演员或有特殊需要的人能联系到一起的美容饰物,如今变得和一盒化妆品、一件西装一样平常了。手头有一两套假发,只要稍加修理,即可变化出别样理想的发型。

假发用途广泛,常见于时装模特、歌手演唱、角色扮演、法庭服饰所用。当代人为了美观、增加威严、掩饰缺陷,或改变形象,也会以佩戴假发改变发型。目前在不少国家戴假发都成为一种时尚。日本不仅有相当多的妇女购置假发,而且有近50万男士也常把假发置于头顶。据统计,意大利罗马的成年女子平均每人拥有20余套五颜六色的假发,从金黄色的、乳黄色的,直至墨黑的、银白的、棕红的,应有尽有。

从假发原料分类看,市场上人发用得最多的是中国发、印度发、巴西发、欧洲发等。合成材料有化纤丝、低温丝、高温丝、蛋白丝等。蛋白丝是最接近人类头发的原料,常用于高档假发产品做填充物。假发生产分为机织和手钩两种。机织假发以化纤为原料,具有一次成型、不褪色、不用烫染等特点。手钩假发以真发为原料,易褪色,洗后需烫染,但生动自然,光泽好,因而价格也贵得多。假发款式繁多,购买须依据个人年龄、脸型、体形、身份以及性格、气质、情趣等细加挑选。

使用假发要注意保养,每天睡前摘下用发罩包好,以免挤压变形。梳理时最好使用疏齿梳子,由发梢轻柔梳起,逐渐到发根。清洗假发宜用温水,可加洗发液。用手提住假发在水中来回涮洗,不能用力揉搓,以免假发缠结。洗净后用手提住假发顶部,甩干,套起整型。化纤假发切不可用电热吹风整理,否则会凝结走样。

21. 别开生面的手表

人们常常喜欢把"钟表"连起来相称。事实上也是先发明了钟的。当钟做得越来越小巧,便有了挂表和怀表。相传在第一次世界大战中,有名士兵为了看时间方便,别出心裁把自己的怀表拴在手腕上。一名叫扎纳的瑞士钟表匠受到启发,率先发明了手表。从那时至今不过几十年时间,手表的家族日渐兴旺发达。如今各种功能的手表竞相问世。有带打火机、照相机、电视机的双用手表;有能求救报警的手表;有能产生高压电的自卫手表;还有能吸收戴表人皮肤热量的热能手表。电工的一种防电手表,可助人安全作业;学生的一种贮存上千单词的字典手表,方便了学习。在各种保健手表中,有的能测脉搏,有的能量体温,有的还能查癌症和防做噩梦。瑞士生产的一种"玫瑰花"手表,每次报时完毕,表面便显现玫瑰花绽苞、吐蕊、怒放,然后凋谢、消失,很是新奇有趣。

近年来,随着制表业打入首饰界,更使手表以崭新的姿态展现在人们面前。在讲究服饰流行整体美的今天,戴于腕部的表也是被注目的一个焦点。在欧美,有的人一腕戴起两三只表,或一臂点缀一组袖扣表。时下美国纽约等许多大商店的首饰部旁都扩大了一个手表部。表设计家的思路,经常要转到装饰的领地去兜几个圈子。流行服饰中突出兽皮,于是鳄鱼皮、水牛皮表带也大行其道。春夏服装讲究色彩明快,这样丝缎等织物的表带也随上装同步风行。

复古式表,秀气纤巧型表,大镶钻石的表,各有所爱。而当代人们尤喜戴造型奇特、富有趣味的表,已不满足于表面空空、平板一块。米老鼠、绿巨人等卡通人物的幽默设计,如今不只画上儿童手表,也出现在成人表的表盘。还有的表盘彩绘人像,画着球星、影星等名人。有的一美元即买得一块,也有的人物金表,价值上万美元哩。

据专家介绍,当前手表表面看着大,有的像个小钟。表盘形状除圆、方、椭圆等,又推出了心形、锁形、半圆形等不规则形状。还有模样像是受到了挤压的变形表。瑞士一家表厂技师巧动心思,把传统的圆形表一剖为四块,各如一块切开的比萨饼模样,用雨、雪、花、果图案代表四季。购买者依季节换戴,新鲜而有情趣。双层表、两面表很受青年人欢迎。那表盘适中、可互戴的对表,"表"达情意,颇受恋人青睐。欧洲市场上出现的一种方薄型、壳体呈曲面状的表,与手腕弧形吻合,佩戴美观而舒适。欧洲还流行一种夹表,可夹在胸带、皮带、领口,也可夹于书本。如今,表与装饰紧密结合,且真假难辨,有些项链、挂表空有表盘、表针的样子,凑上去却看不到时间。

22.琳琅满目手提包

手提包也称手包、手袋,是很多人离不开的日用品。在现代生活中,这挽在手里的小提包已越来越引人注目。专家指出,手提包已明显成为服饰的一部分,它随着季节潮流的变化,与时装同步风行。

手提包能否受到消费者喜爱,与其制作材料有着密切的联系。现今动物皮和合成革,是制作手提包的一大材料来源。动物皮革种类很多,不同皮料的加工也各有妙法。马尾毛的手提包,以马尾毛为主,混入其他织物,半手工编织而成,可染出十余种颜色。这种提包有较强的立体感和天然光泽。优质的小牛皮手提包,皮料取自乳牛,能给人以高贵典雅的感觉。有一种"钻石鸵鸟毛"手提包,皮上的每一圆粒都被打磨得光亮如钻石一般。此外,可做手提包用料的还有羊皮、鹿皮、蛇皮、海龟皮、大蜥蜴皮等,各有其独到之处。

意大利厂商为女士炎夏设计的棉质手提包,也很有特色。这种手提包配合时令,上印色彩缤纷的蝴蝶等七款图案,给人一种轻松和充满青春活力的印象。意大利厂商还以塑胶制作出一种透明手提包,塑胶有真空层,内藏不同颜色透明液,金粉流动其中,闪烁生辉,神奇而又有趣。

在手提包的样式上,当前除了传统的长方形、盒形,又出现了方形、圆形、半圆形、月牙形、梯形、桶形、扇形、马灯形及小轿车形等多种形状。除了单包,国外很多厂商还大量推出配套系列手提包。迷你手提包只放钥匙或首饰,然后放入大包,这是一套两件的子母包。法国以"猎狗"为商标的品牌手提包有200多种款式。香港市场上出售过一种系列故事手提包,有12种款式,巧妙的是包的金属开关扣在每一个故事包画中都充当顶部标志,"茶壶"带上开关扣为壶盖,"汽船"带上开关扣为烟圈,既活泼俏皮,又典雅新颖。

时装明艳夺目,陪衬的手提包也需突出色彩亮度。以丝质的原料,加人造宝石、珍珠点缀,成了现今热门的新颖设计。法国的扇子手提包,以珍珠镶嵌的王冠为主题,玛瑙组成树形,整个手提包华丽悦目,是有人愿出高价购买之物。然而对于大多数人来说,提着一个雅致、普通的手提包出门办事、购物,也是不错的选择。

在全球都在闹"白色污染"的今天,拒绝塑料袋,使用环保手提包也成为时尚。一种黑塑胶手提包由名模提到法国时装T型台上,受到好评。2008北京奥运会前,洋溢着水上运动、青春活力的帆布手提包也在欧美流行起来。带有沙滩、航海风格的蓝白条纹手提包,物美价廉,还引起了抢购呢。

23.学生的保健书包

学生每天上下学,都要背上装有书本、文具的书包。

30多年以前,我国中小学生一般都用一肩挎背的书包,这种书包背久了很容易造成脊柱弯曲。自20世纪90年代,学生的书包普遍改为双肩背的,但由于功课繁多,书包重量加码,也容易造成孩子腰弯、背驼、脊柱变形。为此,国家教委负责人呼吁社会各界都来关心下一代,并发文向全国推荐使用深圳发明的透气保健书包。这种书包在结构上考虑了分散书包对学生腰背部的压力,背侧形状与人体背部生理弧度相适应;同时,背侧衬板小孔有利于减轻夏季背书包时背部出汗引起的不适,是当时较为理想的一种书包。

保健书包是涉及学生的新型用具,主要指用于盛装学习用具的书包,为新型的多功能保健书包。孩子在长大,双肩保健背包也和孩子一起成长。如今学生用的书包结构新颖,一款保健书包有包体、背带、气囊、雨衣袋、雨衣、置物袋、水杯袋、搭扣、拉链等。背带上半部设置的气囊,内载轻气体,比空气轻,无毒,不会燃爆。气囊靠近使用者一侧面,形成若干凸起,通过该凸起可对人体接触部位进行一定按摩,有益于背部的保健。"背背佳"等一批名牌学生保健书包,以优质支撑材料制作,背起后对矫正不良站姿、走姿有较好的功效。目前,学生书包的面料有牛津布、水松布、水洗布、牛仔布、尼龙布等。幼儿背的书包画有猫、狗、虎、鸟、熊等造型;大些的孩子大都喜爱色彩斑斓的书包,印有卡通人物等图案。有些学生背包设计独特,用料考究,颜色、图案丰富绚丽,已成为高档名牌。

在国外市场上众多品种的学生背包中,有的别具功能,很受欢迎。德国发明的一种安全书包,有鲜艳的颜色,能使汽车司机很远就发现而引起注意。书包还安装有四面镜子,能反射汽车前灯和路灯的光,使学生在晚上走路也比较安全。另外,书包的一个特制小口袋里还记录了书包主人的姓名、地址、电话号码和血型等情况,便于学生一旦出了事故后能及时联系家人和进行抢救。

北京的一家文化用品公司设计生产出一种新型安全书包,口袋中装有一件折叠的雨衣,遇雨可随时穿着,更有特色的是,雨衣上涂了我国最新科技成果——一种定向反光材料,夜间或雨雾天气,在车灯照耀下,30米外就能看清身着雨衣行走的学生,有利于学生的行路安全。

24. 口罩二三事

　　口罩的出现和使用有着悠久的历史。元朝时,曾在中国游历和居住的意大利旅行家马可·波罗著书说:"凡是伺候可汗(元代帝王)饮食的人,他们的口与鼻上,一律要戴上蚕丝与金丝制成的巾,保证他们所发出的气息不致传到御用的食物上去。"从这段记载上可知,我国在700多年前已经用上口罩了。

　　不过戴口罩的习俗最早并不产生于我国。考古学家发现,在伊朗西部距今约2500年前的古墓里,刻有许多口鼻上戴着罩子的浮雕形象。相传,公元前6世纪时,古代伊朗高原上的波斯人信仰一种琐罗亚斯德教,他们对象征光明的火顶礼膜拜。教徒们认为,自人体排出的一切都是不清洁的,所以在拜火时,除了浑身遮裹以外,还必须戴上口罩,以免不洁的气息触及"圣火"。后拜火教东传,史书记载我国唐代长安就建有拜火教寺殿。戴口罩的习俗可能就是在那时传入我国的。在流传的过程中,口罩的功能由宗教习俗变为有利于健康卫生的习惯,当然是一个进步。

　　到了近代,口罩参与到外科手术中。19世纪中叶,欧洲医院的手术医生使用了消毒衣帽和胶皮手套,欠缺的是口鼻部裸露着,使无菌手术存在着很大威胁。1897年,德国外科医师莱德西担心自己的长胡子及说话会给病人的伤口带来细菌感染,便用一块纱布把口、鼻、胡子包起来,这就是现代医用口罩的雏形。其他医生效仿后,觉得直捂不便,久戴气短,于是设计在口罩里面加了铁丝支架,变单层为多层,又缝两条带子往头颈后一系。经过不断改进,口罩变得轻巧而实用。以后口罩在手术室之外也派上了用场。

　　口罩在今天已成为一种大众的卫生用具。人们一般都戴在口鼻部位,用于过滤进入口鼻的空气,以达到阻挡有害气体、气味、飞沫进入口鼻的目的。如今,防菌、防尘、防烟、防毒等不同品种的口罩竞相面市,适应着人们工作和生活的需要。我国研制的一种"逃生口罩"是一种纸制的火灾防烟口罩,内设一层碳过滤装置,能有效阻隔浓烟和毒性气体,遇火灾戴上它可使逃生机会大增。日本研制出一种花粉症过敏者使用的防尘口罩,这种口罩用极细的合成纤维无纺布制作,具有网眼状过滤器,可有效地阻挡颗粒细小的灰尘和花粉,花粉症过敏者和支气管炎、哮喘病患者戴上它可平安外出。日本还研制出一种"防鼾口罩",使用者在入睡前,将这种自黏性很薄的特殊织物口罩贴在嘴上,能避免睡眠中打鼾,同时睡眠中也不会有不适之感。

　　2020年新冠病毒肆虐全球,口罩成为左右疫情发展的重要物品,乘坐交通工具或进入公共场所必备并佩戴。

25. 绚丽多姿的伞

夏季时天气风雨多变，人们外出都会带上一把折叠伞。

雨伞是 2000 年前由中国人发明的。相传，有人在雨中摘下荷叶挡雨，当凹面向上顶不住时，他把荷叶倒扣在头上。工匠鲁班看到后，很受启发，动手把竹子劈成细条，蒙上兽皮，"伞"就这样诞生了。到了战国时期，我国已制成了有完整骨架、能开能合的伞。伞在我国古代不仅用于遮雨，远在 1000 年前的北宋时，绿油纸伞已是晴雨两用的生活用具。历史悠久、精美别致的湖南纸伞、广东布伞、杭州油伞等，都曾经驰名神州，远销海外。

当今世界，伞已是一个大大的"家族"。款式越来越新颖，构思越来越巧妙。

德国研究人员发明一种两人合撑的鸳鸯伞。伞柄一个，撑开后却有两个伞面，受到情侣们的喜爱。俄罗斯发明了一种加热伞。当伞面吸收了阳光热能，传至伞柄处，可加热食品。这种伞给野外工作人员带来了方便。

英国发明一种催泪伞。当遇到歹徒时，只要按动一下伞柄开关，伞尖即能喷出刺激性气体，让歹徒一时睁不开眼。这种伞很受妇女和老人的欢迎。英国还发明一种扇风伞。伞面一张开，打伞人的周围就会有清风阵阵，在炎热季节既能遮阳，又可享受清凉，当然使用这种伞是要装上电池的。

法国市场上推出一种隔湿伞。它是在折叠伞的基础上发展而成的，用毕即缩到一个塑料圆筒内，解决了雨伞用后湿漉漉不便携带的难题。

日本发明一种可装在口袋里的伞。它以纤薄织物为伞面，折叠后仅如一支铅笔大。用时吹胀，直径达 65 厘米。伞把也可收缩，精巧而实用。日本另有一种能变换颜色的伞。这种伞平时是单一色彩，一经雨淋，伞面就会出现小猫、小狗等美丽有趣的图案，很受孩子喜欢。

美国一家公司新推出一款不需要手持也不会被风吹翻的伞。伞重 1.2 千克，有固定带架在使用者肩上，按下按钮支架打开，伞呈球状。人在透明材料的伞罩中，能自如地骑自行车或打手机。

日本科技人员研制出一种可连通网络的晴雨伞。这种网络伞装备了全球定位系统（GPS）和电子地图，可接收来自互联网的天气预报和其他信息。伞中还内置了数码拍照设备，联通网站，拍照下载后就可以将伞冠作为屏幕观赏。在这种伞下，雨中和路途的生活变得更加丰富多彩。

26. 话说手杖

手杖,俗称拐杖,在我国有着悠久的历史,在古老的神话中就流传着"西王母杖子"的故事。《礼记》中说:"五十杖于家,八十杖于朝。"这里所说的杖是实物,借此表达对老人的敬重。手杖是老人的宠物,但不仅仅是帮助人走稳。唐代文学家刘禹锡诗云:"枝繁本是仙人杖,根老新成瑞犬形。上品功能甘露味,还知一勺可延龄。"这里告诉人们,挂用枸杞子根弯出的手杖还有增进健康之效。杖在古时也是兵器和刑具,宋代武官常将属下兵将数目刻于其杖,以为"杖记"。杖在僧人之手,又称为禅杖。

手杖在国外一则谜语中,被誉为老人的"第三只脚"。杖在有些国家还是权力的象征,国王加冕时要举行隆重的受杖仪式。相传,"丝绸之路"开通后,罗马大帝的使者,为学到丝织技术,收集了一些蚕卵。在带回国去时,为防止强盗抢劫,就是把蚕卵藏在竹制手杖中的。17世纪时,西方人把手杖视为增添绅士风度的时髦货,于是以携带高贵手杖来抬高自己身份的大有人在。19世纪以来手杖变得实用了,能工巧匠在手杖上出尽风头。小提琴手杖可用来奏乐,帐篷式手杖可助人露宿。鱼竿手杖、救生圈手杖、破冰手杖、梯子手杖等,顾名便可知其功能。关于中外名人的手杖逸事也不少,如普希金以掷铁手杖锻炼身体,米丘林爱用手杖测量树干长短。我国钢琴家傅聪弹琴时,他的父亲傅雷在楼上一听不到琴声,便用手杖戳响楼板,以此"警示"儿子不得偷懒。

多年来,我国很多种类的手杖作为工艺品热销国外。著名产地有山东、吉林、陕西、福建等。四川剑阁的手杖,人称"孔明杖"。相传三国时诸葛亮途经此地栈道,曾采木为杖而行。孔明杖以当地藤条为原料,外观典雅,挂用还有舒展筋骨的作用。

近些年,国内外陆续开发出有独特功能的手杖,并受到使用者青睐。其中我国生产的按摩手杖,对治疗手部麻木有一定功效。上海研制出折叠式铝制手杖,走累时可将其折成椅子落座休息。浙江生产的一种具有照明、听音乐、按摩等五种功能的电子手杖,颇受老人喜爱。在国外,意大利生产的灭火手杖,启动开关就有灭火剂喷射出去,是家庭实用灭火品。美国生产专供盲人使用的激光导向手杖,一遇障碍就会发出声音。德国生产的应急手杖,倘遇不测,只要按动开关就能发出警报。欧洲市场还出现一种管状水上救生手杖,管内装有多孔塑料,管头铆接有缆绳,使用时能轻巧地抛向目标,使水上遇难者得救。

27.趣谈手绢

从上幼儿园起,孩子们口袋里就会放一块手绢,用它擦手、擦去鼻涕。小小平常的手绢,会伴随人由小到老。有关它的趣闻可不少呢。

手绢是许多人的贴身之物。在我国古代也称手帕、手巾。著名汉乐府民歌《孔雀东南飞》中吟道:"阿女默无声,手巾掩口啼。"这里提到的手巾显然是擦泪用的手绢。唐诗人王建有诗云:"缠得红罗手帕子,中心细画一双蝉。"诗中谈到的手绢,还是一件精美的手工艺品哩。

国外使用手绢,也可追溯到很古的时候。瑞典人通常把手绢当作一种装饰品,喜欢握在手中外出散步,以示悠闲快乐。希腊人在18世纪前后,陶醉于美妙的音乐时,就会情不自禁地挥动手绢起舞。在欧洲一些国家,手绢不是用来擦手,而是专门用来擦鼻子的。手绢的形状不但有长方形、正方形,还有圆形、三角形、五角形、多边形等样式。有趣的是不少欧洲人在购买手绢时要把手绢放在鼻尖上,靠鼻尖的感觉来区分优劣,决定买或不买。

我国古代的手绢,是纯手工织品。如今国内各地生产的手绢样式新颖,品种繁多,已形成规模化生产,有织条手绢、缎条手绢、纱罗手绢、浆印手绢、石印手绢等多种,许多地方的旅游景区还织印了有风景名胜的纪念手绢。

近年国内外还研制出一系列功能独特的手绢。我国上海为孩子们生产了手绢读物,由10块手绢组成。它利用儿童喜爱的动物形象,帮助学龄前儿童认识10以内数字和练习一二位的加减法;还可使孩子辨认方形、圆形、三角形等基本几何图形。手绢印制精美,水洗几次也不褪色。

日本发明一种吸湿快干手绢。这种手绢,在整块手绢的中心部位制成双层,具有轻薄柔软、吸湿透气、易洗快干的特点,便于孩子换用。

法国市场上有一种香味手绢颇受青睐。这种手绢织物纤维中吸附了不同香剂。把这种手绢带在身边,不仅感到芳香愉悦,还能避免鼻涕、汗液的异味。

美国研制出一种能预防感冒的手绢。手绢的织物能有效地杀灭感冒病原体。使用这种手绢,对预防流行性感冒等传染性疾病有一定帮助。

韩国研制出一种"出麻疹"手绢。研究人员在手绢织物中加入了一种特殊材料,随着手绢使用,细菌增多,手绢上会逐渐显现出一些小红"麻疹"点,提示该清洗一下手绢啦。

28. 方便实用手电筒

手电筒是家庭常备的晚间用品。

200 年前,意大利科学家伏打发明了电池。100 多年前,美国发明家爱迪生制成了白炽灯。手电筒的结构虽然并不复杂,但它是在 20 世纪初才出现的。一个叫休伯特的俄国人,移民美国后,看到朋友弄了个"新奇的玩意儿"。那是一个会发光的花盆,花盆底部安装了一个小灯泡和一节电池,通上电流后,灯泡发出的光芒照亮了花朵,美观而有趣。休伯特想到晚上外出走路总是摸黑,去地下室取物要提笨重的油灯,于是想到仿照发光的花盆,做个长筒照明灯。几经改进后,他把灯泡、电池安装在一个小长铁筒里,世界上第一个手电筒就这样产生了。

手电筒诞生 100 多年来,不断改进、发展,已成为一些部门行业缺少不得的工具。从事夜间巡查隧道、管道、线路的工程人员,都使用多节电池的大手电筒;特警战士等还有其特制的手电筒。近年来国内外不断开发出手电筒新品种,市场上有的手电筒已不使用电池,充电后即可照明几小时。有些功用还突破到了一般照明领域之外。

我国四川生产出一种仿烟花手电筒,在光源穿透下,筒口能连续演变出五彩缤纷的光芒;轻微晃动又能如烟花四射,萤火飞舞。手电筒能用于照相,又是儿童的安全玩具。

韩国设计出一种眼镜式手电筒,能像眼镜一样佩戴使用,尤其适合扶把骑车和手持物件夜行。日本也有一款眼镜式手电筒,它安装了高效微型灯泡,光源在距脸部 40 厘米处聚合,亮度很高,观物清晰。

日本发明的钟表、手电筒两用产品,外形像一段水管弯头,一头是电子石英钟,一头是手电筒。两头均可在桌面平放,视需要灵活使用。手电筒可照射打出强光,一按键又能发出柔和之光,做台灯用。

德国发明一种蛇形手电筒,改变了手电筒的传统造型。装上电池后,它能轻巧地扭动、转头、伸缩、弯曲,照到一般手电筒难以照到的角落。

澳大利亚发明了一种带软管的手电筒,管线软中带硬,长 23 厘米,可扭动、弯曲,可深入管道,还可伸入水中,能照亮各个暗处,可做搜寻和查找物品之用。

日本研制的强光手电,发光不是为了照明,而是为了保安护身。这种手电筒一按按钮,可在瞬间释放出数十万勒克斯的强光。它体积小、质量轻、便于携带,适合夜间上下班的妇女使用。当突遇歹徒拦路袭击,以此手电筒射之,足以让歹徒短时间目盲。

29.锋利便捷剃须刀

刮胡子是男人的"专利"。在史前时代,男人们为了让下巴利索美观,曾拿着鲨鱼牙齿和磨出刃的打火石等物刮胡须。由于工具不好用,刮胡须要付出血的代价,常常要忍着疼痛,结果一忍忍了几千年。后来古人发明了直刃式剃须刀,又使用了差不多600年。直到近代吉列发明了"安全刀片",这才使剃须刀一改旧貌。

160多年前,吉列诞生在美国威斯康星州一个贫穷家庭里。他40岁那年担当推销员工作,一次刮胡须所用的剃刀难使,弄得面部流血。他在疼痛之余想把剃刀扔掉时,忽然心头一亮,想到为什么不能发明一种"用过就扔"的剃须刀呢?于是他辞去担任的推销员工作,专心设计并研制出一种锋利刀片夹在带齿刀架上的安全剃须刀。不久,第一次世界大战爆发了,吉列利用这个机会向军队的官兵推销自己的产品。他想如果让安全剃刀"武装"了官兵,将来这些战场用品带回到各地,就会成为最好的广告宣传。战争硝烟散去后,不出吉列所料,安全剃须刀名声大震,很快挤入世界企业之林。而今吉列公司年营业额已高达十几亿美元。

近年刮胡刀片经不断改良,以合金制造,刮起来舒适便当。塑料刀架的一次性剃刀,半块刀片嵌在前端,使用时将外面纸壳撕去即可,用后一弃了之。

虽然还有不少人常年乐此不疲地让嘴巴四周湿润并抹上肥皂刮胡,但现在已有越来越多的人爱拿起电动剃须刀刮胡,因为用这物件不必多费手脚,轻巧、便当且耐用。

日本大阪市一家公司发明了一种发条式剃须刀。它与一般电动剃须刀外观相同,但不用电池,而在电池部位放了发条。旋转发条五六圈,刮刀就能旋转两分钟。法国研制出一种氦氖激光剃须刀,在它的防护栅后面,安装了一层网状加热片。经激光扫描,网状加热片便被加热,可将刮入防护栅小孔内的须毛烧掉,免除了刮胡后清理须屑之劳。

旋转式电动剃须刀虽然使用方便,但有时不够锋利,时常夹胡子,或是刮不彻底。近年来多转头等新型剃须刀问世。这种能给男人带来全新感受的电动剃须刀,以其顺滑、清洁、舒适、轻柔、彻底的剃须效果大受欢迎。新型的三刀头、四刀头设计,超薄外刀网,仅有0.05毫米。特有的智能系统能灵敏地感应胡子的长度和密度,自动调节马达转速,使得尖硬的胡子也能轻易剃除。推出式的宽边修剪刀在修正小胡子和鬓角后,能轻易拆卸外刀网,快速安全地用水冲洗,密封防水功能使得淋浴时使用也有保证,让男子剃须美发更为惬意。

30. 争奇斗艳打火机

打火机是小型取火装置,主要用于吸烟取火,也用于炊事及其他取火。

现代打火机的鼻祖,可以说是16世纪欧洲的火绒盒和打火铁盒。其发火原理是用打火铁产生出火花,引燃火绒而形成。当世界上第一只手枪问世不久,早期的打火机也诞生了,它就是以手枪改制成的,叫火绒手枪。这种打火机,除了能击发点火,还曾是身份的象征和居室的摆设。

19世纪末,相传是奥地利人根据原始人打石取火的原理,采用钢轮结构研制出了简便的打火机,但这种打火机不太好用。第一次世界大战时,英国有一个叫丹希尔的人,听说前线士兵在战壕风吹雨淋,抽烟不便,灵机一动,决心创制一种好使的打火机。他利用空盒等物做试验,经不断摸索,终于将好用的打火机制成,并于1924年开始大量生产。

打火机由20世纪50年代以前的摩擦油棉发火,到今日"一次性"打火机、集成电路电池打火和电子感应打火,几十年来不断升级换代。近年,各种新型打火机不断出现,如太阳能打火机,利用硅光电池吸收太阳能,转化为电能存储起来,一次照射后能使用多次。又如化学打火机,以两种气体为燃料,当两种气体接触便会发火引燃。日本生产的一种新型打火机,其嘴部有热线,在机内点火,火焰在最猛烈时呈蓝色,在阳光及强光下不易看到,故称为无火打火机。

早在20世纪30年代,打火机就是人们的馈赠礼品,有的还被作为饰物收藏。现代打火机的造型趋向条型、薄型,讲究外观标致,使用轻巧舒适。国内外市场上推出多种形状的打火机,如笔形、瓶形、摩托车形、手枪形等。有一种造型的打火机,其大小仿一支烟制造,机帽做成过滤嘴模样,放在烟盒中,只有主人才能从烟中辨别。在日本还为"丢三落四"者设计出多种带圈防丢的打火机。他们设计的"小吃店打火机",其附属品有长凳,上坐饮酒者,打火机的火由小吃店屋顶烟囱喷出,颇为有趣。此外,各种多功能的打火机,如电子计算机打火机、日光灯打火机、闹表打火机、照相机打火机等,也是人们喜爱带在身边的好玩物品。

昔日为吸烟者提供便利的打火机,今天已被越来越多的男士拿在手中,或作为工艺品欣赏,或作为社交场合中的饰物。为迎合消费者的需要,打火机正争奇斗艳,向高档化、装饰型发展。厂家为打火机装金镀银,别出心裁地加上宝石等装饰物,配以高雅华丽的图案,使人爱不释手。

31. 点燃光热的火柴

年纪大些的人都知道,火柴在过去被称为"洋火"。其实火柴并非洋人首先发明使用。据清代文人福格考证实物所写《听雨丛谈》一书介绍,我国在距今1400年前的南北朝后期,就有了火柴。当时叫"发烛",不仅有人用,还有人"以发烛为业"。到了北宋初年,一位叫陶谷的学者在他撰写的《清异录》一书中介绍道:"夜中有急,苦于作灯之缓。有智者批杉条,染硫黄,置之待用。"这种引火物一般人家可自制,市场上也有出售。当时称其"引火奴"。明清时火柴还有个雅致的名字:取灯。大约在清代中期,火柴从欧洲传入中国,呼为"洋取灯",俗称"洋火""自来火"。清人李静山在《增补都门杂咏》中有诗云:"纤纤寸木药硝粘,引得灯光胜火镰。莫怪粹奴夸利用,缘他工省价还廉。"由于外来的火柴物美价廉,使用方便,我国一些实业家也建厂制造火柴。

现代火柴是欧洲人在17世纪中叶以后发明的。相传在意大利出现了第一根火柴。罗马人在一根大木棒顶端涂了一疙瘩浓氯酸钾,浸到一个硫酸盆中,以化学反应获得木棒燃烧。这种火柴售价昂贵,常常是诸多人家合买一根备用。19世纪30年代,瑞典人用黄磷制出小巧的火柴。20年后他们又用赤磷代替黄磷制成较为安全的火柴。以后100多年,火柴广为流传,成为各国民众点燃光热的生活必需品。

近几十年以来,随着特殊需要,先后研制出一批火柴新品种。辽宁制成一种泡水能燃、遇八极强风不灭的"防水抗风火柴";南京先后制造出一拔火柴棒就燃烧的"拉动火柴"和用于航海遇难时求助的"信号火柴";安徽生产出点燃后能使身旁香气弥漫的"芳香火柴";另外我国还生产了"蜡梗火柴""无梗火柴"、精美的"旅游火柴"、可观赏的"书式火柴",等等。一种能治病的"燎灸火柴"也在西安问世,对胃脘病、漏肩风、头痛等风寒病有显著疗效。在国外近年也有不少火柴新品种出现。日本的"双头火柴"能提高使用效率;瑞典的"宴会火柴"燃1根可为12人从容点烟;奥地利制造的"高效火柴"可连续擦燃600次。美国研制出一种"高强火柴",每根可燃烧3小时以上,其火焰温度之高居然可以焊接金属呢。

如今还能买到一划起火的火柴吗?在北京鼓楼西侧烟袋斜街有一家火柴专卖店。在这里陈列着60多种外观高雅的火柴。外盒以上海老海报、京剧脸谱、金陵十二钗等为火花装潢;每盒火柴修长的木杆和药头颜色各不相同。黄杆上红头或灰头;红杆上绿头或蓝头;蓝杆上黄头或银头。在众人面前拿出一用,也是一种时尚。

32.造型各异的蜡烛

如今一些餐馆、酒吧爱以点燃蜡烛增添温馨浪漫气氛。一些家人过生日时,也爱在蛋糕上插起蜡烛。

在古代,蜡烛曾是人们照明的主要工具。通常用动物油脂制造,用以燃烧发出光亮。研究认为,蜡烛起源于原始火把,原始人把脂肪或蜡一类的东西涂在树枝、木片上,捆扎制成火把照明。

蜡烛在我国是何时出现的呢? 有传说是在上古时期,古人把艾莆和芦苇扎成一束,蘸上油脂,点燃做照明用。后有人把空心芦苇灌入蜜蜡点燃。在《曲礼》一书中有解释说:"古者未有蜡烛,唯呼火炬为烛也。"古语中有"秉烛夜游"之句,这里的烛实为火把。据考证,蜡烛和烛台是南北朝之后才有的。"洞房花烛明"是北周人庾信留下的诗句。蜡烛生来爱"哭",好"流泪"。"烛泪"一词也始见于南北朝。以后又有"蜡炬成灰泪始干"的诗句。我国民众喜欢蜡烛。欧美的许多人家也与蜡烛结下了渊源,每逢圣诞节、婚礼、生日、丧事、舞会和宗教活动,都点蜡烛。至今一些国家接待宾客,往往也在宴会厅点燃蜡烛,以表示热烈隆重的欢迎。

古代的蜡烛,以动物油脂蜡、蜜蜡为原料,品种不多。进入 19 世纪后,从石油中提取到大量石蜡,从而为蜡烛寻找到廉价的原料,促进了蜡烛制造业的发展。如今我国生产的蜡烛已有近百个品种,颜色除红、白外,还有黄、蓝、绿、褐等多种。蜡烛的装饰,除传统的雕龙塑凤外,还有松鹤、仕女、寿星、狮、象、猫、鸳鸯双连体和十二生肖等款式,形状各异,神态逼真。天津蜡烛工艺厂的技师,克服了蜡烛爱"落泪"的毛病,生产了"无泪"蜡烛,并且无烟、无味、亮度高。逢年过节,家里放上红色烛台,点燃红色的蜡烛,自能为节日再添喜庆。

在国外也有一些蜡烛新秀问世。美国研制出香味蜡烛,点燃后不但能发出特殊香味,而且能驱除蚊虫。俄勒冈州特制的香水蜡烛,依颜色不同有草莓、紫罗兰、茉莉、橘、月橘等不同香味。每支蜡烛可燃烧 36 小时,有精美木盒包装,很适合作为礼品赠送。日本市场上的一种长明蜡烛,能长时间点燃不灭。以每天燃烧 10 小时计算,一只可以使用 100 天。美国研制的化学冷光烛,能在易燃易爆的环境中安全点燃,烛光可穿透水和烟雾,目前已应用到工业、农业、渔业和军事上。美国新泽西州的音乐爱好者还发明了一种会奏乐的蜡烛,当蜡烛点燃时,烛光通过光导纤维,传到光敏晶体管,电路一经接通,烛台就会传出美妙的音乐,使聚会特别是在庆贺生日的宴会上,大大增添欢乐的气氛。

33.烹饪必用的锅

每个家庭炒菜、煮饭都要用到锅。

人类的祖先掌握了钻木取火的技术后,就改变了只吃生食的习惯。他们把鱼、禽等动物用泥巴糊起来烤着吃。有人注意到火烧后的泥巴很是坚硬,便用泥土捏成了多种用具,在火上烧得硬而坚固再使用,这样就发明了陶器。用于烤、煮食物的陶罐,就是最初的锅。为使泥锅耐用,人们掺和了沙粒,于是又有了砂锅。考古学家在对河南、甘肃等地出土的文物考察后发现,砂锅在我国已有 6000 至 10000 年的历史。到了夏商时期,有了青铜锅出现,而广大平民用的锅还是陶土的。现藏于中国历史博物馆的商代司母戊鼎,高 133 厘米,宽 79 厘米,重 832 公斤,它是我国最早的铜锅。《说文》一书记载:"鼎,调和五味宝器也。"表明鼎原是古代的炊具,后才成为礼器和权力的象征。

铁锅在我国西汉时期开始出现。东汉时冶炼技术得到发展,铁锅大量代替了青铜锅。当时铁锅的样式大都有釜、双耳、细脖、敞口、大肚子。在以后的唐、明、清几代,铁锅的制作愈加精良。14 世纪时,铁制炊具在西方仍是稀罕之物,英王爱德华三世得到中国铁锅后如获至宝,把它和其他珍稀古玩一起视为"宫廷珍宝"收藏。

人们使用锅具烹饪至今,除了爱用砂锅和铁锅外,又把铝锅、搪瓷锅、高压锅、电热锅、不粘锅等锅具携入厨房,烹制更为精美的饮食。在我国生产历史悠久的铁锅,在使用时微量铁金属元素能溶入食物,有益于防治缺铁性贫血等病症。联合国世界卫生组织曾向各国推荐使用中国铁锅。山西等地的生产企业大力研制开发,把铁锅生产的浇铸工艺变为压铸工艺,使"傻大黑粗"的铁锅变得"轻薄光美",并推出煎、炒、炖、煮几种类型。新型铁锅不仅受到国内用户喜爱,还出口热销到欧美许多国家。

在当今的国内外市场上,不断有新型锅具推出,如冷却后能使锅内形成真空的"罐头锅",可同时焖饭和烹炒菜肴的"组合节能锅",还有多层锅、自热锅、里热外凉锅等品种。瑞典研制的一种"耐用锅",外层是铜,中间是铝,内层为不锈钢,经久耐用而便于冲洗。北京研制出一种高硼玻璃煮锅,不仅可放火上烧,还能承受 0—270 摄氏度冷热骤变冲击。锅内煮制的食物一目了然,且能减少金属铝具对食品的污染,很受好评。美国纽约一家公司研制出一种"旋转炒菜锅",其形状和工作流程近似微型混凝土搅拌机。使用时只要将一道菜及各种调料按顺序放入旋转的透明圆筒中,即能将菜炒好,倒入碟中。旋转锅的温度可任意调节,火候随心所欲,烹、炸、蒸、煮无所不能,制作佳肴,快而省力。

34. 看似简单的筷子

筷子古称箸、筴，是我国人民自古以来最常用的食具。文人程良规在《咏竹箸》诗中吟道："殷勤问竹箸，甘苦尔先尝。滋味他人好，尔空来去忙。"道出了对筷子一心为人服务的赞美之情。

我国古人发明和使用筷子，比西方人在15世纪才发明使用的刀叉早了近3000年。《史记》记载："纣为象箸。"《礼记》亦云："羹之有菜者用筴。"都说明筷子远在3000年前的殷商时代已经常见。我国古代的一些名贵筷子，以象牙、犀角、金、银、铜、玉等原料制造。史存最早的筷子发现于殷墟的一座大墓中，筷子为铜质，但它只是箸头，使用时还要安上箸杆。在我国湖南阳明山地区，自古出产一种通气竹筷。看似实心，但在筷子一头吹气，另一头能出气，插入水中能吹出气泡，深受中外收藏家青睐。

据医学家研究证实，人在使用筷子时要牵动30多个关节和50多块肌肉，尤其是手指、手腕、胳膊等部位的肌肉，无不受到力的拉伸，每天使用筷子，可使手、臂等关节保持灵活。此外，手指与大脑相连的神经所在脑皮质面积较大，用筷子时手指的活动能有力地刺激脑的中枢神经细胞。儿童早些使用筷子进食，对智力开发有明显益处。

筷子可以说是我们的国粹，长久以来也受到国际学者的研究。筷子不仅在亚洲地区较为流行，在世界的很多角落也可寻觅到它修长的身姿。日本人除了喜欢用筷子，还把每年的8月4日定为"筷子节"。东京等地区还有人举行"筷子培训班"，指导人们正确使用筷子。一个收藏了数百副以金、银、玉石、兽骨等各类材料制作的筷子的博物馆，开设于德国。世界上最大的筷子工厂不在中国，不在日本，而是建在北美加拿大，年产筷子数十万双。

近年来我国市场和餐桌上的筷子种类繁多，琳琅满目。除竹、木的，还有漆筷、铁筷、不锈钢筷、塑料筷、玻璃筷等。形状有圆、棱、扁、一分为两半圆等多种。"一次性"筷子虽说卫生、方便，但以砍伐林木、损毁环境为代价，不宜生产和使用。如今人们使用筷子，以安全环保为首选，然后讲究品位。在新款筷子中，加长的专用筷，是人们油炸食物时的好帮手。折叠筷子伸缩自如，方便携带。一种带有竹节的竹筷，竹节是制作的，握起来手感好，还能为餐桌平添田园气息。二合一的筷子，一端是勺或叉子，是中西餐具的完美结合。一种铝盒直插式乌木筷，更得到时尚人士喜爱。这种筷子的手握部分以不锈钢的无磁材料制作，前面夹菜部分使用黑檀木。用时插接起来，不用放于形如钢笔的金属管中，既卫生，又美观。

35. 牙签一瞥

有些人饭后爱用牙签剔牙。

人类使用牙签已有悠久的历史。从伊拉克的加乐亚古城曾发掘出一批金制牙签,据考古学家推断是5000年前的遗物。在古希腊时代,人们喜欢用乳香木的牙签,有些雕成蜥蜴形,尾部一端是牙签,头部一端弯出长颈,做耳挖勺使用。当时用鸟羽毛根削制的牙签也很被看好。牙签在我国古代亦称"嚼杨木"或"嚼杨枝",为饭后剔牙净齿的小物件。考古人员发掘汉末古墓时,曾找到过金、银牙签,表明当时的皇族讲究饮食,对牙签的制作、使用也很看重。中世纪时,牙签成了欧洲宫廷贵族不可缺少的饰物,通常都把金制的牙签用链系于颈上。英国有段时期,不但男子讲究用牙签,宫廷妇女也都自备有金银制的牙签。从使用习惯看,英国一流饭店才备有牙签,但不摆于餐桌,客人要用才由侍者持银瓶奉上。在意大利,不但餐后用牙签,连喝开胃酒也把牙签盒放于餐桌,以便吃橄榄后剔牙用。牙签使用得法也确有清除齿间食物残渣的作用。

国外喜欢收藏、研究牙签的人不少。美国有"牙签大王"之称的斯超,擅长用牙签制作各种艺术造型,他的作品已有1000多件,包括汽车、教堂、动物等。他最成功的作品是一座高3英尺的灯塔,共使用5万多支牙签粘成,耗费了几个月时间。

近年来,牙签的造型千姿百态,精巧美观。制牙签的原料由木头、竹、塑料等不断扩大,牙签的制作也更讲究实用性。在香港市场上有一种签上涂有薄荷等药物的牙签,剔牙时有杀菌、除口臭的作用。当地出售的另一种锯口形尼龙线牙签,能把细牙缝中的食物碎屑剔除,尤受消费者欢迎。几年前,国内一家公司以糯米、玉米、红薯、土豆、淀粉和可食粘胶混合薄荷、白茅根、白芷制剂和明矾、山梨醇、食用色素等,制成一种环保牙签。牙签质地坚硬,不易折断,不分叉,精巧好用;有草莓、橘子、巧克力等多种香味,受到一些饭店青睐,纷纷订货。

牙签与饮食结缘,它不光用于剔牙。在烹饪一些菜肴时,如蒸煎整鸡、整鱼,腹内放入其他物料,为不使其掉落,厨师常会用牙签封口。吃灌肠等小吃,或餐桌上端来水果盘,用牙签扎食,谁又能说牙签不是一种餐具呢?

用牙签还能救急呢!有位住户的楼房暖气跑水,水从砂眼处喷滋。情急之下,主人拿起小牙签,往洞眼处一扎,跑水立停。靠牙签救急,他可以从容地向物业报修了。

36. 熨斗演义

熨斗是把衣服熨烫平整的工具。

当人类开始讲究衣服平整美观时，是用重物压在衣服上去皱褶的。公元前4世纪，希腊人发明用加热的圆石棒来展平衣服，这是最初的熨斗。熨斗在我国汉代时已多见。《青铜器小词典》一书记载：汉魏时的熨斗用青铜铸成，圆腹、宽口沿，有长柄，外观像个长把小平底锅。有的还镂有"熨斗直衣"的铭文。唐代时使用熨斗更为流行，诗人王建曾留下"熨帖朝衣抛战袍"的佳句。古时的熨斗一般是用烧红的木炭放在熨斗里熨衣的。故又有"火斗"之称，官宦人家也有的采用镏金工艺的"金斗"。

欧洲在15世纪前也一直以铁匣内投入热炭熨衣。这种熨斗除了要不断续加热炭，还容易脏衣。18世纪铁铸的实心熨斗出现，人们往往把两个交替使用，一个熨衣，一个放在炭火上加热备用。19世纪时，一种瓦斯熨斗问世，点燃瓦斯气体后能连续熨衣，但这种熨斗容易引起火灾。1882年，美国人史泰尔发明了电熨斗，但这种带电的家伙不仅价格昂贵，还会漏电，家庭主妇大都对它敬而远之。30年后，又一位美国人理查德森尝试把电能转化成热能，研制出新型电熨斗，并在市场打开销路。又过了20年，可调温的电熨斗制成。20世纪50年代，喷雾蒸汽式电熨斗开始进入千家万户，为人们熨烫衣服打开了方便之门。

在科技发展日新月异的今天，众多家庭都有了便捷好用的新型熨斗。如今的熨斗可与电源座分开，不拖带电线，感觉熨衣温度不够，放回电源座，便能接收电热达到温度使用，新型的干湿两用电熨斗，既可清除衣面上的灰尘，又能熨平衣服上的皱痕。各种蒸汽熨斗的外壳和底板均以耐高温的聚丙烯塑料制造，使用安全，操作灵巧，且节省电力。德国研制的随身带熨斗，可随时随地整理衣服。发现皱褶，掏出即熨，几秒钟搞定。日本制造的一款微型熨斗，长仅12厘米，重380克，也很精巧。日本产的一种闪光调温熨斗，装有自动监视器，温度不够闪烁红光，温度适宜便呈现一束蓝光。他们还发明一种"音乐熨"，在熨烫衣物时，能收听到美妙的乐曲，以此消除家务劳作的寂寞。

熨衣是熨斗的本分工作，它也能熨身疗病呢。日本医学人员研究发现，熨斗散发的热量及微量电磁波作用人体，有消除疲劳、促进血液循环、松弛肌肉等功用。他们为此研制出一种医用熨斗，调温200摄氏度，用它熨脚板、臀部、大腿等处。据临床测试调查，一些有四肢疾病、便秘、发冷等症的患者使用后，熨到病除。

37. 秤的变迁

人们在超市买东西,进邮局寄信寄物,都会看到称物的秤。一些老人去农贸市场,也会拿着一个弹簧秤,提防小贩卖菜缺斤少两。

秤是称轻重的一种衡器,它是商品交换的产物。相传春秋时范蠡助越王勾践灭掉吴国,功成身退,隐居山东经商时发明了秤。他从井上打水的横木上得到启发,又以天上星星做标记,以秤来进行交易,合十六两为一斤。为防有些人做买卖心地不良,在秤上又加福星、禄星、寿星,警诫取巧之人。谁要是短斤少两,一则缺福,二则无禄,三则折寿。木杆秤从南北朝时期兴盛起来,一直用至 20 世纪末。我国汉代使用的老秤"新莽权衡",也十分著名。它的用法是用柱支着平放的衡,衡的一端吊着钩,另一端悬着权(秤锤),形状像今天的天平,但高大得多。这种"莽秤"对研究我国早期度量衡的演变,以及在史学、金石学、文字学、古代冶金铸造技术等方面都很有价值。

在国外,古埃及人很早就用悬挂的双盘秤做粮食生意。杆秤在耶稣诞生前由西亚游牧部落传入西方,并被命名为罗马秤。1670 年,法国物理学家吉尔发明了案秤。秤盘装在秤梁两端,不装导杆,称物时秤盘可做上下移动并有刻度显示重量。时至今日,这种秤仍是各国普遍使用的商业秤。

自从有了秤后,它的出新最能体现科学技术的发展。人们掌握了力学后,做出了杠杆秤;弹簧出现不久,造出了弹簧秤;随着电子技术的使用,又诞生了电子秤。近年来,秤具不仅大量用于商贸、科研生产,也逐渐进入家庭。我国各地生产的家庭用秤,既便于厨房烹饪,也可随时掌握自己体重。这种秤美观、精巧、实用,耐腐蚀性强,便于存放。在北京新上市的一种烹饪用秤仅有明信片大。一种带电子秤的勺子也很好用,只要用它舀起食物或调料,勺柄的荧屏即显示出物品重量。勺秤的最大称量值是 300 克,可以精确到 0.1 克。为玩虫人使用的秤则更精巧,斗蛐蛐讲究体重相当,一种专称蛐蛐的电子秤,在虫鸟市场每天都卖出好几台呢。

当今国外秤具品种丰富,有些功能独特,新奇有趣。法国一家公司制造出一种有记忆功能的台秤。当人站到秤上,只需按下事先设定的数字按键,该秤即能显示所载人的重量,并告之比上一次增加或减少了多少。法国另一家公司研制的家用音乐台秤,当使用者称体重时,只要重量达到 100 公斤,这种秤就会演奏肖邦的《葬礼进行曲》,以提醒人们注意减肥。

38. 古今中外打算盘

算盘是中国文化的产物,是劳动人民乐于使用的计数工具。在算盘发明使用前,人们计算一直用着筹棒。筹棒一般为竹制,也有木头、铁、象牙、玉做的。计算中把筹棒挪来移去称"运筹"。在长期使用筹棒中,古人感到计算复杂时搬动筹棒很不灵便,于是创造出算盘。

算盘起源于何时,其说不一。在我国宋代名画《清明上河图》上,就画有算盘。以北宋时的画图和实物为据,算盘产生于唐朝末年之说,已被众多学者认可。算盘在元明时期更为流行。明初时,算盘的横梁是以一根线栏开上下格的。到了明末,横线已被木梁所取代,档位有 9 档、11 档,还有 81 档的长算盘,专做开方用。明末学者程大位著有一本《算法统宗》,归纳了珠算的计算法规,因实用而广为流传。在同时期一位学者搜集的山歌中,有一首词曰:"我和你来往指望直到九九八十一,谁知你除三归五就抛弃。"这完全是在用珠算口诀来表达爱情了。清朝末年,天津达仁堂药店曾定做了一架特大算盘,它长 3.06 米,共 117 档,使用上等红木、铜柱穿档制成,从柜台一端顶到柜台另一端,营业忙时,五六名店员可同时拨珠计算,互不干扰。这架算盘现今收藏在天津历史博物馆中。但这还不是算盘中最大的。我国算盘收藏家陈宝定收藏的一架算盘长 4 米,共 200 档。他还得到一个戒指大的小算盘,长 12 毫米,7 珠 7 档。想打这个算盘,要用大头针拨动。

算盘大约在明代传入日本。几百年来,打算盘在日本一直长盛不衰。自 1954 年起,日本每年举行一次全国高中珠算比赛大会。日本的小学三年级至今设有珠算课。全日本会打算盘的人多达 300 万。日本学者认为,珠算实用而且是优良的教具。打算盘时手、眼、脑并用,可使手指变得灵活,锻炼思维能力,促进智力。近年来,在电子计算机的故乡美国,也掀起了珠算热。专家测试证明,计算机在占人类计算总数 80% 的加减运算中,速度不如打算盘快,准确率也低。在欧美、东南亚的华人聚集区,算盘仍是家庭中的常备用品。据统计,中国境外运用珠算的人有 3000 万之多。

在国外推崇、使用珠算的热潮中,我国学者对珠算的研究也在深入进行。有关科研人员研发出一种新颖的电子算盘,将电子计算器与算盘功能合一。用珠算进行加、减运算,用电脑进行乘、除和百分比等运算,从而加快了四则运算速率。有关学者还将算盘引进到高等数学领域,用它解函数极值、概率等。

39. 家有镜子

镜子是家庭必备之物。远古时代,人们以水为镜。后来发展为用盛满水的陶器做镜子,这就是最早的水镜。4000年前,中东一些地区和意大利北部的人会用磨光的黑曜石制造一种反光镜。1976年,我国青海贵南县出土的古铜镜,饰有七角星纹图案,属齐家文化遗址,说明我国的铜镜也有4000多年的悠久历史了。

我国古代的铜镜制作不仅历史久远,工艺也非常精湛。战国时的铜镜形体轻巧,纹饰表现手法多样。山东出土的西汉大铜镜,与现代立柜镜子大小相仿,重达50多公斤。唐代的铜镜构思新巧,造型华美,发展出菱形、葵花形、"亚"字形等许多新式样。汉唐时还出现过一种奇异的透光镜,将镜面映日,然后投射在墙壁上,可以把镜子背面的文字、花纹全部映入影内,古人称之为"魔镜"。这种透光镜现象乃是多种精妙技艺共同作用的结晶,令人叹为观止。

与国外各地出土的古镜不同,从我国发掘出的古铜镜,大多不锈不蚀。据专家研究指出,这是由于镜面涂敷了一层锡汞剂的缘故。这个涂层耐腐蚀性极强,不仅能抵御潮湿,在一般的酸、碱浸泡中也不会产生变化。这表明我国古人制镜有着先进的工艺。

1300年前,威尼斯人在无色玻璃背面衬上一层铅或锡,使之成为能照出人影的玻璃镜子。从此,镜子便成为人们不可缺少的生活用品。现代镜子是按1835年德国化学家利比格发明的方法制造的:把硝酸银与还原剂混合,使硝酸银析出银,附着在玻璃上。

如今,镜子已被广泛使用到各行各业,如凹、凸面镜和天文望远镜、太阳灶聚焦镜、医用喉镜、内窥镜等,都是研究或从事专业技术不可或缺的。我国生产的工艺美术镜,以镜面玻璃为画面,上面以贴花、磨花等工艺展现风光图案,是美化房间的佳品。一镜多用的多功能镜子,或播放悦耳乐曲,或跳字,或报时,给人平添雅兴。

随着高科技的发展,当下人们不时看到有新款"魔镜"冒出。从网上能搜寻到欧洲图像公司推出的一种试衣镜,购买服装试穿后,可以通过镜像系统,直接将视频发到朋友手机上,听听他们的高见,帮着拿拿主意。美国艾森哲公司则研究出一种"预言镜"。受测者对镜须回答一些饮食起居问题,上传一张数码照片,镜子根据他的生活习惯会发出半年、一年或更久时间后的面容照片。这种镜子不仅能让人直观地看到自己自然衰老后的容貌,还能把吸烟、酗酒、暴饮暴食等不良因素加入考虑范围,起到警示作用,促使人们健康地生活。

40. 剪刀今昔

我国人民使用剪刀有着悠久的历史。从河南洛阳西汉墓发掘出土的剪刀证实,在2000多年前我们的祖先已用剪刀来剪裁东西了。当时的剪刀中间没有轴眼,只是在一根铁条的两端锤成刀状,弯成"8"字形,像使用镊子一样剪开物品。古人不仅把剪刀作为工具使用,还把它当作馈赠礼品。剪刀传到唐代,使用起来已很锋利。相传当时并州剪刀有名,诗人杜甫有诗赞曰:"焉得并州快剪刀,剪取吴松半江水。"有轴眼、使用省力的剪刀大约出现于北宋前后,这在当时科学技术上是一个进步。其后我国制作剪刀的技术愈加精良。

清代乾隆皇帝巡游杭州,进入一家"张小泉"剪刀作坊避雨,看到剪刀精巧锋利买了两把,带回宫后将其定为进贡之物,使张小泉剪刀名声大振。"南有张小泉,北有王麻子。""王麻子"是北京一家老字号刀剪店,也有着300多年的历史。相传,王麻子原名王羣,少年时脸上并没有麻子,到达北京在南城菜市口长兴铁铺当学徒。一次,王羣和师傅打制出一批优质刀剪,师娘高兴地杀鸡犒劳他们。王羣舀鸡汤时不慎将剪刀碰落在旁边的鸡血盆里,又碰洒了热鸡汤,烫了满脸血泡。然而,当他把剪刀从鸡血中捞起时,剪刀上黑光闪闪,锋刃极快。此后,王羣虽然因烫伤而变成"王麻子",然而他也得到了打制剪刀的秘诀——用夹钢打成剪刀后,再用动物的血淬火,从而制成上好的剪刀。"王麻子"剪刀以讲究质量,使用不锈、不卷刃而信誉卓著,鼎盛时期曾在一个月内卖出40万把剪刀。2007年"王麻子"大型旗舰店在宣武门外香炉营重新开业。营销方表示,在继承传统的基础上,将向时尚化、高档化、礼品化、旅游化几方面发展。

早年间剪刀的品种极少。如今在国内市场可购到剪刀数十种,按用处分有裁衣剪、花剪、指甲剪、理发剪、绣花剪、医用剪和各种工业用剪等。

近年来,一些新型剪刀相继在国内外市场上露面。德国研制成功的电子剪刀,体积小,装上电池后剪裁纸张、布料,使用省力而自如;最吸引人处在于它碰到手指便自动停机,绝对安全。日本研制出的陶瓷剪刀,耐酸碱,不导电,比金属剪刀锋利且寿命长20倍。日本一家公司还设计出一种文具剪,由ABC三个字母组成,A是剪刀套,B、C为两只把手;此剪色彩艳丽,很有趣味性,受到青少年喜爱。美国研制出的一种圆轮剪刀,比传统剪刀使用方便,左右手均可操作,并装有护手安全装置,可随意剪裁布料、皮革等。美国发明的一种多功能折叠用剪刀,不仅外形美观,还具有锯、刮、撬、削及剥金属电线等功能,很受使用者欢迎。

41. 缝针小史

随着人们生活水平的提高,家里人已很少自己裁布缝制衣服。缝针也不常用。然而固定被罩,缝个扣子,还是能用到针线的。

针是人类劳动创造的产物。最早出现的针,大约可追溯到远古旧石器时代。当时使用的针是用兽骨磨成的,十分粗糙。然而有了它就可以连缀兽皮当衣御寒。在北京周口店龙骨山中发现的缝针,是山顶洞人的遗物。针身略弯,长82毫米,比火柴杆稍粗,一端尖细,另一端挖有针孔。这是迄今为止我国发现最早的缝针。古人也曾尝试使用竹针、石针、铜针缝连皮物,但竹、石、青铜制针都难以做得细小耐用。在相当长的历史时期内,骨针仍是缝缀的主要工具。由于以竹为针,针被写作"箴";有了金属的针后,才出现了"针"字。

在春秋时期,古人开始使用铁针缝制衣物。到了西汉文景时期,又制造出了钢针。1975年秋,考古工作者在江陵凤凰山一六七号汉墓发掘时,在随葬的木箱里出土一件布包,里面裹着一枚钢针。它长5.9厘米,最大直径0.05厘米。针体粗细均匀,针孔细小。发现时基本保存完好,仅针尖略有残缺。有趣的是针孔里还穿有一根黄色的丝线。在距今2100多年前的汉代,能制作如此精细的缝衣钢针,反映出当时的冶金技术已有较高水平。宋元时期,钢针的制作更为精巧。明代时,钢针不仅在国内各处有售,还远销到日本、朝鲜和南亚一些国家。

我国古人在制作、使用中发现,针除缀衣外,还具有行医疗病的功用。战国时期便有了用针治病的《针经》一书。自古以来,由针引出的成语、典故不少,"一针见血""针锋相对""穿针引线""如坐针毡""海底捞针"等成语,至今常见于笔端。出于唐诗人李白"铁杵磨针"的典故,也是一个生动的励志故事。值得一提的是,在我国使用最早的一个商标是为针而做的。那是在宋代时,山东济南有一家专造功夫细针的刘家针铺,门前摆放一石兔,于是针铺刘掌柜便在针的包装纸上刻印了兔的图形和"兔儿为记"的字样。这个标记的铜版,现陈列在中国历史博物馆中。

如今针的种类为数众多,有十字绣针、丝带绣针、缝纫针、拼布针、毛线针、串珠用针、玩偶用针等;医疗用针有针灸针、注射针、文身针等。

针头线脑是小物件。时至今日,一头有孔一头尖的缝衣针也悄然产生一些变化。有豁口的针易于穿线,七彩的钢针和带有荧光的针,落地则便于寻找。

42.你了解梳子吗

经常拿起梳子梳梳头发,能促进头皮部血液循环,醒脑提神,有益头发的生长。

人类使用梳子的历史源远流长。宋人高承《事物纪原》上说:"赫胥氏造梳,以木为之,二十四齿,取疏通之意。"赫胥氏为传说中的上古帝王,由此可知梳子的出现至少有近6000年的历史。在江苏邳县刘林新石器遗址,发现许多把上古时期仿人手制作的五指梳和多至20齿的梳子。原料多用兽骨,也有用玉石和象牙制作的。

在我国古代,梳子除了作为梳理头发的工具,妇女还将它插于发际,作为装饰之物,是古时八大发饰之一。宋代的梳子十分考究,多以白角、铜、铁、陶、竹等为原料,也有用贵重的玳瑁、金、玉制作的。除常用的发梳外,还有梳胡须的胡篦、梳鬓角的鬓篦、梳眉毛的眉篦等。

篦是竹制的梳发用具。常州梳篦久负盛名,所制象牙梳、黄杨梳一直是供奉皇宫的"贡品"。我国的"宫梳名篦"曾两次在国际上获大奖:一次是1915年的巴拿马博览会,另一次是在美国独立150周年的费城博览会上。

今日国内外市场上的梳子不仅造型优雅美观,色彩赏心悦目,而且具有多种功能。香港发明的两用发梳,体积小巧,便于携带。其外观设计为眼睛状,一眨一闭,讨人喜欢,而梳内装有一个能发声的警哨装置,可用于报警防身。台湾厂商推出一种多用梳,采用液化气为热源,既能梳理、吹干头发,还可卷发,自动调温,可随身携带。

德国市场推出一种磁性梳,梳齿中镶有永久磁铁。用这种梳子梳发,头皮部受到磁场和微弱电流的刺激,有益于活血生发,还可增加头发的韧性。德国还研制出一种测病梳。该梳梳柄中灌注适合各种传染病菌生存的培养基,不同病菌接触后可使培养基产生一种特有的颜色。梳发者可将颜色告诉医生,进而诊断病症。美国市场出售一种自动上油梳,梳柄中装有头油、发乳之类美发护发油脂,梳发时按动梳柄按钮,就能将油乳等美发品均匀地涂抹在头发上。法国生产的散香梳,以塑料制作,可从梳侧隙孔灌入香精。梳理头发时,梳齿活动面会散发出芳香,香气可保持24小时。我国江苏生产出一种高级不锈钢转齿护发梳,具有光滑、转齿等特点,能不断地转动,迅速理顺头发,既适于嫩发、脆发和易脱发者梳理,也适合湿发的梳整,很受国内外用户欢迎。

43. 且说尺子

小学生书包文具盒中都放有学习用的短尺。家庭主妇量裁衣服要用木尺或米尺。人们常能看到的还有技工用的盒尺、筑路工用的拉在马路上的卷尺等。

在我国西安半坡村新石器文化遗址，考古人员发现这里房屋布局整齐而规矩，这不由得让人感叹，当时的人是怎样量算施工的呢？专家考证后认为，在距今六七千年以前，这里的母系氏族社会是采用树枝、拉绳作为量度工具建筑房舍的。那时尚未有尺子出现。大约过了 2000 多年，才有了尺的使用。相传轩辕黄帝发明了尺。这把尺就是每个人自己的手，即张开大拇指和中指，两指末端的距离就是一拃，"拃"就是尺。到了夏禹时代，尺的长度有了新的诠释：以禹王的身高定为一丈，再将一丈均分为十份，一份即为一尺。据说当时凡与禹王这把"活尺"相等或超高的已婚男子，统可称作"丈夫"。由于以"拃"和"活尺"丈量物体误差大，其后有人便用竹条、木条制成了固定的尺。

我国博物馆中保存着的一把殷墟出土的象牙尺，其长度为 16.95 厘米，可称为竹木尺的始祖。研究表明，古尺比今尺短，并且时代愈远，相差愈大。在古文《邹忌讽齐王纳谏》中提道："邹忌修八尺有余。"如果按今天的尺来计算，邹忌的身长是 2.66 米，这显然太高了。有资料记载，周朝时，曾将 100 粒谷子相连的长度规定为一尺。秦始皇统一中国后，一尺的长度又规定为相当于现在的 23 厘米。直到清朝，一尺之长才改为 33.3 厘米，并固定下来。

在今天，米尺是最标准的尺子，其他形形色色的尺子准确与否，都要受米尺的制约。18 世纪末，米被定义为地球子午线的四千万分之一。为了体现这一长度，曾用铂制作了实物，称为米原器，保存于法国巴黎档案局。为了更精确地复现米，从 1983 年起，米又被修改为：米是光在真空中以 1/299792458 秒的时间间隔内所经过的距离。

近年来，为适应生产、研究及生活的需要，新型千分尺、多款游标卡尺、远距离测算尺等尺具相继出现，受到瞩目。荷兰出现的一种学生尺，尺上标有刻度，并装有精巧的温度计、电子表和电子计算器，尺的上端还巧绘了从不同角度观看可变化图形的当地名胜图片，受到孩子喜欢。香港研制的一种电子折尺，可以弯折，便于存放携带，可画 180 度以内角度，并装有电子计算器，能显示时间及日期。广州生产的一种滚动尺，有一个滚筒固定水平方向，利用滚筒的刻度能快速做平衡线，利用尺上孔洞便于向下做垂直线，做方形、圆形、分角也很便捷。它集直尺、圆规、丁字尺、三角尺、量角器等功能于一身，用它绘图、制表，事半功倍。

44.有意思的铅笔

孩子们学写字,练画画,都离不开铅笔。铅笔的使用有着几千年的历史。

古代希腊人曾用铅制成铅棒,利用铅与其他物体摩擦而留下铅的痕迹,画线、做标记。古罗马时的人开始把铅磨尖,夹在木片中书写,有的还做成匕首、宝剑式样,这就有了铅笔的雏形。到了14世纪,欧洲人把铅条两头磨尖,外敷生丝以利于手握写字。16世纪时,铅被镶于木轴中,这就是铅笔姓"铅"的由来。然而此时铅笔字迹不清,铅芯也易折。18世纪末,石墨加黏土的铅芯问世,从此"木头杆装着圆铅芯"才逐渐定型。如今的铅笔,多为木杆包裹,内芯以石墨、黏土、油脂及蜡类等组合制造,虽仍称铅笔,与铅已毫不相干。过去有一种说法,铅笔含铅,爱啃咬铅笔容易铅中毒,这是误传。然而木杆漆皮上毕竟含有一些有害物质,经常啃咬铅笔,也会造成牙齿生长歪斜,应该纠正。

据统计,现在世界上生产的铅笔有18种不同的硬度。用一支普通的铅笔写字,差不多能写10万个字;若画线条,可画60公里长。铅笔看似平常,实际生产制作却很复杂,从投料到成品一般要经过30多道工序。近年国内外铅笔种类繁多,有玻璃铅笔、变色铅笔、晒图铅笔、自动铅笔、木工铅笔、水彩铅笔、碳画铅笔等,满足着文化教育、生产建设和艺术创作等多方面的需要。另有一些铅笔新品种更是特色独具,使人很感兴趣。

一种在宇宙和深海中也能流畅书写的"液体铅笔"在上海制成。这种铅笔的芯中含有大量生胶浆物质,经一至三天,墨在纸张纤维中结成固定墨迹,清晰而难以除掉。

美国制造出一种"纸杆铅笔",笔杆粗细和普通铅笔一样,但它的杆是用纸卷成的。使起来不用刀削,只要撕去一小圈纸就行了。香港文具店出售一种软体铅笔,笔杆可曲折成各种形状,方便有趣,很受儿童喜爱。

瑞典市场上推出一种带微型减震器的铅笔,笔头受力大时,能自动缩回笔头,使用这种铅笔就不会出断铅的事了。西班牙生产出一种带有气味的铅笔,一套铅笔包括多种气味。用这种铅笔画橘子、苹果等,不仅色泽诱人,还能散发出所画水果的果香味。

英国发明一种能发出微光的铅笔。它是把一块发光塑料装在铅笔上,铅笔周围淡淡的冷光,能帮助人在没有照明条件的黑暗处书写。英国还研制出一种会计算的铅笔。建筑师只要用它描出设计图上窗户的大小,装在笔杆内的微型计算机就会立即报出需用玻璃的多少及造价。用同样的方法,还可以对砖瓦、钢材、电线等材料进行计算。

45. 有品位的钢笔

钢笔是一种主要以金属当笔身的笔类书写工具。它透过中空的笔管盛些墨水,通过重力和毛细管作用,由鸭嘴式笔头书写,属于西方笔法的书写方式。

伴随着文字的诞生,以墨水做标记的书写工具出现了。古埃及人最早用鸟、鹅的羽毛做笔,把羽尾斜切出一个尖,蘸上墨水就能写字了。中国在商朝时,使用了毛笔,研墨蘸墨汁进行书写。到了18世纪,英国人制出了钢笔尖,蘸墨水书写。钢笔相比于毛笔,笔头圆滑,书写流畅。

钢笔是盛怒之下的产物。1884年,德国一位叫沃特曼的保险公司营业员,谈妥了一笔大生意。签约时所用的笔漏水,弄脏了文件。当沃特曼急忙去取新合约时,被竞争对手把生意抢走了。沃特曼在恼怒之余,便着手设计一支能控制墨水、使用方便的自来水笔。美中不足的是加墨水时要用滴眼药水的滴管;若干年后才使用了有弹性的橡皮囊。

第二次世界大战时期,圆珠笔诞生。钢笔由于外形粗笨,总要吸水,远不如圆珠笔用着方便,在欧美地区逐渐受到冷落。而在亚洲许多国家,人们却仍然乐于使用钢笔。直到30年前,才由使用方便、物美价廉的圆珠笔、中性笔等将钢笔替代。

钢笔依笔尖成分分为两种:金笔笔尖采用黄金合金,弹性好,手感舒适,但售价高;依金笔笔尖不含黄金,笔尖镀金,笔头较硬,售价低廉,是初学写字者使用的笔具。在20世纪70年代前,国外著名钢笔品牌有派克、威迪文、万宝龙等,国产品牌有英雄、永生、关勒铭、金星等。

随着欧美国家的流行,近一些年人们重又发现钢笔是一种可以显示身份和高雅情调的物品。于是,随身携带和在公开场合使用名牌钢笔,犹如戴名牌手表一样,成为一种时尚。钢笔制造商抓住时机,研制推出各种高档次钢笔;不仅笔尖含金,笔套也用金、银制造或镶上钻石。时下在国际市场上,含金笔杆钢笔售价高者已达8500美元。法国的钢笔,是钢笔中的精品,外形典雅标致,很受年轻人赏识。

如今,许多年轻人以佩戴美观钢笔为有品位,并拥有多支钢笔。其笔套、笔卡、颜色、造型多彩多姿,供穿戴不同服装时选配。目前男子喜爱的钢笔,以黑色、银色、金色笔身为多,笔杆挺秀的造型最受青睐。而怀旧的情绪反映到钢笔上,也使一些人偏爱20世纪30年代笔尖外露、旋转笔套的老式笔形。有人胸前的口袋,还插上了木杆钢笔。

46. 有后劲的圆珠笔

使用圆珠笔既没有削笔头的不便，又没有灌墨水的麻烦。不出油了，换支笔芯又能写上好一阵子，这圆珠笔真是好用。

圆珠笔是匈牙利一个印刷厂的校对员比克在 1943 年发明的。在他之前几十年间，很多国家的人都有过制造圆珠笔的打算。设想在笔尖装上一个小圆球，书写时随着球体滚动，让笔道留在纸上。这是一种完全不同于钢笔的新式笔。然而试验中不是圆球滚动不起来，就是墨液横流。比克因为日常总要用笔书写，对制造圆珠笔产生了浓厚的兴趣，于是他总结了别人的失败教训，投入研制。他找来一支圆管，装入一种油脂颜料，笔尖安装了一枚钢珠。经反复试验，终于制成了书写流利、轻巧耐用的圆珠笔。不久，英国皇家空军得知了他的发明，向他购买了专利，很快投入生产，于是世界上最早的一批圆珠笔由飞机制造厂生产出来。一位美国商人使用了圆珠笔后，发现了商机，他对圆珠笔的外形加以改进，然后大做广告。很快，圆珠笔便成为众多欧美人乐于使用的笔具了。

圆珠笔的发明距今已有 70 多年。如今国内外文具市场上，虽然出现了中性笔、签字笔等新型用笔，但圆珠笔以它使用方便、款式多样、售价低廉等特点，销售两旺，长盛不衰。专家预测，在相当长的一个时期内它不会受到冷落，而有着很强的后劲。

近年来，国内外厂商在不断增加圆珠笔花色品种和改进工艺的同时，还研制出一批多功能圆珠笔，吸引顾客打开钱袋。日本推向市场的一种多功能圆珠笔，附有"十"字和"一"字改锥，笔的上端装有微型照明灯，并可弯折，以便于在光线黑暗处书写。日本的另一款多功能圆珠笔，笔杆带有电子表和日历，便于查看日期、时间。日本还制成一种音乐圆珠笔，只要按一下笔尾的按钮，它就会用集成电路八音琴演奏一首首乐曲。

英国市场上摆有一种带橡皮头的圆珠笔。一般圆珠笔迹很难擦掉，但这笔上的橡皮，以溶油材料制造，使用圆珠笔写错了字，用橡皮一擦就干干净净，不留痕迹。英国研制的另一种圆珠笔，笔芯内加了一个氮气加压阀，书写者仰写，笔尖朝上时，书写也能流畅自如。据产品说明介绍，这种笔书写后的笔迹可保存百年以上。

德国研制成一种笔杆能变色的圆珠笔，笔杆可随手的温度和握笔时间的长短而改变颜色。紫色的笔杆捏在手指间，可以变成粉红色；绿色的笔杆换个人用，又能变成黄色。使用这种圆珠笔，给孩子们的学习带来了乐趣。

47. 花样翻新的牙刷

人类祖先早有漱口、刷牙的习惯。在公元前 3000 年西亚乌尔城的国王墓穴中就曾发现过清理口腔用的最早工具——牙棒。阿拉伯地区至今仍有一些人从一种树上取下树枝，将一端捣碎，做成刷状，用来清理牙缝及刷牙。据分析，这种树枝含氟及皂素，可预防蛀牙，并有止痛作用。

中国人在 2000 多年前就懂得保护牙齿的重要。在唐代，人们用柳枝做成刷，蘸药水揩齿。宋代，有人主张每日早晚用柳枝揩牙两次。元代正式有"牙刷"一词，郭玉诗中云："南洲牙刷寄头日，去垢涤烦一金值。"

植毛牙刷是我国首先发明使用的。宋代已有了马尾做的牙刷。在西方，使用植毛牙刷的历史很短，直到 1780 年才制造出来，到 1840 年才在欧洲大量生产，并传到美洲。

近年来，随着科技卫生事业的发展，国内外牙刷的产品花样翻新，设计独特的牙刷竞相出现。挪威一家公司生产了一种新型方便的"旅行牙刷"。牙刷和牙膏同装在一个像笔管一样的容器内，不用时有"帽"盖住，如同一支粗大的圆珠笔。可别在口袋上，也可放提包中，不容易受到污染。

瑞士公司生产出一种"带牙膏牙刷"。这种牙刷的柄是空心的，装有牙膏。只要提一下牙刷柄，一定量的牙膏就会从刷毛之间冒出。一支带牙膏的牙刷，可连续使用 60 次。

日本研制出一种"除口臭牙刷"。在这种牙刷的把柄内，装有光电效应的半导体元件，能借助光线产生光电化学反应，从而能分解、除去粘在牙上产生口臭的牙垢，中和口内酸性物质，除去不良气味。

罗马尼亚口腔医师最早研制出一种"水压型牙刷"。使用这种牙刷刷牙，就像淋浴一样，一排排细小的加压水流和牙刷毛一起作用，能有效地把牙齿上的食物残渣冲洗掉，并能起到按摩牙床的作用。

法国最早设计生产出了"转头牙刷"。这种牙刷的头呈圆形，能自动旋转，使刷毛触及牙齿各个部位，能有效除去齿间的食物残渣。这种牙刷对不习惯于垂直刷牙的人、患牙龈炎的人和儿童最为适用。法国还生产了一种供儿童使用的"音乐牙刷"，其用意是教孩子们学会正确地刷牙，如果孩子按上下方向刷牙，牙刷就会奏出欢快的音乐旋律；当孩子横刷时，就没有音乐给他听。

在小家电市场里，陈列着多款电动牙刷。牙刷顶端呈开花状，由柔软的毛簇组成。装入电池后，刷头以高频率运动。这个能带来"旋转乐趣"的小精灵，既能洁净口腔，还能起到按摩牙床的作用呢。

48. 爽口美齿的牙膏

刷牙时与牙刷共用的物品是牙膏。

牙膏是人们日常生活中常备的保健用品。相传它的前身是浮石。距今 2000 多年的古罗马人，就把这种叫碳酸钙的浮石磨成粉，用毛刷蘸刷牙齿。这种牙粉使用不便，且不爽口，但这种牙粉一用用了 2000 多年。到了近代，牙粉被压成小薄饼形、条形，掰下一块即可蘸水刷用。1859 年，美国出现红色擦牙水；1874 年又有了瓶装牙膏。今日最常见的软管牙膏是 19 世纪末诞生的，它使用方便，但仍不爽口。直至第二次世界大战结束后，牙膏厂商在调味、香气两方面大加改进，才研制出用碳酸氢钙代替白垩土、以十二烷基硫酸钠取代肥皂的令人满意的牙膏。20 世纪 50 年代，医学上要求牙膏能把洁齿和治疗牙病结合起来，于是含氟、含酶等药物牙膏便应运而生了。

我国古人很早时是用盐揩齿。唐代以后在盐的基础上又增加了其他药物，研制成粉末，制成粉状的揩齿散。古人也曾使用牛骨粉、乌贼骨粉洁齿。宋代时出现了牙膏。据《口齿论》一书介绍："盐四两烧过，杏仁一两汤浸去皮，都研成膏。每用揩齿甚佳。"这就是较早产生于我国的药物牙膏。

目前国内市场上销售的药物牙膏有近百种，按其宣传的所含药物和功能，可分为：防龋齿药物牙膏、消炎止痛牙膏、脱敏药物牙膏、消除牙结石药物牙膏、加酶药物牙膏、防感冒药物牙膏等。

近年国内外还着力开发新型牙膏，有的不仅洁齿效果好，而且新奇有趣。

我国发明的一种变色牙膏，牙膏在口中刷过两分钟开始变色，这让儿童感觉有趣，对促进他们认真刷牙大有帮助。

美国发明的药物牙膏，掺和了有利于健康的维生素和多种药物，杀菌力强，能防治多种疾病。

日本发明一种微生物牙膏，选用脱氧核糖核酸作为媒介，培养出一种能把牙齿上附着物分解为无害物质的细菌，能有效防止龋齿发生。日本还研制出一种透明牙膏，它以两种二氧化硅摩擦剂与特殊药物成分制成。这种牙膏可防蛀虫蚀牙，挤在牙刷上晶莹剔透，让人乐于使用。

值得一提的是，牙膏不仅爽口洁齿，它还有着众多妙用。将牙膏挤在皮肤红肿处有杀菌、镇痛的药效。手表盘、眼镜片有了划痕，用软布蘸牙膏擦拭，有去痕作用。用牙膏还可为玻璃、瓷器、灶具、皮鞋等物品除污，效果很显著呢。

49. 去污洁身的肥皂

在肥皂产生前,当人感到身体肮脏时,就用河沙擦身,清除污物。后来古希腊人发明了一种奇怪的洁身办法,把油液抹在身体污垢处,再用小刀往下刮油。古罗马人则发现人尿是一种清洁剂,当人尿与羊毛上的油和脂肪接触后,有一定的皂化作用,能洗净羊毛。在公元 190 年前后,罗马街头巷尾都放置有收集人尿的便桶。之后此行生意兴隆,政府专门从中收税。

我国古人很早就掌握了皂树荚净身去垢的性能。肥皂为什么姓"肥"呢？宋代庄季裕所著《鸡肋篇》解释说:"浙中少皂荚,澡面浣衣,皆用肥珠子。木亦高大,叶如槐而细生角……子圆黑肥大,肉亦厚。膏润于皂荚,故一名肥皂。"以后肥皂就成了通称。明代李时珍曾把肥皂荚当作药物收入《本草纲目》,还介绍了古代制皂方法:每年十月采下皂荚,煮熟捣烂,再用面粉香料混合,攥成丸子,便可用来洁身净体。除使用皂荚,我国古代还发明了胰子,就是把猪的胰脏用酒浸泡,妇女用它擦洗面和手,有去污作用。

块状肥皂是法国人的祖先高卢人发明的。主要原料是烧碱和脂肪。开始时块状肥皂只作为有价值的药品使用,在巴比伦、埃及医著中,介绍肥皂能医疗疮、烧伤、皮肤病等。从 19 世纪起,块状肥皂才开始在家庭流行使用。

近年一些肥皂新品种争相问世,给人们的生活带来了便利,在护肤、健美领域大显身手。我国杭州研制的全透明高级美容香皂,选用高级优质原料,添加天然营养物质,具护肤营养作用,香味淡雅,外观华贵,已成为国际上流行的高级化妆用皂。沈阳研制出一种"冰消药皂",使用中对治疗妇科疾病有较佳作用。澳大利亚研制出一种"防蚊肥皂",以无毒化学材料制成,蘸水后涂抹在皮肤外露处,在 12 小时内蚊虫不敢靠近,可有效避免蚊虫叮咬。日本生产的一种"液体肥皂",比固体肥皂污染明显减少,从而降低皮肤病、肾炎、尿道炎等疾病的发病率。

如今,各种新型洗衣粉、洗涤剂、浴液不断涌现,固体的肥皂在去污领域已不再是一枝独秀。然而古老的肥皂并不过时,除了去污,它还兼有摆饰、收藏、贺礼等功用。在台湾,一些讲究造型、色彩、包装的香皂已移至礼品部出售。情趣香皂的造型有十二生肖、糖果、贝壳、花束等,多达数十种。有的迷你型香皂,仅 70 克重,根本不经洗,是作为收藏品销售的。日本设计的多种动物造型香皂,形象俏皮,色泽艳丽,香皂后面还有绳子可供悬挂,很受幼儿喜爱,可提高他们的洗澡乐趣,养成讲卫生的好习惯。

50.大显神通洗涤剂

人们在家里洗头要用洗发剂,洗澡用到沐浴露,洗碗筷会用洗涤液。洗涤剂是天天能用到的。

在第一次世界大战期间,天然油脂的不足和洗涤物品的增多,使人们把视线投向了新型的石油工业,合成洗涤剂便应运而生了。合成洗涤剂不仅具有卓越的洗涤去污和抗硬水能力,而且可以根据不同的洗涤对象加工成不同的产品形状,如粉状、颗粒状、膏状、浆状、液状、块状等,还能根据操作需要制成高泡型、低泡型和无泡型,用于洗涤,既适合手洗,又适宜机洗;既可用于纺织品,又可洗涤餐具、果菜及用于印染等众多领域。

近些年来,国内外市场不断展现出新型洗涤剂,受到消费者欢迎。加酶洗涤剂由于配有一种在专门条件下培养出来的碱性蛋白酶,对清除衣物上的血迹、奶渍、巧克力等蛋白类污痕具有独特功效。漂白洗涤剂在加入了一种含氧性的漂白剂后,对织物能产生明显的漂白、润泽效果。此外,消毒、抑菌、除臭类洗涤剂,也都发挥着各自的特色和优势。国外专家在发现水经磁化有较好的洗涤效果后,制成磁化洗涤液,使用后平均洗净度比用一般洗涤剂提高达11%以上。俄罗斯的科学家还研制出一种洗涤布,把这种可连续多次使用的布和脏衣一起放进洗衣机,在浮水中搅动5分钟后,脏衣上的污垢被这块洗涤布"吃"得干干净净。

在当今超市货架上,各种洗涤剂包装在瓶、筒、罐、袋内,品类繁多,令人眼花缭乱。一些名牌洗衣液,在水中溶解速度快,能彻底深入衣服纤维,充分发挥洗涤效果;而且洗衣液的碱度低,性能温和,不会伤及织物和人体皮肤。除了能够用于漂洗棉、麻、化纤质料服装,还能洗涤羽绒类、毛毯等大件,适用范围更广。有的洗衣液还添加了护色成分和香味剂,可令衣服洗后保持原有的色泽,鲜亮如新,散发出幽香。衣领净类洗涤液含有特效多元活性剂和液体蛋白酶,喷洒在衣领、袖口等处,能迅速瓦解油渍、汗渍等顽固污痕,并能深层洁净不留痕迹。洗涤剂中的柔顺剂,漂洗衣服后,衣服不缩水、不变形、不板结,柔顺贴身,还有抗静电的作用。在竞争激烈的洗衣粉品牌中,如今又出现了受人瞩目的天然皂粉。皂粉含有90%以上的椰油、芦荟等再生植物油脂,成分天然,是清洗贴身衣服和婴幼儿衣服的最佳选择。皂粉对织物有很强的亲和性,洗涤婴幼儿衣服,能快速清除织物上的油渍、奶渍、果渍、尿渍。此外,使用皂粉洗涤衣服产生的泡沫少,效果好,容易漂洗,又可节水。有如此多的优点,难怪皂粉已成为很多家庭购置洗涤剂的首选。

51. 樱口一抹话唇膏

涂口红、抹唇膏并非只是女子们的事。冬季室内温度过高,嘴唇干裂,男子、孩子也可以抹抹唇膏,感受一下润肤唇膏的清凉。

相传埃及妇女是最早使用唇膏的。公元前 1300 年统治埃及的妮芙蒂提女王,曾把红赭石磨成粉,与脂肪混合后涂在唇上作为装饰。唇膏在我国使用也很早,可追溯到春秋战国时代。《楚辞》中记载有"粉白黛黑,唇施芳泽"的句子。在古代,点唇用的色彩称为胭脂。胭脂原产于西域匈奴地区焉支山,故原称"焉支""燕支",后改称"胭脂",是用一种名叫"红蓝花"的野生植物做原料制成的,用以涂抹嘴唇和脸颊。古人以鲜红的嘴唇为漂亮的标志。三国时在曹植《洛神赋》中就有"丹唇外朗,皓齿内鲜"的描述。由于古人所使用的唇膏含有硫化物及汞等成分,因此皮肤中毒、发生炎症的事也时有发生。

17 世纪初,欧洲妇女涂染嘴唇时使用了葡萄油,即一种用葡萄汁和阿香草液汁制成的硬而微香的有色油膏,后又涂过以蜡和油混合制成的软膏。用于预防唇裂的玫瑰油膏也是以同样方法制得的。到了 20 世纪,在化学家的帮助下,美容师成功地制造出圆柱形口红。这种口红使用方便,对嘴唇黏膜刺激也小些。口红在 20 世纪 50 年代开始普及,市场上的口红主要有两大类:一类是耐久性口红,涂抹后进入嘴唇黏膜而经久不褪;另一类是油质口红,鲜明光亮,易于擦洗。传统的口红颜色是红色的,红色中又分桃红、绯红、棕红、粉红、鲜红、珊瑚红等深浅不同的色调。美国兴起过蓝、绿唇膏,欧洲有人抹白唇膏,还有涂黑唇膏的。

唇膏是当代女性最常用的化妆品之一。选择唇膏讲究与服装色彩搭配,与整体风格协调。很长一个时期,人们以"樱桃小口"为美,如今越来越倾向自然、健康的唇形。不论嘴型大小,只求唇峰清晰,唇形玲珑,唇彩丰实。

目前国外一些大的化妆品公司生产的唇膏,仅颜色就有一两千种之多。现代唇膏是复杂的化学产品,通常在油脂、蜡质中掺入一种酸性曙红染料,长期使用者有 9% 会出现口唇干裂等现象。随着全生物型化妆品的使用,日本专家用一种名叫紫草的多年生草本植物制作口红,这种口红既有紫草原有的天然鲜红色彩,又有滋润嘴唇、防止干裂的功效,且无任何刺激性。在日本上市的另一种既不褪色又防干裂的口红,以特殊油剂制造,抹在嘴唇上三分钟后便不脱落,不会沾污茶具、衬衣等,很受日本妇女欢迎。

52. 轻柔绵软的毛巾

人们每天洗脸、洗手,要用毛巾;洗澡要用浴巾;睡觉时要靠贴枕巾。有意思的是,这蓬松绵软的用品,竟是偶然间发明出来的。

17 世纪初时,英国一家纺织厂有台织机出了故障,一团棉纱缠结起来,被视为废物丢弃。有人无意中拿起它揩湿脏的手,感到它软柔、吸湿,于是设计出长短相当的棉织物,制造出毛巾。

几百年来,看似变化不大的毛巾,无论从织料上、外观上、功用上,都有很大改变。目前毛巾已由实用性向装饰性发展,国内市场上毛巾新品种在不断增加。印花运动毛巾、提花喷花毛巾、丝光缎档毛巾、隐花印花毛巾、割绒印花毛巾等,琳琅满目。以天然真丝、大豆和牛奶蛋白纤维制成的蛋白质纤维毛巾,以玉米为原料合成聚乳酸制成的玉米纤维毛巾等,柔和、松软,也都是毛巾中的佳品。

毛巾除了清洁,还有保健作用。中医讲:"温则通,通则不痛。"使用毛巾热敷即能达到温通的效果。用热毛巾敷眼,可减轻眼部疲劳,缓解干眼症,明目健脑。用热毛巾敷耳,可改善耳部血液循环,防治缺血性耳聋。敷后脑,可改善头晕症状,提高反应和思维能力。毛巾热敷患处还可治疗落枕、颈椎病、腰部疼痛、女性腹痛及跌打损伤等病症。

微缩毛巾是目前国际上流行的棉织产品。这种毛巾是将全棉的普通毛巾经过微缩工艺处理,使其在原有功能不变的基础上,体积缩小至五分之一。当需用时,放入水中 30 秒钟即可变为一条普通毛巾。用后晒晾又能缩小。这种毛巾很受经常出差和旅游者的喜爱。

日本生产的一种强吸水毛巾,以聚乙烯醇海绵制成,吸湿速度相当于一般毛巾的 2.5 倍。这种毛巾手感柔软,洗发后擦拭不伤发质,并能大大缩短洗发后整理头发的时间。日本研制的一种音乐毛巾,通过触摸电子开关,能奏出美妙欢快的乐曲,可增加儿童洗脸的兴趣,养成讲卫生的习惯;这种毛巾还可当枕巾用,并奏出催眠乐曲,帮助儿童入睡。

我国长春毛巾厂生产出一种保健美容毛巾,毛巾中植入多组磁力线。当毛巾浸入水中,即能产生磁化水,渗入使用者肌肤,有助于体内血液循环,疏通气脉。经常使用对皮肤保健、增强毛细血管弹性都有益处。把这种毛巾当枕巾用,磁力线形成的磁场作用于头部穴位,对失眠、头痛症患者有辅助治疗功效。在国外市场上也有多种保健美容毛巾销售。制作方法是在毛巾内加入微量元素胶囊,内含磁场较强的磁片,浸水后产生磁化效应水,作用于人体肌肤能促进其细嫩光滑。

53. 雅致生风的扇子

扇子的使用在我国已有3000多年的历史。据《淮南子》记载,周武王曾用扇子替一位中暑病人扇风取凉。这是发生在公元前11世纪的事。专家推测,最早使用的扇子是羽毛扇,"扇"子里有个"羽"字即为证明。在古代,扇子不仅用于取凉,还用来拂尘、驱蚊、挡风,或作为仪卫的一种饰品。汉代和南北朝时,宫廷卫士站班时都要手举长柄大扇,用来增添帝王的威严。

扇子一词的拉丁文原意是清粮工具,用它扇除谷物中的糠壳等杂物,因此被视为圣洁用品。古希腊最早的扇子是用染色的芦苇编成芭蕉叶状。到公元前5世纪,贵夫人用的扇子以美丽的孔雀羽毛编制,扇柄是金制的。

我国素有"扇子王国"之称。扇子的种类由于工艺发展更趋繁多,按用料可分为羽扇、纸扇、葵扇、蒲扇、骨扇、绢扇、麦秆扇、竹丝扇、象牙扇、香木扇等。从形状看,有圆形、半圆形、椭圆形、方形、梯形、多边形、六角形、葵叶形等。苏州著名的檀香扇,造型优美,轻巧精致,挥动时风生香起。杭州著名的黑纸扇,不怕日晒雨淋,结实耐用,名播中外。

自古以来,扇子就与文学艺术结下不解之缘。《西游记》中有"孙悟空三调芭蕉扇"的故事;在《红楼梦》中能读到撕扇、借扇等有趣章节;《水浒传》中"智取生辰纲"一折则有好汉扇蒲扇,白胜卖酒高唱"公子王孙把扇摇"的描述;《三国演义》中,手摇羽扇的诸葛亮更给人留下了深刻的印象。在古代诗词中,咏扇佳句不胜枚举。戏曲《桃花扇》以扇子为题,并贯穿全剧。京剧表演艺术家梅兰芳,在舞台上手持一把金箔彩绘的黑纸折扇,载歌载舞,扇子为他的《贵妃醉酒》增色不少呢。

扇子既是随身携带的消夏尤物,又是充满诗情画意的艺术品。一把"天女散花"的苏州檀香扇,拉镂出15000个洞眼,精致秀美,令人叹为观止。苏州博物馆收藏的一把小巧玲珑的折扇,扇面为薄如蝉翼的象牙片,长不盈寸,上刻唐诗三百首,是扇中精品,名贵至极。文坛巨匠郭沫若曾写有一首题工艺扇的诗:"清凉世界,出自手中。精逾鬼斧,巧夺天工。飞遍寰宇,压倒西风。"这是对我国工艺扇的热情讴歌和高度赞美。

在普遍使用空调和电风扇的今天,手摇扇便于携带,仍然好用。夏日清风贵如金,每逢酷暑来临,扇子一摇,凉风拂面,令人心旷神怡。扇子可以购买,也可以自制。有的孩子用雪糕棍和废塑料纸板串制成能折叠的扇子,不但实用,还宣传了环保呢。

54. 席卷暑夏

夏季炎热。睡觉如果直接躺在褥子上,会觉得不舒服。如果铺上凉席再躺上去,就会感觉凉爽。

席,人们度暑的佳品。在古代时以芦苇竹篾等编织而成,供人坐卧。古代没有桌椅,所坐之处先要铺上筵。筵比席大,席放筵上,然后落座。同坐之人可以寒暄、议事,也可以饮酒品肴。后来就把酒宴称作"筵席"了。

按照古代礼制,天子铺地用五重席,诸侯用三重,大夫两重。古时的席有的极精巧,据《西京杂记》载,汉成帝的昭仪赵合德用的"绿熊席",席毛长二尺余,睡在席上人全被席毛所遮蔽。《河东备录》记载,"壬癸席"是用净猪毛制成的,又滑又凉,躺在上面倍觉舒适惬意。此外古代还有茭苇织造的紫茭席、蒯草精编的蒯草席、皮纹壮观的虎皮席等。

北京故宫博物院珍宝馆里陈列着一件稀世珍宝——象牙席。这件看似竹编的凉席长 216 厘米,宽 139 厘米,是用象牙剖成宽不足 3 厘米的扁平条编织而成的。这件凉席是清雍正年间的贡物。在 1977 年 4 月的清明节这天,工作人员清理紫禁城内养心殿西厢房,当打开一卷破烂草席时,人们惊呆了,破草席中居然裹藏着一领完整的象牙席。这样一件贵重的物品为何与破席裹在一起呢?应当说这是一起宫廷未遂盗窃案。有人曾想利用清理垃圾时弄出宫去,只是没来得及,使象牙席侥幸被保留下来。

席在过去与人们的起居紧密相关,如今的用处更为广泛,消夏的凉席尤为丰富多彩。儿童席、枕席、沙发席品种繁多,有印花的,也有编花的。草席的编制也一改手工。利用高科技手段将天然草木粉碎、烘干,再经杀菌防霉处理,编织成席。随着居民购置席梦思软床的增多,与之配套的软折席十分走俏。软折席中以南方竹席最受消费者欢迎。湖南益阳的竹席,以当地水竹为原料,破篾织席,至今已有 600 多年的历史。竹席的散热、收汗性能好,经过几个夏天,席色由青绿转为棕红,有晶莹剔透之感。这种席既实用,又是工艺品。编织人员以篾丝的自然色泽,织出花鸟鱼虫、人物山水,令人赏心悦目。20 世纪 50 年代,益阳一位织席老艺人编织的"和平万岁"鸽子席,送德国莱比锡国际博览会参展,一举获得大奖。

近年来,国内市场上草席、苇席,因价廉仍有需求,而更多的家庭喜爱买亚麻席铺用。年轻人则青睐形似麻将牌串联一起的竹板席。牛皮席也进入了一些家庭,高档的一床售价达 3000 元以上。然而这种席会让睡上去的小孩子受凉感冒,少儿不宜使用。

55. 别具情趣的杯子

人们在家里喝水通常会用到杯子。杯在我国源远流长。夜光杯是一种晶莹典雅的饮酒器具，距今已有 2000 多年的历史。相传在西周时，周穆王远游西域，与西王母在瑶池饮宴，西王母以夜光杯相赠。夜晚时将美酒斟于杯内，月光映照，色呈雪白，闪耀银光。周穆王爱不释手，带回宫中，并使其流传下来。"葡萄美酒夜光杯"等唐代诗人的佳句，更使夜光杯声名远播。

自秦汉时起，我国东部一些地方兴起了以螺壳为杯饮酒的习俗。《南州异物志》记载："珠螺莹洁如玉，鹦鹉螺形如鹦鹉头，并可作杯。"螺壳质地坚硬，耐腐，形态别致。时至今日，以螺壳为饮食容器的遗风，仍在我国一些沿海地区沿袭。

北宋时，有人利用虹吸原理造出一种九龙杯。往这种杯中斟酒，酒液斟到九成九时，一滴不漏。若再加一点满口，则整杯酒漏得一滴也不剩。故而此杯有"公道杯"之称。人们观杯能领悟到"知足者常有，贪心者会一无所获"的道理。

在欧洲，玻璃的出现，为杯子的制造提供了良好的原料，使制成的杯子晶莹剔透，流光溢彩。如今国内外市场上各种杯器争奇斗艳，其中一些颇有情趣。

香港一些人家流行使用一种冰杯。杯内壁安放一种淡黄色的冷凝剂。用前放入冰箱冰冻两个小时，取出放入啤酒、饮料等，能快速制冷。有趣的是，往这种杯中倒入牛奶、糖、香精，过一两分钟就能吃到可口的冰激凌。在香港市场还能买到一种不倒杯，以苯乙烯树脂制作，圆锥形，容量 300 毫升。杯的底部粘有橡胶，利用摩擦的原理，在台面倾斜不大于 40 度时，既不外倒，也不会滑落，给驾车、登山的使用者带来了便利。

德国则生产出一种会说话的酒杯。酒杯底部装有能发声的电子装置，在宴会上举杯时杯子会发出"请，干杯"等悦耳柔和的话语，能增添友好、欢乐的气氛。

日本一家饭店使用了一种可变换景色的玻璃酒杯。杯上画有乳白色天空、红色的森林、山景、海水，新颖独特，引人注目。当顾客向杯中注酒 15 分钟以后，杯上蓝蓝的天上飘浮着朵朵白云，山景、海水等都变成了绿色、蓝色，令人赞赏不已。

欧洲市场上新推出了一种随温度变色的杯子，有着很好的公益广告效应。当杯内水温低时，蓝色的海水上冰山巍峨；水温高了时，冰山缩小；杯内充满热水后，冰山消失，海平面增高。使用这种杯子能引起人们关注全球变暖造成的冰山融化，警醒人们从自身做起，保护地球环境。

56.五光十色的玻璃

在家庭用品中,玻璃制品是很多的。除了门窗,还有瓶子、杯子、灯罩、钟表罩、鱼缸,等等。

公元前3000年,古埃及人在湖边沙滩上生火,在高温作用下,因湖水蒸发而沉淀的苏打与沙粒中的硅相结合,生成一粒粒小结晶珠。有人由此发明出用沙和苏打制取玻璃的技术,并用玻璃制作了佩戴的饰物和简单器皿。公元前1世纪时,叙利亚人使用吹管吹制出玻璃盏瓶,这一技术一直延续至今。到了12世纪,欧洲的玻璃工匠研制出彩色玻璃工艺,使大小教堂的玻璃窗全变得色彩斑斓。不论中国、外国,玻璃在很长时期内都是珍贵之物。在小说《西游记》中,卷帘大将只是失手打碎了琉璃盏,便被发配到凡间做了挑担的沙僧。那琉璃盏不过是一件普通的玻璃制品。

玻璃传用至今,已成为一个兴旺的大家族。在建筑方面,保加利亚用玻璃铺成一座玻璃大桥,长12.5米,宽8米,重18吨。这座桥晶莹而美观。法国用900块条形玻璃建成一道透明双层墙壁。它长350米,高4米,夹层放吸音材料。沾上尘土后用水一冲,光亮如新。美国建造的高层酒店玻璃电梯,让乘坐者能尽情观赏店堂内外风光,晚间可一览繁星与灯火交相辉映的夜景,令人心旷神怡。近年来,多种特殊性能的玻璃相继研制出来,如透明度极高的光纤维玻璃,会随光照强弱变色的光敏玻璃,防弹、防强烈撞击的钢化玻璃,立体浮雕玻璃,自我清洁玻璃等,都得到应用。

我国研制出一种彩虹玻璃。把这种玻璃放到光源前,一种五彩缤纷的美丽图案就会展现出来。随着光源的种类、形状、位置、强弱的不同,图案随之千变万化。用这种玻璃布置舞厅、商店,能大大增加欢快气氛;装饰家庭壁灯照明,也很有情趣。

美国制成一种能折射阳光的玻璃,可将阳光从不同的角度折射到室内墙角或天花板等不同部位。通过一定组合,还能把阳光引入到地下室。美国研制的另一种双层隔热玻璃,选用氩气做填充物,再用垂悬薄膜与涂层结合,隔热效果显著,可阻挡住99.5%的紫外线。

日本制成一种能防虫灭虫的玻璃。这种用药剂喷涂、经消毒技术制作的玻璃,对居住使用者无害,却能使蚊虫难于附着,并且飞触到玻璃上就会中毒而死。日本还生产出了两种强化玻璃。一种和普通玻璃亮度、透明度一样,虽然比大理石、黄冈岩更耐压,却很好切割,适合做大块的桌面或地面装饰用。另一种加入了碳化硅纤维,从而提高了玻璃的强度和韧度,可以在上面钉钉子和拧螺丝而不必担心玻璃断裂。

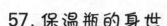

57.保温瓶的身世

保温瓶又叫暖瓶。很多人都知道是欧洲人发明的。但最早制造和使用保温瓶的是我国古人。据宋代学者洪迈所著《夷坚志》记载,有个叫张虞卿的人,在河南伊阳县小水镇得到一个出土的黑色瓦瓶。它被放在桌案养花。有一日天寒,滴水成冰,可这瓦瓶里的水却不冻。主人又把沸汤灌入瓶中,发现汤水久久不冷。以后他出外郊游,就把热茶灌入瓶内带在身旁,渴时喝到的茶就像刚沏的一样热。不想一日仆人不慎把瓦瓶打碎了,发现瓶底有两寸厚,是夹层的。下部瓶壁也有孔隙。现在看来这正是古人应用了保温原理巧制的保温瓶,它也称得上是世界上最古老的保温瓶了。

据记载,现代家用保温瓶的发明纯属偶然。1898年,德国柏林一位叫布格尔的玻璃工匠,接受了制作一种保存液态气体的玻璃器皿订货。布格尔设计制出一个镀银的真空双层玻璃瓶。一天,他把热咖啡倒入球瓶,发现球瓶的保温性能极好。他灵机一动,为球瓶镶上了铁皮外壳,并申请了专利。这古怪而实用的瓶子受到赏识,并流传开来。两年后,英国科学家杜瓦通过压缩氢气获得了液态氢。为了保存制品,他着手研究保温容器。杜瓦根据冷热传导、对流以及辐射的原理,对德国人的球瓶进行改造。他在玻璃瓶的瓶口装了严实的塞子,将玻璃瓶做成双层,并在隔层涂了水银。这样就有效地阻止了冷热的对流、传导和辐射。以后保温瓶就从科研器皿变为家用物品,摆进了千家万户。

发展为家用的保温瓶分为三大类:细口型盛沸热水、热饮料、热中药汁等;大口型可盛放冷饮、热食、防发酵的物品等;杯型常盛放热水、热饮,小巧便于携带。保温瓶里边有内胆,外壳制作有铁皮、竹篾、竹筒、木、陶瓷等。外壳装饰包括印色、喷漆、喷花、电镀、抛光、刻花、染色等。

如今的保温瓶有大有小,款式多样,琳琅满目,已成为家用物品中的大家族。按照功能,有的用于医疗保温,有的用于食品冷藏。家庭中一按就出水的压力瓶,方便了老人和孩子使用。宾馆中通电几分钟就能喝到开水并保持恒温的保温瓶,让入住者感到便利。北京生产的多型号水杯保温瓶,让长途司机和旅游者在郊外也能喝到热饮。上海等地研制的搪瓷保温瓶,内胆以不锈钢制造,不怕磕碰。在国外,瑞士一家公司发明一种太阳能保温瓶,瓶的底部安装着可折叠的镀铝反射镜,映照阳光半小时,就可将瓶内水烧开,并能长时间保温。美国研制出一种轻柔热水瓶,以无毒双层橡胶抽真空制造,可盛放冷饮或热饮。这种保温瓶便于携带,可平放,可折叠,不怕磕碰,经久耐用。

58. 温度表的家谱

看似简单的温度表，从开始发明至今，也曾使科学家们付出了大量心血哩。1603 年，意大利科学家伽利略第一次发明了温度表。当时的温度表有一个鸡蛋大的玻璃"脑袋"，下面和一个插在有色水瓶里的玻璃管相连。这种原始的温度表不够准确。不久，伽利略的学生把玻璃管改成密封，并使用了酒精。温度表较为精确了，可它还面临着酒精易沸腾和蒸发的难题。1724 年，德国学者华伦海特用水银代替酒精，把沸点定为 212 度，冰点定为 32 度，"华氏温度计"就这样创立了。20多年后，瑞典天文学家摄尔修斯将冰点定为 0 度，沸点定为 100 度，这就是至今广泛使用的"摄氏温度表"。

温度表发展至今，可分为指针温度表和数字温度表两大类。细分又有转动式温度表、半导体温度表、电热偶温度表、光测高温计、液晶温度表等类别。世界上最大的温度表位于新疆吐鲁番火焰山景区的地宫中心，落成于 2014 年，名"金箍棒"。它高 12 米，直径 0.65 米。可实测摄氏 100 度以内的地表温度、空气湿度，误差不超过正负 0.5 度。该"金箍棒"温度表已列入《吉尼斯世界纪录大全》。

温度表常放在室内、挂墙或置于案头，也可放于冰箱中。而今小商品市场卖的一种温度表是吸放在窗玻璃之外的。它透明，从房内就可以看清它显示的刻度，从而了解室外的温度变化。擦玻璃时，拔下它的吸盘就取下来了。

把温度表用在医学上，从而制造出体温表的人，是伽利略的朋友桑科托留斯医生。他在拜访伽利略时看到了温度表，想到可用它测量病人体温。经过改进，他研制出世界上第一支体温表。

温度表家族中这一大支系——体温表，如今已是多姿多彩，琳琅满目。国内外大量生产使用的液晶体温表，只要贴在额上，液晶屏上就能立即现出体温数字。日本研制出的会说话体温表，给盲人、弱视者自测体温时带来了便利。日本研制出另一种新型体温表，可使用传感器向耳内探热，不到三秒钟即可测定体温。此温度表长 8 英寸，包着探针的盖子是一次性的，特别适合传染病患者使用。德国发明的勺式体温表，在喂孩子食物时，就把孩子的体温测到了。美国还研制出一种可吞服的微型体温表，它仅长 2 厘米，可包在药用胶囊内，口服后沿食道下移，48 小时后从肛门排出。该体温表内装有电子感应装置，能不断接受体温变化信息，以电波传出。俄罗斯研制出一种体温表，可将其敏感部分置于最小注射针管里，注入人体后向外发出讯号。给病人做心脏手术时，监视心肌的温度变化情况，是这种体温表的使命。2020 年新冠病毒肆虐全球，额温枪等测温器成为最为紧俏的医疗用品之一。

59. 变化头色的染发剂

染发配方最早见于文字的，是我国西晋张华所撰《博物志》一书。书中记载："胡粉、白石灰等，以水和之，涂鬓须不白。"胡粉是含铅的粉，与石灰加水起化学反应后，产生氢氧化铅，渗透到头发组织中，使头发变黑，说明晋代的人已懂得用铅染发。铅染一直沿用下来。此后《千金要方》《本草纲目》中也都有染发配方。然而头发染黑后难以持久却一直是个老大难的问题。到了清代，有人开始寻求外国货，慈禧太后就使用过法国的染发剂。

在国外，最早的染发之风起源于9世纪末。居住在埃及南部大沙漠地带的黑人很崇拜火，认为火是红色的，所以替孩子把头发染红，希望孩子给父母带来幸福。后来欧洲妇女看到这种红头发好看，也仿效用染发水把头发染成红色，认为这样才称得上时髦。

染发之举在讲求服饰整体美的今天，已成为化妆中的一件大事。据一家国际网络调查显示，在接受调查的2600多人中，染过发的人占到90%以上，而且在30岁之前开始染发者占到被调查者的半数以上。作为给头发染色的化妆品，染发剂已分为暂时性、半永久性和永久性三种类型。当今的染发物品很少再见到早年的粉状、水状，多为油膏状，单剂软管包装。染发和洗发一样方便自在，且深入发根，着色持久，无难闻气味，好梳理。如今引人关注的问题是，染发剂中含铅，接触皮肤、血液后，使用者易过敏，并容易引起铅中毒，产生多种病变。为此近年染发剂生产厂家无不在产品包装上注明：产品不含铅。为维护使用者健康，自然还要靠有关部门加强监管。作为喜爱染发者，应选用以植物为原料的染发剂为宜。

说到染发方式，如今除了单一染色，还可以在头发不同部位放三四种同一色系、不同色度的染发剂，如桃红、铁红、猪肝红相组合等，以增强发型的动感、质感、层次和线条的立体效果，使染色后显得自然而又新鲜。由于染发剂用着方便且七彩俱全，遂使一些喜欢怪异打扮的人乐此不疲，把头发弄得色彩迷离。德国有个叫彼得的小伙子，把头发染成嫩绿色，一天他躺在喷水池边的长凳子上睡着了，附近马戏团一名小丑拉着骆驼走过水池边。骆驼看到一丛多年未曾尝过的"鲜嫩青草"，张口就咬，还用嘴巴一拧。可怜的彼得头上的一大片头发，就这样被连根拔掉了。

60.神奇的粘接剂

　　家庭备下一小盒民用万能胶,可随意将皮革、橡胶、木材、金属、玻璃、陶瓷、水泥制品等互相粘接,尤其在修补自行车内胎和皮、胶鞋等物时,更有理想的使用效果。

　　人类很早就做出了优质好用的粘接剂。德国考古学家发现古罗马时期用于粘补兵器的一种强力胶,历经2000多年仍能保持黏性。这种胶用于一个1986年出土于莱茵河附近的头盔,头盔制造于公元前1世纪。头盔上的胶虽然暴露于空气和潮湿环境中长达2000多年,却未失去黏合力,而这种胶是由沥青、树脂和动物脂肪制成的。

　　近年来,化学工业的发展使粘接剂的性能愈加优越。在当今飞机制造中,很多部位使用粘接剂代替铆、焊。"三叉戟"飞机的粘接面积占到全部面积的67%,新型波音飞机的粘接面积已达500平方米。今日粘接剂的粘接力是惊人的,在钢管上滴一滴氰基丙烯酸树脂粘接剂,30分钟后就能吊起两吨半重的卡车,两天后竟能挂上10吨重的重物。香港一家经营粘接剂的商店,为推销一种最新的"强力万能胶",用它把一枚价值3000元的金币粘在墙上,宣布谁能用手揭下,金币便归谁所有。一试身手者大有人在,最后都是无功而返,望币兴叹。

　　如今的粘接剂不仅性能优越,使用方便,有的还能大面积粘接金属,用于舰船、飞机甚至发射的火箭等。一种氰基丙烯酸酯类的粘接剂,操作方便,固化速度快,用胶少,粘接后不仅强度好,还具有耐酸碱、耐油、耐水、耐高温低温、耐老化等功能,常被用到。

　　多种由海洋贻贝为原料的粘接剂,早在十几年前就研制成功。这类粘接剂除能用于治疗牙科疾病,还可用在粘接外科手术切开的黏膜,避免感染。如今科学家把壁虎"飞檐走壁"的功夫和贻贝的超级粘接力结合在一起,发明一种"壁贻胶带"。这种胶带在使用一万次后,黏附力仍然不减。医学专家已着手让这种胶带代替现有的医用缝合线和防水绷带。

　　昔日贴个纸、补修个家用物品的胶水,如今已大量用于医疗保健,美国用血液为原料制成一种人体胶水,对粘连皮肤、断耳、断臂等部位效果奇佳,且无副作用。法国卫生部批准生产的一种医用生物胶,能有效黏合人的皮肤、骨头和肌肉,在矫形科、口腔科、整形外科临床上也都为医生所乐于使用。俄罗斯研制出一种治疗胃出血的粘接剂,经管道把这种剂液输送到胃部出血部位,便能迅速止血,并能促进患处组织加快愈合,减去了病人经受手术的麻烦和痛苦。

61. 染料的多彩世界

过去人们衣服穿久了,褪色了,经常买包染料染新。

在古代,染料是从各种自然原料中提取的,来源稀少,采制也很困难。在我国上古时期,古人就在大自然中找到了"木蓝",也就是荀子在《劝学篇》中所说的"青,取之于蓝,而青于蓝"的靛蓝。当时从 100 公斤的木蓝叶中,仅能提取 2 公斤的靛蓝。到了近代,化学家打开了燃料的绚丽殿堂。1856 年,英国学者珀金为治疗疟疾,以煤焦油合成奎宁,得到一种不能溶解的黑色物质。他从中提取出一些紫色的东西,意外地发现它可以染丝,于是有了世界上第一种人造染料:苯胺紫。此后 30 年,化学家们制出了太阳光谱上所有颜色的染料。到目前为止,合成染料已有数万种之多。

别以为人们服装多了,旧衣服不再漂染,染料与家庭生活的关系就不大了。染料显露才华之处多着呢,尤其是在医药方面。在家庭常备药品中,红药水就是染料荧光黄钠盐溴汞的衍生物。它的百分之一水溶液具有良好的杀菌解毒功用,消毒能力可渗达皮肤表层内部,又不会对皮肤和黏膜造成刺激和损害。紫药水是一种碱性染料,杀菌消毒作用更佳。其他如碱孔雀绿、碱红光紫、碱结晶紫等染料,也都有着很好的杀菌效能。除了消毒杀菌,有的染料还能作为药物除病去疾。能为羊毛、蚕丝着色的磺酰胺二氨偶氯苯,就是第一个用于治疗葡萄球菌感染的磺胺特效药物。染料中的刚果红可用于止血,染料酚酞是润肠果子糖片的主要成分。孕妇用的扑疟特效药疟涤平也是一种鲜艳的黄色染料。

在医学上,染料还是假死的检查剂。把荧光黄注入人体内,如果是假死,在数分钟内就会变为黄绿色,真死者则没有这种反应。20 世纪美国医学人员着手研究以染料治疗癌肿瘤,并取得突破。他们把选定的染料从人体静脉注入,然后以特殊波长的激光照射肿瘤表面,染料与激光反应,产生出一种特殊物质,作用于癌细胞后,能有效控制癌细胞的生长、扩散。

色彩鲜艳、美观,是染料的天然优势。欧洲市场上出售有多种护皮染料,将这种染料涂擦在皮夹克、皮带、皮包、皮鞋等皮革制品上,能抹去划痕、皱褶,让皮件焕然一新,色泽悦目。开发商将一些发光性染料用于门厅、指路板、钟表表盘等处,能给黑暗处的使用者带来便利。此外,染料还可用于救生。游客外出时身上带着颜料,一旦在海上遇难,染料就会使大片海水着色,便于救生人员发现、施救。

62. 壁纸功能多

壁纸是贴在墙面的纸。居室墙面贴纸既显得整洁卫生，也装饰美化环境。

近年来很多家庭注重居室的布置，在使用壁纸时细加选择。专家指出，3 岁前是儿童视觉发展的关键时期，宝宝会对形状复杂、色彩鲜艳的图形很感兴趣。这时为他们贴上绿色基调、图形活泼的壁纸，有益于防止视觉疲劳。方块、心形、圆形图案交错排列，小蜜蜂、小蝴蝶等造型都能激发孩子的想象力。6 岁前孩子的大脑进入快速发育时期，在他们平视方向粘贴小熊、兔子及卡通人物造型，有助于培养孩子构思故事的能力。壁纸产品在原料中加入丝绒纤维，增加了强韧度，其花草、池塘、楼阁、山川、人物、动物图案的立体感也强，能增添居住环境的活跃气氛。居室中壁纸贴用得当，不仅能表现出优雅的情调，也能显现居住者独到的艺术眼光。

目前国内外市场上壁纸种类多样，一些新型壁纸除了美观，还具有独特功用，受到使用者欢迎。

日本市场上推出一种能消除室内各种异味的"除臭壁纸"。这种壁纸把天然除臭剂溶于聚乙烯原料中制成面料，贴用后能除去诸如鱼腐烂后散发出的三甲胺臭，蛋、奶变质后散发出的硫化氢臭等，除臭效果可持续 5 年以上。

在法国市场上出现一种"防菌壁纸"。这种壁纸看似普通，却有 4 层结构，在软纸皮上层的图案纸上涂有一层药膜，药膜上罩一层防水胶。贴用这种壁纸，药膜的药物挥发，对人无害，却能有效抑制十余种病菌滋生。其药效可保持 3 年以上。

美国研制出一种"戒烟壁纸"，纸质中含有合成化学物质。贴用后，壁纸能持续散发出特殊气味，使吸烟者对香烟"大倒胃口"，从而达到戒烟的目的。据报道，这种戒烟壁纸贴到居室墙上后，已有千余名嗜烟者和香烟"拜拜"。

英国专家制成一种可以散发热量的"暖气壁纸"。这种壁纸涂有一层独特的油漆涂料。通电源后，涂料能将电能转化为热能，并能持续使用很长时间。据比较，使用这种暖气壁纸的成本比使用空调低得多，很有发展前景。

英国一家公司还研制出一种"报火警壁纸"。这种图形雅致的壁纸上涂有一层无毒感热物质。住宅一旦失火，出现高温，壁纸上的物质就会敏捷地挥发，随即触及配置的电子感应装置，引发报警器鸣叫。这使居室主人能及早查找火源，采取扑救措施。

63. 明丽飘逸的窗帘

房子要安装窗子,窗子要使用窗帘。

窗帘在我国已有千年以上的历史。古时的窗帘除了用布和绸制作外,还有竹丝编的、珠子穿的等。窗帘常在诗词中出现,如"画栋朝飞南浦云,珠帘暮卷西山雨""试问卷帘人,却道海棠依旧"等等。

在生活中,窗帘的主要作用是隔绝外界,保持居室的私密性,同时除有遮阳、隔热、调节室内光线、阻挡部分噪声等作用外,还是居室中的重要装饰品。当今的一些窗帘还具有防火、防风、除尘、防紫外线、防辐射等功能,用以改善居室的气候与环境。装饰性与实用性巧妙结合是现代窗帘的最大特点。

如今窗帘的造型、结构样式多种多样,有平拉式、挽结式、悬挂式、开启式几种。平拉式给人匀称平稳的感觉;挽结式显得优雅柔和;悬挂式则潇洒大方;开启式分为双开、全开、半开等。从用料上分,则有布艺帘、珠帘、线帘、纱帘、竹席帘等多种。从使用最普遍的布料来说,色调多为草绿、杏黄、浅橙、橘红等几种颜色。图案以小花、小草为多。性能偏重悬垂性、透气性和阻光性。近年随着人们生活品位的提高,窗帘布艺也逐渐随着季节和流行而趋向于时装化。明丽鲜亮的色彩、飘逸的丝织面料、简洁流畅的线条、层叠有致的放射式几何图案等,这些原是2008年米兰时装周与时尚的服装设计,已悄然流行到了窗帘布艺市场。在北京南四环窗帘批发城,各种各样的窗帘花样繁多,琳琅满目,仅布料颜色搭配后就演变出两万多种。

近年来国内外研制出不少新款式窗帘。我国上海厂家研制出一种新型窗帘,采用纳米材料和纳米技术,在窗帘表面做了防水、防油、防污、防尘、防静电等处理,需要清洁时只须用布蘸洗涤剂擦拭即洁净如新。

日本发明了一种玻璃彩贴窗帘,图案色彩多种多样,胶质的磨砂面有很高的透光度。外面难向里窥,阳光却能入室。由于贴有这种窗帘,一旦玻璃破碎,玻璃碎片也不会乱飞伤人。

英国生产出一种卷轴式冬暖夏凉窗帘,有11种花色和6种素色。它由一层压薄而强度很高的涤纶纤维织物和一层反光性极强的铝箔粘合而成,铝箔上涂有可透过红外线的保护性漆层,使窗帘向外一面呈悦目柔和的米黄色调,并能使热量的传递减少98%。窗帘与玻璃之间留有20毫米的空气滞留层,可减少室内外冷暖空气的对流。使用这种窗帘,能起到冬暖夏凉和保持恒温的作用。

64. 柔软雅致的地毯

　　家里铺设地毯,或有机会参观大型展览,进入高档场所,都会感受到脚下地毯的柔软和舒适。

　　1947 年,俄罗斯考古学家在西伯利亚南部挖掘墓穴,曾发现一条藏在冰层中保存完好的地毯。据考证,它是公元前 5 世纪织成的。可知毛毯使用之早。当时波斯、土耳其和中亚游牧部族的妇女,把羊毛纺成线后,便在轻巧的织机上织出一块块几何图案的漂亮地毯。这些毛毯用作铺地、门帘以及装衣服的袋子。毛毯不仅是许多家庭最基本的陈设,也是一些国家赚钱的出口商品。19 世纪,波斯等一些地区的人开始根据中国画家画的花卉图案编制毯子,并标上画家题词。在原料中也加入了蚕丝、棉絮等。

　　我国地毯编织在国际上一直享有盛名。在比利时布鲁塞尔市中心花卉展中,曾展出一幅中国特大地毯,它长 216 英尺,宽 79 英尺,毯上织绣 65 万朵海棠花,让参观者惊叹不已。

　　在现代生活中,不少住房好些的人家铺设了地毯,铺用地毯的居室显得高雅豪华。地毯的色彩、图案美观悦目,视觉效果独特,对营造温馨气氛、美化居住环境,有很好的功效。人脚踩在柔软而有弹性的地毯上,可减轻对大脑的震动。地毯在脚下还有吸音、隔音、防潮的功能,具防寒、保温作用,对风湿病患者尤为有益。

　　近年来国内外对地毯大力开发,新型、有独特功能的地毯纷纷面世。日本市场上除推出了杀菌杀虫地毯,还研制出与暖气或空调机沟通、附有节电功能的发热地毯和纳凉地毯。

　　德国研制出一种发电地毯。地毯以一种特殊纤维编织,人在地毯上走动后产生的电能,可以储备并供应房间照明用电。

　　捷克研制出一种吸尘地毯。它以具有静电的中性能聚合物制造,能自动吸附人们鞋底和空气中的灰尘,用湿拖布一拖即净。

　　美国研制出一种不会脏的地毯。它是用具有一定光电效应的含碳纤维绒丝制成的,每根绒丝有细微的通孔,绒丝表面极光滑,沾不上灰尘污物。地毯不会脏,也就不必清洗了。美国研制的另一种地毯,也有很好的抗污力。当有色饮料、油迹等落在地毯上后,不会渗入到纤维里层,只在表面凝结成珠状,用纸巾抹去即可。美国加州制成的光学纤维,使地毯能闪耀出美丽的图案。可用于广告、舞会和演出的照明。如遇停电,地毯还会显现已编入的各种箭头,指示人们前进。

65. 新巧舒适的沙发

沙发是英语 SOFA 的音译,指的是一种内装弹簧的靠背椅,两边有扶手,是软装家具的一种。

说起沙发的由来,相传在印度有一个贵族,因病导致半身瘫痪。他请了一位木匠为他设计一种靠背椅。高明的木匠在椅子周围钉上木料,内衬棉花做软垫,病人坐在上面既柔软又舒服。之后,这种靠背椅就以沙发为名风行各国了。

在我国,南宋时官宦人家把宽大的太师椅改装,铺上棕榈、棉絮,厚而有弹性,这已经有了沙发的雏形。

而今,给人舒适的沙发已成为居室家具中的重要成员。除木质、真皮、聚酯沙发外,金属沙发及粗藤制作的青铜色调沙发也独具韵味。有些沙发造型奇特,像面包饼或红色口唇形的沙发,富有浪漫情调,是以女性为销售对象的。一些拐角及异型沙发也随处可见。瑞士一家旅馆的长沙发由 426 个小沙发组成,拉链连接,全长102 米,可供 200 人同坐。而阿曼国王订购的一套沙发,也连有 426 个座位,呈弯曲形,置于湖畔,以供休息赏景之用。此沙发总长 120 米,是迄今世界上最长的沙发。

近年来,沙发的制作不断出新。日本研制出一种暖沙发,沙发表面由聚酯制成,在坐垫和靠背里装有取暖器,温度可根据需要调节。英国生产一种含润滑剂黏性聚合物的"液体沙发",人坐上去不仅舒适柔软,还能消除久坐的疲劳感。美国市场上推出一种无簧沙发,用一些特制气球充气为簧,承重而不会爆破,既轻柔又别具一格。

如今的沙发品种极其多样,按形状分有低背沙发、高背沙发、普通沙发、组合沙发等几种。按用料分有皮沙发、布料沙发、曲木沙发、藤制沙发等几种。按风格分有美式沙发、日式沙发、中式沙发、欧式沙发、现代沙发等几种。按场所分有民用沙发、办公沙发、休息会所沙发、酒店沙发等几种。

走进今日的家具城,不同用料、绚丽多彩的沙发争相映入眼帘。有红木真皮高档的,也有小巧实用售价不高的。一款绒面内装泡沫的轻便沙发,只几斤重,拎起就走,放下便能倚坐,别具特色。一款箱式沙发,盛放物品时是一个铝合金包边的正方箱子,把顶盖掀起往后一插,就是一个单人皮沙发,下边有轮轴,落座后还可变换位置。另有一款下面带轮子的走读沙发,两侧安装有小箱柜,装入心仪的书籍、饮料等,尽可以在室外一边阅读,一边赏景呢。

66.椅子一席谈

有研究表明,在人所接触的家具中,时间第一多的是床,第二就是椅子了。

1921年,考古学家在古埃及第18个王朝的皇帝图坦卡蒙的陵墓中,发掘出这位距今3300多年的皇帝在位时的座椅。他的椅子以金箔贴面,两边扶手雕有雄狮和蟒蛇,四周饰以宝石和银块,望之熠熠闪光,堪称稀世珍宝。

我国古人习惯于席地而坐,春秋时才开始坐在有六脚的矮床上。汉末,北方少数民族的胡床传入中原。胡床是一种可以折叠的坐具,可以说是椅子的前身了。到了唐代,胡床逐渐演变成交椅,它的样子狭长,有些类似现在的躺椅,故又名"逍遥座"。南宋时,宽大的太师椅摆上了官宦和大户人家的厅堂,普通百姓则用上了四条腿、带靠背的椅子。

椅子延续至今,种类繁多,姿态万千。或给人带来舒适,或给人增添情趣,成了人们聚会、书写、进餐、休闲中少不得的物件。

在美国纽约一个家具展上,展出一种简朴、轻便的折叠椅,它可以变化样式,折叠后可像公文包一样随身携带。另有一种"手绢椅",单薄轻巧,似乎经不住风吹,其实它是用强度很高的玻璃纤维塑制,坚固至极。

澳大利亚研制出一种液体坐垫椅。垫囊充入液体,老弱病人落座后,便于在椅子上活动。这种座椅减轻了医院和家庭护理人员的劳动强度,椅子使用者也感觉身体舒适。

日本在20世纪90年代即生产出按摩座椅。座椅在人的背部和臀部的接触处安装有远红外发热装置,并可调整强度进行按摩,有助于消除身体的疲劳感。日本研制的音乐摇椅,椅垫下装有音响设备,随着椅子摇动能按设置播放悠扬悦耳的立体声音乐。这种椅子对失眠患者有一定治疗作用。

瑞典专家研发出一种车用防盗电椅。偷汽车者坐上驾驶座后,警报器便会警笛大作。窃贼若是仍不肯离座,装在椅垫下的电线即自动接通电路,电流足以让他瘫倒。

近年来,椅子不断出新,设计也更巧妙。在城市路边出现一种两条腿的椅子。它靠两条前腿支撑地面,椅背倚墙,减轻了重量,节省了成本。有防滑橡胶脚垫防护,路人尽可以坐得稳稳当当。

外出带着拉杆车上路,走累了,立起来,抽出两个支腿和一个横板就能坐下休息。这种带轮子的折叠椅,连人带物可负重300磅呢。另一款变色椅能测人的胖瘦,椅子内的传感器控制着光亮度,椅子受到的压力越大,透明椅体发出的颜色就越明亮。当发胖的人坐上去,椅子呈现红色,这是在提醒他:您应该减肥啦!

67. 古往今来集床趣

床是供人睡卧的用具。早在《诗经》中《小雅·斯干》篇就提道："乃生男子，载寝之床。"床在我国古代也作坐具解，《木兰辞》中说："开我东阁门，坐我西阁床。"

埃及人、希腊人和罗马人都曾享受过床的舒适，不过，直至8世纪末床才在阿尔卑斯山以北流行开来。法兰克国王查理曼曾宣布床是必需的设备，并对床上覆盖物的数目和品质加以规定。中世纪后，欧洲有的帝王的床上还设有栏杆和围屏，将床变为一个小型"堡垒"。英王理查三世杀了他的两个侄儿后，就下令将卧床用铁栅围起，使别人难以趁他入睡时向他复仇。理查的床也是一个保险柜，底部有夹层，秘密抽屉中藏有贵重的珠宝。有些名人如法王路易十三的首相黎希留主教，几乎整天不下床，除处理政务，甚至旅行也躺在安装着轱辘的床上。更有趣的是，当他访问的城市城门不够大，为使其超级大床通过，不惜将一部分城墙拆除。

人每日睡眠离不开床，床供人安卧，给人温馨。正因为如此，人们对床十分重视。近年，有关科学家已研制出一系列对人有保健作用的床。美国制造的多用病床，不仅一按电钮能使之折叠成椅状，还可使其下部伸出轮子帮助病人外出"散步"。加拿大人设计的催眠床，其高度与倾斜度均可随意调节，且有按摩器自动工作，能有效地解除失眠的痛苦。美国制造的防火床，床屉和床垫蒙有玻璃纤维编织的亚麻布，即使被烧上半小时依然无损。我国广州研制的风调环境床，使用时可吹送强或弱的自然凉风，既能带走热量和浊气，又不会让使用者感冒。美国发明的一种冬暖夏凉的调温床，床垫是一个特别的塑料水袋，附有电气控温装置。睡在此床上，冬天温暖如春，夏天似卧竹席。日本研制的闹钟床更为有趣，调好报时器后，一到指定时间床头会自动升高。卧床者若赖着不起，此床就会像卸货车一样，加大倾斜，直至把人连同枕被卸到床尾。

进入21世纪后，各种创新的床争相进入人们的卧室。有的床能配合隐藏的播放器，随着优美的乐曲轻轻摇摆助人入睡。有的则有定时、磁疗振动功能。美国一家公司推出一种"万能床"，背靠的放映机可在墙面投放1000部电影，音响系统藏身床脚，存储有40万首歌曲。床垫中的冷热管道能自动调温。这种床还有治鼾功能。当主人打呼噜，床垫上部会抬起，支撑主人头部，使其呼吸畅通，鼾声自然也就消失了。

68. 让人安眠的被子

人在睡眠时离不开被子。被子的质地、薄厚与睡眠的舒适度大有关系。

被子有大小之分。大床双人盖的被子古称为"衾",小床单人盖的为"裯"。北方寒冷,古人习惯盖一种以兽皮制作的"毛被",毛在里,皮在外,面用绸套,非常暖和。广西邕州自古盛产白鹅,自唐代起当地人爱把鹅毛缝入被中御寒。看来早在1000多年前我国古人就用上了羽绒被。古时,南方还有一种玫瑰花囊被,是将初秋收摘晒干的老丝瓜筋络剪开,内装玫瑰花,压平后拼成大片,装入被套。玫瑰花有养血舒肺功能,盖上花囊被,既暖和又有香气,还有助于安眠哩。

我国宋代造纸业已很发达,当时有一种纸是专门用来做被子的。南宋时朱熹曾将一床纸被赠予诗人陆游,陆游答谢诗云"纸被围身度雪天,白于狐腋软于绵",可见纸被既暖身美观,又松软舒适。

当今科学技术的发展使床上用品丰富多彩,各式新款被子竞相问世。瑞典生产了一种供医院和卧床病人使用的纸被,它以15层质地绵软而坚韧的纸张缝制而成,保暖而柔软。病人使用十几天后即作废纸处理,既省事又卫生。

英国发明了一种会"思考"的被子,被中安装的电子仪器具有敏锐感应力,可"侦察"睡眠者身体各部分温度的差别,能自动调整棉被温度。这种被子还能让共用一床被的两个人各自控制盖被温度。

日本研制的一种被子,不仅保温、重量轻,还能除臭。这种被子以极细聚酯纤维填装,保温性好,并具有较强的抗病原菌和螨虫的特殊功能,可消除汗臭等异常气味。

我国广州上市的一款童被,它集玩具、靠垫、棉被为一体,外形设计成各种玩具造型。未打开拉链时可做玩具或沙发靠垫;打开即为一床童被。此被内套蚕丝涤纶棉,松软透气,铺盖柔软,质轻保温,很适合儿童使用。

创制于澳大利亚的"子母被",四季适用。春秋季节可拉开拉链套入毛毯,冬季可套入棉胎,夏季则可当薄被使用。人离床后它又可充任床罩,香港很多家庭都爱用这种新型床上用品。

我国台湾精制的天然蚕丝被,被内完全以光滑洁白的蚕丝纺絮而成。被轻不压身,冬暖夏凉,不仅睡眠舒爽,还能预防感冒、风湿病、关节炎、腰酸背痛等。据说这种蚕丝被已成为全球许多大饭店总统套房的指定用品。

69.伴人酣睡的枕头

人要有充足的睡眠。床和被褥要舒适,而枕头也是安抚人进入甜美梦境的重要物品。

原始时代,人们用石头或草捆等将头部垫高睡觉,这即是"因丘陵掘穴而处"时比较原始的枕头。到战国时,枕头就已经相当讲究。1957年,在河南信阳长台关一个战国楚墓里,出土了一张保存完好的漆木床,床上就有竹枕。

我国是最早注意到枕头和头部健康有关的国家,在古书上有不少"药枕"的记载。所谓药枕就是用某些具有药效的材料做枕芯;人的头部枕在这种药枕上,能收到医病保健的效果。古代最有名的药枕是"菊花枕",不但有助于治疗肝阳上亢性失眠,还能使人次日精神饱满。古人还有一种菊花同苦荞麦皮、黑豆皮、绿豆皮、决明子放到一起的"明目枕",据说用之可"至老明目"。此外,荞麦皮、蚕屎枕最清凉,竹枕、石膏枕能祛暑热。民间还有一种"磁石枕",认为可明目益睛,大概是今天磁疗法的雏形。

陶瓷枕也是我国的特产,它始见于隋唐。质坚而清凉,具有爽身明目的作用,即所谓"益眼者无如瓷石为枕,可老而不昏"。它同时又是艺术品,造型丰富多样,有卧女、孩童、瑞兽祥禽、几何图形等。它是集造型、绘画、诗文综合为一体的实用性艺术品。

日本人对枕头也很有研究。民间惯用一种能四季变化的枕头,四个缝在一起,可随不同季节折叠变化枕面:冬季枕羽毛,用以保暖;夏季枕天然石,用以清热;春天枕木屑,松软适宜;秋来枕荞麦壳,有益头部灵活。

日本近年还研制出一系列新式电子枕头,如促使头脑冷静的低温枕,散发香味引人入睡的香味枕,通气良好、护发的空气枕,不会吵醒旁人的闹枕等。

美国研制出一种防皱枕,枕内填充多元脂纤维,富有弹性,能合理支撑头颈。枕上特有的轮廓,能有效消除睡眠中对脸部造成的压力,可防皱,还可软化已形成的皱纹。

我国医学专家研制出一种牵引枕。枕内装有特制弹簧,患者枕用时,在完全放松的睡眠状态下,只靠头部压枕时轻微的牵引力,便能将呈现异常的颈椎调整到正常位置,进而治愈颈椎疾患。此外,一大批国产的水枕、电枕、磁疗枕等也研制出来,摆放市场。

枕头是枕着的。如今在枕头一族又多了一种抱枕。它可枕,可靠,可抱,还能装点家居。在北京一些专卖店中,就可看到多种形象的抱枕。一款绿底大嘴的红唇抱枕,摆放床头或厅室一角,能让冷冰冰的房间看上去柔和、温暖许多。

70. 中西时钟

人们在生活中总要关注时间。时钟是常见的计时器。

我国是钟表的故乡。钟表的制造可追溯到汉代,据说,汉代张衡结合观测天文而制造了天文钟,可说是世界钟表的鼻祖。在此之前,古人是以沙漏和日晷来测定时间的。唐代时我国制钟技术有了新的发展,《新唐书·天文志》记载,一行和尚等造出了以水力带动轮轴驱使木人自动报时的机械,比欧洲机械钟的发明要早600多年。在中国历史上,留下记载的四代计时器分别为日晷、沙漏、机械钟和石英钟。

1309年,世界上最早的报时钟安装到意大利米兰圣欧斯托焦教堂的钟楼上。当时的钟不是在钟面上显示时间,而是靠每小时敲一次钟报时。1583年,意大利天文学家伽利略在教堂看到一盏吊灯摇动,想到了把这一现象用到时钟上。1658年,荷兰物理学家惠更斯完成了伽利略的遗愿,制造出了最早的摆钟。15世纪后,世界上建造的著名时钟建筑有英国伦敦大本钟、美国费城市政厅钟、沙特阿拉伯麦加皇家钟楼饭店钟、捷克共和国布拉格天文钟、俄罗斯莫斯科救世主塔钟、瑞士伯尔尼监狱塔钟等,至今仍为旅游者瞩目的景点。

在很"计较"时效的现代生活中,时钟是人们不可缺少的物品,也是众多家庭案头多姿多彩的小摆设。如今国内外市场上不断有功能独特、造型新颖的时钟亮相。

日本生产出一种放于厨房的水果形状的主妇钟,外观像柠檬、橘子、西红柿等,钟面上有醒目的分、秒刻度,让主妇一目了然。这种钟还会用响铃告知烹饪菜肴所用的关火时间。日本上市的另一种电视钟,当关闭电视后,屏幕会呈现清晰的时钟,按动遥控器,钟面会转换不同的造型和各种颜色,可调光度强弱,用于居室照明。日本还研制了一种传感时钟,它附有世界地图及传感器。只要以手触及地图图面,时钟上即能显示出所处部位时区的时间,给旅游出差者带来了便利。

我国湖南研制出一种多功能彩色电子钟。它使用微电脑,可同时为16种电器定时,是一种彩艳生辉的装饰品和家庭生活实用性很强的钟具。上海制成一种可用中、外语言报时的钟表。它采用石英振荡电路新技术,每一刻钟奏一次乐曲,在整点或规定的时间用中、外两国语言,致问候语。外语有英、法、德、西班牙、日、韩等语种,一按键即可转换,为学习外语的人带来乐趣。

台湾市面上出现一种留言时钟。当人外出前想给家里人留言,按一下按钮就可录音,并能定时响铃提醒人收听,使用方便,免除了手笔之劳。

71. 趣味闹钟

时钟发明出来以后,很快就有了一个响铃的小装置。它能按调好的时间,把人从睡眠中唤醒。时至今日,新奇的闹钟不胜枚举,除了能让人准时起床,还能给人们的生活增添不少情趣。

美国发明一种香味闹钟,这种新式闹钟是通过散发香味来"闹"醒熟睡者的。随着香气扑鼻,鼻子会发痒,再不醒来,就会有打喷嚏的感觉。关掉开关即可将香味截断。

突然的铃响会使一些老人或心血管疾病患者受到惊吓,心跳加快。为此美国研制出一种小如手表的"轻醒闹钟"。使用者佩戴后,内置的加速仪可记录他的脑电波及睡眠深度。在闹铃振响之前,先由轻缓的脉冲把人从深度睡眠过渡到浅睡。有了"醒来"的准备后,听到铃声也就不会感到突然和心惊了。

英国生产出一种供聋人用的闹钟。它以电池为动力,以塑料盒连接引出软线,放于枕下,借助马达振动即可按时把聋人唤出梦乡。

德国发明一种声控闹钟,它能对人声做出反应,对其他噪声则充耳不闻。当早晨主人被它唤醒后,不希望它再"闹",只要向它斥责一声,它便不吭声了。

日本上市的一种闹钟,到了指定的时间便大闹起来。闹钟外形是个小人,它上下晃动胳膊、跺着双脚。它一番番吵闹,能有效地帮助人驱逐睡意。日本最新一款闹钟,是为那些把闹钟关掉再睡的赖床者设计的。这种闹钟外形椭圆、两侧装有轮子,会跑、会闹、会躲人。绝妙的是,它按时间闹铃后,主人不起,它就会蹦跳到床下,一边狂奔,一边响铃。闹了30秒钟后,跑着换个位置再闹,这样反复折腾,再困的人也会清醒过来,寻找和捉拿它了。

意大利设计出一种闹钟,专供嗜睡者使用。到了设定的时间,闹钟先发出铃声,然后是喇叭声、狗吠声。睡者如照睡不醒,闹钟便会发出震耳的枪声,这时睡在床上的人也就没有睡意了。

法国发明一种"爆炸闹钟"。预定时间一到,该闹钟先响铃10秒钟。若得不到反应,它就会发出爆炸声,一声比一声猛烈、刺耳,最后是震耳欲聋的大爆炸。连最贪睡的人也不得不承认:使用这种闹钟效果奇佳。

如今以电脑下载或安装软件,可供使用的闹钟铃声更为丰富多样,雅致些的有掌声音效、笑声音效、鸟叫音效、卡通音效、滑稽音效、门铃音效、游戏音效等;动静大的有狗叫音效、警报音效、碰撞音效、武打音效、爆炸音效、恐怖音效等。全凭喜欢,在人该起床时把人唤出梦乡。

72.让黑夜灿如白昼的电灯

电灯是夜晚时舒适宜人的照明工具。

人类在很长时期一直以蜡烛、油灯、汽灯等度过漫漫长夜。1878 年,英国科学家斯旺宣布电灯制造成功,并在一个化学会议上展示了他的模型。与此同时,美国发明家爱迪生设计的电灯也在加紧研制中。爱迪生先后使用了 1600 多种不同的耐热材料制作灯丝,包括竹草、柳丝、人发、猪鬃等等,结果都不理想。1879 年,他以碳化棉纤维灯丝装入灯泡,通电后发光,明亮而稳定,足足亮了十多个小时。棉线丝电灯第一次点亮了世界。1909 年,更为理想的钨丝灯把夜晚照得更光亮,使用也耐久。据报纸报道,英国 58 岁的妇女摩尔家中一只 1938 年购买的灯泡,使用 69 年后依然劲头十足地发光。美国加州利弗摩尔市消防队用的一个小灯泡,已经工作了 107 年。自 1901 年起,为车库提供照明,除了一次搬家熄灭 22 分钟,其余时间长明不灭,堪称"最长寿灯泡"。

电灯发明 100 多年以来,到处输送光明,给人温馨。随着科技的发展,各式精致美观、功能独特的灯具,犹如晶莹璀璨的夜明珠,镶嵌在街道、广场、商厦、办公楼和一个个家庭的居室,把夜晚装点得绚丽多彩,让生活更增情趣。现已普遍用于楼道的声控灯,灯上装有声音传感器,听到脚步声即亮,人走后自动关闭。德国的一碰就亮台灯,由电子元件控制,往它的球形外壳上一摸,台灯启明;再一摸,灯就熄灭了。香港生产的一种迷你袋灯,可夹在衣领、袋口,灯头可转换,晚间看书时不会妨碍同室的人。

电灯的种类与日俱增,各种新型灯泡亦竞放异彩。法国生产了一种磁性灯泡,灯头中安装有特殊磁铁,灯座加装了包有塑料的铁圈。换用灯泡只需往灯座上轻轻一放即吸住了,安全而省力。

美国研制出一种香味灯泡,灯泡底部凹处可放置固体香片,香味靠灯泡工作时产生的热量散发。香型有橙香、苹果香、松树果香等多种。

在香港一个展销会上,一种软胶的灯条大受瞩目。灯泡安装在灯条中,不怕摔,不怕踩,还可折叠成各种形状。

日本生产的"第三代灯泡",不用接电线,不安装电池,它以电磁波激荡灯泡内的水银蒸气,产生紫外线而发光。这种灯泡的寿命长达十几年。

新型无绳灯泡已在美国问世。专家指出,应用"无线电能传输"技术,让灯泡告别插座的日子即将来临。横七竖八、乱拉电线、乱用接线板等火灾隐患和有碍观瞻的景象将不复存在。

73. 清凉宜人电风扇

在炎热的夏日,许多人家使用着电风扇。

18世纪,英国设计出了以机械为动力的风扇。但上发条很费力气,没凉快先出汗了,不够实用。1860年,英国又出现了以弹簧为动力的螺旋风扇。不久法国制成了通过齿轮链条传动装置带动的折叠式风扇,由此奠定了现代风扇的基本构造。19世纪80年代,爱迪生发明了电动马达,解决了风扇的动力问题。德国人舒勒在电动小马达上装了风扇的叶片,发明了世界上第一台电风扇。

电风扇问世后,很快就出现了台扇、落地扇、吊扇等不同样式。近年来,新制出的电风扇不仅轻巧、省电,有些还具有独特的功能。德国制造出一种冷气电风扇,它附带一个制冷机芯,芯中的圆筒中盛有容量较大的混合液体。将机芯放入冰箱三小时后取出配用,即可吹出冷风。日本研制出一种红外线电风扇,当人走到近一米距离内,该扇的红外线感应器便会启动开关自动送风。人离开四五秒钟,电风扇即能自动关闭。日本还研制出一种有"安眠使感"的电风扇,该扇可按设定的室温自动开启和关闭。送风的强度有变化舒适的"湖之风"、阵风变化的"山之风"及连续送风。美国推出一种灭蚊电风扇,扇的叶片前安装有网屏、纹棒和紫外线灯。电风扇在使用中能将蚊虫吸引到网屏上灭杀,避免了使用杀虫药剂的化学污染。

有专家指出,在室温30摄氏度以下,使用电风扇比使用空调有益于人们的健康。有些精巧可携带的电风扇,效果更是空调望尘莫及的。近几年,国外厂商又研制出了塔扇、冰冷扇、旋风扇等新品种风扇。多功能的塔扇,为金属圆柱体,冷暖两用,便于放置,不多占空间。冰冷扇看上去像个电烤炉,它可以在排风的同时,通过内置的冰水槽提供清凉湿润的空气,最适合干燥地区使用。旋风扇居高临下像一个探照灯,它个子高,能量也大,远在数米之外也能感受到强劲的风力。还有一种空调扇,配上冰盒,使用效果并不比空调差,花的却是电风扇的钱。

如今的电风扇已不光能坐在家里,插上电源线使用。有多种迷你随身小风扇受到青少年光顾。以"蜘蛛侠""绿巨人"等为图案造型的小风扇,只有手电筒大小,头顶两枚塑胶薄片,薄片在7号电池驱动下,会扇出阵阵凉风,走路、乘车都可使用。日本一家公司还研制出一种安装了小风扇的空调服。这种衣服的背下侧缝入了两台小风扇,以纽扣充电电池供电,开启后可使穿着者衣内皮肤表面空气流通,汗液蒸发,体温下降。这种以小风扇降温的衣服有十来种款式,颜色不同,引得时尚男女争相购买。

74. 飞针走线缝纫机

人类为改变手工缝制衣物，从18世纪开始研制缝纫机。1790年，第一台缝制靴鞋的单线缝纫机在英国诞生，发明人叫逊德。他的机器虽然是木制的，很简陋，但折臂的前端固定有能上下垂直运动的机针，已有了现代缝纫机的雏形，可称为缝纫机的鼻祖。1829年，法国裁缝西蒙纳把缝纫机的机针设计成钩状的，一下子提高了缝纫机的实用价值。这一发明传到美国后，又被加以改进，底线藏进梭子里，制出了手摇式、锁式缝纫机。1851年，金属制的脚踏式缝纫机诞生，缝纫速度达到了每分钟600针。

缝纫机于1869年出现于中国。当年清末洋务派代表人物李鸿章访问英国，带回一架缝纫机，作为礼物送给了慈禧太后。1928年上海制造出了第一台工业用缝纫机。中华人民共和国成立后，我国缝纫机的生产有了快速发展，涌现了蝴蝶、东佳、银箭等一批缝纫机名牌。进入21世纪，全球已有70%以上的缝纫机出自中国。

在缝纫机诞生后以来，世界缝纫机的制作不断得到完善和改良。1957年，出现了能锁扣眼、钉扣子、制花纹、缝拉链等多功能缝纫机。1975年，又有电子缝纫机研制成功。时至今日，缝纫机正向着新、轻、巧、多用途、多功能方向发展，新型产品不时在各国市场上推出。

日本研制的手按袖珍型缝纫机，其外形像钉书器，仅重40克，它适用于缝补衣服、床单等，收藏携带方便。日本生产的另一款缝纫机，附带熨斗和熨衣板，既可缝衣，又可熨衣。美国制造的玻璃纤维聚酯缝纫机，外壳等各个部件均一次浇筑成型，具有强度高、不怕磕碰、耐腐蚀等优点，比传统铸造结构的缝纫机经久耐用。

瑞典推出一种智能家用缝纫机，机器能自行选择针码大小，调整缝线弹力；衣针能自动定位，准确移位、停位；还能进行装饰性缝合，会绣花、拼字词、自编图案，绣出传统图案等。

法国推出一种用液体做缝合材料的缝纫机，其缝合部位在130摄氏度高温中也不会脱开，遇水也不会溶解。若想"拆线"，可涂上一种特制的溶解药液，缝合处很快脱开，而不留任何痕迹。

值得一提的是，英国研制出一种医用微型缝纫机，仅小拇指大。在医生操控下，把它装入导管，从口腔向下推送，直达病人胃部。对于消化道及胃肠等部位疾病，经局部麻醉，可由缝纫机用特制胶质线将药囊缝附在患处，也可对伤口组织直接缝合。有了这种神奇的"缝纫机"，一些病人不必做开腔大手术便能根治病患。

75. 百年千款洗衣机

从古时起,人们就一直想摆脱搓洗棒打的洗衣方式。19世纪初,原始的机械式洗衣机终于在欧洲问世了。它的壳体是一只大木桶,桶内装有一副沉重的旋翼,用以搅拌浸于肥皂水中的衣物。这种搅动衣物使其在洗涤桶内翻转摩擦的洗涤原理,现在仍为先进的洗衣机所采用。1830年,英国一家洗染店首先使用洗衣机服务客户。10年后法国人设计出一种双壳四格洗衣机,它以手柄驱动,下部装有排水阀门。究竟是谁首先发明、制造洗衣机并投放市场,一直是人们争论不清的无头公案。作为美国历史上颇负盛名的家电品牌之一,靠生产洗衣机发家的美泰公司得到众多人认可。美泰公司于1907年10月成批生产出手动洗衣机,于是这个日子就被定为洗衣机诞生日。一年后,这家公司在手摇木桶式洗衣机上连通农用机械引擎作为动力,不久又以汽油为动力,再后来转为用电,并研制出第一个铸铝筒体的旋转式洗衣机。在第二次世界大战前夕,美国开始大批量生产立缸式洗衣机,使用洗衣机的家庭也逐渐多起来。

近年来,国内外生产的洗衣机品类繁多。一些新款式洗衣机具有普通洗衣机所没有的功能,所以深受人们的欢迎。北京研制出一种干式洗衣机,它以三氯乙烯为洗涤剂,采用干洗方法洗涤毛料、化纤、棉织等物品,并能自行完成洗涤、甩净、烘干等工序。辽宁生产出一种音乐洗衣机,机内装有一个叫"歌喉"的音响器。当洗涤一结束,它便自动奏出一支优美动听的乐曲,告诉主人衣物洗好了。

德国生产的微型洗衣机,机身仅高25英寸,宽15英寸,别看机器小,但功能齐备,每次可洗5公斤衣服,且浸湿、洗涤和干衣过程全部自动化。美国发明一种电磁洗衣机,缸内装有带架子的洗涤头,洗涤头上有一组电磁圈,通电后能发出每秒2500次微振,去污力极强。它比一般洗衣机省电75%,省水50%左右。英国研制的一种洗衣机,只用一杯水就能将一大桶衣物清洗干净,被称为"免水洗衣机"。日本制成一种超声波洗衣机,在金属洗衣桶内安装超声波发生器。超声波与洗涤液产生反应,能不断对衣服进行微摩擦,可将污物迅速清除。

洗衣机在变革的激流中旋转。在它诞生100年之后,其各种款型在国际市场上已达上千种。装有微型调节器的洗衣机成为主流,时间控制变得更为自由。今日有的洗衣机可以电解水,以微酸碱离子杀菌去污,也可通过银粒子发生器洗洁衣物,不必使用洗衣粉,还有静音、清除异味、烘干、去褶皱功能,即洗即干即穿,让人们的生活更为惬意。

76.悦耳动听收音机

许许多多的家庭有了电视机后,收音机看似受到冷落,然而它仍然有着大量听众。盲人、晒太阳和遛弯儿的老人仍然喜欢手持一个半导体收音机。

1906 年,人们第一次从无线电中听到了播出的讲话和音乐。4 年后,美国科学家在研究了晶体后,发明了世界上最早的收音机——矿石收音机。它的出现,使千百万无线电爱好者能够自行动手装配收音机,并用它来接收早期的无线电广播。

一个世纪以来,收音机有了突飞猛进的发展,形成了一个洋洋大观的家族。各种各样的收音机为人们了解时事、文化学习、娱乐休闲服务,是人们爱不释手的家常用品之一。

美国发明了一种以水为能源的收音机,不需要电池和插接电源。只要把它在水中浸一下,就可以收听到节目。美国还有一种望远镜收音机。观看体育比赛的球迷使用这种收音机,眼睛能清晰欣赏到场内的赛况,通过耳机能听到解说员的讲评。这种收音机让人有耳目一新之感。

日本研制的轻薄卡片式调频收音机,外形如一张信用卡,厚度仅 1.5 毫米,重 20 克。这种收音机可放在上衣口袋里,取用方便。日本一家公司还生产一种一次性收音机,免除了人们更换电池的麻烦。这种收音机小巧玲珑,仅有 20 克重,能连续收听 35 个小时,价格在日本只相当于吃一碗面条。日本发明的一种能驱除蚊蝇的收音机,选用播放蚊蝇惧怕的频率音波。开机时既能让人欣赏到有趣的节目,又能免除蚊虫的骚扰。其驱虫的范围可达 25 平方米。

随着半导体收音机变得物美价廉,各种玩具型收音机竞相上市。香港市场推出的一种外形酷似鸡蛋的收音机,可拿在手中,也可装入口袋。颜色有红、白、黄、蓝等多种,是节日馈赠儿童的礼物。法国生产的一种有"嘴巴"的收音机,外壳是塑胶的卡通人像。开机后人像两片嘴唇即能配合广播的声音一张一合。这种古怪有趣的收音机,很受儿童喜爱。在北京上市的微型儿童用收音机,可戴在手腕,也可系于腰带。该机具有 10 个频率的记忆功能和两个波段,还有倒计时、秒表等设置。一节电池可以使用 100 个小时以上。

在信息化快速发展的今天,最新款的能听又能看的收音机在美国拉斯维加斯一个展会上展出。这种收音机上有一个屏幕,随着广播员的广播,屏幕上同时显现字幕,可以加深听众对节目的印象,也能帮助听力有障碍的人接收广播信息。据展会介绍,世界上最小的纳米收音机已由加州大学研制成功,它比人们见过的最小的收音机还要小 1000 亿倍,却有着广泛的用途。

77. 赏心悦目电视机

电视机是众多家庭最常用也最实用的物品。

从 19 世纪末开始,电话、电动望远镜的发明和无线电、电影的发展,促进了电视机的研制。1929 年,苏格兰工程师贝尔德经一番准备,在英国伦敦开设了演播室,让歌星显现荧屏。尽管图像模糊无声,出了声又无画面,但这毕竟是用电视机播出了节目。第二年,电视机声像同播的难题被贝尔德攻克。当屏幕上映现出赛马场选手纵马争先的场面和传来的赛场呐喊声时,电视机前的观众也为节目成功播出而欢呼起来。接着,最早制作的电视剧《嘴里叼花的人》,也向观众播出了。第二次世界大战后,电视机开始在欧美一些国家批量生产,电视节目也变得丰富多彩。

90 年来,随着电视机产业化的迅速发展,电视机走过了从黑白到彩电,再到多功能数字化的历程。近年来国内外市场上电视机种类繁多。与复印机连通的,可及时拿到图片;带微波炉的,可一边观赏电视节目,一边烹饪美食。电话机与带摄像头的电视机连通,则能在通话时看到对方的音容笑貌。英国为电视食品烹饪频道配置了一种带香味的电视机,机上装有系统香味包设置,在观看食品制作的节目时,电视机前能弥漫相应的味道。这种电视机对美食家们颇具吸引力。如今在一些国家,一种不戴眼镜就能看的三维立体电视机已开始使用。日本生产的超薄彩电,仅 1.75 毫米厚,明信片大小,可夹在小本中随身携带。

当下的电视机除具备播放节目的功能,还能为使用者提供种种便利。在电视机上可进行复杂的计算和电子绘画,可玩电子游戏,若组成家庭影院,液晶屏的画面可与电影相媲美。以前使用机顶盒才能收看的高清频道,现在也有了数字电视一体机。在 2008 年中国科技博览会上,各个款型的大屏高清彩电受到参观者瞩目。一面墙上挂着的 150 英寸全球最大屏幕激光电视,以其"大块头"和清晰绚丽的色彩、高保真音色给人震撼。激光显示是继黑白显示、标准彩色显示和数字显示后的第四代显示技术。激光显示技术能使显示图像有更大的色域表现空间,色域覆盖率是荧光、液晶显示的 3 倍以上,色彩饱和度是传统显示的 100 倍以上,最贴近原始色彩。这种新一代电视也正在进入千家万户。

英国研究人员在平板电视屏面加装了一层纳米尺寸的金膜,让观看电视者在任意角度都可看到清晰的图像。日本研究人员正在开发一种未来型 3D 立体电视机,不仅可把影像立体呈现眼前,还可以触摸,得到"戳皮球或拉糯米糕的感觉",并能使浮在眼前的 3D 影像随着手触而改变形状。研究人员表示,此项开发研究已获得进展。

78. 造型奇妙电话机

电话机是为人们两地传递信息的物品。古代时通信条件落后，罗马人有事情相告，是使用镜子来完成的，以镜子反射光芒时间的长短、多少，从一个山头向另一个山头传递信号。古代中国则利用点燃的篝火和烟雾报送军情。

19世纪以后，电在多方面得到利用。德国人在1861年即想研制能让两地通话的电话机，未能成功。苏格兰青年贝尔迎难而上，他苦修电磁学，请教名师，终于在1876年制造成电话机。通话时，贝尔不慎把硫酸溅到腿上，他喊叫朋友名字说："快来呀，我需要你！""我听到了！就来……"朋友兴奋地从另一头跑过来，把贝尔紧紧抱住。电话就这样问世了。贝尔又经过三年的改进，在美国相距300公里的波士顿和纽约之间进行长途通话试验并获得成功。电话从此走进了城镇乡村，千家万户。

100多年以来，电话的普及给社会和家庭都带来了很大方便。电话机又是获取各种信息、加强联谊的重要通道。多种款式、功能独特的电话机竞相问世，加快了人们的生活节奏。如今国内外都研制出供老人使用的电话，触动按键或柄状开关即可得到探视、救援。英国研制的监听胎儿活动电话，能自行记录胎儿发育情况，并能把资料及时传向医院机房电脑。美国发明的一种防病廉价电话，在传染病患者用过后即可丢弃。轻巧、便当、多功能是电话机让人津津乐道之处。

进入21世纪，手机大普及，然而电话机并没有成为古董，很多人家仍然喜爱使用座机电话。造型奇特、美观大方，是当今电话机的一大特色。在国内外许多家庭中，电话不光是实用的通信工具，也是一件精美而富有情趣的装饰品。日本一家公司推出一种"可乐"电话，外观似一瓶可口可乐饮料，瓶子本身是听筒，拨号盘设计于瓶底部。美国的一种"卷尺"电话，形似卷尺，打开却是一个带有听筒和拨号装置的袖珍电话机。有的电话机还有两种装饰功能，一面看像是待喷发的火箭，转过另一面看又是一支化妆唇膏。日本研制的"钢琴"造型电话，仿钢琴琴键做出顺序选号盘，振铃声也由一段乐曲代替。而法国工艺品专家设计的"钢琴"电话，除具备电话机功能，还能在电话机上弹出真正的钢琴独奏曲来。造型电话在德国尤受喜爱，每年产销新奇、幽默式样电话数万部。爱赶新潮的人常凑近一个"星球"或一个"鳄鱼嘴巴"，悠然自得地联系业务；也有人对着一颗"红心"或"烟盒"，向亲友祝贺节日。许多人家墙上悬挂的塑料"香蕉"、雕塑"龙虾"等，会突然铃声大作，然而这些又都是现代电话的呼唤信号。

79. 如影随形的手机

如今手机人手一个，已成为人们最离不开的物件。

20世纪90年代，为弥补外出联系不便的空白，无线手提电话曾拿在一些有身份的人手里，人们管这种电话叫"大哥大"。也就是几年的时间，手机就让"大哥大"成了"古董"。随着国内外手机厂商的开发，手机已从通信这一主要功能衍生出无数个功用。如今的手机能使用博客，可随意查看和发表日志，上传手机图片，与好友在线聊天，查看相册、音乐等。利用手机可下载外语、财务、政法等课程，完成培训。可及时获取新闻、生活类咨询和消费、服务信息。使用短信互动和手机上网，还能在"掌上"逛街购物，按照"热搜榜"直入商家，省时省力，还能多得优惠。掏出手机可随时随地查看股市行情，不管在路上还是餐厅，方便至极。提供娱乐更是手机的一大功能，用手机可以拍出高清晰的照片，可以收听高音质的乐曲，还可欣赏直播的电视节目。日本推出的3D智能手机，显示屏的3D效果不用戴3D眼镜即可肉眼观看。美国研发的"语境感知"概念手机，可以把使用者在手机上检索的目标和他所处的位置综合在一起，分析出使用者喜爱的饮食、游览、社交等信息，并迅速给出建议。如今的智能手机运用则更为广泛。手机有着如此之多的神奇用处，自然成了人们如影随形的物件，一日不可或缺。

市场的竞争，让厂家在手机的内外制作上都下足了功夫。各种外观新奇的手机竞相上市。有的屏幕和键盘可以扭动、变形，活像个"变形金刚"。有的部件如"记忆塑料"，三色搭配，能自由拆装。日本新推出的一款手机，在机身两侧装了能折叠的"胳膊""腿"，外形像机器人，更显得"人味"十足。以色列研制的袖珍手机，重40克，长、宽和厚分别为72毫米、37毫米和7.8毫米，具备收发短信、播放音乐等功能，是迄今世界上最轻最小的手机，已收入《吉尼斯世界纪录大全》。

时下的手机市场伴随着需求不断细分，不同人群偏爱的手机都有流行。冷色调，机身外观典雅修长，是许多男士中意的手机，而色泽红、紫，机身弧度柔美的手机则受大多女士喜爱。老人们爱用大屏、大按键的手机，因为便于操作。对于孩子们来说，手机就要有好玩实用的特点。日本专为儿童设计了一款会报警的手机，机上备有报警装置。孩子遇到危险只需触动按键，即会响起高达100分贝的警铃声。同时，系统还会自动拨打预先设置好的3个电话号码。韩国一款儿童自救手机则装有全球定位系统，家长能随时了解孩子的所在位置。儿童手机上铃声也是小动物的叫声、儿童歌曲等，这正好符合儿童活泼好玩的天性。

80. 留影纪实照相机

在 20 世纪六七十年代,照相机还属于高档奢侈品。如今照相机已是众多家庭的平常物件。

世界上第一张由照相机拍出的照片,是由法国人尼波斯在 1827 年完成的。他使用照相机在涂了一层沥青的白蜡感光板上,拍下了从书房窗口看到的景物。这张照片的曝光时间长达 8 小时。1838 年,法国的达盖尔让银板上的碘化银感光,然后放入显影液中显影,再用苏打碱溶液定影,获得了第一张光学照片。照片的出现轰动了巴黎。不过银版底片的感光度很低,拍一张照片仍需个把小时。那时想照一张人像,如同当苦力,要一动不动摆着姿势,以至于有的小姐、夫人坚持不住,累昏过去。直至 90 年后,美国人兰德文制成一架 10 秒钟成像的照相机,这才解决了照相耗工夫的难题。

照相机能够快速成像后,便与"间谍"结下了不解之缘。从 20 世纪 40 年代开始,一些人带着藏匿起来的照相机"工作"。为了拍照时不被察觉,照相机越造越巧,越造越小,收音机、手提包、打火机、火柴盒、钢笔、手杖把手等,都被用作照相机的伪装,甚至纽扣、皮带扣、狗和鸽子的假眼中,也都放入了可偷拍的微型照相机,令人防不胜防。在英国伦敦一个拍卖会上,参加竞拍的数百架间谍照相机,售价总额达上百万英镑,现场目睹者无不感到大开眼界。

照相机发展至今,产品呈现出成像高清晰、外观小巧、便于携带、物美价廉等特点。日本的最新产品拥有世界领先的 1210 万有效像素,展现了高分辨率的超凡性能,画质细腻逼真。德国生产的超小型照相机可装在戒指、手表、手镯等饰物中,携带使用都很方便。目前最薄相机仅有 1.4 毫米,拍照不需对焦。各种数码相机竞相亮相,让使用胶卷成为了历史。

让照相机洋溢情趣,是照相机厂商的又一创意。日本一家公司生产的会说话照相机,当使用不当或需使用闪光灯时,便会有温柔的女声及时提示。日本的一款能发出"啾啾"鸟叫声的照相机,能逗引幼儿在镜头前张大眼睛聆听,有助于为幼儿拍下满意的照片。日本新发售了一款能识别笑脸的照相机,按照设置,在人们留影时,照相机会捕捉笑容,自动"按下"快门。

据美国《大众科学》杂志报道,一种能进入人体消化道拍摄的照相机已研制成功。当胃肠病人吞下一个胶丸,到达位置后,装在里面的照相机就会按设定的程序转动,发出荧光拍照,每秒钟即可拍摄 30 张 2 兆的图像,拍摄完毕后,排出体外。依靠这种照相机,医生可准确查实患者的胃肠溃疡和肿瘤病情,有助于及时救治。

81. 录像机与摄像机

20世纪末,家人外出游玩,用DV机拍下玩乐的场景,回家在电视上播放,曾是很时髦的娱乐。

让过去的影像重现,是人类的梦想,也是20世纪最有影响的技术成就之一。20世纪20年代,英国人曾进行视频录像,把图像转为音频信号录在唱片上。到了50年代初,英国广播公司的技术员丁布伦在研究了前辈的录像设备后,购置必要工具,将成千上万个电子元件焊装完成,又经过反复试验、改进,终于制成世界上第一台录像机。这台机器有两个大磁带盘,磁带以每秒5米的速度经过一个磁头完成录像。1956年,美国最先使用了用于电视播放的录像机,但它的体积如同今天的面包车。尝试把录像机做得小巧,是十几年以后的事了。

使用录像机普及后,20世纪80年代,日本首先研制出了具有卡拉OK功能的录像机。只要放入录有伴奏的磁带,插上话筒,便能放开歌喉,自娱娱人一番。虽然今日的歌厅已不再使用录像机、放录像带,但卡拉OK这种娱乐活动毕竟是从录像机兴起的。

前些年,用于拍摄电视节目的摄像机和所用的盒带尺码都大,造成携带、保存和使用不便,已被新型摄像机和DV盒带取代,与其配套使用的录像机也受到冷落。如今电视台等专业用的数码摄像机,运用记忆棒存储,拍摄的静态照片能达到六七百万像素。闪存式的数码摄像机,在视频摄像中采用了高感光度的高速图像处理引擎,不仅实现了在暗处拍摄,还能入水记录真切翔实的影像。在进行冲浪、潜水等水上运动和滑雪、雪橇等冬季运动中,持机拍摄也不必担心进水、积雪会损坏机器和影像画面。日本一家公司推出的全高清摄录机十分精巧,仅有打火机大小,可以放在裤袋中而不感累赘。

近年来数码娱乐成为热门,很多人已不满足于拍单张的照片,而纷纷拿起DV机,去景点、名胜,拍摄活动的场面,或在社区、家中抓拍民事、亲情。售价不高的民用DV数码摄像机,轻巧耐用,并能拍出高清影像,在电脑刻录光盘后,就能欣赏和留存亲人生活中许多温馨难忘的活动场景了。现在智能手机也都拥有这个功能。

如今电视监视系统通过遥控摄像机、镜头、电动云台等设备,可以在监视器上直接观看被监视场所、目标,并可以把被监视的景物、图像、信息内容传经录像机进行记录。"探头"的广泛使用,已成为当今侦破各类案件不可或缺的重要手段。

82. 从录音机到 MP3

　　说到 MP3，首先要想到录音机。录音机即是把声音记录下来以便重放的机器。最早的录音机叫留声机，诞生于 1877 年。当时由美国发明家爱迪生创制。他利用电话器里膜板随着说话声音产生震动的现象，以圆筒、曲柄、受话器、膜板、锡箔和短针等，制作了一台"能说会唱"的留声机，轰动了世界。随后遂有人提出磁性录音的设想。1900 年，丹麦科学家波尔逊将这个设想变成现实，他用钢丝将声音记录了下来，制成了世界上第一台磁性录音机，并在当年法国巴黎举办的博览会上展出。过了 20 年，德国的弗劳伊玛提出了一个制造磁带的方法，即在韧纸表面涂上铁粉，用来代替钢丝，经反复试验，制造出磁带录音机。这种录音机声音逼真，使用也还算便捷。我国在 20 世纪 70 年代前，一直是使用转盘带动磁带来录音的。

　　进入 20 世纪 80 年代后，长方如一块大砖的录音机开始在我国各地流行，青年人以提着它放磁带听音乐为时尚。这种录音机堪称"爷爷辈"的随身听。10 年后它即被小巧如烟盒的录放机所取代。"70 后"戴着耳机边听边行是常见的街景。又是 10 年过去，"80 后"耳朵上塞着耳机，用的却是 MP3 了。

　　前些年风行的 MP3 播放器，精致小巧，设置显示屏、多种音效、A－B 复读、歌词同步、档案存取、蓝魔闪灯等，还能玩益智游戏。一些品牌注重音色效果，音响技术模拟家庭影院，利用音效虚拟立体感和空间感，给人如临其境的现场感。在人们紧张工作、学习之余，一台音质完美、功能齐全的 MP3，尽可以陪伴其度过一段好时光。

　　MP3 广受青年人喜爱，为 6—12 岁孩子打造的 MP3 播放器也是多姿多彩，观之听之，令人耳目一新。有的 MP3 播放器上绘有迪士尼 5 个动画人物，有的印有蓝精灵、花仙子等卡通形象，颜色由红、黄、蓝、粉、白等相互搭配，鲜艳悦目。形状有水滴、鸭蛋、椭圆等设计，从造型上就体现出浓浓的童趣。机身有特殊的防尘、防水、防震设计，结实耐用，机身上的控制键较大，这容易让儿童看到并适合儿童操作。为了保护孩子正在发育的听力不受损害，有的儿童用 MP3 特别将耳机最大音频输出设定为 60 分贝。外观漂亮可爱，音乐优美好听，还能玩有趣的游戏，有哪个孩子能不喜欢这样的新型"玩具"呢？如今手机自带了录音机播放 MP3 功能，不必再持 MP3 播放器，收听更为便捷惬意。

83.家庭好帮手——吸尘器

有人买回家中一个智能型吸尘器。它圆球形,红色外壳,和冰壶一样大。给它设定程序后,在家中无人的情况下,它会悄悄把各个房间地面、床下收拾得一尘不染。真是个好玩的玩具呀!

吸尘器的前身是吸气机。19世纪末,吸气机一词专指各种使用吸管抽吸空气或其他气体的工业设备。使用机器吸取灰尘,是美国人先想到的,并于1869年获得了专利。1906年,法国人比姆发明了手枪式吸尘器。一年后美国人斯普兰勒把电动吸尘器制造出来。他当时在一家商店里做管理员,为了减轻清扫地毯的负担,制成了一种吸尘器,用电扇造成真空将灰尘吸入机器,然后吹入口袋。以后人们又对吸尘器反复改进,造出了电动涡轮式吸尘器。

吸尘器对许多家庭来说,是一件很有用的日常生活用品,但不少人以为它只能和地毯配套使用。诚然,清理地毯上的灰尘是吸尘器的拿手好戏,但对不铺设地毯的家庭,只要将吸尘器开动,用管口"扫描",无论天花板、墙壁,还是床上、柜顶,灰尘便消失殆尽,电视机、电脑等电器前后各面也能纤尘不见。有人试验,将管口对准目标一按电钮,蚊子、蟑螂也难以脱逃,吸入后再开一开,将其倒出就再也不会动了。美国俄亥俄州研究人员发现,使用真空吸尘器,机内毛刷会将昆虫表皮的光滑外层磨损,能有效地消灭吸入的跳蚤及虫卵。

近年来,国内外先后研制出一系列新型吸尘器,供人们挑选使用。我国上海生产的吸尘器,附带精巧的家具刷和尖吸嘴,便于吸取灯具、书架等处灰尘。北京生产的熨斗式吸尘器,以充电式设计免除了拉线烦扰,主要用于吸附衣物、家电等物缝隙中的灰尘,风力大、重量轻、使用方便。

英国研制的干湿两用吸尘器,能一次清除200多克洒落的液体,在清理地面时,又能洒出清水,避免扬尘。

意大利生产的一款吸尘器,在清洁地毯时,有敲打的功能。此外它还安装了空气净化装置,在吸尘的同时能释放芳香宜人的气味,使人心旷神怡。

日本多年来很注重对吸尘器的开发。他们研制的手动吸尘器,以注塑方盒底部滚轮滑动产生的静电将尘土、杂物吸入盒斗。这种吸尘器不用电,无噪声,效果很好。松下电器公司生产的声控智能吸尘器,外形酷似电影《星球大战》中的机器人。当主人下达了指令后,它便迅速地在规定的范围打扫卫生,遇到障碍物会自动绕过,20分钟可打扫100平方米的地面,并做到一干二净。打扫完毕后,它便自动关闭电源,等候下一次派遣。

84. 无油无烟微波炉

用微波炉烹制美味食物,无油、无烟,方便而快捷。

微波炉的发明已有半个多世纪了。1946 年后,美国科学家斯宾塞在测试一种叫作磁电管的电子管时,一摸口袋发现放在口袋里的一大块糖溶化了。这让他感到奇怪并产生兴趣。经再次验证,他确认这是由于微波透过衣服纤维直接照射在食物上,引起糖块内部分子的振荡,产生热量而造成的。在他把发现和观察到的现象公布后不到一年,世界上第一台微波炉诞生了。这新奇的加热灶具在问世之初,由于售价昂贵,令人敬而远之。直至 20 世纪 80 年代,微波炉在改良工艺、降低成本后才在欧美等国家普遍使用。1983 年,世界微波炉的总产量已超过两亿台,美国每个家庭平均拥有 1.2 台微波炉。由于微波炉的制作并不复杂,我国在 20 世纪 90 年代也大量生产,除满足国内市场需求,还批量出口。

微波炉是一种利用微波加热烹制菜肴的新型炊具,其原理、结构和使用与传统的灶具完全不同。微波炉加热不通过食物本身的热传导完成,而是直接深入食物内部,对食物内外同时加热。所以它比传统的方式在时间上要快几倍到几十倍。如热一杯牛奶,只需十几秒钟;做熟一只 2 斤重的鸡,也只要 5 分钟。食品的微波加热由食品内分子间的摩擦产生热量,这种方式不会破坏食品的分子结构,不损失营养,可确保食物的鲜美,味道、色泽不变。同时在加热的过程中,微波能量对沾在食品中的有害细菌还有很强的杀灭作用。因此使用微波炉加热烹制食品,更安全,更符合卫生要求。烹饪时使用微波炉无烟、无明火,不污染环境,自然也没有烟熏气味,不必担心煤气中毒。微波炉既省时,又节能,一般五口之家,一日烹饪三餐,仅耗电一度。

使用微波炉做菜,能让菜肴色香味俱佳吗?答案是肯定的。微波炉一般有微波烹调、烘烤、烧烤、混合等几种设置,并有不同火力。在灵活掌握解冻、排列、翻面、转动、搅拌等微波烹饪技巧后,不仅能烹制出一般煎、炒、烧、烤菜式,对照"微波炉食谱",连豆豉蒸鱼、东坡肉、纸包鸡、麻婆豆腐、八宝芋泥等名肴佳点,也能做得很正宗呢。

如今的微波炉,已实现了智能化、多功能化,具有节能、环保和操作简便等使用特点。国内上海和日本、德国等一些公司都研制销售有高档微波炉产品,使用者不必设定烹调时间、加热功率、食物重量等,微波炉有自动选择程序,能自动化进行烹调,给居家生活带来便利。

85.冷暖随人空调机

空调机起源于人工通风设备。早在中世纪时,意大利人就发明了矿井通风法。到了近代,西班牙一些地区的老式房屋盛行水汽降温法,在夏季利用风向,让空气进入室内前先经过院落的草木和喷水池。距今 100 年前,美国人卡里尔在纽约一家印刷厂研究空气湿度的调节,经过几年的努力,设计出一种至今仍在沿用的喷水过滤装置。几年后他发明了圆柱形的立式空调机。1919 年,世界上首座空调电影院在芝加哥建成,夏日里观众避暑、观影两全其美,影院场场爆满。1931 年,美国开始批量生产空调机,由于价格昂贵,一般家庭拿不出许多钱把它搬回家去。直至第二次世界大战结束后,空调机才在欧美等国普遍使用起来。

我国从 20 世纪 90 年代起,市场上空调机销售两旺。1993 年全国空调机需求量为 200 万台,当时需求品种以制冷量小于 2500W 的壁挂窗式机为主;单冷式空调、冷暖型空调和除湿空调各有优势。小型分体式空调已能满足多房间调温要求。高效、节能、低噪声的空调是畅销的品种。一种能够大幅度改变制冷、供热量的“变频式冷暖两用”空调也研制出来,投放市场。这种被称为“智能化”的空调,采用了先进的传感技术,空调机的制冷制热量能随环境、湿度、温度的高低自动加以调整,使家居环境更为舒适。

噪声是睡眠的干扰因素之一。如今人们选购空调很在意它的静音标准。新型空调机在制冷模式下可以在人入睡时设定稍低的温度,营造一个凉爽的环境,随后设定的温度每隔 1 小时上升 1 摄氏度,温度升高 2 摄氏度后自动保持恒温。这不仅使人睡得舒适,还能节能。家电名牌美的空调上市的“梦境星”,具有温度随身感,实现了空调从机械调节到智能感应的转变。用户可以设定三种睡眠模式,根据睡眠时间、定时换气,进行自由组合。

使用方便,减少用户的负担,是新一代空调所追求的另一特色。在 2007 年中国国际消费电子博览会上,海尔公司推出一款“自清扫”空调,解除了空调机使用一阵后,使用者要拆卸过滤网清洗的麻烦。该机依照设定模式,既能随时清扫、关机清扫,也可累计运行几十小时后自动清扫,再不必让用户上手了。

今日空调机也不全是立在厅堂或挂在墙头窗侧。在美国芝加哥一个展会上,以电池为能源的小空调仅重 1.1 公斤,高 25 厘米,像个小加湿器。这个小玩意儿可以放在桌子上,也可带到轿车上,使用者启动开关,身体周围便能迅速改变温度,要暖有暖,要凉有凉,带给人舒适。

86. 藏储食品用冰箱

　　冰箱能有效防止食物快速变质,是如今人们离不开的家用物品。

　　我国古人从很早起就懂得采冰和用冰。早在公元前的东周时,人们就用一种叫鉴的铜铸容器藏冰储存食品。据《周礼》记载,每到春天,宫廷人员便将冰和烹制的菜肴、果品、酒等食物一起放入鉴内,以防腐坏。到祭奠时从鉴中取出,祭用并供官员享用。这种冰鉴可说是人类最早的冰箱。

　　欧洲人也一直在思考食品的储藏和运输问题。英国哲学家培根注意到埋藏在冰雪中的鸡肉不容易腐烂,于是他在 1626 年建造了一个半埋在地下的冰窖,装入冰和肉食,每日观察冰冻和温度变化情况。不幸的是培根因着凉,患上肺炎去世,他的研究也终止了。1873 年,德国的林德用液态氨制造出冷冻机,法国和澳大利亚都把冷冻机安装在货船上,长途航海运送食品。1902 年,美国率先生产出家用小型电冰箱,但直至第二次世界大战后,使用电冰箱的家庭在美国才多起来。又过了 20 年,电冰箱在日本家庭普及使用。20 世纪 80 年代,电冰箱成为我国家用电器新宠。

　　近年来,国内外厂商研制的电冰箱种类繁多,市场竞争激烈。我国制造的一种冰箱,可接电源制冷,也可用液化气、沼气、煤、油、太阳能为能源,使用寿命长达 20 年以上,很受乡村和边远地区欢迎。

　　美国研制的太阳能冰箱,适合供电不稳定或无电处用户使用,具有省电、绝热性好等特点,还能将白日多余的电能存储起来供夜间使用。美国发明的一种提包式可携带软冰箱,由多层绝热材料和磁性密封垫构成,以电池为能源。这种冰箱在夏日能提供给旅游和野外工作人员凉爽饮食。

　　德国市场推出一种冷热两用电冰箱。使用者按动制冷键时,箱内温度便迅速降至零下 5 摄氏度;当按动制热键时,箱内又能快速升至 75 摄氏度,可作烤箱使用。

　　早期的冰箱只有一个门。如今随着冷藏、冷冻、保鲜、恒温等不同需要,冰箱有的多达 8 个门。今天的冰箱摆在家里,除了大容量、节电、色彩美观,还增加了"转基因工程",即在冰箱原有设计功能基础上,融入了其他家电产品的部件。在北京举办的国际家电产品博览会上就展示出这样的冰箱:镶嵌在一侧冰箱门上的是冷热饮水机,另一侧门上则是液晶平板电视机,可播放 CD 或 DVD。这让厨房做饭之人可以从屏幕中播放的烹饪节目里学习如何炒菜,也可让翻动炒勺的忙碌者不耽误收看新闻和电视节目,减轻做家务的枯燥和乏味。

87. 电脑日新月异

电脑在 20 世纪 90 年代,进入我国众多家庭。人们坐在电脑桌前上网阅览、聊天、下棋、看大片。以后用电脑便成为很多人生活的重要内容。

电脑是人类 20 世纪的重大发明。它的前身是一台电子化的计算机。这台机器于 1946 年诞生于美国宾夕法尼亚大学,它重近 30 吨,占据一间 100 多平方米的大房间,由近 18000 个电子管组成,每秒钟可做 54 次运算。一般认为它就是世界上第一台电脑。1981 年,美国国际商用机器公司(IBM)成功将房子大小的机器缩制成微芯片,研发出个人电脑,从此它便影响了人类生活的方方面面。

近年来,电脑变得精致,装入软件后,它可以担当"教师",指导孩子学习;它可以充任"秘书",安排各项事务。电脑"管家"能让主人的生活随心所欲,电脑"棋手"与世界冠军对弈也难分高下。个人电脑不断向着更轻、更小、多功能等方面演进,互联网的普及和笔记本电脑的出现,更给人们的工作、生活提供了极大的便利。

随着科技的发展,超便携电脑,玲珑轻巧,仅一本书大。超轻薄的电脑中配备了 7 英寸液晶屏,能随时随地连接因特网,轻松收发电子邮件、处理文档、浏览新闻、搜索时尚资讯。而配合内置的摄像头与麦克风,不走半步即能参加视频会议。

20 世纪末,普及没有几年的愣头愣脑"大块头"电脑便被人们搬下桌面。代之而来的是新潮流线型设计、大尺寸背光液晶宽屏的一体机,拥有迷你 HDMI 三合一读卡器、标准 USB2.0 等丰富接口、酷睿处理器,处理速度快,无论是处理文档,还是影音娱乐、游戏,都能带给人畅快的感受。新款精巧的平板电脑,介于笔记本电脑与智能手机之间,通体只有 4 个按键,却有着提供浏览互联网、收发电子邮件、观看电子书、汉字书写、播放音频和视频等诸多功能。一种全功能商务电脑,配备有高灵敏度手写笔,可提供便捷和精确的输入方式,让使用者回归简捷的手写习惯。在家中使用支架,还可将电脑安放在橱柜或橱间墙上,家人对照菜谱烹饪佳肴,实在是件浪漫之事。

美国麻省理工学院的研究人员研制并推出一种依靠手势即可完成操控的新型电脑。使用者面对大尺码显示屏,戴上安有传感器的"数码手套",不用点击鼠标、敲打键盘,只需在工作场中行走,以手挥动、指示,便可操控界面。这比起使用普通电脑,有着更大的灵活性。

88. 古今的锁

　　人们进出家门不能不碰锁,骑车、开车也要用钥匙开锁。

　　锁原是一种装在门上,不给旁人妄开的小装置。随着人类私有制的出现,锁诞生了。说来好笑,最早的锁是用木料制成的,结构也十分简单,这样的锁只能防"君子"而不防"小人"。据考证,中国远在 3000 多年前就有了锁。

　　在国外,古希腊人曾发明了一种极为可靠的锁,缺点有一个:钥匙太大,要扛在肩上,携带使用很不方便。最早的金属锁是古罗马人制成的,锁中设计了槽沟;当钥匙的沟纹和锁槽相吻合,锁就打开了。在法国巴黎陈列着一把有趣的锁,这把锁由 40320 个小锁组成,构造复杂,机件精密,以铜和钢合金制造。开启这把锁,先要依次打开小锁,这则需要经过足足一年的特殊训练,它实在是世界上最难开的锁了。

　　现在我们经常用的弹子锁是美国人耶鲁于 1861 年研制成功的,至今仍是世界上使用最普遍的一种机械锁。现代弹子锁的结构又有新的发展,出现双向、三向、四向弹子结构,以及双排双面、多排多面弹子结构和组合弹子结构,从而大大提高了锁的保密性能,使锁的编号由几千种变化达到上百万种。弹子锁因此被誉为"锁中之王"。

　　现代科技在迅速发展,古老的机械锁远不能适应时代的需要。人们不断赋予锁以新的内容,把声、光、电、磁、波等先进科技相继应用到锁上,使锁的研制向着多防护、多保险、多功能和装饰化方向发展。英国的"录像锁"在使用前将主人的相貌、血型、体重三者录进锁内,欲进门者如有差异,锁绝不跳开。美国研制的"指纹锁",锁内电脑储存着主人的指纹,开锁时以手触摸锁体,即"验明正身"可入,否则绝不放行。此外,还有遥控锁、液压锁、定音锁、电磁波锁、超声波锁、用眼开启的锁等。锁的家族日新月异,为人们的生活增添了安全感和乐趣,而且正在不断地改进和更新换代,不断地向世界展示着它的神奇。

　　我国生产的锁一向以坚固耐用、美观精致而享誉世界。一次,中东地区有家企业被盗。警方调查现场发现,众多钱柜已撬开,唯中国骆驼牌保险柜虽有砍凿之痕,但柜门依然紧锁,钱物安然无恙,令人刮目相看。浙江某公司新研制的一种"尖叫锁",装在保险柜上,一旦被人撬动,就会连续发出高达 100 分贝的尖叫声。突然的尖叫,自会使撬锁者心慌意乱,狼狈逃窜,从而避免钱物被盗。

89. 设计别致的摇篮

许多孩子出世后,都使用过摇篮。

摇篮是可以摇摆的婴儿睡床,一般指婴儿的卧具,有落地床和吊床之分。轻轻推动或摇动婴儿的摇篮,不仅有助于婴儿入睡,对孩子的生长发育也有益处。因为在人体内耳有一个人眼看不见的"前庭分析器",它专管人体位置的变化。婴儿常随摇篮晃动,前庭分析器不断受到刺激,对于婴儿较快适应人体在不同位置的变化和适应环境颇为有益。

摇篮顾名思义是个篮子。传统的摇篮为长方形或椭圆形,以竹制藤制为多,可以左右摇动,也可悬挂晃动。摇篮还有木制的、草编的、帆布的、塑胶的、铝等金属制作的。近年来,国内外对儿童用品大力开发,多种新款式摇篮竞相问世。这些造型奇特、功能各异的摇篮,吸引着众多婴儿父母把它们搬回家去。

英国发明了一种"听觉反应测试摇篮"。这种摇篮用塑料模压制成,内中铺有软垫和泡沫枕头。婴儿放入后,用一根带子束住其腹部。带子上的传感器会自动记录婴儿的呼吸频率,并将呼吸引起的压力转换成电脉冲,通过枕头里的扬声器发出有节奏的声音信号,以此检查婴儿的听觉反应。如果婴儿听力正常,会对声音做出反应,使摇篮顶端的指示灯闪烁。如果指示灯不亮,就要引起家长注意,为婴儿检查听力了。

英国一家公司还生产出一种悬浮式摇篮。一只充有氦气的大气球用缎带牵引,把摇篮稳定地停在一定高度上。婴儿可以离地观看周围景物和玩耍,别有一番情趣。

我国宁波制造的一种音乐摇篮,由微电脑控制。摇篮中一有婴儿哭声,摇篮就会自动摇晃,并播放出催眠乐曲。当婴儿听着听着睡着,摇篮就会停摆,乐曲停奏。

在国内市场上还可见到一款多用摇篮。硬木框架四周衬有软垫。这种摇篮可以一直伴随婴儿成长。孩子幼小时,父母可以利用摇篮下滚轮,轻松把篮子挪到身边,方便了照看婴儿。折起轮子,有弧度的篮底落地,就可以"摇啊摇,摇到外婆桥"。当孩子长大些,摇篮显得小时,拆去前面挡板,升起底板,摇篮就变成可爱的小床了。

摇篮并非都是为婴儿制造的。瑞士专家设计的一种电动摇篮床,上面装有一个催人入睡的设备。该设备重约0.5公斤,能使摇篮产生微微的摇动,并能让人听到一种特殊的蜂音。这种摇篮不但是宝宝的美妙入眠之地,还是成年人理想的睡床哩。

90. 制作巧妙的奶瓶

婴儿出生后,喝水,补充牛奶或其他一些营养品饮料,都要使用奶瓶。

在橡胶发明前,奶瓶和套在奶瓶上的奶嘴,一直是个让人头痛的问题。奶瓶太硬,不能挤压,只能倒给孩子喝,容易让孩子喝呛。有人选用动物皮囊当奶瓶,这种容器不便清洗,又很容易变质。直到橡胶问世,才有了柔软而结实的奶瓶、奶嘴,让一代代婴儿用了几百年。传统的橡胶奶瓶虽然一直在用,价格也不贵,却很粗糙,与现代生活很不协调。近年来,国外厂商设计制作了一系列新型奶瓶、奶嘴,受到婴儿家长的欢迎。

美国俄克拉荷马州一家婴儿用品公司,为培养孩子的活动能力,设计生产出一种"自喂奶瓶"。这种以聚碳酸酯塑料制造的奶瓶,两头大,中间小,并印有明显的防滑纹。它比一般的传统圆柱形奶瓶更便于婴儿抓握和自行吮吸。

美国的儿童用品研究人员注意到传统的圆柱形奶瓶比较呆板,于是设计了多种"异形奶瓶"。他们把奶瓶做成了猴形、狗形、鱼形、香蕉形、黄瓜形等不同形状,颜色艳丽悦目。据调查这些异形绚丽的奶瓶,很受婴儿喜爱,并能促进他们的食欲。

日本厂家设计生产出一种"示温奶瓶",瓶子加有一层感温涂料。当瓶内液温在50—55摄氏度时,瓶子呈现黄色,此时温度不凉不热,正适合婴儿饮用;当瓶子呈现红色时,表明瓶内液体超过了60摄氏度;当瓶子呈现蓝色,表示里面液温已降到45摄氏度以下。使用这种奶瓶,能让瓶内饮料冷热正对婴儿胃口,避免造成不适。

日本一家公司还研制出一种"消毒奶瓶"。奶瓶为两截相套,套在里面的是可换用的带有奶嘴的消过毒的胶袋。当大人带婴儿外出,又缺少沸水为奶瓶消毒时,将饮料注入这种奶瓶的胶袋,就可以放心让婴儿饮用了。

法国市场上推出了一种带加热器的"自热奶瓶"。这种奶瓶存放在一个尼龙袋中,只需用手按压尼龙袋,就会触发化学反应,使放于袋中的奶瓶在10分钟内变得暖热。尼龙袋可反复使用,既能为奶瓶加热,又能保洁。

德国科技人员仿照母乳吮在婴儿口中的形状,研制出一种"乳状奶嘴"。这种奶嘴以柔软的橡胶为原料,能够胀大和收缩,还能自如地调节液流大小。奶嘴的颈部扁平,嘴唇吮吸时能自然合拢,不会因吮入空气而产生呛奶。

德国研制出一种"给药奶瓶",把喂药装置做成奶嘴形状,利用婴儿对奶嘴的天然亲近感,生病又不肯吃药的宝宝,含住奶嘴后,不知不觉就把药服用了。

91. 新型好用的婴儿车

婴儿车是一种为婴儿户外活动提供便利而设计的工具车,是宝宝最喜爱的散步交通工具,是妈妈带宝宝外出购物、游玩的必需品。大多数人小的时候是坐过婴儿车的。

在我国北方,20世纪80年代之前,常见的婴儿车是藤竹所制,长方形状,一边有车把,下面安4个小轮子,把婴孩放到车中,可坐可立,让孩子在车中玩耍,大人推着这种车子上街,买菜购物,能免除背抱孩子劳累之苦。

随着市场的繁荣,各地的婴儿车种类多起来。简陋的藤竹车见不到了,代之而来的是硬塑的、铁架帆布的、合金外壳的等,大小高矮不一。在国外还出现了全玻璃钢的、轻铝合金等材质的婴儿车。有的婴儿车内放置动态十足的玩具,为坐在车内的婴儿增添情趣。

近年来,年青一代家长对新生儿消费投入加大,一系列新型婴儿车应运而生。一种双向推把的婴儿手推车,不必掉头就可推动车子反方向行走。这种车子的好处是,可让妈妈随时观察到宝宝的情况,让宝宝能不时看到妈妈,增强安全感。

日本研制的一款光能婴儿车,在车架上方加装了一块太阳能板,妈妈推车带婴儿外出时,太阳能板既可为车中婴儿遮阳,又提供了能源,使连接的车内暖奶器的奶液、饮水保持恒温,适于婴儿饮用。

德国研制的一种婴儿车设置了婴儿安全座椅。家长可推着这种车带孩子外出购物、休闲。车的拉杆手柄和车轮可收拢,搬动也很轻便。车子座椅采用安全系数为五点的安全带。车体标准化的外形使它能便捷地安装在汽车座椅、餐厅椅甚至是飞机座椅上。

德国市场上还推出了一款多用婴儿车,以铝合金制造外壳,十分轻巧。车的底部为圆弧形,当车轮收拢后,可作摇篮使用,也可悬挂当秋千悠荡。带婴儿到水滨度假时,这种车可放于水面,成为漂浮的小舟。把车拿到冰场上,它又能变身嬉戏的冰车雪橇了。

荷兰一家自行车公司新推出的新型婴儿车,可推着走动,还能变身自行车,让妈妈载着婴儿一起远行。婴儿车的座椅上装有安全带和扶手,座椅下车筐内可以放奶瓶、尿不湿等小物件。妈妈想骑行时,将推车前后轮之间折叠的横梁打开、拉长,升高婴儿座椅,就可以上路了。从推到骑的改装,在20秒内就可完成。据悉,这一创意设计一举拿下了2008年欧洲自行车展设计大奖。

92. 居室一美摆花瓶

花瓶是一种器皿,多为陶瓷或玻璃制作,外表美观、光滑。名贵者有以水晶等为原料。花瓶可作为优雅的装饰在室内摆放,也用来插放花枝美丽的植物,瓶底部通常盛水,供花草保持生长。

在石器时代,人类对植物有了认识,并开始利用器皿的时候,就产生了花瓶。在广州古玩藏品馆展会上曾展出了我国古代各种花瓶和插花器。最古老的花瓶是距今6000年的新石器时代绳纹灰陶尖底瓶,还有一件极为珍贵的汉代绿釉双铺首陶壶,堪称我国官窑瓶类的始祖。

花瓶放卧室,置客厅,能与家具相映成趣,令居室优雅生辉。通常点缀居室的花瓶有三类:插花花瓶、艺术花瓶和观赏花瓶。

插花花瓶一般是无色透明的玻璃瓶,瓶身大,能容足量水。这种花瓶放于案头,香气袭人,令人赏心悦目。在台湾举办的插花展上,一位高手用一个鸭蛋状瓷瓶创作出一件《春江水暖》的作品。上插三枝长短不同的康乃馨,瓶尾插上几片羽状蕨叶,旁边衬托着几朵浅红色玫瑰。插花花瓶摆放在一块晶莹的玻璃板上。倒影中有如鸭子在碧水中浮游,使作品充满诗情画意。目前插花花瓶种类很多,有些观赏花瓶也可注水插花。其中陶瓷花瓶美观实用,景泰蓝花瓶光彩悦目,电化处理的金属花瓶瑰丽华贵,玻璃花瓶晶莹剔透,塑料花瓶轻巧新颖。

艺术花瓶可供插置塑料、绢、涤纶等制作的假花,放置居室可给人长时间的艺术享受。观赏花瓶造型变化多,艺术品位高,放置案头能使居室显得优雅华丽,是目前走俏的家庭装饰物。

近年来,各种观赏花瓶被人们看好,其中"料"制花瓶尤受人喜爱。"料器"的主要成分是硅酸盐,加入钡、铅或钾、钠等碱金属成分,以高温烧成。烧成物透明度好的是玻璃,透明度差的是琉璃,不透明的便是料器了。料制的描金花瓶,单个摆放,典雅美观,若组合几款不同颜色与花纹的料瓶陈列柜中,供家人和亲友鉴赏,也别有一番情趣。

花瓶是居室一美。日本研制出一种保鲜花瓶,该花瓶瓶底装有一个小型气泵,通过排气能使瓶水不断产生气泡,保持水质洁净,这样就可以有效延长鲜花的存活时间。

法国设计师别出心裁,制作了一尊巨型水晶花瓶,高1.7米,重850公斤,用于庆典盛会,摆放迎宾,壮观而气派。

93. 新奇花盆入室来

许多人家喜欢养盆花。隆冬季节，窗外飞雪飘降，冰封严寒；室内鲜花绽放，春意盎然。这是多美的景致啊！

用花卉点缀居室，不仅可美化居住环境，还能使人领略和享受自然情趣，增进身心健康。花卉虽美，尚需花盆烘托。随着居室养花的盛行，花盆也一改过去"傻大黑粗"的旧模样，变得既美观实用，又新奇有趣。

美国园艺师设计出一种会唱歌的花盆，盆中插入一个针状的电子装置，对土壤的湿度会做出灵敏反应。如果土壤干燥了，花盆会立刻奏出悦耳之曲，告诉主人该浇水了。

日本研制出一种陶瓷花盆，所用材料能提供植物生长所需要的营养。花盆中放水而不放泥土。这种花盆不仅不会腐臭，而且在盆中陶瓷粒子效应的作用下，花卉会生长得十分茂盛。

我国河北地区研制出一种泥炭花盆，它含有促进花卉生长的氮、磷、钾、纤维素、木质素等成分，不但具有紫砂、瓷盆色泽鲜艳的优点，还具有坚固耐用的特性，不怕摔、不怕挤压、耐酸碱和火烧。

我国广州生产的一种塑胶花盆，轻巧美观，造型别致，有仿大理石、紫砂等多种样式。花盆配有活动底套，用于盛装浇花时流出的水。每种样式都有五种颜色供人挑选。

在香港海洋公园举办的一个花卉展上，郁金香盛放，红、黄、白玫瑰簇拥在女雕像手提的花篮形花盆里。此外展会上还有大嘴鸟、十二生肖等各种造型的花盆，吸引了众多游人驻足观赏。

有爱情故事说，人生是一条弧，只有找到和自己吻合的另一半，才能构成一个圆。现在设计师发明了一种磁力花盆，为花花草草编制出爱情故事。这种花盆由两个半圆形花盆组成，分别装有一块磁石，相互吸引就可以组成圆形花盆。盆中两种花草相互缠连，互相映衬，别有情趣。

如今新研制的花盆是一种"渴了就倒"的花盆。很多孩子都玩过不倒翁，这个花盆其实也是个不倒翁，不过它底部重物的一半由水来替代。水充足时，花盆立得很稳；随着水量流失，花盆会慢慢歪倒，这是在提醒你：该浇水啦！

还有一种有趣的"树洞花盆"，现身树洞的"松鼠"是个浮力装置。当花盆水足时，松鼠会探出头来；随着花盆水量减少，松鼠会隐入树洞，这时就该浇水了。

94. 气味芬芳的香水

香水是香精的酒精溶液,再加入适量的定香剂等制成。香水具有芬芳浓郁的香气,喷洒于衣襟、手帕、发际等部位,能散发出怡人的香气,是重要的化妆品之一。

相传在 3000 年前,古埃及和我国已开始使用香料了。在硬石板上涂抹牛油,牛油上撒气味芬芳的花瓣,花香传到牛油上,就制成了发蜡。发蜡经酒精冲洗,香气传到酒精里,这就是最初的香水。据说古代中国和巴比伦制造的香水,使用后可香留几日。在我国宋代,有人采蔷薇、素馨、茉莉,"蒸气成水","积而为香",已能制造很名贵的香水。

古代使用香水是豪门贵妇奢侈生活的重要部分。古希腊的有钱人以冲香水澡待客,古罗马的权贵以大量香水洒衣。古埃及女皇克丽奥佩特拉更以使用香水出名。据传她坐船出游时,身上的香气可熏到周围一英里。香水可取悦人的嗅觉,古印度人就很注意用香水来消除汗臭味。古罗马的男女则以香水相互吸引。有人说当年法国皇后约瑟芬能得到拿破仑的宠爱,也仰仗了香水的魔力。

香水一般的原料,除了各种娇艳新鲜的花朵以外,还有昂贵的麝香、麝猫香等固有成分。香水的制作过程,一般是把煮沸的水和香料以蒸馏法浓缩,水蒸气成为香精,其余的就是香水了。

18 世纪以后,化学工业发展起来,丰富了香水的品种。发展到近年来,香水的制造品种繁多,在国内外市场上不仅能买到价格低廉的香水,也陈列着售价惊人的香水。法国巴黎商店推出一种名为"黑金"的香水,以稀有香精制造,盛放在 18K 金制的精美容器里,售价高达 28000 法郎。

目前化妆品柜台上不同香型的香水,琳琅满目,一些有特殊功用、别具特色的香水也竞相问世。上海科研人员研制出的一种取名"克感灵"的中药香水,滴在手帕上日闻几次或湿润太阳穴以手按摩,都能起到防治流行性感冒的作用。

广州一家化妆品公司研制出匙扣香水,有 20 多个香型,包括茉莉香、玫瑰香、檀香、菊香、熏衣草香等,由于这种匙扣香水小巧玲珑,便于携带,一直是热销产品。

法国研制出一种戒烟香水,以硫酸钠、薄荷脑、花椒粉、黄碘和香精配制而成,想戒烟的人只要在自己的手帕或衣服上洒一些香水,受香味影响,便会对香烟的气味产生厌恶之感,立即失掉吸烟的兴趣。

95. 青烟袅袅话焚香

我们的祖先使用香料由来已久。焚香最迟在公元前2世纪时已出现。在《诗经》中有"有苾其香"的记述，是古人利用香气的开始。宋书《洞天清录》载："古以萧艾达神明，而不焚香。"《千家诗》中有"金炉香尽漏声残"的诗句，这里道出了在钟表问世前，焚香还是计算时间的一种方式。汉代时古人焚香成习，还用香熏衣。杜甫有诗云"朝罢香烟携满袖"，从侧面写出了唐代官员用香之盛。汉朝以后，拜神信佛者渐多，焚香更成为日间常事。香中加入香料，使人们闻起来香喷喷的，觉得愉悦。焚香是我国古代泡茶、焚香、挂画、插花的"四艺"之一。相传苏东坡每经过广州，总要买几斤特产檀香，带回家去"焚香静坐"。古人在下棋、抚琴、读书、吟诗、会友时焚香，青烟缭绕，香气四溢，是既添气氛又增情趣的雅事。

香是木屑掺和香料及药物等制成的，种类有线香、棒香、熏蚊盘香等，形状不一。现代科学研究表明，焚香对于人的健康是有益的。无论是玫瑰香、茉莉香之类的卫生香，还是供信佛人烧的普通线香，都有抑制、杀灭病菌的功效。有的香中加有各种中药，对清洁空气、提神养心更有特殊作用。焚点卫生香不仅常见于医院、旅馆等公共场所，也广泛用于家庭。家里有人感冒，每天早晚点两次香，每次一到两个小时，对空气即进行了消毒。梅雨季节在室内焚香，还可去除室内的霉腐气味，优化环境。

近年来，科学家在研究中发现，有些特殊的香味能改善人体血压等生理反应，其功能比使用药物更为简便有效。对精神压抑者调查显示，当这些人嗅到苹果香后，血压中的收缩压和舒张压都有不同程度的下降。此外有些香味还有助于人集中精神，思维敏捷。有些香味能刺激人神经振奋，也有的有催眠功能。日本学者研究发现，家庭中的香气能提高孩子学习和读书的兴趣。当嗅到茉莉花的香味，孩子计算出错能减少33%；闻到柠檬味道时，出错居然可减少54%。在家居等环境中，燃香或摆放一些散发香味的物品，对人的情绪和健康都是有益的。

如今，超市、日杂店中各种供点燃的香、香片、香球、清香喷洒等货色齐全。一种能散发淡雅香气的香袋也在流行。香袋有裙形、帽形、靴形、枕形、手包形、动植物和卡通造型，可作为汽车挂件，也可点缀客厅、床头，挂在背包或腰间。

96.专事除尘夸扫帚

人们扫地、扫雪,搞环境卫生,都会使用到扫帚。常用的除了扫地的扫帚,还有厨间扫面的小扫帚,居室用来扫床、扫衣服的小鬃毛扫帚。

据记载,早在4000年前的夏代,少康偶然看到一只受伤的野鸡拖着伤体往前爬,爬过之处灰尘少了许多。这让少康想到鸡毛有除尘之用。他便从野鸡身上拔下一些鸡毛,做出了世间第一把扫帚。使用后发现鸡毛很软,且不耐磨,遂绑束换成了竹枝、芦苇再用,成为用到今天的扫帚。

我国人民自古以来就有讲卫生的好习惯。陕西出土的西周青铜器上就有"子持帚作洒扫形"的铭文,《礼记》中也有"洒扫室堂及庭"的记事。可知我们的祖先不但早在2000多年前就已使用扫帚扫尘,而且很早就懂得了合乎卫生要求的湿扫。扫帚在汉代除实用,还是一种礼仪用品。当时有一种"执帚迎门"的习俗,即客人到来时,仆人要举着长帚在门口迎候,意味室内已打扫干净,静候客人入内就席。

以扫地强身,是扫帚的又一功用。宋代著名诗人陆游66岁时,看书写作总在案几旁备一笤帚,倦了就用洒水扫地的办法活动身体,常年不懈。他曾作诗云:"一帚常在傍,有暇即扫地。既省课童奴,亦以平血气。按摩与导引,虽善亦多事。不如扫地法,延年直差易。"诗人对扫帚及扫地的赞美之情,溢于言表。

扫帚与尘垢打交道,讲究实用,不需要修饰。常用的扫帚有高粱秸的、竹枝的、棕的几种。如今大商店也常用带推板的棕扫帚清洁地面。扫帚是我国的发明,也为外国人喜用。美国人比斯尔是一家瓷器店老板,他对包装瓷器稻草中的灰尘过敏,于是设计出一种机械式自动扫帚。该物有一个滚筒状的扫刷,可将灰尘甩入垃圾斗内。他于1876年为这一发明申请了专利,又成立了一家自动扫帚公司,进行商业化生产。在电动吸尘器诞生前,这种自动扫帚使用的人多,也曾红火过一阵子哩。

近年来,家庭流行使用吸尘器后,老土的扫帚受到冷落。然而扫帚相比吸尘器也有着自己简便省力等优点。一些新款式的扫帚也应运而生。在北京市场上,有一种电动扫地机,传统的长把样式,下部安装圆形毛扫刷,放到需要打扫处,一按电钮,垃圾就被扫入收纳盒中。另一款清扫装置是将扫帚与吸尘器结合。扫帚形状的吸尘器,其扫毛部分由细胶管组成,有尘土可一吸了之,废纸等大些的物体则能扫入配套的簸箕。这簸箕还是存放扫帚的"外套"呢。

97. 拉来扯去的锯子

以前不少人家里存放着木锯、钢锯。而今天的人们却难得在家里看到锯子了。

我国是木锯的故乡。相传截断木头的锯，是春秋时由鲁班发明的。鲁班是鲁国著名的工匠，一次他负责营造建筑，工期紧，用料多。那时建房主要是用树木，而砍倒大树要用斧头。鲁班心情焦虑地上山查找木材，爬山时脚下一滑，他伸手抓住一把野草，人没摔倒，手却被一种锯齿状的草叶割破。虽然手指流了血，这却让鲁班眼前一亮，他以锯齿状草叶设计出伐木的锯。人类的第一把锯就这样诞生了。然而，考古工作者 1973 年在陕西蓝田县、1977 年在陕西武功县分别发掘出土 3 把西周时期的铜锯。这些锯都有锯柄、锯身、锯齿，齿都是直齿。虽然在地下埋藏了 3000 多年，仍很锋利。这一发现，使得锯的发明史比鲁班所在的春秋战国时代提早了 1000 来年。

锯子在截断物体时，拉来扯去，比刀切斧剁快捷和省力许多。如今锯的品种可谓洋洋大观，按其主要用途，可分为横锯、竖锯、挖锯几类；按其形状分，有框锯、板锯、鱼肚锯、圆盘锯、手锯、刀锯等不同；按行业分，有林业用整枝折叠锯、锯枯枝锯、金属冷切锯、锯石膏板锯、锯石棉板锯、岩石切割锯、大理石切割锯、激光电动曲线锯、食品的锯冷冻肉锯，以及医用的牙科锯、外科用锯、骨科用锯、迷你小手锯等。形状不同、功能各异的锯种，既满足各类生产需求，又是居家有用的物品。

意大利发明的一种小木锯，能像刀子一样随意打开、收合。木锯的锯条以不锈钢打造，外形小巧，折起后像一把水果刀，不会造成小孩子乱动乱摸被割伤的危险。

日本生产的一种袖珍手锯，如折叠刀大小，可安装锯条，也可安装刀片。在一些狭小的地域也能进行锯断、切割加工。这种锯的锯把内有一个刀鞘，用来存放不同用处的锯片和刀片。

英国市场上推出一种多用途手锯。它采用碳化钨锯条，耐用不钝，无须在使用中反复打磨锯条。这种锯可用来锯开砖瓦、大理石、水泥、陶瓷、玻璃、橡胶及木头等物品。该锯可折叠，便于携带，有"超级手锯"之称。

美国制造出一种专门用于消防救灾的粗齿锯。当发生火灾或缉捕犯罪嫌疑人等紧急情况，需要打开防盗门时，使用这种破拆锯子，连锯带撬，只需几十秒钟，外面的人就可以破门而入了。

98. 连接上下的梯子

人们爬高取物常要用到梯子。

我国古人早在春秋、战国时期，就设计制造出高大的云梯，用来攻城拔寨。建造阁楼等建筑时，也会安装梯子，每日拾级上下。梯子的结构简单，但种类不少。古有木梯、竹梯、绳梯、藤梯等，当代又增加了多种金属梯、硬塑料梯、玻璃钢梯等制品。铝制梯子尤其轻便、美观，便于搬动，很是实用。而最新推出的一种碳纤维合成材料制作的梯子，与传统梯子横踏杆连接两支柱不同，它是一个封闭的长方形。立起后下有防滑胶垫，两个竖边错落着几个突出脚蹬，用料极其节省。整个梯子仅重 1000 克，放在家里不占地方。

时下人们使用的梯子各种各样，有的还具多功能。有的梯子与晾衣板合用，有的还综合了普通梯子、手推车、平板车、铲车的功能，将四种功能融合为一体，制成一种推车梯，拥有独特的攀爬台阶的能力，解决了人们日常生活中上下楼搬运货物的难题。在新型梯子中，还有广告用梯、电工绝缘梯、人字工程梯、移动登高梯等品种。

法国研制出一种伸缩式梯子。这种梯子共有 4 节，装有锁扣装置，使用时用钥匙把梯子打开，拉出；不用时则能插起锁上。放在公寓楼道内供居民使用，遇火灾还能协助逃生。

日本发明一种电动缩骨梯子，平时放在天花板上，用时放置地面。这种梯子长可拉至 2.5 米，以铝合金制造，可承重 700 公斤，由电动开关控制。使用这种用时有、不用则"无"的梯子，节省了建造楼梯的空间，让居室变得宽敞。

梯子与消防的关系是难解难分的。德国发明一种手提式折叠救生梯。这种梯子用钢索和铝横档支撑，长度有 5 米、8 米、12 米、16 米和 22 米几种。当有火灾发生时，把折叠的梯子拉出，搭在楼房外墙上，就可以救援楼上受烟火围困的人员了。梯子收拢后仅有公文包大，很便于携带和存放。

德国卡尔斯鲁厄市消防队在扑灭火灾时，使用的消防梯长 53 米，竖起来能直接爬上 20 层高楼灭火。该梯是目前世界上最长的梯子。

说起来有趣，与生命攸关的还有一种逃难梯。在非洲中部一处天然公园里，一些大树上钉着一道道小木横条，横条上下间隔 1 英尺。这梯子虽然简陋，却是旅游者逃避猛兽追赶的逃生通道。树上的木牌写有文字提示：凡遇犀牛袭击，爬上 8 格；遇野象追来，保险点爬上 14 格。

99. 扎扎实实的钉子

以前的家庭,墙壁上都钉有一排排的钉子,把做饭用的勺子、铲子、刷子甚至锅挂上去。如今很多家庭装修了居室,炊具放到橱柜里,钉子也就少见了。

钉子是随着人类狩猎、筑屋的发展而产生的。远古时代的钉子多以鱼骨、兽骨、竹子及木条制造。当人类冶金技术发明后,铜、铁等金属钉也相继出现了。但这种亮光光的钉子十分贵重,只有皇家贵族才能使用。历史学家在发掘 2000 年前建于苏格兰的一座古罗马式城堡时,得到了几只大木箱。打开一看,里面并不是金银珠宝,而是装满了用于建筑的大铜钉。这是怎么回事呢? 据专家考证,这是在发生战争时城堡守卫者决定撤离,又不愿把宝贵的钉子留给敌人而埋入地下的。时过境迁,埋藏者再也没有回来,钉子就一直埋在土中。令人惊讶的是,装钉子的木箱虽然有些腐烂,钉子却闪着寒光,并未生锈。

历史源远流长的钉子发展至今,看似依然帽大尾尖,其实从制作工艺、用料、形状等都有不少改变。近年广泛使用的水泥钉,硬度较大,不仅能深入砖中,还能钉进水泥里。波兰研制出一种三角截面铁钉,它与普通圆铁钉不同,更容易钉入木头中,钉入后也更牢固而难以转动。美国发明一种星形铁钉,制作不仅比圆钉省料一半,钉很窄的木条时也不容易把木头钉裂。日本研制的一种塑料钉,它显著的优点是无磁性、不生锈。钉子钉入木头后,当使用锯或刨子遇到它时,不必担心损坏锯齿和刨刃。这种塑料钉可以染成各种颜色,使用时以一种特制气动工具锤入,非常适合室内装潢,钉装壁板、屋面、棚架等,还可用于船舶制造。法国开发出一种以氟化亚乙烯基制作的螺钉,它对于几乎所有的强酸、强碱、卤素溶液等有耐腐蚀性。拧入后不会绣死,历经数年风吹雨淋仍能灵活拧下。

传统的钉子外观生冷,其貌不扬。其实用心设计,钉子也能显露柔美的一面。墨西哥生产的一种金属钉,其顶部可以套入一个鸡蛋大的木钉头,上面绘有鱼、花卉等民族风格的彩色图案,用在居室装修中,别有韵味。

钉子大多是细细的,钉钉子时使锤子容易钉歪,还容易砸到手。为使钉子如意上墙,一种橡胶制的钉子伴侣垫出现在五金柜台上,垫上有适合各种型号的钉子卡口,只要固定好胶垫,就能把钉子准确、笔直地钉到理想的位置了。另一种像小手电筒一样大的辅钉器,也很好用。它的底端有一个套壳,把钉子嵌入,尽管往锤头一样大的套壳顶部敲去,绝对钉得又直又牢,而且伤不到手。

100. 有趣的家庭消防用品

在家庭生活中,由于使用液化气不当,或电线短路,常会发生火灾。2010 年 12 月公安部消防局发布《家庭消防应急器材配备常识》,推荐了 5 种家庭消防器材,分别为手提式 ABC 类干粉灭火器、灭火毯、消防过滤式自救呼吸器、救生缓降器和带声光报警功能的强光手电筒。家中一旦发生火灾,身边有这些应急器材,就能及时有效地把火扑灭或迅速逃生。

近年来,为应对居家火警隐患,国内外科学家已经研制出一系列家庭消防用品,有的还很有情趣哩。

上海一家研究所研制的一种家用报警器,外形是一只小鸟,平时挂于家庭窗前,一旦失火,烟雾初起时,光敏电阻就会驱使"小鸟"尖叫报警,呼唤主人。

广州市生产的吊灯灭火器,外观典雅。当居室范围内出现火情,装在灯部的检测器电压指针就会引发电子蜂鸣器用铃声报警,灯架处的感应器会朝向失火点,启动喷头,自动喷出灭火剂灭火。

武汉市生产的一种干粉灭火器,外形是陶瓷工艺品,有狮、虎、鲤鱼等造型。一旦发生火警,只要将灭火器向火点掷去,瓷器破碎,高效灭火剂即能爆出灭火。

香港市场有一种外观优雅的防烟袋出售。袋子坚韧、透明、耐热,具有储备空气、隔绝浓烟的性能。平时可挂在墙上,作为装饰备用。一遇火灾,头部套入袋子拉至腰部系紧,袋内空气可供呼吸十分钟,有助于火中逃生。

日本一家公司以百分之百的玻璃纤维制成一种围裙,主妇平时可系上它下厨和做家务。厨间一旦油锅失火,拉下围裙,覆盖锅上,油火自灭。

日本研制的一种镜框灭火器,镜框内放有精美的美术作品。挂于居室墙上后,当某个角落忽然失火,镜框上的感应器会自动搜寻热点,镜框也会支立起来,从喷口喷出药剂灭火。

在英国伦敦消防器材展会上展出了一种避火毯,不用时存放在装有水冻胶的桶中。当家中失火,主人将湿毯围裹在身上,毯面胶液遇火即形成硬壳,如同防火隔热的石棉服。毯的上端以防火透明面料制作,视线良好。这种毯有助于人从火场安全脱身。

英国一家公司还推出一款逃生软管,可悬挂在各家用户的窗外。软管由特殊耐热材料制成,既柔软,又结实。一旦失火,逃生者可把软管拉入窗口,打开管口钻入,手持掣把掌握降速,便能像坐滑梯一样,迅速平稳抵达地面。

101. 推陈出新的浴缸

众多家庭居住条件改善之后,都能在卫生间里淋浴。有些家庭还使用浴缸洗澡。

浴缸过去大多用搪瓷、生铁所造,笨重不便。现代浴缸多以亚克力或玻璃纤维制造,也有的以包了陶瓷的钢件、青柏木等木质为基材制成。与浴室装潢环境相匹配的浴缸有北欧复古、怀旧、浪漫等多种情调,有时尚、简约、精致、工业硬朗等不同风格。

如今国内外还研制出一些款式新颖、功能独特的浴缸,给家庭生活增添了便利和情趣。

日本大阪一家公司研制出一种"健身浴缸"。这种浴缸外形像一个蛋壳,浴者头部露在外面,按下程序控制键后,便依次进行温水浴、超声波浴、热水浴,直至最后被热风吹干,整个过程只有 20 分钟。

英国发明了一种"日光浴缸",这种浴缸底层是类似电褥子的软垫,浴缸上用有机玻璃罩密封,空气通过除尘器加热到 20℃ 时注入浴缸。当人躺在浴缸内进行日光浴时,无论是什么季节,都有夏日横卧海滨时的舒适。

美国研制出一种弹性浴缸,缸体用一种结构紧密的泡沫材料制造,外粘聚酯乙烯树脂,缸壳强韧,表面光滑。坐在浴缸中有坐沙发的感觉。老人在里面洗浴舒适、自在、安全。这种浴缸美观耐用,又很容易清洗污渍。

意大利厂商推出一种充气浴缸,由橡胶制造,专供幼儿洗澡用。用完后,把水倒掉,可折叠存放,外出携带也很方便。充气后不洗澡也可让儿童蹦跳玩耍,还可作睡床用。

我国锦州的科研人员研制出一种"便携式折叠浴缸"。这种浴缸由聚氨酯泡沫塑料垫、防水耐热软盆体组成,以电镀钢管骨架支撑。浴缸仅重 6.5 公斤,很适合野外作业人员携用。

为方便残疾人沐浴,美国制造了一种可供残疾人用的浴缸。这种浴缸的构造能使残疾人坐轮椅直接进入浴缸,免除了搬动残疾人的麻烦。这种浴缸的另一特点是能前后倾斜,洗浴者不动就能使水浸到双肩,倾斜不够时还可自行调节。

美国还研制出一种"电脑浴缸"。这种浴缸能自动调温,还能以喷出的气流对洗浴者进行按摩。浴缸周围看不到水龙头,水流由按钮调控,由浴缸内壁孔眼喷出。洗毕迈出浴缸,身体已然烘干,当然也不必使用浴巾擦拭了。

102.马桶岂止纳秽

在我国古代,如厕环境较为简陋。西汉时有了便壶,称为"虎子"。相传"飞将军"李广用箭射杀了一只猛虎,让人仿虎形铸造了一只铜质便器,解入小便,表示对虎的蔑视。到了唐代,为避讳皇帝姓名中的虎字,改"虎子"为"马子"。以后随着马子的形状变大,便成马桶了。清代时,有身份的人家将马桶套入有靠背的扶手椅中,可坐着从容方便。只是没有冲水装置。

据记载,世界上第一个抽水马桶诞生于1596年,是由英国的哈林顿爵士设计的。他把打通了底部的马桶与储水箱相连,装在自己的宅邸里。1775年,普通人家使用的抽水马桶由英国钟表匠卡明发明,他在头部上方装起水箱,拉手柄,冲水后又能自动把水注满。以后水箱中加装了浮球阀,冲水马桶大致定型。

消耗大量用水,一直是与马桶相关的大问题。美国纽约市环保局于1994年推行节水型马桶,取代老式抽水马桶。后者每次冲刷用水20升以上,而前者只用水6升。经3年实施,在11万栋建筑内改造了133万个老式马桶,结果每年每栋楼减少用水29%,全市每天即节水27.34万立方米。节水成果是巨大的。

在今天,厕所、马桶已不再是人们羞于启齿的话题。在热衷厕所文化研究的日本,马桶不仅是鸡尾酒会上的时髦谈资,还是高科技角逐的目标。日本的马桶生产公司还设立了马桶试验室,专门研究用什么样的马桶最舒服,多少度的水温冲洗屁股最适合,多少度的热风可烘干水分却不伤皮肤等。日本专家指出,便后若能坚持以温水冲洗,成年人肛肠疾病可减少三成以上。

日本东陶公司早在20世纪80年代即着手研制新型马桶。他们调查了数百人的资料,研究出马桶温水喷嘴的最佳位置和角度。他们制作的新型马桶外表美观,很像一张沙发椅。不用时还可缩进墙内,方便而省地方。有的功能齐全的马桶,靠背处雕有高山流水、古树祥云,实为一件工艺品,每件标价达50多万日元。

近日日本新研发的马桶,能用化学药品除臭,把马桶内的污浊气味除去,有的装有微电脑,能立即化验排出的粪便,以荧幕公布相关数字,告知如厕者当日健康状况。不仅如此,日本最新推出的车载马桶,专供堵车或发生地震时被困使用。这款马桶体积小,可放手提包内,配件包括吸水薄片,还有能抽拉的遮蔽帘子。另一款温水马桶还被"搬"到飞机上。原本只能在家庭才能使用的配套温水洗浴功能,在万米高空也能享用了。

103. 卫生纸也有情趣

一说到卫生纸,有人可能马上会想到在厕所要用到它,用后唯恐弃之不及。其实今日正规厂家生产的卫生纸不仅洁净、美观,还常与餐巾、化妆品同列于柜台。

在我国元代以前,古人方便后一直用木片或竹片拭秽。《南唐书·浮屠传》记载,南唐后主李煜笃信佛教,为表求佛诚心,他亲自动手削制竹片,以供僧徒如厕时使用。为检验竹片是否光滑好用,他还把竹片放到脸颊上刮动。到了元朝,宫廷和官宦人家开始使用上了手纸。清代时,手纸的使用已很普遍。小说《红楼梦》中有一段提到,刘姥姥在大观园拉肚子,向小丫头要纸,说明那时无论是富家小姐还是乡下老太太,都在用手纸抹秽了。

卷状卫生纸的发明是无意中弄出来的事。100年前,美国史古脱纸业公司买下一大批纸,因运送过程中的疏忽,造成纸面潮湿产生皱褶而无法使用。面对一仓库无用的废纸,公司经理史古脱想到让员工在卷纸上打一排小洞,让卷纸变成容易撕下成一小块一小块的纸巾,卖给火车站、饭店、学校等放置于厕所中。没想到的是,这种卷纸因使用方便而大受欢迎。史古脱大受鼓舞,继续开发卫生卷纸,并很快把它普及到一般家庭使用。

卫生卷纸使用了100年,诞生之初的卫生纸自然不能和今日的卫生纸相比。如今好的卫生纸,用起来柔韧,感觉舒适。含有鲨鱼肝油的柔湿纸巾,特别适合皮肤娇嫩的婴儿用,也是痔疮患者如厕时的佳品。

近年来,卫生纸的研制开发与其他家用物品一样,品种丰富,功用增加。一些卫生纸产销专家注意到卫生纸仅方便一下就打发了,未物尽其用,便想方设法多加开发和利用。英美等国竞相推出具有娱乐性的卷筒卫生纸。有的厂家在卫生纸上印出畅销书的片段,供在洗手间有阅读习惯的人一饱眼福。一种厨房用的卫生纸上印有汤类、凉拌菜等食谱,实用、好学,受到喜欢。此外,在卫生纸上印出漫画、连环画,也使人乐于观赏,有小孩子的家庭用量尤其大。

日本生产的一种印有字谜的卫生纸,不但在本国备受青睐,而且行销世界,极为抢手。这种谜语卫生纸,可供如厕者片刻消遣,增长知识。谜底则印在"反面"不显眼的地方,思之不及则可查找背面,让人会心一笑。如今,新款的数独卫生纸更受欢迎,让很多喜欢动脑筋的青少年大包大包地往家搬运。与卫生纸相关的最新发明是:卫生间装置了网络新闻聚合功能设备。当人坐上马桶,一按电钮,联通无线网络的厕纸打印机就会打出希望读到的天气、交通、股票行情等信息,尽可以打发如厕的无聊了。

104. 环保健身自行车

　　如今的共享单车和电动自行车遍布城市,给出行的人们带来很大方便。

　　世界上最早的木轮自行车,是由德国人德拉斯在1818年造出来的。他把这车子推到坡上,坐好溜下,以此消遣。1839年,苏格兰铁匠麦克米伦制成了第一辆有使用价值的自行车。他在车的前轮上加了脚杠,车头装了车把,已能改变方向。1861年,出现在法国的自行车有了脚蹬,能直接带动前轮。1888年,骑自行车在欧洲成为时髦的事,也开始使用充气内胎。

　　自行车变得实用后,在随后的第一次世界大战中成为一种行之有效的军事工具。战地记者曾骑着自行车采访战况,通信兵则使用自行车敷设线路。一支支自行车部队也建立起来,仅英国就有自行车兵3500名。骑自行车行动迅速,能载物载人,士兵还可把机关枪架在三轮自行车上扫射。为此,自行车很得军方青睐。

　　骑自行车不制造污染,不产生噪声,又有益于健康,近年来已成为一项越来越招人喜爱的时尚运动,从而带动了自行车的研制开发。国内外厂商把大批有独特功能的自行车推上市场。双人自行车上装有两副脚蹬,可同时蹬骑,也可轮换休息。一种为铁路维修工人配备的有轨自行车,能在公路上奔走,也能在铁轨上骑行。一种装有硅光电池板的太阳能自行车,只要天气晴好,车子就能自行跑动。瑞典人制作的一种塑胶自行车,车架、链轮用坚韧耐磨的聚酯塑料制成,可使制车减少20多道工序,重量减轻四分之三,骑行中也感觉平稳舒适。我国研制的保健自行车,能随时测出骑车者的心律、脉搏、肺活量。美国发明的一种水陆两用自行车,配备有3只胶皮轮,能浮于水面,经脚蹬带动可划水前行,速度不慢。日本除研究出轮胎不怕利器扎的自行车,还发明了一种能横行的自行车,便于跨越坑洼障碍。加拿大人设计制造的一种滑雪山地车,前轮上使用雪橇,后轮加装履带,骑上它就可以在雪原享受到骑车和滑雪的双重乐趣了。

　　目前携带容易、收藏方便的"未来型"自行车,已有多款在国内外市场推出。英国制造的一款折叠自行车只有5公斤重,它使用胶齿履带,内藏气动刹车引线,拆开骑用或用后收拢,都只需10秒钟就可完成。在北京国展中心举办的运动时尚博览会上,一种无车把的微型自行车受到瞩目。这种车由台湾厂商研制,前端有两个掣把操纵行进,可自动变化角度、转弯并保持平衡。只要会骑车,就很容易操作它。这种车用于休闲活动,大人、孩子试骑后都感觉好玩。

105. 信封的故事

随着互联网时代的到来和手机的流行,如今信件的往来已明显减少。然而就和纸、算盘等物品一样,短时期内,信件并不会成为"古董"。对信件的使用和研究都会继续下去。

古时人们为保守书信内的秘密,曾煞费苦心地采用过各种办法。古希腊时,有权势的奴隶主为了寄信,把奴隶的头发剃光,在其光滑的头皮上写信,待奴隶头发留长后,再让他去找收信人。收信者将其头发剃光,即可阅读信中内容。

公元前 10 世纪,居住在美索不达米亚平原的亚述人,是用陶器来当"信封"的。写信时他们先把信的内容刻在黏土板上,再密封于用黏土做成的陶器坯胎中,然后进行烧制。收信人收到"信"后,必须打碎陶器,才能看到信的内容。

我国最早的信封,出现于秦汉时,是用木板做的。那时的公、私书信,大都刻于竹简、木札上,然后用两块刻成鲤鱼形的木板,作为一底一盖,夹封其外。木板上还刻有三道线槽,用绳子捆绕三圈,再穿过一个方孔缚住。在线端或交叉处加以检木,封以黏土,上盖印章,作为信验,以防私拆。魏晋以后,流行用纸、帛做书写材料,一般由专人传送,并不封装。保密与否取决于送信人是否可靠。到南宋时期,"手简"问世。据宋代诗人陆游介绍:"朝士乃以小纸高四五寸,阔尺余相往来。"可知那时的"手简"和我们今天用的信封形状已相仿,只是略大些。由此可推断,信封在我国的启用,最少有八百年的历史。

外国人启用信封的时间,其说不一,但比中国晚多了。最早为人所知的信封保藏在英国博物馆内,由法国人制作,为英国女名人庞比杜夫人使用,所用时间为1761 年。信封制作美观,据说一直留有面霜香味。英国等国在 1840 年以前热衷用信封的人较少,因当时有规定,信以蜡封口邮资加倍。后来这个规定取消,信封才变得畅销了。用信封的人多了,信封的形状也五花八门,有三角形、梯形、葫芦形和其他一些标新立异的形状,还有透明的。英国还推行过标准信封,不符合标准要另行收费。

中华人民共和国第一套普通邮资信封发行于 1956 年。现中华人民共和国国家标准信封为横式,分为普通、美术、航空三种。

1981 年,美国曾发行一种可供盲人用手触摸、压有盲文的邮筒封,为世界首创。

106. 邮票之奇

世界上喜爱集邮的人为数众多。

早先，人们寄信时邮费不是由发信人付出，而是由收信人支付的。1838 年，英国数学家希尔走在街上，看到邮差和一位姑娘争执。姑娘是收信人，却说没钱付邮资，要邮差把信退回去。希尔替姑娘付了钱，一问了解到，姑娘家里穷，就和外地的弟弟商量好，如果安好，就在信封上画个圈，看到信封也就放心，而不用付邮资了。希尔很同情这位姑娘，可他也发现，邮政存在着漏洞。他便向英国财政部提议购买"凭证"，贴上信封，表示邮资已付。财政部采纳了他的建议，从此世界上有了"邮票"。

100 多年来，世界各国发行的邮票林林总总，绝大多数是长方形的，此外还有三角形、菱形、椭圆、水果等多种形状。有些邮票用料特殊，造型奇异，遂受到集邮爱好者青睐。

20 世纪 50 年代，古巴发行一种用柠檬、橘子等香料调在胶水内制成的邮票。不久，东德也发行了带薄荷香味的邮票，都大受欢迎。

1958 年，波兰发行了世界上第一枚用丝绢印制的精美邮票。邮票图案采用波兰一幅名画，画面描绘的是：一辆波兰古老的邮政马车在广阔的平原上行驶，它正在把家人的问讯带到远方……

非洲加蓬在 1982 年国庆日时，发行了 3 万枚采用特殊工艺、印制在树叶上的邮票。两年后该国又发行了一种印在树皮上的邮票小型张。此外加蓬还将邮票印刷在木片上，成为集邮爱好者的抢手货。

1969 年，不丹发行了一套钢箔邮票，全套共 12 枚，印在 0.25 毫米厚的钢箔上，分别介绍了世界钢铁生产的历史发展进程。

1986 年，匈牙利发行了一种铝制航空邮票。这是用 0.008 厘米厚的薄铝贴在邮票上做成的，是一种很独特的邮票。

1988 年，汉城奥运会发行一套邮票，用 24K 金铸成；以奥运比赛项目为主题，全套共 32 枚，每幅均镶嵌在一帧精美的奥运会首日封上。

迄今世界上最小的邮票当推 1943 年南非发行的《护士》与《海军》，邮票面幅宽仅 1.25 厘米，长 2.3 厘米。

2007 年年底，为推动"全国学校早餐周"活动，荷兰发行了一款"最大块头"的邮票。邮票长 60 厘米，宽 49.3 厘米。这张邮票以"世界上最大的邮票"载入了《吉尼斯世界纪录大全》。

107. 怪报拾零

报纸是最重要的新闻媒体之一。世界各地发行的报纸,浩如烟海,种类繁多。在千奇百怪的报纸中,有一些颇为有趣。

19 世纪,美国出版的《星座报》开张像床板一样大。而梵蒂冈城发行的《罗马日报》却小得连一副眼镜也盖不严。1965 年 10 月 17 日,美国的《纽约时报》厚达 964 页,重 3.4 公斤。法国的《芒什新闻报》,为庆祝全国新闻节印制了一份世界最长的报纸,竟长达 2.5 公里。

除了印在纸上的报纸,19 世纪在法国,20 世纪在秘鲁,都曾发行过绸子报纸。法国还曾把报纸印在防水布上,供游览区游泳者一读。巴黎出版过一种《椒盐报》,是印在桌布上的,顾客早晨进入餐厅,可一边用餐,一边读到当日新闻。西班牙除了发行过可读又可擦手的《手绢报》,还出版过一种《帝国报》,用无毒油墨把新闻印在薄如纸张的面片上,"报纸"酥脆可口,读后可当点心吃掉。美国夏威夷一份名叫《火奴鲁鲁广告者》的报纸,在庆祝该报建报 125 周年时,制作了一个有四张乒乓球台大的蛋糕,蛋糕面上当日的报纸版面、新闻、标题等清晰在目,供参加盛会的人观赏,然后就可大快朵颐。德国早在 20 世纪 80 年代已展览过一种电视报纸,不出家门就可在电视屏幕上选读各国诸报文章。

世界上的报纸林林总总,内容包罗万象。英国有介绍养猫知识的《猫报》,出版过研究用蚂蝗治病的《蚂蝗》报。美国印行过《贩蛇报》《失恋报》等。日本有婚礼小报。法国在 19 世纪为乞丐出版了《丐报》,专门登载豪富婚、丧等宴会的时间、地址,以利于乞丐行乞。1981 年巴黎妓女联合创办了一张《碎石报》,用报纸历数姐妹们的悲惨遭遇,如同碎石一样遭到践踏,进行血泪控诉。

在世界发行的千万种报纸中,有着不胜枚举的趣闻逸事。英国创办过一张《退报》,来稿必登,结果时间不长就办不下去了。《德国马德里新闻》报,1626 年发行,1955 年才停刊,纵跨了四个世纪。我国天津 1910 年 5 月 9 日出版的《北方日报》,仅出版一天,就被清政府封闭,成为最短命的报纸。此外在世界的一些地方还出版过一人办的报纸、夫妻办的报纸、一句话的报纸、有冗长报名的报纸(俄国 1903 年创办报纸名《莫斯科王国和邻国发生战争的值得知道的和记载的军事和其他事件的新闻报》)等,让人觉得新奇而怪有意思的吧。

108. 珍奇的书

"书籍是人类进步的阶梯",为苏联作家高尔基所言。

古今中外出版的书不计其数,其中绝大多数是用纸张印刷的,但也有一些书并非印在纸上,由此产生种种奇书。

我国在发明造纸术、印刷术前,一直是将文字刻写在竹简上的。这种竹书在博物馆中多有收藏。

在朝鲜一座古塔基座内,发现了一部印在木头上的经书。据考证,这部书是公元 700 年前后的印刷品。

在叙利亚发现了一部镌刻在黏土薄片上的书,全书由 15 万多张黏土薄片组成。它是世界上最古老的辞书。

在西伯利亚西部的加布罗沃城,保存着世界上制作最精巧的青铜书,全书 28 页,重 8 公斤,镌刻着警句格言。

在斯里兰卡古都阿努拉达普拉的一座古庙中,曾发掘出一部金书,全书共 7 页,以纯金薄箔制成,上面记载着古印度史诗。

在印度、缅甸等国的一些佛教寺庙里,至今保存着一种树叶书。当地人把棕榈、椰子的树叶切齐晾干,两面抄上文字,装订成册,可以长期保存。

在缅甸大释迦提寺里供奉着一部世界上最重的古书,每张书页都是一块高 1.5 米的大理石,上面刻着佛经。

地中海各国在公元前盛行一种羊皮书,文字印在除毛、磨光后的羊羔皮上。这种书的书页越薄越珍贵,最薄的一卷曾被放入一个胡桃壳中。

在巴西的圣保罗广场上,陈列着一部钢片书,共 1000 余页,重量达 3000 公斤,全部由不锈钢片制成,上面记载着这座城市的历史。

近年来,随着科技事业的发展,多种新型书籍进入人们的生活,并成为热门商品。日本等国先后印制出塑料书。这种书印刷精美,不易撕坏,可以清洗,适宜儿童观看和作为广告图册。德国在 20 世纪 90 年代即出版了一种电子书,它的重量仅 70 克,但包括了 4000 多条辞目。使用该书查阅资料,只要按几次电键,电子书马上会显示有关内容。美国为儿童设计了一种带有电子装置的书,看书时只需用手拨动控制着书页编码程序的操纵杆,书中的课文、歌曲、配乐散文等便会发出音响,成为用耳朵听的书。

在形形色色的书中,微型书颇得收藏家的青睐。据记载,微型书在古希腊时期就有了。古罗马学者老普里尼,曾提到关于古希腊诗人荷马的长诗《伊利亚特》的微型抄本。正是这首著名长诗,被人用最小的字体抄在一张 21×27 厘米大小的羊皮纸上,然后存放在胡桃壳里。

109. 字典点滴

　　字典是注明文字的音、义,列举词语,说明其用法的工具书。在使用字母文字的国家是没有字典的,西方各国一般只有词典。中国古代也没有字典这个词,直到清代编纂了《康熙字典》,这才首次标出了"字典"这个名称。康熙五十五年(1716),《康熙字典》由张玉书等36人用了6年的时间编成,分214个部首,列有汉子47035个,可谓集古之大成。康熙阅后说"这部书善美兼具,可以奉为典常"。于是命名为字典,到如今,凡属解释单字的工具书都称字典了。

　　在《康熙字典》出现前,已有过多部字典,只是未标加"字典"二字而已。其中,最早、最著名的是《说文解字》,编著者是东汉的许慎。字典收入单字9353个,创造了中国方块汉字的一套有完整体系的部首偏旁编字法。

　　提起《新华字典》来,家喻户晓。中华人民共和国成立后,时任中央人民政府出版总署副署长的叶圣陶邀请魏建功担任主编,编写《新华字典》。参与工作的最多时也就十来人。对于编写这样一部意义重大的字典,学者们大都白天授课,业余编审,废寝忘食却不取报酬。初稿完成后,叶圣陶感觉欠缺思想性、科学性,便组织学者们逐字逐句细加推敲。《新华字典》出版后,50多年来,它12次修订,近200次重印,发行量累计高达4亿册,创造了中国乃至世界图书出版、发行史上的众多之最。

　　目前图书市场上的字典林林总总,独占一壁。有综合性的,也有专业性很强的;有的是大部头,也有的小巧精美。在一本《多功能常用字典》中,采用香港实业家黄金富先生发明的全新汉字检索法,打破了中国传统字书的编排方法,全部汉字(包括中日朝汉字文化圈所使用的汉字)通过一张索引表即可以进行检索,查字一步到位,易学易记,简便快捷。这本字典对中小学生、海外华人和外国人学习、书写汉字特别有用,对老师的语文教学、计算机教学、电脑教学也大有帮助。字典不仅具有常用字典功能,还突出了汉字构词的特点,收录词语3000多条,并附有精炼的范例,可以帮助读者理解字义,用好汉字。

　　近年来,各种版式的电子字典也争相面世。电子字典的优越性很多,它能集发声、字典、记事、翻译等于一身,不仅能中英文互译,还能与法、德、西班牙语及一些小语种互译。它能发声和拼音,并有着迷人的色彩,给人们的学习、生活带来极大的便利和乐趣。

110.标明方位的地图

很多人家里挂着中国和世界地图,想了解哪个城市位置,一看便知。一家人去旅游,也会带上一张旅游地图。

地图是随着原始人进行渔猎、旅行等一些活动诞生的。初始的地图简单而幼稚,相传公元前2500年前产生于巴比伦的"世界图",刻于黏土板上,制图人竟以为狭小的底格里斯河与幼发拉底河流域,便是整个大千世界了。埃及"金矿山地图"把尼罗河与红海之间一段地区的城市、房屋、矿山画在压平的芦草上,这是公元前1400年的作品。在纸张发明前,有些民族也曾把地图绘于羊皮上,刻在船板上。马绍尔群岛的土著人制作的海图更是别具一格,他们以贝壳堆成岛屿,用树叶柄、叶脉组成航线、水流,望之即可了解方位、走向,又像是在观赏工艺品。

我国是绘制地图最早的国家。据地图学家考证,我国远在公元前3000年前已把地图制于陶容器上了。民间流传的"河伯献图"的神话故事,也从一个侧面说明了地图出现之早及其作用。《汉书·郊祀志》记载:"禹收九牧之金,铸九鼎,象九州。"这是讲禹在九鼎的鼎面上分别刻下九州和山川、草木、禽兽图像,这也可以说是我国最早的行政区域版图。随着地图绘制和印刷技术的发展,宋代时地图已有出售。据《宋朝事实类苑》介绍,在通往南宋都城临安的路途上,可见有卖"去京道里图"者,这可说是我国出售地图之始。1982年,在华沙举行的国际制图协会学术会议上,我国代表介绍了1973年出土的长沙马王堆汉墓的三幅地图,尤其详细地介绍了其中两幅。一幅是地形图,一幅是驻军图。这两幅2100年前的地图,是迄今为止所发现的世界上最早的地图,而且是实测的"彩色地图",引起与会者的极大兴趣。

地图发展延续至今,又有了些什么变化呢?2005年,一种网络地图开始在北京使用。这种网络地图不仅将平面的地图移入人们的电脑屏幕,让查询者轻敲键盘便能获取目的地的位置、道路情况、公交换乘、建筑分布等信息,而且还增添了丰富的生活咨询内容,为人们提供了便利和快捷的服务。另一种三维立体都市地图,在网络上复制了一个卡通仿真版的副本,站立起来的道路、桥梁和建筑物让用户能够更方便地定位自己的目的地。2008北京奥运会开幕时,北京一种"会说话"的地图投入使用。这是新研发的神奇"妙笔",用它点击导游手册,国外记者、游客即可通过自己的母语了解到场馆的位置、所乘车的路线和安排的比赛,还能了解相关的餐饮、住宿等信息。使用这种"语音地图",犹如身边多了一个尽职尽责的导游。

111. 每日一新的日历

日历是一种日常使用的出版物,用于记载日期等相关信息,每页显示一日信息的叫日历,每页显示一月信息的是月历,每页显示一年信息的称年历。展示有多种形式,如挂历、台历、单页等,如今又有了电子日历。

中国始有历法,大约在4000多年前。从甲骨文的一页甲骨历可知,殷代时的历法已具有相当水平。这一页甲骨历是人类最古老的历法实物,也叫日历。相传我国在黄帝时使用的历法称"黄历"。自唐代起,我国开始使用日历了。每逢年末,皇帝就要召集文武大臣,赐新历书,这就是众所周知的"皇历"。到了宋代,人们已经把日历兼记事用,有点像今天的台历。

在国外,公元前513年,波斯皇帝带兵渡过多瑙河。他在进行新的出征前,把一根打了60个结的皮带交给了驻守多瑙河的司令官,令其每天解开一个结,然后采取行动。这是一种以结记日的方法,但这并不是波斯皇帝发明的。在此之前,印第安人就在鞋带上打结记日了。

为了生产生活方便,世界上一些地区的人民也曾以捡芦叶、捉苍蝇、穿贝壳、刻胡桃等方法记日。欧洲北部一些地区,从14世纪开始使用一种拳头大的木头日历,上刻365日,并刻出节日、纳税、狩猎等。

一日一页的纸日历的发明,只有100多年的历史。相传在19世纪中叶,一艘西班牙商船开往锡兰,航行8个月左右。启航后发现未带历书,为了记住日子,有人用纸写下日期,贴在木板上,每天一张,记日子方便又有趣。一位在场的学者灵机一动,把历书设计成单张的,逐日撕看,日历就此诞生了。

近年来,从室内观瞻考虑,悬于墙壁的日历日渐减少,各种内容的台历争相展现案头。台历下方或背面印有科学常识、生活知识、烹饪菜谱、幽默笑话、漫画等。有些台历架不仅美观,还附有温度计、笔架、电子表等物品,呈现出多功能。目前有着众多日历载体,方便人们随时随地查记日子。如手机、手表,甚至文具盒、圆珠笔上也都可一按按键,便能了解到日期、时间,让人们感叹电子科技的优势。

虽然以前带硬纸板托的月份牌已难找见,但在大兴收藏的今天,国内外有不少人酷爱收藏日历。在俄罗斯的莫斯科还有一个日历收藏俱乐部。在那里可以看到印在纸上、金属上、织物上的日历,并可了解它的来历。苏联除使用过雕塑日历、石版画日历等,还出现过一种用金属板印刷的箔片日历。它在光线照射下,显得五光十色,绚丽耀眼。

112. 温馨祝福送贺卡

新年将至,同学间互赠贺年片,用来表达祝福;过生日时,收到好友贺卡,上写亲切话语,都能增进友谊,留下温馨的回忆。互送贺卡,是青少年最喜欢做的事。

在国外赠送新年贺卡,相传是从耶稣诞辰起流行起来的,至今已有 2000 多年的历史。在我国送贺年卡,则是从递送名片发展而来。唐宋时期,互赠贺年卡已很盛行,但那时的卡片比较简单,仅以"束刺签名于上"。到了明代天顺年间,流行用梅花笺纸裁成三寸长、两寸宽大小,写明姓名、地址,中书"恭贺新禧"之类祝词,向亲友赠送。当时的人走街市甚至向不太熟的人也递一张,以广交游。清代康熙年间,为渲染喜庆之意,人们开始以红色硬纸片制作贺年卡。《坚瓠集》一书记述说:"拜年帖,初用古简,写有称呼。康熙中易为红单,仅书某人拜贺字样,以便通用。"到清末时,又兴起一种拜盒,将贺年卡装在锦盒里送给对方,以示庄重华贵。

互赠贺卡的习俗传至现代,更为风行。如今一进 10 月,国内书店、小商品批发点就张挂起形形色色的贺年卡。有散发芳香的香味卡,有播放乐曲的音乐卡,还有带夜光电子表、计算器或指南针的贺卡。贺卡从两折发展到三折、四折,有的经营者还设计推出照片卡,在贺词下加印本人照片,个人专用,独树一帜。近年香港的贺年卡以立体悬挂的为多,融入折纸设计,富有动态。内容大多数有春、福、财神肖像等,年节挂于室内,色彩艳丽,能增添喜庆气氛。台湾的贺年卡种类也很多,卡通人物卡、智慧拼盘卡尤受欢迎。岛内各市场贺年卡销售量很大,每年还分偏红、咖啡等流行色。

在欧美市场上,贺卡不仅有纸质的,还有布料、皮革、塑料,甚至是软木塞的制品。日本研制的一种贺卡,用糯米汁加果料压制成形,有甜、咸、奶香、巧克力等不同口味,在食品店出售。收到这种贺卡者在观赏一番,饱了眼福后,又可一饱口福。

收藏贺卡是一件很有乐趣的事。美国总统每当任满离职那年的圣诞节,照例要签发贺年卡,这是收藏家重金收罗的奇货。卡特总统离任时,一高兴竟签送了 12 万张贺卡。物以稀为贵,卡特的大签大送,引起了收藏家的不满。1989 年 1 月 1 日,一张长 15 米、宽 4 米的贺年卡,用飞机从美国运到莫斯科。在贺年卡上签名的有两万人,包括 13 名州长和众多国会议员、社会活动家、文化界人士和商人。这是世界上最大的贺年卡,上面载有油画、照片和题词。贺年卡如此之大,应该是收藏在博物馆了。

113. 风行中外的名片

一些人社会活动交往多,常要印制名片送人,上面印有职务、头衔、联系电话等。在送出名片的同时,收到的名片也多,要用名片簿来存放。

名片是进行自我介绍的小巧卡片,它在我国使用的历史较久远。名片在西汉时叫"谒",东汉时叫"刺",宋代前后也称"名帖""门状"。据清人赵翼所著《陔余丛考》卷三十载:"古者削木以书姓名,故谓之刺;后世以纸书,谓之名帖。"在小说《官场现形记》中也有"赵温手捧名帖,含笑向前,道了来意"的描写。古时的名片主要做访谒之用。而时下,名片在人们交往中数量越来越多,作用也越来越大,省却了人们彼此相识时的手笔口舌之劳,显著缩短了陌生人之间的距离。

前些年名片盛行。国内外常见的名片,一般多为长 10 公分、宽 6 公分的白色纸片。随着科技文化的发展,多种样式、不同功能的名片竞相出现,惹人注目。从质料看,除了纸的,还有木的、塑料的、再生纸的等。日本厚生省有人用废挂历制作名片,并在背面注明:"本名片含有 55% 废纸。"日本三菱金属公司推出一种纯金名片,它厚仅 1.5 微米,重 1 克,外用透明塑料密封。这种名片通常是结婚、生日典礼的礼物,或赠送亲友的纪念品。

日本是一个非常崇尚名片的国度。据说全日本每天散发的名片至少在 1000 万张以上。他们对名片的设计有许多独到之处。日本福井县议会的议员出国访问,在所带的名片上除印常见内容,还印有当地的风光照片,背面则是红蓝套色的观光路线图。此名片既介绍自己,也介绍美丽的乡土,使人一见难忘。有些日本公司职员的名片,还将记忆晶片电话嵌入,附有介绍自己的录音带。不少设计家、画家在名片上印出自己的代表作,刻章盖印,个性化十分突出。

台湾一家公司向市场推出一种嵌入晶片的多功能名片,可以测量体温、情绪等。把这种名片贴在额头,如体温正常,黑色的液晶片便会浮现出一张动画片似的笑脸;一旦发烧,液晶片则会显现一张哭丧脸。把手按在液晶片上,颜色黑而不变,表示情绪忧郁;显红色表示紧张;显绿色表示正常;显紫色表示轻松;显蓝色意味非常轻松愉快。这种名片有如此的功能显示,自然容易被人接受。

在国外,不仅一些公职人员、主妇携带名片,连小孩子也备有名片。名片在这里又有防止儿童走失的功能。更为奇特的是有些主人为猫、狗、猴子也打印名片,让宠物们身挂精美的名片招摇过市。看来,名片的功能和使用对象的范围似乎是越扩越大了。

114. 五花八门的钱币

钱币是经营买卖生意的特殊商品。

我国最早的钱币是海贝。在漫长的封建社会里,龟壳、粟、布帛、器具、珠宝等也都充过钱币。铸币是具有一定形状、重量、成色和面值的金属钱币。最早以铜为币材的铸币是我国西周时所铸的铜币和刀币。古人遭跌打损伤时,将铜币烧灼贴在伤处,认为可起到活血舒淤作用。春秋战国时期,楚国使用金、银为币材。我国西汉时铸造了"铁半两",隋、宋等朝也铸过铁币。铁币废止使用后,有人曾用它垒铸假山,清朝时还被充当炮弹蓄存使用。五代时,有的"开元通宝"是用铅铸的,同时期还出现了一种用瑾泥做的钱。元、明时,康藏地区通行上圆下方的砖形盐币。近代中国用作币材的金属还有镍、锑和多种合金钱币。我国是最早使用软质货币的国家,西汉时就曾以白鹿皮做币材,宋代时我国出现了纸币,金、元时期还使用过一种以绫织就的货币。

国外的币材更是五花八门,数不胜数。古罗马时除了用过盐币,连鱼钩、箭头也都充当过钱币。几百年前非洲尼罗河边的部族,通行一种蛇币。上集购物时,人们便背上一笼花蛇当钱花。南太平洋一些群岛上曾流通一种羽毛钱,用罕见的野鸽子毛编结成花环或腰带状。娶一位新娘的聘金,大约要拿出羽毛钱15条。在所罗门群岛,曾长久以豚鱼齿当钱用。加利福尼亚州的人们,也曾剥下海獭皮当钱币易物。历史上鹦鹉、蜂鸟、蝙蝠等动物,安哥拉编好的席子,菲律宾密实的稻捆,墨西哥的可可豆、橄榄油,以及某些海岛上搬不动的大块石头,都曾发挥过钱币的功能。东南亚使用过的一种金属手镯钱,可佩戴于手腕,是货币,又是装饰品。有趣的是,澳大利亚的朗姆甜酒也行使过钱币的职能,这种酒币币值的高低,是和酒精度数的高低成正比的。在美国林肯当总统时,曾使用过用邮票印行的邮币。尤为奇特的是,17世纪时加拿大的法国总督滥用国库储备,无力给军队支薪,便收罗扑克牌标价签名发行,当合法钱币使用,谁想一用竟用了65年。近年塑料钞票问世了,缺点是无法做出水印,易被伪造。所以英国曼岛地方政府发行的塑料钞票,面值只有一英镑。

用金属铸的硬币种类繁多,是币材中的重大支系。印度在1628年曾发行过一种直径为13厘米、重2.3公斤、面值为500磅的世界最大块头的硬币。1800年印度又发行了一种世界上最小的硬币,它是纯金制作的,只有大头针针头大,重0.0648克。尼泊尔也曾发行过直径2毫米的硬币,使用后由于微小而容易遗失。这些精小的钱币,都已成为收藏家的珍品。

115. 常见常用的卡

如今的社会生活,家家都离不开卡,人人都会用到卡。即使是小学生,也能拥有几张卡,进入校门要刷卡,吃饭有就餐卡,乘车要拿出交通卡,有的回家开房门也要使卡……

一般人在社会上工作、生活、交往、休闲,用卡的地方就更多了。身份证、居住证都使卡,领取薪金有工资卡,购电、购燃气要用购电、购气卡,商店有通用和专用的购物卡、会员卡,到医院看病有医疗卡,纳税、交罚金也会用到卡。另有一些卡,如借阅卡、维修卡、健身卡、美容卡、加油卡等,从卡名上就能知道它是用在何处了。

时下有些卡还作为奖励和馈赠品,标明金额、使用期,持卡者可到指定处随意购买图书、文具、衣物、食品等。一些卡制作精美,有纪念意义,已进入收藏品的行列。有的单位发给职工的交通卡,不足一般卡的三分之一大,像个钥匙牌,外形精巧而受人喜爱。家里和身上的卡多了,挑选使用起来也很麻烦,为此一卡通式的卡受到欢迎。

ICK 是集成电路的英文缩写,ICK 是指将集成电路芯片固封在塑料基片中的卡片。它是一种功能多样的卡。ICK 在早期使用于通信领域,现如今已广泛应用于金融财务、社会保险、交通旅游、医疗卫生、政府行政、商品营销、休闲娱乐、学校管理等众多领域。一些在校学生持有后,可办理注册报到缴费、就餐、借书、洗浴、理发、购物等事项,使校园生活变得快捷。

北京市政交通一卡通是一张集成电路卡,卡内置有高科技芯片,除乘车刷卡,还可用于医院挂号、计价,进超市、书店、药店消费,逛公园、看电影、进健身房等。一卡在手便是带上了电子钱包,不必再做现金交易。如今一些城市发行一种市民卡,涉及出行、医保、消费、缴费等银行卡功能,将 20 多种卡的功能融纳到一张卡片里,解决了人们外出、旅游、就餐、购物、健身等活动时,卡多不便携带和识别的麻烦。这种集多卡为一卡的智能卡,为民众的生活带来快捷。

专家提示:用卡,当"卡族",要学精明点,摸对门道,这样才能玩转手里的各式卡片,花得开心,减少浪费。要想用好卡,要注意查询各种卡产品及相关权益。有的汽车卡有积分与换油、获赠每周洗车、代办车检服务等优惠,有的母婴信用卡可享受包括婴幼儿摄影、早教、参观海洋馆等优惠,有的出行最佳卡通过携程网能预定入住全球 28000 家酒店,并享受 2—7 折优惠等。持卡人掌握了这些信息,后付诸行动,即可得到实惠。

116. 佳节燃放的爆竹

每逢过年,孩子们最开心的事就是跟随大人放花炮,看绚丽的烟火腾空闪烁。

放爆竹在我国已有2000多年的历史,在《诗经·小雅》篇中就有"庭燎之光"的记载。庭燎就是用竹子之类做成火炬,燃烧时发出噼啪的爆裂声,这就是最初的爆竹。古人燃放爆竹,相传是为了驱鬼抑邪,祈求丰年,吉祥如意。火药在我国发明后,烟火随之出现。隋炀帝时流行演出杂剧,剧中开始穿插烟火表演。唐代时烟火已然多见,诗人咏出了"火树银花合,星桥铁锁开"的佳句。有研究者认为,当时施放的焰火花色品种并不多,或许只能发出白光。到了宋代,作坊工匠发明了用卷纸裹起火药点燃的爆竹,而且有了单响、双响之分。有人还将许多小爆竹,用火药线串接在一起,点火后像长鞭舞动,发出连续不断的脆响,故而爆竹也称为鞭炮。明清时期,爆竹、烟火的制作已相当精致,各地花炮形成了大的行业,种类也多起来。烟花升空后还能塑成人物、花鸟等形象。

爆竹、焰火是举行盛大庆典不可少的物品。近年来,我国花炮也有了突飞猛进的发展。每年春节,各地上市的花炮品种多达上千个。除夕之夜鞭炮齐鸣,震天动地,焰火璀璨,辉映星河,使佳节夜晚壮观至极。我国研制的礼花炮,在空中开花的面积直径达40米。光色在空中闪耀时间可达10秒,还有的长达1分钟。如今中国的烟花、爆竹大量出口,在许多国家的庆典活动中贡献了淋漓尽致的声光表演。

针对爆竹燃放时硝烟弥漫、容易伤人的问题,一批新型爆竹研制上市。花炮名产地醴陵生产的1000响挂鞭,以1米长、1厘米宽、1毫米厚的软纸片包制,内含细小的火药粒,燃放时声响脆亮、色彩缤纷,但没有硝烟、纸屑,也不会伤人和烧坏衣服。南宁一家公司生产出一种安全鞭炮。这种鞭炮可在40摄氏度和强光下制作。用1公斤铁锤从2米的高度落在鞭炮上,也不会起爆、燃烧。广州一家花炮厂研制出一种无硫黄芳香炮。这种花炮以特殊的香味取代了难闻的硫黄味,既符合卫生标准,在燃放时气味芬芳,还能观赏到五光十色的瑰丽光焰,为节日、盛典增色不少。

2007年秋,在湖南浏阳国际花炮节活动中,燃放了一挂浏阳"枨冲鞭炮"。这挂鞭炮采用新技术制作,可预设燃放速度,不怕水浇。它由400多挂50米长的鞭炮编接而成,长达20.08公里,总重量2.9吨,有890万响。整挂鞭炮点燃后,连续炸响了70多分钟,遍铺在地的花炮纸屑是"中国红"颜色。经认证,这挂鞭炮创造了吉尼斯"世界最长鞭炮"的纪录。

117. 轻盈飘浮的气球

气球是充满空气或某种气体的密封袋。气球是孩子们喜爱的玩具,又是开展娱乐活动时的常见物品。大红气球在节日里尤能增添喜庆气氛。

此外,气球还有着多种用途,可作为装饰,开业庆典做拱门、印制广告图案作为宣传、印上结婚新人的照片以作庆贺,还可装饰新婚花车、装饰舞会等。

放气球是很多大型盛会中都有的节目。日本东京在一次庆典活动中一举施放了 38 万个各色气球,在空中飘浮 4 小时才散去,列入《吉尼斯世界纪录大全》。

在德国奥格斯堡建有一座气球博物馆。馆中陈列着 200 年以来气球的各种珍稀制品以及有关气球的照片、书籍、邮票等,还展示了最新能在天空平流层飞行的气球。在美国新墨西哥州举行的国际气球节上,有个气球大家伙,竟有 13 层楼房高。

自气球发明后,人们从未忘记向其委以重任,而气球也不辱使命。1783 年,法国的蒙特戈菲尔兄弟俩联手做了一只直径 10.6 米的热气球,升高 2000 米,飞行了 10 分钟。人类历史上第一次载人空中飞行就这样完成了。

近年,人们对气球更进行了大规模的开发利用。也门荷台达港枯水期轮船不能靠岸,当地码头人员在装卸货物时使用了一种装有氢气的气球。通过钢索导向,一小时能在船、岸之间装卸物品近 200 吨。乌克兰在建筑工地上以气球吊运重物,一次就能移走重物 100 多吨,在风速大的情况下也能安全施工。尼日利亚建起一座电视塔,撑着它的不是钢筋混凝土和金属架子,而是一组充满氢气的气球。电视塔的天线、发射机、接收机就悬吊在气球上,由地面钢索向上拉紧,足以使电视塔保持稳定而不飘移。占该国总面积五分之一范围内的电视屏幕上,都能通过这座电视塔收看到清晰的影像。

气球在医疗救死扶伤方面也频频大显身手。英国、加拿大医生用气球治疗心血管疾病先后获得成功。美国明尼苏达大学的医师在治疗前列腺肿大患者时,把一种特制的微小气球推送到与尿道紧连的前列腺部位,然后充气扩张尿道,疏导黏液畅流。此操作只需局部麻醉 30 分钟就可进行,免除了病人接受开刀的痛苦和麻烦,费用低而安全性高。加州大学的医师还使用气球救治脑溢血患者。他们将极小的气球连接到一条细如发丝的导管上,借助 X 光透视,将它放入脑血管,引入小血管,以小气球扩张血管壁,清除阻堵状况。所用的精致气球由弹性硅质材料构成,能随血管形状变形,韧性好而便于操作。

118. 玩具娃娃大观

在孩子们的玩具中,"娃娃"是很受喜爱的。

玩具娃娃的存在与人类历史联系密切,每个时期的人都曾按照自己的形象塑造玩具娃娃。不同时代的玩具娃娃不仅能反映出民族的文化、习俗,还能展示当时人的服装、情趣和家庭生活。古代时,玩具娃娃在世界某些地区被当作陪葬品和护身符。据说玩具娃娃成为孩子的伴侣,只有500年的历史。中世纪时,玩具娃娃一直是成年人的宠物。直到近代,非洲一些地区没有生养的妇女仍爱随身携带一个玩具娃娃,祈求生育。当今,玩具娃娃作为娱乐品和装饰物,不仅大受孩子喜爱,也很得成人青睐。

世界各地的玩具娃娃千姿百态,种类繁多。在巴黎人类博物馆举办的玩具娃娃展览会上,展出来自世界各国的800多个玩具娃娃,有布的、皮的、木的、竹的、泥的、陶瓷的、金属的、蜡的、塑胶的、动物腿骨制的、玉米芯雕的等等。从埃及古墓掘到的玩具娃娃,是3500年前的制品。拿破仑时代的玩具娃娃已会眨眼,肚子能胀缩。展品中有一件法国19世纪的"娃娃",头为无釉瓷,身段用木浆挤压、干燥、粘结而成,售价高达45000美元。美国康涅狄格州博物馆曾展出过9000多个玩具娃娃,最小的仅0.003英寸,最大的身长65英尺,相当于7层楼房高。

科学在发展,玩具娃娃也在花样翻新。近年国际博览会上的玩具娃娃不仅会说、会唱、会笑、会走,还会拿勺吃东西。有的"娃娃"皮肤晒黑后,几天后又会变得白皙。"娃娃"中有写实的,又有能变形的;有美"娃",也有丑"娃"。美国科技城硅谷推出的多种"丑娃娃",不但模样丑陋不堪,还能发出多种令人作呕的气味。美国生产的另一种娃娃,手指部装有敏感器,对冷、热、光线、移动都有感应,需更换电池时,还会发出呼唤。香港制造的第二代"姬儿娃娃",讲故事时头会转,眼能眨,甚至嘴唇和手也会配合谈话而动作。这种娃娃还能通过内部电子感测器,选取答案回答提问。香港研制的香味玩具娃娃,有多种水果造型,如苹果香、梨香、橙香等,既使人乐于嗅闻,又能诱发食欲。日本制作的玩具娃娃,头发以真人头发粘装,娃娃所穿的和服、织锦、刺绣、缝工与制作真人服装工序相同,无丝毫偷工减料。值得一提的是,法国研制的一种娃娃,有能换来换去的时装,其中有多款式的运动装、便装、沙滩装和艳丽多彩的晚宴装等。这种娃娃还有完整的"家庭",包括"父母"、"兄弟"、"狗"、全套"家用设备"。法国每年出版两种杂志,专门介绍这种娃娃的新照、喜好以及系列玩具珠宝、首饰。此种组合式"大派头娃娃"在玩具市场上颇受瞩目。

119. 迷人的芭比娃娃

在玩具世界中,有一个受宠已超过半个世纪的洋娃娃,她就是芭比。最近几年,芭比的年销售额已达十几亿美元。这个金发碧眼的小姐不仅是招财的"天使",还被美国社会誉为少儿文化的偶像呢。

芭比是美国马特尔公司于 1959 年根据消费新潮精心创造的。她身高 11.5 寸,三围是 5.5 寸、3.5 寸和 5 寸。问世当年,仅售出 35 万个,而到了 1990 年,芭比和她的 10 个男女朋友在全世界一共售出 6 亿个。有统计资料显示,世界上每两秒钟就有人买去一个芭比。目前美国女孩已普遍拥有几个芭比姐妹。

芭比成功的一个因素是价格相宜。她的零售价有贱有贵,便宜的仅 6 美元,大部分家长都负担得起。家境富裕的小朋友,当然可以买更漂亮的芭比——梳着别致的发式,身着高贵的晚礼服,这个模样的芭比能卖到 20 美元。芭比还可以穿上时装大师设计的镶满金属珠片、闪闪生辉的服装,那就要花个上百美元了。芭比另一个成功的诀窍在于不断变化。每年,马特尔公司都会推出一个新的芭比造型。近 50 年来,芭比的脸部造型修改过 3 次,并顺应潮流增加了不同的肤色、发色及发型。芭比的形象也随着时代的推移而不断更新。20 世纪 70 年代,芭比斯文大方,被打扮成空中小姐、时装模特、芭蕾舞女郎、外交官、外科医生等。从 1985 年开始,她向着活泼时髦转变,又先后当上了太空人、摇滚歌星和飞行员等。1991 年,芭比又成了爱心天使,宣传和平和救灾。一年后,芭比格外有趣,她的衣服一碰到冷水便会改变颜色。

到目前为止,芭比的职业身份已超过 80 种;她所代言的民族有 45 个;她站到了 150 多个国家的商店柜台上;她受到全世界男女老少收藏家的欢迎,在最受欢迎的收藏品中,仅次于邮票,位居次席。

马特尔公司每年要聘请十几名设计师,为芭比设计制作数百套新装。她的衣服除了美观,还要具备游戏效果。在每年全美玩具大展中,通常都举办"芭比时装大展"。芭比所穿的各式迷你裙、牛仔裤、泳装、新娘礼服,五光十色,争奇斗艳。近年来,连亚洲、欧洲和墨西哥都有专门为芭比服务的织布厂。这个小娃娃可说是全球最主要的成衣消费者,自她问世以来已经用掉了 7500 万码布料。

21 世纪初,马特尔公司努力打开东欧市场,并在日本、中国等地扩大生意。马特尔公司还在抓紧构思希望制作出男孩子们喜爱的"芭比",希望在玩具王国再创造一个奇迹。

120. 受宠的玩具熊

　　玩具熊在欧美等国家是备受欢迎的玩具。从 6 个月大的婴儿到 80 岁以上的老人,都因它独具的魅力,而对它产生特殊的情缘。玩具熊首先是孩子们的宠物,它那张开的双臂,饱含温情的眼神,可亲可爱的憨态,能给孩子们一种"母爱式"的慰藉。美国一位心理学家曾对 1040 名儿童进行调查,发现其中 60% 的儿童认为他们的"第一安慰"是父母,"第二安慰"就是玩具熊。

　　相传,玩具熊的来历与美国总统罗斯福有关。1902 年,罗斯福外出打猎,他的向导击昏了一只大黑熊,然后把它绑在树上,让罗斯福享受"猎瘾"。罗斯福没有开枪,他为熊敷了药膏后,把它放了。一位玩具店老板感叹此举,请人设计制作出玩具熊。100 多年来,玩具熊在各国玩具柜台上一直是热销货。

　　玩具熊受到偏爱,幼儿园需要它,医院需要它,就连警察局也大量购进。美国博尔德市的警察在警车里放置玩具熊,用来安慰在意外事故中受惊的儿童。迈阿密市警察局的警员去办案,询问儿童时,总是先送一只玩具熊,以减轻他们的恐惧心理。他们驾驶警车巡逻时必带玩具熊,称此为"玩具熊巡逻计划"。

　　随着玩具熊制作的不断创新,研究人员争相用高科技在玩具熊身上做手脚。日本制造的玩具熊,一经挤压会发出母体子宫特有的声音,啼哭的婴儿听到后能很快做出反应,安静下来,甜甜入梦。美国研制的救生玩具熊,是专门为患有呼吸道疾病的婴儿设计的。它通过压力传感器监控婴儿睡眠姿势,能有效察觉婴儿神经功能失调等病症,有助于婴儿不正常呼吸等症的治疗。

　　目前欧美市场上较著名的玩具熊有几百种。换穿毛皮的熊、太空坐熊、卡通熊、变形熊等一直很受欢迎。新款式的电子电动玩具熊,会唱会笑、会走会跳的玩具熊尤让人爱不释手。一个精致的德国制绒毛玩具熊在英国伦敦出售时,标价高达 8 万多美元。

　　在美国等地,玩具熊让孩子们着迷,许多成年人对它也大有兴趣。特别是那些年老体弱者,每当感到孤独寂寞时,玩具熊就成了不可多得的伴侣和知己。收藏研究玩具熊的也大有人在。美国的皮尔雯莎女士在拍卖会上以 64 美元购得一只脏旧不堪的玩具熊,她给玩具熊照了 X 光后,惊喜地发现,这只玩具熊是体内有钢条支撑的罕见"斯泰夫"原始型制品,价值达 60 万美元以上。

121. 让人着魔的魔方

40 年前魔方曾风靡了整个世界。

魔方的英文名字直译为鲁比克方块,是由匈牙利布达佩斯建筑学院鲁比克教授在 1974 年发明的。教授当初只是把魔方作为一种教学工具,拿给学生是想增强他们的空间思维能力。在问世后的十几年间,魔方征服了全世界,并以惊人的销量成就了玩具界的奇迹,被誉为"20 世纪最有影响的 100 项发明之一"和"最有教育意义的玩具"等。

魔方有六面,一面一种颜色,人们玩的就是打乱各面颜色后再还原。据计算,六个面拥有 43252003274489856000 个可能的组合,但只有一个还原之道。玩魔方的人开始都是从凑齐一面的色块玩起,随着熟悉了凑色块的规律,把魔方在手里拧来拧去,欲罢不能。

当还原六面已经不是什么难事,迷玩魔方的人便开始追求还原速度。30 多年以来,世界各地举行玩魔方比赛不断,玩魔方的高手层出不穷。有人想出了难度更高的魔方玩法,如快速单手拧、用脚拧等。一种蒙住双眼的盲拧,蒙眼前先要默记下色块的位置,这里考验了他的记忆力,使比赛更加紧张刺激。在几年前的一次魔方大赛中,一位荷兰人仅用 7.08 秒就还原了魔方的六个色块,中国的庄海燕也只用 35.96 秒就将盲拧搞定。拧魔方还原速度最慢的则是英国 45 岁的建筑工人格雷厄姆,他把六个色块拧好时距购买魔方已过去 26 年。

近年来,吸引人的电子产品和酷玩越来越多,然而魔方产品也一直在发展、改良、更新。市场上除了 27 个立方体组成的三阶魔方,还有了四阶的、五阶的。魔方由正方形块也改头换面,出现了长方形的、金字塔形的、米字形的、缺一角的等,此外还出现了魔棍、魔绳……有的魔方将传统的六个颜色面印成地图,玩魔方益智,又能巩固地理知识,一举两得。在新款的魔方中,有的不用拧动,靠触摸就能改变色块,操作时只需用手指在各个色块和面之间滑动即可。一种在六个面上加装了不同形状的帽钉,让盲人也可以享玩魔方了。

2009 年 5 月,魔方的发明人鲁比克教授又开发出一款魔方新玩具,名为"鲁比克 360",它由三个相互包裹的透明塑料球体构成,球内装有六个彩色小球,让其逃离只有两个孔洞的中层球体,而后让小球从内层球体移到外层球体上与之相对应的狭槽。这种玩具与中国传统玩具"华容道"有相通之处,但它是球体,有流动穿越感,更能挑战玩者的技巧、灵活性以及逻辑思维能力。"鲁比克 360"在英国率先上市后,已引起魔方迷的浓厚兴趣。

122.好玩的多米诺骨牌

多米诺骨牌是一种摆码出造型再推倒的游戏。

"多米诺"是英文单词 domino 的译音,有连锁反应的意思。骨牌是出现于我国唐代时的一种游戏,玩时将竹排码立于桌案。骨牌传入欧洲后,变成了一张靠近一张推着玩的游戏,并逐渐风行世界。20 世纪 90 年代,在北京等地市场上开始有"多米诺骨牌"出售。这种骨牌为塑料制品,分为二百、四百、六百块等几种,有红、黄、蓝、白、棕等多种颜色,另有"桥""斜坡""牌坊"等造型。骨牌可按游戏者的兴趣随心所欲地码成各种图形、字形。当所有骨牌竖码起来后,用手轻轻推倒一块,其他骨牌连锁递推,在有节奏的响声中转弯、过桥、上坡、下降,相继倒下。这种游戏儿童爱玩,成人也觉有趣;可一个人玩,也可几个人配合游戏。对于提高儿童的智力和辨色能力、锻炼手指的灵活性、培养毅力和自信心,都有一定益处。

多米诺骨牌是一种游戏,是一种运动,还是一种文化。码推多米诺骨牌曾举行过多次国际大赛。在 20 世纪末,日本东京的大学生用一个月时间把 100 万张骨牌,排出了 50 种造型,创造了倒骨牌吉尼斯世界纪录。但这个纪录被荷兰人打破。在新千年到来之前,中日两国 50 多名青年,聚集北京大学生体育馆,用了 40 天时间,码放了 270 万张骨牌,并设计出 37 个图案,如玻璃杯塔、彩虹地毯、凡·高自画像及其名画《向日葵》、中国功夫、日本相扑、非洲斑马、竹林熊猫、尼亚加拉大瀑布、富士山、中日国旗等,骨牌按序穿过主馆和副馆场地倒下,历时 30 分钟,一举打破了荷兰人 240 万块的倒骨牌纪录。

2000 年秋天,荷兰人再次创造了 293 万张的新倒骨牌纪录。新年到来之夜,中日韩三国青年,再次向新纪录发起挑战。61 名参赛者用了 33 天时间,码放了 340 万张骨牌,再创纪录。其中有 53 个造型,包括奥运五环、长城、中日韩三国人物、戏曲脸谱、仕女图、欧洲古典名画、螺旋塔、红地毯等。许多造型设计了新奇的机关,骨牌倒落巧妙而壮观。

荷兰青年不甘示弱。他们转过年来在小镇马斯特里特再次冲击新纪录。在"梦幻多米诺"中,设计了一系列美妙造型,如水稻田、草场、蓝色的天空、冰城堡、隧道、过山车、飞探太空、沙漏、飞毯、狮子王、太阳神等,最终以推倒 375 万张骨牌再登吉尼斯世界纪录之顶。

冲击多米诺新纪录的倒骨牌国际大赛,还将持续进行下去。

123. 花哨繁多的扑克牌

玩扑克牌是很多人休闲娱乐的一种游戏。

说起扑克牌,好多人以为它是"舶来品",其实它的发源地在中国。唐宋时,我们的祖先就发明了俗称"叶子戏"的纸牌游戏。到明清时叶子戏有牌40张,牌上图案品目甚多。清代的纸牌长约8厘米,宽约2.5厘米,有种种游戏法则。

12世纪时,意大利旅行家马可·波罗来中国后,把这种叶子戏带到欧洲。西方人受此启发,设计了一种游戏卡片,并慢慢演变成今天的扑克牌。最早的扑克牌,其张数多少不一:意大利的每副有70张,德国的每副32张,西班牙的每副40张,法国则每副52张。牌中的四种花色亦有不同的称呼。后来西方人根据天文学中的历法,把这种游戏卡片统一成54张;四种花色的叫法黑桃、红桃、草花、方块也趋于一致。

我国一直是扑克牌的重要产地,各地近年生产的夜光扑克、香味扑克、防水扑克、《红楼梦》人物扑克、时装扑克以及儿童谜语扑克等,颇受中外扑克牌爱好者和收藏家的欢迎。台湾销售扑克牌已有多年的历史,当地生产的塑胶牌,弹性好,耐磨力强,不怕水,不易留下记号,玩久也不软不裂。除了常见常玩的扑克牌品种,台湾的印制公司还常常接到一些非一般订单,如用梯形刀特制的魔术牌、为塞浦路斯印的仅36张的算命牌等。而为日本印的教育牌,既可娱乐,又能学习语文哩。

国外近年也设计出很多种扑克牌,如宣传戒烟的扑克、变化图景的扑克、用气味驱蚊和提神的扑克等。英国一家公司为迎合消费者需要推出一种减肥扑克,牌上印制营养学专家设计的减肥食谱及热量数据,使人们在娱乐中能学到营养学知识,付诸实施,还可望收到减肥之效。日本发明一种既能吃又能玩的扑克牌,它是用牛肉、鱼肉、苹果、香蕉共13种食品压成薄片制成的,一上市就成为热门抢手货。

世界上的扑克牌种类繁多,大小不一,有的还是奇形怪状。现在见到的异形扑克包括圆形、椭圆形、正方形、菱形、S形、波浪形等。由于异形扑克制作工艺复杂,需要特殊的模具,制作成本高,一般量又不大,故具有一定的收藏价值,诱发了很多人的收藏欲望。据统计,目前世界上有扑克牌收藏家4000余人,其中最负盛名的是美国人霍契曼,如今他已收藏扑克牌数千副。在他收藏的珍品中,有埃及人13世纪时用的早期扑克,有印第安人用动物皮制作的美国最早扑克,还有涂漆的圆形扑克、铝制扑克和多种异形、微型扑克等。当今世界上最昂贵的一副扑克牌是椭圆形的,由美国的纽约博物馆耗费106万法郎买进,以补充收藏。

124. 智能型玩具——游戏机

游戏机是现时代青少年的至爱、家庭新宠,甚至有的中老年人也常玩个不亦乐乎。它的诞生已有 100 多年的历史。1888 年,随着德国工业自动化程度提高,科隆市制作精巧的自动出售糖果机器面市。一种具有游戏性质的"自动下蛋母鸡",每日吸引众多顾客向其投币。其后又发展成"套桶啤酒机",这种可称为游戏机鼻祖的装置,能将十个硬币向四个小桶弹去,若四个全中,即可获得一杯色泽诱人的啤酒。1914 年,不再用于推销食品而纯用于娱乐的游戏机进入市场。最多见的是可控制转动的小飞艇巧妙接物。

电子游戏机诞生于第二次世界大战以后。在美国,许多计算机软件的设计人在工作之余,时常喜爱编一种能与人斗智的"游戏",以此来锻炼编程能力。1971 年,加州工程师布什纳尔根据自己编制的"网球"游戏设计了世界上第一台商用电子游戏机,把它摆在了一个娱乐场上。没过两天,他被告知那台"电子游戏机"坏了,让他前去修理。布什纳尔打开机壳,意外地发现投币箱全都被硬币塞满了,因而停用。成功激励着布什纳尔进一步研制生产电子游戏机,为此他创立了世界上第一家电子游戏公司——雅达利公司。1982 年,雅达利公司创出 30 亿美元的销售额记录。代表作有《运河大战》《拳击》《机器人大战》《警察捉小偷》《高尔夫球》《排球》等,节目总数约 50 个。在全世界电子游戏机行业经历了大起大落之后,日本任天堂公司崛起。1983 年,任天堂第三代家用电脑游戏机问世了。它以高质量的游戏画面、精彩的游戏内容和低廉的价格一下子赢得了全世界不同年龄、层次人士的喜爱。

近 40 年以来,游戏产业已成为一些国家的文化支柱产业。今日的游戏机,与电视机、电脑连体,也有各款专用机和掌上机。可折叠的双屏、双触摸游戏机,配置摄像头、网络功能器,有的大屏视角达 160 度,具良好的交互性,可异地多人一起玩 3D 游戏,远程博弈。所玩游戏更为丰富多彩,除传统的古今剑侠厮杀、海陆空激战,还可随心所欲种庄稼、捕鱼、捉恐龙、经营海岛、穿越时空,甚至建造虚拟宇宙等。一个个火爆的游戏,让玩家乐此不疲。

专家指出,更新一代的电视游戏系统正在加紧研制中,到时候,游戏中的人物将不再是卡通人物,而是栩栩如生的真人,可以相互对话,成为真正的"人机对话影片",并采用高保真语音呼叫系统放音。这种新型的多媒体系统将把游戏者带入更加奇妙的世界。

125.玩具一绝万花筒

　　万花筒是一种历史古老、外形是硬纸筒的光学玩具,从一端孔眼望过去,随着纸筒转动,就能看到数不清的美丽花形图案。

　　万花筒是由一名苏格兰人布鲁士达发明的。他自小喜欢科学,尤爱研究光学。他把三块长条形的平面玻璃片对成三角形,放进一个盒式长纸筒里,用一块圆形玻璃片做筒底,再将颜色鲜艳的碎玻璃碴放在筒身底部。从筒的一端小孔望筒底的玻璃碴时,就会看到悦目的图形。当转动筒身,筒内图案会呈现不同的变化,绚丽迷人。这就是常玩常新,使人乐此不倦的万花筒。万花筒可说是布鲁士达将科学、艺术、娱乐共冶一炉的杰作。

　　面市之初,万花筒即大受欢迎,在巴黎、伦敦等地被抢购。初期上市的万花筒制作比较简单、粗糙,由于万花筒内景象变化无穷,神奇有趣,玩它的人热度不减,万花筒的设计逐渐复杂,并大量使用了华丽、珍贵的材料。现今欧洲的收藏家收藏的古董万花筒有的形似望远镜,有的像塔形皇宫,还有的以 K 金镶边,十分精巧、典雅。

　　1900 年前后,美国出现了一种"液体流动"万花筒。发明者在万花筒的底部玻璃碎片上涂了一层浓度高而透明的油点,色彩的变化更加柔和瑰丽。其后,有人在万花筒的滤光片后装了轮盘,接上发音盒,这种有声有色的万花筒就更受人喜爱了。

　　到了 20 世纪 80 年代,万花筒在美国从玩具升华为艺术品。在日本也涌现了众多的万花筒艺术家,一些从事万花筒收藏和专销万花筒的商人还集合起来,成立了万花筒俱乐部,办班传授万花筒制作,并举办了世界唯一仅以万花筒做展品的展览。近年,国外又有人对这古老的玩具萌生创意,把音响器材、录像系统与万花筒结合起来,用电脑设计画面,把万花筒中的幻象变成了现实生活中多姿多彩的影像,更给人一种极其美妙的视听享受。洞观未来,科技的发展将会让万花筒里的世界更为精彩,令人回味无穷。

　　万花筒近年在中国也颇受瞩目。在北京开幕的一个科技节上,放在科普玩具展台之中的传统手工制作的万花筒吸引住了许多孩子的眼球,长长短短、粗细不同的十几款含有不同科学道理的万花筒让小学生们爱不释手。在北京东岳庙民俗活动中,也展现出大小粗细不一的纸筒制万花筒。民俗专家李鸿宾制作的一个大型万花筒,长 132 厘米,直径 25 厘米,已由北京民俗博物馆收藏。

126. 千旋万绕转陀螺

　　老玩具中有一种抽陀螺,看似简单,要想把陀螺抽得溜溜转,也是要有些技巧呢。

　　陀螺指的是绕一个支点高速旋转的刚体。除玩耍,在科研方面使用的激光陀螺、光纤陀螺等被广泛用于科研、军事等领域。

　　抽陀螺是民间一项传统的娱乐活动,在我国有悠久的历史。山西夏县荫村仰韶期文化遗址的出土文物中,就有石制的陀螺,可知陀螺在四五千年前的新石器时代即出现了。

　　陀螺有两种玩法。一种是以细绳缠绕,然后拉得它飞转;另一种以鞭子抽打,让其旋动。宋代时,陀螺称为"千千",是宫女排解寂寞的玩具。这种陀螺用象牙制作,样子如圆盘,直径四寸,中部有个一寸长的铁钉,以旋转时间长为佳。陀螺得名于明代,此后渐成为儿童玩具。民间又称其为"地牛"。清代时北京街头巷尾"鞭陀螺"大为盛行。《北京风俗杂咏》记载:"京师小儿玉瑳瑳,紫貂裹袖红锦靴。嬉戏自三五,乐莫乐兮鞭陀螺。"日本侵略中国时期,陀螺在北京被称为"汉奸",出于对卖国汉奸的痛恨,抽陀螺即为"抽汉奸"。

　　玩陀螺也是我国一些少数民族喜爱的传统游戏。广西南丹的少数民族每年都举行陀螺大赛。瑶族青年爱用硬质木料制作美观雅致的陀螺,顶部平滑,好像一面淡色镜。儿童玩的较小,成人玩的陀螺大而重,有的竟达3斤。在台湾玩陀螺也有种种比赛。抛陀螺还是高山族传统的体育项目。比赛选手把陀螺用线缠好,向几米外一托盘中掷去,以陀螺落盘中转的时间久为优胜。

　　陀螺发展到今天,种类多样,有竹陀螺、铜钱陀螺、线轴陀螺、纸陀螺、木陀螺、金属陀螺、塑胶陀螺等。在台湾还建有陀螺博物馆。校园里的学生们玩的陀螺高达60厘米,比水桶粗,由4名中学生扶住,方能拉动绳子使它旋转起来。

　　削陀螺能提高少年儿童的工艺制作能力,不需破费就能玩得兴趣盎然。追抽陀螺能锻炼臂力,活动腰腿。举行抽陀螺比赛还可增进友情。陀螺转动起来好玩,聪明的孩子们还削制出三色葫芦造型的陀螺、能上下翻转的陀螺等。报载,一种有益身心健康的陀螺舞已在台湾诞生,由台湾陀螺俱乐部成员与舞蹈教师共同创作,在玩转陀螺时,糅进中国民族舞蹈动作,把做功、身段、技巧融为一体,成为上自九十高龄老者、下至四岁孩童均可参加的娱乐活动。

127. 手舞足蹈抖空竹

空竹是我国北方独特的传统玩具。清代慈禧太后听政时,宫中太监抖空竹很盛,后在民间流传开来。旧时北京卖的空竹,较有名气的用火印烙着"双葫芦"印记。天津空竹中牌子最响的当推"修竹斋"的"刘海"牌。好空竹选料讲究,制作精细,粘合牢固,音色纯正。抖猛了时,可发出悦耳的高音。而质量差的空竹却能让人抖"闷",急转时只能嘶鸣了。空竹一个音孔称为一"响",以前多者可达 24 响。

抖空竹是一种游戏,也是一项能增进身心健康的体育锻炼。抖空竹时两臂要活动,腰腿要用力,两眼更要贯注于空竹,有一定的运动量,对四肢、躯干、头、颈等部位均有保健作用。常抖空竹,可减少脂肪,锻炼肌肉,提高耐力,强身健体,并能提高大脑、中枢神经机能,加强血液循环,协调四肢功能,促进胃肠功能,使众多关节得到锻炼,老少皆宜。

抖空竹是一项娱乐,也是一种高超的民间传统技艺。在过去的"杂耍"和今天的杂技中,抖空竹都是大受欢迎的节目之一。1985 年,在世界杂技大赛上,我国杂技英豪表演的抖空竹,技巧高难,动作优美,获得了金奖。2007 年,CCTV 春晚节目中的《俏娇娃》,抖空竹动作惊险、绝妙,获得晚会节目一等奖。

空竹早年是孩子们的玩意儿。而今,空竹在北京市已成为国家级非物质文化遗产保护项目,在有的小学还被列为兴趣课。近年来更大的变化是,众多中老年人酷爱抖空竹,公园、社区都是他们大显身手之地,除了一般的扔高、撒地轴、蚂蚁上树等动作,还能四个空竹同时抖,用五色彩带抖。空竹也越抖越大,旋转中被一人托起的大空竹直径达 1.2 米,重量近 50 斤。空竹让许多老人抖出了快乐、健康。

北京报国寺西侧的小星胡同里建有一座空竹博物馆,在 200 平方米的四合院内设三个展厅,全面展示了空竹的历史、工艺、技法及 200 余个空竹,包括瓜形、球形、易拉罐状和奥运福娃纪念空竹等。非遗文化遗产传承人李连元常在馆内做讲解。讲解之余,观众点到哪个馆藏空竹,李连元便拿到院外小广场抖动起来,让观众一饱眼福。

北京的刘振钰夫妇以抖空竹技艺高超应邀到英国伦敦、澳大利亚悉尼、日本东京表演。他们家摆满了 300 多个各式各样的空竹,大的 11 公斤重,上面的"小窗口"竟有 150 响;最小的一个空竹是铜制的,比指甲盖还小,也能用细绳抖起来,放在戒指盒里。

128. 舒展身体放风筝

风筝在我国已有 2000 多年的历史。相传在春秋时期，墨子即制得木鸢；鲁班则削竹为"鹊"，飞旋于空。明代陈沂所著《询刍录》载："汉李邺于宫中作纸鸢，引线乘风为戏，后于鸢首以竹为笛，使风入作声如筝鸣，故名风筝。"这就是风筝一名的由来。唐代诗人高骈咏《风筝》诗云："夜静弦声响碧空，宫商信任往来风。依稀似曲才堪听，又被移将别调中。"此诗把风筝由风拨弄出的美妙声音描绘得相当传神。

在我国古时，风筝多被用于军事。自唐代起开始成为娱乐品，后又成为工艺品、装饰物。北宋以后，风筝在民间广为流传，古人因此还总结出放风筝的益处。宋代《续博物志》一书介绍："春日放鸢，鸢引线而上，令小儿张口而视，可泄内热。"从现代卫生角度看，冬季久居室内，春天到空旷处放风筝，舒展身体，晒晒阳光，对于消除眼睛疲劳、改善身体各部机能、强健四肢，都大有帮助。据测，放大型蜈蚣风筝，牵线粗如手指，要使出拔河的臂力哩。

北京有着 300 多年的风筝史。风筝的制作可分为两大类，即"宫廷风筝"和"民间风筝"。家住北京展览路地区的张铁山是制作宫廷风筝的传人，他所继承的张氏宫廷风筝已有多年的历史。在他家里摆放了 300 多个精致风筝，有宫灯风筝、折扇风筝、龙凤风筝、狮虎风筝、仙鹤风筝、蝴蝶风筝、金鱼风筝等，造型之美，令人惊叹。大的高 7 尺，小的可放手掌心，都能平稳放飞，一件奥运祥云风筝共 108 节，每节长 50 厘米，放飞起来气势恢宏，犹如一条巨龙翱翔云中。

近年来，各地风筝人才大量涌现，风筝精品竞相升空。1984 年，规模盛大的国际风筝会在我国山东潍坊举行，各国外宾对我国的展翅"金鱼"、翻滚"蜈蚣"、绚丽"凤凰"等珍品惊叹不已。联合国还把我国送去的"蝴蝶"风筝，高悬在联合国总部大厦墙壁上。戊辰龙年在潍坊市举行的第 5 届国际风筝会上，各项活动都以龙的形象为主调，会场的主体物是长 300 米、宽 50 米在空中腾飞的软体巨龙风筝。潍坊市现在已被海内外公认为"风筝之城"了。2007 年夏初，来自北京亚运村街道的风筝爱好者和体育爱好者在中华民族园门前广场展示百米长的奥运主题风筝。该风筝的 80 余幅图案全部是风筝爱好者们历时 3 个月手绘而成的，内容涵盖了数十项人们耳熟能详的奥运比赛项目。当连成一体、绘有各种优美动作的福娃风筝飞起，四周观看的人群发出一片欢呼。

129. 摇曳逐风荡秋千

将荡秋千用于娱乐,在我国有悠久的历史。《事物纪原》上讲,春秋时有个叫李芝兰的女子,用彩绳悬树,坐上悠荡,那时古人是称秋千为"绳戏"的。汉代武帝在后宫祈祷千秋之寿,令众宫女乘绳悠荡助兴,"千秋"二字一颠倒,于是诞生了"秋千"的名称。据《开元天宝遗事》记载,唐代每逢寒食节,宫中便建起很多秋千架,由身着盛装的宫女踩着彩色绳索悠荡,唐明皇还曾把荡秋千起名为"半仙戏"。"秋千细腰女,摇曳逐风斜"是诗人白居易观赏荡秋千时吟出的佳句。宋代时出现了一种"水秋千"的游戏比赛表演。据《东京梦华录》记载,当时一些耍把戏的男女艺人能在秋千架上大翻跟头,然后以优美姿势跳入水中。诗人王珪作《宫词》题曰:"内人稀见水秋千,争擘珠帘帐殿前。第一锦标谁夺得,右军输却小龙船。"这种水秋千可说是世界上开展得最早的综合性跳水运动了。

荡秋千是一项有益于身体健康的室外活动。在人体内耳有一个人眼看不见的"前庭分析器",它专管人体位置的变化。常荡秋千可使前庭分析器经受较多和较强烈的刺激,有助于身体迅速适应各种不同位置的变化,从而提高在各种环境条件下的工作能力。常荡秋千还有助于增强人体神经、心脏、呼吸系统及肌肉、骨骼等器官的功能。荡起来心旷神怡,悠下去情舒气爽。

各国各民族的秋千大小不同,形形色色。德国汉堡竖起的大秋千,一下子可乘坐几十人。泰国首都曼谷的大秋千高 15 米,在秋千悬平处系有彩绳,逢佛历元旦即举行荡秋千大赛,碰彩绳有奖。一次有位姓王的华侨在此荡秋千,两次碰到彩绳,受到千百人喝彩。

我国的哈尼族、彝族、壮族、朝鲜族等少数民族,都有荡秋千的爱好。荡秋千在苗族、阿昌族不但是最受欢迎的娱乐活动,各自还有着秋千活动的优美传说。台湾高山族的少女在春天时,喜爱穿上鲜艳的衣裙,发髻上盘出种种花式,把秋千荡得高高,她们又称荡秋千为"渺绵",寓意为"飞天"。

在台湾的嘉义市光路里庙宇前,有一座三层楼高的大秋千。此地每年举行荡秋千比赛。秋千的脚垫板距地面高达两米,登上去需费一番手脚,起动时也需有地面的人以竹竿推动,再由选手借势用力起荡,荡起来有直上云霄之感,下落又有陡坠深渊之势。让人望之不免心惊肉跳。不过总有一些胆子大、爱刺激的人鼓勇上阵。

130. 攀上溜下玩滑梯

猎人发现,灰熊很喜欢从覆盖着冰雪的光溜山坡上滑下,而且不辞辛苦地再三爬到高处,享受嗖嗖滑落的乐趣。动物且如此,孩子爱玩滑梯就更是没够的事了。他们在攀上滑下中,既锻炼了四肢,增强了身体的平衡、适应能力,又能培养勇敢精神。为此滑梯就成了各幼儿园、公园儿童运动场的必备设施。

滑梯种类多样,有木质滑梯、金属滑梯、石滑梯、塑胶滑梯、橡胶滑梯、充气滑梯等。形状上有直式、滚筒、旋转等样式。有些公园还设计制作出象形、香蕉形等造型滑梯,使孩子们玩滑梯的兴趣更浓。

除了一般木制的滑梯,孩子们更爱溜那种晶莹剔透的冰滑梯。在每年东北哈尔滨、北京龙庆峡的冰雕盛会上,各种冰滑梯争呈雄奇。孩子们既可滑下长达四五米的冰滑梯,又能几个人并排溜一溜那起伏下落的宽而透明的冰滑道。那能旋转下滑的螺旋状冰滑梯,尤惹得孩子们排长队争滑。

在北欧等国家,许多为少年儿童修建的冰滑梯,深入地下,如迷宫一般。孩子们在溜玩中,可在中转处停留休息、饮水就餐,也可转坐雪橇行进。长长的冰滑梯还是城郊之间的交通线呢。

然而,爱滑滑梯绝不仅限于小朋友,现在有很多滑梯是为成人制造的。香港海上公园架设了一座高约5层楼的五彩大滑梯,上下弯曲起伏,如五幅彩绸飘挂空中。身着泳装的嬉水者乘风破浪高速滑下,感觉比坐过山车还惊险。北京奥运馆水立方南侧落成的新馆,以11条专业滑道打造出了中国最大、世界最先进的室内嬉水乐园,最高一条水滑道高达23米。吸引国内外游客慕名而来,滑个畅快。

日本兵库县建成的一座长351米的滑梯,它跨越两公顷森林区域,高低差为27米,使用了一万只直径3厘米、长45厘米的铝棍焊接而成,滑上一次能优哉游哉代步走出好远。在日本东京足立区还建成一座超高型的大滑梯,它高28米,相当于10层楼的高度,最大斜角45.6度,当人下滑时,时速可达60公里,只两三秒钟就可到达地面,滑下时自会感到惊险刺激。在大滑梯揭幕那日,吸引了3000多名好奇者前往试滑。因下滑速度太快,只听尖叫之声不绝于耳。虽然滑道内水流不断,以减少摩擦,很多人一趟滑下还是磨得背部发红。为锻炼人的体力,大滑梯不装电梯,想滑先要攀阶梯而上。但这挡不住滑玩者的热情,有些人一连滑了三四次,又结伴登上了滑梯顶。美国洛杉矶有一座玻璃透明滑梯,建在联邦银行70层高处。人在上面滑行仿佛飘跃在空中,被认为是最刺激恐怖的滑梯。

世相风情

1. 表达友好的新年习俗

每逢新年到来,各地都会张灯结彩,一派喜庆气氛。在世界的一些地方,人们在热烈欢庆新年到来之际,沿袭着一些古老而有趣的风俗,其中一些表达友好的习俗令人称道。

欧洲东南部的波斯尼亚人在新年到来之前,每个家庭中的成年人会相约到树林中砍柴。砍倒后运回村庄,集中到一起,然后分堆送给家中失去父母的孤儿,送到他们家中。新年在这个地区是洋溢着友爱与关怀的佳节。

在希腊一些地区,从除夕零时至元旦中午,是每个家庭主妇的背手休息日,照料孩子、操持家务完全由男主人承担,以表达对平时辛劳从事家务的主妇的慰问。此时间如有哪位男主人耍脾气不做事,便会受到邻人指责。

英国人在除夕之夜,喜欢带上糕点和酒去拜访亲友,并一起频频举杯唱《辞岁歌》。大家在一起抒发对旧日朋友和已过时日的怀念。诗人彭斯在这种聚会中,触动灵感,把这首歌改写成了《友谊之歌》,很快在世界各地传唱。

马达加斯加人在新年到来前一周内不能吃肉,直到除夕晚餐才可以吃到鸡肉和荤食。吃鸡时家中夫妇还要做赠鸡的准备。元旦当日他们要向双方父母赠送鸡尾,以此表示孝敬;向兄弟姐妹赠送鸡腿,表达友好的亲情。

印度尼西亚村落里的人过新年时,喜欢穿着新衣服,提着礼物访亲探友,看望邻居。主宾相对而坐,或饮葡萄酒,或喝红茶,敞开心扉,侃侃而谈。双方借此机会检查过去一年交往中自己的过错,请求原谅。离去时双方真诚地互祝对方进步。

我国东北的赫哲族人,过年时家家积极准备做年饭,不辞辛苦地忙碌,精心制作酸辣风味鱼片、味香酥脆的炒鱼毛及大马哈鱼籽等佳肴,只为用"鱼宴"款待客人,表达友好之情。

加纳人在新年前夕,纷纷摘下大棕榈叶,扎制成精巧美观的住房,再用花草装饰一番。元旦这天,房中摆放节日桌,桌上放着香味诱人的烧公鸡等美味佳肴。一家人高高兴兴围桌而坐,敬酒夹菜。在融洽的气氛中,家人中有争吵、不和的也能彼此原谅了。

坦桑尼亚的除夕日,被称为"玉米穗轴日"。这一天沿海的斯瓦希里族人各家各户凡是能行动的人都要煮一罐用玉米和菜豆做的饭,盛放在盘、碗中,端放到家门外,供串亲访友等过路的人随意食用。

2. 别致多样的节

在世界各地，人们除了过举国同庆的节，还会过一些其他有趣味的节。

随着一尾尾小金鱼从红色的水桶中欢快地跃入清澈的金鱼池，几百只鸽子振翅飞上蓝天，2010 年 4 月 18 日上午，天坛街道金鱼池社区上千居民用自己独特的方式迎来了第 7 届"金鱼池社区节"。在公益宣传展区，18 家企事业单位现场为居民进行了咨询、宣传、义诊等惠民服务。在百姓祝福区内，用彩纸剪成金鱼形状，居民可以在彩鱼上书写自己的祝福，粘贴组成金鱼池的形状。表演区有天桥的曲艺、杂耍引人观赏。美食区的老北京小吃则招揽了众多游客品尝。

在世界一些地区，新奇有趣的节日也有很多。葡萄牙东北部的坎普马约尔是一个仅有 8000 多居民的小城。每年 9 月，这里要举行一次"纸花节"，活动的历史已有 100 多年。过节当日，全城居民，不论男女老少一起动手，用彩纸制作各种花朵，将全城 104 条大街小巷装扮得五彩缤纷、绚丽夺目，吸引了世界各国众多游客前来观赏。

日本有一个古老的节日——"锅冠节"。每年 5 月 8 日，人们都盛装打扮。一群漂亮的女孩子装扮成锅冠女，她们身穿礼服，手拿团扇，头上戴着用硬纸做成的五颜六色锅具，在街上边舞边唱，也与围观者相舞相唱，形成一种狂欢。

1986 年 11 月 10 日，在日本东京的一个"公共厕所先进地区"举行了第 1 届"厕所日纪念讨论会"。从日本全国各地的公共厕所中评出了"十佳公厕"。接着，在东京都举行了有 8 个国家学者参加的"1986 年厕所国际讨论会"。会议决定，将每年 11 月 10 日定为"厕所节"，诚邀各国专家学者，对如厕的所有细节问题专事研究。

每年 5 月的第一个周末，在博茨瓦纳首都哈博罗内都要举行盛大的"义卖节"。在义卖摊点中，最吸引人、最拥挤的是中国使馆搞的义卖摊点。在这里，出售具有中国特色的风味小吃——春卷。凡是品尝过春卷的人，都赞不绝口，称誉中国烹调艺术的高超。"义卖节"上许多人一边津津有味地吃着春卷，一边又欣赏和选购挂在中国摊点上的国画挂历片。5 月的"义卖节"不仅是一项人道主义的慈善活动，它也是一个名副其实的国际文化交流的盛会。

世界各国众多纷繁的节日，大多为一年一度。而印度尼西亚巴厘岛的"鲁德拉节"却是每隔 100 年才过一次，是世界上间隔时间最长的节日，流传至今已上千年。鲁德拉是婆罗门众神中一个凶神恶煞，人们认为只有定期祭祀才能确保平安。仪式开始，人们在离海边 15 公里的地方抬着众神雕像缓缓而行。到海边后，将水牛等祭品投入大海，并向众神献上祭品。

3. 外国也有中秋节

农历八月十五,是我国传统的中秋佳节。在这一天,民间要祭月、拜月、赏月、分食月饼、吃团圆饭。和我们欢庆中秋相仿,有不少国家的民众也很讲究过这个节哩。

在日本,八月十五称作"月见节",有记载表明是1000多年前从中国传入的。当夜幕降临,皓月当空之时,家家户户团聚在一起,品尝葡萄、栗子等果品,还吃一种用江米、馅料做成的"团子",以此庆贺农作物丰收,也是一种感谢大自然的表达。

朝鲜半岛上的朝鲜和韩国,在八月十五过"秋夕节"。中秋之夜,人们围坐在月光下,一边赏月,一边吃煎饼或蒸饼,还吃类似我国八宝饭的"药饭"。在空旷的场地上,人们还举行拔河、荡秋千等竞技活动和歌舞表演,直至夜深。

泰国人在八月十五过"祈月节"。当晚圆月当空,男女老少都要参拜月亮。大方桌上摆满寿桃、月饼及果品,人们在桌前祈祷,拜观音菩萨和八仙。相传,中秋祈月,八仙会带着寿桃给观音祝寿,神仙们就会降福人间。

在越南,人们在八月十五这一天过"花灯节"。当晚各家各户在一起点亮花灯,吃月饼、水果,欣赏月色。街上更是灯火辉煌,举行舞狮表演,孩子们提着不同花式的灯笼,互相展示,游戏追逐。

马来西亚的民众在八月十五这一天欢庆中秋,也是赏月、吃月饼、提灯笼游行。在吉隆坡等地方,除举行舞龙舞狮表演,还有载着"嫦娥""七仙女"等佳丽的花车游行。服饰鲜艳的艺人和青年男女载歌载舞,热闹非常。

缅甸人在八月的月圆日要庆祝"光明节"。由国王亲自主持庆祝活动,出宫观灯并举行施舍活动。节日之夜,缅甸各地万家灯火,歌舞欢庆。佛寺内也有大型布施斋饭等活动。

老挝人庆祝中秋,称"月福节",印度叫"明月节",印度尼西亚则取名"大月节"。节日也都有祭月、赏月、品尝美食等内容。在斯里兰卡,庆祝"月圆节"不止限于八月,而是每月一次。届时一家人围桌赏月,品味美食,其乐融融。

亚洲人过中秋节,非洲一些国家也有赏月的习俗。麻加各达岛的居民欢度"月圆节",是在每年的头一个月圆日。在坦桑尼亚的桑给巴尔岛,人们过一年一度的"月圆节",与我们有不同的情调。节日傍晚,在一轮明月升起之前,当地人成群结队,来到宽阔的庭院里或村外广场上,围成一个圆圈,一声不响地静坐着望月,一直到明月西沉、天将拂晓时,大家才能开口说笑,展开活动。

4. 中外泼水节

以相互往对方身上泼水来过节的节日称泼水节。

在我国，每年 4 月中旬，云南西双版纳的傣族人就要欢度泼水节。在节日的三四天中，人们身着盛装，载歌载舞，相互洒水、泼水。年轻人还要放焰火，举行赛龙舟等活动。傣族的泼水节来源于一个神话故事。相传，古时候傣族家乡美丽富饶，不想被一个火魔祸害得连年干旱，五谷不生。一位叫侬香的姑娘为众人除害，乘火魔熟睡割下了魔头。可这魔头落地就引发大火，只能抱在手里。于是侬香和她的六个姐妹轮流抱住魔头不放，乡亲们不停地往魔头上泼水降温，直到第七年，魔头才冷却下来。后来，傣族民众为纪念侬香姐妹战胜妖魔的功绩，便有了泼水节。

2010 年 4 月，是傣历 1372 年的泼水节。面对西南五省连续几个月的干旱，泼水节还过不过呢？云南德宏和西双版纳两州政府都表示，泼水节是傣族的重要节日，节日要欢庆，但要引导人们尽量少泼水。4 月 10 日，在昆明举行了一次与往年不同的泼水节，欢庆的人们大都用树枝相互蘸水淋向对方，以示祝福。活动中还举行了爱心捐款和祈雨仪式。

在东南亚国家中也盛行欢庆泼水节。泼水节在缅甸是一个盛大的节日，其来历与我国傣族的传说有所不同。传说有一位美丽的公主被魔王劫去，公主机智地杀死了魔王，逃回家乡。她身上却溅上了恶魔的污血，人们就把清水泼洒在公主身上，为她净身，为她祝福。沿袭下来，就形成了泼水节。

缅甸的泼水节也举办于 4 月中旬。无论城乡，人们都盛装打扮，尽情泼水嬉戏。街头搭有彩棚，设泼水站，年轻人乘坐着装饰成孔雀、天鹅样式的花车，载歌载舞。姑娘们手拎水桶或其他盛水器具，站在马路两边向行人泼水。按当地习俗，互相泼水有涤旧迎新之意。讲究的人，用樱桃花枝蘸取银钵中浸有玫瑰花瓣的清水，轻轻往他人身上抖洒。一般人则喜欢大盆大桶地泼，甚至用胶皮管喷浇，孩子们爱用水枪喷射。人们认为水象征着幸福，泼在身上的水越多，被泼的人越高兴。

泰国每年 4 月 13 日至 15 日过"宋干节"，也称祈雨节，节日高潮也是进行泼水活动。当大规模的游行花车和歌舞的队伍行进时，站立在路两旁的人便扬起早已准备好的一勺勺清水，向他们泼去。住在沿街楼房的人站在阳台上用盆、桶居高临下，向下浇洒，就连大象也会加入水战，用长鼻子汲水后喷淋嬉戏。

泼水的习俗不仅流行于亚洲，每年 3 月末，匈牙利首都布达佩斯以东的乡村居民，也以向姑娘身上泼水的传统仪式庆祝复活节。

5. 万众同庆狂欢节

在欧洲和美洲一些国家,经常举行狂欢节庆祝活动。成千上万的人聚集在广场和街道两侧,化装歌舞,场面欢腾热闹。然而,看似是"洋节日"的狂欢节,在我国古代却是早就举办过哩。

据史料记载,在春秋战国时期的鲁国,每年要过"蜡节"。相传这是由神农氏所创设的节日。在每年夏历十二月末,上自天子,下至黎民,都要聚集起来祭祀天地万物的神祇。对选出的八种动植物,由司农之神逐一致祭,故亦称为"蜡八"。祭祀这天,人们都把自己打扮成古怪的模样,和外国人的化装表演相仿。《礼记·郊特牲》记载:有人穿起"皮弁素服",到场的各国诸侯们也要戴上"草笠",以示遵从"野服"。在举行完庄重的祭神仪典后,以祈祷人寿年丰为主,人们沿街载歌载舞,游行表演,形成了那个时代的狂欢特色。

当然,今日欧美等地的狂欢节,其规模和影响是 2000 多年前鲁国难以相比的。2009 年 7 月 28 日,荷兰鹿特丹市举行夏季狂欢节盛装游行,吸引了 22 个国家和地区的 2300 多人参加,观看游行者在沿途两侧排出 2.6 公里,人数多达 90 万。

每年 2 月中旬,意大利的海滨城市维亚雷焦都会沉浸在狂欢节欢乐之中。这里的狂欢节已经有 100 多年的历史。据说,这里与法国的尼斯并称为欧洲狂欢节活动的两大中心。每逢节日来临,意大利各个角落和世界各国的游客都会拥向这里,汇入狂欢的人流中。盛大的化装游行,是狂欢节活动中最精彩的节目。当地的男女老少,都穿上奇异的服装。男孩子喜欢顶盔、披甲、手握宝剑,扮演中世纪的武士;姑娘们则穿上艳丽的裙装或婚纱,装扮成公主和新娘。他们边走边欢闹雀跃,抛撒花瓣。许多老年人也和孩子们一起纵情歌舞,享受欢乐。最引人注目的是缓缓行进的几十辆巨型彩车,上面载着模拟的人像,幽默风趣,博得人们喝彩,将游行活动推向高潮。

如果观赏意大利的狂欢节感到意犹未尽,又可在 2 月下旬赴巴西,走进南美人的狂欢节活动中。巴西的狂欢节是葡萄牙人从欧洲传入的,也经过了近百年的历史演变。在狂欢节期间,巴西全国放假 5 天。每个城市都有自己独特的庆祝活动,在各条大街举行化装舞会、露天演出和游行。当地的"桑巴舞协会"提前半年即开始准备节目,创作乐曲。当游行演出开始,已化装成国王、王后、王子、宫廷贵妇的演员为先导,人群列队游行,欢歌狂舞。如果两支"桑巴舞协会"的队伍游行中相遇,更是热闹至极,双方都要拿出最精彩的节目较量一番,让观赏的人群看个过瘾。这种丰富多彩的狂欢节,每年都吸引众多外国游客观光,给巴西旅游业带来一笔可观的外汇收入。

6.荒唐搞笑的愚人节

在西方国家,每年4月1日为"愚人节"。按习俗,人们在这一天可以一本正经地骗人,名正言顺地开玩笑,而不必负道德与法律责任。这愚人节有怎样的由来呢?

愚人节的由来众说不一。有人认为,愚人节可追溯至中世纪。那时的国王和达官贵人都供养小丑。小丑们通过插科打诨、唱歌奏乐、滑稽杂耍等为王公贵族排愁解闷。据说,每年4月1日,小丑可以休息半天,他们的职责则临时由别人代替。于是,产生了愚人节。另有一种说法是,愚人节可追溯到古老的春分节。《大英百科全书》认为,愚人节的产生可能和四季的更替有关。春分前后,大自然好像和人类开玩笑似的突然变化,4月1日作为一月之初,和春分相近,于是定为"愚人节"。

一般认为,法国是愚人节的发源地。在这一天,生性浪漫的法国人互相说谎,愚弄别人,玩种种恶作剧,虽然荒唐,但也注意掌握分寸。愚人节活动在17世纪末传到英国,以后又流行美国,至今风行不衰,尤其是少年儿童对愚人节更感兴趣。他们爱让大人们干些徒劳的事情,如在街上向路人喊:"鞋带开了!"等到对方低头细看准备系鞋带时,他乐不可支地大叫:"四月愚人!"随后得意地跑开。法国人管愚人节受骗的人叫"四月的鱼",法国孩子在愚人节这天爱用纸折鱼,偷偷挂在别人背上,然后手舞足蹈地大喊:"瞧四月鱼喽!"

1962年,世界上的电视观众都还在收看黑白电视。愚人节这天,瑞典仅有的一家电视台发布新闻说,电视技术取得突破,只要观众在自己的电视机屏幕前挂上一只尼龙袜,就可以收看彩色画面。竟然真的有不少观众进行试验。

英国《太阳报》2010年4月1日称自己发明了世界上第一份有味道的报纸,在当天的报纸上标出一块方形区域,写着"舔舔这里,揭开隐秘的味道"。这家报纸"好心"告诉读者,"那里含有坚果(笨蛋)成分"。相信也会有上当者。

2004年的愚人节,《伦敦每日电讯报》用一整版刊登报道说,伊丽莎白女王牵着宠物狗去彩票店买彩票,还附上了照片。当然这篇报道全部都是编辑杜撰的,照片也是合成的伪品。针对愚人节开的玩笑过火以及造成的不良后果,英国政府已经对其进行了一定的限制。比如,不得拿君王和宗教等取乐,不许愚弄警察、消防队、急救站等,否则视情节轻重给予惩处。

7. 欧美人的圣诞节

在欧美等西方国家，人们喜欢过的盛大而热闹的节日是圣诞节。

每年的 12 月 25 日，是基督教所信奉的耶稣基督诞生的纪念日。圣诞节之所以选定为这一天，是为了同世俗的神农节相一致，它的前一天是"冬至"日，从这一天开始昼长夜短。人们为感谢太阳赐给人间的温暖与光明，常常举行各种活动向太阳顶礼膜拜。把耶稣诞辰定为与传统的农神节相吻合，意在表示耶稣的降生就是太阳的再生。圣诞节原是一个宗教节日，后来由于宗教势力与西方文化的影响，成为世界许多国家和地区的民间节日，一般西方国家都会放假，甚至联合国大会这一天也要休会。

在圣诞节前夕的 12 月 24 日是圣诞夜，也称平安夜。这一晚西方国家的人全家团聚，共进圣诞晚餐、吃圣诞蛋糕、互赠礼品。同赏圣诞树、点圣诞蜡烛、欢迎圣诞老人、唱圣诞颂歌等，都是圣诞夜的重要娱乐内容。

一进入 12 月，许多国家的人们便为欢庆一年一度的圣诞节而开始忙碌。主妇们采购圣诞食品。相距遥远的亲人在筹划亲人团聚，朋友之间要准备圣诞卡，互贺佳节来临。街面上，商店布置一新，节日商品琳琅满目。许多商店的营业额在圣诞节前后都达到最高峰，所取得的利润能占到全年利润的一半。

在奥地利的圣诞节，无论城镇还是乡村，灯火辉煌的厅室里都矗立着五光十色的圣诞树，上面挂满了糖果、饼干、金胡桃、小玩偶、装饰物等，人们邀请亲友围着圣诞树，共庆美好节日。半夜时还会等来报佳音的圣歌队，他们到每家门前通报基督降生的喜讯。在芬兰，圣诞节前夕，每个人都爱做蒸汽浴，之后由家长领着祈祷和讲道。儿童们到处去串门，回家时可以意外发现圣诞老人所留下的礼物。爱尔兰人在圣诞夜，各家门户半掩，蜡烛高烧，纪念当年马利亚找不到居室而在马厩生育之苦。

圣诞餐是一年中最丰盛、最重要的一顿饭，而火鸡又是餐桌上常备的食品。火鸡体形大、肉质好。美国圣诞宴桌上的烤火鸡，与我国做八宝鸡有些相似：将核桃仁、玉米碎、香肠末、洋葱丁、葡萄干等拌成馅，填入火鸡胸囊内，刷油后放烤箱烘烤，烤得肉嫩皮酥，浇上鲜香肉汁就可以品食了。瑞典人习惯于圣诞前一天中午吃圣诞餐，主菜不是火鸡，而是猪肉及鱼，尤其喜欢吃猪腿及鱼饼。奥地利人喜欢到饭店去吃圣诞餐，他们会同全家老小到餐馆大吃一顿。一般在吃过这顿丰富的圣诞餐之后，庆祝圣诞的活动才正式开始。波兰人一般是在圣诞之夜天际出现第一颗星后，即开始享用圣诞大餐。不同的是，他们在桌上的桌布和碟子下面放了禾秆，屋里留有一张空椅，以表示不忘圣婴耶稣。

8. 慈善为怀的圣诞老人

孩子们在阅读一些欧美国家童话书时，常能读到一位身穿红袍、头戴红帽、留着长白胡须的快乐老人，乘坐一辆由八头鹿拉的雪橇，在圣诞夜冒着风雪，给一家家孩子们送去礼物。这位老人就是最受西方孩子喜爱和欢迎的"圣诞老人"。

"圣诞老人"来自何方？他又有着什么样的故事呢？

相传，圣诞老人是公元4世纪的人。他名字叫尼古拉，出生在小亚细亚一个富裕家庭。他的父母乐善好施，经常周济贫苦人家，把许多财产都拿出家门，与流浪汉和孤儿寡妇同享。尼古拉长大后做了神父，像他的父母一样到处行善，把财富赠送给贫苦无依的人们。一次，尼古拉家乡发生了严重的灾荒，大批灾民饥肠辘辘。恰巧有一艘运粮船经过，尼古拉劝导船员留下一些粮食救济灾民，告知他们不会因此失去所得。船上的人被他热诚的演说打动，照他的话去做了，结果沿途到处受到照拂，交了好运，生意赚钱，得到了更多粮食。众灾民分得船上的粮食，也平安度过了灾荒。晚年时，尼古拉喜欢制造玩具，与小孩子玩耍，成为儿童和贫苦大众的亲密挚友。尼古拉去世后，人们为了纪念这位仁慈友善的老公公，把他尊为圣祖，并称为圣诞老人。

以后，在荷兰、丹麦等国家纷纷传说，每逢圣诞节到来的前夜，尼古拉都会骑着一匹白马挨家挨户巡视，看到哪家的小孩子诚实、听话，就送给他几件新年礼物。得到礼物的孩子和人一说，更多的孩子在圣诞夜也期盼着圣诞老人造访。有一个传说故事中提到，尼古拉在圣诞夜给儿童送玩具时，听说有一家有三个孩子，就拿着玩具准备去送。可是当他走到这家窗外，却听到这对夫妇因贫穷至极，要把三个孩子遗弃。他想到只送玩具并不能给孩子带来快乐，便从穷夫妇家窗外向里面丢进几枚金币，由此解决了这一家人的苦难。后来这个故事被荷兰殖民者带到了美国，长有白胡须、慈祥老头的形象开始出现在许多美国人的圣诞节欢庆活动中。1912年，一位名叫克莱蒙的美国画家为尼古拉设计了衣饰、着装，尼古拉老人从此身披红袍，戴上红帽。他也不再骑马，而是驾着雪橇，风尘仆仆，迎着风雪，赶赴千家万户。以后又有人传言，当年尼古拉救助三个孩子从窗口丢金币时，有两枚金币掉进了晾在壁炉上的一只长袜筒里，于是将礼物放到圣诞袜子里的习俗就流传下来。

如今，在欧美一些国家中，当圣诞夜午夜到来，孩子们睡前都要把一条花色悦目的圣诞袜挂在自己的床头，希望一觉醒来收到圣诞老人的礼物。当然，许多孩子也不忘在袜子旁边放上一杯热牛奶，以便让辛勤奔波的圣诞老人喝下暖暖身子。

9. 大放异彩圣诞树

人们在电视报道西方圣诞节活动中，常会看到一种圣诞树。圣诞树是怎样一种树呢？

每年 12 月 25 日是欧美国家的圣诞节，是一年中辞旧迎新最盛大的节日。在喜庆之际，家家都力求摆放一棵圣诞树，以增加节日气氛。圣诞树也称常青树，它象征着生存与奋斗，从中世纪就用于圣诞节庆典活动。在经过了漫长的几百年后，圣诞树的雏形在德国出现，每到圣诞节前夕，人们便在家中布置一棵枞树，上挂代表圣食的小甜饼，一旁再放一种木制的圣诞塔，摆放小雕像、蜡烛等物。到了 16 世纪，树与塔合二为一，演变成如今的塔形圣诞树。17 世纪，圣诞树由德国移民带到北美，人们除用各色彩珠装饰，还把糖果、糕点用丝带、纸链吊挂在枝上。19 世纪初，圣诞树传入日本、中国，圣诞树上又添饰了五彩缤纷的纸花和闪亮的小彩灯。

同庆圣诞节的国家众多，人们摆入家中的不仅有传统的枞树，还有榆、桦、松、柏、杉等树种。有的国家穷人过节时为使家中拥有一棵圣诞树，不惜采用偷砍的方法获取，执法人员对此也是睁一只眼，闭一只眼。

在美国，逢圣诞节出售圣诞树是一笔大生意，人们抢购大小松柏、杉树，使树价一涨再涨。而新年一过，枝叶枯黄，便被扔到垃圾箱里。为此，有的美国商人设计制作一种塑料圣诞树，节后往库房一放，来年圣诞节又请出来，冲洗一番即可再登大堂，省事且省钱。美国还有一棵著名的"国家圣诞树"，从 1889 年起，布置在华盛顿白宫的蓝厅，至今已有 100 多年的历史。现在每年 12 月 24 日晚，总统手按电钮，顿时蓝厅的圣诞树和白宫周围圣诞树装饰的彩灯一起大放异彩，一直亮至新年 1 月 1 日午夜。

近些年来，不少国家的圣诞树布置花样繁多，不断出新。日本一家公司展示出一棵世界上最昂贵的圣诞树。这是一棵用钻石和水晶镶制的人工圣诞树，其顶端为一颗绿色大钻石，树干是用水晶制作的，在灯光照耀下，奇彩流溢，美不胜收。

世界上最小的圣诞树出现在英国，由世界顶级微观设计大师维拉德制作。这棵圣诞树的尺寸需要用毫米来计算，小到可以从针眼儿里穿过去。这棵圣诞树用尼龙制成，做工极为精细。为了让整个景观看起来熠熠生辉，维拉德还在上面撒了钻石粉末。

新加坡为迎接 1987 年圣诞节的到来，有关部门邀请 500 多人的大合唱剧团组成了一棵高 8 米的"会唱歌的大圣诞树"，2000 多人参与了这棵圣诞树的布置，他们还用至少 50000 个彩灯进行装饰，使这棵"圣诞树"入夜时分更加壮丽。演员身着绿装，演唱圣诞歌，气氛热烈隆重，一时传为佳话。

10.习俗表达有异

各国各地的人们生活习惯不同,习俗有别。在外出旅游时不了解当地习俗,说不定会闹笑话,甚至产生麻烦。

一位叫德斯坦的法国青年,随同旅游团到非洲喀麦隆游玩。这天,他独自走进一个叫济茄的村庄,迎面遇到一名女子。女子向他弯腰作揖,并说了句"古努加生"。德斯坦还礼,也说了句"古努加生"。结果他被女子死死抱住腿,走不了了。德斯坦哪里知道,一前一后说出的"古努加生"是求爱和同意的对答。事情发生后,在村里主管调解下,德斯坦也只好按当地习俗,去神庙做了忏悔,并赔了女方两头牛的钱。

在中国,人们习惯于用点头表示同意,以摇头表示拒绝。但在斯里兰卡、印度、尼泊尔、巴基斯坦,以及欧洲阿尔巴尼亚、保加利亚等国,人们却以摇头表示同意,以点头为拒绝。在保加利亚人家里做客,主人请你喝饮料时,你若是点头,那就只好渴着了。

在使用手势方面,我们夸奖好或棒,一般都伸出大拇指朝上表示。欧美等国家的人却没有这样的表示法,他们习惯把大拇指朝下,用以表达"坏"或"差"。在表示"我"时,我们用手指指着自己的鼻子,而欧美人则是用手指向胸部的。中国人招手是呼唤对方过来,英美人恰恰相反,是表示再见的意思。中东和东南亚、印度等地的人是不用左手与人相握和递东西给人的,因为他们认为左手用于上厕所,不干净。

英美人认为,在大庭广众中节哀是知礼,所以在葬礼中并不痛哭失态。东方的印度等国则相反,在丧事中如果不顿足捶胸、号啕大哭,便觉得是有悖礼教了。

世界各地的戴帽习俗也存有差异。在意大利,戴帽的男子遇见友人时要将帽子向下拉一拉,以示尊重。美国人则与此相反,要把帽子稍稍向上提一提,点头致礼。在西班牙,只有在亲人分娩、婴儿降生的时候,家中大小才戴帽数日以示庆祝。古巴圣热那河流域的习惯则与此相反,亲人谢世作古,活人才戴帽一周致哀。中国人习惯于进屋后把帽子脱下,但在墨西哥南部的奴雷谷一带,进屋脱帽被视为不敬,只有找仇人才这样做。在巴西的拿坚斯城,男士可以随心所欲、不拘一格地戴帽,而女子戴帽却有清规戒律,偏向左侧表示未嫁人,向右倾斜意为已婚,向前倾的则是离异和丧偶的孤嫠寡妇。瑞典北部一些地区的夫妻帽很有趣,它白天归丈夫戴,夜间属妻子所有,象征夫妻恩爱。土耳其的乞丐必须戴"讨饭帽",方可沿街乞讨,否则无人施舍。为尊敬老人,匈牙利一市向每位年迈者发放一顶精工制作的老人帽,戴着它,可免费乘坐市内公共交通工具。

11. 待客迎宾之道

有朋自远方来,应热情以礼相待。世界各地待客方式五花八门,有些让人闻所未闻。

太平洋上斐济共和国巴卡尔岛的土著居民,每逢有宾客到来就会举行传统的踏火仪式。他们在场地中央挖一个大圆坑,放入散发香味的干柴,上面铺两层大的鹅卵石块。客人到场点燃干柴后,男女老少便会伴随歌声,赤脚走上石块,缓缓起舞。当有人从树上摘下树叶扔到烧烫的鹅卵石上,踏火者为客人表演得更欢。

非洲东部的加娃喜伯族人,长期抗击殖民者的侵犯,保持着一种用射箭示威的迎客习俗。有人来做客时,族中派出武士相迎,在村外瞄准客人上空射出三箭,以此显示战斗力和英武。然后再由族长走向客人致欢迎词,将客人迎入村中。

毛里塔尼亚的莫赛姆人每逢招待客人,便用勺子舀水浇来者的头,被淋者不可擦拭,以示感谢。肯尼亚的马萨伊部族,有客人到来,男女老少围上去,其中一位老者会向客人脸上一连几口"噗、噗"吐唾沫。对于这种礼遇,即便客人接受不了,也不能用手绢去擦,否则主人是不高兴的。

肯尼亚西部的冰塔族猎户人家,生性文静,沉默寡言,他们的迎客礼节也甚是沉寂:客人与主人面对面坐定,前者必须缄口连喝三杯水,然后宾主开始晤谈。

肯尼亚班图族人的迎客礼节独具一格。主人先以丰盛饭菜款待远客两天,从第三天开始便安排客人下地干活。类似的劳役待客风俗,在圭亚那的卓希、比洛库也很盛行。有时主人先让客人照顾婴儿、孕妇或老者半日,然后再话别叙旧。

希腊的伊斯提埃亚和卡尔基斯人崇尚修剪指甲的迎宾礼,男客指甲由男主人剪,女客由女主人负责。苏丹北部洛契人有男主人为男客梳胡子、女主人为女宾梳头发的习俗。客人告退时也以梳胡须、梳头发作为答谢。

用耳挖勺为客人掏耳垢是阿富汗雷吉斯坦地区的习俗。宾主寒暄后,主人便着手为来客挖耳,表示欢迎。雷吉斯坦是沙漠地带,风大沙多,行人双耳常被沙子堵塞。因此,此地人与其说是挖耳垢,不如说是掏沙子。

德国卡勒兹城郊有一个"象棋村",村民人人会下棋、爱下棋。村里办有专授棋艺的"象棋学校",下棋是很多村民的最大乐趣。当外乡人前来做客时,村民端出的丰盛款待物是棋盘和棋子,邀客人对弈。如果不下,就是对主人的大不敬。

洗澡是巴西印第安人生活中的重要内容。有人到印第安人家做客,主人并不着急上咖啡和敬酒,而是热情地拉起客人一同下河洗澡。他们认为请客人在小河清溪中沐浴,是对客人最好的招待。洗的时间越长,次数越多,越能表现出主人的待客热情。

12. 善舞民族集趣

世界上喜爱跳舞的人也很多，有些民族的人不但擅长跳舞，舞蹈还是他们生活中不可或缺的活动呢。

朝鲜民族能歌善舞，每当农业丰收时，青年男女就会夜以继日地载歌载舞，用动听的歌声和优美的舞姿尽情表达丰收的喜悦。在朝鲜，舞蹈类型多样，各有其独特的风格技巧和艺术造型。

日本人对歌舞十分爱好，遇到宴会、喜庆日子都要举行规模不同的舞会。在插秧节上，跳舞者表演出种种优美的古典舞蹈，相传可驱邪魔，迎来吉利。北方虾夷人捉到鲸鱼后，还盛行跳"鲸鱼舞"表达欢乐。

南亚群岛的吉卜赛人酷爱舞蹈，他们相信跳舞能驱邪。因此，人们生病后不是去求医，而是用舞蹈来祛除病魔、邪气。人们先用岛上的泉水洗浴，随后围成一圈，手舞足蹈地跳了又跳。

印度人颇喜欢舞蹈。在阿帕切雪山地区，女子到了14岁，父母要为她举行成年礼仪——"太阳升"舞会，先后筹办一年时间。为使女儿在舞会上跳出优美的舞蹈，需聘请老师进行教授。在舞会前夕，姑娘要围着篝火连续跳舞数小时，以此拉开"太阳升"舞会的序幕。

在阿拉伯人的婚礼上，人们为表达喜悦而翩翩起舞。庆典中会有四位女性共同扯起一块大花巾，另外一些姑娘将放有香炉的银盘举过头顶。随着轻歌曼舞，花巾起落，香炉的香料散发出馥郁芳香，使在场者心旷神怡。

在中东地区，一些女孩子从5岁开始学腹舞，母亲严格训练孩子反复锻炼腹肌和胸肌。经过多年苦练，腹舞女郎就能自如地控制肌肉颤动，做到想让哪块肌肉打转就打转，表演出各种优美的舞蹈动作来。

乌干达人性喜歌舞，人们常常击鼓而舞，晚间尤其爱伴着欢快的鼓点舞蹈不止，用以消除疲劳，忘却烦恼。奏索族的人在舞蹈时，还爱穿上怪异的服装，脚腕系上铁铃，手上还抡动着一根手杖。

热爱舞蹈的坦桑尼亚人，常以舞蹈来表现他们的生活和民俗。为猎手送行，他们有"猎舞"；丰收时，他们跳"欢乐舞"；干旱时，他们跳"祈雨舞"；青年恋爱、妇女怀孕、婴儿降生等，也都要跳独特的舞蹈庆贺。在这个国家，不能跳舞的姑娘找不到好丈夫，不会跳舞的小伙子难觅好妻子。

新几内亚的高地人人人善舞。凡是成人典礼仪式，或举办婚丧庆典等活动，都要用歌舞抒发情怀。他们疾恶如仇，受到侵犯就会奋起反抗。有趣的是，他们在战斗时也会用舞蹈动作来加强队列，保持队伍进退的一致性。

13. 婴儿出生拾趣

当一个婴儿呱呱坠地,在我们这里家人会高兴地奔走(如今已可用现代通信设备)相告,孩子生下一个月,亲友们通常会聚集一处,饮宴一番,给孩子过"满月"。

在海外一些地方,婴儿出生有着不同的习俗。

在印度尼西亚苏门答腊的北部地区,婴儿出生一两周或到了满月,在命名时要举行一个沐浴礼。由四名妇女各执长布的一角,布下面放置一个水桶。婴儿被放入装有清水的水桶后,一个妇女在布上劈开一个椰子,让椰汁透过长布,滴在婴儿头上,然后用水为婴儿洗浴,完成洗礼。

生活在非洲乞力马扎罗山区的妇女,分娩时要把婴儿生在一张狮子皮上,一旁还要放有盾和长矛。相传这样生下的孩子,长大后会像前辈一样敢斗雄狮,勇猛无畏。婴儿生下后,父亲还要用箭把牛的乳房戳破,让血滴在牛奶盆里。新生儿在这血奶混合的乳液中洗澡,据说可祛害辟邪。

在东南亚加里曼丹岛上,伊班族人大部分时间在水上生活。当妇女面临分娩,丈夫提前在陆地盖一小屋,让孕妇在小屋将婴儿生下。在婴儿诞生的第5天,父亲要用船把母婴带到海上,并把孩子置于海水中,淹到腰部。父亲还要把一些硬币没入海中,意味着为孩子向大海交了学费。

在肯尼亚的吉库尤族人,当一名婴儿诞生,助产士就高唱"阿利利利……"生男孩高唱5次,生女孩唱4次。听到这报喜的歌声,室外的人就可以进房向产妇祝贺了。有趣的是,进门祝贺的人,每人要在门口拾一撮土,含在嘴里,以表达对孩子的护卫和爱。

非洲莱索托王国的巴苏陀族人,当婴儿生下来,报信者如果用一根棍子敲打婴儿父亲,父亲就知道妻子生了个男孩;如果用水泼他,那么出生的就是女儿。婴儿生下后,要在其手腕、前额、胫和胸部几处各划一个小口,涂一些药。当地习俗认为这样可以辟邪和交好运。

委内瑞拉的雅拿玛摩族人,妇女临产前要到远离家园的树林里去,找一块空地分娩。孩子降生后,产妇以手倒提婴儿,放在事先准备好的树叶上,用木片割断脐带,再用树叶把婴儿擦干净,放在小溪中用水清洗,最后把婴儿抱回村庄。之后,村庄的人要集会庆祝一番。

在坦桑尼亚一些地区,谁家生了孩子,就把孩子的胎盘埋在自己门外,然后在上面种一棵树,寓意孩子能像大树一样蓬勃健壮。扎拉莫人习惯于种椰子树,查加人喜欢种香蕉树,南方马康迪等族的人则乐于种植腰果树。

14. 成年礼仪录趣

近年来,我国各地有很多中学为年满 14 岁的孩子举行成年仪式,让孩子懂得家长哺育的不易、老师教诲的辛劳,从而增强社会生活的责任感。在世界一些国家和地区,也有着多种多样的成年礼仪,有些颇具情趣。

在非洲坦桑尼亚的马腊地区,当孩子长大成人,便由父母领着孩子在村落绕行一圈,击鼓为记,向全村宣布自己的孩子已经成人。加纳姑娘长大成熟后,父母会让女儿穿戴上最漂亮的服饰,领着她在村里走一圈。亲友们会陪同姑娘唱歌,并赞美姑娘的聪明美丽。

莱索托王国的巴苏陀族人,当姑娘成熟后,在专门挑选的妇女陪同下,走入水中,让姑娘潜水把投入深水的一个金属环捞出来,套在手臂上。随后,陪伴者再把姑娘带到农田里,教她做些农活。

扎伊尔的姑娘在成熟后会被家人带到森林里,住进一间男子不得入内的"圣屋",养斋三日。在这期间,由年长的妇女开导她,让她对未来的生活做好准备。第三天夜间,姑娘被涂上黑、红、黄三种颜色,打开屋门。此时屋外聚集的众多年轻男子得到信号,击鼓欢庆,宣告村子里又多了一位成熟的姑娘。

赞比亚的女孩到了青春期,就由几位年长的妇女陪伴,被隔离起来,短则两周,长的达一个月。在这段时间里,姑娘要听授劳动、家务和为妻之道,还要了解部族的传统。隔离结束,姑娘被带到河中洗浴,称作"净化"。这时村里人也在忙着备酒和筹集食物,准备为姑娘的成人庆贺一番。

亚洲印度尼西亚的巴布亚人,男子的成年仪式较为奇特。为证明自己勇敢,他们必须躺在烧得灼热的石头上。乡村巫医使用利器在他鼻梁处穿孔,以便戴上饰物。其后还要饿肚子、不睡觉、测试射箭和投掷棍棒的技能。一一符合要求后,才能被认可为男子汉。

南美巴西印第安人的沙万特族男子,在 12 岁至 18 岁期间要到远离部族的营地过集体生活。在这期间,要努力进行精神和体魄方面的训练,不与妇女接触,还要在设定的穿耳节上用动物骨头在耳上穿孔,在耳孔里插上一根两寸长的木棍。男子经过种种考核,最后才算长大成人并取得结婚和独立谋生的资格。

在太平洋中西部马绍尔群岛上,当男女长大到了结婚年龄,就要举行仪式,男子要剃额发,女子须剃眉和染齿。青年男女还要分别到礁石附近的小屋内接受巫师洗礼,然后全身涂上芳香的椰子油,闲居小屋内两周。礼仪完毕的当夜,由氏族中的长者向已成年的男女及亲友散花蕾,进行歌舞欢庆。

15. 征婚一览

近年来,报刊上的征婚广告已少见,电视上的征婚节目也不多,比较活跃的是网络上的婚恋公司。

世界上首则征婚广告出现于1695年。英国人霍顿发行的《家政和经商》杂志刊登了一则简短文字:"一位年约30岁的绅士,财产丰厚,欲求一位拥有3000英镑财产的年轻淑女为偶。"此后,征婚广告便不时见诸报端,但在之后的30多年中,这仅是男士所为,并无女性以此举求偶。直到1727年,曼彻斯特市才有一位莫里森小姐勇敢地进行了这样的尝试,但是市长却把她关进了疯人院。

有人征婚借助于报刊,有人把征婚启事贴上街头或包装到香烟盒内。美国加州妇女安妮,别出心裁使用了一个大气球征婚。上面写"娶我吧"等文字及电话号码,任其飘飞,所到之处备受瞩目。

大千世界,征婚者是各种各样的。30多年前埃及开罗有位叫未哈伊尔的老乞丐投书《开罗晨报》,想娶个年轻美貌的女子,该报记者为他刊出《老乞丐征婚启事》:这个老乞丐已乞讨37年,他每天花两美元租用一个骨瘦如柴、又臭又脏的小女孩,放在肩上,以博得怜悯和施舍,月收入颇丰。他洗手不干时,已拥有百万美元的财产、别墅、高级轿车等豪华物品。此征婚消息一见报,各地的姑娘纷纷给他发电去函,甚至有不少外国女青年也愿应婚。

日本东京一家婚姻介绍所,为提高成婚率,举行一种聚会。有男士和女士各十几位参加。男女征婚者分别对坐在一张长桌上,每对相互谈话3分钟,然后全体男士挨着移坐到下一个椅子上,同下一位女子谈话。这样顺次轮番面对面谈话,共计进行1794次,历时4小时。谈话结束后,每个男士写下他印象最深的五个女子姓名,一举使13对男女求婚者结成了眷属。这一征婚方法,目前在我国一些地方也有采用。

时下的报刊、网络征婚虽然仍有市场,但不能见面,使相识和相恋大打折扣。为此,近年一些国家在电视节目中推出了接触相亲的征婚活动。法国电视台策划的节目融入了旅游度假、游戏比赛等其他节目元素,让不相识的男女在接触中相互了解,寻找真爱。日本电视台推出的相亲节目更为务实,如富士电视台播出的"爱之旅",游戏规则是男性四人和女性三人共同乘坐一辆大巴到国外各地旅游。因为是身处异国他乡的"寻爱之旅",所以在欣赏异国景色的同时,参与者还要自己去问路或去找住宿、就餐的地方,在紧急情况发生时还要互帮互助。在遇到问题时,七个人的不同表现就是了解每个人的良好机会。据说该节目促成了很多对情侣,已有不少参加者找到了爱情并结婚生子。

16. 求婚大观

男女一方请求对方和自己结婚称之为求婚。世界各地有着种种不同的求婚习俗和独特的求婚方式呢。

南美圭亚那的嘎利比青年向姑娘求婚时,就把自己捕获的最名贵的鱼送给她,以显示自己是个捕鱼能手和有谋生能力的男子汉。姑娘如果将这条鱼接过去烹饪成美味佳肴回赠给他,那就表明姑娘同意小伙子求婚了。

在南美洲的马怀安族中,往往是姑娘向小伙子求婚。姑娘看到自己爱慕的小伙子在田里劳动,便不声不响地走上去靠近小伙子身边,帮助他耕作,若是小伙子不离开她,那就意味着,他们情投意合了。

在尼日利亚东北的伊博族中,当一个小伙子爱上一位姑娘,前去求婚时,女方的亲属会手持木棒相迎,毫不客气地将这位男青年痛打一顿。如果这位青年经受不了这番棒击,就说明婚后不能应付可能会遇到的种种不幸,姑娘也就不愿意和这位青年结婚了。

在现代社会中,求婚方式也变得花样翻新,有的尤为独特。北京女孩婷婷和男友相约丰联广场大屏幕下见面,当婷婷刚刚走到大屏幕下,大屏幕上竟传出了男友叫她的声音,接着是一大段爱情告白和求婚表达。伴随着《今天你要嫁给我》的乐声,屏幕上播放出她和男友的一张张甜蜜合影。求婚视频播放将结束时,男友从广场一边缓步走上来,期待着婷婷点头应允。婷婷好不感动,接过男友鲜花,与他紧紧相拥。商厦为年轻人求婚提供了服务,遂产生了这段浪漫、温馨的求婚故事。

英国男子布莱恩约女友凯莉前往当地一家影院观看大片《阿凡达》。电影开场后,凯莉惊讶地看到银幕上播放的竟是男友与数十名亲朋自拍的"求婚大片"。屏幕上当男友和凯莉的小学同学唱完《完美的一天》,影院内的观众摘下立体眼镜向她欢呼。凯莉这才认出,"观众"们全是她所熟悉的亲朋。这时男友在众人围观中,拿出钻戒向凯丽求婚,凯莉顿时感动得热泪盈眶。据悉,布莱恩与凯莉商定在2011年举办婚礼,而他们也将把这部"求婚大片"永久珍藏。

更为轰动的是,一名澳大利亚男子为向女友求婚,使用飞机在悉尼上空写下"嫁给我吧,莎莉"一行字。起初,人们还以为是飞机做空中表演,可随着一个个字母的出现,大家发现,这竟是一次从未见过的空中求婚行动。起初,飞机先是在空中写出了"Marry M Sally",中间的单词 Me,男子忘掉了字母 e,飞机重新飞回字母云中间,在字母 M 后面,加上了字母 e。一片完整的求爱云出现在悉尼上空:Marry Me Sally。在场的所有游客被这一举动所震撼,惊叹该男子的浪漫求婚创意。

17. 嫁娶之怪

男婚女配是社会生活中的正常事情。然而在大千世界中，竟还会有如此匪夷所思的婚嫁！

在尼泊尔的一些地方，女孩子在5至10岁期间，按习俗要先与贝尔树的果实举行婚礼，据说这是对神的终身信仰。当然，这次婚礼是一次假婚礼。

印度甘贾姆的森德拉族少女，年满12岁，只要尚属未婚，就要和太阳结婚。少女盛装打扮，和水桶里的太阳倒影举行结婚仪式。从这以后，她就被当作一个成年的已婚妇女看待。在印度有些地方，新娘家必须付出一笔极高的陪嫁费。一些贫困人家为了不致因嫁女儿弄得倾家荡产，往往把女儿先嫁给一束鲜花。在为女儿和鲜花举行婚礼仪式后，把鲜花抛入井里。这样做象征着丈夫已经死亡，女儿成了寡妇。以后就可按再婚的规矩把女儿嫁出，省去了一笔高昂的初婚费。

印度婚嫁趣闻一直不断，最新的报道是，一名5岁男孩按习俗与小狗举行了婚礼，以保平安。印度东部恰尔肯德邦一名叫罗宾的小伙子，为帮助母亲摆脱所谓的诅咒，迎娶了一座大山为妻。起因是其母爬村边的拉克西米山时，不慎跌伤，夜间梦到女山神。女山神提出要嫁给他的儿子。当母亲要求儿子为她圆梦时，罗宾答应了母亲的要求。举办婚礼那天，拉克西米山被村民装饰一番。罗宾身穿新郎装，在山顶献上花环并亲吻山石。

近年来，奇特的婚嫁还发生在不少地方。美国俄勒冈州有一位叫汤森的女演员，现年28岁。在经历数次恋情后，她发现这个世界只有自己能为自己负责并创造幸福，于是决定自己"嫁"自己。举行"婚礼"那天，汤森身披白色婚纱，自己给自己戴上结婚戒指，然后独自切开结婚蛋糕，来宾也献上他们的贺礼。这的确是个标准的婚礼，只是没有新郎。

美国旧金山36岁的退伍女兵艾丽卡，爱上了巴黎埃菲尔铁塔。2007年，她居然远赴巴黎，在友人的见证下与这座铁塔"举行婚礼"，并改姓"埃菲尔"。埃菲尔说："他（埃菲尔铁塔）的结构让人着迷，身材十分精致。"

有社会学家对此指出，现代社会人际关系经营不易，有人转而向物品寻求满足，形成了与物品大谈"恋爱"的恋物癖。几年前，一名韩国宅男的新娘子让人目瞪口呆，他娶回家的竟然是一个与真人差不多高的抱枕！这名韩国人名叫李真奎，现年28岁。他的"新娘子"没有脸，抱枕的一头印着漫画《魔法少女》中的奈叶。李真奎的朋友说他已经完全痴迷于这个抱枕，不管走到哪里都会带上它。

18. 婚礼与磨难

通常在婚礼仪式上,新郎、新娘满面春风,接受家人和来宾的祝福。而在世界上一些地方,婚礼却不是这样进行的。

在锡金,小伙子要想成为新郎,先要到女方家中干活,经过观察、考验,女方家人满意了,才算取得做新郎的资格。在结婚时男子还要在女方家中住一年,一年期限将满时,女方家人要用棘鞭抽打新郎,让他尝一尝皮肉之苦。

圭亚那土著民族的青年男女,在结婚前先要经受一次婚试的考验,方法是将一对情人装进一个盛满荆棘的大麻袋里,放置一昼夜。人在麻袋里稍一动弹,就会被荆棘刺痛。尝过这番苦头后,证明了他们对爱情的坚贞,家长就可为他们操办婚事了。

在坦桑尼亚的马萨伊族,年轻小伙子必须杀死一头猛兽,或是到有鳄鱼的河中游泳,成为本部族最勇敢的人,才准许结婚。马萨伊族的妇女认为,只有找一个勇敢的男子,才能在遇到危险时得到保护。

中北美的伦斯加族人结婚,新人在庙堂举行仪式后,手拉手走过闹市。这时街道两旁围观的人,都纷纷对他们唾骂,新郎和新娘对此不但不恼,还会含笑而去。当地人认为结婚时得到唾骂可以驱邪。

在巴西的达毕力,结婚这天新娘一早就钻到大森林里去,新郎要在树丛中寻觅新娘的踪迹,一个躲,一个追,两人在丛林中捉迷藏。直到新郎把新娘捉住后,才能回到新房中共行大礼。

爱斯基摩人结婚,依照习俗男子去迎亲时要把新娘从房中抢出。虽然男女相爱,但新娘在新郎动手时也会拼命挣扎,甚至踢、咬。冬季住的雪屋内低外高,门户狭窄,新郎知道不容易把新娘拖出,往往不敢动手,而在屋外冰地挨冻。新娘在被打动芳心后,会自己从家中走出。

在肯尼亚的吉库尤族,男女青年结婚要经过求婚、提亲、送聘礼、签婚约、抢亲等过程。抢亲是在一切准备就绪后,男方父母邀请亲族聚会,择定喜期,并对姑娘保密。男方姐妹负责窥探姑娘行踪。喜日当天,新郎先要和伴郎们把新娘抓住,由新郎笑着背往家中。姑娘被捉后必须挣扎反抗,大声哭叫。人们听到这种悲欢交织的响动,就知道有人抢亲了。

在现代婚礼仪式上,也会出现"磨难"。泰国旅游部门策划的趣味婚礼上,就包括经历巨大花球压身、空中飞人避险、躲避海盗追杀等内容。热衷参加这种婚仪的新人表示,只有经历种种"磨难",才能彼此深爱,永结同心。

19. 婚礼仪式趣味多多

男女结婚通常会有个仪式。世界各地的婚礼仪式千奇百怪,有的尤其情趣十足。

印度人举行婚礼时,新婚夫妇的手要叠在一起,让人们用绳子缚住,象征他们将长久生活在一起。日本人在婚宴上,新婚夫妇要交换酒杯9次,寓意他们将久远地生活在一起。

吉卜赛人举行婚礼时,新郎新娘要用一把匕首在各自左手腕上划个交叉的口子。此时,部族头人立即把他们流着鲜血的手腕贴在一起,象征着爱情融合。

南太平洋安达曼岛的人,举行婚礼仪式时要燃烧火炬,意味着希望之火能照耀婚后的生活道路,驱走妖魔和黑暗。德国乡村至今保留着一种古老的婚礼仪式,新郎新娘要齐心协力把一根粗大的圆木当众锯断,以表示婚后一心一意,共同克服漫长的生活道路上遇到的种种艰难。

在非洲西部的桑吉卡部落的婚礼上,人们会送给新婚夫妇一个"球状物",它象征着婚后生活"圆圆满满"。在印度尼西亚爪哇岛的婚礼上,新娘要为新郎洗脚,这表示她将伺候他一辈子。

意大利罗马人的婚礼也很奇特,人们要把新娘拴在母亲膝盖上,表示让她记住母亲的养育之恩。缅甸人举行婚礼时,老人要为新娘扎耳朵眼。扎的时候,新娘感到疼痛难忍就放声大叫。这时乐队大奏乐曲,鼓乐声震耳欲聋,会完全淹没新娘的叫声。

在格陵兰岛上,当地人举办婚礼沿用洞穴人的方式:新郎走进新娘家,揪着新娘的头发,把她拖到教堂。在太平洋的库克群岛,按照传统,新娘走出家门,岛上男青年要脸朝下俯伏在地,组成"人毯",由新娘踩过,走向教堂。

也门人举行隆重的婚礼要延续三天。非洲摩洛哥和突尼斯人的结婚庆典也要连续几日,酒宴举行多次,费用巨大。而最简单的结婚仪式出现在南太平洋小岛上尼格利陀人的婚礼上。在那里,新郎新娘来到村长跟前,村长抓住他俩的头,相互碰撞几下,结婚仪式即告结束。

印度尼西亚的达雅克岛上的人成亲,要举行两次正式的婚礼仪式。第一次为宗教仪式,新郎新娘坐在铜锣上,部族头人握住新人的右手,用沾有畜血的木屑为他们祈祷;第二次仪式按当地习俗举行,先是举行歌舞狂欢,高潮后客人纷纷登小船准备离去,这时新郎新娘及家人便往客人身上泼水,让客人成为"落汤鸡",以此相互祝福吉祥、平安。

20. 海外婚俗与食品

食物和婚礼密不可分,在世界许多地方,出现在婚礼上的食品是大有讲究的。

墨西哥吉卜赛人举行婚礼时,由族中头人分别给新郎、新娘吃一口拌了盐和酒的面包。这意味着只要世界上存在盐和面包,这对夫妇就永不分离。

尼泊尔中部的古兰基人,当男子看中一个姑娘,就请两位好朋友扛着装有酸牛奶的大钵到女方家去求婚。如果女方父母同意这门婚事,就会把一枚硬币投放在大钵酸奶中。举办婚礼时,新娘的父母还要捧着那个酸奶大钵围着新郎绕三圈。

非洲刚果的男青年在求婚时,要把一只烤熟的鸟送到姑娘面前,意思就是:我能干,它是我亲手打下来的。姑娘如果同意婚事,就回赠玉米饼,它的含义是:我勤劳,它是我种出来的。

在塞尔维亚中部地区,男子到女方家求婚,主人请其品尝咖啡。如果是甜的,就意味着同意了这门婚事;如果是苦的,就请你到别家去恳求为婿吧。

巴西中部的印第安人,是由姑娘拉开恋爱序幕的。她做好一种美味点心,放在铁锅中。意中人路过家门时,就把锅亲手端给他。小伙子如果接受求爱,就把凝结了姑娘情意的点心吃尽,次日将空锅交还女方;若不愿意,则让亲属把点心和锅原封不动地送回。

巴基斯坦的一些地区,至今保持着一个古老的传统:将要过门的新娘,要亲手为夫家发制一块面团,这块面团要大到可做一个 20 公斤重的面包。如果这个面团发酵不起来,男方就可理直气壮地提出退婚。

法国一些农村姑娘,在结婚那天,要偷偷地拿几个鸡蛋藏在衣裤中。当新郎陪新娘步入洞房时,新娘故意跌倒,把鸡蛋碰破,以象征能生儿育女。

希腊有些地方,当新娘跨入婆家房门时,先把一把蜂蜜抹在门框上,然后对准它投一个熟透的石榴。如果石榴爆开,有籽粘在蜂蜜上,就象征着她能生育子女,会使婆家大为欢喜。

坦桑尼亚的津古阿族人,有姑娘相中小伙子后,男方的父亲要带上 7 只鸡,其中 3 只是宰好的,4 只是活的,送到女方家中,以示吉利。接着男方的母亲把一桶玉米面或高粱米面送到女方家中,让女方在举办婚礼时款待客人。随后由女家请亲戚送男方半桶蜂蜜,供男方家酿制喜酒所用。

马来半岛上的萨曼族在举行婚礼时,婚宴十分简单:既不备酒,也不上菜,端到餐桌上的只有米饭。此地的婚宴是亲友们相聚进行社交的好地方。新郎、新娘也坐在宾客之中,一起分享盛在香蕉叶上的喷香米饭,尽情说笑聊天。

21. 离婚搜奇录

结婚、离婚都是社会生活中的正常事情。在世界各地,结婚有不同的习俗,离婚也有着不少奇事。

男女之间按照法定手续解除婚姻关系,谓之离婚。世界之大,离婚的原因也多种多样。一位爱狗胜妻的丈夫,在睡觉时也要宠犬伏在身边,妻子难以在狗叫声中过夜,愤而提出离婚。英国一对球迷夫妇分道扬镳,原因在于他们所拥戴的球队不同。在美国的一宗离婚案中,引起家庭失和的第三者不是情人,仅是早餐中一盘烤得不够熟的香肠。

在英国布莱顿市,一个叫哈利·碧威的老汉,1985 年时已达 107 岁,他单身度过了接近一个世纪的生涯,直到他 92 岁那年,才与一个 58 岁的老妇露丝结婚。可惜这段婚姻只维持了 9 年,在他 101 岁时宣告离婚,成为世界上最老的离婚者。

在瑞典、挪威等北欧国家,夫妻双方同意离婚,法庭允许他们先分居一年或一年半,到时和好,仍是夫妻;如果依旧不好,准许离婚。在有些地方离婚手续则简便得多:锡兰男子只要写"我们离婚了"几个字给妻子,他们的姻缘就算了结。在尼泊尔的一些地区,女子想对自己男人提出离婚,只需在菜盘中放一只甜酱果子,即为断绝夫妻关系。非洲巴比拉族男子想同妻子离婚,只要头天晚上在一个小坛子里放满油,再放上根手杖就行了。而在非洲的某些地区,离婚又不是简单的事情。卡拉莫贾族人履行离婚手续时,女方须躺地,男方手执葫芦瓢往女方背上泼清水"净身",接着女方家长退还聘金,男方还其公牛一条,女方父亲当众将牛杀死,掏出大肠里的牛粪糊在女儿身上,就此男女分手。塔兰西族人,丈夫想离婚,必须在妻子熟睡时借友人之手,巧妙地将妻子所住的小屋盗运到 16 公里之外,这实在是难度较大的离婚。

目前世界上只有几个国家不准许离婚。在美国,离婚虽很盛行,但在南卡罗来纳州是禁止离婚的。据材料统计,美国离婚案每年高达 120 万宗,得克萨斯州达拉斯市离婚率是世界最高的,达到 8.4‰。该市还发明了"集体离婚",以举手示意的办法,法官一次就为 54 对夫妻办理了离婚"手续"。随着离婚案逐年增加,在美国为方便离婚者,不但有人创办了名为《离婚》的杂志,还有人经营了一种流动律师车,站在街上就可完成离婚交割。美国运动员丽达与即将分手的配偶及律师三人,是在空中跳伞后签字而办妥了离婚手续的。在美国洛杉矶还出现一种离婚典礼,四壁挂着黑幕,以灰纸印发请柬,订制了栗色巧克力大蛋糕和各种黑颜色食品。典礼高潮时放映结婚时拍的纪录片,仪式通常是由离婚双方撕毁结婚契约而结束。

22. 奋勇救亲

在现实生活中也常有危险的事情发生。面对亲人要受到凶猛动物的伤害,有人会不顾一切冲上去搭救,这就是亲情。

十几年前,印度东部有一对父子在海边捕鱼。凌晨起了大雾,正在岸上的青年达姆听到身后有响动,他回头一看,一只老虎扑倒了他的父亲。达姆此时两手空空,情急之下,他从地上抓起一大把泥土,用力抛向老虎。泥土正好糊住老虎的双眼。老虎松开爪子,忙于清理眼睛。达姆趁机拉着父亲上船离开。老人的脖子和右臂被虎抓伤,送到医院后得到及时救治。

2007年,巴西66岁的老人佩雷拉照看8岁的孙子小佩雷拉玩耍。孩子跑到一条小溪旁,突然遭到一条长5米、重35公斤的大蟒蛇袭击。蟒蛇把孩子扑倒在地,撕咬他,开始缠绕他的脖子。佩雷拉听到孙子叫喊,冲过去,用匕首和石块与蟒蛇展开搏斗,在老人拼死攻击下,半个小时后,大蟒蛇终于放开了孩子。老人把孙子送到医院,胸部缝了21针,幸无大碍。

13年前,美国康涅狄格州的一名妇女领着几名儿童在林中游玩。突然树丛中蹿出一只浣熊,咬住了一名5岁孩童。这名妇女见状,奋不顾身扑到浣熊身上,拼命抓浣熊眼睛,掐浣熊的脖子,在随后激烈的搏斗中,她竟然掐得浣熊停止了呼吸。附近有人闻讯赶来,把她们送往医院,进行救治,并注射了狂犬病疫苗。

2008年,在加拿大魁北克西北部的伊武吉维克,41岁的母亲莉迪亚带着两个儿子外出散步。在浏览风景之际,莉迪亚忽然听到尖叫,她扭头一看,一只约700磅重的北极熊出现在她7岁的小儿子面前,并向他张开了大嘴。母亲来不及多想,冲到熊和儿子中间,朝着北极熊又踢又打。北极熊一掌打在她的脸上,将她击倒,扑到她身上。莉迪亚毫不示弱,像骑车一样双脚拼命向上蹬踹。邻居闻讯携枪赶来把她救下,经医生诊治,这位母亲只受了些轻伤。

鳄鱼伤人的事多有发生。2009年,位于印度尼西亚苏门答腊岛的穆库特村,50岁的妇女罗希玛在家里听到女儿尖叫,出门一看,一条5米多长的鳄鱼咬住了在河边洗澡的女儿的一条腿,并试图将她拖走。罗希玛毫无畏惧地跳入水中,扑到鳄鱼背上,双手抓住鳄鱼上下颚,用尽力气让它松口。在僵持了很久后,母亲竟然硬生生地掰开了鳄鱼的血盆大口,把女儿夺了回来。鳄鱼显然被罗希玛吓住了,赶紧溜开。母亲把女儿送到医院,在伤口处缝了至少50针。

23. 产婴奇闻

在大千世界,有些婴儿的降生是非常意外的。

1977 年,日本一位 24 岁的孕妇在时速 60 公里的火车里上厕所,没想到她早产下一个婴儿。当时,她怀孕才 7 个月。这婴儿落在火车轨道上,5 小时后被人发现,送进东京一家医院救护,在保育箱里幸运地活了下来。

1981 年夏天,一位住在贝鲁特的临产孕妇遭到空袭杀害。一颗炮弹爆炸后,她的肚子被剖开,惨死在瓦砾中。而待产的胎儿仍包在胎盘中,抛在离她几米远的地方,人们很快发现了这个婴儿并把他救活了。

1986 年,住在秘鲁首都利马市贫民区的孕妇莫伊斯,上厕所时,突然腹痛。不一会儿,一个 3.4 公斤的婴儿诞生,掉进了 3 米深的粪坑里。在消防员的协助下,孩子获救。当地报纸报道说,这种事不仅罕见,而且是个奇迹。

1989 年,厄瓜多尔 22 岁妇女黛安因窒息致死。正当哀伤的亲朋在坟地看着她的棺材下葬时,抬棺材的工人听到棺内有婴儿哭声,开棺查看,发现一男婴躺在已逝世母亲的脚旁。送葬朋友中一位医生给孩子剪断脐带并送往医院,经检查,婴儿情况良好。

1991 年,在英国达特福德,27 岁的班妮丝虽然怀孕,却很有兴致地坐在游乐场旋转轮上。在轮体剧烈的旋转中,班妮丝突然感到腹部剧痛,她意识到自己的婴儿要降生了,不禁大叫起来。身旁也有女孩子为乘坐旋转轮感到刺激而尖叫,因此并没有人注意到班妮丝身上发生了什么事。班妮丝努力使自己镇定,当旋转轮停住,有人发现原来独自坐着的班妮丝,手上抱着一个婴儿。人们赶紧把这母婴送往医院,经检查她们的身体状况都很正常。

1994 年,德国 23 岁的跳伞爱好者琳娜在怀孕 8 个月时仍在跳伞。那天当她离开飞机身在千米高空时,突然感到分娩的阵痛,觉得胎儿的头部已冒出来。在此关键时刻,她总算还能拉开降落伞,一男婴顺利在空中降生,落地后母子平安。

鲜为人知的产婴奇闻可真不少哩。1991 年,意大利 26 岁的妇女詹娜产下一个重 56.7 克、长 7.5 厘米的男婴。令人惊奇的是这个足月且顺产的婴儿除了个头微小外,其他一切正常,健康而且活泼。护士要用眼药水瓶给他喂奶。1989 年 11 月 12 日,西班牙巴塞罗那 32 岁的母亲格洛丽亚生下一女婴,出生时重达 21.3 公斤,14 个月后,体重竟达 57.6 公斤,据世界产科纪录,她是当今世界最"巨型"的新生婴儿。世界上最高龄的产妇是印度老妇奥姆卡莉。她接受了人工授精,以 70 岁的高龄剖腹产下一对龙凤胎,刷新了 67 岁妇女产婴的纪录。

24. 动物中生活过的孩子

在世界一些地方，由于丢失、遗弃等原因，使一些孩子与动物同吃同住，生活了一段日子，成为悲惨的一页。目前已知的"兽孩"约有 100 个。

1761 年，匈牙利的几位猎人在一个高山深穴发现了一个女"熊孩"，六七岁，用四肢着地爬行，她当时正和几个小熊一起翻滚打闹作乐。猎人把她带回村子后，她总是试图逃开。

1920 年，在印度有人发现了一个住在豹穴里的"豹孩"，这是个男童。他约有 5 岁，由于与豹一起生活、爬行，手掌、脚步、脖子上都长了硬茧。他被带回村子三年后才学会走路，但不久以后便双眼失明。

在印度曾多次发现"狼孩"。1972 年，有人从狼窝抱回一个男孩，他大约 4 岁，只会四肢着地行走，回到人类社会仍是一副狼的本性。在回到人类社会八九年后，这个孩子的智力有较大恢复，也能讲简单话，但反应仍迟钝。

1975 年，人们在非洲撒哈拉沙漠里发现了一个"鹿孩"。这个男孩跑在鹿群里，四肢善爬，膝部坚硬，不会说话。人们把他带到城市，但他一直不愿学人站立走路。

1976 年，非洲布隆迪巡逻队在穿越一片大森林时，捉到一个和群猴嬉戏的"猴孩"。这个年约 8 岁的黑人孩子，爬树像猴子一样灵巧，用四肢行走。他不会说话，只会发出怪叫。后来，这个孩子被送进了孤儿院。

在非洲乌干达卢韦罗森林中，人们发现了一个和黑猩猩相伴的"猿孩"，行为动作完全像一只猩猩。小孩是男童，6 岁左右。他善嘶吼，无论是草或衣服，他拿起来就吃。

在巴西一个山林中，有人发现一个 3 岁大的孩子与狗相伴。小孩是男童，父母在他出生后，无暇照管他，将他和三只狗一起放在竹笼里。狗成了孩子仿效的对象，之后孩子总是耷拉着舌头，不会说话，只会发出狗叫。

2004 年，人们在俄罗斯西伯利亚阿尔泰地区的深山老林中发现了一个由狗养大的"狗孩"。男孩大约 7 岁，由于常年不接触人类，不会说话，爱向人龇牙，走路四肢着地，习性完全和狗一样。

在葡萄牙一个叫伊莎贝尔的小村庄，几年前人们发现了一个"鸡孩"。他是个男童，出生后因家贫，被放在鸡窝里，与鸡同吃同住，冬天靠鸡身暖体。医务人员把他带走，检查注意到，他发育异常，面部漠然而无表情。

25. 奇特的起名方式

名字是一个人的符号。每个婴儿出生后,一般都要由长辈给起个名字。

在我国古代相传,人的名字都是写在阎王爷生死簿上的,生死簿由判官掌管。簿上名字只要被笔一勾,此人也就从人世掉入阴间。人们怕被阎王的笔勾到,为混淆他的视线,就起一些极平凡而俗的名字,在生死簿上一翻一大片,让阎王不好落笔。于是,男婴叫石头、柱子、铜锁、铁蛋、虎子、狗剩、满屯、满仓等,文雅一些的叫顺子、福子、小宝等。女孩取名大俊、二丫、巧儿、凤儿……

在国外,给婴儿起名更有很多奇特的方式。

在印度苏门答腊西部小岛上生活的尼阿斯人,每当有婴儿降生,全村人都要集合在一起,共同讨论给新生儿取什么名字。当地人视婴儿取名为重要的问题,婴儿名字起重是大忌讳,集体商讨就是为了给婴儿取一个"没问题"的名字。

厄瓜多尔每年都要举行一次别开生面的儿童取名比赛。规定谁为孩子取名新奇而古怪,就能获冠军。因此,很多家长都在孩子出世后,搜索枯肠给他们的孩子取一些稀奇古怪的名字。如:"生命之火""稀世之宝""造船厂"等。在一次取名比赛中,一位家长想到当地足球队战胜了来访的足球强队,就给出生不久的孩子取名叫"2:1",一举夺得了取名比赛的冠军。

按照比利时的法律,父母是不能给子女随便取名字的,只能从一份拿破仑时代制定的1500个左右的名单上给孩子选择名字,因此比利时名字雷同者众多。后来该国制定了一条新法律草案,允许父母按自己意愿为孩子取名,但如取名不当,政府有权干预。如果有人要更改姓名,必须交纳200比利时法郎的"改名税"。

在巴拿马的圣布拉斯城,至今仍保持着一种有趣的风俗习惯:12岁以前的小女孩都没有名字,称呼她们的时候,无一例外叫"花"。女孩年满12岁以后,家长才为她们起下芳名。

一些非洲西海岸的人喜欢用名字表达对生活的感悟。母亲难产,给孩子取名"痛苦";出生时父亲醉酒与人争吵,孩子则得名"吵架"。肯尼亚境内的吉卜赛人给小孩起名的方法更为有趣。婴儿出生以后,由村上一位长者把婴儿抱向当风处,并在婴儿面前念诵婴儿祖先的一个个名字,直到婴儿在"风浴"中受凉打出喷嚏。婴儿打喷嚏时长者念到的祖先的名字,就成为婴儿的名字,这也叫"风浴"命名仪式。

26. 超级大家庭

　　一般家庭都有人数不多的几口人。但在世界一些地方,也有着人数众多的大家庭。

　　据记载,摩洛哥18世纪萨里菲恩王朝末代国王穆雷是历史上生育儿女人数最多的人。他总共生育了525个儿子、342个女儿。在《吉尼斯世界纪录大全》上,美国宾夕法尼亚州弗里伯格市96岁老翁圣马斯特于1992年去世时,曾拥有824名活着的后裔,包括11个儿女、97个孙辈、634个曾孙辈和82个玄孙辈。

　　2008年5月,已经生了17个孩子的美国妇女达格尔再次怀孕,为她一家设立的网站开始为家中的第18个孩子征集名字。这个孩子出生后,他有了7个姐姐和10个哥哥。由于儿女众多,这一家也创下了多项纪录。达格尔与丈夫结婚后,平均一年生一个孩子。家里有9个卫生间,孩子们的卧室设计如集体宿舍,650平方米的住处像个小型学校。达格尔的怀孕时间累计超过11年,孩子们使用过的尿布加起来约有9万片。报载,这家里的"超级妈妈"如今已生下20多个娃了。

　　在英国德文郡,103岁的商人乔治育有6个子女,第三代有31人,第四代有42人,第五代人又纷纷诞生。家族的几代人每年回到德文郡聚会一周。2004年有109人参加,2005年有112人赴约。聚会时,一家人租用了近20个海边小屋供家人使用,成员可以打高尔夫球,在海滩堆砌沙堡,尽情玩乐。2006年,老乔治参加了最后一次家庭聚会,他开心地说:"每年都能见到子孙的感觉真好,尤其是来到孩子们中间。"

　　英国纽卡斯尔市本威尔地区有位87岁的老太玛丽亚,她拥有117个直系后代,其中包括7个儿女、30个孙子、74个曾孙和6个玄孙。这位"超级祖母"儿孙如此之多,她却记得每个子孙的生日并按时寄送贺卡和礼物。如今玛丽亚每天的工作就是记忆后辈的名字和他们的居住地址。每年的圣诞节都让玛丽亚忙碌一番,因为她要寄出100多张圣诞贺卡。

　　在我国浙江丽水市丰源乡夏庄的一个院落里,百岁老人叶瑞福和他90岁的老伴吴招丹穿着唐装,接受100多个后辈及众多乡亲的祝贺。叶瑞福夫妇育有十儿一女,现子孙后代共有101人,其中最小的出生才3个多月。为贺老祖宗百岁大寿,分布各地的祖孙全都赶回丽水,连几个远在意大利等国外的晚辈也专程赶回到老家。

　　2010年3月6日,湖北巴东县百岁老人武道斌举办寿典。400个子女排队磕头为老人贺寿。从上午10点直至下午1点,老寿星接受一个个子孙的跪拜,不停地派发红包。武家当天,六代同堂,喜庆欢腾,不亦乐乎。

27.双胞胎之谜

人们有时在公共场所会看到个头、长相都酷似的双胞胎。

综合国内外统计，出生婴儿的1%—2%中会有一对双胞胎。产生的双胞胎又分两种类型：如果母亲一次排出两个卵子，分别受精，孕后生出的双胞胎，有可能是龙凤胎，即一男一女，当然也可能是姐妹俩或小哥俩；另一种类型是母亲只排出一个卵子，受精后分裂为二，成为双胞胎，这类双胞胎不会是龙凤胎，其同一性别的两个婴儿，体形、面容也更易趋向一致。

英国威姆斯福特市一位妇女，10年前生下一对女儿，姐姐名叫维丽，像母亲金发白皮肤，而叫卡伦的妹妹则像父亲黑发棕皮肤。医生说："此种罕见的异色双胞胎遗传率只有百万分之一。"

2007年5月，英国一对夫妇生下了一对体重相差一倍的"奇迹双胞胎"。弟弟詹姆斯生下来时，体重竟然只有孪生姐姐哈丽特体重的一半。令人欣慰的是，13个月后，这对"大小双胞胎"已经长成了同样大小的健康婴儿，如今"小不点"弟弟詹姆斯的体重已经快要赶上姐姐哈丽特了。

位于尼日利亚西南部的约鲁巴兰地区的伊博奥拉是一个乡村小镇，那里竖起的牌子上写着：双胞胎之地。长期以来，这里的双胞胎出生率居高不下，是全球平均水平的10倍，对此，当地居民说："我们常喝秋葵嫩荚浓汤，还吃很多的山药。我想这些饮食习惯产生了影响，使得我们多生双胞胎。"但是也有人对这种说法并不认同。

我国湖南常德石门县的白云乡鹤山村双胞胎的出生率之高同样惊人。54年间，出生了男双胞胎35对，女双胞胎41对，龙凤胎22对。鹤山村位于石门县海拔最高处，这里终年阳光充沛，空气清新。对当地双胞胎多产之谜，专家的解释是：某个家族和某两个家族在遗传方面，容易产生多胞胎和双胞胎，遗传基因是解释它的最有力的科学依据。

双胞胎之间不仅在长相上有神奇的相似，在行为上也有惊人的默契，甚至一个人想上厕所，另一个也坐不住；一个生病发烧，另一个体温也骤增……专家的解释是：双胞胎如果是同卵双生的，完全相同的基因决定了他们拥有相同的脑神经蛋白质结构。因此，如果后天所受的教育及家庭、生长环境一样，他们的智力水平、思维方式以及性格倾向将趋向一致，在思维活动中做出同样的选择是非常正常的，产生心灵感应、疼痛转移、情绪影响等问题也都不足为奇。

28. 生肖纵横谈

老师让小学生们猜个谜语:总共十二个,每人只能有一个。不少孩子一下子就猜到了,是生肖。

生肖是以十二种动物为名称的纪年方法。相传在远古时期,黄帝为了让人们适时耕种、休息,便想到让民众学会纪时。他准备挑选十二种动物作生肖,每年递换,然后轮回。天下动物们都想成为生肖中的一员,希望能让人类记住自己。动物很多,选谁不选谁,谁排前面谁排后面,要以赛跑评定。那时牛是跑得最快的,比赛开始后,有心计的小耗子一跃抓住牛尾,临近终点,又一跃以作弊夺得第一。三至十二名依次为虎、兔、龙、蛇、马、羊、猴、鸡、狗、猪。十二生肖就这样产生了。

这当然是个神话故事。其实早在 6000 年前,我国古人就发现太阳和月亮一年要交换十二次,便使用了"天干地支"纪年法。至于用十二生肖配合纪时,则是古代人民出于崇拜动物,对大自然中或活泼或凶悍或家养动物的一种崇拜情结。我国少数民族,如蒙古族、维吾尔族、藏族等,也都有自己民族的生肖,用以纪年。

中国有十二生肖,中国的一些周边国家也流行生肖。日本学者认为,日本的生肖文化是由中国传入的,传入年代在公元 8 世纪之前。越南的十二生肖风俗也是由中国传去的。在那里十二生肖无兔而有猫。据说这是由于当初翻译上的差错所致,因为"卯"与"猫"同音,卯兔被误为猫,以讹传讹至今。柬埔寨的十二生肖与中国相同,不过柬埔寨人排列生肖,以牛开头,将鼠排在最后。泰国以十二生肖纪年,生肖顺序蛇居首,龙收尾。

印度的生肖有鼠、牛、狮、兔、龙、蛇、马、羊、猴、金翅鸟、狗、猪,它直接来源于神话传说。生肖中有狮无虎,有金翅鸟无鸡,是印度与中国生肖的不同之处。印度佛教经籍《阿婆缚纱》中有诸神将各驾一动物的记载。

法国也有十二生肖。它们生年的肖像物是天文学上黄道带的十二个星座——摩羯、宝瓶、双鱼、白羊、金牛、双子、巨蟹、狮子、处女、天秤、天蝎、人马,依照月份排列。

墨西哥十二生肖动物中的虎、兔、龙、猴、狗、猪与中国生肖动物一样,而其余六种则与中国不同。

古埃及和古希腊的十二生肖大体一致:牧牛、山羊、狮、驴、蟹、蛇、犬、猫(古希腊生肖为鼠)、鳄、红鹤、猿、鹰。古巴比伦的十二生肖为猫、犬、蛇、蜣螂、驴、狮、公羊、公牛、隼、猴、鳄、红鹤。将古埃及、古巴比伦和古希腊的十二生肖进行对比,可以说三者大同小异。巴比伦生肖的引人注意之处,在于去除了蟹,以蜣螂,即屎壳郎为生肖。

29. 贵姓何来

我们每个人都有个姓氏。

我国最早的姓,起源于原始氏族的称号。上古三代,有姓有氏。从汉代开始,姓氏混而为一。母系氏族社会早于父系氏族社会,所以传说中的帝王,他们姓氏上大多有女字,如神农氏姓姜,黄帝姓姬,虞舜姓姚等。上古时,许多原始氏族有的以崇拜的兽为姓,如牛、马、羊、熊、骆等;有的以植物名称为姓,如杨、柳、松、柏、梅等;另有以国名为姓的,如齐、鲁、秦、吴、周、宋、郑等;有的以居住的地方为姓,如东郭、西门、南宫等;还有以官职为姓的,如司马、司空、司徒、上官,以及侯、帅、尉等;有以职业为姓的,如做陶器的人就姓陶,管仓库的人就姓仓,还有巫、卜等姓,原来也都是职业的名称;甚至连数字一至十、百、千万、亿、兆,也都有其姓。

在我国颇有影响的《百家姓》一书,曾用作启蒙课本。集姓氏为四言韵语,虽无文理,但很上口,便于诵读。此书编于宋初,编写者是五代十国时吴越的开国之君钱镠的后人,为了"尊国姓",以"赵"姓打头,"钱"居次席,"孙"是钱镠之孙钱弘俶的正妃之姓,因而列在第三,南唐后主李煜的"李"姓位于第四。"周""吴""郑""王"是钱镠的另四位嫔妃的姓氏。明代出了一部《皇明千家姓》,改为"朱"姓居首。清康熙年间又编出《御制百家姓》,把"孔"姓放在头名。

据中科院遗传发育研究所、华夏姓氏源流研究中心统计,我国历史上曾出现过的姓氏达 3500 个左右。100 个常见姓氏集中了全国人口的 87%,其中,占全国人口 1% 以上的姓氏有 19 个,历史上大约有一半人口一直集中在这 19 个同姓人群中。以人数由多渐少排列,《百家姓》新编序(2010 年)为:李、王、张、刘、陈、杨、赵、黄、周、吴、徐、孙、朱、马、胡、郭、林、何、高、梁、郑、罗、宋、谢、唐、韩、曹、许、邓、萧、冯、曾、程、蔡、彭、潘、袁、于、董、余、苏、叶、吕、魏、蒋、田、杜、丁、沈、姜、范、江、傅、钟、卢、汪、戴、崔、任、陆、廖、姚、方、金、邱、夏、谭、韦、贾、邹、石、熊、孟、秦、阎、薛、侯、雷、白、龙、段、郝、孔、邵、史、毛、常、万、顾、赖、武、康、贺、严、尹、钱、施、牛、洪、龚。

时至今日,全国最大的三个姓是李、王、张,分别占总人口的 7.9%、7.4% 和 7.1%。三大姓氏的总人口数达到 2.7 亿,是世界上最大的三个同姓人群。罕见姓氏是人口占总人口数十万分之一与万分之一之间的姓氏,共有 299 个。另外低于总人口十万分之一的为稀有姓氏,大约有 2800 个。在稀有姓氏中,色彩姓氏"橙"最为稀少,全国仅 23 人。

30. 古往今来说名字

名字是一个人的符号。每个人在户口本上都有个名字。

说起我们中国人的名字,原始社会的人只有一个字,称为名,最著名的人物如:尧、舜、禹等。进入了氏族社会后,产生了姓,于是有名有姓,名以单字为多。在我国东晋、南北朝时期,姓后的单字名向双字名过渡,许多人在单字后加了个"之"。如:王羲之、王献之、祖冲之等,以后叫双字名的人就多了起来。

名字不仅仅是一个人的符号,还是折射历史、区别地域的一面镜子。在封建社会,人们祈盼后辈能摆脱贫困,过上富裕的日子,男孩子多叫富、贵、福、荣等名字;为使女性守妇道,遵从三从四德,名字多取淑、贤、秀、媛等。在科举制度盛行的年代,家长们喜欢用登科、应魁等为孩子命名,期望他们博取功名。中华人民共和国成立后,很多男孩子取名建国、国庆;抗美援朝时期出生的人,有不少取名援朝。20世纪六七十年代,起名紧跟政治风尚,军、革、卫等在男名中多见,红、英、梅等为女子喜用。

改革开放后,国人姓名用字呈现了多样化。起单字名又时髦起来,伟、清、颖、静等重名大量出现。叠字如娜娜、佳佳、丽丽等十分走俏。后来,从名字上辨不出男女的"中性"名如:子怡、子涵、晨、研、畅等也开始受宠。

近年来,用单姓自造复姓,或用父母姓起个四字名字,叫起来新颖,还能降低重名率,已经被不少家庭采用。而选用生僻字为孩子取名,却不值得提倡,一方面笔画太多会造成拼写不便,另一方面用谁也不认识的冷怪字,别人叫不出,也会给孩子带来诸多麻烦。随着网络兴起,如今一些不合常规的名字也冒了出来,如给孩子取名王@、刘C等。然而取这样的怪名,办理身份证、银行业务、入学升学以及护照等都会因电脑无法显示姓名办不下来,使家人着急上火。所以家长还是要巧用心思取名,有的可借用姓氏的谐音、笔画,以常见字为孩子起一个响亮而雅致、脱俗又大气的名字,它将伴随着孩子走完一生。

我们的取名说来话长,而外国人在取名字时也有不少故事。坦桑尼亚人取名不拘一格,"肥皂""打火机""没关系""再见吧"都是人名。有个人出生时父亲工作不理想,就得名叫"坏工作"。日本一位男子走进东京法院,起诉户籍登记处工作人员拒绝他用"魔鬼"一词给他的新生儿登记名字。登记处的工作人员认为"魔鬼"二字不雅,对小孩子成长不利,而这个父亲却认为他起名起得很有新意。双方争执不下,最终只好听候法院裁决。

31. 地名之奇与改名

城市、街道、村落的名称是社会生活的反映。

在挪威有一个城市的名字只有一个"A"字；而在法国，有一个城市的名字是由一个大写"O"字母和一个小写"o"字母组成，名字叫"Oo"城。这两个城市是世界上名字最简单的城市。

在土耳其北部的黑海地区，有很多村子沿用着古怪的名字，村民常因自己的村名被人取笑。其中以宗古达克与艾瑞立地区的名字最古怪，例如："大拖车女村""死人村""穿裙子村""大腿村""超级大腿村""秃头村""不乱踩草皮村""地鼠村""豺狼村""疯法官村"等，都是当地村子的名称。宗古达克地区的"疯子村"村长表示，由于经常受到外界的取笑和嘲讽，村民已集体请愿，希望省府尽快同意他们更改村名。该村的村民经过热烈讨论，已把村名暂时改为"小泉村"，因为村里有一个泉水形成的小池塘。据说，"疯子阿美特村"已由地方省议会审查同意并改名为"欢悦村"。

老北京以前也有不少胡同名字逆耳或不雅，辛亥革命和中华人民共和国成立后改用新名，如"棺材胡同"谐音改为"光彩胡同"；"猪巴巴(巴即粪)胡同"改为"珠八宝胡同"；"屎壳郎胡同"改为"时刻亮胡同"；"小猪圈胡同"改为"小珠帘胡同"等，念着响亮，字面上也美观。

最近，英国一个关于新街道名称的调查显示，越来越多的街道新名称体现出当地政府部门对环境、卫生、安全和社会多元化等时代元素的重视。如今英国新街道名更为注重突显时代特色和国际影响。比如，取自《京都议定书》的"京都步行街"体现的是环境友好型；"环保路"以及"可持续路"也体现出环保和可持续发展的理念；萨顿市的"瑜伽路"体现了健康创意；布伦特市一条路被命名为"欧元路"，则体现出金融市场的变化。

2010年4月7日，日本鸟取县米子机场宣布，该机场从4月末开始将改名为"米子鬼太郎空港"。当地人当日便迫不及待地在机场候机厅前拉起了写有"鬼太郎空港"的横幅来欢迎新名。有当地人表示，"这里将是世界上唯一取妖怪名的机场"。米子市是日本著名漫画《咯咯咯的鬼太郎》作者水木茂的出生地。"鬼太郎"是该作者作品的主人公，是一个很有个性的妖怪，在日本家喻户晓。在为机场定名之前，静冈市已先后开通了"鬼太郎列车"以及"鬼太郎渡船"。城内还有一条街道号称"鬼怪一条街"，里面摆放着100多座形态各异的妖怪雕像，在这条街上吃饭要去"鬼太郎茶屋"，饮料要点"妖怪汁"，守卫游客安全的则是"鬼太郎派出所"。机场改名，正是考虑到当地"妖怪"文化底蕴，以便吸引更多的游客。

32. 品赏国花

有的国家把国内特别著名又受民众喜爱的花选为国花。

在我国，其实早就有国花了。自唐朝开始至清代，都沿用雍容高雅的牡丹为国花。辛亥革命后国花改为梅花，梅花分五瓣，有汉、满、蒙、回、藏五族共和之意。中华人民共和国成立后，人们一直期待着新国花的诞生。在20世纪90年代，我国各地进行了国花推选，各地提出了梅花、牡丹、月季花、杜鹃花等一些名花。

据统计，目前世界上已选出国花的国家不下70个。在亚洲，朝鲜的国花是金达莱。印度和菲律宾是茉莉花。泰国的国花是睡莲，睡莲又称金莲、子午花，花有红、黄、蓝、白等色，叶片中带红，浮于水面，有睡美人之称。新加坡的国花是兰花，兰花常年盛开，姿色极为高贵美丽。日本的国花是人们熟知的樱花，每当春季到来，白色或粉红色的樱花便漫山遍野、大街小巷盛开。

非洲坦桑尼亚的国花是丁香。利比里亚的国花是热带兰。阿根廷的国花是赛波花，赛波花树开放时，远处望去如团团红霞，近看又像缀满珊瑚，花瓣晶莹秀美。智利国花是红铃兰。哥斯达黎加的国花是卡特兰。墨西哥的仙人掌非常著名，但该国的国花却是大丽菊。1963年，墨西哥总统阿多尔福宣布大丽菊为墨西哥国花。从那年开始，每年9月在墨西哥城举办规模盛大的国花展览。

同一种花卉，被两个或两个以上国家选定为国花的并不鲜见。英国和保加利亚的国花均为红玫瑰，芬兰和瑞典的国花是铃兰。有趣的是一株铃兰的叶子通常只有两片，花色金黄，有异香，其形状很像吊钟花。秘鲁和苏联的国花为向日葵。以郁金香为国花的国家居然有4个，即荷兰、土耳其、匈牙利和伊朗。法国的国花是两种花卉，一种是百合，一种为马兰。在欧洲其他国家中，意大利的国花是雏菊，德国的国花为矢车菊。雏菊矮小，花有红、黄、白等色，气味芬芳，惹人喜爱；矢车菊又称蓝芙蓉，管状花朵，有紫、蓝、淡红、黄、白等色，以紫蓝色花为名贵。

在英伦三岛上，苏格兰的国花是带刺的兰刺头。相传当年罗马人侵犯苏格兰，发动夜袭。有个罗马人一脚踏到兰刺头上，由于疼痛难忍而大叫起来。苏格兰士兵被这突如其来的叫声惊醒，起身投入战斗，一举歼灭了罗马人。其貌不扬的"兰刺头"在保卫苏格兰的战斗中起了特殊作用，苏格兰人对它怀有特殊感情，因此把它选为国花。

33. 品知国菜

"国菜",可以理解为它是该国非常著名的一道菜,民众喜做爱吃,并被放上国宴用以招待宾朋的佳肴。

我国的饮食文化博大精深,按地域分为四大菜系或八大菜系。清代时创制出"满汉全席",中华人民共和国成立时曾推出"开国第一宴"。摆上宴席的菜肴琳琅满目,色香味形俱佳,要想选出一道菜作为我们的国菜,还真是不容易哩。

日本的国菜是生鱼片。日本人吃鱼有生、熟、干、腌等多种吃法,而以生鱼片最为名贵。国宴或平民请客以请吃生鱼片为最高礼节。一般的生鱼片以金枪鱼、加吉鱼、比目鱼、鲈鱼配制,最高档的是金枪鱼生鱼片。鱼片切成细薄片后悦目爽口,蘸作料细细品嚼,让人吃了一次便想吃第二次。

乌干达的国菜是香蕉饭。乌干达人待客离不开香蕉,客人入席后先敬上一杯鲜美的香蕉汁,再端上烤得焦黄的香蕉点心。正餐吃一种叫"马托基"的香蕉饭。这被誉为"世界上最好吃的饭",是乌干达国宴上的主菜。原料为一种不甜的香蕉果肉,捣成泥状后蒸熟拌入红豆汁、花生酱、红烧鸡块、咖喱牛肉等,鲜香味美,好吃不腻。

巴西的国菜是烩豆。黑豆是巴西食谱中居首位的主食,大多数巴西人每天至少吃一顿黑豆饭。名为"烩豆"的巴西国菜,其主料是猪蹄、杂碎等,放在砂锅内与黑豆同炖,讲究火候。其营养丰富,味道鲜美,人人爱吃。

法国的国菜是鹅肝酱和蜗牛。制造鹅肝酱是法国厨师的绝活。在宴席上吃到含有大块鹅肝的鹅肝酱,并配上收藏多年的葡萄酒,被认为是极好的享受。而吃到炮制得有滋有味的蜗牛也是一大美事。烹制时厨师先把蜗牛肉和壳分离,用白兰地、牛油、蕃茜等调料帮蜗牛肉入味"装身",烤制后再放回蜗牛壳上桌。食之鲜美爽口,使人回味。

德国的国菜是香肠及火腿。在德国,著名大菜都离不开猪肉制品。该国的香肠种类可达 1500 种以上,最有名的"黑森林火腿"行销世界各地。德国的国菜就是在酸卷心菜上铺满各式香肠和火腿,喝着啤酒开心享用。

葡萄牙的国菜是鳕鱼干。鳕鱼干在葡萄牙称"马介休",味道较咸,有油煎、烧、烤、煮等多种烹制方法。著名的"马介休球"制作相当复杂,先将鱼片浸泡、切片、搅拌成鱼浆,再与洋葱、香菜、蛋黄、胡椒、土豆等一起煮熟搅匀,捏成丸子后煎炸,吃起来鲜香味醇,让人胃口大开。

34. 庆贺丰收的果菜节

在国外有不少专门庆祝水果、蔬菜丰收的盛大节日哩。

每年8月中旬,在泰国北部的南奔城都要欢庆"龙眼节"。龙眼节当日,先进行彩车游行。在一辆辆用鲜花、彩绸和龙眼果实与枝叶装饰的彩车上,端坐着一位位身穿艳丽民族服装的妙龄女子。她们手捧银盘,盘内盛满参加评比的龙眼。街道两旁挤满了盛装的男女老少。按龙眼节传统,游行后要评选出一名彩车上的"龙眼小姐",这个称号不仅表明她的美丽与勤劳,同时肯定了她手捧龙眼的丰硕。每一次龙眼节庆祝活动,都是一次盛大的龙眼展销会。

瑞士的韦维市在一个葡萄大丰收的年度,曾筹款修建广场等设施,邀请5000名艺术家参加庆祝活动。从这一次起,韦维市有了"葡萄节",以后年年举办欢庆活动。活动从游行开始,在广场中心由扮饰的酿酒之神巴考士、勤劳女神赛丽丝给优秀种植者佩戴镀金桂冠,然后举行盛大音乐会,整个欢庆活动长达两周。

每年11月第四周的星期一,是瑞士首都伯尔尼的"洋葱节"。节日天还不亮,远近农民就携带洋葱及其他蔬菜水果赶到市中心广场,搭起一排排用洋葱装饰的售货亭,摆放出自能工巧匠之手雕刻的洋葱兔、洋葱猪、洋葱娃娃、洋葱手镯、洋葱项链等手工艺品。为欢庆洋葱节,当地机关、学校放假一天。人们一早都拥向广场,参加这一传统活动,品尝美味的洋葱馅饼和有浓郁洋葱气味的小吃、饮料。节日活动丰富多彩,在切洋葱比赛中,有位青年1小时挥刀切洋葱达17公斤以上。

加勒比海岛国巴巴多斯是著名的"甘蔗王国"。300多年前,当地种植园中的奴隶终年从事牛马般的劳动,只在甘蔗收割后的短短几天内,才能放松一下,歌舞欢庆。后来当地就形成了一年一度的"甘蔗节"。与一队载着甘蔗的牛车一起,一辆载着一个甘蔗皮做成的甘蔗人"哈丁先生"的牛车驶入榨甘蔗的院子。人们讲演、午餐、唱歌、跳舞,延续多日。在欢庆的高潮中,人们点燃了象征艰难时世的"哈丁先生"。当那一堆甘蔗皮化为灰烬,甘蔗节就宣告结束了。

美国加州有个叫基罗的小城,地处农区,生产大蒜。基罗市每年都举行一次蒜头及大蒜食品展销会,由此办成了"蒜头节"。在蒜头节盛会上,一排排蒜食摊上展出千滋百味的蒜食品,甚至连雪糕和爆米花也用大蒜调味。在蒜头节上还要选出"蒜头皇后",举行切蒜和编蒜辫比赛。一名中年妇女花费了16小时,用几千头蒜编出一条蒜辫,长达105英尺。

35. 情趣盎然的动物节

在一些国家,人们与动物友好相处,不仅喜爱动物,崇敬动物,还为动物过节哩。

乌鸦在尼泊尔是吉祥鸟,每年秋季的第一个月的 10 日是尼泊尔的"乌鸦节"。当日,尼泊尔首都加德满都的市民们向乌鸦膜拜,把炒米、饼干等食物撒在屋顶和空地上,呼唤乌鸦前来进食。

每年 6 月 30 日,西班牙的梅里达等地的居民要为鸡庆祝节日,称为"鸡节"。这一天,鸡舍洁净,四周装饰各种野花,鸡可以得到美食款待。有的人家还会把雄鸡打扮一番,抱到广场上举行斗鸡比赛。

每年的 6 月 7 日是印度尼西亚加里曼丹岛北部的"猴子节"。这天,当地居民全家进山,将事先准备好的水果、糕点等食物撒在猴子栖息地,供猴子享用。同行的还有当地乐团,乐手携带吹拉弹奏的乐器进山,为猴子演奏乐曲,以示庆祝。

每年 10 月的第二个星期天,是加拿大北极湾城、萨克港、里德艾兰等地的"狗节"。当日,狗不拉雪橇,放假休息。主人还要将狗梳洗打扮,颈上挂着彩色布绸编织的花束,身穿花衫,游走玩耍,并享受美味"狗肴"。

澳大利亚的羊毛产量居世界第一位,是个"牧羊王国"。每年 8 月 14 日,澳大利亚有不少地区欢庆"羊节"。当日早晨,牧民要燃放鞭炮,面向羊群讲一些祝贺羊只快乐的话,然后将羊群带到水草最丰盛处。羊节这天牧羊人不向羊儿挥鞭。

每年 4 月 30 日,是苏丹红海省一带的"驴节"。这一天,驴子不用劳作,而是披红挂彩,由主人牵引陪伴,到城镇参加游行、联欢活动。城镇普遍张贴驴像,出售驴形象的工艺品并举办农产品交易活动。

尼泊尔人视黄牛为"国兽",不准鞭打、宰杀,在公路上,车辆、行人遇牛都要让路。每年 8 月,尼泊尔全国民众还要为牛过"牛节",时间长达 8 天。节日期间,人们给牛戴上花环,披红挂绿,还在牛的额头上涂满象征吉祥的红粉。在鼓乐伴奏下,主人牵牛环城游行,沿途不断有人向牛献歌献舞。

每年农历十月初一,我国贵州的仡佬族人也给牛过"牛节"。相传这一天是牛的生日,为酬谢牛的功绩,这天要停止对耕牛的使役,让牛休息,喂食最好的饲料。还要用上好的糯米做两个糍粑,分挂两牛角上,牵牛到水边,让牛照见自己的影子高兴,然后取下糍粑喂牛,为牛祝寿。

每年的 3 月 1 日是美国的"全国爱猪日"。许多州的民众会走出家门,戴上五花八门的猪面具,举办化装舞会,宣传猪的可爱与聪明,并举办有猪参加的奔跑与跨越障碍比赛。

36. 救治动物

人们都听到过"动物是人类的朋友"这个口号。如今这个口号正被越来越多的人所认知，而且在不少地方践行着。

我国成都动物园的东北虎"京京"，由于笼养，指甲长得过长，嵌入肉中，走路一瘸一拐，脚掌不敢落地。兽医为它麻醉后，用修剪树枝的剪刀精心修剪它的指甲，帮它解除了痛苦。

在美国内华达州拉斯维加斯，有一只母野鸭被人用箭射穿。从此，它经常带着箭游泳、飞翔，喂养小野鸭。动物保护者在食物中加入麻醉剂，捕捉到这只野鸭，及时动手术拔出了这支箭，然后又把它放走了。

39岁的美国妇女帕梅拉朗佛，从电视节目中学会了呼吸急救法。不久，她见表姐养的一只乌鸦落水窒息，立即把乌鸦捞起，对着乌鸦嘴做人工呼吸，同时用手按摩乌鸦胸部，几分钟后，竟然救活了这只溺水乌鸦。

西班牙首都马德里的兽医发现，乳牛有了坏牙，会影响咀嚼，明显降低产奶量。于是兽医对乳牛进行了普查，把一只只乳牛的坏牙都拔掉，再镶上不锈钢假牙，这样乳牛就能香甜地进食了。

美国费城动物园一头名叫"尼罗"的狮子，得了皮肤病，美丽的头鬃都脱光了，成了个"秃瓢儿"，同笼的伙伴有些敌视它。管理人员根据动物心理学家的建议，给"尼罗"特制了一个人造鬃头套，"尼罗"戴上后，狮子间的关系便立刻融洽了。

美国印第安纳州波利斯市动物园，饲养了一头取名叫"库布华"的母象。据外科医生诊断，母象的脚患了急性病。为了治病，须给它穿上皮鞋。于是动物园工作人员为大象定做了一副特大号皮鞋，每只重达10公斤。

一只放养在斯洛伐克的非洲大羚羊受了重伤，一条腿不得不截肢。手术后，兽医为它装了一条假腿。这条假腿像天生的腿一样有用，使大羚羊奔跑毫无困难。它还能用这条假腿搔痒呢。

在耶路撒冷游览区，一条长3米的美洲鳄鱼被另一条鳄鱼咬伤了前腿。兽医用粗棍撬开伤鳄的嘴巴，向内灌麻药，然后清洗包扎伤口。抢救中伤鳄突然停止呼吸，兽医霍尔维兹连忙用自己的嘴对着鳄鱼嘴，进行了几分钟的人工呼吸，终于使鳄鱼脱离了危险。

在美国佛罗里达野生动物园，一只长3米的鳄鱼被一辆汽车撞伤头部，鳄鱼嘴巴松垂，3个月无法正常进食。兽医马德尔在诊断后为它进行面部整形。他在鳄鱼的眼睛两侧分别安装了金属板，以固定鼻梁骨骼，又在金属板上射入41个金属螺丝钉，用来连接头和嘴。经手术调养，这只"机械鳄鱼"的嘴巴已能正常咬合。

37. 护卫动物

地球是人和动物的共同家园。如今人类的活动和建设已越来越多地影响到动物的生存。为护卫动物,维持生态平衡,很多地方的各界人士和动物保护者行动起来了。

我国台湾素有"蝴蝶王国"之称。每年清明节前后都是紫斑蝶的"迁徙季",单日迁徙超过 100 万只,形成一条壮观的"半空蝶河"。然而,高速公路上的桥梁以及奔驰的车流,会对飞翔的蝴蝶形成障碍,造成伤害。为此,高速公路管理部门每逢紫斑蝶迁徙季节临近,便在重点路段架设防护网并暂时采取交通限行措施,帮助蝴蝶平安上路。

澳大利亚的布鲁拿岛,每年都有翅膀较短、难以飞行的鸟在地面上徒步迁徙。岛上修了公路后,这些鸟儿们仍按原路迁徙,即使喇叭声声,它们仍旧横穿马路。于是政府为鸟儿修了地下通道,并在交叉路口设立路标,要求司机减速、让路。

美国一条建于沼泽地带的峡谷公路上,每年春秋两季都有大批来历不明的毒蛇在公路上蜿蜒前进。为使毒蛇免遭碾压,当地政府部门发布通告,禁止车辆在这段时间行驶,让蛇安全通过。

在英国,温暖、潮湿的 3 月是蟾蜍迁徙的好时光,但成千上万只蟾蜍横穿公路时,又常常惨死于车轮下。为此,英国从 1984 年开始在 200 个路段竖立提示牌,以保护蟾蜍。此外,运输部门还把"请帮蟾蜍过马路"的广告宣传贴在司机车窗玻璃上。各地还有志愿者组织起来,晚上巡逻,以减少蟾蜍过路时伤亡。经过几年设计施工,一条专供蟾蜍通过的隧道在泰晤士河畔建成,这条隧道每年可帮助大约 10000 只蟾蜍平安过路。

法国东部山区森林里的青蛙,每逢春暖花开的季节,要汇集到莱茵河上游的一个湖泊附近繁殖。为了让它们安全越过湖滨公路,政府拨款 10 万法郎,每隔 50 米在公路上修建一条隧道,这一举措使每年有 10 万只青蛙从地道平安通过,并抵达目的地。

德国的动物保护者在蛙类出没地区,沿公路方向设置了一种塑料薄膜制成的屏障。这样,青蛙、蟾蜍只能沿着公路向前爬行,最后掉入人们预先埋设的桶内。然后,它们的"保护人"再提桶把它们带过"封锁线",放到安全地带。

在我国青海省西北部的可可西里地区,生活的藏羚羊因毛绒珍贵,曾遭盗猎者疯狂杀戮。自 1997 年成为国家级自然保护区,设立保护站,有巡山队员日夜看护,此地区已连续多年未发生盗猎案件,藏羚羊数量达到 6 万多只。

38. 给动物着装

随着天气变化,大人会为自己和孩子增减衣服。为改善动物的生活环境,促进动物的安全健康,人们也想到给动物穿戴起来。

骆驼在沙特阿拉伯极为常见,汽车在夜间行驶中,常常会撞到停留在公路上的骆驼。这往往是由于骆驼处于休眠状态、汽车司机产生疏忽造成的。为此政府交通部门要求骆驼的主人夜间时要在骆驼背上盖一块涂有荧光物质的"披单",使司机在远处就能发现骆驼,及早绕行。

在波兰卡卢基地区,土地终年潮湿,遍地泥泞,马踩上去,蹄子就会陷入泥土而难以自拔。为此,这个地区的人下地牵马耕作,都习惯给马穿上特制的"木鞋",让马在泥地行走自如。这里还有木鞋专卖店。当地博物馆的陈列品表明,此地区为马做木鞋,已经有几百年的历史。

在美国的阿拉斯加,冬天时居民常以狗拉雪橇作为交通工具。夏天时为了不使狗"业务生疏",便定期让它们做些锻炼。此时,地面坚硬而无雪,为防狗爪跑动时受伤,主人便给狗缝制了软毛皮鞋,这一来,狗狗们就能拉着车子在马路上轻松行进了。

小羊羔落生后,很容易受冷受热生病死去。英国科学家研制出一种橙、蓝、白三色的"花雨衣",用可降解、无毒性塑料制造。羊羔穿上这种花雨衣后,可以挡风雨、防寒热及蚊虫叮咬,成活率显著提高。羊羔长大后,穿在羊身上的花雨衣便自行脱落,烂在地里成为肥料。

在澳大利亚墨尔本附近的查利农场上,饲养着一种细毛绵羊。这种羊不在牧场上散放,而是全部养在房间里。绵羊的毛绒是制作高档服装的原料,为了让羊毛一尘不染,农场给每只绵羊都穿上带拉链的"大衣",定期洗换。在这里,羊吃着富含微生物的食品,还有一批玩具供它们娱乐哩。

美国密苏里州的奶牛饲养专家与科研人员合作,为牛场的奶牛设计、配备了一种牛"专用枕头"。奶牛睡眠时,给它铺上柔软的席子并倚上枕头,会使奶牛感到舒适。实验证明,享受这种待遇的奶牛,睡眠时间长,胃口好,可明显提高产奶量。

如今喂养宠物的人多,冬季的狗狗也穿上了暖身的衣服。宠物服可自制,也可购买。供狗狗穿的还有名牌,如泰迪贵宾秋冬服、泰迪贵宾棉装及唐装、不倒绒装、珊瑚绒装等。

39. 动物报火警

　　动物是人类的朋友,人与动物相依为命。有时人处于危险之中而不觉时,动物会紧急报警,使人得以逃生。

　　1980 年圣诞节的后半夜,在美国华盛顿州一座农庄里,农庄主霍华德家中失火,主人一家在卧室酣睡不知。主人家养的一条名叫"大王"的狗发现了火情,它冲向主人的卧室,奋力咬开三合板的门板,不顾木刺穿透下巴,惊醒了主人,救了主人一家。事后"大王"获得英雄奖,与主人起一乘飞机去佛罗里达州领取了镀金项圈及 1000 美金的储蓄债券。

　　1982 年冬末的一个凌晨,我国台湾花莲县周耨妹家饲养的一只五色鸟突然大叫起来,把主人从梦中惊醒。周耨妹起身查看,发现旁边邻居家黑烟翻滚,火苗乱蹿,显然是邻居家不慎失火,她便冲出门大声呼叫。众人群起扑救,把火熄灭。事后人们说,要不是这只鸟及时鸣叫报警,恐怕周围的人家都要葬身火海了。

　　1984 年冬季的一个下半夜,住在美国俄亥俄州一处住所的道妮正在熟睡,不料床上的电热毯由于电线短路起火,火焰燃着了床单和床垫。眼看大祸临头,这可急坏了道妮养着的名叫"耶恩托"的小白鼠。它急促不停地舔道妮的脸,扯主人的头发,终于使主人醒来,化险为夷。小白鼠救了道妮,道妮事后请小白鼠吃了一顿丰盛大餐。

　　1984 年夏季一天凌晨,美国俄亥俄州托莱多市的布鲁斯夫妇正在卧室中酣睡,寓所内忽然失火。这时睡在客厅的兔子被烟火惊醒,它立即跑到卧室门外,用脚爪猛烈拍打卧室的门。主人被急促的敲门声弄醒,马上逃出,幸免于难。这只临危为主人报警的小兔名叫"拉达",颜色灰白,是主人豢养的观赏宠物。

　　1985 年的一个深夜,日本东京有位叫阿部靖弘的职员家不慎失火。他家养的鹦鹉"皮克"发现了火苗,就用学会的人语叫着"妈妈""妈妈",并在笼子里扑腾翅膀。鹦鹉的叫声和弄出的声响惊醒了阿部。他睁眼发现烈火已烧着了家具,烧到了屋顶。阿部赶紧叫起家人,把火扑灭。人们都说,是"皮克"救了阿部一家人的性命。

　　1985 年冬季的一个夜晚,在日本东京都一处公寓里,一位住在这里的设计师未熄灭地炉就睡着了,引起失火。火势着大后,主人的一只叫"查比"的小猫发现情势危急,它跳到主人身上,又抓又挠,急叫不停。主人惊醒后,迅即灭火逃过劫难。当地消防署得知此事后特地为小猫举行了嘉奖仪式,署长亲自宣读奖状,并向小猫赠送了镶有五颗星的项圈和高级鱼糕。

40. 动物获殊荣

很多动物与人相依为伴,并能勤勤恳恳为主人服务,一些动物还获得了很高的荣誉奖励呢!

我国台湾六旬老妇林也好家养了一只唤作"珠珠"的老母鸡。23 年中,珠珠产蛋 6000 枚,孵出 1000 多只小鸡。1983 年 8 月 6 日,林也好为"珠珠"设宴贺谢,制作了老母鸡年轻时爱吃的蚯蚓、青菜、腰花肉等菜肴。老妇的儿女们欢聚一堂,还邀请亲友到场,热闹得像给家人过生日一样。

1985 年 2 月初,尼泊尔一头 81 岁的高龄老象在皇家基特湾公园里寿终正寝。国王为这头象举行了隆重的葬礼,并在它的墓前栽下一棵菩提树,以寄怀念之情。这头大象名叫"普雷姆",是国王的坐骑。在 20 世纪 50—70 年代,它两次驮着前后两位国王穿越加德满都去赴加冕大典。

也是在 1985 年初,大批古巴人为一头奶牛的辞世而表示哀悼。这头取名"白乳房"的奶牛,是一头被世界公认产奶量最高的奶牛。它享年 13 岁,3 年前的日产奶量曾超过 100 公斤,被列入世界产奶最高纪录。"白乳房"被古巴人视为一宝,国家领导人卡斯特罗也曾前往牛舍看望过它。

1986 年 11 月 7 日,美国洛杉矶警察局召开欢送会,送别 6 岁的警犬"杜克"退休。发言人在会上讲,这只德国牧羊犬在服役 5 年期间,先后追捕了 4 名杀人犯、6 名强奸犯、65 名抢劫犯、214 名入室行窃犯、7 名袭警犯及其他袭击人身的罪犯。在执行任务时,"杜克"曾多次受伤。

8 岁的"勒基"是美国马萨诸塞州梅休因市警察局的警犬,它在该警察局服役了 6 年。6 年中,它每天值夜班,协助追捕罪犯 12 次,每次都生擒罪犯,立下了汗马功劳。1987 年,该警察局专门为它举行了退休告别宴会,会上向"勒基"颁发了一枚奖章和一件精美的饰物,并且发给它每天 1.5 美金的退休金。

"我和南希十分荣幸地向你祝贺生日,祝你在这温暖喜庆的日子里生活愉快,并祝来年更加幸福! ——里根。"这是美国总统里根和夫人南希在 1982 年发出的一份贺电,它不是发给他的亲友,而是发给一条据说是最高龄的狗的。这份由里根签名并有白宫标记的贺电就放在狗的面前,狗头上还戴着一顶滑稽小帽呢。

美国得克萨斯州一位居民养了一头小猪。它很聪明,竟在主人家的水池里学会了游泳。主人家有个弱智男孩,一天不慎落入湖中。小猪发现后,立即跳入湖中,并迅速游到小孩身边,将其拖到安全处。小孩得救了,人们向这头小猪颁奖。邻居们有的为小猪采摘了草莓,有的拿来了花椰菜,还有人定做了蛋糕,让小猪享用了盛宴。

41.动物灾种种

地球是人和动物的共同家园。当地球环境发生变化,有些动物过度繁衍,就会出现动物灾,给人类的正常生活带来麻烦。

肯尼亚东北部的加里萨地区,有一个时期常常停电。这是因为不知从何处突然涌来数万只蟋蟀,这些小东西不仅咬断电线,而且把发电机塞住。蟋蟀的叫声还使居民集体失眠。

在日本大野川等处铁桥上,卡车驶上桥面常常轮胎打滑,制动失灵,造成严重车祸。原来这是由一种洁白轻盈的蜻蜓造成的。每当夕阳西下,数百万只蜻蜓便一层又一层地落在桥面上,使卡车就像在泼了油的路面上行驶。

1981年,在美国爱达荷州东部,每当夜幕降临,大地就成了野兔的天下。这种长耳朵的大野兔,成群跑起来声如擂鼓。它们横行于粮田之中,所到之处庄稼尽毁。野兔群还出现在公路上,在有些路段,被车压死的兔子数量众多,以至于使车辆受阻。

美国佛罗里达州有一个叫隆沃德的小镇,四郊栖息着一种绿色的铲足蛙,它们只有铅笔顶端的橡皮头那么大。1982年,数十亿只青蛙如洪水一般跳到镇上,连房顶也爬满了。当地人紧闭门窗,叫苦不迭。

西班牙南部的瓜达尔基维尔河三角洲,有几年螃蟹大量繁殖,数量多达1000万只。它们啃吃麦种、稻根,向下打洞,给种植业带来严重威胁。当地农民即使每年组织捕蟹,也只能捕获三分之一的螃蟹。

在加拿大的恩纳代农场上空,常有大群乌鸦出没。它们围啄牛眼,牛疼痛倒地后又被猛啄耳、肛门等外露部位,使许多牛受到伤害。因为当地法律规定不许伤害鸟类,牧民只能在乌鸦出现时敲打物品把它们吓跑。

在英国大不列颠群岛上,有的城市居民晴天上街也要打着雨伞。这是因为150万只海鸥飞入城市,城中鸟鸣声不绝于耳,鸟粪如纷纷下落的雨点。居民要应付成群海鸥的竞相俯冲、骚扰,又要预防鸟粪带来的传染病,每天惶惶不可终日。

1983年英国伦敦的郊区,出现大量狷鼠。为了觅食,它们窜进居民住宅,到处乱钻乱咬,把凡是能吃的东西都嚼吃一空。这些本属于"家养"动物的狷鼠,在院中、地下室里大量繁殖,并开始占领人们的住宅,成为一大祸害。

1983年,在法国朗德省达克市发生了一场跳蚤灾难。该市邮局被数以百万计的跳蚤团团包围,邮局职工拒绝工作,致使大批信件不能发送出去。在有关组织呼吁下,一批志愿者冲进邮局,才算把邮件"抢救"出来。

42. 对动物判刑

人犯了罪,依照有关法律会被判刑、关押。在世界的一些地方,如果动物作恶,也会通过法庭,对动物做出判决哩。

查阅法国 12—18 世纪期间档案资料,可找到正式记载的有关动物犯罪案 92 宗,每宗案件都由法院审理,并按照法律程序对动物判刑并执行。其中,1457 年一头母猪、三只小猪咬死一幼童,审理后将母猪处死,小猪因年幼开释。

1519 年,意大利郊外的鼹鼠被控"掘土为穴,毁坏庄稼"。由法庭判决"立即驱逐出境"。经律师干涉,法庭"慈悲为怀",决定对幼小的鼹鼠和喂养它们的妈妈宽限半月。

17 世纪时,一只俄国山羊因为"有罪"被押上法庭,法官宣判将其流放西伯利亚。后来,便由专门人员将该羊犯押运而去。

17 世纪末,英国经常有放养的猪窜入室内咬死婴儿的事发生,犯罪的猪被一次次带上伦敦法庭。经证人证言,出示了证据后,将"罪猪"处以有期徒刑、绞刑、斩首等。一次,有头"猪犯"趁看守熟睡时越狱潜逃,警察组织人员全城缉捕,一时成为轰动当地的新闻。

狗"犯法"被判决的事也有不少。1974 年,利比亚一条狗因咬人被押上法庭,法官当庭宣判关押它一个月。服刑期间,每餐只让它咬面包,进素食。

1982 年,美国杜邦特市法院判处一条叫"博伊"的狗 3 个星期监禁。这只狗被指控犯了流浪罪和抢劫罪。它曾先后由 8 个主人收养,但一次次逃跑。"博伊"曾溜进无人售货食品店,叼起离门较近的食品就跑。法官根据州法律,考虑到损失相对不大,在抢劫中没有破坏行为,从轻判处,释放以后,把它送到了狗收容所。

1982 年,秘鲁利马的一名少女向法院起诉,邻居的 6 只鹦鹉经常用脏话辱骂她。法院受理后,经调查以"破坏公共秩序"和"挑起社会冲突"罪,判处 6 只鹦鹉死刑。以"鹦鹉学舌"教唆罪对养鹦鹉的主人罚款 20000 索尔,并向少女赔礼道歉。

1983 年,美国西雅图市法院判处一条叫"罗克西"的英国狗死刑。这只狗被判处死刑的原因,是它忠实地听从它的主人——18 岁的纳德的命令,协助主人行抢,把被抢人咬成重伤。它的主人当然也难逃重判。

1991 年,挪威奥斯陆法院审理了一桩官司,被告是一只叫"乔戈"的鹦鹉,原告则是"乔戈"主人的邻居。原告指控"乔戈"的叫声"像匕首一样"刺在他和他妻子的心上,致使他的妻子心脏病突发。法院经过裁决,宣判"乔戈"监禁一个月。审判结束后,"乔戈"被带到它主人的亲戚家"服刑",伴随它的还有一只装满了葵花子的小手提箱。

43. 殷殷爱鸟情

鸟类是人类的益友,也是维护生态平衡的重要一环。在世界的很多地方,人们爱鸟、护鸟,与鸟儿和谐相处,还结下了友情呢。

我国杭州 73 岁的老人潘洪耕,30 多年来自己掏钱搞爱鸟护鸟宣传,保护每年经由西湖迁徙的数千只白鹭。老人制作太阳帽,分发给学校等志愿者,设立爱鸟警示牌,举办爱鸟展览等,表现了爱鸟的一片深情。

在新加坡建有一座裕廊飞鸟公园。这里是鸟的王国,有 300 多种、8000 多只禽鸟在园中自由自在地生活。园中修建起近百个鸟舍、十多个"鸟别墅",还精心构建了池塘、湖泽、楼亭等供鸟儿们栖息、嬉戏。优美的自然环境很适合各种鸟儿定居、繁衍,也能吸引众多爱鸟之人前来赏鸟、喂食。

在美国伊利诺伊州的一个小城里,夏季蚊子活动猖獗。人们使用了多种化学药剂灭蚊都收不到成效,于是转而求助燕子。当地政府专门为燕子修建了一座大厦,上上下下共有 1000 多间燕子住房。燕子进驻后,勤劳灭蚊,一只燕子一天至少吃掉 1500 只蚊子。一段时间过后,城内蚊子数量明显减少。居民对燕子充满感激之情,对这些灭蚊能手更是关爱有加。

从 20 世纪 80 年代开始,德国做出规定,每年为一种鸟儿过年。1974 年为鹳,1980 年为鹪稚,1981 年为啄木鸟。过年期间,政府部门组织专家研究此种鸟的起源、遗传、变异、现状、如何保护及前途展望等。全德国现建有鸟类保护区 10000 多个。

在英国伦敦,威斯敏斯特教堂、伦敦塔、海德公园广场等人多的地方,鸟类也特别活跃,每处都汇聚着上千只鸽子。只要有人提着食物袋走来,鸟儿就会迎上去,等待得到食物。与人亲昵的除了鸽子,也不乏天鹅、大雁、海鸥等,在人身前身后跃动、逗留,让人心情放松,感到有趣。

瑞士日内瓦的莱蒙湖湖区栖息着 5000 多只天鹅。湖畔和沼泽深处到处是天鹅的安乐窝。当天鹅觅食遇到困难,市民会主动带上面包、牛奶、鸡蛋等食物前去救急。一旦看到天鹅中出现伤病,市民也会联系救援人员,送往专门医院救治。

法国南部有个巴里镇,镇上居民对鸭子十分宠爱。如果有人伤害鸭子,对其的惩罚比犯盗窃罪还要重。有位叫比勒的人,驾驶汽车途经此地,不小心撞死了一只鸭子,竟被罚款 750 法郎。这还不算,处理交通肇事的法官责令比勒用两天时间在路旁观察鸭子如何过马路,以便牢牢记住此次的教训。

44.有趣的植树绿化习俗

树木可给人类提供生产、生活所必需的木材和林产品，而且有着平衡自然生态等重大作用。为鼓励人们植树绿化，全世界有 50 多个国家规定了植树节和法定的植树活动。

1872 年，美国内布拉斯加州首先创立了近代的植树节，以后美国其他各州也根据本州气候条件设立了植树节。1922 年，日本东京都确定了植树日，1951 年决定每年 4 月 3 日为全国植树节。联合国粮农组织在 1952 年做出了建立世界植树节的决定。

植树节在我国可以追溯到公元前 2000 多年前的西周。那时有个规定："不植树者无椁（棺材）。"辛亥革命后，1915 年由政府颁布规定清明日为植树节，国人在这一天举行植树典礼。1979 年，我国正式确定每年 3 月 12 日为全国植树节。

各国除规定了植树节、植树日，还形成了不少别有情趣的植树习俗。日本长野县南相木村政府规定，凡新婚夫妇都要到指定处营造"新婚林"。每对新婚夫妇植树 5—6 棵，可领取树木培育费 20000 日元。日本北海道的鹿儿岛还有一座"新婚旅行纪念植树园"，凡来此地旅行度蜜月的结婚者，都可以在划定的山坡上种下"新婚树"做纪念。树苗由所居住的旅馆供给，植好后旁边竖立一块木牌，写明植树者姓名、年月。植树者在留下了新婚纪念的同时，也美化了环境。

在印度尼西亚的爪哇谢兰卡地区，当地法律规定，凡登记结婚的人员，每人必须栽种一棵水果树。提出离婚者，要先种树五棵；对离婚后再婚之人，要求种树三棵，经查实后方能办理婚姻手续。

欧洲杜布罗夫尼克地区有法律规定，每一对决定结婚的情侣，必须种植 70 株橄榄树，否则不能领取结婚证。波兰一些地方，新生儿家庭都要种植三棵树，然后才签发婴儿出生证。

印度西部的古吉拉特邦阿默达巴德市规定，凡新建住房，至少要在房屋周围栽种五棵树，方可得到政府的建房许可证。

在日本的神户和大阪，政府有明文规定，家庭购买一辆汽车，就要种植一棵树。因为每辆汽车在行驶中会排出大量有害物质，并产生噪声。植树可相对抵消汽车造成的环境污染。

我国的少数民族钟爱自己的家园，许多民族因地制宜，栽花种树形成特色。聚居在贵州的侗族，当家中生了孩子，就要在房前屋后种上一批杉树苗，待孩子长大结婚时，杉树便成为新婚夫妻的家产。云南西双版纳的傣家人，每当搬迁时，就会在新居周围栽种许多果树苗，既美化了环境，还能享受口福。

45.各国酒情

逢年过节,酒是众多家庭餐桌上增添喜庆气氛的饮料。不同国家的人爱喝的酒、饮酒方式,也各具特色。

在老挝的乡间,有用坛酒待客的习俗。坛酒以糯米加配料酿制而成。有宾客到来,主人就请来乡邻,宾主围坛席地而坐。打开酒坛封泥后,依照人数插上一根根长竹管,每人握住一根,品饮酒液,相互问候,交流感情。

日本的清酒度数不高,每逢樱花盛开时节,各地日本人都喜欢坐在樱花树下,喝清酒赏樱花。

非洲乌干达、卢旺达人以香蕉为主食,并喜爱以香蕉、芭蕉酿啤酒。有客人来访,他们常摆上一桌香蕉宴,再搬出大坛的香蕉啤酒,插上空心草长管,大家轮流饮用,品评酒肴,相谈甚欢。

在欧洲有许多饮酒大国。希腊人最喜欢在岛屿上面对沙滩,沐浴着日光,饮冰冻白葡萄酒。他们将这当作生活中一大乐事。比利时人爱喝由野生酵母发酵的啤酒,味酸苦,风味别致。德国人喜欢以啤酒解渴。德国啤酒的总产量占世界第二,品种极多,每年9月底前在慕尼黑举行传统的啤酒节,盛况空前。捷克有"啤酒之国"的美誉,捷克人年人均喝啤酒156升,可称为喝啤酒的单项世界冠军。法国人以豪饮著称于世,不分男女老少都有饮酒的嗜好。法国人口仅占世界的1.3%,而喝掉的酒却占世界产酒量的30%。许多人家不仅餐餐饮酒,而且一餐中还要饮"饭前酒""饭中酒""消化酒"等几道酒。

在各国富含酒精的烈性酒中,哪一种度数最高呢?有调查显示,法国的杜松子酒和威士忌酒达到70度,法国绿荨麻酒高达96度,而波兰的一种酒竟达到140度。

近年来,随着健康知识的普及,烈性酒正缩小着市场。在我国,烈性白酒受到冷落,饮酒人群越来越青睐红酒和啤酒。烈性酒在加拿大也没有市场,人们喜欢到酒吧看足球比赛,饮用"喝个没完"牌的啤酒,或是喝用加勒比出产的朗姆酒、墨西哥龙舌兰烧酒调制成的鸡尾酒。在日、韩等国,也有越来越多的人选用"喝酒不像酒"的低度酒。

品饮男女有别的"性别酒",是当今饮食又一时尚。特优香槟干邑,色泽如水晶般通透,酒质醇厚,最为男士所爱。而一款百利甜酒,由新鲜的爱尔兰奶油和威士忌调制而成,带芳香的巧克力味道,爽滑细腻,颇受女士欢迎。时下除酒的香、味不同,从酒瓶的形状、瓶身的图案、酒液的色泽等外观上,也都能一望而让男子的阳刚、女子的妩媚表露无遗。

46.四方茶趣

我国是茶叶的故乡,有着悠久的饮茶历史和饮茶文化。世界上有很多国家的人也都很喜欢喝茶,并且喝茶方式也各不相同哩。

印度人好喝奶茶,也爱喝一种加入姜或小豆蔻的"马萨拉"。他们喝茶的方法十分奇特,不使用茶杯,而是把茶斟在盘子里,伸出舌头去舐饮。

泰国人爱饮冰茶,常在一杯滚热的茶里放些小冰块。这样,高热的茶很快就冰凉了,饮这种茶使人感到凉快、舒适、解暑、提神。

以肉食为主的内陆国家蒙古,家家都喝茶。蒙古人喝的是砖茶。这种茶制成块状,沏时只要敲一小块放入锅内加水煮开就可以了。这种茶颜色深,味道重,加上一些盐和牛羊奶、奶油,就成了著名的奶茶。蒙古人常以此茶为饮料,招待客人。

俄罗斯人喜欢喝红茶。他们先在茶壶里泡上浓浓的一壶茶,要喝时,倒少许在茶杯里,然后冲上开水,随自己的习惯,调得浓淡不一。俄罗斯人也爱用茶待客。当客人来时,倒浓茶,加开水,再放入果酱或蜂蜜,宾主就可举杯同饮了。

埃及人喜欢饮甜茶。他们招待客人,常端上一杯热茶,里面放入许多白糖,同时送来一杯供稀释甜茶的清水,表示对客人的尊敬。

北非的摩洛哥、突尼斯、毛里塔尼亚人喜欢喝绿茶。他们饮用时总要在绿茶里加入少量红糖或冰块,还有不少人喜欢放入薄荷叶或薄荷汁,称为"薄荷茶"。

美国人饮茶,力求简洁。他们不愿冲泡茶叶、倾倒茶渣而花费更多时间,因此他们喜欢喝速溶茶。这种茶是将茶叶加工成粉末,然后加入柠檬汁、薄荷、白糖等作料制成的,只需加入开水即冲即饮。

南美的乌拉圭、玻利维亚和阿根廷等国民众,普遍爱喝"马黛茶"。这种茶是用当地马黛树的叶片制作而成的,它有提神和助消化的作用。喝这种茶时,先将茶叶放入瓢筒中,冲上开水,然后再用一根细长的吸管插到大茶杯里,由家人轮流吸吮。

在日本,茶道已成为待客的隆重礼仪。日本人饮茶喜爱加山楂汁、柠檬水等。在日本,茶叶除了大量用于热煮或泡饮外,还广泛进入糖果、糕点、膳食以及其他饮料和医药卫生领域。

有这么多国家的人喜爱喝茶,谁喝茶最多呢?1982 年有人统计,平均每人每年饮茶美国人为 321 杯,苏联人为 325 杯,澳大利亚人为 642 杯,新西兰人为 889 杯,英格兰人为 1650 杯。喝茶冠军为爱尔兰人,达到了 1724 杯,每人每天差不多要喝 5 杯茶。

47. 食辣和"辣带"

过去婴儿吃妈妈奶一年以后,要断奶。一些母亲用的办法是在乳头上抹点辣椒水,婴儿一吮就会被辣哭。反复两三次,婴儿不敢再吃奶,也就断奶了。

"辣椒姓辣,孩子害怕。"但这辣椒却是我国和很多国家民众爱吃的一种蔬菜。我国和印度、印度尼西亚都是辣椒的主要出口国。

世界上爱吃辣椒的地区在地理上连成一片,形成一个地球上的辣带哩。这个辣带东起朝鲜,经我国中部、西北、西南的东部,从广西云南向南,分成两支:一支伸向泰国、印度尼西亚等国;一支折向东,经缅甸、孟加拉、印度、中东、北非至大西洋东岸。为什么辣带上的人爱吃辣椒呢? 据研究,这与古代文化交流、贸易往来以及气候等因素有关。

科学研究发现,辣椒富含维生素 C、维生素 A 及蛋白质,多食辣椒可延缓人体衰老。另有研究显示,辣椒有防血凝固作用,可以使血液循环更加流畅,防止心脏病发生。此外,辣椒还可以改善消化功能,降低胆固醇含量,治疗流感。在有的国家,人们还以吃辣椒预防寄生虫。当然,也有医生指出,过量食用辣椒会导致胃炎等疾病发生,不利于健康。

在饮食中,辣椒最吸引人之处在于开胃和提味,促进食欲。这让很多地方的人种植辣椒热情长盛不衰。印度东北部山区生产一种红色尖椒,由于奇辣无比,获"魔鬼椒"之称。2010 年 2 月,这种辣椒被《吉尼斯世界纪录》确认为全球最辣的辣椒。"魔鬼椒"有多辣呢? 检测显示,它的辣度达到 100 万单位的"斯科维尔"。"斯科维尔"是辣椒的辣度单位,100 万单位意味着要将辣椒汁水稀释 100 万倍,才能彻底中和掉此辣椒的辣味。

在英国多西特郡出产的一种红辣椒也是十分的辣。种植它的人在剥下辣椒皮取籽儿进行播种时,不得不戴上手套,而且身体必须处在上风位置,眼睛才不至于被飘飞的辣味刺痛。

为迎合人们对辣椒的偏爱,也为推广本国饮食文化,韩国将辣椒酱的辣味进行了标准化分级。以数字量化了 5 个等级,标记在包装上,以便于消费者选用。英国伦敦的一家餐馆,几年前推出了一道有望被列为世界最辣菜肴的特色咖喱菜。这款名为"火辣宝莱坞"的菜,由名厨维维克·辛格烹制推出,主料是羊肉,配料则是世界上几种最辣的辣椒,其中就包括产于印度的"魔鬼椒"。做菜时,辛格把这种辣椒连皮带籽全搁进去。由于这道菜太辣了,因此,餐馆要求食客在享用之前要签一份协议,确认他们能够清楚地知道吃这道菜的风险。有人品尝了一小口菜,告诉一旁的人:"现在我若是想拔牙,完全用不着打麻药啦!"

48. 食虫与虫肴

人类以昆虫为食由来已久。我国最早的一部辞集《尔雅》中记述了周朝皇帝以蚂蚁卵进补一事,云:味似肉酱,非尊贵不可得也。这里提到的蚂蚁卵是一种个体较大的黄蚂蚁所产,含有人体所必需的蛋白质、维生素等十几种营养成分。食蚂蚁卵的习俗传至今日,云南基诺山区的人爱吃烩蚂蚁卵;广西壮族人专门以蚂蚁卵做调料吃面条、拌凉菜,用蚂蚁烹炒"蚂蚁苦丝""蚂蚁瓜条"等菜肴。云南的傣族人不仅喜食蚂蚁,还用一种大蛐蛐制成美味的酱,煎炒树蝉、竹虫、甜鳖,甚至烧烤一种花蜘蛛,让它们成为下酒、就饭的美味佳肴。

科学家研究发现,全球有昆虫 500 万种以上,资源极其丰富,是人类取之不尽的重要食物来源。即便是害虫,也可以成为餐桌上的珍馐。泰国以前不时闹蝗虫灾,使稻谷减收。当人们发现蝗虫烹炸后鲜香味美,于是有了大批养蝗虫的专业户,炸得的蝗虫美其名为"空中明虾",每年交易额高达 600 万美元。

如今,有许多国家和地区的人把昆虫列入食谱。世界各国可食用的昆虫多达370 余种。苏丹的商人常以炸白蚁和毛虫作为食品出售。法国人不仅喜欢吃蜗牛,也喜欢吃一种甲虫蛹做成的烤馅饼。利比亚人把一些昆虫晒干后磨成粉做成馅饼。昆虫菜在美国一度成为时髦菜,他们用蚯蚓做成美味的菜肴,制成"蚯蚓饼干""蚯蚓浓汤罐头"等食品。在欧美市场上还能买到蜜蜂巧克力、糖水蚕蛹罐头、蜜饯蜻蜓、蜜饯黄蜂、蜜饯放屁虫等。

在澳大利亚布里斯班的耐德凯利丛林食物餐厅,经营着一项专以树蛆做原料的风味餐。这种蛆是丛林土著人重要的蛋白质来源。该餐厅的树蛆食品做法有 4种:煎蛆排、炸蛆排、包上巧克力当甜点、做成冰激凌。

德国生物学家沃尔纳研究将蟑螂用葡萄酒浸泡,去除异味,再用牛油炸脆,最后浇上一层巧克力,做成美味甜点。他由此还设计了包括有十几种蟑螂菜的"蟑螂食谱",其中有蟑螂脆饼、煎蟑螂、蟑螂麦片粥等。

提起毛毛虫,令人头皮发麻,可非洲人却偏爱吃它。南非丛林地带生长的毛毛虫,长达 10 厘米,背上布满芒刺和红、黑、黄、白彩色斑纹。这种毛虫营养价值很高。它的吃法也多,可油炸、红烧或与番茄、洋葱、野菠菜一起烧煮,可生吃或制成肉虫干,是当地的一种风味佳肴。

世界上昆虫食品消耗量最大的国家是墨西哥。墨西哥人食用的昆虫有蚊子、粪堆虫、黄蜂、苍蝇、臭虫、白虱、蜻蜓和蝴蝶等多达 57 种,其烹调方法有烩、炸、炒,或制成蜜饯、罐头、饼干和果糖。红烩龙舌兰蚜虫、用苍蝇做的玉米饼等,更是很多人喜欢吃的名肴。

49. 鱼肉食生

有人爱吃生的东西,不过只是些蔬菜而已,而在世界的一些地区,传统习俗却是食生鱼、生肉。

秘鲁人吃生鱼的历史由来已久。古代时当地的印第安人缺少火种,常常把捕到的鱼稍做加工,便吃起来。暴腌生鱼是秘鲁著名的风味菜肴,选用肉色雪白的海鱼,去骨刺后切薄片装盘,放红辣椒丝、胡椒粉等调料和盐,在把鲜柠檬汁淋上,暴腌半小时,便可食用。生鱼片入口酸中有辣,嫩爽鲜香。

春节期间,我国居住在乌苏里江沿岸的赫哲族人,喜欢用刚杀的活鱼招待客人。客人来了,主人就用锋利的刀宰杀哲罗鱼,切成鱼丝,放进盆里,用醋浸上,再拌些白菜丝、土豆丝、细粉丝、豆芽、葱、蒜,撒上一些盐末。不到半小时,一盆鲜美的生鱼便上了桌。

在法国,从古至今人们喜欢生食的肉类是牡蛎。将专供食用的牡蛎清洗后,上面挤些柠檬汁,加一点调料就可以大快朵颐了。生牡蛎入口嫩滑鲜美,吃多了不腻,价格也便宜,一般一顿吃一打是很平常的事。据说有个大肚皮的法国人,此人一口气竟吞吃掉了 32 打生牡蛎。

酷爱吃生肉的民族是居住在北极地区的爱斯基摩人。"爱斯基摩"意即"吃生肉的民族"。他们捕获猎物后,立即将其解体。若带回家再动手,猎物将冻得坚硬不堪。解体时,一边用刀剖割,一边抓肉吃。捕捉猎物的当事人,可以优先享用。

用生肉宴客是有些民族的传统习俗。在埃塞俄比亚人的婚宴上,常能见到生牛肉被放上席桌。在这里,鲜嫩的牛肉切成豆腐干大小,蘸着辣椒粉等调料吃;有的牛肉搅成碎粒,卷在煎饼里吃。生牛肉上虽滴着鲜血,人们在喜庆的婚宴上却都吃得津津有味。

非洲还有一些色、香、味俱佳,人见人爱的生肉佳品,其中南非的牛肉干就很著名。制法是将优质牛肉切条,加入黑胡椒、盐、糖、辣椒、蒜、洋葱末、白醋及香料等腌制入味,晾放风干。做生肉干的原料,除牛肉,还可用野牛肉、鸵鸟、羚羊肉等,都能让人百吃不厌。

同样成为生肉佳肴的还有意大利的生火腿。上到接待外国元首的国宴,下至平民百姓的餐桌,生火腿在意大利随处可见。这种生肉制品口感独特,蛋白质高,脂肪含量低,常被列入运动员控制体重的食谱。意大利人喜欢用生火腿片卷哈密瓜、橘子瓣吃,或者把生火腿切丁、剥碎,食法多样。将生火腿切片做拼盘,搭配红酒上桌,是公认的待客之道。

50. 国外的小吃

在国内能吃到各地的小吃,如果走出国门则能品尝到另具口味的国外小吃。

"考斯考斯"是非洲人的一种风味小吃。做法是把大米和面粉配上干果和调料放在卤煮羊肉汤上蒸制而成。蒸熟后,人们边吃肥嫩的卤羊肉,边用手把大米和面粉揉成一个个小丸子,趁热送入口内。

"生牛血"是坦桑尼亚民族风味早点。做法是一早从牛颈的静脉处取牛血,充满一皮罐,大约有1公升,加上一杯的鲜奶,变成了乳状的粉红色液体。喝的时候,用制作精细的牛角杯对饮。这种小吃,一般是招待贵客时才制作的。

"达玛尔"是墨西哥的一种常见小吃,类似我国的粽子。它以粗颗粒的玉米面为原料,加上肉块和辣椒,用玉米叶或香蕉叶包好,煮熟后即可吃。这种小吃清香可口,甜、辣、香三味俱全。

"肉夹馍"是中国西北的小吃。在特里尼达和多巴哥也有与其相似的小吃,但所夹的是鲨鱼肉。该国的人将鲜鲨鱼剔骨去刺,切成厚片,加盐、胡椒粉腌渍后炸成金黄色,再将面饼烤好切开,塞入鱼片、酱料、蔬菜就可开吃了。

美国人的小吃品种奇多,简单的就是吃炸土豆片和爆米花。许多人家喜欢自制胡桃巧克力小方饼、奶酪蛋糕等。消费量较大的则是烘馅饼和三明治。家庭多储有"速冻食品""快熟面""罐头汤"等,随时取用。美国人对三餐并不十分讲究,小吃与正餐食物并没有太大区别。

在国外的小吃中,有不少是电影院美食,成为当地美食文化的组成部分。

西班牙巴巴多斯地区的人,喜欢偷偷将家里自制的鸡尾酒带到影院里,一边斟饮一边观赏影片,感觉舒适自在。荷兰人乐于在电影院咀嚼甘草类食品,这个国家人均每年能消耗甘草类食品4磅。在俄罗斯电影院,如果观众购买了贵宾座,就会有服务员为他呈上用透明碗装的美味鱼子酱小吃,黑色的鱼子酱圆润饱满,入口爽滑醇香,是著名美食。

在韩国电影院里,经烘烤而干缩的栗子放于密封的锡纸袋中出售,一年四季受到观众热购。日本电影院中,观众则爱吃"咔吧咔吧"——一种咀嚼起来清脆作响的烤鱼骨。这种小吃是在脆嫩的鱼骨上撒酱油和糖烤制,入口甜咸味美,非常开胃。泰国电影院流行吃酸辣爆米花,制法是将柠檬、香草、青柠、鱼露和高汤熬成酸辣汤,泼在出炉的爆米花上,成为影院的主流小吃。在印度的电影院里,密封包装的香辣甜脆饼、咖喱筒、奶酪酸辣酱夹心三明治等,都很受观众青睐。

51. 用食品灭火救灾

食品饮料是一日三餐中为人体提供营养、维持活力的来源。在紧急关头,有时食品也能派上大用场哩!

1974 年,英国约克郡的消防局接到报警,消防人员赶赴现场,才知有一个盛放 3000 加仑毒性化合物的罐筒有了裂缝。不赶紧封住裂口,就会大量溢毒。当消防人员因无粘堵物感到束手无策时,有人看到不远处有一家糖果店,于使众多消防人员一拥冲入,大嚼口香糖,用吐出的大团粘胶物一举堵住了毒气罐裂口,排除了一次恶性事故。

1987 年,澳大利亚墨尔本市以东一辆汽车因交通事故起火燃烧。汽车司机正苦于无法灭火时,恰逢一辆牛奶罐车驶来,在场的交通警察立即拦下了它,把水管接到牛奶罐车上,用牛奶浇灭了火。虽然事后气味不佳,但一场事故却得到制止。

1988 年,在安徽滁州琅琊山寺庙内,进香者众多。一些青年男女挤在前面夺"跪垫",年事较高的香客上不了前,将点燃的成把碳香塞于菩萨底座下。一尊菩萨因泥胎内填充了草丝木料,下半身突然起火。惊慌失措的香客乱成一团,游客中有人急中生智,用随身带的汽水饮料喷洒菩萨,众人效仿,终把火焰扑灭。

1989 年,墨西哥狄利夏市一家家具厂失火。当时火势凶猛,却难以接通水源。紧急之中,消防队拦住了一辆过路的牛奶罐车,套接上管口后,用水枪将火魔制服。那一次浇向火焰的牛奶达 3 吨。

1989 年,我国哈尔滨市动力区有辆面包车在行驶中起火。交通民警发现后使用灭火剂灭火,不见效,便从过往车上卸下 11 袋淀粉撒于火中,火势仍不减弱。这时一辆满载啤酒的罐车驶来,交警当即决定用啤酒灭火。3 吨多的啤酒喷洒于火中,不到 5 分钟就将火扑灭了。

1994 年,俄罗斯一架客机在阿尔汉格尔斯克紧急降落时,两个轮子无法放下,驾驶员唯有在机场上空盘旋,眼看将耗尽燃油。机组成员急中生智,赶紧把机上全部的柠檬水倒进压力系统里,终于使起落架顺利放下。这架载着 62 名乘客的飞机终于安全降落。

2007 年,希腊发生了震惊世界的森林火灾。当大火在 63 岁的乔治季莫普洛斯居住的小镇蔓延开来时,他家的房子也烧着了,而供水系统偏偏在这个时候中断。这位倔强的老人决定以一己之力保卫自己的家。他在一个小型的铜制手动农作物喷雾器里装满两年前自制的啤酒,然后把喷雾器当作灭火器使用,不停地将啤酒喷向火苗。整整 200 升啤酒全用完了,好在供水系统又及时地续上,他的房子和财产保住了!

52. 报火警这码事

有个孩子独自在家,家中着火了。孩子抓起电话拨打 119 报警。电话接通后,孩子喊:

"失火啦!失火啦!消防员叔叔快来救火吧!"

"小朋友,别慌,是哪里失火了?"

"我家失火啦——我家!求求叔叔快来吧!"

"小朋友,镇静些,失火具体地点在哪儿?"

"门厅靠近厨房的书架。我讲得够具体啦!"

这个孩子发现失火打报警电话是对的,但他却没有讲明白关键的失火地点,这让消防队怎能及时赶到失火处施救呢?

每当火灾发生,人类的生命财产就要受到威胁。假如报火警及时,抢救得当,就会减少火灾带来的损失。因此,很多国家都很重视火灾报警器的研究、生产和改良问题。

火灾频发让报警器有了较快发展。英国发明的一种报警装置,是在表面涂上含有磷酸氢二胺的粉末,当温度达到 140℃ 时,就有氨释放出来,并被酞菁铜吸收,发生化学反应后电阻值降低,从而接通报警电路。有的国家利用某些化学物质的特殊性能来发出火灾信号。如,把辣椒素等化合物掺在易燃物中,一旦燃烧,就会放出刺激性气体,引起人们的咳嗽、打喷嚏,起到报火警的作用。日本生产的链条报警器能发出 110 分贝的声音,而它的重量只有 180 克。

新型报警器出现以后,报警时间大大缩短,但是,有少数恶作剧的人乱按报警器,使消防部门伤透脑筋。以前在德国,为防止有人谎报火警,特意设计出一种特殊报警器,报警器上附设一只手铐,有人报警时必须先将自己一只手伸入手铐内,并且锁好,报警器才会发出警报声。等到消防员赶到,证实确是此地发生火警,便用钥匙打开手铐,让报警者脱身。美国纽约则在火警箱上装了警铃。当有人使用火警箱报警时,它便尖叫一分钟,以引起大家的注意,若是有人故意假报火警,便可将他抓获。美国还发明了一种报火警警亭,外表是个鲜红色小亭子,外面漆写着"火警——只准在紧急时进入"。内装专用报火警电话,有人报火警走进亭子,亭门会自动锁上 5 分钟。消防警察接报警迅速赶到,问明火情,再将其放出。据地区统计,使用了这一警亭装置后,谎报火情者减少了 90%。

许多国家在完善报警设施的同时,也加大了对谎报火警的惩处力度。我国天津市新修订实施的消防条例就规定,假报火警、故意隐瞒和提供虚假火灾现场等情况的,最高可罚款人民币 30000 元。

53. 独特的"消防队"

消防队是从事防火和灭火的专业队伍。而在一些地方建立的消防队却很独特。

据记载,世界上第一个消防队于公元前 100 年出现在罗马。这个消防队拥有 500 名队员,但它的宗旨并不是为社会和他人服务。每当发生火灾,他们就赶到现场,与失火家主人进行交涉。如能廉价购买室内家具,就帮助灭火,然后把烧剩的家具带走;达不成协议,就任房子焚毁。这种乘人之危的贪婪经营方式,虽赚取了巨额财富,也留下了让人唾弃的坏名声。

在德国,拥有几百支妇女志愿消防队。在一个名为莱尔巴赫的小村庄,早在 1974 年就成立了女子消防队,16 名女子经有关部门考核被确认消防员合格身份。她们能熟练掌握各种消防灭火技术,如接水龙、敏捷爬高、救难包扎伤员等等。

在日本各大城市中,女性消防官占一定比例。她们通常具有大专以上学历,并具有一定表演技巧,除担任内勤、出现场救火以外,还演出消防宣传剧目,到幼儿园、学校辅导学生的消防活动。

美国西弗吉尼亚州有一支女囚犯消防队。当火灾警钟一响,联邦监狱的大门便迅速打开,一辆消防车风驰电掣开往现场,其中司机、消防队长与站在消防车两侧的消防队员全是罪犯,而且全部是女性。她们是美国监狱首批全女班消防队,工作效率并不亚于男性专业消防员。火灾扑灭后,她们立即收拾器具,自动返回监狱。监狱官向人们介绍说:"她们喜爱这一行,而其中大部分人以前从未做过帮助他人的事情。"

在英国曼彻斯特市有一支自行车消防队。队员都骑着一辆自行车,并配备轻型灭火装备。当发生火灾,这支自行车消防队就会先行出发。即使遇到交通拥堵,也能骑车迅速赶到失火地点,发现火情不大,便加以扑灭;如遇到大火,则能及时通报警情,引导消防车进入有利位置。由于自行车消防队灵活、快捷、实用,被誉为消防"轻骑兵"。

在北京什刹海地区,分布着众多的胡同、四合院,在这里也有一支自行车消防队。队员脚踏电动自行车,携带小型灭火器材,在街道往返巡逻,向居民宣传防火知识,随时准备扑灭突发的火灾。北京雍和宫等著名寺院,也都设有僧侣组织的消防队。一旦寺院里发生火灾,僧众就会有组织地先行施救,以减少火灾损失。

在德国法兰克福、中国北京等城市,都建有少年消防队。消防部门组织学校的中小学生参加消防灭火训练,使用消防器材,掌握灭火和逃生技能,并参与火场警戒等工作。

54. 消防队的"副业"

消防队员的专职是灭火,但在完成一些民众求助的事情上,他们也尽职尽责,干得兢兢业业。

近年来,我国各地的消防人员在救火救灾中临危不惧,屡获殊荣。当接到报警,发生交通事故司机被关住,有人轻生欲跳楼,儿童被物体卡住头、脚,手指套入金属环摘不下来等意外,消防队员都会及时赶到,想方设法迅速施救,被人们津津乐道。

我国台湾的消防队除负责灭火外,在居民受到动物威胁时,也出动救援。如捉毒蛇、除毒蜂、捕杀野狗、驱除祸害农作物的猴子等等。一次,有只饥饿的大鹰闯入居民楼内觅食,造成混乱。消防队员闻讯赶到,在不足1米宽的楼梯间与凶鹰展开一场捕斗,并把鹰擒获。

在爱沙尼亚经历两个月干旱后,生活在爱沙尼亚的濒危动物黄条蟾蜍的数量仅剩500—2000只。消防队员每天向该国西南部的多个水塘输送8吨水,用以维持成年黄条蟾蜍以及1.5万条小蝌蚪的生命,直至旱季结束,受到人们的赞扬。

瑞典斯德哥尔摩有一家美发店,在一次经营中,当腐蚀性药剂敷在一些女客人头发上后,该地区突然停水。如不能及时冲洗药剂,女客人的头发会被烧毁,一时间吓得顾客们惊叫大哭。老板紧急中想到消防队,打电话求救。当地一辆消防车鸣着警铃迅速赶到店外,打开粗大的管口放水,让女客们痛快淋漓地冲洗头发,为她们救了急。

一批运到美洲的"非洲毒蜂"偶然从研究所蜂笼中逃出,与当地毒蜂交配后,毒性陡增,群集袭击人畜。当大批蜂群前往巴拿马时,当地消防队进入戒备状态,充当灭蜂主力军。他们使用杀虫剂大战毒蜂,先后灭蜂10群,每群上万只。

美国加州42岁的男子米切尔重700磅,一次失足跌伤,需送医院救治。加州红木市的8名消防队员被急召而至。他们将沉重的伤员移垫在木板上,用毯子裹紧,又拆窗卸门,动用升降机将米切尔从阳台运下,前后用了两个半小时,终使这奇特的营救行动大功告成。

日本各大城市的消防队都附设有乐队。乐队与城市的剧场、俱乐部签订合同,定期举办消防音乐会,寓教于乐。这种消防音乐会大受欢迎,常常是座无虚席。

为了拍出精彩的电影镜头,消防队也大有用武之地。奥地利的电影工作者在拍狮子咬斗镜头时,特意把消防队请进摄影棚。拍摄到狮子搏斗需停下时,由消防队队员以水龙喷出水柱为狮子"劝架"。而拍摄下雨镜头,用喷枪直射天空,制作听人摆布的"倾盆大雨",就更是消防队员的拿手好戏了。

55. 别样的"警察"

各国警察承担着维护交通和治安的重要职责。在一些地区,由于警力不足,或是为提高威慑力,警察也联手了一些别样的"警察",共同上岗出勤。

瑞典一些城市里,为防止盗窃案件发生,使用了一种纸板制作的"警察",身高1.70米,站立在商店入口处或其他显眼的地方。"警察"手里拿的是一张宣传画,上写"盗窃后果严重",其目的是对企图作案者提出警告。

利用稻草人吓走乌鸦是丹麦人的古老传统。这一传统被警方利用,在街上设置"稻草警察",用以吓阻开快车超速行驶的司机。自从设置了惟妙惟肖的"稻草警察"以后,超速行驶的发生率已减少30%。警方同时采取虚虚实实的方法,在若干个"稻草警察"之间由真警察设岗,使超速司机难辨真假。

美国警察有时要一个人出外执勤,尤其是夜间巡逻,怎样避免孤单呢?爱达荷州警察局想出一个主意,用塑料制作一批警察,置放在车内,同真警察坐在一起,这样,"两个人"就比一个人值勤感到安全多了。一旦警察需要下车,便把塑料警察放在驾驶员座位上,不至于扔下汽车无"人"照管。

同样的塑料"警察"也在日本出现。随着汽车工业的迅猛发展,日本各地交通事故日益增多。为了提醒司机们按规章行车,防止事故,在东京等城市某些公路旁,增设了一些用塑料制作的"交通警"。有时警察也混入"假警察"中间,真真假假,对纠正违章大为有效。

日本高速公路密如蛛网,危险路段多,却没有众多的警察能加以部署。于是有关部门制作了一些与成年人等身的蜡人,身穿警服,坐在摩托车中。司机驾车远远看到警车在场,就会引起警惕,放慢车速,避免了违章,更减少了交通事故。

在美国得克萨斯州的一些城市,使用了一批"机器人警察"。这些"警察"高1.64米,重86公斤,肚脐上装有荧光屏,能自己从一个城市的酒吧走到另一个酒吧,张开嘴巴便能讲解酒后开车的害处,并能不慌不忙反复讲个不停。它嗅一下司机呼出的气体,就可查验其血液中有无酒精含量,比一般使用检测仪更为快捷准确。

印度南部的斯利那加市是有名的旅游胜地,那里每天游人如织。当地出售蔬菜瓜果的商贩随地设摊,造成交通阻塞,市容混乱。当地警察对此束手无策,只得请来两头大象,挂上执勤标志,由它们的主人牵着在街上来回巡逻,看到有人把菜篮子沿街乱放,它们便马上用鼻子谨慎而文雅地卷起搬开。骑自行车者若把车子随便停放,则被它们卷起移到街边角落,车主得放25个派士的违章罚款在象鼻头上,由它转给自己的主人才能领回车子,要是少一个子儿它便会把这些硬币甩掉。有了这两名长鼻子"警察"秉公执法,当地市容大有改观。

56. 形式多样的监狱

监狱是关押犯人的地方。

世界上最大的两个监狱为苏联所建,一个在莫斯科,另一个在乌克兰。在莫斯科的白特基监狱,占地广阔,可以一次容纳将近 5000 名犯人,乌克兰的卡尔可夫监狱,也可以一次收容 4000 名犯人。

在英国海峡群岛中的一个叫"沙克"的岛上,有一个很小的监狱,只能容纳犯人两名。在附近一个叫"赫姆"的小岛上,则有世界上最小的监狱,只能容纳一名犯人。圣马力诺王国位于欧洲意大利境内,全国只有一所监狱,狱内有 6 间牢房。1986 年,狱内关押的唯一一名犯人越狱逃跑了。因此,圣马力诺一时间成了世界上有监狱而不见犯人的国家。

在美国,刑事犯罪案件一直居高不下,使监狱人满为患。为了解决监狱不足的问题,美国有关部门建造了一种"浮动监狱",即租上一条船,并把它改造成"监狱船",将其行驶到远离岸边的深水区锚泊。在海上,犯人如有越狱等图谋不轨的行为是很难成功的。此外,一种"流动监狱"也应运而生。所谓流动监狱就是一座活动房屋,装有各种报警装置。这种房屋构造十分坚固,可用汽车、轮船来回装运。在挪威,为解决犯罪率高、牢房不足的问题,政府利用宽阔的挪威海建造了 100 多座海上监狱。这种漂浮于海上的监狱远离陆地,歹徒越狱不易。同时,管理人员也相应减少,犯人还可捕鱼,大大减少了管理费用。

在美国一些州还使用了"家庭监狱",让犯人在自己住处服刑。有的犯人腿上安装了一个微型发射器,以发出信号定位,与监狱管理中心的计算机联网,这样就能确保犯人老老实实服刑而不乱走。除了搞"家庭监狱",美国各地还有一些代管犯人的私人监狱。田纳西州开办的一家私人监狱公司,就拥有分布于几个城市的 25 所监狱。这家公司的经理将部分牢房改建成最豪华的客房,哪个犯人肯出大价钱,就可住进舒适考究的高价房间里,优哉游哉地消磨时光。

据美国《时代》周刊报道,挪威用 10 年时间建成了号称世界"最人道"的监狱。这座挪威监狱投资 2.52 亿美元,目前有 252 名囚犯服刑,每个人的关押成本达 100 万美元。监狱采用砖式外墙装饰,力求减小和外界建筑的差异。院内配有锻炼跑道、监视设备,狱室达到普通大学生宿舍的水平,平板电视、小冰箱和高档家具让牢房"看上去更像宜家家居的样板间"。监狱甚至特设单间,供犯人与前来探视的家属共度良宵。这里的狱警不佩戴枪支,还雇佣一半的女狱警,意在减少犯人心中的不安。狱方称,人道对待囚犯能帮助他们重新融入社会。然而这些不菲的花费却招来一些国民质疑,有人批评说"这是糟蹋纳税人的钱"。

57. 判刑入狱之奇

各国法律规定不同,对犯罪判处的刑期也不一样。

1984 年,欧洲 8 名不法商人将工业用油掺入菜油里出售牟利,结果导致 600 人死亡,2.5 万人致残。在开庭审理后,公众强烈要求给予最严厉的制裁。因有关国家无死刑,于是法官判处 8 名罪犯坐牢 10000 年。

1986 年,西班牙法院做出判决,邮递员布里埃尔因丢失信件 42768 封,被判处剥夺自由刑罚 384912 年,这恐怕是世界上最长的刑期了吧。

在 1988 年 4 月至 6 月期间,美国圣路易市 38 岁的托马斯,对 5 名妇女施暴 15 次。当地巡回法庭以托马斯犯有强奸罪、抢劫罪和绑架罪等,判处他 1002 年徒刑。他至少要坐 800 年牢,才能申请有条件释放。

1988 年,美国 40 岁男子罗伦斯大肆拍摄色情图片并广泛传播而遭逮捕。法庭判他 2975 年监禁,以便"让他和他的灵魂永远不要回到人间再干坏事"。

1994 年,菲律宾一个反贪污法庭判处一女子胡安尼塔入狱 527 年,她在收水电费时贪污公款 43993 比索(合 1571 美元)。她是空军基地管理处的一个职员,被控犯有 92 次伪造账单和贪污罪,由于认罪态度较好,并退回了部分赃款,故为她减刑 397 年。

十几年前,洪都拉斯的埃尔波韦尼尔监狱管理人员迪马斯斯组织指示 10 名监狱雇员纵火,导致 69 名囚徒死亡。法庭审判后判处主犯迪马斯斯 1051 年监禁。

十几年前,美国得克萨斯州一名男子波普被控 40 项性侵犯罪成立,法庭判处他 40 次终身监禁,累计 4000 年。此外这个色狼被控两年时间屡次对 3 名未成年少女实施性犯罪,获刑 60 年。合计需服刑 4060 年。地区检察官说,波普必须连续服刑,于公元 3209 年才可获假释。

8 年前,一起可谓是美国历史上最罄竹难书的儿童性骚扰案件最后宣判。已经 65 岁的美国老翁被判入狱 152 年,老翁名叫史奇瓦兹米勒,他的犯罪手法是先与男孩家长交好,如与单亲妈妈约会等,取得对方信任后就邀请被害人外出郊游或过夜,趁机对孩子犯罪。

判刑各有不同,漫漫铁窗生涯,谁又是坐牢时间最长的呢?

1993 年,俄罗斯一个 122 岁的名叫弗拉默迪的罪犯得以释放。这个弗拉默迪在 1890 年因杀人被判刑 100 年。在服刑期间,他企图越狱又被加刑 3 年。他自知将老死狱中,但谁知他体健高寿,竟在狱中服完 103 年刑期,终于盼来了出狱的一天。他说:"我现在想做的第一件事就是先舒舒服服洗个澡,再喝一口伏特加和找一个好女人。"

58.别致的路标和提示牌

当人们走在马路旁,常会看到一块块路标和提示牌。在国外有的地方还设置了一些不同一般的路标、提示牌呢。

英国有些道路上设置了自己能自动发光的路标。每当两车之间距离小于规定数值时,这些路标上的字就发光,醒目地提醒司机:"车挨得太近了!"美国交通管理部门研制出一种会说话的路标,在雨雾天文字难于看清时,路标可以自动播放语音,如"请注意,前方是急转弯"等,提醒司机注意安全。

在德国的卡塞尔市,驾车司机常能遇到一种画有两只赤足印记的路标。它告诉司机们:这条街仅供行人穿行,车辆不得驶入。美国休斯敦市郊的树林中松鼠很多,它们穿越公路时,常被汽车碾压。一位叫比利的人,在自己家门前竖立起一个路标,上面写着"当心松鼠"四个字,用以保护过路松鼠的安全。

丹麦公路旁,有时能看到一种三角形的路标,上面画着一个奔跑着的小偷,手里拿着钥匙,身上背着赃物。司机看到这路标便知道附近停车场窃案频发,需多加小心。

美国伊利诺伊州的鹿野市火车站入口处旁边,竖有一块不准在此接吻的路标,上面画了一个红圈,圈内有一位戴帽子的男人,噘着嘴要和一位带卷发器的女子接吻,一条红线划过两个人的侧影。这个路标是为防止交通阻塞而设立的。

美国宾夕法尼亚州的一条公路旁,立着一块与众不同的路标。路标上汽车和文字都是上下倒置的。交通管理人员说,把路标倒置,可以给司机一个深刻印象,以引起警觉。美国有的路段上还设有一种两面路标。驾驶汽车的游客看路标上写着:"马路封闭,不能前进!"他看到前方没有什么障碍,不听劝阻,继续前进。后来遇到了一座断桥,只好掉头返回,再看到那个路标,背面却写着:"欢迎你回来,傻瓜!"

美国底特律市的警察劝诫司机不要醉酒驾车,在公路旁特意立起一块牌子,上面画着酒瓶并附言:"这里的警察喜欢酒味,他会劝过路的司机顺便到他管辖的地段待一天,以使多位同事有机会享受一下威士忌的酒香。"在美国西海岸一条公路的急转弯处,有一块提示牌,上书:"如果你的汽车会游泳,就请照直开,不必刹车。"

墨西哥有个风景如画的城市,致使一些司机只顾看迷人的景观而发生交通事故。为此,该市在入城路口悬挂一块提示牌,写道:"请司机掌握好方向盘,本地既没有医院,又无药物。"司机们见了,开车都加了小心。

59.如此处罚违章司机

汽车司机违反了交通规章后,轻的会被扣分、罚款,重的要吊扣驾驶执照、拘留。在有的国家也还有着不同的处罚方法哩。

在美国的俄勒冈州,当交通警察有充足理由认为司机违章行车时,就把他的汽车号牌换成红色的。醒目的红色号牌足以引起别人对这辆车的警惕。开上红号牌车的司机总感觉被人四处盯着,再不敢开车乱来,只盼着在规定的期限内安全行车,不再违章,然后早日把红号牌换掉。

法国巴黎的交通警察,发现司机超速行驶,就给汽车一个轮子套上"脚镣"。这一来,汽车开动后不想慢也快不起来。司机只好无奈地到指定的地方去交罚款,凭单据才能被除去"脚镣"。有了这一番经历,爱超速行车的司机无不有所收敛。

巴西里约热内卢的警察,发现有不按规定地点停车的汽车,便在汽车的迎风玻璃上贴"停车违章"的不干胶通知单。这种通知单黏度大,自己不好弄掉。司机到交管局交了罚款后,经警察使用一种溶剂方能把违章通知单除去,这一招对纠正一些司机在路边随意乱停车大有帮助。

巴西圣保罗市的交通警察,一次次把违章司机组织起来,送他们到幼儿园,坐下来观看孩子们的交通游戏表演。幼儿园大厅里有街道、路口和各种交通标志模型,孩子们扮作警察和司机、行人,演绎故事,讲解交通规章,给违章司机重新上一堂交通课。

在哥伦比亚交通局,设有一座电影放映厅。凡被带到这里的违反交通规章的司机,都被迫看一套交通事故影片。片中映出重大事故中一具具被车轮碾压、车祸失火烧焦的尸骸,一幕幕血淋淋的场景,令人惨不忍睹,让观看者印象深刻,可警示司机不可再违章。

德国曼海姆市的交通警察,在拦截到违章司机驾驶的汽车后,便将司机带上警车,然后向郊外荒僻处驶去。在10公里外的地方,警察停车,让司机下车,徒步返回,去开自己的车子。这里没有其他载步工具,司机再不情愿,也只能花费不少时间走这一段路了。警察这样处罚他当然是希望他一路走,一路反思一下自己的违章行为。

在美国得克萨斯州有一条交通法令:肇事司机必须以被自己开车肇事致死人的名字命名一个基金会,以后每个星期天都要向这个基金会捐赠10美元,直到10年的忏悔期满为止。所捐钱款不多,但让肇事者一周一捐,就是让他长记因交通肇事致人死亡的教训。

60. 稀奇古怪的法律

法律照理说是很庄严、神圣的,但在某些国家,至今仍在实行着一些古怪而让人感觉可笑的法律。

在美国密歇根州的底特律城,有法律严禁在公共汽车内探望车外景物,违者受罚。在蒙大拿州有法律规定,游泳时不准在水里吹气泡。在科罗拉多州钓鱼,法律规定只准用一根钓竿,否则要吃官司。在马萨诸塞州的波士顿,法律规定吊丧的人一次不准吃3块以上的三明治。伊利诺伊州法律规定不准一次提两桶水在街上走。纽约州威尔顿城法律规定除非特许,不准把水给任何人喝。在加利福尼亚州洛杉矶市,法律规定理发馆不准悬挂条纹旋转灯。法律规定田纳西州的算命先生必须有大学毕业证书。路易斯安那州一个小镇的法律规定,禁止人们穿着过于低腰的裤子,违者将遭到6个月监禁和500美元的罚款,因此,在当地是没有人穿露脐装的。

美国密苏里州有一条古老法律,是专替遭遇火灾的妇女而定的。条文规定:任何年龄的妇女,在深陷火窟时,必须把衣服穿着整齐,消防队员才可将她从现场救出来。假如她只穿睡衣或内衣,消防员便不得进行援救。

英国早在几个世纪以前颁布的某些法令至今还有效,如其中一条规定读者在阅览室看书时打瞌睡要处以10英镑罚款;如果还不时地打鼾,则处罚加重:罚款15英镑。有人建议取消这条法律,但遭到大不列颠法院的断然拒绝。法院认为,读者在看书时打盹儿,尤其是打呼噜,是对其他看书者的大不敬和人身侮辱,理应受罚。

在美国等一些城市,还有着与星期天相关的法律。堪萨斯州有一条古老的法律,禁止在星期天吃蛇,违者罚款,甚至坐牢。俄亥俄州的哥伦布市法律规定,星期天禁止出售玉米片。在威诺纳湖,星期日在柜台上吃冰激凌是违法的,要受处罚。在新泽西州的欧欣格罗夫市,法律规定星期天为"安静日",全城禁止任何车辆通行。为了维护这个法律,马路用铁链围起,并挂上大锁,真是戒备森严。在欧洲很多古老城市的中心区域内也有星期天禁车的规定,但是铁链上街却是欧欣格罗夫的"特色"。尽管如此,城市的所有居民却没有一个表示异议,"安静日"的法律已执行了100年左右了。

在意大利,有关采集蘑菇的法律规定,采集者必须领取执照,同时交纳一定的费用;在有些地区还必须进行考试,依此判定采集者能否识别有毒蘑菇和可食用蘑菇,是否懂得正确地采集。在大部分森林中,每周有两天禁止采集蘑菇。甚至还有这样的限制:每采一篮蘑菇,重量不得超过2.5公斤。如果有谁违反了以上法令,将受到处罚。

61. 离奇的遗嘱

遗嘱是一个人一生中最后的愿望。立遗嘱是一件郑重的事。在西方国家有些人立遗嘱也喜欢标新立异,读了让人忍俊不禁。

遗嘱通常是写于纸上,但在欧美,有人偏要把遗嘱写在楼梯地板上、刻于龟背、书于围裙上,让家人寻觅遗嘱煞费苦心。遗嘱的内容光怪陆离,有的更是荒唐,如让两个高龄老妇举行拳击,胜者独享财产。

英国一位老先生在遗嘱中写明,女性不得参加他的葬礼,他说他不愿意临走再听到哭声。意大利著名律师科尔蒂西奥尔也有同样的遗愿,他在遗书里写道:"举行葬礼时,给教堂披满鲜花,邀来全城乐师,在我的棺木上盖一块色彩艳丽的布,抬棺的 12 名接受遗赠的姑娘必须欢声歌唱。若发现哪个啼哭,当场剥夺其遗赠权,笑得越开心的人,所得遗产越多。"

加拿大一位叫理查斯·米勒的律师立下遗嘱,将 50 多万美元的财产送给在他死后 10 年中在多伦多城生孩子最多的母亲。结果,有 4 位 10 年里各生了 9 个孩子的母亲分享了这笔赠款。

法国的一位有钱人立下这样的遗嘱:死后将财产捐赠给他的故乡,举办一项骑猪赛跑运动会。后来这人死了,他家乡的人利用这笔捐赠的遗产,每年举办一次妙趣横生的骑猪大奖赛,连年不断。捐赠者想不到的是,他提倡的骑猪赛跑,在今天竟成为当地旅游观光的赚钱活动。

美国的一位老妇人立下遗嘱,将她的全部不动产敬献给上帝。她的这个遗愿,真难为了当地司法长官。想来想去,最后司法长官只好幽默地向上级报告说:"我们按老妇人的遗嘱努力寻访上帝,可是找遍了当地的每一个角落,均未能找到他。"

克莉芙是美国密歇根州的一位 83 岁孤老太。她立下遗嘱,声称要与自己的住房一同火化。为了执行其遗嘱,60 名消防队员整整忙了一天,将她生前的家具、衣服、汽车,连同房子统统付之一炬,实现了克莉芙生前的愿望。

现存世界上最长的一份遗嘱,为美国人科克于 20 世纪初所写。她的遗嘱分为 4 卷,约 9.6 万字。

前不久,英国有关部门在网上公布了 4100 多万份遗嘱,这些遗嘱有的有 150 多年的历史,包括许多名人、政要,如英国首相丘吉尔、知名作家狄更斯、戴安娜王妃、经济学家凯恩斯等人。不过想阅读这些遗嘱要交 10 英镑。另外,目前内容可查询的只有英格兰和威尔士等地的,想看苏格兰和北爱尔兰地区的遗嘱,还要有不同的申请程序。

62. 中大奖的悲剧

买彩票让有些人中得大奖,于是就有了很多很多钱,却也酿成了不少悲剧。

57 岁的澳大利亚男子泰勒斯和妻子在 1998 年买彩票中了 1000 万澳元大奖,这让泰勒斯从穷农夫摇身成为千万富翁。经有人游说,他投资 300 万澳元办了一个橄榄树农场,结果失败。他用剩下的钱进行其他经营,也无一成功,赔个精光。妻子离他而去。在索要农场的纠纷中,他的一个朋友被打死,不久孙子又死于非命。泰勒斯感慨,是那个大奖彻底毁掉了他的生活。

2002 年,54 岁的美国男子惠特克买彩票中奖 3 亿美元。中奖后他一直麻烦缠身,每个朋友都向他借钱,并因得不到满足而对其指控,在 5 年中打官司多达 460 场。他和家人不断因索款不成遭到绑架威胁。他不敢让喜爱的孙女布拉格去学校读书,以致使孙女染上毒瘾,最终遭遇不幸。惠特克痛心地表示:"如果能换回孙女的生命,我宁愿把奖金全数归还。"

一位中大奖的中国人也发生了惨剧。家住哈尔滨的马洪平于 6 年前购买"双色球"彩票中了两次 500 万大奖,被当地人称为彩王。他自认为掌握了中大奖的诀窍,于是加大投入。但是好运不再属于他,领到的奖金全部被他赔了进去。他不甘心,编造各种理由向人借钱,结果越陷越深,被人追债,还让人打掉了两颗门牙。因虚构事实骗贷,他欠债上百万元,后公安机关将他关押,立案侦查。

中大奖的悲剧在英国似乎更多一些。英国男子卡罗尔 8 年前中得 970 多万英镑彩票大奖。他吸毒、赌博又嫖娼,妻子不堪忍受他的无节制生活,带领儿女离他而去。经过 8 年的放荡生活,财产烟消云散,卡罗尔重新回到生活的低点,靠领取救济金生活。英国另一名男子彼得,在 2005 年购买国民彩票,中了 512 万英镑大奖。一夜暴富的他按照一些自称"理财专家"朋友的建议,将奖金用到投资和炒股上。随着全球股票市场狂跌,彼得眼睁睁看着投入的钱全部打了水漂。妻子无法忍受这种生活的巨变,和他离了婚。短短三年之后,彼得不仅败光了"飞来横财",变得一无所有,还欠下了巨额债务。

英国 16 岁的女子考丽在 2003 年幸运中了彩票大奖,领取了 190 万英镑的奖金。一夜间成为富人后,考丽挥金如土,6 年间挥霍光了所有奖金,为维持生计,她不得不同时做三份清洁工作。这位已经 22 岁的女子诉苦说:"除了让我不开心,它(中奖)没有给我带来任何好东西。"

63. 笨贼一箩筐

人们可能想象不到,还会有这样愚蠢的盗窃者。

秘鲁首都利马有个叫纽内兹的人,28岁。他在脸上化妆后,持枪抢劫了一家银行,抢去一大包现金。15分钟后,他洗去化妆品,又进入这家银行存款。这时银行职员正向赶来的警察诉说遭抢的经过,看到了纽内兹立即指认他是罪犯。原来纽内兹猛力推门的动作和他胳膊上文的一把小刀暴露了自己。

法国安顿尼市一名叫米吉列特的人,深度近视。他在银行门外看到有人往里搬金色条状物,以为是金条,于是拔枪抢劫。一小时后他被警察抓住,一看赃物才知道,他抢的并不是金条,而是食品店给银行送去的用金色纸包装的巧克力。

美国纽约州的22岁青年加西亚,夜间溜进一家房地产公司内,找到一个重600磅的保险柜。由于兴奋和急于把柜子搬走,下楼梯时脚下一跌,人与保险柜一起滚落,加西亚抱着柜子不放,结果被压在柜下。第二天,上班的人在保险柜下发现了加西亚的尸体。

在美国南达科他州,一名叫特尔多奥的男子晚间蒙着女士裤袜,抢劫了车厂收费处。得到钱后,有位老太太进门交钱,迎面客气地问他几点了。蒙面人也想表现出有教养,为看清手表的时间,扯下裤袜,看好时间告诉了老太太。但也就因此被监控摄像机拍下了"尊容"。警察认出他是当地一名惯犯,将他捉拿归案。

美国皮鲁克林市一男子从银行抢劫得到2100美元,在逃跑时,却遭到打劫,2100美元全部被人劫去。他愤愤不平,决定报警。结果让警方意外地破获了这桩银行抢劫案。

美国佛罗里达州有个小偷酷爱玩游戏机。一天他溜进一户人家偷了一大包东西,看到一间屋里有一台游戏机,技痒难忍,便把赃物放在一旁,打起游戏。这一玩便欲罢不能,直至屋主发现他报警。警察赶来时,他仍浑然不觉。

哥伦比亚巴兰基亚市,有一名24岁的盗贼,探得一富翁家中夜间无人,便趁夜色破壁行窃。为打穿墙体,他又凿又撬,使用电钻、镐头,忙了大半宿,致使体力消耗过大,精神极度疲乏。在睡意难以抗拒下,他抱着赃物钻入壁柜想先眯上一觉。房主早晨在家中发现失窃,警方赶到现场随即将还在酣睡的盗贼抓获。

美国华盛顿一家百货商店夜间被盗,老板一早发现店内货物散落一地,保险柜遭撬,而两名陌生人睡在店外草坪上。警察接到报警赶来,经侦查确认,两名熟睡者就是盗贼,他们盗窃得手后,兴高采烈地大喝酒柜的好酒,而后大醉而睡。一番拍照后,警察把他们拖起,问清他们一个是25岁的凯利,一个是27岁的艾伦,告诉他们:"起来,要去监狱睡啦!"

64. 盗贼真敢偷

一般盗贼喜爱偷取钱财和便于携带的物品。可也有的贼偷,胆大包天,简直没有他不敢动的东西。

印度尼西亚北苏门答腊两个城市间原有 95 座铁路桥梁,其中的 52 座桥梁在 1985 年竟然失踪。经查这是一些盗窃者干的。盗贼把桥拆掉,大卖"废铁",使铁路运输受阻。2007 年,盗桥的事又出现在俄罗斯。俄警方发现位于东部梁赞州一条河上跨度达 5 米的钢桥不翼而飞。警方随即展开调查,把嫌疑目标锁定为一个 45 岁的市政工人。经审讯,这个市政工人承认,他用自己的施工卡车做掩护,光天化日之下对钢桥实施"乾坤大挪移",拉走大桥后把桥切割成块当废钢卖掉。这个男子盗窃的钢桥被警方称为"年度最大赃物"。

11 年前,一对挪威夫妻发现,他们度假别墅内的游泳池竟然不见了,地面上留下的只是一个巨大的坑。这对夫妇一开始根本就不敢相信眼前所发生的一切,因为这个圆形游泳池外部还有一层钢制的外皮。这对夫妇在接受采访时诙谐地表示:"这可真是一项巨大的工程。"

英国北方城市的一伙盗贼,竟冒充起修路工人"盗路"。他们在夜间竖起路障,封住大街两端,将路面好砖逐块掘起,装卡车运往南方出卖。翌日,路面一空。此类盗案也发生在美国圣路易斯市。居民晚间见街对面还有一所好房子,早起醒来那里已是片瓦无存。原来一伙砖头大盗发现,砖坚固耐用,盗拆后卖给建筑商,比偷汽车更安全、划算。"盗屋"的事情遂在该市接连发生。

10 年前,英格兰谢菲尔德市两名青年潜入一个列车调度站,开跑了重达 49 吨的火车头。这二人驾驶着庞然大物,在铁轨上疯狂兜风。15 分钟后,调度站值班人才发现机车被盗,追出去看到火车头已停下,盗车者逃之夭夭。

更惊人的也是在 10 年前,保加利亚警方逮捕 3 名涉嫌盗窃"二战"坦克的嫌疑人,其中包括两名德国人和一名保加利亚军官。据保加利亚军方检察官说,这 3 个人在保加利亚南部试图偷窃一辆"潘策尔"坦克时遭逮捕。专家认为,"潘策尔"坦克在古董市场上每辆价值最高可达 7.2 万美元。另据报载,一名叫威廉·肯尼迪的人,潜入了一家造船厂,将一艘为加拿大建造完工的万吨级巨轮"东方商人"号开出,一直开到西班牙,进港时才被发现。

还有更离奇的,美国少年哈里斯·摩尔从未接受过飞行训练,他竟然偷走了 3 架飞机。警方发现,摩尔用偷来的信用卡在网上买了一本飞行指导手册。仅仅凭着这本手册,摩尔就把偷来的飞机开上了天。但降落时就没那么幸运了,飞机每次都会被他撞坏。在几次脱逃后,这名小小年纪的"飞机大盗"终被警方抓获。

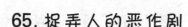

65. 捉弄人的恶作剧

恶作剧即捉弄耍笑、使人难堪的行为。

在世界各地,发生的恶作剧花样繁多,千奇百怪。有一富翁立下遗嘱,死后由亲属将一小箱子点燃。他的葬礼办完后,律师召集其亲属用火烧箱子,结果响起鞭炮声,把在场的人都吓了一跳。原来,小箱子里面放了鞭炮,富翁临死仍不忘搞恶作剧。

10 年前,在英国博尔顿市,一个蒙面男子模仿电影《尖声惊叫》中的人物,身披黑色斗篷,头戴骷髅面具,于晚间突然闯进一家便利店,扔下一只燃烧着的礼花后转身离开。200 个彩色火球随即从烟花中喷放,室内浓烟滚滚。警方说,烟花最终被踢出门外,店主安然无恙,但他的孩子却因吸入浓烟而呕吐。警官说:"这出恶作剧很危险。"

据《澳大利亚人报》报道,澳大利亚昆士兰州一位 70 岁的老人在购物中心上厕所时遭遇缺德恶作剧,马桶圈上被人涂了强力胶水,等老人发现异常时,已经被紧紧地粘在上面,最后只能被救援人员连人带马桶圈抬上救护车,送往临近医院。医护人员用特殊溶剂将胶水化开,才把窘迫得快晕过去的受害老人从马桶圈上救下来。警方称,这种恶作剧已经不是第一次在该购物中心厕所内发生,之前的受害者比较幸运,一坐下去就发觉异常,马上站了起来。警方已经发出通告,要捉拿恶作剧的始作俑者。

人与人之间常会闹出恶作剧,有的动物也不甘寂寞。在德国一个小城,一天清晨,不少居民被一栋住宅内传出的凄厉呼救声惊醒,有人连忙报警。一会儿,消防车和救护车陆续赶到出事现场。抢救队员破门而入,然而人们看到的只是一只鹦鹉。它之所以大声呼叫是抗议女主人把它单独放在这里过夜,并且早晨不给它喂食。

外国的恶作剧层出不穷,在我们身边也有古怪恶作剧发生。武汉江夏区纸坊街车站路住着一位 70 岁的汪老爹,他 3 年前丧偶,经人介绍与田婆婆再结连理。新婚十天来,每到半夜 12 时,就有电话铃骤响,接电话却听不到有人说话。汪老爹被这"午夜凶铃"搞得惊魂不定,心绪难宁。汪老爹报警后,在工商人员帮助下,经过检查,在放电话的柜子抽屉里找到一部旧手机,这才破解了恶作剧谜团。原来,汪老爹十几岁的孙子从小和奶奶感情深厚,对爷爷再婚不满。为了"惩罚"老人,他将一部旧手机设置了闹铃,时间为半夜 12 点,偷偷放进柜子。由于手机铃声和电话机铃声一样,遂闹出了这件"怪事"。

66."幸运儿"和"倒霉蛋"

生活在大千世界的人,有人不期然就成了"幸运儿"。

在美国密苏里州一场猛烈的龙卷风中,一名住在拖车房屋中的 19 岁小伙子麦特不幸被强风卷到空中,飞行了 400 米才落地。在狂风中,一盏灯落下重重地砸在麦特头上,将他砸晕了过去。随后,只穿了一条拳击短裤的麦特就身不由己地被龙卷风"吸"到了空中。当时龙卷风的时速高达 150 公里。庆幸的是,除了几处擦伤之外,麦特没有其他严重伤势。

美国伊利诺伊州的桑迪·邦伯格 35 年前丢失了一个钱包。35 年后的一天,一个名叫韦利的牙科学生在学校洗浴间捡到了这个钱包。当时,因水管爆裂,天花板出现部分松动,藏在瓦檐下的钱包"从天而降"。这是当年那个小偷把钱包偷了藏在这里而未取走。根据钱包里的驾照、图书证等物品,韦利最终找到了钱包的主人。邦伯格说,她和丈夫准备送韦利一份礼物,以表感谢。

澳大利亚墨尔本有一名妇女在家中搞大扫除的时候翻出一张乐透彩券,意外发现自己赢得了 250 万澳元的大奖!这名幸运儿于 2007 年买的彩券 9 月 12 日开奖。开奖后,她虽然得知当地的彩券行卖出了头奖彩券,但自己的彩券已经遗失,所以没有过问。当她找到了这张彩券,决定打电话查询,没想到竟是当期头彩得主之一,可以分得重金。这笔意外之财让她一夜之间成了富翁。

生活中有"幸运儿",也有"倒霉蛋"。说鱼把人憋死了,这可不是开玩笑。葡萄牙南部特罗亚有一位钓鱼爱好者诺盖伊拉,他钓着一条鳗鱼,鱼钩正钩在鳗鱼的嘴上。他为了尽快取下鱼钩,就用牙齿咬着钓丝。可就在他取下鱼钩的一刹那,鳗鱼一下子钻进了他的喉咙里,把他活活憋死了。

开香槟酒瓶也能夺人性命,据调查这仅有百万分之一的概率,竟也让一个澳大利亚人赶上了。在一个生日聚会上,好友詹姆斯开香槟,为主人罗伯特贺寿,酒瓶盖弹射出来,恰巧击中罗伯特的动脉,主人倒地身亡。有研究表明,大香槟酒瓶内能达到 5 个大气压,冲力与来复枪子弹相当。这让一桩喜事变成了悲剧。

58 岁的英国男子米克·威拉里堪称"最倒霉的男子"。他在过去几十年里,至少遭遇了 30 起身受重伤的意外事故,以至于朋友们给他起了个"灾祸磁铁"的绰号。身为一名农场工人。他的"灾祸榜"数不胜数:削棍子时将刀戳进肚子里;割绳子时将手指削了下来;走路时踩在马铃薯上摔断了脚踝;骑马时,马被飘起的塑料袋吓得立了起来,将他的锁骨摔裂。之后不久,他在装饲料时,装载机突然冲出,将他顶在墙壁上,导致他双腿粉碎性骨折。威拉里曾经 15 次骨折,包括一次头骨摔裂。好在他不开汽车,否则意外事故更多。

67. 懒汉搜奇

勤劳是人的美德。懒惰不让人赞成,不受人欢迎。在世界上的一些地方,就是有懒惰的人,得懒就懒,惰性十足。

土耳其恰纳卡莱省的毛拉哈桑村是著名的"懒汉村"。村里的女人要承担家务,做沉重的农活。她们一早就要起床下地,耕种后赶紧回家做饭,侍候丈夫、孩子,再喂牲畜草料。到了收获季节,忙碌的还是女人们,她们要将农产品运到集市上变卖。村里的男人们则每天无所事事,在咖啡馆里打牌消遣,然后回家蒙头大睡。当问及村里男人为何不帮妇女干活时,男人就讲"男人嘛,不用干,这是村里的传统"。虽然这里是懒汉的"天堂",但住在附近的人们都知道,这个村的人们非常贫困。

在东帝汶地区,也混迹着不少懒汉。这些人好逸恶劳,到处东游西逛。为扭转这些人的懒惰习性,当地官员想到一个惩治办法:发现有人闲在家里,认定他是懒汉后,就往他嘴里灌泥浆。一位司法人员讲解说:"之所以用水和土和泥来教育懒汉,是告诉他们不能离开这赖以生存的东西。"灌泥浆治懒方法实施后,对懒汉们触动不小,看到执法官员乘坐的汽车在远处出现,懒汉们赶紧拿起个物件,装出在做事的样子。

在我国,低保金属于一种社会福利。一些懒汉却钻低保金的空子,能做事也不做,躺在家里看电视,以不劳而获领取低保金。2017年10月,《浙江省最低生活保障办法》规定,家庭成员有劳动能力及条件,无正当理由多次拒绝接受有关部门介绍的与其健康状况、劳动能力相适应的工作的,将取消低保资格。这会在一定程度上避免了低保金成为"养懒汉金"。

英国举办过一个"最懒人选拔赛",参赛者报名需具备5个条件:每周看电视25个小时以上;每日睡眠10小时以上;从不参加义务劳动和慈善活动;经常没精打采;5年内不做任何健身运动。虽然参赛奖金丰厚,符合报名条件之人极多,但报名参赛的人却很少,因为谁也不愿自己在懒人榜上有名。

最近,英国世纪电台举办了一项"寻找大懒虫"比赛。纽卡斯尔35岁的凯文·派尔被评为"头号大懒虫"。身为司机的派尔,回到家就会洗洗上床,躺着看电视。然后什么事情都要家人替他做。包括端饭、倒茶、拿鞋子,甚至大声叫家人上楼给他换他要观赏的影视光盘。最离奇的是,派尔还想出了懒人坐车遛狗法:由他的儿子开车,派尔坐在副驾驶座位上,手臂伸出车窗,牵着狗绳遛狗。派尔的道理是,这样做一步都不用走,还能免受风吹雨打之苦。派尔的儿子得知有"寻找大懒虫"的大赛,想都没想就给父亲报名了,结果让父亲派尔以绝对优势胜出。

68. 人际间说谎

说谎即有意不讲真话,欺骗别人。

人一旦有了说谎的习惯,被人识破,不仅会失去别人对他的信任,还会影响到身体健康。心理学家认为,说谎不但会使一个人的内心世界感到愧疚,而且会使身体多个部位受到影响,有的手掌出汗,呼吸短促,心跳加快,也有的血压增高,胃液分泌失调等。说谎一旦成为习惯,血压经常增高而容易患心血管病,胃由于经常受刺激就可能发生永久性的消化不良。

印度尼西亚加里曼丹岛的达雅克人认为,说谎是最大的罪过。谁说谎,谁将受到严厉的制裁。为此,当地人对说谎者的最大惩罚是在他死后,为了使所有的后代人都知道他是一个说谎者,特意为他用树枝做一个"纪念碑",设在道路旁边。使路过的每一个达雅克人记住:任何时候都必须诚实和真挚。

然而,也有人对说谎抱着玩世不恭的心态。由美国威斯康星州勃南敦城两名新闻记者发起,成立了一个有熟练说谎特长的"国际说谎者俱乐部"。想加入俱乐部成为会员,须缴纳本人杜撰的八卦说谎故事。内容可以胡编乱造,但不是粗制滥造,须显现出十足认真。俱乐部会员很快达到上千人,分布于西方各国。

英国一家市场调查公司调查了 4300 名英国成年人,结果显示,英国民众男性比女性说谎多,平均每天说谎 4 次,平均每年说谎近 1500 次。现代科技成为谎言的"助推器",诸如"我没有收到你的短信""我们的服务器坏了""我的电池没电了"之类的谎言随口就来。

西班牙马德里市 42 岁的男子卡萨尔·摩罗受到德国大哲学家康德的启发,决定做一个新奇的试验——在一年的时间里,不说任何假话,只说真话。而在试验结束之后,他将把其经历写成一本名为《完整的康德》的新书。卡萨尔承认,"在一年之内不说假话"看似简单,但几乎是一项难以完成的任务。卡萨尔称:"儿子总是不停问我'圣诞老人住在哪里'之类的问题。而妻子则喜欢问我'我是不是胖了、老了',这时说实话的后果可想而知。尤其是我妈妈,她总是喜欢不停地唠叨,让人心烦极了。如果我对她说实话,她大概要气得晕过去。"卡萨尔称,他最大的困难是不能对自己说假话,这才是最难的部分。

小孩子说谎是品质问题吗?加拿大科学家发现,"说谎"是儿童智力成长的重要步骤,家长无须过分担心,应抓住时机正确引导。英国伦敦一所大学的教授安·弗里曼是《如何培养聪明孩子》一书的作者。他说:"聪明的孩子往往擅长说谎。如果他们成长的社会环境抵制说谎行为,他们就会逐渐戒除这种习惯。"

69. 交往中的吹牛

在社会交往中,出于虚荣心或别的目的吹牛的大有人在。"吹牛"又称"吹牛皮"。昔日人们以牛、羊皮制成袋囊,充气后把袋囊拼接在一起,结成皮筏子。清代《陶园诗集》中序云:"以大羊空其腹,密缝之,浸以荷油,令水不透。选卒勇壮者缚羊背。"以皮筏子浮水常用于报洪讯和运兵员。甘肃皋兰城北黄河两岸以经营牛、羊皮筏为生的人较多。当地人不耐烦有人夸口时爱说:"你快到河边上去吧!"意即吹牛皮。此后"吹牛"便成为说大话的代名词。

有人吹牛,听到的人往往莞尔一笑,不去说穿他。这让吹牛的人感觉很有面子,以后吹得更加邪乎并以此为乐。有人吹牛还吹出好大名气哩。美国亚利桑那州菲尼克斯有个吹牛俱乐部。俱乐部规定,若想加入,必须写篇吹牛故事给俱乐部资格评选会,经审核认为合格,才能入会。每年除夕,俱乐部全体会员必须参加一次"周年吹牛大赛",优胜者可获吹牛奖。会员赫特德连续吹牛48小时,创造了该会的纪录。这位赫特德住在威斯康星州勃南敦城,因擅长吹牛,不讲真话,获"吹牛大王"的称号。赫特德还是"世界吹牛泰斗俱乐部"的主席,该俱乐部有各国会员10万人以上。

在美国田纳西州古老的小镇琼斯伯勒,每年都有一次"吹牛大王"聚会,向公众展示他们讲吹牛故事的本领,如今已举办了近40届。吹牛的选手来自美国各地,他们向围坐在帐篷里的听众大讲他们遇到了山神鬼怪的奇特有趣经历,当然这些都是他们挖空心思乱编出来的。听众在意的是故事的荒诞程度与吹牛联系紧密与否,到这里念一篇奇幻小说是不行的。1973年举办首届吹牛故事节,仅有4名讲说者,他们站在一辆汽车上,对60多名听众说大话。如今几届来听吹牛故事的,最少也有6000人之多。在英国坎布里亚郡湖区国家公园,也办有一年一度"全球头号大话王"吹牛演讲比赛。在最近一届比赛中,有"大话王"之称的英国老翁格雷厄姆,凭着一个"二战德国潜艇入侵英国夺取数码电视译码器"的谎言,第6次赢得"全球头号大话王"的称号。

俗话说"吹牛不上税"。事实证明:非也! 美国俄克拉荷马学院一群学生在"我的空间"网站上吹嘘,他们业余组织聚会的生意已经吸引成千上万名顾客。不料,当地税务部门对此信以为真,要求这群学生缴纳32万美元的税款。当地税务部门档案显示,这家聚会组织机构在过去近5年时间内承办了100余次活动。然而,学生的合伙创办者估算,他们在过去一年半内主办了20多场聚会,净收入不到2000美元。学生们认为,税务人员可能被"我的空间"网站上的夸大宣传所误导——那些言过其实的话语本是为了招揽更多顾客。

70. 受欢迎的小丑

在马戏团、杂技团的演出中，小丑的出场是最受人们欢迎的。小丑怪异的服装、滑稽幽默的表演常能让人百看不厌。小丑如此有孩子缘，这让有些人想到可以在小丑身上做些文章。

美国纽约一所儿童医院成立了一个特别小组，名为"大苹果马戏小丑护理组"，由医生戴上小丑面具为儿童治病。这个医院的发言人说，这种做法非常成功，那些对医生有畏惧心理的孩子见到"小丑医生"，立刻消失了恐惧心理，喜欢和医生接近。德国汉堡市一家理发店根据儿童的心理特点，装饰一新，理发员也特意打扮成小丑形象。每周三下午，有趣的"小丑"专门为孩子们理发，孩子们仿佛进入了童话般的世界，使众多不爱理发的孩子纷纷央求家长带他们到这家理发店打理头发。

小丑受欢迎，培养小丑演出人才的学校也应运而生。日本有一所专门培训小丑的专科学院——"日本小丑学院"。学院本着"让别人感到快乐""让世界充满欢乐"的宗旨，对学员从人物性格的研究、服饰的选择、表情和动作的感性表演、化装及骑自行车等技巧方面进行训练，每学期为19周，报名学习者颇多。美国南方佛罗里达州有一所"小丑大学"，从1968年创建以来，每年都培养出许多专业小丑。在"小丑大学"任教的都是来自世界各地的著名小丑艺人，课程也非常活泼有趣。每个学生都要独自设计一张适合自己个性的小丑面孔和一套小丑衣服，学期终了时参加毕业演出。小丑们都知道这是走向成功的第一步。

每年3月12日到17日，英国赛克斯郡的滨海小城博格诺雷吉斯便会热闹非凡，来自世界各地的小丑云集在这里，欢庆一年一度的"世界小丑节"。1987年，由"英国马戏协会"牵头，在博格诺雷吉斯举行了首届"世界小丑节"庆祝活动。自此，每年的这个时候，世界各国马戏团的小丑们都要赶到这里来聚会。他们各展所长，交流演技，并评选"世界最佳小丑"。周末的狂欢活动将小丑节推向高潮，小丑们身着五颜六色、奇形怪状的服装，各自拿出自己的绝活，有的上下翻飞，令人目不暇接，有的幽默滑稽，使人捧腹大笑。

在每年初春，各国欢庆狂欢节的时候，比利时的边远小镇以别具一格的"小丑节"加入了全球性的狂欢。那一天，全镇居民都穿上奇装异服，画上鬼脸，头上插着牛角或鸵鸟毛，身上挂满铃铛，在怪异的乐声中狂舞高歌。于是，全镇老少人人都成了其貌不扬的"小丑"。不过，虽然这些小丑外形光怪陆离，心地却十分善良。他们个个慷慨解囊，赞助那些路过该镇的流浪汉，还把自家的橘子一篮一篮地送给观光客，与人们共享小丑节的欢乐。

71. 胖子的尴尬

虽然有的国家的人是以胖为美的,但人的体重过高,身子太胖,则会给自己带来众多烦恼,甚至产生悲剧。

英国黑人沃特尔42岁,体重440.3公斤。近30年中,他从未光顾过电影院,也从未干过正常生活中诸如玩球和驾驶汽车这类事情,仅在8个人帮助下走出过一次房门。他已经忘却了对阳光和阴雨的感觉。由于身体太重,他一次站立不能超过3分钟。他一天要吃掉33个成人的饮食,生活中已失去自理的能力。

奥地利人皮尔奇尼29岁,体重399公斤。他应邀到日本拍摄电视节目。搭载他的日航飞机拆掉了16个座位。他下飞机时要由4个人搀扶着,脚拖在地面上移入"紧急降落门",再使用特大型起重机才能站到地面。从他下飞机开始计算,到坐上旅游车,用了将近一个小时。

英国另有一位体重672磅的大胖子,出席朋友婚宴,突然脚下一软倒地。旁边20位宾客试图将他抬起,但未获成功。6名消防队员接到求助电话,赶到现场,他们磋商使用了牵引工具,又在宾客们共同努力帮助下,才让这个大块头重新站立起来。

2005年,美国密苏里州约翰瑟夫市发生一起火灾,一名中年男子竟然因为身体过于肥胖,无法及时逃出家门,结果吸入太多有毒烟雾致死。这名不幸的胖子名叫莫里斯,体重达到272公斤。火灾发生后,该男子曾大喊"救命",但邻居和家人拼尽全力也无法将他抬出家门。

阿根廷有一名体重136公斤的胖妇,一天向正看电视的丈夫撒娇,一下子跌坐在他身上而站立不起来,肩背的肥肉盖住了丈夫的口鼻,最终使他窒息而死。在美国威斯康星州密尔沃基,40岁的沃克同胖妻发生口角,进而两人大打出手。体重147公斤的胖妻把沃克按倒在地,一屁股压在他身上,沃克当时就被压得散了架。此惨剧发生后,法院官员认为其妻并非有意要害死丈夫,而对她网开一面。

说到世界上最重的人,当推墨西哥的乌里维。他曾以570公斤体重当选"全球第一胖"。2008年,这位"半吨哥"经过两年减肥,减重230公斤,又成为全球减肥最成功的人。为庆祝减肥成功,他首次外出赴约,准备与女友共享晚餐。在6名壮汉帮助下,一台大型起重机将他连同特大号床从家里抬出,放在平板拖车上,沿途引起路人围观欢呼,还引来乐队为他演奏助兴。然而车子开到半路,床上遮阳布的架子却被天桥挡住,无奈之下只得返回,浪漫的约会被迫取消。

72. 鼾声轰鸣

打鼾即打呼噜。

打呼噜现象随着年龄增长而增加。据调查统计,30—35岁之间的人当中,男子睡觉打鼾的占20%,女子占5%。而在60岁的人当中,男子睡觉打鼾的人数上升到60%,妇女打鼾人数也上升到40%。打鼾现象还跟体重有关,肥胖人打鼾的人数比瘦人多3倍。

英国曾多次举办"全英鼾声锦标赛"。报名参赛者进入指定的酒店,酒足饭饱后由太太陪伴在客房酣睡。裁判们则使用测音器测试参赛者的鼾声。1968年,46岁、体重102公斤的莫尔在伦敦创造的鼾声世界纪录为69分贝。1984年,在南安普敦,也是46岁的斯威特将睡觉时发出的鼾声提高到82分贝,相当于摩托车发动机的声响。4年后,这位斯威特又让自己鼾声的响度达到87.5分贝,获得"鼾王"之称。其鼾声如同虎啸狼嚎,他的妻子早已被其鼾声震得耳聋,严重的是深夜里让左邻右舍的人也难以成眠。斯威特只好在远郊树林里造屋独居。他诙谐自嘲说:"以后要对不住松鼠喽!"

鼾王之称,英国人难以独享。1988年年末,加拿大人希巴特的鼾声经过检测达到90分贝。这响动仅比摇滚乐队差10分贝,比强力电锯低20分贝。其妻子卡露说,与丈夫共同生活15年来,她的右耳听觉已告失灵。

10年后,鼾王称号重归英国人所有。48岁的塞尔比发出的鼾声经检测高达108.5分贝,与一级方程式赛车的引擎轰鸣声不相上下,仅比飞机起飞时的噪音小1.5分贝。塞尔比的妻子夏洛特说,塞尔比睡觉时,家里每个房间都能听到他的鼾声,如果他看电视时睡着,把电视机音量调到最大也不管用。

据统计,全世界每年约有10万对夫妇因丈夫打鼾而离婚或分居,可见,打鼾已成为影响夫妻感情的一个不可忽视的因素。为此,法国巴黎成立了世界上第一个"打鼾者协会"。该会定期召集打鼾者聚会,互相介绍消除鼻鼾的方法,研讨如何使妻子对打鼾不感到厌烦。目前,该协会已有会员5000多人。

德国的夏萨克省还开办有一个"打鼾博物馆",专门向世人展现千奇百怪的打鼾轶事以及古往今来对付打鼾的独门绝招。博物馆中的展品千奇百怪,一种名为"耳栓"的器具用于将打鼾者刺醒;另一种是一个口腔辅助装置,可将打鼾者上腭强行向前拉用以止鼾;而其中最"残酷"的莫过于电击器。博物馆主人沃尔斯医生说:"这些都相当于刑具了。"博物馆中还收藏着一套套关于打鼾的故事和漫画,还有各种各样的娃娃和动物玩偶,一捏就能发出鼾声。许多人到此笑着参观,并有所收获。

73.喷嚏忽发

当人的鼻膜受到刺激,便会沿着一条神经通道快速把情况报告给脑部。脑指挥神经与肌肉迅速产生连锁性活动,很快从口中喷发出一股包含液沫的强大气流,这就是打喷嚏。当鼻腔受到细菌骚扰,遭到尘埃、花粉、胡椒面儿等刺激物和寒气侵袭,都会引发喷嚏发生。

打喷嚏是人的正常生理活动。古今中外,不论何人,时不时都会打一两个喷嚏。《诗经》中有"寤言不寐,愿言则嚏",是说有女子思念心上人,心情不爽,又受了风寒,喷嚏连连,感冒了。宋代名士苏东坡有次喷嚏不止,曾吟诗曰:"白发苍颜谁肯记,晓来频嚏为何人?"在苏老先生想来,接连打喷嚏一定是有人在惦念自己。

打喷嚏这一举动,在世界各民族中也有种种不同的解释。德国和爱尔兰人视打喷嚏为危险,担心灵魂会随之跑到体外,每打喷嚏总要念"上帝保佑"的祈祷。南非的祖鲁人则把喷嚏捧上了天,看作吉祥的象征。每当听到小孩子打喷嚏,在场大人必大喊一声"长"。他们相信这样孩子就长得高大结实。17世纪时,欧洲人认为打喷嚏可以使人头脑清醒灵活。在意大利的罗马还建立了一个"喷嚏爱好者俱乐部",章程规定,凡能在5分钟内连打20次喷嚏者,可成为会员。俱乐部倡导者宣称:"谁喷嚏打得轻松愉快,谁就可以益寿延年。"

打喷嚏时喷出的唾沫星子叫飞沫。飞沫喷出的速度奇快,据测定每秒可达4.5米,顺风速度可达9米。一个喷嚏的飞沫数量多达100万粒,每粒飞沫都承载着大量细菌和病毒。每打一个喷嚏可散播病原菌8500万个。这些飞沫是传播多种呼吸道疾病的主要媒介。除了传染疾病,喷嚏还会触发疾病。美国芝加哥有位叫卡夫塔的医师撰文说,他的81岁的老母亲与人聊天时打了两个喷嚏,即告中风不治,其后这位医师便致力于喷嚏研究,他论证指出:喷嚏会诱发多种疾病发作,如脑溢血、心脏病,会导致鼻软骨、鼻窦及中耳破裂,还会使眼球网膜剥落,引起失明等,实在大意不得。

喷嚏这码事,不请自来,且突然而来,难以控制。再有,谁打喷嚏都要闭上眼睛。利用这点,一个世纪前英国曾有伙歹徒结成一个"喷嚏帮",每次作案他们先向对方面部投掷刺激物,然后趁对方忙于打喷嚏,动手劫财劫物。由打喷嚏招致大祸的事也多有发生。一辆高级空调旅游车在行驶中翻车,伤亡近30人,究其原因是司机打了个喷嚏,在闭眼的刹那驾车失控造成的。在匈牙利的考波什堡,有个国外杂技团来该地演出。一名演员表演吞火绝技时,火焰入口突然打了个喷嚏,只见一道两米多长的火柱从他嘴里喷出,直冲顶部帐篷,顿时火起,结果造成100多人因吸入浓烟被送入医院。杂技团的所有道具焚烧一光,损失惨重。

74. 胡须风情

长胡须是成年男子正常的生理现象。

在我国古代，男子以留胡须为美。《南史·褚彦回传》中有"君须髯如戟，何无丈夫意"的记述。罗贯中在《三国演义》里塑造了147个男性人物形象，留须的有100人以上。其中，被誉为"美髯公"的关云长，"身长九尺，髯长二尺"，他的胡子以纱绵作囊裹之，垂于胸，是古代雄壮美的典范。在古埃及，只有国王才能留方形胡须，一般臣民只能剃光胡子。在欧洲法兰克王国昌盛时期，国王的胡子是绝对不可小视的。相传法国国王路易七世因为剃掉了胡子，被王妃视作失掉了权威象征，竟改嫁给有胡子的英国国王亨利二世。王妃陪嫁的土地也成为英法两国激烈竞争的地方，酿成了国际上有名的"胡子大战"。

古代欧洲男子对于胡子的热情，并不逊于女子的化妆。他们对胡子的处理很讲究，或染色、或涂油、或梳剪、或卷曲，甚至还拉长涂上金粉。睡觉前先抹上香油，再戴上胡子袋做保护，可谓爱护备至。12世纪时，法国的封建主、武侠、骑士的胡子修长，并编成辫子，每根小辫子由6根胡子和6根金线组成，几乎每人都有20多根辫子悬挂嘴边，煞是有趣。不过，胡子留得太长也可能引发悲剧。16世纪时奥地利人史坦尼吉因一口长达2.7米的胡子而闻名。但有一天他上楼时，不小心被胡子绊倒，摔下来导致重伤死亡。

近年来，一些国家仍不时兴起蓄胡热。与其相应的是在欧美的一些国家中出现了一项新型职业：理须师。他们专门设计形形色色的新潮"须式"，并做染色、电烫和修整等"胡须美容"。今天世界上仍有一些民族将胡须作为职业的标志。塞尔维亚东南部，蓄须者为医生；在瑞典的乌默河沿岸，蓄须者是教师；在巴西阿克里地区，蓄须者是餐馆饭店的堂倌。

保加利亚有个叫果佛热的村庄，这里的人把蓄须看作是美德、庄重的象征。为此这里成立了"胡子协会"，每年都举行一次"胡子节"庆祝活动。当日，男人把自己的胡须染得五颜六色，在街道载歌载舞。妇女们要推选出一位"胡子英雄"，标准是尊重妇女，乐于助人。奖励是由一位德高望重的妇女为他染好胡须。

在欧洲，还有一项世界"胡须锦标赛"哩。首届比赛于1990年在德国举行，比赛每两年举行一届，2007年比赛移师英国南部海港城市布莱顿举行。来自各国的250多名选手同场竞须，是参赛人数最多的一届。一个参赛者把伦敦著名景点"塔桥"搬上了自己的胡子，令人啧啧惊叹。另外，八爪鱼造型、米老鼠造型等也吸引了不少观众的目光。就连襁褓中的婴儿也被父亲画上了一条"胡子"参赛。众多"美髯公"角逐"世界最佳胡须"殊荣，也让民众享受了一场视觉盛宴。

75.发型趣话

人的头部长有毛发,能够被打理出各种发型。

梳起各式发型,除了使头部利索、美观外,在一些国家和地区还有着特殊用处。在巴西印第安人部落中,妇女纷纷把头发梳成层层宝塔式。熟悉当地风俗的人知道,一层头发表示十岁,只要数数头发层数,就大略知道了其人的年纪。博罗累族的印第安人家有丧事时,妇女便把前额的短发剪去,使人一望便知是丧者家属。南非波波族的妇女平时头发留得短短的,当她的丈夫出远门时,便会蓄起长发。一旦她将长发又剪短时,不用说她的丈夫已然返回家门了。

在非洲各地旅游,能够看到很多奇特的发型,如马里班巴拉族男人,会把头发高高梳作羊角状;乌干达迪迪族人,发型好像一个大蘑菇;南部非洲的祖鲁武士则会把头发涂油,编作蛇芯子一样的辫子拖在背后。这些设计有的有含义,如班巴拉的图腾是羊,所以发型如羊角。也有些造型纯粹出于实用,如探出去的蘑菇发型可以帮助遮阳,而祖鲁武士的长辫之所以涂油,则是为了避免在战斗中被敌手抓住头发而陷入被动。

近年在西非各国,理发师们把目光投向了身边的事物,于是出现了模仿绵羊、水禽、树冠甚至问号、感叹号的发型。当这些又不能满足顾客挑剔的胃口时,发型师又开始借鉴外国,从古希腊造型,直到模仿埃菲尔铁塔、运载火箭的发型均堂皇登场,不一而足。在尼日利亚的哈库特城,流行发型多达300余种。

欧洲妇女的发型随着时代也在不断变化。中世纪后的妇女喜欢蓄长发,梳出发髻。到了法国路易十六时代,有些贵妇人的发髻居然高达1米。高高矗立的发髻不仅导致出行不便,还容易发生意外。一位生活在18世纪的名叫莱科克的贵族小姐,一天参加一次社交活动,由于她的发髻过高,碰到了古堡大厅豪华吊灯上的烛火,烛火遇到涂有油脂的发髻便燃烧起来,这位小姐竟被活活烧死。

在当代,欧美妇女的发型作为整体装饰的一部分,演绎出优雅、时尚的情调。烫染后的发色五彩缤纷,直发、卷发、真发、假发、梳髻、结辫,各种发型在妇女们头顶上争奇竞俏,洋溢着浪漫的气息。在美国华盛顿州圣海伦斯火山喷发一周年之际,一种"火山式"发型在该州亚基马市十分流行。这是一个名叫莫海德的发型设计师的"杰作"。他在每位顾客头发中央安装了一个小型烟雾发生器,点燃后就有浓烟不断袅袅升起,象征着火山爆发。这让喜欢时髦发型的女士大感兴趣。法国一名叫苏伊萨的发型设计师则别出心裁地设计出了世界上最大的时髦假发发型。这一发型长2米,高1.6米,周长5.8米,重13公斤。模特儿戴上它后,不得不用双手托着。这一发型已被列入《吉尼斯世界纪录》。

76.神奇的顶功

顶坛子、顶碗是人们爱看的杂技节目。在一些国家,人们头顶物件可不是在表演,而是他们一天中少不得的劳作。

在亚洲,缅甸女子用头顶运载东西,几十斤的盛水罐子压在头顶,双手不扶,行走自如。甚至能整天顶着大木盘,沿街叫卖"馍亨加"(缅式热鱼汤米粉)。那盘子里有汤锅和易碎的碗碟、鱼卤虾酱瓶子等,好重的一盘。她们串街走巷叫卖,长年累月,但她们的脖子,始终是挺直的。缅甸姑娘一开始就学一边顶东西,一边用双手缠弄腰间的纱笼,其动作不亚于舞台上的表演。

非洲人的头顶功夫更堪称一绝。学生头顶书包去上学;农民头顶庄稼行走运送;工人头顶电线杆神态自若。在西非的加纳,你随时随地都可以看到妇女们的头顶上有一个用布条盘起来的垫子。装有几十斤水的水桶被举放在头顶,她们挺胸颔首婀娜而行。在加纳的街头有许多小贩,她们大都是把要销售的商品用盘子盛装或在木板上摆好,用头顶着,沿街四处叫卖。她们甚至可以顶着物品随着汽车奔跑,把东西送到汽车上的人们手中。在喀麦隆,凡是我们手拿肩扛的,她们就全放到了头顶上。如物品不太重,一般都直接将其置于头顶,若太重时则先在头上放一小草垫或布垫。有时能看到顶的东西比较奇特,如一铁盘鸡蛋、一把锄头、一台缝纫机、一个汽车轮子等等,不但双手不扶,而且行走如风,实在令人叫绝。

在内罗毕大学的一个实验室里,美国哈佛大学生理学家赫格伦对5名肯尼亚妇女进行负重测定。他让这些妇女头负重物不停地踩转车,然后测定她们的呼吸耗氧量,以观察她们的体力消耗情况。赫格伦发现,当这些妇女头上所负重量相当于她们体重五分之一时,她们所消耗的体力和不负重时完全一样。而一个美国士兵这时却要消耗13%的体力。这些妇女随着头上重量的增加,比如当重量增加到她们体重的三分之一时,她们所耗费的体力只比平时不负重时多50%。而一个美国士兵如果背上了相当于体重三分之二的行军包,那他所耗费的体力将是平时的两倍。测试表明,其头部顶功和平衡负载能力足够神奇。

非洲人高超的头顶功夫应归功于先天的身体素质。非洲人的头发浓密而纤细,一头卷发犹如一块海绵,柔软而具有弹性。东西放在头顶,重力得到均匀的分布,使东西不致下滑,又可缓解碰撞和摩擦。而依习俗自幼开始的负重锻炼,使他们的头颈部既增强了抵抗"颈椎病"的素质,又增加了负荷能力。长期的生活实践使他们练就这种不凡的生活本领。

77. 握手拉杂谈

　　亲友之间一段时间不见,再见时会握一握手。握手的习俗是怎样形成的呢?

　　相传在欧洲封建社会,每逢骑士相遇,为了表明没有伤害之心,未握凶器,便把右手张开。走近后为了表示友好,还要互相拉一拉手,这一习惯逐渐演化成了礼节——握手。

　　握手虽然被视为一种礼节,但不同的民族握手方式却不尽相同。日本北海道土著虾夷族人见面时,先双手合十,再慢慢将手举向额前,掌心朝外摊开,然后男人拍胡子,女人拍嘴唇,然后再开始握手。菲律宾热带丛林里有些原始部落,他们握手之后马上转过身去往回走几步,意思是请对方看看自己身后没有藏刀。中非有些黑人部落,在互相见面时,不是伸出手去握对方的手,而是用自己的左手握住自己的右手,挥动几下就行了。

　　握手虽然是个简单的动作,有人却将其用于竞技。加拿大的克伦在 8 小时内,与 25289 人握过手,创下一项世界纪录。虽然他双手都起了水泡,但他仍然精神十足。美国旧金山的凯文和科里连续握手 570 分钟,打破了之前由两个德国人创造的握手约 540 分钟的世界纪录。事后凯文说:"真的没那么好玩。我肩膀很累,疼得要命。"

　　据有关心理学家研究,握手的强度和性格之间有着密切的关系。使劲与你握手的人,具有主动的性格和信心;而无力与你握手的人,属于性格比较脆弱一类的;一面握手,一面审视你的人,往往表现出这个人的戒备之心;而那些低着头不敢接触对方视线的人,则表现出他的自卑感,等等。一般而言,与人相识或告别时握一握手,是优雅的表示,又显得亲切。需要指出的是,与人握手时神情傲慢、不摘手套等,都是不礼貌的表现。握手时通过手的接触,增加了病原菌传播的机会,进餐时应尽量避免与人握手。此外握手时动作过于猛烈,会给身体带来不良影响。

　　美国医生分析指出,热烈的握手会使震荡沿手臂向上,传至脊椎神经,从而影响到整个神经系统和身体其他部位。长久经受这种不良刺激,对健康危害很大。这方面事例是很多的:英国女王伊丽莎白每年会见的宾客多达 30000 人,由于大量握手,造成了她的右手、肩膀不胜其劳。以后英国皇室人员不得不提醒来访宾客,与女王握手,不要过分热情,轻触即可。美国前国务卿基辛格在一个游园会上先后与 2000 人握手,事后手肿得像个圆面包。美国共和党前总统竞选人麦凯恩的妻子辛迪在与丈夫的支持者握手时,因支持者用力过猛,导致她腕部扭伤。由于疼痛难忍,辛迪在勉强脱身后赶往当地医院就诊。

78.自娱娱人吹口哨

口哨是通过呼出气流,在嘴形的变化、舌头的调节及唇、齿等配合下发出的声音。吹口哨能激发人体唾液分泌,提高消化系统功能,促进面部血液循环,防止面肤起皱,有益于美容。在紧张的工作之余,吹一吹口哨,会觉得轻松、惬意,可收到解除疲劳之效。认为吹口哨轻浮,是一些人的偏见。而吹口哨者不分场合乱吹一气,也自会惹人反感。

口哨在我国古时称"啸",古人在研究口哨方面不但有专家,而且有专著。《世说新语》记载:"阮步兵啸闻数百步。"说的是晋代文人阮籍,撮口发出长而清越的声音传播之远。据清人著作《池北偶谈》记载:"唐天宝末,有峨眉陈道士善长啸,能作雷鼓霹雳之音,听者倾竦。"该书谈到《啸旨》一书时介绍说,口哨发声多样,有的哀怨如巫峡猿啼,有的嘎嘎如鸢唳古木,有的高亢如临流蝉鸣。由此可见,我国古时啸乐的造诣之深。

在国外,吹口哨不仅是娱乐,而且别有妙用。有的医学家用口哨矫治儿童语言障碍,已经取得成效。土耳其中部的某些地区,口哨还是通信工具。在吉勒宋省山区,人烟稀少,传信不便,周围 35 个村庄的人便都使用口哨传递信息。村民家有婚、丧等事,就登上山巅用口哨传告邻人。大西洋加纳利岛的洛格门土著人,不但善用口哨为语,还能进行远距离交谈。当地一个精通吹口哨的人,把手指弯在口中,能把他嘹亮、清脆、震耳的口哨声吹到几英里远。

美国的吹口哨艺术,自 1880 年兴起后长盛不衰。早期的口哨演奏家查尔斯,有"魔笛"之称。其后一位叫伍德沃特的女士,挑选了 30 名女学生成立"鸟儿口哨吹奏团",应邀赴各种盛会表演,轰动一时。美国前总统罗斯福、威尔逊都是吹口哨爱好者。美国的"口哨学校"办得颇有名气,它招收的学生从 6 岁到 60 岁不等,从上声乐课一直学到以唇、齿、舌、腭,甚至包括喉、腹综合运动吹奏各种口哨曲,并根据不同音质编为高、中、低音及花腔、抒情等班级,学生毕业后能在影视电台找到配音等工作。在内华达州卡森城举行的第 8 届国际口哨大赛上,有独奏,还有协奏、重奏;有古典乐曲,还有爵士乐曲、摇滚舞曲。哨曲各异,使听众大饱耳福。

2010 年 5 月,北京两家文化公司共同出品了中国第一部口哨 MTV《康定情歌》。口哨吹奏者是青年女子秋鸣。她 3 岁就迷上了口哨,随着成长,对口哨愈加爱得发狂,每天有四五个小时沉溺于口哨的练习。在北京闯荡 15 年后,秋鸣获得了北京市文化局特别颁发的国内唯一一本"口哨演员专业证书",并被美国美联环球电视新闻、英国广播公司等国外媒体称作"中国口哨女皇"。

79. 妙趣横生吹泡泡

吹肥皂泡是一种儿童玩的游戏。当阳光穿过肥皂泡薄膜的顶部和底部，就会产生折射。最厚的薄膜层反射红光，最薄的薄膜层反射紫光，居中的薄膜层则能反射出 7 种颜色。这使吹出的肥皂泡悦目好玩。

吹肥皂泡从来不乏高手。美国佛罗里达州盖恩斯维克镇上有位 33 岁名叫加里的人，他就是大名鼎鼎的职业吹泡泡能人。当地居民举办生日、婚礼等喜庆活动，都会邀请加里到场，让他吹出色彩斑斓的肥皂泡，以增添欢快气氛。美国另一位叫汤姆的年轻人，从童年起，天天以吹肥皂泡为乐。他曾被邀请到美国各地的学校及电视台表演他的吹泡泡绝技。他可以吹出 10 个锁链式气泡，也能吹出一个大气泡中含有 3 个小气泡及气泡中含冰块等花样。

1989 年，美国旧金山举办了一个别开生面的肥皂泡节，这也是一次吹肥皂泡表演盛会。吹泡泡高手们吹出的由肥皂泡相连的彩球、彩条，五光十色，美如霓虹，令人眼花缭乱，目不暇接。在一个吹出的大泡泡里，居然罩着一辆小汽车！举行这种肥皂泡节，可不光是逗着玩、寻开心的，到此参加活动的不仅有物理学家、数学家、建筑学家、气象学家，还有宇宙空间技术专家等。他们交流了在各自领域研究中气泡在工艺技术方面的作用，并一致认为，肥皂泡是观察自然界最理想、花费最小而收效最大的研究对象。肥皂泡供人娱乐，可以观赏，还有利用价值。肥皂泡的张力，对工程人员设计车间、运动场馆、拱桥等工程有很大借鉴作用；肥皂泡是体积复杂等式的具体化，这在数学家看来更为直观。总之，看似简单的肥皂泡，有着可供研究的丰富内容。

2006 年，享有"肥皂泡大王"之誉的美国人海亚特吹出一个大肥皂泡，泡中站立有 19 名儿童。海亚特的大泡泡是用一根 7 米长的竹竿"吹"出来的。为了成功，他进行了几个月的练习，所用材料均为进口特制的。最终，他打破了肥皂泡罩下 18 人的吉尼斯世界纪录。一年后，海亚特来到英国伦敦科学博物馆，创造了又一项世界纪录。在海亚特的安排下，50 名身高超过 1.52 米的男女学生站立在一个圆形台上，台子周围的浅沟槽里灌有肥皂水。海亚特用一个硕大的金属环缓缓拉起巨型肥皂泡，盖过 50 个孩子头顶并取得成功。肥皂泡横切面直径达到 3.35 米。两年之后，在德国索尔铎地区，艺术家哈茂带领助手通过轻轻提起一个大钢圈，制造出一个超大泡泡，从而将 94 个人罩在里面。罩好后肥皂泡保持了 5 秒钟后，才悄然消失。

80. 趣怪乐器

在有的人手里,用于演奏的乐器是很不寻常的。

有位意大利艺术家持一支横笛在欧洲各地巡回演奏,所到之处,听众如醉如痴。他所用的横笛更不同一般,其材料竟是用人骨制作的!原来音乐家的一位同事逝世前立下遗嘱说,希望拿他的骨头去做乐器,让他死后仍能发出美妙的乐声。音乐家便用这位同事的胫骨制成了一支横笛,进行吹奏,用精彩的演出实现了同事继续献身乐坛的遗愿。

在加拿大有一支由四人组成的玻璃乐队,演奏的曲目完全使用玻璃乐器:弯曲的玻璃管是"萨克斯";细长的玻璃管是"长笛";参差不齐的玻璃管是"排箫";用平板玻璃制作的乐器是"木琴";两端不封口的粗大玻璃管是"鼓"。这四位年轻的玻璃乐器演奏家,身着黑色服装悄然上台。他们有条不紊,配合默契地推、磨、吹、敲着玻璃乐器,为凝神屏息的观众演奏了自己创作的《玻璃雨》《玻璃意念》和《穿越时间的水》等现代乐曲。玻璃乐器发出叮叮咚咚如同梦幻般的音响,宛若天上飘来的弦乐,令听众惊叹不已。

荷兰的马特支城有个奇特的乐队,是由家庭主妇们组成的。她们所用的乐器也很奇特,全部是家庭厨房中的炊具和餐具,如煎锅、炒勺、菜碟、茶盘,以及刀、叉等,利用这些不同器皿发出的声响,演奏"锅碗瓢勺交响乐"。由于她们的演奏不同凡响,情调别具一格,很多大剧场经理都争相和她们签订演出合同。

新西兰的一名乐师米尼菲,从来不愁身边没乐器,只要随手拿起一根胡萝卜,用刀削一削,钻几个洞,就能放到嘴边当笛子吹。这是他报销了一箱箱胡萝卜后才研究成功的。米尼菲成名后,他的果菜乐器也越来越多,芹菜、青瓜、西红柿、菠萝等经雕琢后,也都能传出动听的乐曲。无独有偶,日本人樽神谷也能将不少蔬菜做成乐器演奏。他将萝卜、南瓜、辣椒等雕琢晒干,然后吹奏。经音乐大师鉴定,这种"乐器"的音色不亚于长笛、小号、黑管,并更具甜美圆润的自然音调。

果菜可以饱耳福,枪炮也不光用来嗜杀。美国的马特纳自称是"世界上唯一令大炮演奏的乐手"。每当美国交响乐团在大型场合演奏柴可夫斯基的《1812序曲》时,马特纳便在距乐队150英尺处架起16尊小炮,用纯熟的技术按动电动控制箱,鸣放15000下炮声,响至曲终。他先后操炮演奏了200场。

英国一位46岁的农民马丁也是用武器演奏乐曲的高手。他能从手枪枪管处吹出一串串优雅浪漫的乐曲,曾多次持枪置身于喜宴,为新人献上《婚礼进行曲》。马丁用旧自行车车架吹奏的民歌《雏菊、雏菊》美妙悠扬、别具情趣。兴之所至,他拔下椅子的一条钢管脚也能韵味十足地吹上一阵。

81. 引人入胜的填字游戏

在智力竞技中，有一项填字游戏。它能检验人掌握知识的广度和深度，磨砺思维，让人乐于参与。

世界上第一个发明纵横填字游戏字谜的人，是南非人，名字叫奥尔维尔。在20世纪初，他因为一次汽车事故，被关进监狱，并判处三年徒刑。在狱中，生活寂寞，他想出一个消遣的方法：将一个个字母经过变形，画在一张纸上的方格里，寄给当地报纸。这家报纸刊登了。由于填字游戏引人入胜，报纸发行量大大增加。这一来，不但当地这一家报纸向奥尔维尔索求新作，世界许多报刊也都向他订购填字游戏稿。奥尔维尔出狱后，几乎成了一名填字游戏专家。

1913年，纽约《世界杂志》的编辑阿瑟·温为了使圣诞节期间发行的刊物更加生动活泼，设计了一种钻石形状的格子，并完成了一个由32个互相联结的单词组成的字谜。这期杂志出版后，引起读者浓厚兴趣。接着一位名叫舒斯特的书商，出版了一本关于字谜的书，引起轰动。1924年底，他又出版了另外3本字谜书籍，总销量达40万册。从那以后，"填字谜热"在美国兴起，介绍字谜的书籍、词典、百科全书如雨后春笋般出现。有人把字谜印在菜单上，吸引食客猜谜以打发等菜时间；妇女更穿上印着字谜的衣服到处走动；百老汇甚至上演了一部名为《1925年的谜语》的讽刺剧，其中一场是讲在一家"字谜疗养院"内，病人被这种游戏折磨得发疯。

到了20世纪40年代，美国《纽约时报》创办了"星期日填字字谜专版"。字谜创作人员来自各行各业，包括学生、家庭主妇、演员，以至囚犯、法官等。《华盛顿邮报》的编辑威廉在选编填字字谜的同时，也大搞创新，被誉为多产的"字谜"作家，共创作7600条字谜。这位编辑在1987年的一项公开赛中大显身手，以13分59秒时间完成了一个纵横15个方格的字谜。

多年来，美国国内1700余种日报中，几乎无一例外开设字谜专栏。专门刊登字谜的期刊数量更多，达100种以上。近年来，尽管受到数独游戏的冲击，但在美国仍有30万个字谜。1980年，《洛杉矶时报》尝试取消字谜专栏，不料竟引来3000个投诉责难电话以及如雪片飞来的"深感不满"的读者来信。从此之后，该报便再不敢贸然取消字谜专栏了。

钟情于填字游戏的人，在许多国家都能找到知音。一位叫布凯尔的比利时看守，绘制了世界上最大的纵横填字字谜。它长达53米，宽31米，有50400条线索。包括了11700位演员、1339位网球运动员和793名足球运动员的名字。布凯尔花了4年时间才创造了此项填字谜纪录。这条填字谜是他以前曾被列入《吉尼斯世界纪录》那条字谜的两倍。

82. 收藏之怪

据统计,目前世界上有 1000 余个门类的收藏品。

说到各国收藏家的藏品,真是林林总总,五花八门。

美国人贝吉尔花费了 30 多年时间收集砖块。在他开办的个人砖块博物馆中拥有 60 多个国家的上千块砖,既有古罗马帝国的,也有埃及古墓的,还有中国古城建筑的。

美国 45 岁的史密斯从上中学起就对五颜六色的旗帜产生兴趣,至今已收集到各国 1300 多种旗帜样品。他还保存了上万册关于旗帜的书籍、画册。史密斯开设了一个旗帜研究中心,自己出版了《旗帜公报》双月刊,并参与了一些国家和地区的旗帜设计。

罗马尼亚有位彼耶特雷亚努医生,他精心收藏结石。在他的柜橱里摆满了大小不一、形状各异的石块。这些都是他亲手为患结石病的病人动手术时取出来的,在每枚结石旁都写有日期和重量。其中一块大的结石重 1200 克,另有一块重 900 克,坚硬至极。

澳大利亚堪培拉市一位叫杰弗理的人,在收藏刺铁丝方面下了 10 多年的功夫。他不辞辛苦寻找战时用于布防、和平时期作为护卫的各种刺丝。他收集的金属刺丝,原料不同,刺形多样,其收藏品中有些每米价值 800 美元以上。

英国一位叫汤尼的汽车司机,致力于收藏干抹布。经过多年努力,他已收藏到世界各国 5000 多种干抹布。其中有平民百姓用的,也有多国首脑、名人的馈赠。他还发起组织了一个"世界干抹布协会",定期交流观赏藏品。

巴西人考比科热衷于收藏尿罐,先后将 200 多个尿罐据为己有。这些尿罐有大有小,产地不同,造型各异,有的尿罐上绘制了优美图案,很有研究和观赏价值。

日本东京人西刚敏夫大力收藏世界各国的手纸。他走访过 60 多个国家,先后获得各种面料手纸 800 多卷。这些五颜六色、样式独特的手纸上,有的印有谜语,有的写些幽默笑话,让看到的人感到新奇。

德国有一对在铁路工作的夫妇,两人合力收藏气味。他们多年花费心血收集到气味 200 余种,包括花香、果香、树香等。所有气味都分别储存在精巧的木雕花纹瓶子中。

俄罗斯有位多尔比克教授,专事收藏鸟鸣。在 30 多年时间里,他在录音带上收录了 5000 多种鸟叫声。经他研究发现,每一种鸟鸣都有时间规律。于是教授在树林里活动时,不戴手表也能掌握时间。

83. 收藏大件

邮票、火柴、商标、硬币、糖纸、钥匙链、纽扣……这些小巧的东西最容易成为收藏者的心爱之物。然而收藏者中也有人偏偏青睐"大块头"呢。

美国有位 65 岁的老人杜利,对收藏下水道金属盖颇有兴趣。在他收藏的上百个沉甸甸的井盖中,有铅制的,有铸铁的;有圆形的,有方形的,还有六边形的。一个最重的达到 30 多公斤。

英国华福市的老邮递员朗尼喜爱收藏邮筒。经十几年的收集,得到世界各国邮筒 200 多个。在外形上,有的像圣诞蜡烛,有的像茶壶,还有的像台灯。其中一个巨型邮筒曾为维多利亚时代所使用。

美国加利福尼亚州一位叫莫迪拿的老人,他的爱好是收藏世界各地的风车。老人用了 10 年时间,收藏到各式风车 500 多架,其中还有 100 年前使用的木片风车。他把这些风车摆放在农田里,很是壮观。

美国雷诺城的比尔是一家大公司的老板,又是个汽车收藏迷。他在几十年经营期间,忙中偷闲地收藏了 1200 辆不同品牌、款式的汽车,其中还有几款早期生产的"老爷车"。他把这些车子停放在三个足球场大的展厅里,每辆车都能正常开动。

德国设计师里奥专门收藏飞机。经多年付出,他收藏到 16 架不同年代、不同类型的飞机,并准许人们参观。设计师的愿望是让波音 747 这类大型客机也能成为自己的收藏品之一。

美国人赫伯特是个颇有名气的收藏家,他曾收藏了很多名贵邮票,谁知不慎全部被人盗走。赫伯特气恼之后想到收藏不易被人盗走的"大家伙",他开始收藏坦克。于是一辆又一辆老式坦克、装甲车开到赫伯特家房外的草坪上,包括第二次世界大战以来交战双方使用过的坦克 153 辆。这些大大小小、高高低低的坦克可不是一堆堆废铁,在机械师保养下,一辆辆"老字号"的坦克都能隆隆开动。赫伯特的 26 岁女儿爱尔菲,是个驾驶和修理战车的好手。她还担任业务经理,把爸爸的"私有装甲部队",变成了地球上独一无二的"坦克租赁公司"。谁肯出运输费和租金,就可让坦克开到需要的地点。许多想拍近代战争片的影视公司,自然离不开这个企业。看似古董的坦克,对一些国家军事院校来说,讲战争史时也是难得一见的实物教材。有不少人还把这些开起来惊天动地的铁家伙租去,为结婚、庆寿摆排场。一次,有一名士兵送戒指到女朋友家求婚,也租用一辆坦克前去,女朋友的母亲吓得简直站不住脚,慌忙应允做他的丈母娘。

84. 家养宠物大观

长久以来,从事有关理疗研究的专家一直认为,养宠物是有利于人体健康的。与动物相处,能时时感受到动物带给人的活力,可有效缓解中老年人的孤独感和抑郁,治疗儿童自闭症和智障。还有研究发现,抚摸宠物狗 15—30 分钟,主人的血压会下降10% 左右。美国马里兰大学教授 1995 年在一次对心肌梗死患者调查后指出,养宠物狗的心脏病患者在遭遇心肌梗死一年之后的存活率,比那些不养任何宠物的患者高 8 倍。

饲养宠物对人的健康有益,还会给许多家庭带来乐趣,这是显而易见的。但对宠物饲养不当,也会产生弊端。在我国各地流浪猫、流浪狗增多即是一例。在西方国家,"动物之友"们别出心裁,除饲养常见的猫、狗、猴、鱼等动物,还把狐狸、猩猩、狮子、老虎、野牛以及蝎子、毒蜘蛛等迎进家门。一些主人饲养宠物是有其不同目的的。在一些国家,五花八门的"动物展览会""动物运动会"频繁举行,不少人渴望自己的"爱物"能上场为自己夺魁,从而名利双收;也有人饲养凶猛动物是为了看门防盗;另外也还有人养些怪异动物,为的是追求时髦、寻求刺激,借以打发无聊。

在巴西,近年一些民众为防盗贼入户抢劫,争养凶悍的大型动物。里约热内卢一户居民养了一头猛犬,体重达 108 公斤。此犬膘肥体壮,见人就咬,甚至连主人也不放过,但为了身家性命和财产,户主仍把这猛犬养在家中。该市另有一位叫埃尔纳尼的拍卖商,除雇佣武装警卫日夜看守门户外,还在院内饲养了一头凶猛异常的狮子,靠它来对付盗贼。为发挥狮子的震慑作用,主人每晚只喂它半饱,以便让它能凶残地扑咬目标。

宠物一般都不太大,可南非一名狩猎监督官朱伯特的宠物却重达 750 公斤。7年前,朱伯特从洪水中救起小河马"杰西卡",体重只有 16 公斤。如今这"小心肝"成了"大块头"。它晚上一般在室外小河附近休息,但也会湿淋淋地闯入房间,向朱伯特夫妇撒娇,跳上他们的床。家里床铺已先后三次被它压塌。

家庭饲养宠物缺少限制,乱养一气,难免要出乱子。德国人库克把一只幼狮辛辛苦苦养大,却得到了葬身狮口的"报答"。一些凶猛、危险的动物屡屡溜出主人家门,窜到街上,惊扰市民,也成为某些都市的一大公害。2010 年 3 月 18 日晚,德国北威州牧尔海姆市一名 19 岁青年饲养的一条眼镜蛇趁夜色逃出主人住宅。为避免毒蛇伤人,消防队将全楼居民疏散,封锁全楼,追捕眼镜蛇数日。仅"报警费"一项,即让小城付出数十万欧元,最后也未能将该蛇捕获,此事不了了之,让居民怨声一片。

85. 横跨国界的趣事

国有国界。两国之间有不少是以河道和山的走势划界，但也有些国界在划定时穿越了市镇，为此形成了不少跨国场所。

在美国与加拿大共有的伊利湖与安大略湖之间，有一条世界著名的瀑布——尼亚加拉大瀑布。瀑布以中间的山羊岛分左右两部分：左面的称为马蹄瀑布，宽800米，落差为48米，属加拿大；右面的称亚美利加瀑布，宽300米，落差为51米，属美国。在美国与加拿大安大略湖上的千岛群岛中，美国所属的一座小岛与加拿大所属的一座小岛由一座小桥连接。这座桥跨越两国，成为世界上最短的国际桥。

瑞士的重要城市巴塞尔有一块称为"三角国"的地方，面积约10平方米。它的左面是横贯南北的莱茵河，河西是法国，河东是德国，河南是瑞士。在这块小地方上，有一根高约20米的火箭型标杆，为三国共有，标杆旁还有座小露天咖啡馆呢。

法国和瑞士的国界线上，有一家酒店。该酒店客房在法国境内，餐厅则在瑞士领土上。客人不需办任何手续，便可一日数次出入两国国境。

在哥斯达黎加和巴拿马的边境上，有一座美丽的公园。公园横跨两国边境，一部分属于哥斯达黎加，另一部分则属于巴拿马。

美国和加拿大边境线上的洛克岛有一个小镇，小镇上有一家古老的歌剧院，国境线恰巧穿过歌剧院的舞台。有一次，加拿大境内一架钢琴摆在舞台上，出于需要，舞台指导要求把钢琴移到舞台的美国境内。这时一位海关人员过来阻止说："非得有海关许可证，否则请不要跨过舞台上的边界线。"镇上还有个图书馆，馆里的工作人员去书库，须持证跨越国境线，否则去不成。

位于法国和摩纳哥边境上的马赛足球场，原是由摩纳哥运动俱乐部建造的，建这个球场时，摩纳哥与法国之间的边界还未正式划定。后来，在正式划定国界的时候，两国曾为这个球场的领土所有权问题发生了争执。经过谈判，终于达成了协议：两国的边界线由足球场的中央经过。这样，这个足球场的一个球门设在法国境内，另一个球门则安置在摩纳哥的国土上，形成了双重国籍的球场。

在荷兰和比利时交界的地方有一个8000人的小市镇叫"巴尔烈—赫尔托克"。几百年来，两国一直不能确定这里的边界线，于是这个镇就有两个市长、两个警察局和两个税务机关。居民卡特琳的家园正处在这条边界上，她的厨房明确属于荷兰，而卧室却在比利时。她吃在一国，住在另一国。麻烦的是她必须非常仔细地计算出家园里的牛的"国籍"。她说："我必须搞清我的牛哪些属于哪一国，不然卖牛时，就要说我走私了。"

86. 墓碑用处奇

去过公共墓地的人，或许能注意到，我们这里绝大部分的墓碑上都写着"××之墓"，千碑一面。而在欧美等国墓地上，一些墓碑不仅标注着逝者的姓名，还具有实际用处呢。

在美国马歇丘雪斯市郊某公墓一块墓碑上，刻有这样一段碑文："纪念约翰弗德莱顿，死于1808年8月10日。他很为遗孀悲伤，极希望有情人去安慰她。她很年轻，芳龄36岁，并具备一切好妻子的美德。她的住址在本城教堂街4号。"墓碑在这里成为一则征婚启事。

在苏格兰有一座讲究的墓地，墓碑上刻着一位商人的遗嘱："海密熙·马克岱长眠于此。他哀伤的妻子现继承他兴旺的蔬菜水果店。店址在11号高速公路旁，每日营业到晚8点。"

英国伦敦南部有座小城，郊外公墓一墓碑上刻写道："比尤哈姆之墓。他爱他的家——米黄色的小楼在市中心独具格调。对面是大剧场和银行；左边依次是百货店、餐馆和图书馆；右侧有医院和美容院；绕到楼后直行1英里，就到了能通往各地的火车站啦！"这块墓碑为过往之人起到了指路牌的作用。

美国东部一座小城公墓墓碑上刻写着这样一段文字："粮商麦肯拉伯克斯之墓。本人路途遭一恶匪抢劫，货款尽失，郁闷而终。抢匪矮胖，疤瘌眼儿，颈后有一小肉瘤，长着黑毛。从此墓前走过的人，看到劫匪，望及时报警，将其惩办，本人也就可以瞑目了。"这块墓碑在这里代行了通缉罪犯的功能。

另有一些墓碑，由逝者自拟或他人代写墓志铭。这些铭文睿智诙谐，风趣幽默，一读之后令人忍俊不禁。虽是冷冰冰的墓碑，却给了人愉悦。如：

我演的喜剧落幕了——法国16世纪喜剧大师拉柏森。

我早知道，无论我活多久，这种事情一定会发生——英国文豪萧伯纳。

坚持住啊，太阳，不要动摇！——近代天文学奠基者哥白尼。

恕我不起来了——美国作家海明威。

不管数多少点，我都不起来了——一位拳击手。

这回查封的，是我自己——一位财产查封官。

收工——一位母亲为身为打工仔的儿子题写。

军骡马吉葬在这里。在它的一生中，踢过一个上将、两个上校、220个士兵和一个地雷——军需官写给一头骡子。

87. 对颜色的好恶

人们睁开眼,所看到的有形物品无不带有颜色。对于各种颜色,自会让人产生不同的好恶。

研究色彩的人都了解,所有的颜色都是由红、黄、蓝三原色组合而成的。如绿色是由蓝、黄组合而来,紫色是由红、蓝组合而来,橙色是由红、黄搭配而成的等等。各种颜色,有着不同的内涵。一般说来,红色代表热情、希望、健康;橙色代表兴奋、活泼、华美;黄色表示光明、快活、温和;紫色表示名贵、高雅、华丽;青色表示坚强、庄重;蓝色代表平静、秀丽、清新;绿色表示凉爽、嫩雅、和平;白色表示纯洁、清净、神圣;黑色代表静寂、悲伤、神秘;灰色表示平静、稳重;褐色表示严肃、淳厚;金色表示华贵、辉煌;银色表示明亮、大方。

喜欢什么颜色,和人的年龄、性格、心理等存在关系。通常,儿童喜欢红色、黄色;老年人偏爱蓝色、褐色;精神病人爱接近青紫色;肺结核患者满意青色。

不同国家、民族,由于不同的历史、宗教等因素,不仅有不同的礼节,还有各自特殊的颜色感与好恶。红色是我国人民喜欢的颜色。红色最能表示庄严、热烈的情绪。现在报纸上遇有重大新闻,往往以红色套印,这合乎我国传统。欧美人也以红色象征喜庆。在英语中,"红字日"一词即假日,例如圣诞节和其他专门节日在日历上通常用红字印刷,迎送外国国宾时往往铺设红地毯。

印度尼西亚一岛上的居民,非常喜爱黄色,把黄色视为廉洁、高尚、繁荣的象征。印度人认为黄色象征着春天的来临和新生活的开始。在印度北部地区,每当春暖花开的季节,妇女们都要穿上黄色、鹅黄色的卷衣。在举行婚礼时,新郎新娘身上也要涂染黄色,以示吉祥。印度人饭菜的一大特点也是使用姜料等,做成鹅黄色。

我国蒙古族民众认为白色是最吉祥、最美好的颜色,如白雪、奶汁、白云、羊群等。白色在蒙古语中唤作"查干",汉语译作"皓洁的明月"。蒙古族人称好心人为"白人"。欧美也有许多国家视白色为纯洁的象征,匈牙利人还爱以白颜色表示喜庆。西方女子的婚纱大多也是首选白色。

欧洲许多国家以黑色为丧礼的颜色,遇到丧事,臂缠黑纱,系黑领带。日本人忌讳绿色,认为绿色是不祥的颜色。巴西人以棕黄色为凶丧之色,认为人死好比黄叶从树上落下来,所以忌讳棕黄色。比利时人最忌蓝色。埃及人也忌用蓝色。德国人忌用茶色、红色和深蓝色。埃塞俄比亚人穿蓝色的服装表示对死者的深切哀悼。土耳其人布置客厅、礼堂时,喜欢用素色,忌用花色,他们认为花色是凶兆。

88.颜色与生活

人生活在各种颜色中,颜色与人的生活关系密切。

红色、黄色最容易让人想到太阳,使人产生温暖、兴奋的感觉。它们被认为是"暖色调"。女孩穿红裙,能增加青春活力。做菜时加一点红辣椒,赏心悦目,能促进食欲。据记载,有个严重身体虚弱的人,滴水不进,家属听医生说没指望了,就把他放进一间小房子里。由于房子四壁刷的是红色涂料,病人受到刺激,精神兴奋,慢慢地想吃东西。后经调养居然恢复了健康。

蓝色、绿色容易让人想到大海、森林,使人产生安静、凉爽的感觉。它们被称为"冷色调"。冷饮店的门面,蓝绿颜色的居多。绿色给人以温柔的感觉,还有镇静神经的作用。蓝、绿色都能抵消日光漫射的强度。绿色反射光47%,房屋内墙涂绿色,挂绿色窗帘,温柔悦目。长久读书后眺望绿树,能很快解除眼睛的疲劳。蓝色有静谧、稳定的效果,用蓝灯泡、蓝被褥可促进睡眠。晕车晕船的人戴蓝色镜片眼镜,能减轻晕眩程度。

颜色还会骗人呢! 法国国旗有三种颜色——蓝、白、红,三条格的比例是30:33:37,可是人看着总觉得蓝色比白色宽,白色比红色宽,这是什么原因呢? 原来,明亮的色彩比灰暗的色彩显得宽敞。同样大的房间,涂成红色或米黄色的就显得比涂成浅绿色的小。另外,明亮的色彩使人感觉距离近,灰暗的色彩使人感觉距离远。根据这个原理,在粉刷设计上,把低矮的天花板刷成深色,就使房间显得高耸一些;深长的楼道,把顶子刷亮些,就使人感到距离缩短了。

颜色和人的情绪也有一定关系。红的颜色令人喜气洋洋,深暗的颜色则使人情绪沉重。英国伦敦附近的泰晤士河上有一座涂着沉闷黑漆的大桥,多年以来有不少人从这座桥上跳水自杀,警方虽加强了巡逻也不见成效。经专家建议,把大桥刷成了柔和的淡绿色,于是到此桥轻生的人明显减少。

借助颜色对人情绪的反应,改善服装、环境装潢的颜色,对人的身心健康、生产、生活的影响都是很大的。以前,医院的医护人员都穿白大褂,为此被誉为"白衣天使"。但近年来,国内外的医护人员都用蓝衫代替了白衣。这是因为白色工作服的反射率极高,对患者精神刺激性大,容易引起烦躁。而蓝颜色给人一种沉着、镇静的感觉,为此受到患者欢迎。

在一些工厂车间,室内颜色涂刷得当,更不是小事情。如在一些声音嘈杂的车间,把墙壁涂成灰黄色,机器刷为淡绿色,会给生产工人带来安静感,还能提高生产率,减少事故。研究色彩心理学,提高驾驭各种色彩的能力,对于改善人们的劳动和生活都有着不可忽视的重大作用。

89. 趣谈稻草人

稻草人在过去是立于田间的常见景物。

稻草人起源于中欧的农业萌芽时期。早期的稻草人，外表寒酸，披着破外套，风吹外套翻动，借以吓退偷吃农作物的飞鸟。然而鸟雀并不怕这样的稻草人。它们吃饱谷物，有时还要落在稻草人身上歇息，甚至留下粪便。

稻草人在东方，往往都戴着草帽或斗笠，手里还拎着一把蒲扇。朝鲜人不但把稻草人放于田头，在每年元旦的黎明，人们还把一些钱塞进事先扎好的稻草人中，扔到十字街头，表示祛恶抑邪。在日本山形县，每年都举行一次传统的"稻草人祭"。届时展出数以百计的各种稻草人，有 5 米高的"大汉"，有 1 米高的"孩童"，有草扎的"古典人物"，也有世界上的"风云人物"。在我国台湾，不仅用稻草扎草人，还用稻草扎菩萨，在现今高级瓷砖铺筑的庙宫中被奉为神明的，有的就是稻草金身。

美国人最初摆在农田的稻草人，注重实用，穿着也很破旧。后来有人想到在稻草人身上挂一些装饰品，以求得稻草人醒目，一度流行给稻草人穿上精美的衣服，结果出现了一批以偷稻草人服装为职业的人。虽然如此，美国人对稻草人的热情并不减弱，各地不时推出标新立异的稻草人新造型。"机械稻草人"出现后，美国稻草人家族更趋兴旺。不但农村人将形形色色的稻草人派驻果园、农场，城市居民也乐于买一个稻草人装饰阳台。稻草人的功能已由恐吓禽鸟变为装饰品和玩具。

如今美国制造的机械稻草人有虫子形、狗形、鹰形、戴眼镜摇铃的杰克等多种。一家厂商在市场推出一组新型稻草人，面部设计酷似目光炯炯的猫，只要有一点光线，猫眼就会闪闪发光，挂在高处可驱走惧猫的有害动物。

稻草人在英国还进入了电子时代哩。英国有一对兄弟设计制造出一种太阳能稻草人，它装上芯片后能往返像真人一样跑动，可有效轰赶偷食的雀鸟。伦敦的一个飞机场试用了这项发明后，再没有雀鸟敢在机场跑道上逗留。英国研制的另一种"大怪物"稻草人，高 8 英尺，有 4 只脚和一个圆大的头，夜间双眼如炬，口中不时发出古怪的叫声。有一个这样的怪物，在两英里范围内，不但鸟雀绝迹，连糟蹋庄稼的田鼠、狗熊也逃之夭夭。

今天的稻草人可用于驱赶动物，也能用于保护动物。加拿大某石油矿的一个大型蓄水池上漂浮着上百个"金属稻草人"。这种稻草人能每隔 30 秒自动喷射出一股丙烷气体，并发出爆炸声，使得想在水池旁落脚的游禽拍翅而逃，免于被含有石油的池水粘住羽毛飞不起来而丧生。

90. 狗在西方

狗在西方国家一直受宠，很多有钱人对狗更是尊崇备至。

美国各城市都有众多狗医院，很多人争相为狗买医疗保险。美国一年花在狗身上的医疗费多达 60 亿美元。大小城市都有狗市场和狗食品专卖店，加入上等禽、鱼、蟹肉制作的狗食，大有买主。法国建造的全球第一家专卖爱犬用品的超级市场，备有狗喜欢吃的各种美食，狗靴、狗帽、狗的躺椅、摇椅及苹果香味的"狗用香水"等。在法国城市街头，还有专为狗烫发、美容的"狗理发店"、定做时装的"狗缝纫店"，狗穿上精心设计的牛仔裤，尾巴还可无拘无束地摆动。美国得州的"狗整容店"，业务包括为狗拉紧眼睑、面皮，去除不雅的肥肉等。美国富家狗，有不少镶着耀眼的金牙。有的狗戴的项链，价值高达数百万美元哩。

美国许多富豪名人都拥有自己的豪华别墅，如今他们又不惜巨资，为其宠物打造专门的"狗别墅"。每幢"狗别墅"只有几平方米，多为 2 层楼结构。尽管只是供狗居住的，但室内装修却奢华至极——别墅中有空调、自来水系统和供狗使用的袖珍家具，并有专门为狗设计建造别墅的建筑设计公司。

英国伦敦开办的狗旅店，房内装有空调和除尘设备。狗主人可为爱犬预定食谱和生日宴席。英国建造的一座爱犬俱乐部，设施相当于五星级饭店。在这豪华的狗"天堂"中，不仅为狗提供了上乘的物质享受，还为狗安排了丰富的"精神生活"。狗可以看电视、听音乐、玩玩具、散步追逐，优哉游哉。美国一些富翁挑选男女大学生充当他们爱犬的保姆。

美国加州一年一度要举行世界"狗选美"，评选标准除了品种外，还包括齿色、毛质、走姿和尾、耳角度等。每年此时，狗都成为社会的热门话题。美国前总统布什的爱犬蜜丽生下 6 只小狗，一时间，美国爱犬家的贺卡从四面八方竞相寄到总统家。为让狗看上它们爱看的电影，美国推出一部名为《狗儿历险记》的影片，它纯粹是为狗拍、给狗看的，片长 25 分钟，内容有狗搭便车、追赶鸭子等，高潮是跳过消防栓。有了这部片子，就能解除主人不在时狗儿单独在家的寂寞。

"狗大当婚"，有热心的主人为狗相亲，并举行"结婚"大典。美国格冷德尔市有两只狗在教堂"完婚"，还有牧师主持仪式。狗死去时，法国有很多主人将其装入棺材，在早已买下的狗墓地中安葬。坐落在巴黎塞纳河畔的狗墓地，长 500 米，宽 100 米，铁栅栏大门内，坟墓都用大理石砌成，狗墓地之间青松翠柏遍栽，扫墓者络绎不绝。日本东京的深大寿动物墓园，在为狗办丧事时还煞有介事地请和尚念经，其隆重程度，绝不下于一般人的丧事。

91. 洋迷信"13"

近年来,我们身边有些人很在意"6"(寓意六六顺)、"8"(谐音发,寓意发财、发家),花一大笔钱也要在手机和车牌号上用上"6""8",但对"4"(谐音死)则避之远远。在欧美等一些国家,许多人也有个十分忌讳的数字,它就是"13"。

"13"在欧美国家被认为不吉利,起源于基督教传说故事。在名画《最后的晚餐》上,耶稣基督和他的弟子们一起吃饭,其中第13个人叫犹大,就是他为了贪图钱财,将耶稣出卖,使耶稣被钉在十字架上。耶稣遇害又值13日,星期五。于是"13"成了"不幸"的象征,很多人想方设法要避开这个数字。

每年至少一次,最多三次,13号会与星期五相遇。每到13号恰逢星期五,美国大约会承受8亿—9亿美元的经济损失。因为在这一天,有不少人不选择坐飞机或进行正常的商业活动。据调查,大约有1700万人会在这一天提心吊胆,有些人甚至不敢下床。

西方人约有四分之一忌讳13这个数字。在欧洲的法国等一些国家,每月13号这天,人们不旅行、不结婚、不开业。飞机上无13号座位,轮船上无13号船舱,高层建筑也无13这一层,法国各城市中也难得找到13号门牌。英国也有很多人对"13"心怀恐惧。英国有个乡村更换门牌,被排在13号的户主大动肝火,向主管部门提出强烈抗议,主管部门不予理会。该户主便向法院起诉,结果胜诉。在欧洲一些国家的大酒店举行宴会时,为避免只有13人在座,店方专门备有纸、塑料做的假人,搬到宴桌旁边充数,以避开"13"这一数字。

对"13"如此忌讳,是毫无根据的。有的人遭遇到"13",不仅不是噩运,反而是幸运。100年前,一艘从开普敦向英国行驶的客轮触礁沉没。除了购票住在13号舱的夏普尔获救,船上200余人全部遇难。夏普尔自此被唤作"幸运的13号"。苏格兰一位妇女,生于13日,住的门牌号是13号,先后养育了13个子女,一生过得美满而快乐。有位英国作家,也认为13对他来说是幸运的数字,他的几部最成功的小说都是在不同年月的13日出版的。

正因为如此,西方有些人干脆对"13"不迷信了。纽约有家戏院的老板,专门在每月13日这天免费让那些在家庭中排行第13的人看戏,让不少人皆大欢喜。此外,欧洲有人倡导组织成立了一个"13俱乐部",向"迷信13"挑战。参加者为13人,选定一个13日13时13分聚会进餐,吃13道菜,喝13种饮料。有意思的是,俱乐部门前的台阶也是13级,租用活动的房间租金也一定放到13日这天才去交。

92. "出气"有方

现代学者认为,积蓄于心中的怒气或不良精神刺激有如一种势能,若不释放出来,就会损害健康。为此,国外近年来推出种种用以发泄不良情绪的出气方式,并使人乐于采用。

日本松下电器公司在各个下属单位设有"精神健康室",亦称"出气室"。牢骚满腹的职员入内,迎面先看到各种各样的哈哈镜。心中再不痛快,看到镜中自己的古怪模样,也会忍俊不禁。继而是经理等一个个上司的塑胶像立在面前,旁边放有棍子。如果心有怒气,可抄起棍子往塑像上猛揍一顿,尽吐心中积怨。

美国纽约新建起一座靶场。不寻常的是,这家靶场是以"出气"让人掏钱包的。当有人受了公司老板或他人的气,可将其照片置入互动式影视大屏幕上,或使其现身于荧屏的深街小巷之中,成为射击目标,以此泄愤出气。

日本市场推出一种蟑螂型电动出气玩具,长 20 厘米,面部空白,可由玩者在上面画像或放置照片。当玩者击打蟑螂的头部时,它能尖叫着向前倒下。一些对上司不满的人,画像于蟑螂面部,然后将其责打一番,可一泄愤懑。

日本还有一种供人出气的商店。如果妇女受了丈夫的气,就可进入商店,要求找一位与丈夫长相相似的人供她打骂出气。受到上司欺辱,也可进店洽谈此类生意,但收费略贵。商店明码标价,打一个嘴巴,需付 10000 日元,并且要先确定被打击的部位,预付订金。

美国近年出现一种由公司开办的"发泄中心",按顾客付款多少,将顾客引入一间布置好的房间,乱摔乱砸,直到消气为止。室内摆设的瓷器,是由公司特制的专供人打碎而烧制的廉价品。

现在有些电视节目惹人气恼,或反复播放垃圾广告,招致愤而击毁电视机的事在国外时有所闻。对电视又爱又恨的观众,也许要时常掏巨款重购电视机。随之,又有了最新发明的出气砖头式电视机开关,外表看完全是一块"砖头",但材料却是软的,而且内置了一个震荡感应器和一个信号发生器。只要把这东西摔向电视机,马上可使讨厌的电视节目中止,并可随意用力,既不会引起火灾,也不会损坏荧光屏。因为在电视机上附加了一个信号接收器,专门接受关机命令。"砖头"一到,声光俱收。

在如今的电脑游戏中,还可下载一些"打人出气游戏",如狂扁一男子、打扁衰男仔、打鬼子、打老板、打僵尸等。有些内容整蛊好笑,本有一肚子气恼,玩上一阵,心态就会平顺下来,于不知不觉中改善了不良情绪。

93. 出租业务忙

对于出租这行来说,人们也许不陌生。但在国外,却有着许多奇特的出租呢。

日本一些苹果种植场,开办了出租苹果树的生意。城里人交费就可租到一棵或几棵苹果树,在收获季节得到树的全部收成。种植场承担树的保养,并负责把收获的苹果送到顾客家中。当苹果歉收时,还会按市场价做出赔偿。

美国加利福尼亚州的兰塞少年儿童博物馆,开办有一项出租动物的业务。租用者只要填写一张单据,就能将一只鼠、兔子、猫头鹰等小动物带回家中饲养,租期一周。在这里还能租借笼子,购买饲料,很受孩子们的欢迎。

法国南部的图卢兹市出现一项新的业务:出租猛犬。出租的狗都经过专门训练,不乱咬人,不乱吃东西,能忠实看守住宅。据比较,外出度假的人租狗看门,比雇用看门人或使用机械报警设备既省钱、又安全。

加拿大多伦多城成立了一个新奇机构,专向各大商店提供专业扒手。商店付款后扒手立即应邀前往"作案",同时商店的保安人员严阵以待,抓到扒手后就高声叫骂,揪衣扭手,送往警察局。周围顾客看到扒手惨状,自然不敢偷窃商店货物。

巴黎出现一项租借奶奶的服务项目。这是由一位叫伊冯·莱昂的老妇人发起的。她组织起一些退休没事干的老人,主动要求无偿服务,被租借去看护家中无人照料的病孩。只要打个电话,她们就会按时赶到。

法国巴黎著名的舞厅"星形广场跳舞茶座",是中老年单身妇女最喜欢去的舞厅,这里专门出租男舞伴,每陪跳一次收5法郎。男舞伴每晚陪跳20次左右,收入颇丰,而且非常受妇女们的欢迎。

在美国,有一家"幻象"中介公司。该公司的资料库中,有400名酷似名人的人可供选择,以在生日、酒会等庆祝活动时请这些人到场助阵、增添气氛。这些人与名人在相貌、谈吐、举止方面十分酷似,可以以假乱真。经公司出租的假名人的价格,以名人的知名程度、活动时间长短及活动性质而定,少则300美元,多则3000美元。

针对一些想长跑而不适宜这一项运动者,纽约有个叫哈里的人,别出心裁地在广告上提出"出租自己,代人长跑",以促进承租人的健康。令人意想不到的是,不到一星期,居然有300多人欣然给哈里寄钱,租他跑步。

94.代客服务广

收钱代客户办理各项事务,看似平常,却又是个特殊的行业。国外一些服务商在代客生意中有着很独特的经营手法呢。

美国有很多家庭养狗,养狗需要遛狗。有些养狗之人由于年龄、疾病、时间等各方面问题,难于牵狗出门。为此,纽约成立了一家"代客遛狗"公司,派出雇员代客牵狗遛狗。服务细则明确遛狗时间、里程、狗的数量及其他特殊需要,如遛狗雇佣年轻男士、漂亮女郎等。双方签约后,养狗人就可将狗交给雇员,招摇过市,按行走路线兜风了。

美国人雷斯创办了一家"代客说不"公司,对借钱、求婚等难以启齿回绝之事,专门帮助客户解难。公司接受客户委托后,会派出交际高手,以最巧妙的方式,最得体的措辞说"不",而又不伤和气,让双方当事人满意。

美国加州一位叫洛伦的人创办了一家"代客道歉"公司,开业后生意兴隆。女青年杜莲不慎激怒了男友,她十分后悔,想向对方道歉,又放不下架子,于是找到洛伦的公司求助。洛伦受理了这项业务,安排了一次约会,由公司出面,向其男友诚恳致歉,然后展现杜莲送到的玫瑰花,二人顷刻间冰释前嫌。代客道歉公司为每一个客人道歉的方法都不同,每接受一个顾客请求,洛伦都与他的助手先了解清楚双方的情况,弄清事情的来龙去脉,然后由客人挑选道歉方式:经济的、普通的、豪华的,丰俭由人。之后,洛伦与助手便会动脑筋设计一个最合适的道歉方法,接着联络客人,斟酌一些细节。获得客人同意后,便开始做这次"有偿和事佬"的工作。由于这家代人道歉公司办事效率高,收费并不高,已逐渐显露出名声。

在意大利西西里岛的卡坦尼亚镇,一位叫玛丽亚格拉茜的中年妇女在报纸刊登广告,寻求需要"眼泪与笑声"的客户,她可"代客哭笑",言明她营造的"哭与笑效果颇佳,价钱公道,包客户满意"。看到她的广告后,家有喜丧之事的人家纷纷与她联系,邀她上门,每周业务少则 10 次,多则 20 次以上,以至于经常应接不暇。她参加送葬队伍时,身穿黑色葬服,走在棺材后面,在两人的搀扶下,哭得死去活来。她忽而捶胸顿足,忽而扑向棺材。那凄惨的喊声令人心碎肠断。两个小时后,这位妇女却换上华丽的礼服,出现在另一户办喜事人家的客厅里。此刻她满面春风、笑声满堂,不时向前来给新郎新娘祝贺的宾客们微笑、点头、握手,大大增添了喜庆气氛。

95. 哭的习俗

呱呱,形容小儿的哭声。呱呱坠地是说婴儿是啼哭着降生人世的。

对大人们来说,哭泣是难过、伤心、悲痛的表示。然而也有一些人们却用哭泣、流泪表达喜悦等复杂的感情。我国湖南桂阳县的姑娘出嫁有"哭娘"的习俗。女子在出嫁前,要一连哭上几个晚上。"哭娘"是一种诉说性、歌唱式的啼哭,每哭一句,长"嗷"一声,既是倾泻感情,也是艺术表演,听来凄切悦耳。川东等地的土家族人,姑娘出嫁前要唱"哭嫁歌",这是显示"哭艺"的一种比赛,有的出嫁前好多天就拉开了哭的序幕。出嫁前一天是哭的"高潮",家人陪哭、劝哭,彼此眼泪汪汪,哭声不断。一家人哭得有板有眼,有腔有调,抑扬顿挫,能把在场者一一哭倒,是一场新娘与亲友倾诉离别之情的"大合唱"。土家族人认为,办婚事哭是吉祥如意的象征,不哭不体面,不哭不热闹,不哭今后的日子就不兴旺。

与此相似,非洲肯尼亚吉库尤族的姑娘出嫁时,也要表现得极度悲伤。在男方背新人的背上,新娘要哭喊挣扎,表示自己"不愿出嫁"。进入男家后,新娘还要唱"哭歌",成了婚礼活动的一部分。

南美洲玻利维亚的龙拉基尔族人,是以大哭迎客的。当贵客临门,主人声泪俱下先作长篇欢迎词,人引进门后,又进行缅怀祖先的哀礼,全家人悲痛不堪。此时,客人需陪主人一家放声大哭,不如此便不能让主人一家感到欣慰,然后宾主再坐下叙谈。居住在格陵兰岛上的祖芬格族人,一家有了喜事,全村人汇聚在一起集体大哭。有路人凑巧从旁边经过,也会被递上薄巾,邀请同泣,哭声越大越显得气氛热烈。在当地人看来,哭与友好、亲密、真挚的感情是联系在一起的。

哭还有种种比赛哩。1984 年,印度尼西亚举行了一次全国哭泣大赛,有 27 名善哭的选手参加了决赛,现场观众达 3000 名之多。一位名叫拉克迈德的哭手,在赛场上为死去的母亲哭得悲恸万分、死去活来而获胜。一年后加拿大首都渥太华举行了第 10 届"国际市镇痛哭锦标赛",澳大利亚 46 岁的基廷以号啕大哭、痛不欲生之势击败了各国哭泣强手,以"最佳之哭"夺得冠军。

近年来医学研究证明,现代人由于工作、生活紧张,心理压力大,身心会积累产生大量毒素。哭泣则是排解体内毒素的渠道之一。哭可使心中的压抑得到不同程度的发泄、纾解、释放,从而减轻精神上的负担,对健康是有一定好处的。为此,心理学家主张:该哭泣时就哭上一阵吧!但是哭要适当,长时间地哭对身体是有害的。因为人的胃肠机能对情绪较为敏感,忧愁伤悲,哭时过长,容易影响食欲,诱发胃肠炎症等疾病。为此心理学家提出,哭不宜超过 15 分钟。

96. 笑的趣闻

人爱不爱笑,与健康、性情有关系吗?

近年来,已经有越来越多的研究表明,性情快乐对健康和寿命有着重要的影响。性情快乐外在的流露就是咧开嘴角发笑,从眼周皱褶处折射出积极乐观的情绪。

专家调查认为,当人大笑 10—15 分钟,可增加能量消耗,使人心跳加快,燃烧一定能量卡路里,为此认为笑是保持身材苗条的良方。人在笑时能刺激大脑分泌一种让人欣快的激素内啡肽,这种物质有显著缓解疼痛的作用,止痛效果强于吗啡 40 倍。研究还发现,快乐高兴的人能减少患心脏病的风险。经过对 1700 名 10 岁以上人群调查得知,经常焦虑和沮丧的人,最有可能患动脉阻塞和高血压症。

笑有益于身体健康,可以陶冶情操,延年益寿,这已得到多数人共识。"笑"的行业在世界各地也应运而生,五花八门。在巴西,电话局设有一个专门播放笑话的服务台。工作之余,只要你拨打一下号码,就可以听到令人捧腹的笑话。在华盛顿也有一家广播电台,它每天除了广播新闻外,就是广播滑稽的笑话和幽默故事,常常使人笑不拢嘴,深受当地群众欢迎。在英国伦敦米埃特大街上有一家"笑的俱乐部",拥有许多知名的笑话表演者,听众可以买票入场。如果听众愿意上台表演,便可免票入场。在德国,每年定期还会举行一项奇特的"笑"比赛,其项目有微笑、含笑、苦笑、开怀大笑、冷笑、讥笑、狞笑、间歇笑、特意笑和自选笑等。

日本东京等地在 20 世纪 90 年代相继成立了"笑社""笑容学校""现代微笑学院"等机构。吸收学员,讲授笑所形成的良好心理机体效应、如何具有幽默感及做出惹人发笑的表情、动作等。学员们要为"做好一个笑容"练习不止,甚至尝试学习蒙娜丽莎的"神秘一笑"。

在美国爱达荷州的波卡特洛市,每年都要举行一次"微笑节"活动,这里很早就通过一项法令,规定市内所有的人,包括旅游的人,在大街上或其他任何地方,均不得愁眉苦脸,违反这个法令的人要到"笑容检查站"去"学习微笑",并要即席展露数次笑容方可离站。该市实行这项法令的目的在于鼓励市民以乐观的态度去应付逆境。

笑不仅有益于健康,形象研究专家还认为,笑容能使男子显得亲切,能给女子增添妩媚,生活中充满了欢笑,何乐而不为? 笑应是内心愉快的自然流露,笑要有美态,不要旁若无人、假笑,引人反感。有关专家在研究了数百张各种笑容的照片后,对笑时的牙齿及面部表情特征做了分析。一般认为中度开口笑,下唇轻微接触或少离开牙齿一点,最招人喜欢。

97. 怪异的美

爱美是人的天性。世界各地的人们因其生活历史、环境、习惯的不同,审美、追求美的方式也不尽相同,有的甚至是很怪异的。

在太平洋南部的汤加,人们以胖为美、以胖为荣、以胖为贵。就连舞蹈家也都是大腹便便。有些人为使身体再"富态"一些,就用布把腰身缠起来,以求增添几分"姿色"。生活在尼日利亚的伊博族,女人也以肥胖为美。在部族相亲时,胖姑娘走在男人面前亮相,很快会被相中,而那些体态苗条的姑娘则很难嫁出去。

在亚洲缅甸的一些乡村,妇女以脖子长为美。为了成为"长颈美人",女孩从5岁起,就在脖子上套一种黄铜环。以后,随着年龄增长,定期在铜环上加圈。女子成年后,"脖套"重达9公斤,它抬高了颌骨,压低了锁骨,致使脖颈最长可达30厘米。铜环上一般再挂几条银链,装饰几枚硬币,用以显示美丽和富有。然而长久佩戴铜环,走路、饮食、睡眠不便,究竟要忍受多大的痛苦,只有当事者自己知道。

非洲马塞族的人,以耳孔大为美。为了拥有一对大耳孔,七八岁时男女都穿耳,事后还要把耳孔再扩穿。为了让耳孔更大些,他们不惜把石块吊在耳孔上。在当地,大耳孔不仅是美的标志,还能表示他在族中有一定的地位。婚后的马塞族妇女脖子上被五光十色的玻璃珠缠绕着,胸前、两臂和小腿部也都挂着许许多多的小铁环和铜丝环。她们认为挂物越多越美丽。

非洲乍得地区,女子以嘴大为美。女孩子在幼小时,家里人就把小碟小碗放到她嘴里撑,以后每年用大碟碗换下小的,久而久之成年后就会把嘴撑大。据说有的大嘴女子,张开嘴能放进两只餐盘。乍得湖以南的莫斯古族人有配唇坠的习俗。其唇坠为圆盘形,把两块很大的圆木片嵌在唇的内面时,要把上下唇撑开。由于圆木片较大,必须敲掉几枚牙齿才能放入。配了这种唇饰之后,人的整个脸部都变了形。

东非的马孔德族妇女也以唇饰装饰自己。为此,要在鼻唇沟处穿一个孔,同时还须拔掉一个上门齿。唇孔插上渐粗的小木棒,使孔洞由直径1厘米慢慢扩大到四五厘米。此时嘴唇肿大,改变了原来的面貌。插唇的小棍要永留在孔上,作为忠于部族的象征。如今这种习俗在年轻人中已不受欢迎。因加装唇坠而造成的上唇突起,只有在老年妇女脸上才能看到。

追求怪异的美,在现代社会也不乏其人。近年来,美国加州青少年流行人体穿孔,他们在耳垂、嘴唇、舌头、鼻子、腹部、乳头等部位刺穿,镶入装饰物。按照加州目前的法规,18岁以下人士文身属非法,但刺穿身体却无法规管制,为此,一些议员和父母要求国会立法遏制这种现象。

98.男子穿裙子

　　裙子在早年并不是女装。远古时,人类祖先就把树叶或兽皮连在一起,围在腰间用以御寒,这就是裙子的起源。相传在 4000 多年前,黄帝做了"上衣下裳"的规定,"裳"就是裙子。那时男女是皆穿裙子的。我国到了唐代,男子逐渐穿起裤、袍,裙子才成了女装,"裙钗"也成了妇女的代名词。

　　目前在一些国家和地区,仍有男子穿裙子的习俗。缅甸就是盛行男子穿裙的,他们称裙子为"纱笼",是民族服装。那里男子穿裙不系腰带,只需把上部挽紧,在腹部打结,松脱了再挽紧。裙子制作省事,穿着方便,可铺可盖,既可撩起擦汗,又能在洗澡后当浴巾,且没有正反之分,可以转着圈穿。泰国等地的马来人也爱穿纱笼。纱笼在当地被当作口袋。扎住一头,便可盛放物品,还可作为孩子的摇篮和背带。

　　在阿拉伯的北也门,男子穿一种长裙,称作"伏塔",多为素色,也有用色彩鲜艳的花格布做的。北也门人吃饭时席地而坐,穿这种裙服起坐方便。

　　苏格兰男子穿裙子是举世闻名的。早在 200 多年前,苏格兰高地的男子就穿一种叫作"吉尔特"的服装。这种从腰部到膝盖的短裙是用花呢制作的。布面设计成连续的方格,而且方格要完整地展现出来。现在苏格兰男子通常穿的裙子是沿腰部折褶缝成,有点像我国妇女夏天穿的"百褶裙",而苏格兰男子的短裙前面还有一小块椭圆形的垂巾和一条很宽的腰带。当苏格兰还是一个独立王国时,"吉尔特"是他们的民族服装。1707 年,苏格兰被并入英格兰,但作为民族特色的裙服,他们始终没有放弃。在同英格兰统治者进行政治斗争和武装斗争的同时,他们以穿自己民族服装来表示渴望独立的民族意识。1745 年,苏格兰爆发了反英格兰统治的武装起义。次年,起义失败。英国汉诺威王朝为了彻底消灭苏格兰人民的民族意识,维持其暴虐统治,竟然下了一道命令:禁止苏格兰人穿格花呢裙子,违者要处以 6 个月的监禁。如果同一个人被第二次发现触犯"禁裙令",就放逐 7 年。但是,苏格兰人同英格兰统治者进行了持续 30 多年的顽强的反"禁裙令"的斗争。到 1782 年,汉诺威王朝不得不取消禁令,苏格兰人民终于取得了穿裙子的权利和自由。

　　苏格兰裙是苏格兰家庭、部族和国家的标记,苏格兰人以其传统自豪。苏格兰裙的市场销量蒸蒸日上。1990 年,苏格兰橄榄球联盟队获得大满贯胜利,球队队员穿起苏格兰裙庆贺,许多球迷和民众也都穿起裙装参加庆典活动,群情激昂,造成很大轰动,形成新一轮穿苏格兰裙热。如今在苏格兰人狂欢、聚会等众多场合,人们都要穿上苏格兰裙参加,无论男女,人人脚上都有裙摆摇曳生风。

99. 新奇的"活装饰"

爱美之心人皆有之。很多人喜欢在耳朵上、颈上、手上等处佩戴一些饰物,饰物多以金属、玉石、玻璃、塑料、兽骨、竹木等为原料。而在世界的一些地方,有人竟是以鲜活的动、植物为装饰,佩戴在身上,别有情趣。

生活在菲律宾群岛上的女子,经常捕捞一种瓜子大小的虾虎鱼,把它们装在特制的微型玻璃缸里,像戴耳环一样,悬吊在耳朵上。体小优雅的虾虎鱼在缸水中悠闲游动,摇曳在女子耳边的活鱼耳饰鲜活、独特,是其他地方所看不到的。

墨西哥有些乡村的女子,常爱捕捉一种色彩斑斓、温顺可爱的小蜥蜴,用彩色丝线系住,别在自己发髻上,成为不时微微蠕动的"活发卡"。几个女子遇到一起,常会互相评比和炫耀一番,有的戴久了还会互相换戴呢。

喀麦隆西部生长着一种小银枪蛇,细如手指,铅灰色,有"四"字形花纹。爱美的当地女子捕到这种小蛇后,拔去蛇牙,扎成小圈,垫纱布挂在耳垂上。随着蛇伸头、摆尾、扭动身躯,佩戴者耳畔也增添了生动的一景。

西班牙南部乡村的姑娘们在夏季夜晚纷纷捕捉萤火虫。当地的萤火虫个儿大、亮度高,捉到后用薄纱布包好,系在辫梢上。随着她们走动,佩戴的"活发饰"也在夜色中闪耀光芒。

非洲西部的都拉族人,喜欢蜜蜂。那里的人喜欢戴一种特制的"蜂巢帽"。帽子的前面有帽檐儿,后部是蜂巢。人四处行走,蜜蜂跟着佩戴者在蜂巢飞进飞出,自由采酿花蜜。戴上这款造型独特的帽子,遮阳、养蜂两不耽误。

每逢洪都拉斯人的节日,在盛装的妇女们头上就会出现五颜六色的鲜花。细看时会发现,这些鲜花都是从妇女们头上顶着的一只只小花盆中长出来的。这种做工精巧的"头盆"巧妙地梳扎在头发里。在节日庆典活动中,妇女相聚,会互相欣赏头盆,哪些女子头盆的鲜花娇艳、芳香、不同一般,就会赢得赞赏,还会迎来小伙子们爱慕的眼神。这让顶头盆的妇女感觉自豪。相传,头盆鲜花出现在100年前。有一年,洪都拉斯举办"抱牛节",一名叫姆斯拉菲蒂的少女带着一盆心爱的小花参加狂欢活动,她怕花盆放在地上会被人践踏,便用纱线捆扎在头上。不想却受到妇女们的效仿,引以为美,以后把头盆鲜花顶在头上就成为该国妇女喜爱的活头饰了。

100. 说说模特儿

　　人们在看电视时,有时会看到迈着猫步行走展示时装的模特儿。模特儿是怎样出现的呢?

　　1573 年,意大利修道士马尔柯用木料和黏土制作出一种玩偶,并用粗麻布加以装饰。这种玩偶传到法国后被称为"模特儿"。巴黎一个女裁缝想出一个新点子:用模特儿向顾客展示服装,引起不少人效仿。有的女店东感到木制模特儿不能活动,是个缺点,便尝试自己把各种时装穿起来,充当"活"模特儿。英国人沃尔特在巴黎看中一个漂亮姑娘,与其结婚后回到英国,从而在英国的沃尔特时装店出现了第一个专事推销服装的"活"模特儿。后来,欧美一些国家专业模特儿渐多,表演技巧日臻完美,受到顾客的欢迎。

　　数百年来,随着服装业的不断发展,做模特儿已成为众多少女醉心的行业。法国著名的仙奴时装公司的专人模特儿依丝,30 岁,身高 1.81 米,体重 55 公斤。她拥有贵族血统,且具高雅迷人的气质,一场 45 分钟的时装表演,所得酬金达 30000 法郎。然而现今跻身模特儿热门职业的,并不光是"窈窕淑女",希望从事模特儿行当的"大丈夫"也不乏其人。在美国举行的一场"80 年代男模新秀大赛"中,报名参加者仅在纽约就有 3000 人。有的风度翩翩的男模与模特儿公司签约后,年薪达到六位数。在巴黎、罗马等时装展出场所表演的模特儿中,不仅有五六十岁、衣着漂亮得体的老婆婆,还有身穿孕妇装、腹部隆起的准妈妈。

　　模特儿一般可分为三种,即服装模特儿、广告模特儿和试身模特儿。服装模特儿要求的条件最高,表演难度也最大。作为服装模特儿,首先要"高人一筹"。据说,女子身高不及 1.8 米,很难跻身世界名模之列。除了个头要出众,膊头还要横阔,四肢修长,这样架起衣服才好看。好的模特儿不一定是美人,但她要具备时代感和独特的气质,出场便具吸引力。她能穿起不同款式的服装,演绎出不同的情调、形象,伴随着音乐节拍走动,充分利用头、肩、眼神和面部表情,发挥出各种服装的美感,使人越看越有味道。一个出色的服装模特儿,不是活动的"衣架"。她不仅要懂音乐、舞蹈,对各项健美运动、娱乐及文艺活动都需要有体验,以丰富造型表演的内涵,培养气质,磨砺"压场"功力,不断积累经验,这些都绝非一朝一夕之功。

　　中国时装模特儿诞生于 1980 年,她们起步晚,但成长快,并以独特的神韵、迷人的东方情调为世界瞩目。她们身着绚丽多彩的民族服装、时装,在欧美、东南亚等国进行表演,并获得巨大成功。

　　当代模特儿有什么特色? 有关专家认为,金发碧眼的美女将不再很吃香,乖巧的"玩具娃娃"也很难得宠,取代她们的是略带成熟感、富有民族特色的现代美女。

101. 人体画布

通常画是画在纸上、布上，还可以画在墙上或地面。但也有人把身体当画布，用以展示艺术图案。

尝试把身体各部位皮肤充任画布，加以绘画和展览的，不乏其人。21岁的美国女孩佩奇，以自己的嘴唇为画布，她对着镜子，用唇膏描绘可爱的小动物。其画作有大黄蜂、熊猫、狐狸、螃蟹、河马等。她的唇绘受到很多人喜爱，纷纷拍照收藏。

现年28岁的英国男子菲利普·列文年纪轻轻就成了秃顶，不过列文并没有像一般人那样剃成光头，或者戴上假发加以掩饰。他实施了一个绝妙的创意：以自己光洁的头顶为画布，请专业人体设计师，定期给自己"理发"。通过100多个头顶彩绘，列文让秃顶变成了一个展示艺术的平台。目前，列文已着手用影像拍摄半身塑像，办一场艺术展，展现自己头顶上曾出现过的100多款彩绘艺术造型。

在印度各大城市的街头巷尾，时常可以看到一群从事特殊行业的手艺人——手绘师。一块铺地的塑料布，几个圆锥形颜料筒做的画笔，便是他们的创作工具。据考证，这种名叫"曼海蒂"的手绘艺术最远可以追溯到5000年前。印度社会一直有"没有曼海蒂，婚礼不算齐"的说法。在婚礼前一天晚上，新娘要由未来的婆婆点下第一笔手绘图案，并由资深手绘师接着画下最精美、最复杂的图案，整个过程至少需要七八个小时。第二天，手脚画满图案的新娘将前往夫家开始全新的生活。有些新娘在随后的日子里，就以手绘为由躲过家务劳动。

在新德里街头，只要花50卢比，任何爱美的女孩都可拥有她喜欢的手绘图案。据媒体报道，许多知名的好莱坞影星如麦当娜和黛米·摩尔等，都曾经在公共场合展示过这种印度手法的"临时文身"。

在指甲上作画，也是年轻爱美女士的一种时尚。如今国内外许多城市都有专门设计彩画指甲图案的"指甲屋"。在纤纤玉手前端的指甲上彩绘艺术图案，很具情趣和新意。画前在指甲上涂一层无色亮光的指甲油，起保护作用，再涂两层和衣着、肤色相配的有色指甲油，接着把设计好的图案用白铅笔打底，以上指甲油的小刷蘸彩作画，最后涂亮光指甲油护画。各种绮丽幻妙的色彩全凭选用。顾客选好图案，提出要求，就能让一个个指甲上展现出可心的图案。顾客也可发挥个人想象力和彩绘才能挥刷自画。扑克图案、花鸟鱼虫、抽象画等，都可跃然指端，让指甲耀眼生辉。

102. 海外文身热

喜欢看电视转播美国 NBA 篮球赛的人,一定能发现,许多球员身上都有文身,皮肤上刺有花、鸟、兽等图案,有的还刺上了"忍""能"等中国汉字。

最新研究表明,埃及金字塔内存放的超过 4000 年的木乃伊,男女贵族身上各刻有明显的文身杰作。专家推断文身可能始于 1.4 万年前的石器时代,人类文身历史已达 10000 年。

在世界上一些民族中,从古至今文身一直是他们的传统习俗。菲律宾的内库利特族不分男女都盛行"黥刺",他们在十二三岁时用贝壳刺破两臂、胸、背部皮肤,刺出几个图样,不顾疼痛浸泡在海水中,然后在太阳下晒干,身体上就留下一幅幅粉红色的图案了。在非洲贝宁,不少人把皮肤纹得像画布。少女讲究在身上先后蚀刻 12 套花纹,文身时不仅要把皮肤刺破,还要使伤口溃烂,形成疤痕。虽然经受痛苦,但在贝宁人看来,这是一种对美的追求和勇敢的行为。

当代热衷文身的不仅大有人在,不少人还视文身为"艺术"和持久、别具韵味的"化妆"。在美国,40 年前仅有 300 家专业文身店,如今则达到 4000 家。荷兰的阿姆斯特丹召开国际文身大会,热热闹闹一连开了 3 天。美国加州一位护士,为一位患者做胸部检查,见到患者左胸上文着她的名字,右胸文着她哥哥的名字,两个名字如一对蓝鸟。护士为此确认患者就是她失散多年的父亲。这次由文身撮合的父女相会,一时传为佳话。

文身最大的特点是难以除去。不少人也许正是看中了这一点,遂以文身来表达对某种事物的忠诚。好的文身店掌针师傅,技艺不凡。他们有豪华的工作室,使用消毒的工具,应顾客的要求在皮肤上精心"作画"。目前欧美国家流行的文身图案偏向于写实,如配偶、子女、宠物等。一种白天并不显露、夜晚却闪烁发光的夜明文身图案,最近也受到文身爱好者的青睐。

近年来,已有一批人因文身怪异而引起轰动。美国黑人女性霍碧,在左乳刺了漫画。而喜剧胖女星罗珊妮,将心爱丈夫的名字文在了她的大臀上。加拿大人栾恩,现年 39 岁,在一家夜总会任职。以前他遇到一次车祸,植皮后,面部留下了疤痕。栾恩想到以文身掩饰,先后在身上刺出 4500 种花样,包括上帝、帆船、动、植物等。文身处已占全身皮肤的 75%,他的目标是超过 96%,以打破文身世界纪录。美国 34 岁的女星麦克凯琳,从 18 岁开始文身,全身文身处也超过皮肤的三分之二。除右大腿、腹部未刺,从颈至脚,全被各种颜色的花纹图案覆盖。麦克凯琳炫耀说:"我是活的艺术馆,全身有 50 幅不同的艺术杰作。"她身着泳装走到沙滩时,那一身绚丽多彩的文身图案十分引人注目。为此她赢得了"彩虹妈妈"的美称。

103. 书信纪录

在以往的历史上,书信在人们的社会生活、文化交往上具有重要作用,并留有一些令人吃惊的纪录。

英国汉普郡索斯西有一位叫特里·芬奇的小姐,在 1969 年 6 月 11 日用一卷计算机纸给她的未婚夫坦克桑写了一封信,她情深意切,此信竟长 1120 米。以纸张计算,这是世界上迄今为止最长的一封信。

美国得克萨斯州的林戴尔杰奎琳·琼斯 1976 年 5 月邮给她妹妹一封信,信上共有 1113747 个词,大大超过了许多作家的巨著篇幅。她写此信共花费了 8 个月的时间。

印度克拉拉邦一名叫约翰的人,给教皇保罗二世写了一封信,谈论世界和平问题。此信是约翰花了 42 个月的时间才写完的,全信纸页连到一起长 2.4 公里,重达 100 公斤。

英国牛津的雷蒙德·坎特韦尔,被人们称为"不知疲倦"的通信者,算得上是世界上写信最多的人。究竟写了多少,他自己也没有确凿的统计。不过,已被报刊、电台发表采用的就有 12000 多封。据说,有一次为了呼吁国内各界对慈善事业给予更多的关注,他在 36 小时内就写了 425 封信,平均 5 分钟多一点写一封信,写信的数量和速度足以令人咂舌。

现年 63 岁的凯尼什·兹默曼是美国一名退休老人。他的最大爱好也是给全美各大报刊写信。自 1987 年至今,他笔耕不辍,共寄给报刊 40000 余封读者来信,其中有 1700 余封发表在 60 多家主流报刊上,堪称"全美最牛读者""书信之王"。事实上,兹默曼的"写信事业"最早始于 1964 年。他给美国《体育新闻》杂志写信,内容是"为底特律老虎队的一名棒球球星辩护"。由于观点鲜明、论证有利,该信很快就得以发表。1987 年,兹默曼开始他的写信事业时,他就"安东尼·肯尼迪获得美国联邦最高法院大法官的提名"一事发表个人意见,没想到这封信第二天便被发表在著名的《洛杉矶时报》上。从那以后,兹默曼便一发不可收。19 年前,结婚 16 年的妻子由于不堪忍受兹默曼的"信瘾",与他离了婚。两年前,兹默曼退了休。让人意想不到的是,他的写信效率从此倍增。据悉,他每天要花 3 个小时上网,寻找热门话题,然后花费两个小时写信。据兹默曼估计,全美国像他这样热衷给编辑写信的狂热读者不下数十人。他笑称,希望有朝一日将这些有志同人聚集一堂,召开一次大会,各人畅所欲言,同时向年轻的后生传经送宝。不过,兹默曼的最大心愿是,将自己的传奇般的故事拍成电影——然后把自己对电影的感想写成信件,寄给导演。

104. 情书传奇

　　情书即男女之间表达爱情的信件。古老的情书是什么样子？名人又是怎样写情书的呢？

　　意大利人在发掘庞贝古城时，曾得到一页最古老的情书。爱慕之词刻写于一片象牙上。据考证，这是在 2000 多年前一个贵族女子寄给一位叫史都古斯的大力士的。

　　在伊朗发掘出的古老情书，被刻写在石板上，每块重 15 公斤。当男子想约姑娘会面，就请人背石板去商定时间。背着沉重的大石板上路，这可不是轻松的差事。

　　在我国 2000 多年前诞生的《诗经》中，记述了许多男女约会的事，但没有以书信传情的。情书成为男女之间传递情感的工具，那起码是在文字与书写工具普及以后。较早得见的是汉乐府《饮马长城窟行》中"鲤鱼传情书"的记述。一个出门在外的丈夫，遣人给妻子送来两条鲤鱼，妻子"呼儿烹鲤鱼，中有尺素书。长跪读素书，书中竟何如？上言加餐饭，下言长相忆"。这一段记述，使丈夫在外思念、体贴妻子的娓娓之言跃然纸上。

　　写情书是文采出众艺术家的长项。美国著名小说家马克·吐温婚后仍坚持给妻子写情书，他常用纸条写三言两语，压在餐碟下。英国文豪萧伯纳则擅长写大篇情书，《萧伯纳情书》是举世称善的佳作。法兰西第一帝国皇帝拿破仑的情书以热情炽烈闻名，也曾被人传诵一时。为向知心情人倾诉衷肠，俄国著名作曲家柴可夫斯基在 13 年中曾寄出过 5000 封情书。法国大作家雨果则先后收到过 17000 多封情书，有时一天就有几封进门，最多一天收到了 11 封。

　　法国维琪市曾举行过一次写情书比赛，奖品是貂皮大衣。英国博物馆收藏着一封长达 400 页、写有 41 万字的情书，是伊丽莎白一世时一个大臣写给自己未婚妻的。

　　美国一位叫凯利的海军人员，在被派遣到东方服役期间，用打字机给留在加利福尼亚的妻子写了一封长长的情书，时间用了整整一个月，击键达 14 万次。如果用笔书写，纸的长度将达到 50 多米。

　　1875 年，法国巴黎画家列克鲁尔给爱人贝拉特娅写了一封情书。情书的特别之处是最长、也是最简明的，即把极普通的表白"我爱你"重复了 1875000 次，这个数字是那一年年号的 1000 倍。不厌其烦地只书写一句话，他却偏要投入如此之多的时间和精力，令人匪夷所思。对于他这种荒唐的热情，对方能否接受就不得而知了。

105. 从"吻"字说开去

人们在读到"吻"字时,会想到"吻"字带有"洋味",是恋爱时人们的亲密动作。其实吻是地地道道的"国产货"。

早在我国东汉时,许慎所撰《说文解字》中,已收有吻字,可知这个字至少有1800年的历史。关于"吻"的由来,有说是原始社会,由于生产力极端落后,没有碗具、杯等盛水器皿,人们都直接用口吸水解渴。而尚在襁褓中的婴儿因为不会用口吸水,于是,母亲便先把水含在嘴里,再嘴对嘴地哺给小生命。这种充满母爱的行为被后人沿袭下来,成了亲人或恋人表示爱意的举动。

吻在西方是较为流行的礼节。比较流行的看法认为,吻始于古罗马帝国,因为古罗马严禁妇女饮酒。当男子外出归来后,要先吻一吻妻子有没有饮酒,这就是由"闻"到"吻"的过渡。以后相沿成习,成为夫妇见面时的第一道礼节。

吻在非洲某些国家和地区,不限于表示男女之恋,它还寄寓尊敬和关心之意。非洲土著居民视酋长为"父母官",人们争相亲吻酋长走过的地面,以此为幸福和对酋长的推崇。古罗马时期,皇帝允许最高级的贵妇人和宠臣吻他的嘴唇,次者吻他的手,庶民只能以吻皇帝膝盖和脚背为"殊荣"。

有研究指出,因吻的部位不同,所表示的含义也不一样。一般而言,吻手表示敬意;吻额头表示友情;吻面颊表示欢喜;吻唇表示恋爱;吻眼睛表示幻想等等。不管是热情一吻,还是轻轻以嘴一触,都会使面部29块肌肉参与活动。

人有旦夕祸福,因吻也会产生出意外。罗马尼亚东部港口城市加拉茨有一位38岁女子被送至医院。原来她与心上人接吻时,激情过度,将对方的假牙误吞入腹中。医生为她做了X光检查,并帮助她把假牙以"自然方式"排出体外。

吻出的悲剧并非都出自恋人之间。前不久,美国纽约一位叫施瓦茨曼的母亲,被她4岁的小女儿拥抱。女儿在她左耳处给了一个非常有力的亲吻,母亲一霎时感觉她似乎要"吸空脑子里的空气"。结果,这一亲吻产生的强大吸力导致她耳膜移位,3块耳骨受损。经过医院诊治,听力有所恢复,但仍遭受耳鸣的折磨。

吻也不只给人带来伤害,它也能充当福星。美国有个叫罗特里克的工人,每天早晨去工厂工作前,总要吻一下妻子才上路。一天,当他在上工路上正要走上一座15米高的桥时,忽然想起他离家时还没有亲吻告别。于是,他赶紧转身回家,在他刚走出不远,只听得背后"轰隆"一声,桥倒塌了。这时,罗特里克庆幸自己多亏记着对妻子的亲吻礼节,才避免了一场杀身大祸。

106. 五花八门的保险

我国所开展的保险多是财产和人身安全的保险,而在国外保险业务却是五花八门、光怪陆离的,简直可以说是无险不保。

美国和英国的保险业不乏新奇。影星特丹沃尔与保险公司签订了一份"防秃顶险",每年交纳 19 万美元。好莱坞明星伊丽莎白·泰勒有一双紫色的眼睛,被认为有"倾国倾城"之美,她多年一直保着 100 万美元的险。美国小学里体罚现象比较严重,为此一家保险公司开办了一项"小学生挨打保险"。家长交了保金后,一旦发现孩子受了体罚,就可索赔。

法国的保险业种类更为繁多。一名法国女影星,生就一双玉腿,认为对她的银幕生涯影响重大,因而向一家保险公司投下了 3000 万法郎的巨额保金。一位酿酒师也为他的鼻子保了险,他感觉他的鼻子对他来说是极其重要的。

钢琴家理查德·克莱德曼认为他的事业和前途全部在他那双手上,著名小号手玛列斯·戴维斯把双唇看作自己的一宝,他们分别替自己的"宝贝"保了 50 万美元的险。英国的一名喜剧演员的投保方式更古怪,他要保自己的脑子里专管"记忆台词"的那部分器官,永远不出任何毛病,据说保险费用很高。出身于伊朗、闻名全世界的"肚皮舞皇后"逊娅·班加敏,为自己丰美的肚脐投了巨额保险。据说只要她的肚脐出现了一个斑点,保险公司就要赔偿 400 万美元保险金。爱尔兰踢踏舞王迈克尔·弗拉特利的双脚也很值钱。他给自己的双脚投保了 2500 万英镑的保险。英国萨默菲尔德连锁超市曾为该公司葡萄酒高级采购员蒙特的"味觉"和"嗅觉"投保 1000 万英镑。至今投保额世界第一的为美国歌坛天后玛丽娅·凯莉,她为自己的一双美腿投保了 10 亿美元。

英美等国,还有专门做古怪奇特保险业务的公司哩。伦敦劳埃德保险公司应一家威士忌酒厂要求,开办为尼斯湖怪不会被捉住而买的保险。该酒厂举行了一个生擒尼斯湖怪的大奖赛。捉住尼斯湖怪者可获奖金 150 万美元,但要买保险,以防有人真的擒得了尼斯湖怪。

在美国,只要顾客需要,各保险公司也非常乐意为他们提供各种古怪保险。歌星罗斯在纽约中央公园举办为期两天的音乐会,筹办人员为这两天的音乐会买下 150 万美金的保险,以防天公不作美,下起雨来令音乐会不能举行。

美国不断放映一些虚构的外星人影片后,不少人相信外星人存在,而且可能把地球人掠走。因此,一家保险公司开办了外星人保险业务。这家保险公司规定,假如投保人被外星人诱拐,只要拿出证据,如被诱拐日期、外星人的车牌号码、签字等,可获赔偿 1000 万美元。据报道,很快便有电影明星投保。

107.光怪陆离的广告

如今人们看电视,打开报刊或走在街上,都会看到各种各样的广告。而在国外,广告更是花样翻新,光怪陆离。

在加拿大的"加拿大大厦"第78层楼,距地面285米处,安装着一个迄今最高的广告,广告上每个字母长6.7米,宽6米。在美国纽约"百老汇"安装着一块广告牌,堪称最大广告。它的面积为1062平方米,有三个篮球场大。在美国还有利用飞机喷出的浓烟在空中做文字广告。远远望去,彩云上映出醒目的广告语。这种空中广告在20公里半径范围内都看得清清楚楚。

英国一家环卫公司,为了推销清扫庭院的三轮小推车,开发了一种新奇的飞翔广告。广告内装微型发动机,使用无线电遥控装置,飞翔在空中,十分引人注目。在日本东京一家商店门口,竖立着一米多高的卡通充气人物广告。一充气,它就会膨胀起来,举起宣传产品的牌子;一泄气,人和牌子都缩下去。这一胀一缩很能吸引过往路人的眼球。

日本西铁城钟表商为了在澳大利亚打开市场,做好宣传后,用飞机从高空把手表扔到一个广场上,谁拾到归谁。表落地后完好无恙,消息不胫而走,"广告"效果极佳。在日本一些城市街头,常能看到"活人广告",即一些人前胸和后背都挂了牌子游走,一晚可行至多个街区。在英国,有人在动物身上打主意,伦敦的一些铁道附近放牧的牲畜背上纷纷挂起广告牌,宣传奶粉、炼乳及其他奶制品。

美国一家公司在底特律市竖起一个高80米、长100米的巨型面包广告牌,人走近它时,就能闻到浓郁的面包香味。比利时首都布鲁塞尔市有一座闻名于世的撒尿男孩铜像,尿童平时"尿"水,但也帮广告商"尿"过一次啤酒和葡萄酒。2010年6月1日,尿童身穿非洲牧民服装,当众"尿"了一天牛奶,意在呼吁人们关注非洲畜牧业的发展。

如能拉到名人做广告,当然能使商品畅销、生意兴隆。看到了这一点的广告商便物色名人替身,以假乱真。英国有家珠宝行开业,让人意想不到的是"女王陛下"驾临。她走在珠宝首饰柜台之间,对周围惊喜交加的人群点头招手,微笑有度。消息传出,该店的声誉大增。虽然后来人们知道"女王"是冒牌的,但前来参观、选购珠宝者仍然熙来攘往,这可是花几十万英镑广告费所难以达到的效果。英国一位叫让·史密斯的人还创办了一家"酷似名人公司",专门承接此项广告生意。这家公司已搜罗了"卡特""里根""丘吉尔""阿拉法特"等多达上千位名人替身。

108. 图书馆与借还书籍

图书馆是人们最喜欢去的地方,有很多人养成了从小爱读书的良好习惯。

世界历史上的第一个图书馆,是公元前 669 年至公元前 630 年亚述帝国首都尼尼微的皇家图书馆。馆内收藏了 25000 多块黏土片,上面用象形文字刻着文件、年鉴和医学资料等各种文献。

古希腊时代最著名的图书馆,是埃及的亚历山大图书馆,它建于公元前 3 世纪,藏书 50 多万册。古罗马的图书馆大约在公元前 86 年开始兴建,其特点是书籍都藏在私人庄园里。

公元 10 世纪中叶时,波斯帝国有个叫萨希卜的宰相,他有 10 多万册藏书,但由于战事频繁,经常跋涉征途,他就用 400 头骆驼,驮着书囊,组成一个"活动图书馆"。不论是行军还是宿营,这些骆驼都严格按照字母顺序排列。这样,当萨希卜需要看哪本书时,只要想到书名,就可以很快把书找到。

在古埃及时期,宫廷藏书可公开外借。但发现有借书逾期不还者,要被处以死刑;对损坏书籍者,处以鞭挞。古希腊时期,暴君比西斯特拉塔斯,在雅典开办了一家图书馆,准许臣属借阅,但规定有人胆敢在书页上涂写,就将受到割耳、割鼻的惩罚。英国伦敦于 1752 年创办了第一家公共图书馆,也有规定写明:若折起一角书页,要判入狱 7 年。

到了现代,随着人们对文化生活的需求,各国各地建起了成千上万的图书馆。除很多综合性的,还有专业性的,如音乐图书馆、电影图书馆、美食图书馆、建筑图书馆等。印度尼西亚有一座"寻偶图书馆",单身男女入馆后可看报纸、读书籍、听讲座,多了与异性接触和了解的机会,既增长了知识,又可寻觅意中人。为此,这处图书馆颇能吸引未婚青年男女光顾。

读者外借图书后逾期不还,一直是困扰图书馆的难题。在美国威斯康星州阿帕尔顿市的图书馆,不定期举办过期还书的"大赦日"。在这天,读者将过期未还的书籍还给图书馆将不会受罚,这个办法收到了不错的效果。在一个"大赦日",还回上千册到期未还的书,其中一本《怎么交朋友》是 1940 年 4 月 6 日借出的。

美国纽约社团图书馆近日公布,美国"国父"乔治·华盛顿借书不还,还书逾期滞纳金已累计超过 20 万美元。一份借书纪录显示,华盛顿于 1789 年 10 月 5 日借走一本《万国法》,一本《(英国)下院辩论(纪录)》第 12 卷,当时约定还书日为同年的 11 月 2 日。此后,这位美国第一任总统一直没有归还这两本书。图书馆没有向华盛顿索要滞纳金的意思,只是确实希望这两本书能回归馆藏,因为总计 14 卷的《下院辩论》独缺华盛顿借走的第 12 卷。

109.标新立异的选美

在电视节目中,有时会播出一些选美活动的新闻。

选美在我国古已有之。但中国古代的选美只是为皇帝选嫔妃。选美相传始于汉代,《后汉书》记载:"楚王好细腰,宫中多饿死。"到了唐代,唐玄宗喜欢杨贵妃那样体态丰腴的美人。可知各朝代选美的标准并不相同。古代的这类选美也广泛存在于西方宫廷中,都与现代选美有着本质的区别。

到了近代,西方国家对选美进行了商业化运作,使选美不仅成为一种文化,还成为极富经济价值的活动。1912 年,英国伦敦举行了最早的"世界小姐"选美大赛。有来自英国、法国、丹麦、德国、意大利、西班牙的共 25 位小姐同台竞美。参选小姐不只是身着泳装争芳斗艳,还要跃入碧池在水中较量一番。此外还有比赛划艇技术和唱歌、跳舞等。最后 18 岁的英国姑娘爱丽丝德荣登后座,成为史上第一位"世界小姐"。

中国的第一次选美是 1946 年的竞选"上海小姐"活动。这一"斗靓"的起因是为了筹款赈济江苏北部的特大洪灾。在封建余毒甚深的中国搞选美,不少人并不热衷。如"越剧皇后"袁雪芬即表示:愿参加救灾善举,但决不参加选美,事因"人言可畏"。已报了名又宣告退赛的有电影明星周璇、王丹凤和京剧花旦童芷苓等。决赛由京剧大师梅兰芳任颁奖嘉宾,因而增强了选美的吸引力,有 3000 多人购票观看,最终评出了"名媛组""坤伶组""歌星组""舞星组"各组三甲美女。选美活动共得善款 9 亿多元,大大超出了预定计划的 5 亿元。

选美活动开展近一百年以来,在评选各国、各大洲美女之余,有的国家还举行评选美男及其他一些标新立异的选美活动。泰国举行了一场别开生面的"寡妇选美",32 岁的丧偶女子吉拉娃以得体的服饰、潇洒自信的神态夺得桂冠。泰国的选美比赛,还喜欢以少年儿童为主体。穿着泰国传统服装的男孩、女孩两人一组,手牵手以"情侣"的形式竞美,其选美重心是对泰国传统服饰的展示与传承。美国推出的选美活动更是多样,有"胖男""胖女"才艺选美,还举办有"斜眼人选美赛"。一位 18 岁的斜眼姑娘以其斜眼"炯炯有神""富有魅力",获得"最美斜眼女郎"的称号。

近年来,选美在许多国家已不再是青年人的专利,健美老人在一次次比赛中显露头角。自 1981 年美国举行了第一次全国老太太选美活动,至今已进行了 20 多届。在一届全美老妇健美大赛上,来自全国 15 个州的老太太冠军,聚集在美国东海岸的大西洋城展开角逐。比赛开始,15 位老太太身着晚礼服登台献艺,各显所长,唱歌、跳舞、拉小提琴、朗诵、讲故事,甚至还有滑稽表演,使整个舞台充满青春活力。

110. 趣味十足的比赛

在大千世界,许多国家举行过很多很奇特的比赛。

多哥妇女的发型多种多样,新颖奇特,被视为国家文化遗产的一部分。为此,在多哥首都洛美举行了一次全国性"梳头比赛"。由各地推选出的上百名参赛者同场竞技,梳出了千姿百态的样式。一名来自南部的妇女用一小时梳出一个新巧的发型,获得了头等奖。

美国发起一项争夺"清洁先生"称号的比赛。有500多人从各地来到纽约参赛。这些人中大部分是剃光头而来,以头顶光亮自认为是最干净的人。经评比,一位叫克劳福德的光头男子获胜,捧得奖杯。

印度的乌代普尔邦有个野外俱乐部,在这个俱乐部里每年都举行传统的"化装比赛"。参赛者经过精心打扮后,要能使人一眼就能看出他扮演的是什么人。一名教师以逼真的化装打扮出非洲土著食人族和患麻风病的叫花子形象,两次获得第一名。

在美国佛罗里达州的基韦斯市,每年都举行一次"吹海螺壳比赛"。参赛者手中的海螺有的半个人头大,色彩艳丽,吹奏出的音乐悦耳悠扬,清晰而音足。比赛以著名音乐家为评委打分决定名次。

美国东海岸的詹姆斯城海滩,每年夏初都举行一次"造船艇比赛"。参赛者要收集、携带一些废料,诸如罐头盒、铁桶、木箱等,在两小时时间内造出一艘船只,并载着主人在海面竞航。比赛以船体美观、坚固、快速为优胜。

美国马萨诸塞州每年举行一次"垒堡比赛"。参加者云集到海滩上,以铁锹、木桶为工具,把难以聚拢的沙子堆筑成各种城堡,或小象、大龙虾等动物造型,吸引了成千上万人观赏。

澳大利亚为促进除害防病运动,在墨尔本举行了一次"捕苍蝇大赛"。虽然赶上了刮风天,仍有200多名参赛者上阵。一位名叫特尔纳的人,手执自制的捕蝇器,一小时捕捉苍蝇97只,名列第一。

美国阿肯色州举行了一次"学鸭叫比赛"。参赛者一律蹲在一幅画着野外景色的幕布前,模仿野鸭的叫声。一位参赛者鸭叫学得形象逼真、声音响亮而且有变化,获得了冠军奖杯。

法国洛特加龙省经常举办国际"做鬼脸比赛"。在第二届世界鬼脸锦标赛上,一名法国人以做鬼脸把一部卡通片的角色模仿得惟妙惟肖而一举夺魁。

在日本还举行过"放屁比赛"哩。参赛者在赛场上脱了裤子放屁,以能吹灭一排蜡烛多者,获"放屁大王"的称号。

111. 古今人棋

下棋时使用的棋子是形形色色的,使用的材料在古代有金、银、铜等,还有用玛瑙、玳瑁(龟壳)制作的。如今棋子大多以竹木、塑料、玻璃为原料制作,而有趣的是真人也可以充当棋子在棋盘上走动哩。

据史书记载,唐明皇李隆基与贵妃杨玉环在宫中下棋,以宫女 32 人为棋子,分为两方,在宫殿外绘有棋盘的地面上以人代棋子对弈。这可以说是最早发明的"人棋"。

意大利马罗斯蒂加城,从 15 世纪起,每隔一年就在市中心广场举行一次真人国际象棋比赛。在大理石砌成的大棋盘两端,分别排列着两行古装打扮的演员,各自扮成国王、王后、兵、士等棋子,听从两方指挥官的命令移动。到当地游览的人,都把能凑巧一睹这精彩的表演,看作一大快事。

20 世纪 40 年代,在马来西亚槟榔屿州首府槟城,为救济灾民,当地赈灾组织借用了一个体育场,划出棋枰,招募男女青年各 16 人,饰为"活棋子",由我国著名象棋选手谢侠逊和当地棋王对弈。两位棋手各施妙招,场上盛装男女进退自如,煞是好看,涌入现场的观赛者人山人海,场面蔚为壮观。

西班牙首都马德里市,在庆祝贞女节时有一项传统活动也是下真人棋。到了这一天,由不同打扮的女子充当棋子,著名棋手在市政厅大楼阳台上对弈,指挥"活棋子"在阳台下巨大的棋盘上移动。比赛时观者如堵,热闹异常。

在巴拿马的契千,还有一种舞棋。充当棋子的年轻姑娘移动时,要用优美的舞蹈动作,从原来的棋位舞蹈到新的棋位。在舞蹈时,还要伴以优美的古典音乐。双方棋人一队穿红,一队穿绿,有来有往,煞是好看。

"活棋子"还有"罢工"的事件哩。在美国迈阿密城游泳池边,穿不同颜色服装充任国际象棋棋子的年轻姑娘们,以工资低、棋赛时间长、一两个小时不走一步站得头晕目眩为由,拒绝走上大棋盘。因此,引人入胜的人棋表演停赛,使当地旅游业老板大伤脑筋。

1993 年,在北京举行的第七届全国运动会上,开幕式大型文体晚会第一幕(兵马俑·武士·八卦·围棋)有个片段,节目中不仅"棋子"由人扮演,连"棋盘"也是由人组成的。在古典音乐伴奏下,表演者组成硕大的围棋盘,手执折叠灯笼的"人棋子",奔走挪移,演绎出 60 多个场景。这场人棋表演赢得了一阵阵雷鸣般的掌声,也为棋艺比赛赋予了新的时代气息。

112. 迷宫设计巧

有些人喜欢游走迷宫。一座别具匠心的迷宫设计,能让人在寻找出口时,虽徒劳往返,却乐此不疲呢。

迷宫是一种很古老的智力游戏。据研究,人类建造迷宫至少已有5000年的历史。古希腊神话中有这样一个故事。英雄西修斯进入一座古希腊迷宫,靠阿里亚特妮金丝线的帮助,杀死了怪物,这或许便是迷宫最早的出处。那时的迷宫常由一条曲折的小径和一片径中空地组成,传说女子站在空地中,沿着小路走下去,便可以找到她们的如意郎君。

我国古代很早就把迷宫用于军事,以军士组成"天门""八卦"等迷阵,将敌军困在阵中,围而歼之。迷宫用于园林建筑源于西方。早在17世纪,欧洲园林建筑就风行迷宫。装修讲究的迷宫布满相连的通道,墙与墙之间只有进出口相连,只有一两条通道能到达迷宫中心。据记载,当年北京圆明园曾有一座大型迷宫,仿法国凡尔赛迷宫兴建,占地6000平方米,由宫墙和凉亭组成,宫墙高1.6米,连接起来长达1660米。圆明园遭英法联军焚毁后,迷宫成了一片废墟。1986年北京市政府决定重建迷宫,经过三年多的精心施工,壮观漂亮的迷宫又在圆明园崛起。它再现了我国古代劳动人民的智慧和中西方文化交流的历史,并为人们提供了一个新的参观游乐场所。

国外的迷宫各式各样,有大有小,其中以英国的最为著名。英国最大的迷宫建于1974年,位于英格兰威尔特郡,占地约一个半足球场的面积,通道全长205公里,全部用篱笆隔成。迷宫中还筑有小桥,既增添立体趣味,也让迷路太久的游客能登高眺望,寻找通路。德文郡还有一座"大脚印"迷宫,造型奇特,其"脚跟"处装有一个旋转圆盘,游客必须在圆盘停转后,选择一条离自己最近的通道走才有出路。康瓦尔郡休闲公园里有一条以红砖铺成的蒸汽火车引擎图案迷宫人行道,能把大人"迷"上一阵子。

2007年夏,我国首家大型"玉米迷宫"主题公园在北京密云金笸箩种植园隆重开园。游人到现场能看到大片玉米地中"勾画"着一幅中国地图,游客在迷宫内可了解中国的地形和各省市的主要农作物知识,同时还可采摘各种蔬菜。

今年60岁的英国人费希尔是举世公认的迷宫设计大师,而且也是唯一的专职迷宫制造商。在过去的20多年里,他在30多个国家设计制造了500个迷宫。在2008年北京奥运会开幕前,费希尔在云南沅江设计了一座茉莉花迷宫。茉莉花迷宫是世界上路径最长、占地面积最大的迷宫之一。迷宫开放后,大受游人欢迎,尤其让很多孩子畅玩其中,流连忘返。

113. 喷泉美而妙

人们都很喜欢公园和广场上的喷泉,尤其是夏天,走近喷泉,感受着喷洒而下的水雾的清凉,暑热顿消。

据记载,早在古罗马时代,罗马的一些建筑上的鱼、兽、人物的雕像口部就能喷出道道水流,下落鸣响叮咚之声。那时虽没有自来水、抽水机,但建筑师巧妙使用了一些物理机械,将水抽取,升到高处再喷洒出去,制造出一个个迷人的景观。近2000年过去了,有着建造喷泉传统的罗马城,其喷泉在今天仍是著名的人文景观。全市喷泉多达3000个,以特雷维喷泉名声最为显赫。它建于1762年,喷泉中央立着海神像,两侧是象征富饶和安乐的女神。座座喷泉水花飞溅,在阳光照耀下时时呈现变幻的彩虹。在罗马,还有一座喷泉公园,分布着雕有大理石龙头的"龙泉"和有着上百个小喷泉的"百泉"。号称"小罗马喷泉"的一组喷泉,发出的声音就像乐队演奏的乐曲一样圆润动听。这让罗马有了"喷泉之城"的美誉。

欧洲还有很多国家建有著名的喷泉。巴黎凡尔赛宫有1400个造型不同的"兽嘴""虫口",日夜喷涌着清泉。瑞士日内瓦湖有一个人工喷泉,喷出的水柱高达145米,成了日内瓦的象征。奥地利维也纳的舒伯特纪念馆,根据这位"歌曲之王"的名曲《鳟鱼》意境,设计了一个"鳟鱼喷泉",人们观之更为怀念这位伟大音乐家的不朽业绩。

集循环水系、乐声、灯光于一体的电脑音乐喷泉是20世纪70年代由现代科技催生而发明的。近年来,随着新科技的发展,喷泉的造型更为奇特,功能也更多。国内外常见的彩色音乐喷泉,由电子计算机控制,美妙的乐曲应和着晶莹透明的立体水花起落,令人赏心悦目、心旷神怡。世界上最大、最高的喷泉当数沙特阿拉伯的"吉达喷泉"。它建造在红海边,喷泉喷出的水高达261米,相当于80层楼房高。抽水机以极高的速度,抽取红海的水供喷泉使用,每年吸引大批游客观赏。

20世纪90年代,北京雄伟壮丽的天安门前,金水河畔,竖起56组莲花式喷泉,喷出11米高的水柱,在红、黄、绿灯光的照射下,变幻出7种色彩,象征着我国56个民族蒸蒸日上的景象,堪称喷泉又一奇观。

喷泉把水喷上空中,使附近水汽弥漫,不停地产生和放出氧离子,能有效地净化环境空气。夏季喷泉旁凉爽宜人,更使人流连忘返。让喜欢喷泉的人兴奋的是,想亲近喷泉并非一定要到户外公园等处。国内外已有多种室内微型喷泉走进办公室和家庭。它们的体积只有花盆大,可随意移动。将这种"迷你喷泉"置于书桌,可为学生伴读,与电视机或组合音响连接,可同时欣赏声、光、水、色,接上卡拉OK,便可让彩灯和水花为你伴歌,尽享喷泉之美妙。

114. 新潮婚纱

当人们去赴亲友的婚礼,自会注意到穿在新娘身上的婚纱。

传统的婚纱是白色蓬蓬裙、长摆尾,头纱也是白的。而在近些年,不少新娘穿的是象牙白颜色的婚纱,也有偏爱浅粉橘色的。在巴黎的一次时装展上,各种款式的婚纱充满了热情而浪漫的色调。其中夏威夷情调的是以红色为主,能衬托出年轻女子的娇俏身姿;有的是黑色与橘色相搭配,不但突出现代妇女独立自主的精神风貌,而且浪漫中不失典雅。

当今婚纱的质料,除了丝绸和纤薄如布的皮革外,还有纸制的。一种时髦美观、价格便宜的纸制婚纱,在国际市场上十分流行。这种以坚固的纸精工制成的婚纱,新娘穿上后显得高贵而典雅,用过一次后可丢弃,也可留作纪念,备受新娘们的喜爱。

近年婚纱在款式上,大有时装化的趋势。有的把下摆做两层鱼尾式设计,以突出曲线美;有的设计成窄摆,合身而不贴身,显得十分利落。相继几年春夏巴黎推出的婚纱,有大衣、短裤、露单肩式的,也有大 V 领露双肩式的,很适合豪放型女子穿着。在头饰上,不少人以头冠代替头纱,有花枝形的、钻石形的、辫子形的,都使新娘别具风韵。

时装在争奇斗艳,婚纱亦不断花样翻新。巴黎时装展推出的一套深蓝色闪光婚纱装,竟是由剃了光头的模特儿穿着表演。意大利服装专家设计的泳衣型婚纱,全件通花刺绣,饰以别致的淡水珍珠,华丽而优雅。在地球日纽约时装展上,模特儿穿着配有防毒面罩的婚纱,上下虽罩得严实,但整体却十分协调,给人留下了深刻印象。巴黎一年秋冬时装展表演的压轴节目是新娘装。当模特儿身着婚纱走过天桥,尾随其后的竟是几个彪形大汉,他们是受聘的保镖。这是因为披在模特儿身上的婚纱价值 4800 万法郎,是世界上最贵的婚纱。它由法国名师设计,婚纱上缀着 723 颗钻石,是由法国两位著名珠宝匠花费了 3500 个小时镶制完成的。由日本设计师桂由美推出的一款婚纱,镶嵌了 1000 颗珍珠和一颗 5 克拉的白金钻石,曾在中国展出过,也号称世界最贵。

正在准备结婚的新娘穿什么样的婚纱才时尚呢?英国婚庆公司一名发言人在网站上推荐说:"带有蕾丝和珍珠的黑色婚纱颇具吸引力。此外,人们还可以选择带黑色绲边或刺绣图案的白色婚纱。"在 2010 年春夏意大利香奈儿高级定制舞台上,压轴出场的模特儿身披一件精致婚纱登场。这件婚纱的披肩使用了 200 米薄纱和真丝面料,是耗费了 1300 小时的人工缝制完成的。

115. 新颖别致幽默装

服装有多种类别。近年来在流行的时装中有一类幽默装,让人看了感觉新鲜和有趣。

时装是立体、运动的艺术。一款俏皮、幽默的设计,往往能给人耳目一新的感觉,引起人们浓厚的兴趣。许多国家的服装设计师别出心裁,大胆构思,将幽默设计展示在舞台上,让人们在微笑中观赏、品味,从中得到艺术享受。

幽默时装设计是有"整体性"的。法国美模身着腰部隆起的艳丽大丝裙,膝下和肩部收拢,形如"包装糖果",望去活泼而俏丽。以色列人设计的"郁金香开花"装,出场时裙摆兜在肩上呈球形,当"花"盛开时,裙摆下落为花瓣,则演绎为华丽的晚礼服。巴黎时装店推出的尖顶帽、尖棱形状突出的"小丑装",是一些晚会上诙谐、轻松的穿着。而汉堡服装店橱窗中展出的鲜黄色布幅捆扎形式的"木乃伊装",以及意大利服装店展示的只露双目、鼻部的紧身"恐怖装",都使人大开眼界。

有些幽默的时装设计,是以制作时装的材料来体现的。在我国香港举行的时装设计展中,有七彩绚丽的全塑布裤装、娇俏的席制裙服、报纸折制的短裙、扑克牌制作的夏帽等。在米兰举行的现代时装展上,那别具一格的胸衣,竟是以蔬菜芦笋、莴苣、豌豆荚串接制成。

也有些时装的幽默设计,表现在服装的某一部分。在巴黎时装展中,模特儿身着黑色晚装连衣裙,平实的领口剪出一个蝴蝶形,设计简单而独特;另一款连衣裙,领口做成腰围状,望去像把短裙套在脖子上,令人发噱。而以蓝、紫色压边染色的吊带裙,一件在身,看似穿了两件;鱼尾裙的裙摆压边染出二色,穿一件也给人身着双裙的感觉,构思新颖巧妙。一件黑色羊皮短夹克的前襟及袖口钉扣处,闪耀着两排金光耀眼的刀、叉、羹匙,显得奇特而古怪。

近年来,头上、脚下的幽默设计,也是花样翻新,异彩纷呈。巴黎时装展上推出的"墨西哥式三层帽",优雅中蕴含俏皮味道。英国时装大师设计的"号角帽",好像把小号倒扣在头顶。英国另一款"香槟酒新帽",帽中还盛有香喷喷的酒液哩。在鞋子设计中,意大利人不仅有狼、豹、鸟等动物造型,还将猫头鹰、大象、变形虫外形也搬上了鞋面,滑稽而有趣。意大利服装师设计的一种厚实毛织袜子,在素色袜面上印着鞋和鞋带的图案,立体效果强,看去鞋袜齐全,其实徒具鞋形,并无鞋穿。巴黎市场推出的一种光脚鞋,以柔软皮革精制,色如人肤,鞋头呈现脚趾形状,看似光脚。这种鞋穿在脚上不仅舒适、美观,对长时间走路、站立的妇女还有解乏保健作用,上市后销路颇佳。

116. 动物纪念碑荟萃

说到纪念碑，人们可能不会感觉陌生。有趣的是，在国外有些纪念碑是专为动物而建的。

澳大利亚的布那尔城，有一年仙人掌疯长成灾。人们使用拖拉机铲除无效，以致威胁到该城居民的生存。有人引来一种毛虫，毛虫啃食仙人掌，很快把漫山遍野的仙人掌蚕食一光。当地人为铭记毛虫的功绩，建起一座"毛虫纪念碑"。

在美国南部的英特帕莱丝，以前农民习惯种植棉花，由于老受象鼻虫之害，就改种花生了。没想到种植花生收益大增，当地人在高兴之际想到，若不是象鼻虫捣乱，还得不到这条致富路呢。因此，人们隆重建起了一座"象鼻虫纪念碑"，以示感谢。

1924 年，一艘法国轮船在海上遇险，船员危在旦夕。幸好一只鸽子把消息送了出去，才使全体船员获救脱险。为答谢这只鸽子，在法国巴黎城内建起一座"鸽子纪念碑"。

1961 春季，一只迁徙经过的天鹅因生病不能飞离，在日本本州岛留了下来。几位日本小朋友精心照料它，和它建立了深厚的友情。三年后这只天鹅病死，孩子们怀念它，为它建起一座"天鹅纪念碑"。

意大利罗马是公元前 754 年建成的。相传罗马城的奠基人是一对孪生兄弟，它们出生后被抛入河中，又被河水冲到岸上。一只母狼用狼奶救活了这兄弟俩。后人为纪念这只母狼，在罗马城建起一座"母狼纪念碑"。

骆驼素有"沙漠之舟"的美称，是跋涉沙海必不可少的交通工具。在俄罗斯圣彼得堡，人们把一座青铜雕塑的"双峰骆驼纪念碑"安放在俄国旅行家普尔热瓦利斯基的雕像下，对骆驼多年伴随旅行家考察亚细亚的忠诚服务予以表彰。

在希腊罗兹岛上，以前毒蛇很多，岛上居民深受其害。后来一大群鹿在岛上繁殖起来，它们蹄爪锐利，疾跑奔驰，踩死了众多毒蛇，为居民除去大害。岛上居民欣然为鹿建起一座"鹿纪念碑"。

在新西兰海湾，一只被称为杰克的海豚经常出没海水中，引导航船避开暗礁，做好事做了长达 44 年，保住了无数条船只的安全。为纪念杰克，在新西兰惠灵顿建起一座"海豚纪念碑"。

在"一战"中，具有吃苦耐劳精神的驴成为意大利军队中可靠的运输工具。为表彰驴的大无畏精神和特殊贡献，在罗马建有一座背装炮箱、稳步前行的"驴纪念碑"。"二战"中，匈牙利民众抗击德国侵略者，一些战马冲锋陷阵，为国捐躯。为表达对马的怀念之情，艺术家制作了"马纪念碑"，并写上了"纪念真正的战友"的题词。

117.独具特色的学校

为培育专门人才,提高某项专业技能,有些国家开办了一些专门学校和特色专业,有的还办出了名气呢。

泰国自 1968 年创办了训象学校。小象被送到这里,进行长达 5 年的训练,学习堆木、运物等各项劳动技能,取得文凭后,即可获得分配到全国数十个林业站工作的资格。

泰国南部的素叻他尼区有一所驯猴学校。学校主要课程是训练猴子听从指令爬树或采摘果实。猴子学业期满,按体重轻重进行考试,合格者发毕业证,然后分配到各地果园工作。

在奥地利维也纳王宫里,有一座马术学校。每年从各地层层选拔,选中一匹最佳牡马入校训练深造。经几年培训后,马群能按音乐节拍优雅迈开舞步,动作整齐娴熟,令人赞叹。

日本东京开办了一家筷子学校,专门教授人使用筷子,学期三个月。据该校校长讲:"看到日本人使用筷子的模样,实在令人尴尬。大家完全可以把筷子拿得高雅些,洒脱些。"

在印度德里的莫拉班德村有一所玩蛇大学。学生学期三年,学习科目包括吹奏蛇舞音乐、制造蛇皮乐器、学习捕蛇方法、拔去毒蛇的毒牙、息怒毒蛇的催眠术以及蛇毒制药、蛇肉烹调等技艺。这里对蛇的学习研究是全方位的。

美国纽约开办有一家稻草人制作学校。学校招收学生制作不同种类的稻草人,既有欧洲早期穿着破外套的稻草人,也有现代各式机械"稻草人",如魔鬼、黑猫、恶魔杰克等,有的戴着大眼镜,有的摇铃铛。学校在教授学生的同时,每年制作出 3 万多个稻草人,除放于乡村果园用于吓退鸟兽,也是摆放阳台的漂亮装饰物。

美国内华达大学的雷诺分校开设了一个赌博课程专业。开设该专业是为了替赌场培训高级管理人才。其主修课包括:赌博法、赌博会计学、赌博市场学和赌博业介绍等。学生修满规定的学分,即可获得商学院学位。

英国北方城市杜伦的一所学校几年前重开一门掘墓课程。掘墓并非盗墓,而是一项古老的技术,它包括下葬前为期一周的准备,以及葬礼后对于墓地的保护和修缮。掘墓是一项专业性很强的工作,重开掘墓课程意在培养优秀的殡葬人才。

据统计,俄罗斯的青少年犯罪活动有三分之二与酗酒有关。为此,莫斯科等地开办了强制性戒酒学校。有酗酒习惯的学生要入校接受戒酒教育,一边学习,一边劳动,并开展各种有益身心健康的娱乐活动。

118. 杂七杂八的俱乐部

俱乐部是从事社会、文化、艺术、体育、娱乐等活动的团体或场所。有的俱乐部稀奇古怪，从名称上就能看出来。

瑞典有一个"高个子俱乐部"。创办宗旨是维护高个子的利益，帮助他们解决床位、服装、鞋袜等方面遇到的困扰。俱乐部规定参加者身高必须在两米以上。

德国的兰根布勒克市有一家"大鼻子俱乐部"，以鼻子长 2.5 寸、宽 1.5 寸为入会标准。俱乐部每年举行年会，选举新主席和当年的"大鼻子先生"，当选者一定是鼻子特大而长得英伟健壮的。俱乐部没有女会员，但可以当与会嘉宾。

法国巴黎成立了一个"胖人俱乐部"，入会会员规定体重须在 100 公斤以上，一旦发现有人减肥后体重达不到规定，将取消其会员资格。俱乐部主席是位大块头医生，他心爱的运动是足球。

意大利有一个"丑人俱乐部"，成员大部分是长相丑陋找不到爱侣的人。俱乐部的标志是罗马神话中的火神。火神长相虽丑陋，但伴侣却是美丽的维纳斯。

英国伦敦有一家"少女俱乐部"，会员为 14—21 岁的少女，俱乐部要安排她们参加娱乐、手工活动、做健身操、开讨论会等，有时也要请异性到场，为发育期的少女提供了一个健康和有益个性生活的环境。

在伦敦还有一家"唯老俱乐部"，参加者必须住在年代久远的房屋、古堡等建筑里，使用的物品也要求是 15 世纪以前的古董。1960 年有两名会员因为在住处安装了电话，被俱乐部除名。

日本有一家"光头俱乐部"，招收的会员以不用假发、不伪饰头颅之尊严为荣。会员定期聚会时互相评比头部的光洁，组织者为"光头俊男"发布征婚启事。

日本东京出现了一个"男扮女装俱乐部"，入会会员有 6000 人之多。他们当中有行政人员、售货员，甚至警察。下班后他们聚在一起，穿起女装，戴上假发，打扮得花枝招展，互相表演，自娱娱人，借以消除工作的劳累和紧张情绪。

美国纽约创办了一家"同名俱乐部"，入会会员姓名一定要叫弗列德·施密特。会员在俱乐部必须遵守一项庄严义务，即不能给自己的儿子取名弗列德。

英国建有一家"沉默俱乐部"，俱乐部建于一处偏僻大厦的地下室，与外界隔离。会员来到这里，都不讲话，想交流便以纸笔传递心声。分布室内的人或读书看报，或吸烟冥思，或静坐养神，神态安详，自得其乐。

美国有一家"慢俱乐部"，其口号是："今天不做，留待明天。"成员以"慢"为行为准则，认为"快"是不文明之举。这个俱乐部会员多达 50 万人，但仅有不足十分之一的人交纳了会费——大部分人想慢慢来。

119. 与众不同的餐馆酒吧

餐馆酒吧是饮食场所。国外有些餐馆、酒吧颇具特色，有着与众不同之处。

在伊拉克首都巴格达经营着一家"鸟鸣餐馆"。餐馆大堂鸟笼内养有几十只小鸟，顾客进入餐馆后便会陶醉在阵阵鸟语声中。有些鸟还会从笼中飞到餐桌上，叼取散落的饭粒、菜叶，但不会碰盘中的食物。有趣的小鸟使餐馆顾客盈门。

智利首都圣地亚哥有一家"动物餐厅"。除厨师、收款员外，其他服务都由动物完成。门内站立的鹦鹉能用三国语言向顾客问好，金毛猴会从容地将客人的衣帽挂上衣架，随后长耳犬叼着菜牌请顾客点菜，长毛猴会庄重地端上食品饮料，餐后金毛猴会端盘收款并将衣服取交顾客。

美国康涅狄格州有一家"赠书餐馆"。这家餐馆鼓励顾客在餐桌上读书看报，甚至免费向顾客赠阅书刊。由于餐馆内收藏了多达 60000 册书籍，成了当地著名的编外图书馆。自餐馆开展了赠书活动后，营业额直线上升。

美国匹兹堡市的朱利奥开办了一个家庭餐厅。餐厅的不寻常之处在于菜单上不定价，而是让顾客就餐后根据对饭菜的满意程度付款，无论多少，餐厅都无异议。如果顾客觉得不好，可分文不付。出于对"可随意付款"的好奇，餐厅从早到晚门庭若市。

丹麦首都哥本哈根有一家餐馆，由一座 14 世纪创建的修道院改建而成。该餐馆照明设备不用点灯而点蜡烛，烧菜不用电炉、煤气而燃烧桦木。在这里用餐要穿过狭窄幽暗的石廊，气氛压抑可怖，但愿意在这处神秘餐馆就餐的人却从早到晚络绎不绝。

德国汉堡市开设了一家快餐店，店内一切服务均由电子计算机负责。顾客刷卡或把现金投入售饭机，机内就会按需求送出一份快餐，吃后把餐具往回收窗口一送，又能拿到擦嘴毛巾。到该店就餐简便、经济，很受人们欢迎。

美国俄勒冈州有一家"最差餐馆"。门内招牌标写着"菜肴特差，服务不佳"。菜单上注明了各菜原料中哪些已不够新鲜。餐馆开业 15 年来从未提过价。不知是出于逆反心理，还是该店的诚恳表白博得了顾客好感，该餐馆内天天爆满。

日本东京的边野酒吧被称为"世界上最小的酒吧"，面积只有 4.5 平方米。柜台、洗手间占去一大半空间后，余下地方只能放三个座位或站六个人。这家酒吧除备有威士忌和啤酒外，还供应面条、鱼、肉等食品。酒吧虽袖珍，却很有人气，饮食要预约。

120.受宠的新职业

"三百六十行"是说社会行业的众多。随着经济和科学、文化的发展,新的职业在不断出现,有的职业更是许多人争先恐后想谋到的。

在意大利,足球迷不能把摩托车头盔带进球场。于是,意大利出现了看守头盔的职业。在美国的通宵影院,到了深夜,有的观众瞌睡时会发出鼾声,由此出现了专职止鼾员,负责唤醒打鼾者,每晚要止鼾四五十人次。印度斋浦尔的奥贝罗伊饭店设有赶鸽人一职。工作时,此人挥动一支顶部绑着旗帜的长杆驱赶鸽子,以免客人进出饭店时遭遇鸽粪。这些虽属新职业,但报酬不高。

在美国受到关注的是另一些新职业,如高尔夫球潜水员,负责捞回掉入球场内水塘中的球;宠物律师,提供有关宠物的所有问题的法律咨询;动物法医专家,查明动物死因并提出解决问题对策。此外还有害羞顾问、玩偶医生、字体鉴定师等职业,薪水较高,并很有发展前景。

美国《福布斯》杂志评出 12 种"另类"高薪工作,瑜伽大师高居榜首,另有潜艇厨师、采珠潜水员、油气井潜水员等均收入颇丰。但闷在狭小的潜艇,或置身海底,身体和精神承受巨大压力,工作也不是好干的。

相比较而言,美国和法国海滨沙滩都有一种为度假者涂抹防晒油的工作,工作轻松,日薪可达 100 欧元,还能结识一些名人,被认为是全球最佳工作。涂油员腰缠定做的皮套,内装不同防晒指数的油液,依客人要求为对方涂抹肩膀、手臂、颈部、后背等容易晒伤的部位。有钱的商人、明星、模特儿都十分喜欢这项服务。

另一项美妙的工作是蜜月测试员。爱尔兰一家婚庆网站为提高知名度,推出了这项诱人工作。作为一名测试员,在半年时间内可欣然享受马尔代夫和坦桑尼亚的桑给巴尔岛银白色沙滩,躺在棕榈树吊床上品香槟,或者尝尝当地的鸡尾酒,测试酒店浴缸的舒适度。测试员每次蜜月测试时间为 3 周到 4 周,两次蜜月之间的空当将体验和测试意见发给千里之外的老板,以帮助老板选出世界各地最棒的蜜月度假胜地。与这种职业相类似,在我国也出现了酒店试睡员的工作,人称"中国最舒服的工作"。试睡员的概念最早可以追溯到 2006 年,英国一家经济连锁型酒店公开招聘一个叫作睡眠顾问的职业,包括客房的颜色、灯光,甚至枕头的软硬。国内试睡员在 2010 年诞生,目前从业者不超过 5 名。签约的酒店试睡员月薪为 10000 元整。上岗者可得到中国饭店协会颁发的"职业酒店试睡员"证书。

随着餐饮市场日益火爆,专业美食网站层出不穷,而今"试吃员"也出现了。他们专给菜肴挑刺,要细品味道,撰写感觉,他们的职责就是每日三餐"为民试吃"。

121. 乞丐面面观

乞丐差不多在所有国家都会存在,各国乞丐的形象和乞讨方式也是不大相同的。

在荷兰想做乞丐不那么容易,行乞者必须事先向有关部门申请,待批准发下执照后才能正式成为乞丐。然后,乞丐可领到一个自动播放音乐的手风琴或电子琴,在规定时间内,来到繁华市区,一面播放音乐,一面摇动钱罐向过路人乞讨,但要向有关部门交税。

泰国首都曼谷,有一种专为乞丐服务的"丐帮"行业。经营乞丐行业者,建有公寓,备有小汽车,派专人为乞丐霸占行乞地盘,小汽车接送乞丐"上下班",保护乞丐的"权益"。当然,经营者有利可图,他们除了收房租、水电费、车租之外,还在乞丐的"收入"中抽取佣金。

在印度,行乞与施舍是受到鼓励的社会行为。孟买是印度的乞丐之乡,市内有乞丐70000多名,由一名"国王"管辖着。"国王"乘坐一辆豪华的奔驰轿车。每天清早,他租用4辆大卡车把数百名乞丐送到市中心分散行乞,晚上再送回,其目的是表示他们是有组织的。乞丐们白天求得的施舍,到了晚上必须全部上缴,以换得一顿饭食和一处过夜的地方,否则就会遭到毒打。有的印度乞丐靠借债弄到钱后,买机票乘飞机到新加坡行乞。他们在新加坡靠行乞获得的钱不仅足以还清债务,而且扣除了行乞期间的一切开销外,每月还可净赚600—700新加坡元。他们还利用两国差价"倒卖"一些商品牟取高额利润。

德国大街上的乞丐分无赖型、扮酷型、消遣型几种,无赖型的乞丐擅长表演,他用一块脏布在停下的汽车上擦抹两下,以"服务了"为由,强讨现金,不给则缠住车,朝车身啐抹一气。车主只好扔钱打发他走。

乞丐一般穿着破旧,身上肮脏不堪。法国巴黎的乞丐却着装讲究,很讲自尊。他们西装笔挺,皮鞋锃亮,言谈举止得体,用优雅的手势向人讨钱。当地的吉卜赛乞丐居无定所,大多开着房车出来乞讨,晚上则回到车上休息。

行乞在美国被认为是一种容易赚钱的好职业。纽约、芝加哥和洛杉矶的普通乞丐,一天行乞四五个小时,收入超过150美元。洛杉矶的一个乞丐逝世时,警方发现他有一个秘密保险箱,存放着25万美元的现款、三份楼契和一套海边别墅。

在我们这里,乞丐的小日子过得也挺惬意。民警劝返一名安徽固镇县乞丐熊某时,看到熊某有一个存折,上面记载了乞讨所得,两个月竟达9500元。在长沙街头,一名手有残疾的青年会讲英语,乞讨时还向人递上名片,上有博客网址,被网友称为"史上最牛的现代乞丐"。

122. 垃圾的话题

垃圾是现代社会的一大公害,但如果研究处理得好,垃圾也会化害为利,造福民众。

全球每年的垃圾大概有 100 亿吨,相当于全球每年粮食总产量的 6 倍,钢产量的 14 倍。世界各国都无一例外地陷入被垃圾包围的境地。

如今,除了人们所知的 7 个大陆,在太平洋最人迹罕至的地方,又有一个"新大陆"正在生成——这个"新大陆"完全是由垃圾堆起来的,人们把它称为"第八大陆"。这个巨大的垃圾岛,面积是英国的 6 倍。它位于美国加利福尼亚州和夏威夷之间,在过去的 60 年间,这个垃圾带的面积一直在逐渐扩大。据报道,这里的垃圾多达 1000 万吨。其种类繁多,有塑料袋、塑料瓶、拖鞋、儿童玩具、轮胎、饮料罐甚至塑料泳池……

在美国,无论城市还是农村,能够用来填埋垃圾的土地越来越少。在世界各地,用于处理垃圾的填埋、焚烧等主要方法也都存在着一些难以解决的问题,因此,从垃圾回收的源头,把可以回收再利用的分离出来,减少填埋垃圾的土地,降低有毒物质的焚烧量,也许才是应对垃圾增多的最好方法。

近年来,随着人们对垃圾的关注度增加,垃圾业成了十分重要的产业,垃圾学也乘势而兴。在过去的 30 年中,专家对垃圾的研究取得了许多成果,如垃圾数量、种类、回收品价格等变化,垃圾所反映的经济走势等。美国亚利桑那州专攻垃圾专业的大学生每天不厌其烦地进行取样分析、分类、称重、编号、记录。学生们十分肯定地说:"垃圾是人们生活习惯最生动的印记。"他们通过对各种旧罐头盒分门别类,掌握了各地区居民在不同季节中,对罐头食品的不同要求。他们对扔掉的婴儿食品进行采样分析后,了解到婴儿对食品的需求以及婴儿的营养状况。目前垃圾专业作为一门新兴的专业,大受社会的重视。

我国许多城市正开展垃圾分类,然后分别处理,综合利用,不仅有利于保护环境,而且能美化环境,创造财富。丢弃的垃圾经妥善处理后,可以制成夹克、衣裙、鞋帽,称为"环保时装"。用垃圾还可以制地板、家具,或制砖、防噪声栏等。

芬兰科学家把炉渣、麦秆、破布、硬纸等废物捣碎混合,经高温、高压制成了一种筑墙的材料,这种材料筑起的"垃圾墙",十分坚固,不怕酸碱腐蚀。

英国建造了一座垃圾电影院,该影院银幕是由 38000 块废布拼凑成的,座椅中有 2800 个是由 45000 根废钢筋和 5000 公斤水泥浇筑而成的。

美国佛罗里达州有一座垃圾公园。园内所有的游玩设备都是利用垃圾为原料制作。建这座公园,是为了告诫人们,垃圾并不是废料,它可以被很好地利用起来。

123. 率性随意的涂鸦

有人喜欢拿起纸笔，随心所欲地画上一气。

人们将信手而写写画画称为"涂鸦"。据《玉川子集·示添丁》一书记载，唐代诗人卢全有一子名添丁，幼年时喜欢涂抹诗书，常把书弄得一团糟。为此卢全戏赋诗曰："忽来案上翻墨汁，涂抹诗书如老鸦。"儿童顽皮、天真的神态跃然纸上。后来人们就用"涂鸦"一词称呼随意的写作或绘画，也用来比喻书法幼稚。

现代涂鸦起源于20世纪60年代的美国费城，最早被认为是街头帮派划分势力范围的标志。后来，众多国家的青年都爱上了这种自由恣情的艺术表现形式。

心理学家指出，信手涂鸦，可泄露"心"机。调查发现，涂鸦作品通常是比较单一的线条。有些人涂鸦也画得很优美；有些人的涂鸦是乱七八糟的，代表一个人心绪比较烦乱，没有章法；有些人画的时候下笔力度比较大，线条很粗，则表示他在宣泄内心的愤怒等情绪。英国研究人员在测试中让受试者听一段两分半钟模拟电话录音，随意图画的人平均记住的人名和地名比不动手的人高出29%。这说明涂鸦能让人避免走神，更容易集中注意力。

涂鸦能为城市增添别样的生机。除了涂墙、抹地，画在纸上、布上，还能有什么载体呢？英国创意大师森克鲁选中一种活载体——蜗牛。他在一批蜗牛外壳上涂出悦目的花纹图案，写上警言妙语，再放这些小东西自由出行。当人们看到这些"艺术作品"缓缓移到面前现展，无不感到神奇。

近年来，我国北京等地的涂鸦也大有开展。在一些学校、幼儿园已出现了一种白板墙，孩子们可以在墙上随意图画，然后可以轻轻擦除。这种涂鸦墙有助于培养孩子的艺术特长，激发创造力。在北京什刹海有家烧烤店，在一面白墙上有着五颜六色的涂鸦和文字。在涂鸦作品中，既有顽皮可爱的卡通形象，也有无厘头的话语。食客们在这里除了可以享用美味的烤串、水果、蔬菜，还能随意在墙壁涂写一番，寻找久违的童年乐趣。

在北京国际展览中心举办的第二届中国国际文化创意产业博览会上，一进大门，迎面便是几面巨大的白色幕墙，这是专门设立的涂鸦艺术墙，供时尚青年拿着自己的喷漆作画。涂鸦活动吸引了很多人参与，虽然以年轻人为主，但也有中老年人好奇地拿起喷漆，用力摇摇，挥动胳膊，来那么几笔，完成一个艺术造型。

涂鸦爱好者在中国称作"涂客"。2006年北京成立了一家观音涂鸦艺术工作室，他们为中国第二届文化创意产业博览会创作了一幅长42米、高3米的大型涂鸦艺术作品《山水》。当这幅以"观音"二字为中心，两侧配以山水、书法、人物以及涂鸦文字的作品一露面，在博览会就引起了关注。

124. 挑战《吉尼斯世界纪录》

人们都知道的《吉尼斯世界纪录》是这样出现的：

1951 年的一天，爱尔兰的休·比佛爵士和朋友在郊外打猎，忽然看到一只不曾见过的飞鸟，从天空一掠而过。众人争论这鸟是不是欧洲飞得最快的鸟，但谁也拿不出证据，难以说服别人。这事让比佛灵机一动，对搜集数据产生兴趣。1953 年 9 月，他与孪生兄弟诺里斯和罗斯成立了一个专门收集世界之最的机构，取名为"吉尼斯公司"。其后，吉尼斯公司便推出了纪录大全，想进入其中，须提供资料，进行申请，公司派人或委托人员调查及在现场认证，申请成功发给证书，然后在新版《吉尼斯世界纪录》中予以公布。

《吉尼斯世界纪录》各项世界之最包罗万象，千奇百怪，又让人不得不信。在人体极限内容方面就纪录有：美国得克萨斯州的怀斯力腿毛长达 15 厘米，是拥有世界上最长腿毛的人。日本的坂上智子创下了世界上最长眉毛的纪录，她的一根眉毛长 15.1 厘米。美国的凯茜是目前世界上最细腰的人，虽然已是 70 岁的高龄，但腰围只有 38.1 厘米。印度男孩哈尼是世界上最多指的人，他有 12 个手指、13 个脚趾。中国的世界第一矮人何平平，内蒙古人，20 岁，患有一种罕见的侏儒症，身高只有 74.61 厘米。吉尼斯总部安排何平平飞到英国伦敦，与拥有世界最长美腿的 36 岁俄罗斯女子潘克拉托娃一起露面。潘克拉托娃身高 1.98 米，腿长 1.32 米。何平平站到她身边时，仅到她的膝盖部位。

在《吉尼斯世界纪录》"一分钟"的记载中：美国人罗伯特在纽约州奥斯威格市做引体向上，一分钟完成 53 个。美国人弗尔曼在密苏里州圣路易斯市的拱门前挑战跳跃纪录，一分钟内跳了 51 次。英国人爱德华兹一分钟内吃下 36 只中等个头的蟑螂。马来西亚 51 岁的福尔曼，在吉隆坡会议中心，一分钟内用嘴接住了 68 颗葡萄。中国女孩陈冉冉在一分钟内算出 8 道极其复杂的数学题，不用笔纸，完全是心算，从而打破了一分钟算 5 题的纪录。

在《吉尼斯世界纪录》中还列有一些集体项目的惊人数字：澳大利亚悉尼举行了有 265 名女子参加的穿高跟鞋赛跑活动。芬兰 500 名歌手在东南部城市科沃拉的卡拉 OK 俱乐部连续放歌 446 小时。2008 年 7 月 15 日，在我国吉林省松原市火炬传递启动仪式上，演奏者使用了 2008 把马头琴奏响曲目《永恒的圣火》，演奏者中最小的只有 8 岁，最大的已年过花甲。2008 年 5 月 9 日，澳大利亚 5.5 万名学生同时跳绳，成功刷新了一项纪录。2008 年 1 月 19 日，英国的能源公司与媒体一起向市民免费发放节能灯泡，经统计多达 4244020 个，成为历史上最大规模免费推广节能灯具的行动。

125. 世博传奇

上海世博会于2010年5月1日开幕,颇吸引世界各地的人向往参观。

举办已经160多年的世博会是世界博览会的简称,这是一项世界性的非贸易性的大规模的产品展示和技术交流活动。世博会被誉为世界经济、科学、技术界的"奥林匹克"盛会。

首届伦敦世博会,王室园艺师帕克斯顿以美丽的"王莲"为外观创意,设计出了美轮美奂的"水晶宫"。这个无与伦比的建筑主体为钢铁结构,外墙和屋面由明亮的玻璃构成,在以石质建筑为主的19世纪,第一次让世人看到了这样独特的建筑形式。1851年伦敦世博会上第一次展出了大功率蒸汽机、火车头。从此,世博会就以诸多"世界第一"而闻名。

在其后的各届世博会上,又催生了一系列重大发明,如在1853年美国纽约的世博会上展示了"自动楼梯";1873年奥地利维也纳世博会上出现了"电动机";1889年巴黎世博会上建造完成"埃菲尔铁塔";1904年美国圣路易斯安娜世博会上推出了"电话";1958年比利时布鲁塞尔世博会上摆放的"原子球模型"象征着人类和平应用原子能;1986年加拿大温哥华世博会让人们看到了"磁悬浮列车";2005年日本爱知世博会让不同功能的"机器人"各展才艺。

2010年上海世博会于5月1日开幕,至10月31日结束,为期184天。上海世博会园区面积达到5.28平方公里,是2005年日本爱知世博会面积的4倍,相当于990个足球场大。本届世博会共有192个国家和地区、50个国际机构参加,运行18个企业馆和50个城市馆,并吸引7000万游客。仅4月30日举行的开幕庆典就有20余名各国首脑出席。

在上海世博会上,除了精彩的场馆展览,园区内每天都有多达100场以上的文化演出。而最吸引参观者眼球的,当属各国各地区展馆里展出的国宝级珍品。如法国雕塑艺术大师罗丹的雕塑作品《思想者》原品,丹麦《小美人鱼》铜像,比利时有"布鲁塞尔第一公民"之称的"尿童"雕像,奥地利茜茜公主的画像等。在中国馆,商代的司母戊青铜方鼎、曾侯乙建鼓底座、明代针灸铜人、太阳神石刻、饕餮纹铜鼓等竞相展列。经现代多媒体技术演绎,100多米宽的《清明上河图》,水会流、人会走,而且还会交谈,整个城市还会有晨昏的变化。一眼看去,正是北宋苏州的清晨,疏林薄雾中,脚夫赶着驮炭的毛驴,缓缓地步向城门。虹桥上已是一片喧杂,行人来来往往,商贾们做着生意,还有讨价还价的声音,而河边的纤夫拉着船索唱起号子。慢慢地,天色暗了下来,整个城市万家灯火,而后慢慢沉入梦乡。会动的《清明上河图》让游客叹为观止。

图书在版编目(CIP)数据

百科集趣. 第一辑 / 于永昌著. ––北京：中国文
史出版社，2021.3

ISBN 978 – 7 – 5205 – 2640 – 1

Ⅰ. ①百… Ⅱ. ①于… Ⅲ. ①科学知识 – 普及读物
Ⅳ. ①Z228

中国版本图书馆 CIP 数据核字(2020)第 240779 号

责任编辑：薛未未

出版发行：**中国文史出版社**

社　　址：北京市海淀区西八里庄路 69 号院　邮编：100142

电　　话：010 – 81136606　81136602　81136603（发行部）

传　　真：010 – 81136655

印　　装：北京新华印刷有限公司

经　　销：全国新华书店

开　　本：720 × 1020　1/16

印　　张：25.5　　　　字数：486 千字

版　　次：2021 年 3 月第 1 版

印　　次：2021 年 3 月第 1 次印刷

定　　价：68.00 元

文史版图书，版权所有，侵权必究。

文史版图书，印装错误可与发行部联系退换。